Die Praxis der Verordnungsgebung

Europäische Hochschulschriften
Publications Universitaires Européennes
European University Studies

Reihe II
Rechtswissenschaft

Série II Series II
Droit
Law

Bd./Vol. 4105

PETER LANG
Frankfurt am Main · Berlin · Bern · Bruxelles · New York · Oxford · Wien

Sabine Seidel

Die Praxis der Verordnungsgebung

PETER LANG
Europäischer Verlag der Wissenschaften

Bibliografische Information Der Deutschen Bibliothek
Die Deutsche Bibliothek verzeichnet diese Publikation in der Deutschen Nationalbibliografie; detaillierte bibliografische Daten sind im Internet über <http://dnb.ddb.de> abrufbar.

Zugl.: Münster (Westfalen), Univ., Diss., 2004

D 6
ISSN 0531-7312
ISBN 3-631-53531-7

Europäischer Verlag der Wissenschaften
Frankfurt am Main 2005

www.peterlang.de

Danksagung

An dieser Stelle möchte ich meinem Doktorvater, Prof. Dr. Janbernd Oebbecke, ganz herzlich für die hervorragende Betreuung meiner Doktorarbeit danken. Er war jederzeit zu Gesprächen bereit und hat mir viele wertvolle Anregungen und Hilfestellungen gegeben. Ohne sein Vertrauen in mich hätte ich den Schritt einer Promotion sicherlich nicht gewagt.
Zu danken habe ich ihm auch für die Erstellung des Erstgutachtens sowie Prof. Dr. Greszick für die Erstellung des Zweitgutachtens.

Für die Hilfe bei der Durchsicht des Manuskripts möchte ich Nina Möller und Uwe Sondermann ganz herzlich danken.
Sehr dankbar bin ich auch Emanuel V. Towfigh, der mir über die Tücken der Formatierung hinweggeholfen hat, ebenso Benjamin J. Goltsche für weitere Tipps.

Schließlich ein ganz lieber Gruß an die (jetzt teilweise schon ehemaligen) Mitarbeiterinnen und Mitarbeiter des Kommunalwissenschaftlichen Institutes der WWU Münster. Ohne die tolle Atmosphäre dort wäre uns allen die Arbeit an der Dissertation sicherlich viel schwerer gefallen.

Last but not least möchte ich meinen Eltern danken.
Sie haben mich immer bei dem, was ich getan habe, unterstützt. Speziell für die Dissertation heißt das, dass sie mich vor allem in Ruhe gelassen haben und nicht ständig wissen wollten, „wie es läuft". Das war für mich genau das Richtige.

Daher möchte ich ihnen diese Arbeit widmen.

Essen, im September 2004

Inhaltsverzeichnis

1. Kapitel: Dogmatische Grundlegungen

A. Einleitung

I. Problemstellung

Es mangelt nicht an Literatur über verfassungsrechtliche Aspekte von Rechtsverordnungen. In erster Linie geht es in Rechtsprechung und Literatur um Art. 80 Abs. 1 Satz 2 GG. Gerade in den letzten Jahren haben aber auch Fragestellungen wie die der Beteiligung des Parlamentes am Erlass von Rechtsverordnungen, der Verfassungsmäßigkeit von Gesetzen und Verordnungen, welche die jeweils andere Norm ändern, oder auch der Einordnung des noch recht neuen Art. 80 Abs. 4 GG vermehrt Aufmerksamkeit erfahren.
Was dagegen fehlt, ist die Beschäftigung mit der Praxis der Verordnungsgebung, also der Frage, unter welchen Voraussetzungen, aus welchen Gründen und auf welche Art und Weise Verordnungen erlassen, geändert und aufgehoben werden. Es gehört zum juristischen Allgemeinwissen, dass Rechtsverordnungen schneller erlassen und damit flexibler als Gesetze eingesetzt werden können, da der Erlass von Gesetzen einem aufwendigeren Verfahren folgt als der von Verordnungen. Andererseits können Rechtsverordnungen aufgrund der Anforderungen des Art. 80 Abs. 1 Satz 2 GG nicht unbegrenzt an die Stelle von Gesetzen treten. Was dies für praktische Konsequenzen hat, wird aber erst deutlich, wenn man Beispiele aus verschiedenen Rechtsbereichen näher untersucht.
Ebenfalls ist die Untersuchung verschiedener Einflüsse auf Verordnungsgeber bisher, soweit ersichtlich, noch nicht erfolgt.

Die vorliegende Arbeit untersucht die Vorgehensweise verschiedener Verordnungsgeber beim Erlass ihrer Verordnungen sowie bei Änderungen. Bei beidem, also beim erstmaligen Erlass wie bei Änderungen, stellt sich die Frage, aus welcher Motivation heraus der Verordnungsgeber überhaupt tätig geworden ist. Die Arbeit geht dieser Frage nach den Einflüssen auf die Verordnungsgebung nach. Es wird untersucht, welche Faktoren Einfluss auf die Tatsache haben, dass eine Verordnung überhaupt erlassen wird, mit welchem Inhalt sie erlassen wird und was den Verordnungsgeber dazu bringt, ihre Rechtskraft bzw. ihren Geltungsbereich zu verändern.

Diese Untersuchung findet anhand von drei Fallbeispielen statt. Ihr wird einleitend ein kurzer Überblick über die Grundsätze des Verfahrens der Verordnungsgebung sowie über die verfassungsrechtlichen Probleme vorangestellt.

Der Stand der Arbeit ist Oktober 2003, Rechtsprechung wurde teilweise bis April 2004 berücksichtigt.

II. Gang der Untersuchung

Die Arbeit gliedert sich in drei Kapitel. Das erste Kapitel enthält außer einer Einleitung (**A.**) Ausführungen zur Bestimmung des Begriffs der Rechtsverordnung und zu den rechtsgeschichtlichen Grundlagen in Deutschland (**B.**). Daran schließt sich eine Darstellung des Erlassverfahrens auf Bundes- sowie auf Landesebene (Nordrhein-Westfalen) an (**C.**). In diesem Teil werden auch die rechtlichen Probleme erläutert, die entstehen, wenn ein Gesetz Teile einer Verordnung ändert und umgekehrt. Schließlich folgt unter **D.** ein Überblick über die verfassungsrechtlichen Probleme, insbesondere im Zusammenhang mit Art. 80 GG. Auf die Beteiligung des Parlamentes als Plenum sowie die Beteiligung von Ausschüssen an der Verordnungsgebung wird ausführlicher eingegangen.

Das zweite Kapitel enthält nach einer Erläuterung der Vorgehensweise (**A.**) die Untersuchung von drei Beispielen: unter **B.** wird die Chronologie der so genannten „Hundeverordnungen" der Länder dargestellt und anschließend den verschiedenen Einflussfaktoren auf die Verordnungsgebung nachgegangen. Beachtung haben hierbei außer der Rechtsprechung, Experten und Interessenverbänden besonders die Beeinflussung durch Medien und Öffentlichkeit sowie Fragen der Kooperation bei der Verordnungsgebung gefunden.
Es folgt die Untersuchung der Nebentätigkeitsverordnungen des Bundes und der Länder (**C.**) Hier spielt insbesondere das Verhältnis vom bundesrechtlichen Rahmenrecht (BRRG) zu den Umsetzungsnormen der Länder (Landesbeamtengesetze sowie die Nebentätigkeitsverordnungen) eine Rolle.
Das dritte Beispiel ist aus dem Bereich des Tierseuchenrechts gewählt worden (**D.**). Anhand des Ausbruchs der Maul- und Klauenseuche in der Europäischen Union im Jahr 2001 wird das Zusammenspiel von gemeinschaftsrechtlichen und nationalen Maßnahmen untersucht. Die Rechtsverordnung ist auf nationaler Ebene das bevorzugte Instrument zur Seuchenbekämpfung.

Das dritte Kapitel formuliert die abschließenden Ergebnisse und versucht eine vorsichtige Verallgemeinerung einzelner Aussagen.

B. Rechtsverordnung - Begriffsbestimmung und Geschichte

I. Begriffsbestimmung

Eine Rechtsverordnung ist ein materieller Rechtssatz, der aufgrund einer formellgesetzlichen Ermächtigung von der Exekutive erlassen wird und allgemeinverbindliche Wirkung erzeugt[1]. Das Bundesverfassungsgericht bezeichnet sie als Norm „mit Rang unterhalb des Gesetzes", die „zum Aufgaben- und Kompetenzbereich der Exekutive" gehört[2].

II. Abgrenzung

Aus den oben genannten Kriterien lassen sich Abgrenzungen zu anderen Rechtsquellen bilden.

1. Abgrenzung zum Gesetz

a) Materieller Gesetzesbegriff

Gesetz im materiellen Sinn ist das gesamte geltende Recht, jeder positive abstrakte und generelle Rechtssatz, die Art der Rechtsquelle ist dabei unerheblich[3]. Dieses allgemeine Rechtsverständnis drückt sich auch in Regelungen wie § 2 EGBGB aus, der festlegt, dass Gesetz „jede Rechtsnorm" ist[4].

Bei dieser Definition stellt sich die Frage, was überhaupt eine Rechtsnorm oder eine Rechtsquelle ist.

aa) Rechtssatz und Norm

Man findet oft den Begriff des Rechtssatzes gleichbedeutend mit dem der Norm. Rechtstheoretisch bedeutet „Rechtssatz der geschriebene oder ungeschriebene Ausdruck jeder auf das äußere Verhalten von Menschen bezüglichen abstrakten oder generellen Anordnung (Norm), die auftritt mit den Anspruch, verbindlich zu sein, weil sie mit dem Rechtsprinzip übereinstimmt, und die als „positiver" Rechtssatz verfassungsgemäß und damit in der Regel sozial gilt. Rechtssätze sind ferner die mit derartigen Anordnungen zusammenhängenden definitorischen oder sie sonstwie ergänzenden Sätze"[5].

Diese Definition macht deutlich, dass Norm und Rechtssatz logisch nicht gleichbedeutend sind. Eine Norm ist „der imperative Sinn, der in einem Rechtssatz ausgedrückt"[6] ist.

bb) Rechtsquelle

Die Grundlagen des Rechts finden sich also in Rechtssätzen. Sie bringen das Recht hervor[7], sind die Basis der Rechtsordnung und man bezieht sich auf sie bzw. schöpft aus ihnen, wann immer man mit Recht umgeht, daher nennt man sie Rechtsquellen[8].

---

[1] *Ossenbühl*, in: Isensee/Kirchhof, Bd. III, § 64 RN. 1.

[2] BVerfG, Beschl. v. 15.11.1967 –2 BvL, 7, 20, 22/64 – , BVerfGE 22, 330/346.

[3] *Bülow*, in: Benda/Maihofer/Vogel, § 30 RN. 3; *Wolff/Bachof/Stober*, Bd. I, § 24 RN. 9.

[4] *Bülow*, in: Benda/Maihofer/Vogel, § 30 RN. 3.

[5] *Woff/Bachof/Stober*, Bd. I, § 24 RN. 10; so auch *v. Mutius*, in: Menger, S. 167/187 unter Hinweis auf Hans J. Wolff; *Larenz*, S. 250ff..

[6] *Wolff/Bachof/Stober*, Bd. I, § 24 RN. 10.

[7] *Ossenbühl*, in: Isensee/Kirchhof, Bd. III, § 61 RN. 1.

[8] S. dazu *Kirchhof*, in: Isensee/Kirchhof, Bd. I, § 19 RN. 7f; *Liver*, in: Merz (Hrsg.), S. 31f.; kritisch zur dieser Bildsprache: *Meyer-Cording*, S. 50f..

b) Formeller/Förmlicher Gesetzesbegriff
Als Gesetz im formellen (oder auch förmlichen[9]) Sinn bezeichnet man alle Anordnungen, die in dem in der Verfassung vorgesehenen Verfahren zustande kommen und wirksam werden[10].

c) Dualistischer Gesetzesbegriff
Laband entwickelte den dualistischen Gesetzesbegriff[11], der sich aus den beiden Definitionen für materielles und formelles Gesetz zusammensetzt[12]. Danach ist ein Gesetz jede bindende rechtliche Regelung, sofern sie nicht nur verwaltungsintern ist[13], als auch die im vorgeschriebenen Verfahren (Art. 76ff. GG) ordnungsgemäß zustande gekommene Willensäußerung des Parlaments [14].
Zur Veranschaulichung des Verhältnisses von formellem und materiellem Gesetz wird regelmäßig das Bild zweier sich überschneidender Kreise gebraucht, und als „nur" materielles Gesetz das Beispiel der Rechtsverordnung, als „nur" formelles Gesetz das des Haushaltsgesetzes genannt[15].

d) Rechtsetzungskompetenz als Abgrenzungskriterium
Rechtsetzung durch Gesetze ist Hauptaufgabe und originärer Kompetenzbereich des Parlamentes. Dagegen gestattet das Grundgesetz der Exekutive Rechtsetzung in Form von Rechtsverordnungen nur in den Fällen, in denen die Legislative dies gesetzlich zulässt. Damit unterscheiden sich Gesetz und Rechtsverordnung nicht nur in der sie erlassenden Stelle, sondern auch in der Art der Rechtsetzung: die Legislative besitzt eine originäre Rechtsetzungskompetenz, die der Exekutive ist von der Legislative abgeleitet.

e) Bedeutung der Abgrenzung
Die Abgrenzung von Gesetz und Rechtsverordnung ist insbesondere bedeutsam für die Frage der Normenhierarchie und für die Grundsätze des Vorrangs und des Vorbehaltes des Gesetzes.
Dabei geht es also um das Begriffspaar formelles Gesetz und Rechtsverordnung.

aa) Bedeutung hinsichtlich der Normenhierarchie
Die Rechtsquellen werden nach der Art der Rechtssätze (diese müssen wiederum nach Inhalt **und** Form abgegrenzt werden) geordnet und in ein Rangverhältnis gestellt. Das Rangverhältnis bestimmt sich nach der Geltungskraft und diese wiederum nach der Werthöhe des Rechtssatzes[16].
Danach steht die Verfassung an höchster Stufe, weil sie, inhaltlich gesehen, die Grundentscheidungen und Grundlagen des Zusammenlebens enthält. Außerdem ist sie durch das besondere förmliche Verfahren und die erschwerten Änderungsmöglichkeiten (gemäß Art. 79 Abs. 2 GG ist jeweils eine Zweidrittelmehrheit von Bundestag und Bundesrat erforderlich)

---

[9] *Wolff/Bachof/Stober*, Bd. I, § 24 RN. 35 bezeichnen allerdings als förmliches Gesetz nur die Ziele und Zwecke setzenden, materiellen und formellen Gesetze.
[10] *Ossenbühl*, in: Isensee/Kirchhof, Bd. III, § 61 RN. 13; *Stern*, Bd. I, § 20 IV 4, S. 825f.; *Bülow*, in: Benda/Maihofer/Vogel, § 30 RN. 4; *Wolff/Bachof/Stober*, Bd. I, § 24 RN. 34.
[11] *Laband*, S. 6.
[12] Für die Abschaffung der Unterscheidung von materiellen und formellen Gesetzen, *Pegatzky*, S. 56.
[13] Zur Problematik, ob eine Verwaltungsvorschrift als typische verwaltungsinterne Rechtsquelle Bindungswirkung entfalten kann, siehe unter **B.** II. 2..
[14] *Bülow*, in: Benda/Maihofer/Vogel, § 30 RN. 2.
[15] *Bülow*, in: Benda/Maihofer/Vogel, § 30 RN. 4.
[16] *Wolff/Bachof/Stober*, Bd. I, § 26 RN. 1ff..

diejenige Rechtsquelle, welche die höchste Geltungskraft besitzen soll. Dies kommt auch in Art. 20 Abs. 3 GG zum Ausdruck.

An zweiter Stelle folgen die formellen Gesetze. Das Gesetz ist die Willensbekundung der Legislative als durch Wahlen unmittelbar demokratisch legitimiertem Verfassungsorgan. Es kommt durch das im Grundgesetz vorgeschriebene Verfahren (Art. 76ff.) zustande.

Die Rechtsverordnungen stehen in der Hierarchie unter dem formellen Gesetz. Sie werden von der Exekutive erlassen, die durch Gesetz dazu ermächtigt wurde (Art. 80 GG). Die Exekutive ist aber nur mittelbar demokratisch legitimiert und die Rechtsetzungskompetenz ist nicht originär, sondern abgeleitet[17]. Daraus und aus dem gegenüber dem Gesetzgebungsverfahren vereinfachten Verordnungsgebungsverfahren folgt, dass die Geltungskraft eines Gesetzes höher sein muss als die einer Verordnung.

bb) Der Vorrang des Gesetzes

Nach Art. 20 Abs. 3 GG ist die vollziehende Gewalt und die Rechtsprechung an Gesetz und Recht gebunden. Daraus wird der Grundsatz des Gesetzesvorrangs abgeleitet. Er bedeutet, dass sich die Verwaltung im Rahmen des Rechts bewegen muss[18]. Dies wird auch als negative Gesetzmäßigkeit der Verwaltung bezeichnet[19]. Jedes Handeln der Exekutive muß im Einklang mit allen Rechtsnormen stehen. Im Hinblick auf die Unterscheidung zwischen Gesetz und Rechtsverordnung bedeutet der Grundsatz, dass die von der Exekutive erlassenen Normen nicht gegen höherrangiges Recht verstoßen dürfen[20]. Hier schließt sich der Kreis zur Normenhierarchie[21]. Da die Rechtsverordnungen im Rang unterhalb der Gesetze stehen, müssen sie mit diesen übereinstimmen. Eine Rechtsverordnung, die mit einem Gesetz nicht in Einklang steht, ist nichtig[22].

cc) Der Vorbehalt des Gesetzes

Der Vorbehalt des Gesetzes oder auch positive Gesetzmäßigkeit der Verwaltung besagt, dass die vollziehende Gewalt für Eingriffe in die Rechts- und Freiheitssphäre natürlicher oder juristischer Personen positiv eine rechtsatzmäßige Ermächtigung braucht[23]. Dieser nicht ausdrücklich im Grundgesetz festgelegte Grundsatz ergibt sich aus dem Rechtsstaatsprinzip und wird in Art. 20 Abs. 3 GG vorausgesetzt[24].

Der Gesetzesvorbehalt betrifft somit die Kompetenzabgrenzung zwischen Gesetzgebung und Verwaltung, indem bestimmte Sachbereiche, die dem Gesetz vorbehalten sind, „einer autonomen Regelung der Verwaltung entzogen" werden[25].

---

[17] *Pieroth*, in: Jarass/Pieroth, Art. 80 RN. 1; vgl. dazu auch unten E. III. 1. c) aa).

[18] *Wolff/Bachof/Stober*, Bd. I, § 30 RN. 5.

[19] *Wolff/Bachof/Stober*, Bd. I, § 30 RN. 5; *Stern*, Bd. I, § 20 IV 4, S. 803.

[20] *Jarass*, in: Jarass/Pieroth, Art. 20 RN. 39.

[21] So auch *Ossenbühl*, in: Isensee/Kirchhof, Bd. III, § 62 RN. 1f, der aufgrund der heutigen rechtsstaatlichen „Selbstverständlichkeit" davon ausgeht, dass die Bedeutung des Vorrangs des Gesetzes als „Rangordnungsregel" die augenfälligere ist.

[22] *Maurer*, § 13 RN. 17.

[23] *Stern*, Bd. I, § 20 IV 4, S. 805.

[24] BVerfG, Beschl. v. 28.10.1975 – 2 BvR 883/73, 379, 497, 526/74 – , BVerfGE, 40, 237/248f; *Herzog*, in: Maunz/Dürig, Art. 20, VI, RN. 79, spricht von „Verfassungsgewohnheitsrecht"; *Jarass*, in: Jarass/Pieroth, Art. 20 RN. 44; *Stern*, Bd. I, § 20 IV 4, S. 805; siehe auch *Kloepfer*, JZ 1984, 685/685 FN. 1.

[25] *Ossenbühl*, in: Isensee/Kirchhof, Bd. III § 62, Rn. 7; *Kloepfer*, JZ 1984, 685/686.

Noch eine höhere Stufe dieses Grundsatzes stellt der Parlamentsvorbehalt[26] dar. Er bedeutet, dass bestimmte Regelungen in einem förmlichen Gesetz getroffen werden müssen[27].
Wenn vom Gesetzesvorbehalt (im weiteren Sinne) die Rede ist, ist mit Gesetz also das materielle Gesetz gemeint. Eine Rechtsverordnung reicht hier grundsätzlich als Ermächtigung aus (wobei natürlich diese wiederum auf einer ordnungsgemäßen gesetzlichen Ermächtigung zum Erlass von Verordnungen beruhen muss). Sachbereiche, die unter den Parlamentsvorbehalt fallen, sind dagegen „delegationsfeindlich"[28]. Das bedeutet, dass eine Regelung durch Normen der Exekutive wie Rechtsverordnungen nicht ausreicht.

2. Abgrenzung zur Verwaltungsvorschrift
Seit *Laband* und *Jellinek*, die die klassischen Grundlagen der Verordnungsdogmatik entwickelten, unterscheidet man zwischen Rechtsverordnungen, die einer staatlichen Delegation bedürfen, und Verwaltungsvorschriften bzw. „Verwaltungsverordnungen", die von jeder Verwaltung „innerhalb der ihrer Competenz unterworfenen Sphäre [...] aus eigenem Rechte erlassen"[29] werden können[30]. Nach gängiger Meinung versteht man heute unter Verwaltungsvorschriften generell-abstrakte Anordnungen, die innerhalb der Verwaltungsorganisation von übergeordneten Verwaltungsinstanzen oder Vorgesetzten an nachgeordnete Behörden, Verwaltungsstellen oder Bedienstete ergehen, und die dazu dienen, Organisation und Handeln der Verwaltung näher zu bestimmen[31].

Versuche, Rechtsverordnungen und Verwaltungsvorschriften voneinander abzugrenzen, könnten sowohl an formelle als auch an materielle Unterschiede anknüpfen. Die Entwicklung der Dogmatik gerade zu einer möglichen Außenwirkung bzw. normativen Wirkung von Verwaltungsvorschriften zeigt aber, dass materielle Unterschiede so gut wie nicht (mehr) vorhanden und daher kein taugliches Abgrenzungskriterium (mehr) sind[32].

a) Formelle Unterschiede
Rechtsverordnungen und Verwaltungsvorschriften unterscheiden sich deutlich in ihren Erlassvoraussetzungen:
Rechtsverordnungen können nur von den in Art. 80 Abs. 1 Satz 1 GG genannten Organen erlassen werden, während für Verwaltungsvorschriften eine solche Begrenzung nicht besteht. Weitere Voraussetzungen des Art. 80 Abs. 1 GG, der eben nur für Rechtsverordnungen und nicht für Verwaltungsvorschriften gilt, sind die Einhaltung des Zitiergebots sowie das Vorliegen eines ermächtigenden Gesetzes, dass die Anforderungen des Art. 80 Abs. 1 Satz 2 GG erfüllt (Bestimmung von Inhalt, Zweck und Ausmaß der Ermächtigung).
Schließlich müssen Rechtsverordnungen veröffentlicht werden, um Rechtswirkungen zu entfalten. Dies ist bei Verwaltungsvorschriften grundsätzlich nicht der Fall[33]. Aus Gründen des

---

[26] Ausführlich zum Parlamentsvorbehalt siehe unter **D.** I. 2. c) bb).
[27] Teilweise auch verstanden als Möglichkeit eines einfachen Parlamentsbeschlusses, *Kloepfer*, JZ 1984, 685/694f..
[28] *Krebs*, S. 109; *Ossenbühl*, in: IsenseeKirchhof, Bd. III, § 62 RN. 9.
[29] *Jellinek*, S. 386.
[30] *Jellinek*, S. 366ff., insbes. S. 384.
[31] *Ossenbühl*, in: Isensee/Kirchhof, Bd. III, § 65 RN. 4; *Maurer*, § 24 RN. 1; *Erichsen/Klüsche*, Jura 2000, 540.
[32] Siehe dazu sogleich unter b).
[33] Gemäß § 76 Abs. 3 Nr. 2 GGO werden im Bundesanzeiger Verwaltungsvorschriften veröffentlicht, die nicht hinreichend bekannt würden, wenn sie nur nach Abs. 4 veröffentlicht würden. Nach Abs. 4 Nr. 1 können in den Amtsblättern der Bundesministerien Verwaltungsvorschriften veröffentlicht werden. Im Einzelnen zur GGO unten **C.** I. 1..

Rechtsstaatsprinzips wird gefordert, dass auch Verwaltungsvorschriften veröffentlicht werden sollten[34]. Allerdings ist die Veröffentlichung bei diesen keine Wirksamkeitsvoraussetzung[35], es sei denn, die Verkündigung ist spezialgesetzlich besonders angeordnet[36].
All diese Merkmale sind geeignet, um Rechtsverordnungen und Verwaltungsvorschriften voneinander abzugrenzen.

b) Materielle Unterschiede
Teilweise werden Verwaltungsvorschriften und Rechtsverordnungen nach Inhalten bzw. Funktionsbereichen, Adressaten und nach Rechtswirkungen unterschieden.

aa) Unterscheidung nach Inhalten bzw. Funktionsbereichen
Verwaltungsvorschriften werden traditionell unterteilt in Organisations- und Dienstvorschriften, norminterpretierende/gesetzesauslegende, normkonkretisierende, ermessenslenkende und gesetzesvertretende Verwaltungsvorschriften[37]. All diese „typischen" Regelungsbereiche von Verwaltungsvorschriften kann man aber bei näherer Untersuchung auch bei den Rechtsverordnungen finden[38]. Teilweise wird sogar der Erlass von Verwaltungsvorschriften wahlweise neben den von Rechtsverordnungen gestellt[39]. Damit würde die Funktionsgleichheit von Rechtsverordnung und Verwaltungsvorschrift, die faktisch ohnehin besteht – beide enthalten abstrakt-generelle Regelungen der Verwaltung –, auch gesetzlich anerkannt[40]. Als Unterscheidungsmerkmal eignet sie sich daher nicht.

bb) Unterscheidung nach den Adressaten
Verwaltungsvorschriften werden traditionell nach ihrem jeweiligen Adressaten eingeteilt in intrabehördliche, interbehördliche und intersubjektive Verwaltungsvorschriften.
Intrabehördliche Verwaltungsvorschriften ergehen innerhalb ein und derselben Verwaltungseinheit von der Verwaltungsspitze an die nachgeordneten Bediensteten, interbehördliche ergehen zwischen verschiedenen Behörden und intersubjektive Verwaltungsvorschriften

[34] *Wolff/Bachof/Stober*, Bd. I, § 24 RN 3; *Maurer*, § 24 RN. 36.
[35] *Ossenbühl*, S. 463f.: sondern nur eine Existenzvoraussetzung.
[36] *Ossenbühl*, in: Isensee/Kirchhof, Bd. III, § 65 RN. 69.
[37] Vgl. dazu bspw. *Maurer*, § 24 RN. 8ff.; *Beckmann*, DVBl. 1987, 611/615; *Hill*, NVwZ 1989, 401/406.
[38] Bspw. enthält die landesrechtliche *Verordnung zur Bestimmung der für die Verfolgung und Ahndung von Ordnungswidrigkeiten nach wirtschaftsrechtlichen Vorschriften zuständigen Verwaltungsbehörden* vom 6.7.1993 (GVBl. S. 465) Organisations- und Dienstvorschriften.
[39] *Anna Leisner*, JZ 2002, 219/227 unter Hinweis auf §§ 11 ff. und §§ 25 ff. UGB-KomE: Festlegung von Grenz- und Richtwerten für die Umweltqualität bzw. von Anforderungen und Betriebsweisen, jeweils durch Rechtsverordnung bzw. durch Verwaltungsvorschrift; vgl. § 11 einerseits:„ Zu den in § 1 genannten Zwecken [...] können durch Rechtsverordnung [...] Grenzwerte [...] festgesetzt werden [...]" und § 25 andererseits: „Grenz- und Richtwerte nach § 11 [...] können auch durch Verwaltungsvorschrift festgesetzt werden [...]".
Dazu auch *Gößwein*, S, 171ff., der zwar ein Auswahlermessen annimmt, aber als Unterschied zwischen beiden Handlungsformen eine „unbestimmtere Bindung des Rechtsatzes in der Rechtsform der Verwaltungsvorschrift, eine abfallende Verantwortung des exekutiven Normgebers" bzw. eine „ ‚größer[e] Rechtsklarheit und Sicherheit' " der Handlungsform Rechtsverordnung erkennt (S. 173). Zur verfahrensrechtlichen Gleichstellung der qualifizierten Verwaltungsvorschriften nach § 29 UGB-KomE mit Rechtsverordnungen und der Verallgemeinerungsfähigkeit derselben im Hinblick auf die Beteiligung der so genannten Umweltkommission, einem pluralistisch besetztes Beratungsgremium, das die Bundesregierung oder das zuständige Ministerium berät und das auf unterschiedlichste Weise zu beteiligen ist, ebenfalls *Gößwein*, S. 145f..
[40] Die Inhaltsgleichheit ist im Übrigen unabhängig von der Frage, ob Verwaltungsvorschriften Außenwirkung zukommt; vgl. dazu sogleich unten cc).

schließlich ergehen von einem Verwaltungsträger gegenüber einem anderen[41]. Sie finden sich zum Beispiel in Art. 84 Abs. 2 und Art. 85 Abs. 2 GG im Verhältnis Bund und Länder.
Verkürzt gesagt sollen sich Verwaltungsvorschriften an die Bediensteten der öffentlichen Verwaltung richten, Rechtsverordnungen an den Bürger[42]; Privatpersonen können durch eine Verwaltungsvorschrift zwar betroffen sein, aber Adressat sind sie nicht[43].
Unabhängig von der Frage, inwieweit diese Auffassung weiterhin uneingeschränkt gelten kann, gibt es jedenfalls auch Rechtsverordnungen, die sich an die Bediensteten der öffentlichen Verwaltung in ihrer Eigenschaft als Grundrechtsträger richten, wie Beihilfeverordnungen oder Laufbahnverordnungen. Sie richten sich also nur an diese. Dann kann der Adressatenkreis aber nur bedingt taugliches Abgrenzungskriterium sein.

cc) Unterscheidung nach den Rechtswirkungen
Die traditionelle Auffassung der verwaltungsrechtlichen Literatur zählt die Verwaltungsvorschriften zum Innenbereich der Verwaltung; Außenwirkung gegenüber dem Bürger und den Gerichten besäßen sie nicht[44]. Lediglich mittelbar durch eine so genannte Umschaltnorm (Art. 3 GG)[45] könne dem Inhalt einer Verwaltungsvorschrift Außenwirkung zukommen, indem die Behörde durch ständige Anwendung eine gleichmäßige Verwaltungspraxis begründe, durch die sie sich selbst binde[46].
Diese Auffassung stellt aber schon eine Aufweichung der ursprünglich strengen Ablehnung einer Außenwirkung von Verwaltungsvorschriften dar. Die Frage der Außenwirkung von Verwaltungsvorschriften ist seit längerer Zeit im Fluss und kann noch längst nicht als abgeschlossen bezeichnet werden. Es mehren sich aber die Stimmen, die mit verschiedenen Begründungen eine Außenwirkung für bestimmte Arten von Verwaltungsvorschriften bejahen[47].
Angenommen wird sie für Ermessensrichtlinien sowie für bestimmte Fälle von Beurteilungsrichtlinien. Die Außenwirkung von ermessenslenkenden Verwaltungsvorschriften wird damit begründet, dass in diesen Fällen der Richter die Ermessensentscheidung ohnehin nur darauf kontrollieren kann, ob Ermessen eingeräumt und dessen Grenzen eingehalten wurden, so dass die gerichtliche Nachprüfbarkeit nicht beeinträchtigt sei. Dem ermesseneinräumenden Gesetzgeber, der das Ermessen einräumt, sei bewusst, dass dieses durch die Verwaltung durch Verwaltungsvorschriften in einer bestimmten Art und Weise festgelegt werden kann[48].
Die Begründung für die Außenwirksamkeit von Beurteilungsrichtlinien ist vergleichbar mit der Begründung von Beurteilungsspielräumen: unbestimmte Rechtsbegriffe müssen anwendbar gemacht werden. Aus der Verwendung eines unbestimmten Rechtsbegriffs allein könne aber nicht schon gefolgert werden, dass der Verwaltung ein Raum für eigenständige Rechtsetzung mit Außenwirkung zugebilligt werden soll. Nur bei offenen Gesetzen[49], bei denen der Gesetzgeber anerkenne, dass die Verwaltung nicht nur auslegend, also norminterpretierend, sondern normkonkretisierend tätig werden könne bzw. sogar müsse, sei Außenwirkung anzu-

---

[41] *Ossenbühl*, in: Isensee/Kirchhof, Bd. III, § 65 RN. 29; *ders.*, Verwaltungsvorschriften, S. 362ff.; *Erichsen/Klüsche*, Jura 2000, 540/542.
[42] *Ossenbühl*, S. 173 unter Hinweis auf *Walter*, ÖJZ 1965, 29f..
[43] *Ossenbühl*, S. 483.
[44] *Erichsen/Klüsche*, Jura 2000, 540/548; *Lerche*, in: Maunz/Dürig, Art. 84 RN. 94ff.; *Jachmann*, Die Verwaltung 28 (1995), 17/23.
[45] Erstmals wohl *Zacher*, VVDStRL 24 (1966), 237.
[46] Für viele: *Maurer*, § 24 RN. 21ff; *Ossenbühl*, in: Isensee/Kirchhof, Bd. III, § 65 RN. 44ff..
[47] Vgl. dazu den Überblick bei *Anna Leisner*, JZ 2002, 219/223ff..
[48] *Vogel*, VVDStRL 24 (1966), 125/160f.; *Anna Leisner*, JZ 2002, 219/226f..
[49] BVerwG, Beschl. v. 25. 11. 1993 – BVerwG 5 N 1.92 – , BVerwGE 94, 335/340; BVerwG, Urt. v. 28. 10. 1998 – BVerwG 8 C 16.96 – , BVerwGE 107, 338/341.

nehmen. Bei der Frage, wann ein solches offenes Gesetz vorliegt, sei, entsprechend der von *Schmidt-Aßmann* entwickelten normativen Ermächtigungslehre, auf den Willen des Gesetzgebers abzustellen. Auch hier werde durch die Annahme einer Außenwirkung die richterliche Überprüfungsmöglichkeit nicht unangemessen beeinträchtigt: wenn anerkannt sei, dass die Gerichte Beurteilungen aufgrund eines Beurteilungsspielraums inhaltlich nicht überprüfen dürfen, dann stelle die normative Bindung der Gerichte an die die Einzelfallentscheidung vorprägende Richtlinie keine darüber hinausgehende Beeinträchtigung dar[50].

Diese Ausführungen überzeugen. Da durch die Annahme einer normativen Bindungswirkung von Verwaltungsvorschriften das Verhältnis von Exekutive und Judikative nicht zuungunsten der Judikative beeinträchtigt wird, ist kein überzeugender Grund erkennbar, die Außenwirkung von Verwaltungsvorschriften abzulehnen.

Da bestimmte Arten von Verwaltungsvorschriften also Außenwirkung besitzen können, ist dieses Kriterium zur Abgrenzung von Verwaltungsvorschriften und Rechtsverordnungen nicht besonders geeignet.

Allerdings unterscheiden sich Verordnungen und außenwirksame Verwaltungsvorschriften in der Art der Rechtsetzungsbefugnis: Der Erlass von Verordnungen ist von der Legislative abgeleitete Rechtsetzung der Exekutive. Dagegen dringt die Exekutive beim Erlass außenwirksamer Verwaltungsvorschriften in vom Gesetzgeber freigelassene oder freigegebene Räume ein und füllt die „Lücke" aus. Eine Übertragung von Rechtsmacht findet hier nicht statt, es liegt eher eine Gestattung vor[51]. Der Erlass außenwirksamer Verwaltungsvorschriften gründet sich daher auf ein eigenständiges Normsetzungsrecht der Exekutive[52].

3. Abgrenzung zur Satzung

Satzungen sind abstrakt-generelle Rechtsnormen, die von einer juristischen Person des öffentlichen Rechts im Rahmen der ihr gesetzlich verliehenen Autonomie zur Regelung ihrer Angelegenheiten erlassen werden[53], bspw. der Kommunen oder der Industrie- und Handelskammern. Sie unterscheiden sich vom formellen Gesetz und von der Rechtsverordnung dadurch, dass sie von rechtlich selbständigen, wenn auch dem Staat eingegliederten Organisationen stammen[54]. Im Gegensatz zu Rechtsverordnungen sind Satzungen Ausdruck originärer, wenn auch staatlich verliehener autonomer Rechtsetzungskompetenz.

4. Sonderverordnung, Verwaltungsverordnung und Gemeinverordnung

Schon in der ersten Auflage des „Verwaltungsrecht I" beschreibt *Wolff* die Sonderverordnungen als Rechtsquellen im besonderen Gewaltverhältnis[55]. Er definierte sie als „einseitig hoheitlich erlassene, abstrakte und meist generelle Anordnungen staatlicher Organe, autonomer Verbände oder selbständiger Anstalten zur Regelung besonderer Gewaltverhältnisse mit materiellem Gesetzescharakter[56].

Nach der Aufgabe des besonderen Gewaltverhältnisses als rechtsfreiem Raum durch die Straf-

---

[50] *Vogel*, VVDStRL 24 (1966), 125/161ff.; *Anna Leisner*, JZ 2002, 219/227ff..

[51] So *Anna Leisner* unter Rückgriff auf die „kelsenianische Terminologie" von Ermächtigung im engeren und im weiteren Sinn, JZ 2002, 219/ 230f..

[52] So bspw. auch *Ossenbühl*, S. 510; *Beckmann*, DVBl. 1987, 611/616f; *Anna Leisner*, JZ 2002, 219/ 230f..

[53] *Maurer*, § 4 RN 14; *Ossenbühl*, in: Isensee/Kirchhof, § 66 RN. 1.

[54] *Maurer*, § 4 RN. 14; *Wolff/Bachof/Stober*, Bd. I, § 25 RN. 46; *Ossenbühl*, in: Isensee/Kirchhof, Bd. III, § 66 RN. 1.

[55] *Wolff*, § 25 VIII..

[56] *Wolff*, § 25 VIII a) 1.. Die Definition ist im Wesentlichen unverändert geblieben, vgl. *Wolff/Bachof/Stober*, Bd. I, § 25 RN. 43ff.; *Böckenförde/Grawert*, AöR 95 (1970), 1/21; *Ossenbühl*, in: Isensee/Kirchhof, Bd. III, § 65 RN. 6; *ders.*, Verwaltungsvorschriften, S. 23ff..

gefangenenentscheidung des Bundesverfassungsgerichts 1972[57] wurde dieses Institut, nun als Sonderrechtsverhältnis bezeichnet, neu strukturiert[58]. Der Begriff der Sonderverordnung blieb jedoch erhalten, hatte er doch erst kurz zuvor noch eingehende Beschäftigung in Literatur und Rechtsprechung erfahren[59].

Sonderverordnungen werden von der Verwaltungsverordnung einerseits, von der Gemeinverordnung andererseits abgegrenzt. Sie sollen Verwaltungsvorschriften im Sonderrechtsverhältnis darstellen, die sich von den übrigen Verwaltungsvorschriften, den Verwaltungsverordnungen, dadurch unterscheiden, dass sie keine amtliche, sondern eine dienstliche Einzelweisung beinhalten und daher die Individualrechtsposition des Amtswalters betroffen ist[60]. Verwaltungsverordnungen und Sonderverordnungen als Unterfälle der Verwaltungsvorschriften werden also nach dem Adressatenkreis abgegrenzt. Bei dieser Unterscheidung zwischen Sonder- und Verwaltungsverordnung zeigt sich gleichzeitig, dass die unter dem Begriff der Sonderrechtsverhältnisse zusammengefassten Rechtsverhältnisse nicht so homogen sind, wie es die Zusammenfassung glauben machen will. Denn bis auf das Beamtenrecht existieren in den Sonderrechtsverhältnissen nur Sonderverordnungen und keine amtsadressierten Verwaltungsvorschriften (Verwaltungsverordnungen)[61].
Die Unterschiede zwischen Sonderverordnungen und Gemeinverordnungen (damit werden Rechtsverordnungen als von der Legislative delegierte Rechtsetzung bezeichnet) liegen weniger im Bereich des Regelungszwecks oder des Adressatenkreises[62], sondern in den Anforderungen an die Ermächtigung. Es geht also um die Abgrenzung der Kompetenzbereiche von Legislative und Exekutive[63]. Erinnert man sich, dass Sonderverordnungen ein Unterfall der Verwaltungsvorschriften sind, ist das nicht weiter verwunderlich.
Deutlicher wird das Problem, wenn man den Inhalt von Sonderverordnungen betrachtet: dieser unterscheidet sich in seiner Fähigkeit, Individualrechtspositionen zu berühren, nicht von dem der Gemeinverordnungen. Während Gemein- bzw. Rechtsverordnungen den Anforderungen des Art. 80 GG genügen müssen, was in diesem Fall insbesondere bedeutet, dass die Exekutive einer parlamentsgesetzlichen Ermächtigung bedarf, soll das bei den Sonderverordnungen nicht oder nur eingeschränkt der Fall sein. Die Meinungen sind hier schwer auseinander zu halten: teilweise wird angenommen, es sei gar keine Ermächtigung nötig, da es sich hier um eine originäre Rechtsetzungskompetenz der Exekutive handele[64]. Teilweise werden Sonderverordnungen zwar als Gesetze im materiellen Sinne angesehen, mit der Folge, dass sie in den Vorbehaltsbereich der Legislative fallen. Fehle es an einer gesetzlichen oder satzungsrechtlichen Ermächtigung, dann soll der Verwaltung allerdings das Recht eingeräumt sein, im Interesse der Funktionsfähigkeit Übergangsrecht zu setzen. Unabhängig davon soll aber auch der Gedanke eines eigenständigen Administrativrechts fruchtbar gemacht werden, soweit nicht wesentliche Entscheidungen des Grundverhältnisses betroffen werden[65]. Schließlich hat es auch Stimmen gegeben, die sich mit einer gewohnheitsrechtlichen Ermächtigung begnügten[66].

---

[57] BVerfG, Beschl. v. 14.3.1972 – 2 BvR 41/71 –, BVerfGE 33, 1/9ff..
[58] *Erichsen*, in: Menger, S. 219/ 232.
[59] Hess. Staatsgerichtshof, Urt. v. 15.7.1970 – P. 548/563 – , ESVGH 21, 1/14; *Böckenförde/Grawert*, AöR 95 (1970), 1-37.
[60] Näher dazu *Schnapp*, S. 229ff..
[61] *Schnapp*, S. 233f..
[62] Zur mangelnden Abgrenzungstauglichkeit der Merkmale *Schnapp*, S. 234f..
[63] *Böckenförde/Grawert*, AöR 95 (1970), 1/16; *Schnapp*, S. 234.
[64] *Böckenförde/Grawert*, AöR 95 (1970), 1/30f. m.w.N. in FN. 55.
[65] *Wolff/Bachof/Stober*, § 25 RN. 44.
[66] *Wolff/Bachof*, § 25 VIII b); weitere Nachweise bei *Böckenförde/Grawert*, AöR 95 (1970), 1/30 FN. 53.

Interessant ist, dass die Sonderverordnung als rechtlicher Systembegriff schon wenige Jahre nach ihrer Neu-Klassifizierung[67] als überholt eingestuft wurde: sie habe die Funktion eines Wegbereiters gehabt, und ihr Begriff sei damit von Anfang an mit dem Zweck verbunden gewesen, sich zu erledigen[68]. Findet sich der Begriff tatsächlich in der Literatur nur noch selten – von der Rechtsprechung wurde er von Anfang an abgelehnt[69] – so ist er dennoch nicht vollkommen verschwunden: zur Kennzeichnung von Verwaltungsvorschriften, die die Rechte und Pflichten beispielsweise von Beamten betreffen, wird er weiterhin benutzt[70], obwohl man die Bezeichnung teilweise auch als überflüssig angesieht, da sich eine Sonderverordnung entweder als Rechtsverordnung, Satzung oder Allgemeinverfügung einordnen lassen müsse, ansonsten sei sie unzulässig[71]. Im Übrigen ist die Frage, ob Sonderverordnungen Rechtsquellen darstellen, weiterhin strittig[72].

III. Rechtsverordnung als Rechtsquelle und Verwaltungsinstrument

Die Rechtsverordnung als Handlungsform der Verwaltung ist sowohl Rechtsquelle als auch Verwaltungsinstrument.

Sie ist wie das Gesetz Rechtsquelle, da sie ebenfalls einen abstrakt-generellen Regelungsinhalt besitzt. Aufgrund der gesetzgeberischen Delegation nimmt sie an der „Vorzugsstellung in der Rechtsordnung“[73] (Vorrang und Vorbehalt des Gesetzes) teil. Die Delegation der Rechtsetzungsgewalt ist eine Ausnahme vom Grundsatz, dass nur dem Parlament Gesetzgebungsgewalt zusteht. Grund für die Ausnahme ist die Entlastung des Gesetzgebers, insbesondere von politisch unwichtigen oder nachrangigen Details. Regelungsbereiche von tragender Bedeutung darf die Legislative aufgrund der Wesentlichkeitstheorie bzw. des Parlamentsvorbehalts gar nicht delegieren.

Gleichzeitig wird dadurch auch die Verwaltung selbst entlastet. Dies lässt sich vor allem im Polizeirecht gut verdeutlichen, da die Verwaltung bestimmte Rechtsfolgen beim Vorliegen einer abstrakten Gefahr festlegen kann und dadurch eine Einzelfallprüfung nicht stattfinden muss[74].

In ihrer Funktion als Verwaltungsinstrument oder Handlungsinstrument der Verwaltung verlässt die Rechtsverordnung die Ebene der Rechtsetzung und ist selbst Rechtsanwendung. Sie steht damit auf einer Stufe mit Verwaltungsakt, Verwaltungsvertrag (individuell-konkrete Regelungen), Realakt (kein Regelungscharakter), Verwaltungsvorschrift[75] und Satzung (Normsetzung eines Selbstverwaltungsorgans).

IV. Geschichte

1. Kaiserreich

Lange Zeit kannte man in Deutschland keine begriffliche Unterscheidung zwischen Gesetz und Verordnung, da in einer absoluten Monarchie keine Gewaltenteilung exisiterte. Die recht-

---

[67] So wohl vor allem durch die Abhandlung von *Böckenförde/Grawert*, AöR 95 (1970), 1-37 auf der Grundlage eines „Erlasses“ aus Hessen, Hess. Amtsbl. 1966, S. 332.
[68] *Erichsen*, in: Menger, S. 219/ 246.
[69] Hess. Staatsgerichtshof, Urt. v. 15.7.1970 – P. 548/563 –, ESVGH 21, 1/14; BVerfG, Beschl. v. 27.1.1976 – 1 BvR 2325/73 –, BVerfGE 41, 251/262f..
[70] *Anna Leisner*, in: Franke/Summer/Weiß, S. 185.
[71] *Maurer*, § 8 RN. 31.
[72] *Maurer*, § 8 RN. 31.
[73] *Bryde*, in: v. Münch/Kunig, Art. 80 RN. 3.
[74] *Dittmann*, in: Biernat/Hendler, S.107/115.
[75] Abgrenzung siehe oben **B.** II. 2..

setzenden Akte wurden unter dem Oberbegriff der landesherrlichen Verordnungen zusammengefasst[76]. Die Begriffe Gesetz und Verordnung sowie ihre Abgrenzung haben sich erst seit *Robert von Mohl*[77] durchgesetzt. Als Verordnungen bezeichnete man Anordnungen des Monarchen ohne Teilnahme des Parlamentes[78].

Durch die Verfassung von 1871 wurde der Bundesrat, ein Gesandtenkongress, bei der Gesetzgebung an die Zustimmung des Reichstages gebunden, die Durchführung der Gesetze verblieb aber bei den Gliedstaaten[79].
In dieser Zeit hielt man gesetzgeberische Ermächtigungen für grundsätzlich grenzenlos zulässig, weil man davon ausging, dass es keine inhaltlichen Schranken für den Gesetzgeber gebe[80]. Diese Übertragung war aber nach damaliger Sicht keine echte Delegation[81], und die Exekutive wurde nicht im Bereich der Legislative tätig, sondern war nur „Hilfsorgan des gesetzgeberischen Willens"[82]. Die gesetzgeberische Ermächtigung war nur dann ausnahmsweise unzulässig, wenn eine Verordnung einen verfassungsändernden Inhalt hatte oder einen solchen, für den ein Reichsgesetz im formellen Sinne erforderlich war[83].

Mit der Etablierung des Eingriffsvorbehaltes[84] und der Unterscheidung von Verordnungen im formellen und materiellen Sinn – wobei Verordnungen im formellen Sinn solche sein sollten, die in Freiheit und Eigentum der Bürger eingriffen und daher auf einer Ermächtigung in Gesetzesform beruhen mussten, und materielle Verordnungen solche Anordnungen der Exekutive, die den Individualbereich (Freiheit und Eigentum im weitesten Sinne) nicht betrafen, also Verwaltungsverordnungen[85] – war die grenzenlos zulässige Verordnungsgebung vorbei. Im konstitutionellen Staat gab es Verordnungstätigkeit außerhalb des Vorbehaltsbereiches, diese wurde auch als selbstständiges Verordnungsrecht bezeichnet. Es wurde insoweit als „durch die Natur der Sache des Staates selbst gegeben"[86] angesehen. Hier war „das Gesetz nicht Ursache, sondern nur Schranke"[87] des Verwaltungshandelns. Außerdem gab es Verordnungstätigkeit innerhalb des Vorbehaltsbereiches, hier ist das Handeln von gesetzlichen Ermächtigungen abhängig; also ist das Gesetz „nicht nur Schranke, sondern vor allem auch Ursache des Verwaltungshandelns"[88].

2. Weimarer Republik
Das parlamentarische System wurde in Deutschland durch zwei verfassungsändernde Gesetze am 28. Oktober 1918 eingeführt. Der Reichskanzler brauchte nun zur Amtsführung das Vertrauen des Reichstages. Damit hatte man zunächst den Übergang zu einer parlamentarischen

---

[76] *Jellinek*, S. 106; *Jesch*, S. 141.; *Ossenbühl*, in: Isensee/Kirchhof, Bd. III, § 64 RN. 9.
[77] Das Staatsrecht des Königreiches Württemberg, Bd. 1, S. 67ff..
[78] So *Jesch*, S. 141; vgl. dazu z.B. das Lippische Gesetz vom 8. Dezember 1867, § 1 (Allgemeine Landesgesetze) und § 2 (Verordnungen), abgedruckt bei *Stoerk/v. Rauchhaupt*, S. 203f.; allerdings gab es schon 1869 gesetzliche Ermächtigungen, die vorsahen, dass Verordnungen von der Exekutive erlassen wurden und bei denen dem Parlament ein Mitwirkungsrecht zugesprochen wurde, vgl. unten E. VII. 1. a).
[79] *Menger*, RN 293f..
[80] *Schmitt*, S. 221; *Friedrich Klein*, in: Klein/Genzer, S. 12; *Ossenbühl*, ZG 1997, 305/307.
[81] *Schmitt*, S. 221.
[82] *Schmitt*, S. 221; *Friedrich Klein*, in: Klein/Genzer, S. 12.
[83] *Friedrich Klein*, in: Klein/Genzer, S. 12f.
[84] Siehe dazu *Jesch*, S. 102ff. mit Hinweisen auf *John Lockes* „2nd treatise (Of Civil Government)", S. 183f.
[85] *Jellinek*, S. 367f.; *Jesch*, S. 145.
[86] *Jellinek*, S. 372; *Jesch*, S. 149.
[87] *Jesch*, S. 149f..
[88] *Jesch*, S. 151.

Demokratie mit monarchischer Spitze vollzogen[89] Dieser Zustand währte aber nur wenige Tage. Mit der Abdankung des Kaisers und der Ausrufung der Republik durch Philipp Scheidemann am 9. November 1918 war die Zeit der Monarchie in Deutschland schließlich vorbei.
Am 14. August 1919 trat die Weimarer Reichsverfassung in Kraft. Diese bestimmte, dass Gesetze vom Reichstag mit Zustimmung des Reichsrates erlassen werden.
Trotz dieses gravierenden konstitutionellen Umbruchs änderte sich nichts an der Möglichkeit gesetzgeberischer Delegation. Schon vor Inkrafttreten der neuen Verfassung ermächtigte ein Gesetz „über eine vereinfachte Form der Gesetzgebung für die Zwecke der Uebergangswirtschaft" vom 17. April 1919[90] die Reichsregierung zur Anordnung notwendiger gesetzlicher Maßnahmen. Weitere Ermächtigungsgesetze folgten.
Nach Ansicht von *Schmitt* legten die in diesen Ermächtigungsgesetzen gebrauchten Ausdrücke „vereinfachte Gesetzgebung" und „gesetzliche Maßnahmen" die Auffassung nahe, dass es sich bei den entsprechenden Ermächtigungen qualitativ um etwas anderes als um die einfachgesetzliche Delegation von Verordnungsrechten zur „Ausführung" oder auch zur „Ergänzung" von Reichsgesetzen handele, die von der Staatsrechtslehre sowohl der Bismarckschen als auch der Weimarer Zeit für zulässig gehalten wurde".[91] Man sah die Gefahr der Ausuferung und versuchte auch, dagegen vorzugehen. 1921 wurde im Reichstag ein Antrag gestellt, die Verfassung zu ändern und neben dem gewöhnlichen noch ein vereinfachtes Gesetzgebungsverfahren einzuführen[92].

In der Weimarer Republik und ihrer Staatsrechtslehre wurden die während der konstitutionellen Monarchie erarbeiteten Begriffe im Wesentlichen unverändert übernommen.
Der Umfang der Delegation wurde nur dadurch beschränkt, dass eine unumschränkte Übertragung, „bei der nicht mehr zu sagen ist, auf welche Gegenstände sich die Rechtsverordnungen erstrecken werden"[93], nicht zulässig war. Allerdings haben diese Ansichten die schrankenlose Übertragung nicht bremsen können, da Globalermächtigungen durchaus erteilt wurden[94]. Teilweise wurden sogar Ermächtigungsgesetze erlassen, die vorsahen, dass Verordnungen bestehende Gesetze abändern und von den Grundrechten der Verfassung abweichen durften. Schon in den Jahren 1920 bis 1923 und dann vor allem ab 1930 verlagerte sich die Rechtsetzung mehr und mehr vom Reichstag auf die Reichsregierung. Denn der Reichstag konnte vor allem die Stabilisierung der wirtschaftlichen Lage nicht im Wege der Gesetzgebung erreichen, da diese nicht schnell genug war. So blieb nur noch die Regelung durch gesetzvertretende Verordnungen, also Verordnungen mit Gesetzeskraft. Ab 1930 wurden die vom Reichstag als Grundlage dieser Verordnungen erlassenen Ermächtigungsgesetze dadurch ersetzt, dass Notverordnungen auf der Grundlage des Art. 48 Abs. 2 WRV durch den Reichspräsidenten auf Veranlassung der Reichsregierung erlassen wurden[95].

3. 1933-1945

Als am 23. März 1933 der nationalsozialistisch dominierte Reichstag dem „Ermächtigungsgesetz zur Behebung der Not von Volk und Staat" zustimmte, entmachtete er sich selbst. Die Legislative und Exekutive vereinigte sich in der Hand der Reichsregierung.
„Das Gesetz verlor seine Bedeutung als Schranke der Willkür, als Ausdruck einer dem indivi-

---

[89] *Menger*, RN 334.
[90] RGBl. S. 394.
[91] *Schmitt*, S. 223; so auch *Friedrich Klein*, in: Klein/Genzer, S. 14.
[92] *Schmitt*, S. 223, unter Hinweis auf Antrag Schiller Nr. 1381/2 vom 27. Januar 1921.
[93] *Jacobi*, in: Anschütz/Thoma, Bd. 2, § 77, S. 242; *Thoma*, in Anschütz/Thoma, § 76, S. 227.
[94] So *Jesch*, S. 154, FN. 242 mit Hinweis auf verschiedene Ermächtigungsgesetze.
[95] Siehe zum Ganzen ausführlich *Schneider*, in: Isensee/Kirchhof, Bd. 1 § 3 RN. 53ff..

duellen Belieben der Staatsführung und ihrer Funktionäre entzogenen dauernden Rechtsordnung" und "wurde zu einem bloßen Mittel der Staatsführung."[96] Damit erledigte sich auch die Unterscheidung zur Rechtsverordnung.

4. Ab 1945

„Ein ungezügeltes Verordnungsrecht hatte [...] in die Diktatur geführt. Dies stand den Müttern und Vätern des Grundgesetzes [...] 1945 vor Augen."[97] Das Grundgesetz sollte eine Wiederholung der Ereignisse verhindern. Mit Art. 80 GG wurde erstmals in der deutschen Verfassungsgeschichte die Delegationsmöglichkeit begrenzt. Dies geschah auch vor dem Hintergrund, dass sich die Auffassung über Stellung und Funktion des Parlamentes gewandelt hatte. Das Parlament beschränkte in der konstitutionellen Monarchie die Rechtsetzungsmacht der Exekutive und schützte so die Individualsphäre. Durch die bisher möglichen Globalermächtigungen hatte allerdings das Parlament die Rechtsetzungsgewalt und den Schutz dieser Sphäre freigegeben[98], was unter dem Grundgesetz nicht mehr möglich sein sollte. Daher bestimmt Art. 80 GG auf der einen Seite, dass Globalermächtigungen nicht mehr zulässig sind. Die Exekutive darf vielmehr nur innerhalb eines genau (durch Inhalt, Zweck und Ausmaß) beschränkten Rahmens tätig werden. Auf der anderen Seite wird das Parlament gezwungen, bestimmte Formen der Rechtsetzungsübertragung einzuhalten und der Exekutive die Grundlagen für ihr Handeln zur Verfügung zu stellen.

Das Grundgesetz und die Länderverfassungen knüpfen an die vornationalsozialistische Zeit an. Allerdings enthielt die Weimarer Reichsverfassung, von wenigen Ausnahmen abgesehen (Art. 48, 88 und 91), keine dem Art. 80 GG vergleichbare generelle Regelung zum Erlass von Rechtsverordnungen.

5. DDR

Da die Verfassung der DDR eine Trennung der Gewalten nicht kannte, gab es auch keine Rechtsverordnungen als Normen, die von der Exekutive erlassen werden. Zwar existierten Rechtsnormen, die den Titel „Verordnungen" trugen, nämlich die Verordnungen, die vom Ministerrat erlassen werden konnten. Gemäß Art. 79 Abs. 1 Satz 2 der Verfassung der DDR von 1968[99] handelte es sich dabei um abstrakt-generelle Rechtsnormen oder ein Bündel von solchen. Die Kompetenz des Ministerrates zum Erlass dieser Verordnungen war unabhängig von einer speziellen Ermächtigung. Die Stellung des Ministerrates war vergleichbar mit derjenigen der Regierung, da er bis 1954 auch als solche bezeichnet worden war[100].
Aufgrund der fehlenden Gewaltenteilung kann man aber die Verordnungen des Ministerrates nicht mit Rechtsverordnungen nach dem Grundgesetz oder der vor dem Grundgesetz liegenden Rechtstradition vergleichen.

V. Zusammenfassung

1. a) Die Rechtsverordnung ist ein materieller Rechtssatz, der aufgrund einer formellgesetzlichen Ermächtigung von der Exekutive erlassen wird und allgemeinverbindliche Wirkung erzeugt. Sie unterscheidet sich vom Gesetz nicht nur in der Form und im Verfahren, sondern

---

[96] *Menger*, FN. 381.
[97] *Ossenbühl*, ZG 1997, 305/308.
[98] *Jesch*, S. 94.
[99] GBl. der DDR I, S. 199ff.. Die erste Verfassung war vom 7.10.1949, GBl. der DDR I, S. 4ff..
[100] Vgl. dazu ausführlich *Mampel*, Die sozialistische Verfassung der Deutschen Demokratischen Republik; *Müller-Römer*, JZ 1968, 313ff.; *Roggemann*, Die Staatsordnung der DDR.

vor allem in der Kompetenz der Exekutive zur Rechtsetzung. Während die Legislative originär zur Rechtsetzung berufen ist, kann Rechtsetzung durch die Exekutive immer nur von der Legislative abgeleitet sein.

b) Die Unterschiede zwischen Rechtsverordnung und Verwaltungsvorschrift sind in erster Linie formeller Natur. Insbesondere das Kriterium der Außenwirkung hilft bei der Unterscheidung nicht weiter. Allerdings ist auch die Art der Rechtsetzung von Rechtsverordnungen und Verwaltungsvorschriften verschieden: während Rechtsverordnungen von der Legislative abgeleitete Rechtsetzung darstellen, besitzt die Exekutive für Verwaltungsvorschriften eine originäre Normsetzungsbefugnis.

c) Ähnliches gilt für Satzungen, die von rechtlich selbstständigen, wenn auch in den Staat eingegliederten Organisationen stammen, denen die Befugnis zur autonomen Rechtsetzung verliehen wurde.

d) Die Aufrechterhaltung der Unterscheidung von Gemein-, Sonder- und Verwaltungsverordnungen scheint zumindest fragwürdig. Zum einen ist die Bezeichnung einer Verwaltungsvorschrift, und darum handelt es sich bei den Sonder- und den Verwaltungsverordnungen, als „Verordnung" unglücklich, da Verwechslungsgefahr droht. Zum anderen sind die Unterscheidungskriterien zwischen der Sonder- und der Gemeinverordnung einerseits – hier geht es um die Frage des Ermächtigungsumfangs – und der Sonder- und der Verwaltungsverordnung andererseits – hier geht es um die Frage, ob der im Sonderrechtsverhältnis stehende Bürger von der Anordnung individuell betroffen sein kann – nicht eindeutig.

2. a) Die begriffliche Unterscheidung von Gesetz und Rechtsverordnung hat erst an Bedeutung gewonnen, seit sich durch die Reichsverfassung 1871 auch in Deutschland das Prinzip der Gewaltenteilung durchgesetzt hat. Bis zur Etablierung des Eingriffsvorbehalts war eine gesetzliche Ermächtigung zum Verordnungserlass allerdings grundsätzlich schrankenlos möglich, und auch danach änderte sich daran nicht viel. Auch das Verhältnis von Legislative und Exekutive ist noch nicht mit heutigem Demokratieverständnis vergleichbar.

b) Am Umfang der Delegation änderte sich auch während der Weimarer Republik wenig, auch wenn sich die Rahmenbedingungen mit der Weimarer Reichsverfassung, die Deutschland in die parlamentarische Demokratie geführt hatte, grundlegend geändert hatten.

c) Während der nationalsozialistischen Herrschaft wurde die Unterscheidung von Gesetz und Verordnung bedeutungslos.

d) Die Fassung des Art. 80 GG ist eine Reaktion auf die bisher fast unbegrenzt mögliche Delegation des Parlamentes. Dieses darf nun keine Globalermächtigungen mehr erteilen und muss sich an die Vorgaben des Art. 80 GG halten. Damit wird auf der einen Seite das Verhältnis von Legislative und Exekutive bestimmt und dadurch auf der anderen Seite die Position des Bürgers gestärkt.

e) Die Geschichte der Rechtsverordnungen kann in der DDR nicht weiter verfolgt werden, da diese keine Gewaltenteilung kannte. Aufgrund der Stellung des Ministerrates als Regierungsorgan sind dessen Verordnungen, die abstrakt-generellen Inhalt besitzen sollten, noch am ehesten mit dem grundgesetzlichen Verständnis einer Rechtsverordnung zu vergleichen.

C. Der Gang der Rechtsverordnungsgebung

Im folgenden Abschnitt soll dargestellt werden, wie eine Rechtsverordnung zustande kommt und auf welche Weise sie ihre Geltungskraft ganz oder teilweise verlieren kann. Dabei ist in besonderer Weise das Verhältnis von Gesetz und Verordnung zu betrachten.

I. Vom Entwurf bis zur Verkündigung

1. Verfahren nach der Gemeinsamen Geschäftsordnung der Bundesministerien (GGO)

a) Die Gemeinsame Geschäftsordnung der Bundesministerien (GGO)
In der Gemeinsamen Geschäftsordnung der Bundesministerien (im Folgenden: GGO)[101] sind die Organisation und der Arbeitsablauf sowie die Zusammenarbeit innerhalb der Regierung sowie mit dem Bundestag und sonstigen Stellen geregelt. Die für den Erlass von Rechtsverordnungen maßgeblichen Vorschriften finden sich in den §§ 62-68 und §§ 42-61 GGO (Verweis in § 62 Abs. 2).

Die Rechtsnatur der GGO wird herkömmlich als lediglich interne Dienstanweisung ohne Außenwirkung charakterisiert[102], anders als die Geschäftsordnung der Bundesregierung sowie die Geschäftsordnungen anderer Verfassungsorgane. Letztere stellen autonome Satzungen, also Rechtssätze, dar, allerdings ebenfalls ohne Außenwirkung[103]. Die GGO erfasst den Dienstbetrieb in den einzelnen Ministerien und im Bundeskanzleramt. Solche Regelungen könnte jeder Bundesminister kraft seiner Organisationsgewalt selbstständig erlassen[104], sie werden allerdings der Praktikabilität halber zusammengefasst.

b) Das Verfahren
Die §§ 62-68 GGO beinhalten Vorschriften, die den Erlass von Rechtsverordnungen betreffen. Diese enthalten allerdings kaum spezielle Regelungen, sondern verweisen grundsätzlich auf die Vorschriften über die Behandlung von Gesetzesentwürfen (§§ 42-61 GGO).

aa) Der Entwurf
Der Entwurf einer Rechtsverordnung wird entweder im zuständigen bzw. im federführenden Ministerium[105] oder vom Bundesrat ausgearbeitet. Ersteres ergibt sich aus § 45 Abs. 1 Satz 1 i.V.m. § 62 Abs. 2 GGO, der vorsieht, dass das federführende Ministerium den Entwurf der Bundesregierung vorlegt. Einem Ministerium wird auch dann die Federführung zugewiesen, wenn die Rechtsverordnung von der Bundesregierung erlassen wird. Entsprechend der Vorbereitung von Gesetzentwürfen wird die Fassung eines Entwurfs dem federführenden Referat zugewiesen, dieser ist zunächst im eigenen Ressort, anschließend mit dem Kabinett abzustimmen[106].
Wenn der Bundesrat von seinem Initiativrecht gemäß Art. 80 Abs. 3 GG Gebrauch gemacht

[101] Zuletzt neu gefasst am 8.5.2000, GMBl. 2000, S. 526.
[102] *Schneider*, RN 281, FN. 10; *Köck*, VerwArch 93 (2002), 1/11; *Reifenberg* S. 54; *Stern*, Bd. II, S. 307.
[103] *Stern*, Bd. II, S. 307; *Lechner/Hülshoff*, S. 338; anders *Böckenförde*, Organisationsgewalt, S. 120ff.: „Verfassungssatzung"; Hinweise zu anderen Ansichten, auch zur GGO, findet man bei *Achterberg*, in: Isensee/Kirchhof, Bd. II, § 52 RN. 81ff..
[104] *Böckenförde*, Organisationsgewalt, S. 127f..
[105] Bei Zuständigkeit mehrerer Ministerien oder bei Beteiligungserfordernissen anderer Ministerien.
[106] Den Weg eines Gesetzentwurfs in der Ministerialverwaltung lässt sich bei *Leonhardt*, in: Bundesakademie für öffentliche Verwaltung, verfolgen, S. 47ff..

und einen Entwurf vorbereitet hat, wird die Vorlage nach § 63 Abs. 1 GGO an das zuständige oder federführende Ministerium weitergeleitet. Dieses entscheidet dann über die weitere Behandlung der Vorlage. Der Bundesrat muss gemäß § 63 Abs. 2 GGO innerhalb einer angemessenen Frist darüber informiert werden, ob und inwieweit der zuständige Verordnungsgeber von der Ermächtigung Gebrauch machen will.

An den Entwürfen sind auch andere Ministerien zu beteiligen, wenn sie betroffen sind. Das ist nach § 45 Abs. 1 Satz 2 GGO und Anlage 8 der Fall, wenn deren Geschäftsbereiche berührt sind. Die Anlage 8 hält fest, unter welchen Voraussetzungen die Geschäftsbereiche der verschiedenen Ministerien berührt sind. Gemäß Anlage 8 Nr. 4 ist beispielsweise das Bundesministerium der Finanzen bei Vorschriften über Steuern oder Abgaben zu beteiligen oder wenn Einnahmen oder Ausgaben des Bundes, der Länder oder der Kommunen berührt sind.
Bei der Vorbereitung der Entwürfe orientiert man sich gemäß § 42 Abs. 3 GGO am „Handbuch zur Vorbereitung von Rechts- und Verwaltungsvorschriften", welches das Bundesministerium des Innern herausgegeben hat, sowie hinsichtlich der rechtsförmlichen Gestaltung gemäß § 42 Abs. 4 GGO am „Handbuch der Rechtsförmlichkeit" und an den vom Bundesministerium der Justiz im Einzelfall gegebenen Empfehlungen.

Vor der Beschlussfassung erfolgt gemäß § 46 GGO eine rechtssystematische und rechtsförmliche Prüfung durch das Bundesministerium der Justiz. Außerdem hat das federführende Ministerium während des gesamten Verfahrens den Entwurf auf Druckfehler und andere offenbare Unrichtigkeiten zu überprüfen, § 61 Abs. 1 Satz 1 GGO.

Unter Umständen müssen auch noch weitere Stellen nach § 47 GGO beteiligt werden, wenn ihre Belange berührt sind. Hier kommen die Länder, die kommunalen Spitzenverbände, Fachkreise und Verbände in Betracht. Ihnen ist der Entwurf einer Gesetzesvorlage möglichst frühzeitig zuzuleiten. Es handelt sich dabei immer um Entwürfe, die von der Bundesregierung noch nicht beschlossen worden sind, worauf auch jeweils nach § 47 Abs. 4 GGO hinzuweisen ist. Außerdem bleibt bei der Beteiligung der Verbände und Fachkreise Zeitpunkt, Umfang und Auswahl nach § 47 Abs. 3 Satz 2 GGO grundsätzlich dem Ermessen des federführenden Ministeriums überlassen.

Weitere zu beteiligende Stellen sind der Bundestag und der Bundesrat. Allerdings werden ihnen die Rechtsverordnungsentwürfe erst dann zugeleitet, wenn sie von der Bundesregierung beschlossen oder von dem oder den Bundesministerien gebilligt wurden.

bb) Beschlussfassung bzw. Billigung des Entwurfs
Sind mehrere Ministerien am Entwurf beteiligt, müssen alle den Entwurf billigen. Bei Meinungsverschiedenheiten, im Falle einer Rechtsverordnung, die von der Bundesregierung erlassen wird oder die von allgemein-politischer Bedeutung ist, wird der Entwurf gemäß § 62 Abs. 3 GGO der Bundesregierung zur Beschlussfassung vorgelegt und somit wie eine Kabinettvorlage behandelt.

(1) Beteiligung des Bundesrates
Handelt es sich um eine Rechtsverordnung, die gemäß Art. 80 Abs. 2 GG der Zustimmung des Bundesrates bedarf, wird die Vorlage nach der Billigung der Bundesregierung bzw. des oder der Bundesminister über das Bundeskanzleramt dem Bundesrat nach § 64 Abs. 1 und 2 GGO übersandt.
Wenn es sich um eine Initiativvorlage des Bundesrats nach Art. 80 Abs. 3 GG handelt, muss

der Bundesrat nicht nur darüber informiert werden, ob und wie von der Ermächtigung Gebrauch gemacht wird, sondern er muss sich auch dann nach § 63 Abs. 2 Satz 2 GGO mit der Verordnung befassen, wenn der Verordnungsgeber der Vorlage unverändert entsprechen will. Der Bundesrat kann seine Zustimmung von der Maßgabe abhängig machen, dass bestimmte Teile der Verordnung geändert werden[107]. Wenn der Verordnungsgeber die Verordnung in der vom Bundesrat geänderten Fassung erlassen will, muss die Bundesregierung sie erneut beschließen bzw. das oder die Ministerien müssen sie erneut billigen, § 65 GGO. Will der Verordnungsgeber die Rechtsverordnung nicht in der vom Bundesrat geänderten Fassung erlassen, hat er zwei Reaktionsmöglichkeiten: entweder er legt die Verordnung erneut dem Bundesrat vor, um so vielleicht doch noch zu einer einvernehmlichen Lösung zu kommen, oder er verzichtet auf den Erlass. Zu einem solchen Verzicht wird es vermutlich dann kommen, wenn sich andeutet, dass keine Einigungsmöglichkeit besteht und/oder es sich um einen Gegenstand handelt, der nicht der unverzüglichen Regelung bedarf.

(2) Beteiligung des Bundestages

Wie später noch ausführlich erläutert werden wird[108], gibt es eine Reihe von Mitwirkungsformen des Bundestages am Erlass von Rechtsverordnungen. In manchen Fällen muss der Bundestag nur über den Erlass in Kenntnis gesetzt werden, in anderen ist ihm, wie dem Bundesrat, ein Zustimmungsvorbehalt eingeräumt.

Dabei fällt auf, dass die GGO die Mitwirkung des Parlaments am Verordnungserlass nicht erwähnt. Zwar sind in den Vorschriften der §§ 27-32 GGO die Zusammenarbeit mit dem Bundestag geregelt; jedoch sind diese Vorschriften nicht auf diese spezielle Form der Mitwirkung des Bundestages zugeschnitten. Dort geht es um die Zusammenarbeit der Bundesregierung mit dem Bundestag, beispielsweise bei Anträgen aus der Mitte des Bundestags oder bei Anfragen. Auch die Unterrichtung der Bundestagsfraktionen oder der Mitglieder des Bundestages nach § 48 Abs. 2 GGO im Falle der Zuleitung von Gesetzentwürfen an bestimmte Stellen passt hier nicht. Da die GGO die Geschäftsordnung für die Bundesministerien darstellt, ist es nicht weiter verwunderlich, dass sich in ihr keine Vorschriften über das Verfahren innerhalb des Bundestages finden. Erstaunlich ist allerdings, dass es keine Regelung über die Überleitung eines Rechtsverordnungsentwurfs oder auch den Zeitpunkt der Überleitung gibt. Gerade in Fällen, in denen sowohl der Bundestag als auch der Bundesrat einer Verordnung zustimmen müssen, ist es auf den ersten Blick nicht unproblematisch, in welcher Reihenfolge dies zu geschehen hat.

Das Verfahren innerhalb des Bundestages ist in §§ 75 und 92 der Geschäftsordnung des Bundestages (GeschO BT) geregelt[109]. Bedarf eine Rechtsverordnung der Beteiligung des Bundestages, muss diesem, je nach Art der Beteiligung, die Vorlage bzw. die Verordnung nach Beschlussfassung der Bundesregierung (oder der Billigung des/der Verordnungsgeber/s) zugeleitet werden. Solche Rechtsverordnungen können nach § 75 Abs. 1 Buchstabe m) GeschO BT als Verhandlungsgegenstand auf die Tagesordnung des Bundestages gesetzt werden. Bedarf die Verordnung der Zustimmung des Bundestages oder besitzt dieser ein Aufhebungsrecht, so wird die Rechtsverordnung an die zuständigen Ausschüsse überwiesen. Das weitere Verfahren innerhalb des Bundestages ergibt sich aus § 92 GeschO BT.

---

[107] Ausführlich zu diesen so genannten Maßgabebeschlüssen, deren Rechtsnatur, Zulässigkeit und Handhabung in der Staatspraxis *Nierhaus*, in: Dolzer/Vogel/Graßhof, Bd. 7, Art. 80 RN. 673ff..

[108] Ausführlich zu den Mitwirkungsformen und deren Zulässigkeit siehe unter E. VI. 1. und 2..

[109] In der Fassung der Bekanntmachung v. 2.7.1980, BGBl. I S. 1237, zuletzt geändert durch Bekanntmachung v. 17.9.2002, BGBl. I S. 3759.

c) Verabschiedung der endgültigen Fassung und Veröffentlichung

Sobald der endgültige Wortlaut der Rechtsverordnung feststeht, wird dieser der Schriftleitung des Bundesanzeigers mitgeteilt und festgelegt, in welchem Veröffentlichungsorgan die Rechtsverordnung verkündet werden soll (§ 66 GGO). Nach der Verabschiedung der endgültigen Fassung wird die Herstellung einer Urschrift bei der Schriftleitung des Bundesanzeigers nach § 67 GGO veranlasst, diese wird nach der Verkündung gemäß § 68 Abs. 2 GGO an das Bundesarchiv abgegeben.

Als Veröffentlichungsblätter kommen das Bundesgesetzblatt Teil I oder II, der Bundesanzeiger, das Verkehrsblatt[110] und der Tarif- und Verkehrsanzeiger der Eisenbahnen[111] in Betracht. Die beiden letztgenannten werden von § 76 GGO als sonstige amtliche Blätter bezeichnet. Im Bundesanzeiger werden nach § 76 Abs. 3 Nr. 1 GGO Rechtsverordnungen veröffentlicht, wenn es sich um solche mit befristeter Geltungsdauer handelt, Gefahr im Verzug vorliegt oder wenn ihr unverzügliches Inkrafttreten zur Durchführung von Rechtsakten der Europäischen Union erforderlich ist. Dagegen ist die Veröffentlichung im Bundesgesetzblatt Teil I vorgesehen, wenn die Voraussetzungen des § 76 Abs. 3 Nr. 1 GGO nicht vorliegen und die Rechtsverordnung auch nicht nach § 2 des *Gesetzes über die Verkündung von Rechtsverordnungen*[112] in den anderen amtlichen Blättern veröffentlicht wird. Als sonstige amtliche Blätter kommt vor allem das Bundesgesetzblatt Teil II in Betracht, in welchem nach § 76 Abs. 2 GGO die zur Inkraftsetzung von völkerrechtlichen Übereinkünften erlassenen Rechtsvorschriften und solche des Zolltarifwesens veröffentlicht werden.

2. Gesetzesfolgenabschätzung und Neufassung der GGO

Die GGO ist im Jahr 2000 neu gefasst worden[113]. Bis dahin unterteilte sie sich in einen Allgemeinen und einen Besonderen Teil (gekennzeichnet mit I und II). In den 90er Jahren wurde sich noch um einen „IT-Teil“ ergänzt[114].

Die Struktur der GGO, die Ende der 1950er Jahre entstanden war, folgte im Wesentlichen noch der Geschäftsordnung der Reichsministerien aus den 1920er Jahren. Im Laufe der Zeit nahm man hier und da Veränderungen vor, die allerdings dazu führten, dass die GGO unübersichtlich und in der Handhabung unpraktisch wurde. Schließlich wurde 1998 beschlossen, dass eine Novellierung dringend erforderlich sei[115].

Eine der bisher vorgenommenen Veränderungen war die Aufnahme der so genannten „Blauen Prüffragen“ in die GGO gewesen. Diese Prüffragen waren von den Bundesministerien am 11. Dezember 1984[116] beschlossen worden und mussten gemäß § 22a GGO a.F.[117] in jedem Stadium berücksichtigt werden. Sie wurden als Instrument der Bedarfs- und Wirkungsprüfung eingesetzt, sollten also helfen, die Flut von Normen und die fehlende beziehungsweise fehlgehende Wirkung zu bekämpfen[118]. Dem Entwurfsverfasser sollte mit einer „Checkliste“ die

---

[110] Früher: Amtsblatt des Bundesministeriums für Verkehr, Bau- und Wohnungswesen.

[111] Vollständiger Titel: Tarif- und Verkehrsanzeiger (TVA) für den Personen-, Gepäck- und Güterverkehr der Eisenbahnen des öffentlichen Verkehrs im Gebiet der Bundesrepublik Deutschland.

[112] V. 30.1.1950, BGBl. 1950 I, S. 23, zuletzt geändert durch Artikel 4 der 7. Zuständigkeitsanpassungs-Verordnung v. 29.10.2001, BGBl. I, S. 2785.

[113] GMBl. 2000, S. 526, Bekanntmachung der Neufassung v. 9.8.2000.

[114] *Zypries/Peters*, ZG 2000, 316/317.

[115] *Zypries/Peters*, ZG 2000, 316/317.

[116] GMBl. 1990 S. 42ff..

[117] Eingefügt durch Anpassungsänderung v. 19.3.1996, GMBl. 1996, 449; die Prüffragen wurden gleichzeitig als Anlage 11 eingefügt.

[118] *Vollmuth*, in: Bundesakademie für öffentliche Verwaltung, S. 178/182.

Möglichkeit gegeben werden, sich über mögliche Zusammenhänge und Auswirkungen der Regelung klar zu werden und sie rechtzeitig in den Entwurf einarbeiten[119]. Die Prüffragen bestanden aus zehn Fragen[120], denen jeweils wiederum bis zu elf Unterfragen zugeordnet waren.
Die Neufassung der GGO nimmt keinen Bezug mehr auf die Prüffragen. Ihr wesentlicher Inhalt ist laut der Bekanntmachung in die Neufassung integriert worden[121].

Die Integration dieses Inhalts mit dem Ziel der Bedarfs- und Wirkungsprüfung findet sich in §§ 43, 44 der Neufassung der GGO verwirklicht. § 43 GGO regelt, dass Gesetze, und über § 62 Abs. 2 Satz 1 GGO auch Rechtsverordnungen, zu begründen sind. Die Begründung muss gemäß § 43 Abs. 1 Nr. 5-9 GGO die Gesetzesfolgen (dazu § 44), die Möglichkeit einer Befristung der Norm, eine mögliche Rechts- und Verwaltungsvereinfachung durch die Norm, die Vereinbarkeit mit dem Recht der Europäischen Union und die Änderungen der geltenden Rechtslage darstellen. Soweit die Folgen der Rechtsverordnung noch nicht im ermächtigenden Gesetz dargestellt sind, sind die Gesetzesfolgen nach §§ 62 Abs. 2 Satz 2, 44 GGO abzuschätzen. Die Begründung der Rechtsverordnung muss dann Aussagen über beabsichtigte Wirkungen und unbeabsichtigte Nebenwirkungen machen, insbesondere über die Auswirkungen auf die Einnahmen und Ausgaben der öffentlichen Haushalte einschließlich der vollzugsbedingten Auswirkungen, die Auswirkungen auf die Haushalte der Länder und Kommunen, über die Kosten für die Wirtschaft und über die Auswirkungen auf Einzelpreise, das Preisniveau sowie über die Auswirkungen auf die Verbraucher (§ 44 Abs. 1-3 GGO).
Grund für die Ablösung der „Blauen Prüffragen" soll ihre praktische Bedeutungslosigkeit gewesen sein – obwohl sie Vorbild für einige Länder und die OECD gewesen waren[122]. Ihr Grundgedanke der Vorprüfung von Gesetzen und Verordnungen, also die Bedarfs- und Wirkungsprüfung, auch als Gesetzesfolgenabschätzung bezeichnet, wird aber nach wie vor als notwendig angesehen[123], was auch die Neufassung der GGO zeigt.

Als Gesetzesfolgenabschätzung bezeichnet man den „Versuch, die Notwendigkeit einer Regelung, ihre Wirksamkeit und die Folgen, die über die eigentliche Wirksamkeit hinausgehen, mit Hilfe eines interdisziplinären Forschungsansatzes multidimensional zu erfassen und zu bewerten"[124]. Dabei kann man zwischen drei Ansätzen bzw. Zeitpunkten unterscheiden, an denen die Gesetzesfolgenabschätzung (kurz: GFA) ansetzt: erstens der prospektiven GFA, der begleitenden und der retrospektiven GFA. Die prospektive GFA wird auch als pre-legislative Analytik bezeichnet und soll im Vorfeld der Gesetzgebung alternative Lösungsmöglichkeiten suchen und ihre Folgen bewerten. Die begleitende GFA will eine Vollzugsfolgenabschätzung erreichen. Das geschieht beispielsweise durch Planspiele auf der Grundlage der Referenten-

[119] *Vollmuth*, in: Bundesakademie für öffentliche Verwaltung, S. 178/182f..; *Hugger*, S. 338ff.
[120] Die Fragen lauteten: 1. Muss überhaupt etwas geschehen? 2. Welche Alternative gibt es? 3. Muss der Bund handeln? 4. Muss ein Gesetz gemacht werden? 5. Muss jetzt gehandelt werden? 6. Ist der Regelungsumfang erforderlich? 7. Kann die Geltungsdauer beschränkt werden? 8. Ist die Regelung bürgernah und verständlich? 9. Ist die Regelung praktikabel? 10. Stehen Kosten und Nutzen in einem angemessenen Verhältnis?
[121] GMBl. 2000, S. 534, FN. 1.
[122] *Zypries/Peters*, ZG 2000, 316/323f.; *Köck*, VerwArch 93 (2002), 1/4; *Karpen*, AöR 124 (1999), 400/409; zur Bedeutungslosigkeit der GGO *Sachverständigenrat „Schlanker Staat"*, Abschlussbericht, S. 18.
[123] Vgl. in neuester Zeit nur den Abschlussbericht der Mandelkern-Kommission vom November 2001, eine Expertengruppe aus Vertretern der Mitgliedesstaaten und der Europäischen Kommission unter dem Vorsitz von *Dieudonné Mandelkern*, „Moderner Staat – Moderne Verwaltung", Broschüre des *BMI*, Berlin 2002; bezogen auf Deutschland *Redeker*, NJW 2002, 2756ff.; *Karpen*, AöR 124 (1999), 400ff.; *Köck*, VerwArch 93 (2002), 1ff.; *Riebel*, ZRP 2002, 61ff..
[124] *Köck*, VerwArch 93 (2002), 1/3ff. mit weiteren Nachweisen.

entwürfe. Schließlich setzt die retrospektive GFA bei der in Kraft getretenen Norm an und prüft von Zeit zu Zeit („ex-post Valuierung“) deren Bewährung in der Praxis[125].
Die GFA wird in Deutschland seit etwa 1980 wissenschaftlich untersucht und vereinzelt angewandt[126], seit Mitte der 90er Jahre ist sie verstärkt in den Blickpunkt des Interesses gerückt[127] und hat dann, wie erwähnt, 1996 auch Eingang in die Gesetzgebungspraxis über die Einbeziehung in der GGO gefunden.
Die Notwendigkeit einer Gesetzesprüfung ist mittlerweile fast unbestritten[128]. Diskutiert werden noch zwei Problembereiche: einmal die Frage, ob es eine Rechtspflicht, hergeleitet aus Verfassungsrecht, zur Durchführung eines „optimalen Gesetzgebungsverfahrens“ gibt[129], und zum zweiten, inwieweit die GFA institutionalisiert werden sollte. Auf Bundesebene hat die GFA spätestens seit der Neufassung der GGO, wenn nicht schon durch die Aufnahme der „Blauen Prüffragen“ in die GGO a.F., einen beachtlichen Stand der Institutionalisierung erfahren. In den Ländern wird sie ebenfalls vorangetrieben, entweder in Form von Prüflisten entsprechend den „Blauen Prüffragen“ oder auch durch die Einrichtung so genannter Normprüfungsstellen oder -ausschüsse[130]. Noch weitergehende Überlegungen gehen dahin, auch auf Bundesebene eine solche Normprüfungsstelle einzurichten, die beim Bundeskanzleramt beheimatet werden soll[131], andere favorisieren ein parlamentarisches Gesetzes-Controlling[132]. Gleichzeitig wird aufgrund des Hangs der „deutsche[n] Rechts- und Verwaltungskultur“ „zur Regelhaftigkeit und organisatorischen Zuweisung“ vor einer allzu starren Institutionalisierung gewarnt. Es böte sich unter Umständen an, für bestimmte Projekte Arbeitsgruppen zu bilden, die fachlichen und methodischen Sachverstand vereinten. Wichtig sei eine flexible und zwingende, aber nur temporär institutionalisierte Kooperation[133].

---

[125] Zu den Unterschieden *Böhret*, in: Grupp/Ronellenfitsch, S. 51/54f.; *Köck*, VerwArch 93 (2002), 1/8f..

[126] Vgl. dazu *Böhret*, in: Grupp/Ronellenfitsch, S. 51 und 55. *Böhret* dürfte als ein wesentlicher Wegbereiter der GFA in Deutschland gelten. Zuletzt hat er zusammen mit *Konzendorf* im Auftrag des Bundesministeriums des Innern und des Innenministeriums des Landes Baden-Württemberg in Zusammenarbeit mit der Deutschen Hochschule für Verwaltungswissenschaften Speyer das *Handbuch der Gesetzesfolgenabschätzung* erarbeitet, das 2001 erschienen ist.

[127] *Böhret* spricht vom „Schlüsselbegriff der Rechtsetzungswissenschaft im Jahre 1997“, in: Grupp/Ronellenfitsch, S. 51.

[128] Kritiker verweisen im Wesentlichen auf die Gefahr, es handele sich hierbei nur um ein Programm zur Legitimierung von Deregulierung, vgl. bei *Köck*, VerwArch 93 (2002), 1/3 FN. 14.

[129] Vgl. dazu ausführlich *Schwerdtfeger*, in: Stödter/Thieme, S. 173ff.; *Karpen*, in: ders., S. 371/386 (unter Verweis auf das Volkszählungsurteil des Bundesverfassungsgerichts); *Lücke*, ZG 2001, 1ff. (alle pro); und contra: *Schlaich*, VVDStRL 39 (1980), 99/108ff.; wohl auch *Meßerschmidt*, S. 8341ff., insbes. S. 874f.; und *Köck*, VerwArch 93 (2002), 1ff..

[130] Zu den Prüflisten vgl. *Karpen*, AöR 124 (1999), 400/410f.; bspw. gibt es in Hessen eine so genannte Checkliste „Prüfung von Vorschriften“ (Anlage 4 zu § 59 GGO, Hess. StAnz. 1998, S. 2498); Normprüfungsstellen existieren laut *Böhret*, in: Grupp/Ronellenfitsch, S. 51/59, z.B. in Bayern, Niedersachsen, Sachsen, Sachsen-Anhalt oder Schleswig-Holstein. Laut *Hartmann*, ZG 2003,74/79, besteht in Bayern der Normprüfungsausschuss aus Vertretern der Landesregierung, und in Hessen arbeitet eine Normprüfungsstelle mit einer Arbeitsgruppe Verwaltungsvereinfachung. Zur Situation in Niedersachsen vgl. *Neuser*, NdsVBl. 1998, 249ff.. In Nordrhein-Westfalen soll sie nach einer Pressemitteilung des Innenministeriums vom 12.3.2003 als „Clearingstelle“ in Gestalt der Staatssekretärkonferenz probeweise für acht Jahre eingesetzt werden und sich hauptsächlich mit der Befristung von Normen befassen. Über die Anwendung der GFA ist noch nicht abschließend entschieden worden. So die Auskunft des Innenministeriums v. 16.05.2003.

[131] So bspw. der *Sachverständigenrat „Schlanker Staat“*, Abschlussbericht, S. 18; *Böhret*, in: Grupp/Ronellenfitsch, S. 63.

[132] *Böhret*, in: Grupp/Ronellenfitsch, S. 62, unter Hinweis auf Diskussion in verschiedenen Landesparlamenten.

[133] *Böhret*, in: Grupp/Ronellenfitsch, S. 51/63f..

Die ausdrückliche Forderung einer Anwendung der GFA auf Rechtsverordnungen konnte bis jetzt nur vereinzelt festgestellt werden[134]; allerdings wird oft von Begrenzung der Normenflut, Deregulierung und Verwaltungsmodernisierung gesprochen, und bei der Benutzung solcher Begriffe ist die Einbeziehung von Rechtsverordnungen mit Sicherheit eingeschlossen.
Das Problem bei Rechtsverordnungen liegt in der Tatsache, dass ihr Anwendungsbereich teilweise erheblich von denen der Gesetze abweicht. Gerade in den Rechtsbereichen, in denen die Verordnung aufgrund ihrer Flexibilität zur schnellen, oftmals nur temporären Reaktion auf eine Sachlage benutzt wird, ist fraglich, ob die Durchführung einer GFA zeitlich machbar und überhaupt sinnvoll ist. Andererseits gibt es genauso viele Rechtsverordnungen, die sich sowohl inhaltlich als auch vom zeitlichen Geltungsbereich her so gut wie gar nicht von Gesetzen unterscheiden. Hier kann die GFA sicherlich ebenso von Nutzen sein wie bei Gesetzen.

3. Das Verfahren der GGO NW

a) Grundsätzliches zur Entwurfsvorbereitung
Die Gemeinsame Geschäftsordnung der Ministerien des Landes Nordrhein-Westfalen[135] sieht im VII. Kapitel (§§ 97-102) besondere Bestimmungen für den Erlass von Rechtsverordnungen vor. Dabei verweist § 97 Satz 1 GGO NW für die Vorbereitung und Fassung der Entwürfe grundsätzlich auf die Vorschriften über die Vorbereitung und Fassung der Gesetzentwürfe in den §§ 81-89, soweit sich aus dem VII. Kapitel nichts anderes ergibt.
In den §§ 81-89 GGO NW (VI. Kapitel: Mitwirkung beim Gesetzgebungsverfahren) ist geregelt, dass der Ministerpräsident über die Vorbereitung von Gesetzentwürfen zu unterrichten ist, wenn sie Bedeutung haben für die politischen Richtlinien oder für die Leitung der Geschäfte der Landesregierung (§ 81). Berühren Gesetzentwürfe den Geschäftsbereich mehrerer Ministerien, müssen diese sowie die Staatskanzlei vom federführenden Ministerium frühzeitig möglichst beteiligt werden (§ 82 Satz 1).
Hier sieht § 99 Abs. 1 GGO NW vor, dass die allgemeinen Vorschriften über die Vorbereitung der Kabinettssachen (§ 57) auf den Entwurf solcher Verordnungen anzuwenden sind, die von der Landesregierung erlassen werden. Danach werden solche Vorlagen vorher zwischen den einzelnen Ministerien beraten (§ 57 Abs. 1). In der Praxis sieht dies so aus, dass zunächst im zuständigen Referat des federführenden Ministeriums ein Entwurf erstellt wird. Nachdem dieser im Hause abgestimmt worden ist, wird er allen anderen Ressorts zugeschickt. Diese geben dazu ihre Stellungnahmen ab. Haben die übrigen Ministerien in einigen Punkten andere Ansichten, wird versucht, dies in einer Ressortbesprechung zu klären. Wenn die Meinungsverschiedenheiten nicht ausgeräumt werden können, muss das federführende Ministerium im Zweifel eine streitige Kabinettsvorlage erstellen, das bedeutet, dass dem Kabinett der Entwurf unter Hinweis auf die streitigen Punkte vorgelegt wird[136].
Bei der Kabinettsvorlage muss das federführende Ministerium gemäß § 57 Abs. 2 GGO NW die voraussichtlichen Kosten der Durchführung und die zu erwartenden Mehrausgaben oder Mindereinnahmen mitteilen, die Auswirkungen auf die mittelfristige Finanzplanung darstellen und angeben, ob das Finanzministerium – und bei finanziellen Belastungen der Kommunen das Innenministerium – nach Kenntnis der Vorlagen Widerspruch erhoben haben. Insofern stellt § 57 Abs. 2 GGO NW für diesen besonderen Fall der Berührung der öffentlichen Haus-

[134] *Wassermann*, NJW 2000, 2560/2561; ähnlich *Tetzlaff*, ZG 2001, 356/367ff., beide zum Bereich der Hundeverordnungen, vgl. auch unten 2. Kapitel **B.** XIII. 3.
[135] MBl.NW 1991, S. 840, Bekanntmachung des Innenministeriums v. 16.5.1991, zuletzt geändert durch Bekanntmachung des Innenministeriums v. 31.7.2002, MBl.NW 2002, S. 888.
[136] Auskunft des nordrhein-westfälischen Innenministeriums vom 24.6.2003.

halte eine schriftlich festgelegte Regelung dieses Verfahrens dar.

Nach § 83 GGO NW soll mit Ländern, in denen ein gleichartiger Gesetzentwurf vorbereitet oder bereits entsprechende Vorschriften erlassen worden ist, Kontakt aufgenommen werden. Die Art dieses Kontaktes ist nicht festgelegt, regelmäßig wird er informell durch Telefonate stattfinden oder nur in der Form, dass man sich die schon existierenden Normen anschaut.

§ 84 GGO NW legt das Verfahren der Beteiligung außerhalb der Landesregierung stehender Stellen fest. Unabhängig von der gesetzlich vorgeschriebenen Beteiligung bestimmter Stellen sollen außerhalb der Landesregierung stehende Stellen gemäß § 84 Abs. 1 Satz 1 GGO NW bei der Vorbereitung nur angehört werden, wenn und soweit dies im öffentlichen Interesse geboten ist. Nach Absatz 3 Satz 1 sollen allerdings Entwürfe zu Gesetzen, die die Belange der Gemeinden und Gemeindeverbände allgemein und wesentlich berühren, den auf Landesebene bestehenden kommunalen Spitzenverbänden möglichst frühzeitig zugeleitet werden. Sobald und soweit Entwürfe solchen außerhalb der Landesregierung stehenden Stellen zugeleitet werden, sind sie auch den Fraktionen und auf Wunsch Mitgliedern des Landtags nach Absatz 5 Satz 1 zur Kenntnis zu geben.

Die §§ 85-89 GGO NW treffen formale Aussagen über Inhalt und Gesetzessprache, die Bezeichnung des Gesetzes, das Inkrafttreten, die Gleichheit der äußeren Form und Abkürzungen und die Form der Bezeichnung angeführter Textstellen. Hierzu enthält § 98 GGO NW teilweise Abweichungen für Verordnungen[137], außerdem legt § 101 Einzelheiten für die Unterzeichnung und Siegelung der Urschrift und § 102 GGO NW das Verfahren bei der Verkündung der Rechtsverordnung fest.

b) Landtags- und Ausschussbeteiligung

Eine weitere Besonderheit trifft schließlich § 100 GGO NW. Danach richtet sich das Verfahren für den Erlass von Rechtsverordnungen, bei denen der Landtag oder seine Ausschüsse mitwirken, nach den Richtlinien der Anlage 2.

Diese Anlage unterscheidet zwischen Verordnungen nach § 5 Abs. 3 Satz 1 LOG NW (Nr. 1 der Anlage), Verordnungen, die nach Anhörung oder im Benehmen mit den zuständigen Landtagsausschüssen erlassen werden (Nr. 2) und Verordnungen, die im Einvernehmen oder mit Zustimmung der zuständigen Landtagsausschüsse zu erlassen sind (Nr. 3).

Nach § 5 Abs. 3 Satz 1 LOG NW[138] bestimmt die Landesregierung nach Anhörung des fachlich zuständigen Ausschusses durch Rechtsverordnung, welche Behörde Bundesrecht oder Recht der Europäischen Gemeinschaften durchzuführen hat. Hierzu bestimmt die Anlage 2, dass die Ausschüsse nicht zu hören sind, bevor der Entwurf nicht der Landesregierung vorgelegt wurde (Nr. 1.1). Bei gemischten Verordnungen dürfen den Ausschüsse nur diejenigen Teile vorgelegt werden, auf die sich die Anhörung bezieht (Nr. 1.2). Die Bestimmung des zuständigen Ausschusses fällt zwar in die Zuständigkeit des Landtags, aber die Staatskanzlei soll bei der Übersendung an den Präsidenten des Landtags bereits diejenigen Ausschüsse benennen, die vermutlich zuständig sind (Nr. 1.4). Stimmt die Landesregierung dem Entwurf zu, fasst sie einen Beschluss. Danach wird der volle Text der Rechtsverordnung dem Präsidenten des Landtags sowie dem Innenministerium und dem für die jeweilige Verordnung zuständi-

---

[137] Festlegung einer Eingangs- und Schlussformel; ähnlich auch § 64 GGO des Bundes (in der Fassung der Bekanntmachung v. 15.10.1976 (GMBl. S. 550), zuletzt geändert durch Rundschreiben des BMI v. 25.3.1996 (GMBl. S. 449)).

[138] V. 10.6.1962, GV.NW S. 421, zuletzt geändert durch Artikel 10 Gesetz v. 9.5.2000, GV.NW S. 462.

gen Ministerium (sofern es sich nicht um eine Rechtsverordnung handelt, die von der Landesregierung erlassen wird) übersandt (Nr. 1.6). Wenn ein Ausschuss Einwände gegen die Verordnung hat, muss das zuständige Ministerium eine neue Kabinettvorlage einbringen, in der es zu den Vorschlägen Stellung nimmt. Kommt das Kabinett zu einer inhaltlich neuen Lösung, muss diese erneut den Ausschüssen vorgelegt werden. Ansonsten wird die Verordnung endgültig beschlossen (Nr. 1.8).
Für die Rechtsverordnungen nach Nr. 2 und 3 der Anlage 2 gelten diese Bestimmungen sinngemäß (Nr. 2 und 3.1).

c) GFA-Ansätze in der GGO NW
Schon Ende 1997 gab es, offenbar angestoßen durch den schon erwähnten Bericht des Sachverständigenrates „Schlanker Staat", einen Antrag der CDU-Fraktion im Landtag, die Grundgedanken des am 22. März 1995 einstimmig angenommenen Entwurfs der Drucksache 11/8637 „Für mehr Wirtschaftlichkeit in der Verwaltung" in einem neuen Art. 70 a Verfassungsrang zu verleihen.
Dieser sah vor, dass Landtag und Landesregierung vor jedem Erlass einer Norm des Landesrechts eine Wirkungsanalyse durchzuführen haben, in welcher die Ziele der Norm, Verständlichkeit und Vollziehbarkeit sowie deren mögliche Auswirkungen insbesondere in finanzieller Hinsicht in nachprüfbarer Weise beschrieben werden. Außerdem sollte der Landtag einen Normprüfungsausschuss und die Landesregierung eine Normprüfungsstelle einsetzen[139].

Durch Bekanntmachung des Innenministeriums vom 4. Februar 1999 sind in die GGO NW Ansätze der GFA aufgenommen worden[140]. Gemäß dem neu eingefügten § 82 Abs. 1 GGO NW ist jedes Gesetzgebungsvorhaben auf Notwendigkeit, Wirksamkeit, Verständlichkeit und Kostenrelevanz zu überprüfen. Dabei gelten die Vorschriften des X. Kapitels. Der ebenfalls neu eingefügte § 110 gibt dabei vor, dass die Prüfung von Gesetz- und Verordnungsentwürfen unter Anwendung der Anlage 4 II durchzuführen ist. Nach dieser Anlage mit dem Titel „Prüffragen für die Schaffung und Änderung von Rechtsnormen" muss der Entwurfsverfasser die dargelegten Fragen durch Ankreuzen beantworten und dem Normentwurf befügen[141].
Offenbar scheint dieses Verfahren aber selbst innerhalb der Regierung skeptisch beurteilt zu werden. So sagte der damalige nordrhein-westfälische Justizminister *Dieckmann* bei einem Vortrag vor der Juristischen Fakultät der Heinrich-Heine-Universität Düsseldorf, dass die „Abarbeitung" dieser Normprüfungsbögen „vielfach als lästige Pflichtübung verstanden" werde, „die Zeit und Arbeitskraft dann unnötig einbindet, wenn die politische Entscheidung für ein bestimmtes Vorhaben längst gefallen ist und unumstößlich erscheint"[142]. Nach seiner Aussage bevorzugt man in Nordrhein-Westfalen als Methode der Gesetzesfolgenabschätzung die Simulation, also das Durchspielen von „Fälle[n] aus dem realen Leben auf der Grundlage eines Entwurfs" mit Hilfe von Praktikern, um so die Funktionsfähigkeit der Regelung zu untersuchen[143].

Vielleicht plant die Landesregierung deshalb ein zunächst auf acht Jahre befristetes Programm zur Befristung von Rechtsvorschriften und die Einführung einer ressortübergreifenden Norm-

---

139 LT-Drs. 12/2667.
140 MBl.NW 1999, S. 210.
141 Bsp: Frage 1.1: Besteht eine rechtliche Verpflichtung zur Regelung? JA - Welche? / NEIN - Woher kommen die Forderungen?
142 *Dieckmann*, NWVBl. 2002, 329/334.
143 So *Dieckmann*, NWVBl. 2002, 329/333, der auch weitere Alternativen wie die ökonomische Analyse des Rechts oder die Rechtsvergleichung aufzeigt.

prüfstelle („Clearingstelle"), deren Aufgaben die Staatssekretärkonferenz übernehmen und die auch normkritische Gesichtspunkte beachten soll. Allerdings ist die Entscheidung über die Ausgestaltung, ob beispielsweise eine Checkliste nach hessischem Vorbild aufgenommen werden oder wie groß der Umfang der Durchführung von GFA sein soll, noch nicht gefallen, bisher liegt sie bei den einzelnen Ressorts[144].

II. Die Rechtsverordnung nach der Verkündung

Der Inhalt einer Rechtsverordnung behält solange seine Geltung, bis die Verordnung geändert oder insgesamt aufgehoben wird.

1. Änderung der Rechtsverordnung

Die Änderung einer Rechtsverordnung vollzieht sich im Regelfall ebenfalls durch Rechtsverordnung, ausnahmsweise auch durch Gesetz.

a) durch Verordnung

Die Änderung einer Verordnung durch Verordnung ist der Normalfall und rechtlich unproblematisch.

b) durch Gesetz

Der Erlass einer Rechtsverordnung ist vom Ermächtigungsgeber abgeleitete bzw. delegierte Rechtsetzung. Der Gesetzgeber kann aber die delegierte Ermächtigung wieder an sich ziehen, in dem er von seinem Rückholrecht Gebrauch macht. Dies geschieht dadurch, dass er den gesamten Inhalt der Rechtsverordnung neu durch Gesetz regelt. Er kann die Rechtsverordnung aber auch nur in Teilen ändern (oder ganz aufheben).

Problematisch an einer solchen Teiländerung ist, dass der geänderte Teil der Verordnung nun Gesetzesform besitzt und damit auch an der Gesetzeskraft teilnimmt. Daher findet sich im selben Gesetz normalerweise eine weitere Regelung, die besagt, dass die durch Gesetz geänderten Teile der Rechtsverordnung in Zukunft trotzdem durch Verordnung geändert werden können. Man nennt diese Formulierungen Entsteinerungsklauseln. Oft tragen sie die Überschrift „Wiederherstellen des Verordnungsrangs" oder „Rückkehr zum einheitlichen Verordnungsrang"[145], was besagen soll, dass die geänderten Teile in Zukunft nicht mehr an der Gesetzeskraft teilhaben sollen. Ohne die Entsteinerungsklausel wäre eine erneute Änderung der geänderten Teile wiederum nur durch Gesetz möglich, der Rest der Verordnung könnte aber weiterhin durch Verordnung geändert werden. Dies hätte Rechtszersplitterung und Rechtsunsicherheit zur Folge[146]. Eine Entsteinerungklausel soll also die Änderung der Rechtsverordnung in der Zukunft erleichtern.

Diese Technik wird vom Bundestag seit langem praktiziert, offenbar ohne dass über die Zulässigkeit nachgedacht worden wäre. *Sendler* meint, aufgrund der langen Tradition habe diese Technik schon „den Rang von Verfassungsgewohnheitsrecht"[147] und verweist auf den „Altmeister der Gesetzgebungslehre"[148] *Schneider*, der in Entsteinerungsklauseln lediglich eine

---

[144] Auskunft des Innenministeriums v. 16.05.2003; vgl. auch die Pressemitteilung des Innenministeriums v. 12.03.2003, abrufbar unter www.im.nrw.de/inn.seiten/presse/m_d143.thm, abgerufen am 15.05.2003.

[145] Vgl. bspw. Art. 36 des *Zweiten Modernisierungsgesetzes* NW, GV.NW 2000, S. 462/473.

[146] *Sendler*, NJW 2001, 2859ff..

[147] *Sendler*, NJW 2001, 2859/2860.

[148] *Sendler*, NJW 2001, 2859/2860.

Bestätigung dessen sieht, „was [...] eine sinnvolle Interpretation ohnehin ergeben müsste“[149].

Keine klare Aussage über die Zulässigkeit von Entsteinerungsklauseln macht bisher die Rechtsprechung. Das Bundesverwaltungsgericht hat zu einer durch Bayerisches Gesetz geänderten Verordnung über das Landesentwicklungsprogramm zwar offen gelassen, ob der Ansicht, dass gesetzlich geänderte Verordnungsteile generell der vollen Gesetzeskraft entbehrten, zu folgen sei. Es hat aber dargelegt, dass – vorbehaltlich besonderer landesrechtlicher Regelung – solche Verordnungsteile Gegenstand eines Normenkontrollverfahrens sein können. Da solche Rechtsvorschriften typischerweise allein aus Zweckmäßigkeitsgründen in der Gestalt eines formellen Gesetze erlassen würden, seien keine Gründe erkennbar, diese im Hinblick auf den Rechtsschutz nicht genauso zu behandeln wie eine echte Rechtsverordnung[150].

aa) Unzulässigkeit von Entsteinerungsklauseln

In neuerer Zeit sind Zweifel an der Verfassungsmäßigkeit dieser Regelungstechnik laut geworden[151]. Dass Entsteinerungsklauseln die Änderung eines Gesetzes durch Verordnung ermöglichen, soll gegen den Grundsatz des Vorrangs des Gesetzes verstoßen, der zwingenden Charakter habe[152]. Außerdem führe die Zulässigkeit dieser Regelungstechnik unter bestimmten Voraussetzungen zu Abgrenzungsschwierigkeiten, da die Kriterien unpraktikabel seien[153]. Konsequenz dieser Ansicht ist, dass Entsteinerungsklauseln gegen den Vorrang des Gesetzes und damit gegen Art. 20 Abs. 3 GG verstoßen.

bb) Zulässigkeit von Entsteinerungsklauseln

Nach anderer Ansicht, ist es dagegen möglich, vom Vorrang des Gesetzes Ausnahmen zuzulassen[154]. Dies könne man schon dem Wort „Grundsatz“ entnehmen.

Abgesehen davon könne man den Sinn einer Entsteinerungsklausel aber auch so verstehen, dass „sie die geänderte Rechtsverordnung uno actu nach Ablauf einer logischen Sekunde vom Rang des formellen Gesetzes“[155] herabstufe. Deshalb liege bei einer Änderung der Verordnung keine Gesetzesänderung vor. Auch das Bundesverfassungsgericht ist der Auffassung, dass es dem Gesetzgeber erlaubt sei, einer Vorschrift einen subsidiären Charakter zu geben. Generelle Bedenken dagegen bestünden nicht. Das Grundgesetz habe ihre Existenz und Zulässigkeit vorausgesetzt[156].

---

[149] *Schneider*, RN. 663.

[150] BVerwG, Urt .v. 16.1.2003 – 4 CN 8.01– , BayVBl. 2003, 437/438.

[151] *Uhle*, DÖV 2001, 241ff., der auch darauf hinweist, dass das ältere Schrifttum die verfassungsrechtliche Zulässigkeit überwiegend verneint habe (S. 244, FN. 43 m.w.N.); vgl. auch schon *Studenroth*, DÖV 1995, 525/532ff., der der Auffassung ist, eine Entsteinerungsklausel sei nur dergestalt zulässig, dass „der Bundestag das Gesetz mit einem Vorbehalt versieht, wonach die Wirksamkeit des Gesetzes entfällt, wenn der Verordnungsgeber in einem vorgegebenen, den Anforderungen des Art. 80 Abs. 1 S. 2 GG genügenden Ermächtigungsrahmen eine inhaltsgleiche oder auch abgeänderte Regelung des Sachverhalts trifft“, (S. 537).

[152] *Uhle*, DÖV 2001, 241/246.

[153] *Uhle*, DÖV 2001, 241/245, mit Nachweisen zu den verschiedenen von der Literatur gesetzten Bedingungen.

[154] *Sendler*, NJW 2001, 2859/2861, der – im Übrigen wie *Uhle* – auf Aussagen des Bundesverfassungsgerichts verweist: BVerfG, Beschl. v. 6.5.1958 – 2 BvL 37/56, 11/57 – , BVerfGE 8, 155/171.

[155] *Sendler*, NJW 2001, 2859/2860; so wohl auch OVG Schleswig, Urt. v. 27.7.1999 – 3 L 196/98 – , NordÖR 2000, 25 (nicht rechtskräftig).

[156] BVerfG 2 BvR 509/96, 511/96, NJW 1998, 669/670, wenngleich das Bundesverfassungsgericht eine ausdrückliche Bejahung der Zulässigkeit bisher noch nicht ausgesprochen hat.

cc) Stellungnahme

Die gesetzliche Änderung des Inhalts von Rechtsverordnungen in Verbindung mit den Entsteinerungsklauseln findet man typischerweise bei großen Artikelgesetzen, die ein Rechtsgebiet sowohl zeitlich als auch inhaltlich einheitlich ändern, beispielsweise um die Anforderungen einer Europäischen Richtlinie in deutsches Recht umzusetzen[157]. Man würde dem Parlament daher ein effektives Instrument aus der Hand nehmen, ein Rechtsgebiet auf diese Weise umfassend zu reformieren – abgesehen von den Konsequenzen, welche die Auffassung von der Unzulässigkeit der Entsteinerungsklauseln nach sich ziehen würde (Aufspaltung des Rechtsweges, Rechtsschutzverzögerung, ganz zu schweigen von der weiter zunehmenden Belastung des Parlaments).

Aber nicht nur praktische Erwägungen sprechen für die Zulässigkeit dieser Regelungstechnik. Zwar ist zuzugeben, dass das „Prinzip“ vom Vorrang des Gesetzes wohl keine Ausnahmen verträgt[158]. Wenn aber der Gesetzgeber selbst im Gesetz dessen subsidiäre Geltung anordnet, stellen sich Rangfragen zwischen Gesetz und Verordnung gar nicht[159], da das Prinzip des Gesetzesvorrangs nicht betroffen ist.
Selbstverständlich kann der Gesetzgeber nicht unbegrenzt über die Subsidiarität von Gesetzen entscheiden. Daher wird zu Recht gefordert, dass erstens sachliche Gründe vorliegen müssen, zweitens dass dies grundgesetzlich oder einfachgesetzlich festgeschrieben ist, drittens dass (selbstverständlich) der Inhalt der Verordnung von der Ermächtigung erfasst sein muss und schließlich viertens dass der Gesetzgeber nicht den Kernbereich der gesetzlichen Bestimmung zur Disposition stellt[160].

Insbesondere die Regelungstechnik, nach der ein Gesetz bestimmt, dass bestimmte Teile des Gesetzes (beispielsweise Anlagen oder Regelsätze) durch Rechtsverordnung angepasst, also geändert werden können[161], zeigt die Notwendigkeit der flexiblen Anpassung, die nur durch Rechtsverordnung gewährleistet ist. Sie zeigt aber auch, dass die Gefahr einer gedankenlosen Aufgabe gesetzgeberischer Kompetenzen nicht besteht.
Aber auch dort, wo das Gesetz diese Technik nicht vorsieht, beispielsweise in den angesprochenen Reformgesetzen, die sowohl Gesetze als auch Rechtsverordnungen ändern und dann eine Entsteinerungsklausel anschließen, kann die Subsidiarität begrenzt zulässig sein. Auch ist die Technik der Entsteinerungsklauseln so angelegt, dass der Gesetzesrang, den die Rechtsverordnungen durch die gesetzliche Änderung erfahren haben, sofort im Anschluss wieder rückgängig gemacht werden soll (typische Formulierung: „Die auf den in Artikeln ... beruhenden Teile der dort geänderten Rechtsverordnungen können aufgrund der jeweils einschlägigen Ermächtigungen durch Rechtsverordnung geändert werden.“).

---

[157] Z.B. Art. 4 des Gesetzes zur Änderung der UVP-Änderungsrichtlinie, der IVU-Richtlinie und weiterer EG-Richtlinien zum Umweltschutz, BGBl I 2001, 1950; Beispiel nach *Külpmann*, NJW 2002, 3436. *Külpmann* zählt allein im ersten Halbjahr des Jahres 2001 16 Gesetze, die 59 Rechtsverordnungen ändern.

[158] *Uhle*, DÖV 2001, 241/246, spricht in diesem Zusammenhang von einer der „Fundamentalaussagen des Rechtsstaatsprinzips“; für die Möglichkeit von Ausnahmen dagegen *Sendler*, NJW 2001, 2859/2860f., der allerdings gleichzeitig auf die Argumentation von *Schneider* verweist, wonach es zu einem Verstoß gegen den Vorrang des Gesetzes gar nicht erst kommen kann.

[159] *Lepa*, AöR 105 (1980), 337/354; ebenfalls für die Zulässigkeit, wenn auch mit abweichender Begründung *Peter*, AöR 92 (1967), 357/374ff..

[160] BVerfG, Beschl. v. 6.5.1958 – 2 BvL 37/56, 11/57 – , BVerfGE 8, 155/170ff.; *Ossenbühl*, in: Isensee/ Kirchhoff, § 64 RN. 22; vgl. dazu auch unter 2. c) cc) (2) die Argumentation zu gesetzändernden Verordnungen.

[161] Vor allem im Steuerrecht, Sozialrecht oder im Umweltrecht, bspw. § 3 UVPG, BGBl. 2001 I, S. 2350; weiteres Beispiel: *Neunte Verordnung zur Anpassung des Bemessungsbetrags und von Geldleistungen nach dem Bundesversorgungsgesetz* (9. KOV-AnpV 2000), BGBl. 2000 I, S. 916.

Dass die Grenze zwischen zulässiger und unzulässiger „Ermächtigung zum Erlaß gesetzesändernder Verordnung“[162] im Einzelfall schwierig ist, reicht nicht, um sie grundsätzlich für unzulässig zu halten.

Im Ergebnis ist also festzuhalten, dass die Verwendung von Entsteinerungsklauseln grundsätzlich zulässig ist.

2. Aufhebung der Rechtsverordnung

Eine Verordnung kann aus den verschiedensten Gründen aufgehoben werden. Ihre Regelung kann entbehrlich sein, der Wirklichkeit nicht mehr gerecht werden oder politisch nicht mehr gewollt sein. Der Gesetzgeber kann sich aber auch entschlossen haben, den Inhalt durch Gesetz zu regeln, und holt sich so seine einmal delegierte Kompetenz wieder zurück.

Es fällt auf, dass in der Praxis zwischen Aufhebung und Außerkrafttreten von Rechtsvorschriften unterschieden wird. In Artikelgesetzen bzw. -verordnungen findet man regelmäßig einen oder mehrere Artikel, die bestimmen, dass Rechtsvorschriften aufgehoben oder außer Kraft gesetzt werden[163]. Es gibt aber auch einzelne Gesetze oder Rechtsverordnungen, die nur ein anderes Gesetz oder eine Verordnung aufheben und dann auch diesen Titel tragen („Gesetz zur Aufhebung des Gesetzes ...“).

Diese Unterscheidung wird in der Literatur nicht gemacht. Dort wird in einem Atemzug sowohl von Aufhebung als auch von Außer-Kraft-Setzung gesprochen[164]. Immerhin ist erkennbar, dass in Einzelgesetzen immer nur von Aufhebung die Rede ist, nicht dagegen von Außer-Kraft-Setzung, weshalb *Schulze-Fielitz* diese Kategorie bei Gesetzen auch Aufhebungsgesetze nennt und Gesetze, die eine Vielzahl von entsprechenden einzelnen Artikeln enthalten, nur unter dem Oberbegriff der Änderungsgesetze zusammenfasst[165].

a) Aufhebung durch Gesetz – Rückholkompetenz

Wenn eine Rechtsverordnung durch Gesetz aufgehoben wird, wird in der Regel der Inhalt in dem Gesetz neu kodifiziert, und zwar in der Form, dass ein ganzer Regelungskomplex, welchem die Verordnung angehört, in dem Gesetz geregelt wird.

Nur ganz selten wird ein Gesetz eine Rechtsverordnung aufheben, ohne dass es selbst eine äquivalente Vorschrift enthält. Das wäre dann der Fall, wenn bei der Neukonzeption eines Themengebietes der Inhalt der Verordnung keine Rolle mehr spielt, weil die Regelung entbehrlich geworden ist. Bei einer Neukodifikation wird das aber eher unwahrscheinlich sein. Und falls es sich nicht um eine solche handelt, ist die Aufhebung durch Gesetz, gemessen am Aufwand des Gesetzgebungsverfahrens (auch wenn das Gesetz noch andere Regelungen enthält), unverhältnismäßig.

Im Übrigen ist die Aufhebung einer Verordnung durch Gesetz nicht völlig ohne Kritik an de-

---

[162] Aus den dargelegten Gründen ist diese Formulierung missverständlich; die Verordnungen ändern bei Entsteinerungsklauseln keine Gesetze, sondern Verordnungen; vgl. *Sendler*, NJW 2001, 2859/2860.

[163] Vgl. einerseits die *5. Verordnung zur Änderung der Verordnung über EG-Normen für Obst und Gemüse* v. 27.7.2001 (BGBl. I, S. 2041), dessen Artikel 2 die Aufhebung der *Verordnung über die Abweichung von Qualitätsnormen für bestimmte Sorten von Äpfeln der Ernte 1989* (BAnz. S. 3753) bestimmt; und andererseits die Verordnung über die *Anforderungen in der Meisterprüfung für den Beruf Winzer/Winzerin* v. 27.8.2001 (BGBl. I, S. 2255), der in § 10 S. 2 bestimmt, dass die *Verordnung über die Anforderungen in der Meisterprüfung im Weinbau* v. 7.9.1976 (BGBl. I, S. 2715) gleichzeitig mit dem Inkrafttreten dieser Verordnung außer Kraft tritt.

[164] Bspw. *Schneider*, RN 550ff.: der 7. Abschnitt des § 15 seines Werkes „Die Gesetzgebung“ trägt die Überschrift „Außerkrafttreten“ (vor RN. 550), im weiteren Verlauf wird aber abwechselnd von aufgehobenen und außer Kraft gesetzten Rechtsvorschriften gesprochen, ein Unterschied ist nicht erkennbar.

[165] *Schulze-Fielitz*, S. 128f..

ren Zulässigkeit geblieben. Man befürchtet, genau wie bei der Beteiligung des Parlaments an der Verordnungsgebung, eine Vermischung von legislativer und exekutiver Normsetzung[166]. Richtigerweise beinhaltet jedoch die Rechtsetzungsgewalt des Gesetzgebers, die ihm trotz der Erteilung einer Verordnungsermächtigung erhalten bleibt, die Möglichkeit, die Verordnung mittels eines Gesetzes aufzuheben oder auch einfach eine neue Sachregelung zu treffen[167].

b) Aufhebung durch Änderung/Aufhebung der Verordnungsermächtigung?

Fraglich ist, ob die Gültigkeit einer Rechtsverordnung davon berührt wird, dass ihre Ermächtigungsnorm später geändert oder sogar aufgehoben wird. Bis auf ganz vereinzelte Stimmen[168] ist allerdings allgemein anerkannt, dass die Verordnung dadurch nicht automatisch außer Kraft gesetzt wird[169]. Voraussetzung ist lediglich, dass im Zeitpunkt des Erlasses eine gültige Verordnungsermächtigung vorhanden war. Etwas anderes soll nur dann gelten, wenn es sich um eine bloße Durchführungsverordnung handelt, die ohne das dazugehörige Gesetz sinnlos wäre bzw. wenn die Verordnung das Gesetz nur ergänzt oder ausfüllt[170]. Außerdem könne die Rechtsverordnung unvereinbar mit dem neuen Recht sein[171].

Soll in den Fällen, in denen die Verordnungsermächtigung wegfällt, auch die Verordnung selbst aufgehoben werden, kann dies außer dem Verordnungsgeber auch der Gesetzgeber tun. Dies geschieh dadurch, dass er in dem Gesetz, welches die Verordnungsermächtigung aufhebt, hinreichend deutlich seinen Willen zum Ausdruck bringt, gleichzeitig auch die Verordnung aufzuheben[172].

c) Aufhebung durch Rechtsverordnung

Die Aufhebung durch Rechtsverordnung ist in dem gerade genannten Fall der einfachere und besser nachvollziehbare Weg, insbesondere dann, wenn sich der Regelungsinhalt erledigt hat[173].

aa) Zeitliche Begrenzung in der Rechtsverordnung

Eine Rechtsverordnung kann technisch dadurch aufgehoben werden, dass die Verordnung selbst eine Vorschrift enthält, nach der die Geltung der Verordnung zeitlich begrenzt ist und nach einem bestimmten Datum automatisch außer Kraft gesetzt wird[174].

---

[166] So *Heckmann*, S. 364f.; Vgl. ausführlich zu diesem Problem unten IV..

[167] So auch *Studenroth*,, DÖV 1995, 525/535; *Bauer*, in: Dreier, Bd. 2, Art. 80 RN 39. Ausführlich zur Aufhebung von Rechtsverordnungen durch des Bundestag siehe *Klotz*, Das Aufhebungsverlangen des Bundestags gegenüber Rechtsverordnungen, passim. Außerdem existieren Gesetzen, in denen, neben der Ermächtigung, ein Aufhebungsrecht des Parlamentes vorgesehen ist. Dieses Recht wird durch Parlamentsbeschluss geltend gemacht. Vgl. dazu auch *Heckmann*, S. 366ff. und ausführlich *Klotz*, passim.

[168] *Ossenbühl*, in: Isensee/Kirchhof, Bd. III, § 64 RN. 44, 71; *Wilke*, AöR 98 (1973), 196/235; beiden gehen davon aus, dass Gesetz und Verordnung regelmäßig eine Einheit bilden und daher das eine nicht ohne das andere bestehen kann; anders soll dies sein, wenn nicht das gesamte Gesetz, sondern nur die „konkrete Delegationsvorschrift“ fortfällt oder wenn nur die tatsächlichen Voraussetzungen für den Erlass der Verordnung wegfällt.

[169] BVerfG, Beschl. v. 3.12.1958 – 1 BvR 488/57 –, BVerfGE 9, 3/12; *Bauer*, in: Dreier, Bd. II; Art. 80 RN. 42; *Ramsauer*, in: Azzola, Bd. 2, Art. 80 RN. 77.

[170] *Bauer*, in: Dreier, Bd. II, Art. 80 RN. 42; *Ramsauer*, in: Azzola, Bd. 2, Art. 80 RN. 77f.; kritisch *Brenner*, in: v. Mangoldt/Klein/Starck, Bd. 3, Art. 80 RN. 70.

[171] *Pieroth*, in: Jarass/Pieroth, Art. 80 RN. 15; *Bauer*, in: Dreier, Bd. II, Art. 80 RN. 42.

[172] *Heckmann*, S.368f..

[173] Bsp: *Verordnung zur Aufhebung der Verordnung zur Erklärung des Landes Nordrhein-Westfalen zum Maul- und Klauenseuche-Schutzgebiet und zum Schutz vor einer Verschleppung der Maul- und Klauenseuche nach Nordrhein-Westfalen* (MKS-VO-NRW), GV.NW 2001, S. 184b.

[174] Bsp: *10. Ausnahmeverordnung zur StVO* v. 7.8.2001, BGBl. I, S. 2221: diese tritt am 19.11.2001 in Kraft und nach Ablauf des 28.02.2002 außer Kraft.

In Zeiten der Normenflut ist dies ein effektiver Beitrag zu De- und Selbstregulierung. Gerade in Bereichen, in denen die Rechtsverordnung aufgrund ihrer flexibleren Handhabe bevorzugt eingesetzt wird, weil sich die tatsächlichen Voraussetzungen laufend ändern bzw. in absehbarer Zeit wegfallen, ist diese Technik sinnvoll. In Nordrhein-Westfalen beispielsweise ist im März 2003 beschlossen worden, eine so genannte „Clearingstelle" einzurichten, deren vorrangige Aufgabe sein soll, Normen auf ihre zeitliche Begrenzbarkeit hin zu überprüfen[175].
In diesem Zusammenhang gibt es seit einiger Zeit auch die Regelungstechnik, im ermächtigenden Gesetz eine periodische Überprüfung der Rechtsverordnungen vorzusehen. Die Rechtsverordnungen sollen daraufhin überprüft werden, ob sie den in der Ermächtigung genannten Voraussetzungen noch entsprechen[176]. Auch dies ist ein sinnvoller Beitrag zur Deregulierung.

bb) Förmliche Aufhebung
Die förmliche Aufhebung ist der oben beschriebene Fall, dass eine neue Rechtsverordnung in Kraft tritt, die (unter anderem) besagt, dass die (ursprüngliche) Verordnung hiermit außer Kraft gesetzt wird.

cc) Änderung eines Gesetzes durch Verordnung - Derogatorische Kraft von Rechtsverordnungen?
Es gibt auch den Fall, dass ein Gesetz durch eine Rechtsverordnung geändert wird. Diese Praxis ist umstritten, wenngleich vieles nur dadurch verworren ist, dass nicht von einheitlichen Begriffen ausgegangen wird[177]. Man spricht in diesem Zusammenhang von gesetz(es)vertretenden, gesetz(es)ändernden und gesetz(es)ergänzenden Verordnungen.
In der älteren Literatur findet man die Auffassung, dass die gesetzvertretende Verordnung der Oberbegriff sei[178]. Jedoch wird dieser Oberbegriff nicht weiter definiert.
In der neueren Literatur werden die gesetzvertretende und die gesetzändernde Verordnung überwiegend als Aliud aufgefasst; lediglich vereinzelt findet man auch die Auffassung, dass es keinen Unterschied zwischen gesetzvertretenden, -ergänzenden, -ändernden und gesetzdurchbrechenden Verordnungen gebe[179].
Dabei geht man allgemein von der Unzulässigkeit der gesetzvertretenden Verordnung aus (sofern sie nicht grundgesetzlich zulässig ist, vgl. unten), während die Zulässigkeit von gesetzändernden Verordnungen unterschiedlich beurteilt wird.

(1) Gesetzvertretende Verordnungen
Als gesetzvertretende Verordnung bezeichnet man solche Verordnungen, die unabgeleitet, selbstständig sind und Gesetzesrang beziehungsweise formelle Gesetzeskraft besitzen[180].
Übereinstimmend wird die Zulässigkeit von gesetzvertretenden Rechtsverordnungen verneint;

---

[175] Pressemitteilung des Innenministeriums vom 12.3.2003.
[176] Vgl. § 24 UVPG für Verordnungen aufgrund der §§ 11 und 13 Abs. 1 UVPG: Überprüfung nach Ablauf eines angemessenen Zeitraums, spätestens jedoch 12 Jahre nach ihrem Erlass; dasselbe gilt für Verwaltungsvorschriften gemäß § 30 UVPG.
[177] Ähnlich *Bryde*, in: v. Münch/Kunig, Bd. 3, Art. 80 RN. 3.
[178] Den Gegenbegriff stellte die gesetzabhängige Verordnung dar, vgl. dazu im Einzelnen bei *Friedrich Klein*, in: Klein/Genzer, S. 39ff..
[179] Wilke, AöR 98 (1973), 196/243: Alle Bezeichnungen sollten nur deutlich machen, dass die Verordnungen in der Lage sind, älteres Gesetzesrecht zu verdrängen und daher mit der derogatorischen Kraft förmlicher Gesetze ausgestattet sind.
[180] *Pieroth*, in: Jarass/Pieroth, Art. 80 RN. 14; *Lücke*, in: Sachs, Art. 80 RN. 8; *Bauer*, in: Dreier, Bd. II, Art. 80 RN. 18.

es widerspreche dem Vorrang des Gesetzes, dass die Exekutive der Legislative ebenbürtig sein und diese verdrängen könne[181]. Nur wenn die Verfassung selbst vorsieht, dass Verordnungen formelle Gesetzeskraft besitzen sollen, sollen sie zulässig sein. Es handelt sich dabei aber um Ausnahmefälle, nämlich um die Übergangsregelungen der Art. 119 und 127 GG, und den Verteidigungsfall, Art. 115 k GG. Letzterer besagt beispielsweise, dass im Verteidigungsfall Notstandbestimmungen erlassen werden können, welche für die Dauer ihrer Geltung entgegenstehendes Recht außer Kraft setzen. Solche Verordnungen besitzen dann den Status eines Gesetzes. Die Tatsache, dass es sich bei den grundgesetzlich geregelten Fällen um Übergangsbestimmungen und um Regelungen zum Eintritt des Verteidigungsfalles, also eine Not- und Ausnahmesituation handelt (und die Verordnungen mit Gesetzeskraft schon nach dem Wortlaut auf eine begrenzte Geltungsdauer angelegt sind), spricht in der Tat dafür, dass das Grundgesetz solche gesetzvertretenden Verordnungen grundsätzlich nicht anerkennen wollte.
Daher gibt es in der Literatur auch keine Stimmen, die Rechtsverordnungen mit Gesetzeskraft über die genannten Fälle hinaus für zulässig oder sogar für notwendig erachten.

(2) Gesetzändernde Verordnungen
(Beschränkt[182]) gesetzändernde Verordnungen sind solche, die aufgrund einer entsprechenden Ermächtigung im Gesetz einzelne formell-gesetzliche Inhalte abweichend oder neu regeln[183]. Teilweise werden sie auch als gesetzergänzende Verordnungen und die gesetzliche Ermächtigung (die bestimmt, dass durch Rechtsverordnung von einzelnen Vorschriften des Gesetzes abgewichen wird) als Verordnungsvorbehalt[184] bezeichnet.

Ein Fall von gesetzändernden Verordnungen sind Änderungen, die aufgrund der erwähnten Entsteinerungsklauseln ergehen. Daher ist die Argumentation im Wesentlichen dieselbe wie oben[185].
Gegen die Zulässigkeit von gesetzändernden Verordnungen werden vor allem zwei Argumente angeführt: zum einen wird aus Art. 129 Abs. 3 GG der Wille des Gesetzgebers geschlossen, keine neuen Verordnungsermächtigungen zu Änderungen von Gesetzen zuzulassen. Diese Vorschrift legt fest, dass, soweit Rechtsvorschriften im Sinne der Absätze 1 und 2 zu ihrer Änderung oder Ergänzung oder zum Erlass von Rechtsvorschriften an Stelle von Gesetzen ermächtigen, diese Ermächtigungen erloschen sind[186]. Die Vorschrift des Art. 129 Abs. 3 GG sei nun Ausfluss des strengeren Rechtsstaatsprinzips des Grundgesetzes (im Gegensatz zur vorgrundgesetzlichen, insbesondere zur Weimarer Zeit), so dass dessen Gedanke auch für das nachkonstitutionelle Recht gelte.
Zum anderen werde die gesetzgebende Gewalt durch gesetzändernde Verordnungen in einem

[181] *Bauer*, in: Dreier, Bd. II, Art. 80 RN. 18; *Lücke*, in: Sachs, Art. 80 RN. 8; *Bryde*, in: v. Münch/Kunig, Bd. 3, Art. 80 RN. 3; so auch *Pieroth*, in: Jarass/Pieroth, Art. 80 RN. 14; *Ossenbühl*, in: Erichsen, § 6 RN. 20.
[182] So die Formulierung bei *Wolff/Bachof/Stober*, § 25 RN. 35.
[183] *Lücke*, in: Sachs, Art. 80 RN. 9.
[184] So *Pieroth*, in: Jarass/Pieroth, Art. 80 RN. 14.
[185] Zuletzt hat sich *Kube* mit diesem Problem befasst, und zwar am Beispiel von § 56 Zuständigkeitsanpassungsgesetz und der 7. Zuständigkeitsanpassungsverordnung, NJW 2003, 57/58f..
[186] Art. 129 Abs. 1 Satz 1 GG lautet: „Soweit in Rechtsvorschriften, die als Bundesrecht fortgelten, eine Ermächtigung zum Erlasse von Rechtsverordnungen oder allgemeinen Verwaltungsvorschriften sowie zur Vornahme von Verwaltungsakten enthalten ist, geht sie auf die nunmehr sachliche zuständigen Stelle über." Nach Absatz 2 gilt dasselbe für Rechtsvorschriften, die nach Landesrecht fort gelten.

mit dem Rechtsstaatsprinzip nicht mehr zu vereinbarendem Maße verlagert[187].

Dagegen kann man anführen, dass Art. 129 Abs. 3 GG sowohl dem Wortlaut als auch dem Sinn und Zweck nach eine Übergangsvorschrift ist. Eine Übertragung seiner Aussage auf das nachkonstitutionelle Recht ist daher nicht möglich; außerdem entstünde sonst eine nicht zu erklärende Konkurrenz zu Art. 80 Abs. 1 GG[188].

Dass sachliche Gründe beziehungsweise praktische Bedürfnisse die Zulässigkeit von gesetzändernden Verordnungen erfordern, liegt auf der Hand. Aber das Entlastungsinteresse des Gesetzgebers ist auch in Art. 80 Abs. 1 Satz 1 GG erkannt und anerkannt worden. Der Grundsatz der Normenhierarchie kann sich nicht rigoros auf Kosten der praktischen Bedürfnisse durchsetzen, da die Normenhierarchie kein Selbstzweck ist[189]. Wenn ein Gesetz der Exekutive die Möglichkeit einräumt, dasselbe zu ändern beziehungsweise Regelungen zu erlassen, die vom Gesetz abweichen, und dafür sachliche Gründe bestehen, ist die Bezeichnung der Verordnung als gesetzändernd eigentlich missverständlich. Die Verordnung führt bei genauer Betrachtung das Gesetz aus, in welchem selbst ja die Änderung der Rechtslage bereits angelegt ist[190]. Man könnte auch von einem „ausdrücklich zugunsten [... der Rechtsverordnung] reduzierten – subsidiären – Geltungsanspruch" des Gesetzes sprechen[191].

Überzeugend sind in diesem Zusammenhang insbesondere die, allerdings ebenfalls umstrittenen, Ausführungen des Bundesverfassungsgerichtes im Lastenausgleichsbeschluss[192]:

„Der Vorrang des Gesetzes - also die dem Gesetz kraft Verfassungsrechts innewohnende Eigenschaft, staatliche Willensäußerungen niedrigeren Ranges rechtlich zu hindern oder zu zerstören - kann sich aber naturgemäß nur auswirken, wo ein Widerspruch zwischen dem Gesetz und der Willensäußerung niedrigeren Ranges besteht. Es bedarf keiner Ausführung, daß eine staatliche Willensäußerung, die das Gesetz befolgt und in Einklang mit ihm steht, nicht am Vorrang des Gesetzes scheitern kann. [...] Der Gesetzgeber bestimmt den Anwendungsbereich jeder gesetzlichen Vorschrift ebenso wie er ihren Inhalt bestimmt. Es steht ihm auch frei, die Anwendbarkeit einer Vorschrift dadurch zu beschränken, daß er ihre Subsidiarität gegenüber bestimmten staatlichen Willensäußerungen niedrigeren Ranges beilegt. Durch den Vorrang des Gesetzes wird diese Befugnis nicht berührt. Der Gesetzgeber kann den Vorrang des Gesetzes nicht als Prinzip beseitigen. Aber er kann einer einzelnen Vorschrift oder auch einer Gruppe von Vorschriften einen subsidiären Charakter geben."[193]

Zwar geht es in dem Lastenausgleichsbeschluss um die Frage, ob ein Gesetz gegenüber einer Verwaltungsvorschrift subsidiär sein kann. Die Ausführungen lassen sich aber durch einen erst-recht-Schluss auf Rechtsverordnungen übertragen; dies klingt in der Entscheidung indirekt auch an[194].

---

[187] Vgl. bei *Peter*, AöR 92 (1967), 357/360; gegen die Zulässigkeit auch *Bryde*, in: v. Münch/Kunig, Bd. 3, Art. 80 RN. 3, der allerdings Verordnungen, die Gesetze ändern, als gesetzvertretende bezeichnet bzw. diese jedenfalls nicht eindeutig abgrenzt.

[188] *Peter*, AöR 92 (1967), 357/373f..

[189] *Peter*, AöR 92 (1967), 357/376).

[190] *Bauer*, in: Dreier, Bd. II, Art. 80 RN. 18; *Ossenbühl*, in: Isensee/Kirchhof, Bd. III, § 64 RN. 22.

[191] So *Lücke*, in: Sachs, Art. 80 RN. 9; sinngemäß auch *Schneider*, RN. 659.

[192] BVerfG, Beschl. v.6.5.1958 – 2 BvL 37/56, 11/57 – , BVerfGE 8, 155ff..

[193] S. 169f..

[194] S. 171: „Gesetzliche Vorschriften, deren [...] Ersetzbarkeit durch eine abweichende Rechtsverordnung [...] im Gesetz vorgesehen ist, können ebenfalls in diesem Zusammenhang genannt werden."

Daher ist man überwiegend der Auffassung, dass es gegen solche Regelungen – im Gegensatz zu so genannten gesetzvertretenden Verordnungen – keine grundsätzlichen verfassungsrechtlichen Bedenken gibt. Gefordert wird lediglich, dass die Ermächtigungen verfassungsrechtlich zugelassen, auf Ausnahmefälle beschränkt sein müssen und nicht den Kernbereich eines Gesetzes zur Disposition des Verordnungsgebers stellen dürfen[195].

III. Zusammenfassung

1. Das Verfahren zum Erlass einer Rechtsverordnung der Bundesregierung oder eines Bundesministeriums orientiert sich an den Vorgaben der Gemeinsamen Geschäftsordnung der Bundesregierung (GGO). Eine Geschäftsordnung mit entsprechenden Vorschriften, die als interne Dienstanweisung ohne Außenwirkung charakterisiert wird, existiert auch in Nordrhein-Westfalen. Durch die Neufassung der GGO auf Bundesebene hat sich deren Handhabung dahingehend geändert, dass die Vorprüfung von Normen und insbesondere auch die Gesetzesfolgenabschätzung eine größere Rolle spielen als bisher. Zur Deregulierung ist die Prüfung der Notwendigkeit von Normen seit neuestem auch in Nordrhein-Westfalen mehr und mehr in den Vordergrund getreten.

Inwieweit sich dies sowohl auf Bundes- als auch auf Landesebene nicht nur für Gesetze, sondern auch für Rechtsverordnungen durchsetzen wird, bleibt abzuwarten.

2. Die Änderung einer Rechtsverordnung durch Gesetz und die spätere erneute Änderung durch Rechtsverordnung – unter Berufung auf so genannte Entsteinerungsklauseln – sind möglich. Entsteinerungsklauseln stellen keinen Verstoß gegen das Prinzip des Vorrangs des Gesetzes dar. Der Gesetzgeber darf einer Vorschrift einen subsidiären Charakter geben. Die Grenze ist dort erreicht, wo er den Kernbereich der Vorschrift zur Disposition stellt. Abgesehen von ihrer verfassungsrechtlichen Zulässigkeit hat diese Vorgehensweise erhebliche praktische Bedeutung.

Bei der Änderung eines Gesetzes durch Rechtsverordnung ist zwischen gesetzvertretenden und gesetzändernden Rechtsverordnungen zu unterscheiden. Gesetzesvertretende Rechtsverordnungen sind nur in den in der Verfassung genannten Ausnahmefällen zulässig. Dagegen sind gesetzändernde Rechtsverordnungen unter bestimmten Voraussetzungen zulässig.

---

[195] BVerfG, Urt. v. 5.3.1958 – 2 BvL 18/56 – , BVerfGE, 7, 282/296ff.; BVerfG, Urt. v. 18.7.1967 – 2 BvF 3, 4, 5, 6, 7, 8/62; 2 BvR 139, 140, 334, 335/62 – , BVerfGE 22, 180/214; *Bryde*, in: v. Münch/Kunig, Bd. 3, Art. 80 RN. 3; *Maunz*, in: Maunz/Dürig, Art. 80 RN. 8; *Ossenbühl*, in: Erichsen § 6 RN. 19f.; kritisch *Stern*, Bd. II, § 38, S. 663f..

D. Verfassungsrechtliche Anforderungen

Die verfassungsrechtlichen Anforderungen an Rechtsverordnungen finden sich in erster Linie in Art. 80 GG. Außer Art. 80 GG gibt es noch einige andere Artikel des Grundgesetzes, die sich mit Rechtsverordnungen beschäftigen, nämlich

- Art. 82 (betrifft das Verfahren hinsichtlich der Ausfertigung, Verkündigung und des Inkrafttretens von Rechtsverordnungen),
- Art. 109 Abs. 4 Satz 2 (Einschränkung von Art. 80 Abs. 1 Satz 1 GG für Rechtsverordnungen zur Abwehr von Störungen des gesamtwirtschaftlichen Gleichgewichts, da hier nur die Bundesregierung zum Verordnungserlass ermächtigt werden darf),
- Art. 115k (Ausnahmebestimmung, nach der die im Verteidigungsfall erlassenen Verordnungen entgegenstehendes Recht in Form von Verordnungen außer Geltung setzen können),
- Art. 119 (Nach dieser Vorschrift können Verordnungen in Angelegenheiten der Flüchtlingen und Vertriebenen mit Gesetzeskraft erlassen werden. Die Regelung ist mittlerweile ohne praktische Bedeutung),
- Art. 129 Abs. 1 und 3 (regeln den Übergang von vorkonstitutionellen Verordnungsermächtigungen. Absatz 3 stellt insofern vorkonstitutionelle Ermächtigungen von der Prüfung des Art. 80 Abs. 1 Satz 2 GG frei) und
- Art. 132 Abs. 4 GG (zeitlich überholte Vorschrift, die eine speziell grundgesetzliche Ermächtigung zur Pensionierung von Beamten enthält). Diese Grundgesetzartikel sind aber nur von untergeordneter Bedeutung, weshalb hier nicht weiter auf sie eingegangen werden soll.

Die Anforderungen, die Art. 80 GG an den Erlass und damit an den Verordnungsgeber stellt, sollen im Folgenden unter Berücksichtigung ihrer Praxisrelevanz untersucht werden.

I. Verfassungsdogmatische Anknüpfungspunkte des Art. 80 GG

Wie schon erwähnt[196], liegen Art. 80 GG zwei Gedanken zugrunde: Erstens die Erkenntnis der Väter und Mütter des Grundgesetzes von der Notwendigkeit, den Verantwortungsbereich des Parlamentes verfassungsrechtlich so festzulegen, dass dieses sich nicht seiner Verantwortung entledigt, indem es das Normsetzungsrecht ohne Einschränkung an die Exekutive abtritt. Zweitens die Erkenntnis der Notwendigkeit, die Gesetzgebung des Parlamentes durch exekutive Rechtsnormen zu ergänzen, das heißt zu entlasten.

Aus beiden Aspekten ergibt sich eine enge Beziehung von Art. 80 GG zum Demokratie- und zum Rechtsstaatsgebot. Art. 80 GG, insbesondere Absatz 1 Satz 2, wird auch als Konkretisierung beider Verfassungsprinzipien bezeichnet[197].

1. Art. 80 GG und das Demokratieprinzip

Demokratie bedeutet Volksherrschaft oder Volkssouveränität. Das zeigt sich im Wortlaut des Art. 20 Abs. 2 Satz 1 GG: „Alle Staatsgewalt geht vom Volke aus.“ Dies bedeutet nicht notwendigerweise, dass die Herrschaft vom Volk ausgeübt werden muss, sie muss lediglich durch das Volk gerechtfertigt bzw. legitimiert sein, also durch den Willen des Volkes abgesichert oder berechtigt[198]. Die Volksherrschaft in der Form des Grundgesetzes erfordert es, dass das Volk seinen Willen äußern und Repräsentativorgane bestimmen kann, die für es handeln sollen. Dazu wird der Bundestag als Parlament durch das Ergebnis von freien, gleichen und geheimen Wahlen bestimmt. Da das Parlament das einzig unmittelbar gewählte Organ ist,

---

[196] S.o. **B**. IV. 4..

[197] *Bryde*, in: v. Münch/Kunig, Bd. 3, Art. 80 RN. 2.

[198] *Stern*, Bd. I, § 18, S. 593f.; *Dreier*, in: Dreier, Bd. II, Art. 80 RN. 104; *Kuhl*, S. 88f..

muss es die substantiellen Aufgaben der Staatsführung wahrnehmen. Dieser Aufgabe darf es sich nicht beliebig entäußern[199].

Demokratie meint also Legitimation durch das Volk. Welche Anforderungen das Grundgesetz gerade an die demokratische Legitimation der Verwaltung stellt, ist Thema mehrerer Untersuchungen gewesen[200]. Gemeinsam ist diesen der Ausgangspunkt, dass unter demokratischer Legitimation allgemein „die Rechtfertigung, Billigung und Sanktion durch das Volk"[201] zu verstehen ist. Weiterhin wird unterschieden zwischen personeller bzw. organisatorischer Legitimation und materieller bzw. inhaltlicher Legitimation[202]. Unter personeller oder organisatorischer Legitimation wird eine ununterbrochene Legitimationskette für die Amtswalter durch das Volk oder durch vom Volk gewählte Organe verstanden[203]. Dagegen bedeutet materielle oder inhaltliche Legitimation, dass die Veranwortung des Gesetzgebungsrechts beim Parlament liegt und alle anderen Organe an die von ihm beschlossenen Gesetze gebunden sind[204].

Ausgangspunkt ist Art. 20 Abs. 2 Satz 1 GG, wonach alle Staatsgewalt vom Volke ausgeht. Weil und soweit die Verwaltung Staatsgewalt ausübt, muss sie eine Legitimation besitzen, die sich auf das Volk zurückführen lassen kann[205]. Gegenstand der demokratischen Legitimation ist damit die staatliche Entscheidung bzw. jede autonome Entscheidung mit Regelungscharakter, und zwar unabhängig davon, wie das Handeln zu qualifizieren ist[206].

Das Parlament ist gegenüber den anderen Staatsorganen besonders legitimiert durch die direkte Wahl – teilweise wird von einem „Legitimationsvorsprung" gesprochen[207]. Diese hervorgehobene Stellung wird insbesondere an der Wesentlichkeitstheorie deutlich: einzig das Parlament darf (und muss) die grundlegenden Fragen des Gemeinwohls beantworten.
Im Hinblick auf das Verhältnis von Gesetz und Verordnung als zwei Arten der Rechtsetzung besitzt das Parlamentsgesetz eine höhere Legitimation. Das liegt nicht nur an der unmittelbaren Wahl, sondern auch am Gesetzgebungsverfahren, das im Gegensatz zum Verfahren der Verordnungsgebung eine ausführliche Diskussion im Plenum, welches die Interessen aller Wählergruppen repräsentiert, und in der Öffentlichkeit bewirkt. Dies stärkt die Akzeptanz [208].
Im Zusammenhang mit der Legitimation wird auch der Grundsatz vom Vorbehalt des Gesetzes begründet, nach dem bestimmte Maßnahmen des Staates einer parlamentsgesetzlichen Grundlage bedürfen[209]. Dies darf allerdings nicht dazu führen, aus demokratischen Gründen

---

[199] Siehe dazu BVerfG, Beschl v. 9.5.1972 – 1 BvR 518/62 und 308/64 –, BVerfGE 33, 125/158.

[200] Vgl. den Überblick bei *Oebbecke*, S. 68ff. sowie *Schmidt-Aßmann*, AöR 116 (1991), 329/355ff.; *ders.*, S. 80ff.; zur Legitimation der Selbstverwaltung vgl. bspw. *Emde*, Die demokratische Legitimation der funktionalen Selbstverwaltung, passim; ebenso zur demokratischen Legitimation der Selbstverwaltung (aber auch der Ministerialverwaltung und der nachgeordneten Ebenen) *Kluth*, S. 353ff., insbes. S. 359ff..

[201] *Ossenbühl*, S.196f..

[202] *Herzog*, in: Maunz/Dürig, Art. 20 Abschn II RN. 48ff., benutzt die Begriffe der personellen und der materiellen Legitimation, *Böckenförde*, S. 73, die der organisatorischen und der inhaltlichen Legitimation; Überblick bei *Oebbecke*, S. 72ff.

[203] „Autorisierung durch das Volk", vgl. bei *Oebbecke*, S. 77.

[204] Vgl. bei *Oebbecke*, S. 76.

[205] BVerfG, Urt. v. 10.12.1974 – 2 BvK 1/73; 2 BvR 902/73 –, BVerfGE 38, 258/270f.; BVerfG, Beschl. v. 15. 2.1978 – 2 BvR 134, 268/76 –, BVerfGE 47, 253/272.

[206] *Oebbecke*, S. 78ff..

[207] *Kuhl*, S. 150; *Dreier*, in: Dreier, Bd. II, Art. 80 RN. 109; *Herzog*, in: Maunz/Dürig, Art. 20 II RN. 76; *v. Danwitz*, S. 33.

[208] *Kisker*, in: Kisker/Scholz/Bismarck/Avenarius, S. 47f.; *Kuhl*, S. 146; *Pegatzky*, S. 55, 139.

[209] Vgl. dazu bspw. *Schulze-Fieltiz*, in: Dreier, Bd. I, Art. 20 (Rechtsstaat), RN. 95ff..

einen Totalvorbehalt zu statuieren[210], da sowohl Exekutive als Rechtsprechung ebenfalls sowohl als Institutionen als auch in ihrer Funktion demokratisch legitimiert sind[211]. Traditionell findet der Gesetzesvorbehalt (lediglich) Anwendung bei Eingriffen der Exekutive in Freiheit und Eigentum der Bürger[212]. Die Festschreibung solcher Eingriffe durch Gesetz kann man daher zum Kernbereich der Legislative, begründet durch die unmittelbare personelle Legitimation, zählen.

Die demokratische Legitimation der Exekutive ist mittelbar, da sie nicht direkt gewählt wird. Auch ihr wird ein (unantastbarer) Kernbereich exekutiver Kompetenzen zugeschrieben, welcher aus ihrer Erwähnung im Grundgesetz herrührt[213].

Art. 80 Abs. 1 GG gibt nun dem Parlament die Möglichkeit, an bestimmte Stellen die Befugnis zur Rechtsetzung zu delegieren[214]. Die Abhängigkeit des Ermächtigten vom Parlament, die Abhängigkeit der Rechtsverordnung von der – gesetzlichen – Ermächtigung, insbesondere durch die Festlegung der Grenzen in Art. 80 Abs. 1 Satz 2 GG, macht die Verbindung zum Demokratieprinzip deutlich: die wesentlichen Entscheidungen müssen vom Parlament getroffen werden; nur eingeschränkte Übertragung von Rechtsetzungsbefugnissen ist möglich; eine Selbstentmachtung des Parlaments wird verhindert[215].

2. Art. 80 GG und Gewaltenteilung als Ausdruck des Rechtsstaatsgebots

„Rechtsstaatlichkeit bedeutet, dass die Ausübung staatlicher Macht nur auf der Grundlage der Verfassung und von formell und materiell verfassungsmäßig erlassenen Gesetzen mit dem Ziel der Gewährleistung von Menschenwürde, Freiheit, Gerechtigkeit und Rechtssicherheit zulässig ist"[216].

Eines der wesentlichen Elemente des Rechtsstaatsprinzips ist das Gewaltenteilungsprinzip. Dieses legt die Gesetzgebung traditionell und grundsätzlich ausschließlich in die Hände des Parlamentes, während die Exekutive ausführendes Organ sein soll[217].

---

[210] Für einen Totalvorbehalt bspw. *Jesch*, passim.

[211] *Ossenbühl*, S. 205, 207; *Böckenförde*, Verfassungsfragen, S. 80f.; *Oebbecke*, S. 68f.: *Kuhl*, S. 96.

[212] Im Einzelnen ist freilich vieles strittig, vgl. bspw. bei *Kloepfer*, JZ 1984, 685ff.; *Ossenbühl*, in: Isensee/Kirchhof, § 62 RN. 15ff.. Bei Letzterem lässt sich auch nachvollziehen, dass der Gesetzesvorbehalt sowohl demokratische als auch rechtsstaatliche Wurzeln besitzt. Der demokratische Gesetzesvorbehalt umfasst nur die ausschließlichen Parlamentskompetenzen, legt aber keinen Formvorbehalt fest (also keine Festlegung auf die Entscheidungsform als Gesetz oder Parlamentsbeschluss; dies hängt von der Sachmaterie ab). Der rechtsstaatliche Gesetzesvorbehalt umfasst dagegen sowohl die ausschließlichen als auch die übertragbaren Parlamentskompetenzen, kann also zwischen „wesentlichen" und weniger wichtigen Eingriffsregelungen differenzieren; RN. 32ff..

[213] BVerfG, Urt. v. 27.4.1959 – 2 BvF 2/ –58, BVerfGE 9, 268/279f.; BVerfG, Beschl. v. 8.8.1978 – 2 BvL 8/77 – , BVerfGE 49, 89/124ff.; BVerfG, Urt. v. 18.12.1984 – 2 BvE 13/83 – , BVerfGE 68, 1/108f.; *Dreier*, in: Dreier, Bd. II, Art. 80 RN. 105; *Busch*, S. 48f.; *Kuhl*, S. 149; kritisch zu diesem Thema *Baer*, Der Staat 49 (2001), 525ff., insbes. 541.

[213] *Kuhl*, S. 150; *Dreier*, in: Dreier, Bd. II, Art. 80 RN. 109; *Herzog*, in: Maunz/Dürig, Art. 20 II RN. 76; *v. Danwitz*, S. 33.

[214] Nach der grundlegenden Studie von *Triepel* über den Begriff der Delegation (Delegation und Mandat im Öffentlichen Recht, 1942) handelt es sich bei der Ermächtigung zum Erlass von Rechtsverordnungen allerdings um eine unechte, weil konservierende Delegation. Er möchte lieber davon sprechen, dass eine Kompetenz determiniert wird, S. 55ff.; ähnlich *Pegatzky*, S. 60, der sich auch gegen den Begriff der Rechtsetzung in diesem Zusammenhang wehrt, S. 57.

[215] *Dreier*, in: Dreier, Bd. II, Art. 80 RN. 12; *Lücke*, in: *Sachs*, Art. 80 RN. 3.

[216] *Stern*, Bd. I § 20, S. 781.

[217] Der lateinische Ursprung des Wortes Exekutive hat die Bedeutung „vollstrecken".

Die Verordnungsermächtigung, also die Rechtsetzung durch die Exekutive, steht in einem Spannungsverhältnis zum Gewaltenteilungsgrundsatz. Das Bundesverfassungsgericht beschreibt dieses Verhältnis als Durchbrechung des Gewaltenteilungsgrundsatzes[218]. Andere wiederum sehen darin eine systemimmanente Abweichung[219].
Gewaltenteilung hat den Zweck der Freiheitssicherung des Einzelnen durch die Mäßigung der Staatsgewalt[220]. Ein Aspekt davon ist die funktionsgerechte und organadäquate Aufgabenzuordnung[221]. Denn staatliche Entscheidungen sollen möglichst richtig und möglichst von der Stelle getroffen werden, die dazu am besten in der Lage ist[222]. Der Legislative kommt die Aufgabe zu, „politisch kontroverse, grundrechtsrelevante und dauerhafte Entscheidungen"[223] zu treffen – in Form von Gesetzen. Die Exekutive dagegen soll entscheidungsarme, nur kurzfristig relevante oder technische Gegenstände regeln – durch Rechtsverordnung. Die Delegation der Rechtsetzungskompetenz in Form der Verordnungsermächtigung kann als „arbeitsteiliges Normsetzungsverfahren"[224] angesehen werden. Durch die wechselseitige Abhängigkeit beider Kompetenzträger zueinander wird der Gewaltenteilung solange Genüge getan, wie die Funktionsbereiche beachtet werden. Eine rechtsstaatliche effiziente Aufgabenverteilung sichert somit die Freiheitssphäre des Bürgers.
Daher scheint die Auffassung, die Verordnungsermächtigung stelle eine Durchbrechung des Gewaltenteilungsgrundsatzes dar, nicht vorzugswürdig, denn ein Übergreifen der Funktionsbereiche findet damit grundsätzlich nicht statt.

Es bleibt zu erwähnen, dass nach Auffassung einiger Literaturstimmen der Schutzzweck hauptsächlich im Demokratieprinzip und nicht im Rechtsstaatsprinzip wurzelt. Im Vordergrund stehe die Bewahrung der politischen Verantwortung des Parlamentes[225]. Anders sieht dies das Bundesverfassungsgericht, das in ständiger Rechtsprechung verlangt, der Bürger müsse schon aus dem ermächtigenden Gesetz „hinreichend deutlich vorhersehen [...], in welchen Fällen und mit welcher Tendenz von der Ermächtigungen Gebrauch gemacht werden wird und welchen möglichen Inhalt die aufgrund der Ermächtigung erlassenen Verordnungen haben können."[226]

II. Die Bedeutung des Art. 80 Abs. 1 Satz 1 GG
Art. 80 Abs. 1 Satz 1 GG bestimmt, dass die Bundesregierung, ein Bundesminister oder die Landesregierungen durch Gesetz ermächtigt werden können, Rechtsverordnungen zu erlassen.
Diese Norm stellt mehrere Grundsätze auf:
1. Verfassungsrechtliche Festlegung der Existenz von Rechtsverordnungen
Mit der Erwähnung der Verordnungsgebung der Exekutive in Art. 80 Abs.1 Satz 1 GG garan-

---

[218] BVerfG, Urt. v. 18.12.1953 – 1 BvL 106/53 –, BVerfGE 3, 225/247; BVerfG, Beschl. v. 28.11.1957 – 2 BvL 11/56 –, BVerfGE 7, 183/188; BVerfG, Beschl v. 12.11.1958 – 2 BvL 4, 26, 40/56, 1, 7/57 –, BVerfGE 8, 274/321; *Stern*, II § 36 S. 541.
[219] *Herzog*, in: Maunz/Dürig, Art. 20 V RN. 11, 28 unter Hinweis auf *Peters*, S .11, der allerdings lediglich auf S. 16 statuiert, dass hier das Gewaltenteilungsprinzip gerade nicht gilt.
[220] BVerfG, Urt. v. 18.12.1953 – BvL 106/53 –, BVerfGE 3, 225/247; BVerfG, Beschl. v. 28.11.1957 – 2 BvL 11/56 –, BVerfGE 7, 183/188; BVerfG, Urt. v. 27.4.1959 – 2 BvF 2/58 –, BVerfGE 9, 268/279f.; BVerfG, Urt. v. 8.12.1984 – 2 BvE 13/83 –, BVerfGE 68, 1/86; *v. Danwitz*, S. 45.
[221] BVerfG, Urt. v. 18.12.1984 – 2 BvE 13/83 –, BVerfGE 68, 1/86; *v. Danwitz*, S. 47.
[222] BVerfG, Urt. v. 18.12.1984 – 2 BvE 13/83 –, BVerfGE 68, 1/86.
[223] *V. Danwitz*, S. 50f..
[224] *V. Danwitz*, S. 49.
[225] *Schneider*, RN. 237; *Ossenbühl*, in: Isensee/Kirchhof, Bd. III, § 64 RN. 17, 56.
[226] Vgl. nur BVerfG, Beschl. v. 13.10.1970 – 2 BvR 618/68 –, BVerfGE 29, 198/210.

tiert das Grundgesetz die Existenz dieser Form der Rechtsetzung. Dies stellt eine Neuerung zu den bisherigen Deutschen Verfassungen dar.
Die Verfassung des Deutschen Reiches vom 16. April 1871 enthielt keine Vorschrift, welche bestimmte, dass die Exekutive durch Verordnungsgebung an der Rechtsetzung beteiligt ist. Der Begriff der Rechtsverordnung wurde auch nirgends erwähnt. Das lässt sich damit erklären, dass die Unterscheidung zwischen Gesetz und Verordnung sich erst seit kurzem etabliert hatte und die Verordnungsbefugnis der Exekutive als selbstverständlich anerkannt war[227].
Die Verfassung des Deutschen Reiches vom 11. August 1919 kannte ebenfalls keine dem Art. 80 GG entsprechende Bestimmung. Es gab allerdings zwei Normen, die den Begriff der Verordnung erwähnten, Art. 88 Abs. 3[228] und Art. 91 Abs. 1[229] WRV.

2. Notwendigkeit einer gesetzlichen Ermächtigung
Die Kompetenz zum Erlass einer Rechtsverordnung kann nur durch oder aufgrund eines Gesetzes festgelegt werden. Anders ausgedrückt: Verordnungsgebung muss immer auf gesetzlicher Ermächtigung beruhen[230]. Dieses Erfordernis ergibt sich aus der Normenhierarchie des Grundgesetzes sowie dem Gesetzesvorbehalt. Beides hängt wiederum zusammen mit dem Demokratieprinzip. Diese Festlegung beruht nicht auf verfassungsgeschichtlicher Tradition. Vielmehr war dies eine bewusste Aufnahme in das Grundgesetz aufgrund der Erfahrung, die man mit ausufernder exekutiver Normsetzung gemacht hatte.

3. Rechtsetzung durch die Exekutive
Verordnungsgebung ist Rechtsetzung durch die Exekutive. Der Wortlaut des Art. 80 Abs. 1 Satz 1 GG gibt in diesem Zusammenhang Anlass zu der Frage, ob diese Befugnis zur Rechtsetzung immer von der Legislative abgeleitet sein muss oder ob ein originäres Verordnungsrecht der Exekutive existiert. Außerdem ist fraglich, ob es eine Pflicht zum Erlass einer Rechtsverordnung gibt.

a) Existenz eines originären Verordnungsrechts der Exekutive?
Abweichend vom Grundsatz der Gewaltenteilung sieht das Grundgesetz in Art. 80 vor, dass die Exekutive Recht setzen darf.
Es entspricht ganz herrschender Meinung, dass die Verordnungskompetenz der Exekutive nur eine vom Gesetzgeber abgeleitete Kompetenz ist[231]. Die wenigen Ausnahmen, die das Grundgesetz selbst bestimmt hat[232], zeigten, dass es sich um Übergangs- und eben Ausnahmeregelungen handelte, die heute keinerlei Anwendung mehr finden[233].
Es gibt aber vereinzelt auch Stimmen, die dies bestreiten und von der Existenz eines originären Verordnungsrechts der Exekutive ausgehen[234].

---

[227] Vgl. oben **B.** IV. 1..
[228] „Die Reichsregierung erläßt [...] die Verordnungen, welche Grundsätze und Gebühren für die Benutzung der Verkehrseinrichtungen festsetzen.“, abgedruckt bspw. in: *Dürig/Rudolf*, S. 197.
[229] „Die Reichsregierung erläßt [...] die Verordnungen, die den Bau, den Betrieb und den Verkehr der Eisenbahn regeln“., abgedruckt bspw. in: *Dürig/Rudolf*, S. 197.
[230] *Bryde*, in: v. Münch/Kunig, Bd. 3, Art. 80, RN. 3.
[231] Vgl. dazu nur *Lücke*, in: Sachs, Art. 80 RN. 1, 5; *Bauer*, in: Dreier, Bd. II, Art. 80 RN. 18, 36; *v. Danwitz*, S. 32f.; *Rupp*, S. 115.
[232] Art. 119 S. 1, Art. 127, Art. 132 Abs. 4 GG; im Landesverfassungsrecht bspw. hinsichtlich Gesetzgebungsnotstand: Art. 110 S.1 LV Hessen; Art. 44 S. 2 LV Niedersachsen; Art. 60 Abs. 1 LV Nordrhein-Westfalen; allerdings teilweise mit Genehmigungserfordernis des Landtages bzw. des Präsidenten oder Ältestenrates des Landtages.
[233] Vgl. dazu v. Art. 119, JöR n.F. 1 (1951), 833; *Uhle*, ZG 2001, 328/333ff..
[234] *Ossenbühl*, in: Isensee/Kirchhof, Bd. III, § 62 RN. 50 und § 64 RN. 16; *Horn*, S. 64ff.; *v. Bogdandy*, S. 288.

Um feststellen zu können, ob ein solches Recht existiert, muss man zunächst untersuchen, ob Art. 80 GG zur Frage eines originären Verordnungsrechts der Exekutive eine Aussage macht, und wenn ja, welche.

Die Ansicht, die ein solches Recht bejaht, nimmt an, Art. 80 Abs. 1 GG mache über die Reichweite des Gesetzesvorbehaltes keine Aussage. Er erfasse nur solche Regelungen, die dem Gesetzesvorbehalt unterliegen – die Frage, was vom Gesetzesvorbehalt umfasst wird, sei keine des Art. 80 GG[235]. Daraus ergebe sich, dass für nicht wesentliche Bereiche ein selbständiges Verordnungsrecht der Exekutive bestehe[236].
Die ganz überwiegende Ansicht dagegen betont, dass eine Aussage des Art. 80 GG darin bestehe, eine Sperrwirkung zu entfalten. Verordnungsgebung bestehe nur innerhalb der Grenzen des Art. 80 GG. Exekutive Rechtsetzung außerhalb einer ausdrücklichen Ermächtigung sei unzulässig[237].
Für diese Auffassung spricht schon der Wortlaut des Art. 80 Abs. 1 Satz 1 GG („können ermächtigt werden"). Die Systematik in Verbindung (Ausnahme- und Übergangsregelungen explizit – im IX. Abschnitt des GG als Übergangs- und Schlussbestimmungen - und gegenstandslos) mit dem Wortlaut von Art. 119 und 129 Abs. 1 GG und vor allem die Entstehungsgeschichte des Art. 80 GG sind noch stärkere Argumente gegen ein originäres Verordnungsrecht der Exekutive[238].

Art. 80 GG entfaltet also eine Sperrwirkung, die der Annahme eines selbstständigen Verordnungsrechts der Exekutive entgegensteht.

b) Überlegungen zur Schaffung eines originären Verordnungsrechts der Exekutive
Die *Enquete-Kommission Verfassungsreform des Deutschen Bundestages* hatte 1976 den Vorschlag gemacht, ein selbstständiges Verordnungsrecht der Regierung einzuführen, in Verbindung mit einem ausdrücklichen Kassationsrecht des Bundestages[239]. Dafür wurden im Wesentlichen zwei Gründe angeführt:
Erstens sollte dies eine Entlastung des Gesetzgebers ermöglichen. Man hatte die Beobachtung gemacht, dass es sich bei einer Vielzahl von Regelungsvorgängen, die über Art. 80 Abs. 1 GG abgewickelt würden, inhaltlich nicht mehr um Gesetzgebung handelte. Um diese Detailregelungen müsse sich das Parlament nicht mehr kümmern, wenn eine originäre Verordnungskompetenz auf diesem Gebiet bestehe. Das Parlament könnte sich dann verstärkt mit den Grundsatzfragen befassen. Einschränkend sollte jedoch ein Kassationsrecht des Bundestages bestehen, da der parlamentarische Zuständigkeitsbereich ansonsten nicht ausreichend abgesichert sei[240].
Zweitens wollte man verhindern, dass die Verwaltungspraxis sich, gerade im Bereich der Leistungsverwaltung, nur des Instruments der Verwaltungsvorschriften bedient. Würden auf diesem Gebiet statt dessen Rechtsverordnungen erlassen, würde dies die Transparenz des Verwaltungshandelns und den Rechtsschutz des Bürgers verbessern[241].

---

235 *Ossenbühl*, in: Isensee/Kirchhof, Bd. III, § 64 RN. 16; *Böckenförde*, Gesetz, S. 395ff.; *Horn*, S. 62ff.; *Seiler*, S. 191.
236 So *Ossenbühl*, in: Isensee/Kirchhof, Bd. III, § 62 RN. 50, § 64, RN. 16; Argumentation auch bei *Uhle*, ZG 2001, 328/331f..
237 *V. Danwitz*, S. 32f.; *Uhle*, ZG 2001, 328/335ff..
238 *V. Danwitz*, S. 32f.; *Uhle*, ZG 2001, 328/335ff..
239 Schlussbericht v. 9.12.1976, BT-Drs. 7/5924, S. 91f..
240 Schlussbericht v. 9.12.1976, BT-Drs. 7/5924, S. 91f..
241 Schlussbericht v. 9.12.1976, BT-Drs. 7/5924, S. 91f..

Dass der Vorschlag schließlich nicht angenommen wurde, hängt mit den gewichtigen Einwänden gegen ein originäres Verordnungsrecht der Exekutive zusammen.
Hinsichtlich des ersten Punktes wurde auf die Gefahr hingewiesen, dass sich die Machtbalance zugunsten der Verwaltung verschieben könnte. Auch sei fraglich, ob die beabsichtigte Entlastung des Parlaments überhaupt eintreten werde. Denn es spreche viel dafür, dass die Wahrnehmung des Kassationsrechts, wenn es vom Parlament ernst genommen werde, genauso zeitraubend sei wie die bisherige Ermächtigungspraxis.
Die Verhinderung eines ausufernden Gebrauchs von Verwaltungsvorschriften sei ebenfalls nicht durchführbar. Es sei nicht möglich, Verordnungserlasse auf dem Gebiet der Leistungsverwaltung anstatt von Verwaltungsvorschriften zuzulassen und gleichzeitig auf diesen Bereich zu begrenzen, damit Eingriffe in den grundrechtlich geschützten Bereich aufgrund von originärer Exekutivkompetenz nicht möglich seien. Dies liege schon daran, dass es keine klare Trennungslinie zwischen Leistungs- und Eingriffsverwaltung gebe. Außerdem handele es sich nur um einen kleinen Teilbereich der Leistungsverwaltung, in dem derart flexible Regelungen nötig seien. Schließlich bestehe die Gefahr, dass die Verwaltung sich durch die „Verrechtlichung" selbst lähme[242].
All diese Bedenken führten im Ergebnis dazu, dass der Vorschlag der Kommission abgelehnt wurde.

c) Pflicht zum Erlass einer Rechtsverordnung?
Grundsätzlich steht der Exekutive ein Ermessen darüber zu, ob sie von einer Ermächtigung Gebrauch macht.
Es gibt aber auch Fälle, in denen das ermächtigende Gesetz den Verordnungsgeber zum Erlaß verpflichtet, sei es ausdrücklich oder infolge einer Auslegung des Gesetzes[243]. Der Gesetzgeber wird allerdings für berechtigt gehalten, eine solche Verpflichtung zu begründen[244].
Teilweise wird die Pflicht zum Erlaß direkt aus der Verfassung abgeleitet, meist ist Art. 3 GG diejenige Norm, die den Verordnungsgeber verpflichtet, von einer Ermächtigung Gebrauch zu machen[245], um eine Gruppe nicht sachlich ungerechtfertigt gegenüber einer anderen zu benachteiligen.

4. Die Beschränkung der möglichen Ermächtigungsadressaten
In der gesetzlichen Ermächtigungsnorm darf die Kompetenz nur an die genannten drei Stellen (Bundesregierung, Bundesminister oder Landesregierung) verliehen werden. Diese Stellen werden auch Ermächtigungsadressaten oder Erstdelegatare genannt und stehen damit im Gegensatz zu den Subdelegataren aus Art. 80 Abs. 1 Satz 4 GG[246].

a) Konkretisierung und Ermächtigung mehrerer Adressaten
Die Unterscheidung zwischen Regierung und einzelnem Minister in Absatz 1 Satz 1 macht deutlich, dass mit der „Regierung" nur das Kollegium als Ganzes, mit dem „Minister" dieses gerade nicht ermächtigt wird.
Auf Landesebene werden nur die Landesregierungen, nicht aber auch einzelne Landesminister als Ermächtigungsadressaten benannt. Schon der Wortlaut spricht dafür, dass ein einzelner

---

[242] Ausführlich: BT-Drs. 7/5924, S. 91f..
[243] *Schneider*, RN. 248f..
[244] BVerfG, Beschl. v. 13.12.1961 – 1 BvR 1137/59, 278/60 –, BVerfGE 13, 248/254f.; BVerfG, Beschl. v. 8.6. 1988 – 2 BvL 9/85 –, BVerfGE 78, 249/272ff.; Bauer, in: Dreier, Bd. II, Art. 80 RN. 41; *Ossenbühl*, in: Isensee/ Kirchhof, Bd. III, § 64 RN. 43.
[245] *Ossenbühl*, in: Isensee/Kirchhof, Bd. III, § 64 RN. 43; *Bauer*, in: Dreier, Bd. II, Art. 80 RN. 41.
[246] Dazu unter 4..

Landesminister nicht ermächtigt werden kann.
Nach überwiegender Ansicht soll es aber möglich sein, dass ein einzelner Minister von der Ermächtigung an die Landesregierung Gebrauch macht, wenn nach dem Landesverfassungsrecht unter „Landesregierung“ auch ein Minister verstanden werden kann[247]. Dies ergibt sich aus der Verfassungsautonomie der Länder.
Erlässt eine Landesregierung eine Rechtsverordnung aufgrund bundesstaatlicher Ermächtigung, ist diese Bestandteil des Landesrechts[248]. Entscheidend für die Zuordnung ist also die Stellung des verordnungsgebenden Organs, nicht die Herkunft der Ermächtigung.

Es soll dem Gesetzgeber auch möglich sein, mehrere der in Absatz 1 Satz 1 genannten Delegatare gleichzeitig zu ermächtigen. Ein Gesetz kann zum Beispiel vorsehen, dass gleichzeitig mehrere Bundesminister zusammen Rechtsverordnungen erlassen können.
Eine gleichzeitige Verordnungsermächtigung an Bundesorgane und Landesregierungen ist allerdings unzulässig. Denn dadurch würde gegen das Bundesstaatsprinzip verstoßen, das die Trennung der Verantwortlichkeiten von Bund und Ländern sowie der Länder untereinander fordert. Man spricht auch davon, dass eine „föderative Sperre“ für den Ermächtigungsgesetzgeber besteht[249].
Schließlich gibt es noch den Fall von Mischverordnungen, also solchen Verordnungen, die eigentlich aus mehreren verschiedenen Rechtsverordnungen bestehen, da mehrere Verordnungsgeber jeweils aufgrund einer eigenen Ermächtigung handeln[250].

b) Gründe für Ermächtigungen an die Landesregierungen
Die Gründe des Bundestages, gerade die Landesregierungen zur Verordnungsgebung zu ermächtigen, werden selten erwähnt. Meist findet man nur den Hinweis auf die Verschiedenheit der örtlichen Verhältnisse beziehungsweise die regionale Differenzierung und eine daraus folgende Sachnähe der Landesregierung[251]. In der Regel wird davon ausgegangen, dass dem Bundesgesetzgeber durch Art. 80 Abs. 1 Satz 1 GG ein Spielraum eröffnet worden sei, innerhalb dessen er sich frei entscheiden könne, wen er zur Verordnungsgebung ermächtigen will[252].

Diese Auffassung kann jedoch so pauschal nicht aufrechterhalten werden. Es gilt, das Verhältnis der Gesetzgebungskompetenzen von Bund und Ländern näher zu betrachten. Art. 80 GG setzt das Bestehen einer Gesetzgebungskompetenz des Bundes hinsichtlich der durch Rechtsverordnung zu regelnden Materie voraus.

---

247 BVerfG, Beschl. v. 10.5.1960 – 2 BvL 76/58 – , BVerfGE 11, 77/86; *Maunz*, in: Maunz/Dürig, RN. 40; *Stern*, Bd. II § 38, S. 668; *Brenner*, in: v. Mangoldt/Klein/Starck, Bd. 3, Art. 80 RN. 50; anders noch *Wilke*, in: v. Mangoldt/Klein, Bd. III, Art. 80, Anm. V 4 a.; *Bryde*, in: v. Münch/Kunig, Bd. 3, Art. 80 RN. 14; für Bayern bejahend: *Zippelius*, BayVBl. 1960, 311f.
248 BVerfG, Beschl. v. 23.3.1965 – 2 BvN 1/62 – , BVerfGE 18, 407/414; *Brenner*, in: v. Mangoldt/Klein/Starck, Bd. 3, Art. 80 RN. 53; *Ipsen*, RN. 779; a.A. *Achterberg*, S. 442f., FN. 124; *Wilke*, in: v. Mangoldt/Klein, Bd. III, Art. 80 Anm. V 4 c.
249 *Ossenbühl*, in: Isensee/Kirchhof, Bd. III § 64 RN. 28f.; *Ramsauer*, in: Azzola, Bd. 2, Art. 80 RN. 43; *Nierhaus*, in: Dolzer/Vogel/Graßhof, Bd. 7, Art. 80 RN. 238; *Bauer*, in: Dreier, Bd. II, Art. 80 RN. 24.
250 *Ossenbühl*, in: Isensee/Kirchhof, Bd. III, § 64 RN. 28; *Bauer*, in: Dreier, Bd. II, Art. 80 RN. 24.
251 *Brodersen*, in: Selmer/v. Münch, S. 57/63 unter Hinweis auf BVerfG, Beschl. v. 23.3. – 2 BvN 1/62 – , BVerfGE 18, 407/417, und S. 64f. hinsichtlich des Schrifttums.
252 *Brodersen*, in: Selmer/v. Münch, S. 57/63 unter Hinweis auf BVerfG, Beschl. v. 7.10.1980 – 2 BvR 584, 598, 599, 604/76 – , BVerfGE 56, 298/311.

aa) Ausschließliche Gesetzgebungskompetenz des Bundes

Da gemäß Art. 71 GG im Bereich der ausschließlichen Gesetzgebung des Bundes die Länder die Befugnis zur Gesetzgebung nur haben, wenn und soweit sie hierzu durch Bundesgesetz ausdrücklich ermächtigt worden sind, dürfte auch die Übertragung von Rechtsverordnungsbefugnissen auf die Landesregierungen in diesen Fällen unproblematisch sein.

bb) Rahmengesetzgebung

(1) Zulässigkeit von Ermächtigungen an die Landesregierungen durch Rahmengesetze

Im Bereich der Rahmengesetzgebung dürften Verordnungsermächtigungen an die Landesregierungen kaum zu finden sein. Denn überwiegend wird die Ansicht vertreten, dass dadurch der Landesgesetzgeber ausgeschaltet würde. Eine Landesverordnung stelle kein Äquivalent für ein Landesgesetz dar, welches das Rahmengesetz ausfüllen soll. Seit der Einfügung von Art. 80 Abs. 4 in das Grundgesetz, welcher Landesgesetze anstelle von Landesverordnungen zulässt, ist das Gewicht dieses Arguments allerdings geringer geworden[253].

Gegen die Ermächtigung der Landesregierungen wird außerdem angeführt, eine ausreichend bestimmte Ermächtigungsnorm, wie Art. 80 Abs. 1 Satz 2 GG sie fordert, vertrage sich nicht mit dem grundsätzlich offenen und auf Ausfüllung angelegten Charakter des Rahmengesetzes[254]. Hier muss allerdings beachtet werden, dass auch Ermächtigungen der Bundesregierung oder eines Bundesministeriums im Bereich der Rahmengesetzgebung grundsätzlich möglich sind und diese denselben Anforderungen an die Bestimmtheit unterliegen. Rechtsverordnungen sind vielleicht oftmals nicht „das geeignete Regelungsinstrument"[255], da sich aus der Rahmengesetzgebung eine „Begrenzung der Gesetzgebungsbefugnis des Bundes nach Regelungsdichte, -ausmaß und -intensität"[256] ergibt. Wenn das Rahmengesetz den (Bundes-)Verordnungsgeber nicht zum Erlass von Vorschriften ermächtigt, die erst durch den Landesgesetzgeber auszufüllen sind, ist die Normsetzung durch Verordnung auch im Bereich der Rahmengesetzgebung nicht ausgeschlossen[257]. Hieraus folgt, dass die Bestimmtheitsanforderungen des Art. 80 Abs. 1 Satz 2 GG jedenfalls grundsätzlich dem Erlass von Rechtsverordnungen im Bereich der Rahmengesetzgebung nicht entgegenstehen.

(2) Ermächtigungen an die Landesregierungen im geltenden Recht?

Im Übrigen sind Verordnungsermächtigungen an die Landesregierungen in den Rahmengesetzen in der Tat selten. Soweit ersichtlich, kommen als solche nur § 36 a Abs. 1 Satz 1 WHG, § 52 Abs. 9 BNaturSchG und § 36 Abs. 2 BJagdG in Betracht.

Gemäß § 36 a Abs. 1 Satz 1 WHG kann die zuständige oberste Landesbehörde oder die nach Landesrecht zuständige Behörde durch Rechtsverordnung Planungsgebiete festlegen, auf deren Flächen wesentlich wertsteigernde oder die Durchführung des geplanten Vorhabens erheblich erschwerende Veränderungen nicht vorgenommen werden dürfen (Veränderungssperren).

Problematisch an dieser Ermächtigung ist die Tatsache, dass Adressat der Ermächtigung nicht die Landesregierung(en) sind, wie dies Art. 80 Abs. 1 Satz 1 GG fordert, sondern die zuständige oberste Landesbehörde oder die nach Landesrecht zuständige Behörde.

Die Ermächtigung der nach Landesrecht zuständigen Behörde durch ein Bundesgesetz schei-

---

253 So auch *Stettner*, in: Dreier, Bd. II, Art. 75 RN. 8.

254 *Rengeling*, in: Isensee/Kirchhof, Bd. IV, § 100 RN. 251; *Stettner*, in: Dreier, Bd. II, Art. 75 RN. 8.

255 BVerwG, Beschl. v. 16.8.1975 – 7 B 51, 58, 59/86 – , NJW 1986, 951.

256 *Stern*, Bd. II, S. 599.

257 BVerwG, Beschl. v. 16.8.1975 – 7 B 51, 58, 59/86 – , NJW 1986, 951; vgl. dazu auch *Müller*, S. 107ff..

tert von vorneherein am Wortlaut des Art. 80 Abs. 1 Satz 1 GG und ist damit nichtig. Es ist auch nicht erkennbar, dass das Grundgesetz hier eine Lücke enthielte, die mit der Einbeziehung irgendeiner (zuständigen) Landesbehörde in den Adressatenkreis geschlossen werden könnte. Das ermächtigende Gesetz hätte, um die Regelung verfassungsgemäß zu machen, die Landesregierungen ermächtigen und gleichzeitig die Möglichkeit aussprechen sollen, dass diese die Ermächtigung auf andere Stellen übertragen kann.
Fraglich ist, ob dasselbe für die ausgesprochene Ermächtigung an eine oberste Landesbehörde gilt. Zwar umfasst beispielsweise der Begriff der obersten Landesbehörde in § 3 des nordrhein-westfälischen Landesorganisationsgesetzes die Landesregierung, den Ministerpräsidenten und die Landesministerien[258]. Zum einen ist das aber nicht in allen Ländern der Fall: nicht alle Länder besitzen eine gesetzliche Regelung darüber, was oberste Landesbehörden sind[259]. Teilweise gilt zusätzlich der Landesrechnungshof als oberste Landesbehörde[260].
Zum anderen kann das WHG als Bundesgesetz über die Bestimmung der obersten Landesbehörden aber gar keine Aussage machen, da der Verwaltungsaufbau Ländersache ist. Allerdings dürfte eine verfassungskonforme Auslegung des Begriffs „oberste Landesbehörde" dahingehend in Betracht kommen, dass die Landesregierung als oberste Landesbehörde – aber auch nur diese – zum Verordnungserlass ermächtigt werden kann.

Interessant ist, dass diese Formulierung erst durch Art. 19 Nr. 2 des *2. Zuständigkeitslockerungsgesetzes* vom 3. Mai 2000[261] in das WHG eingefügt worden ist. Vorher wurden die „Landesregierungen oder die von ihnen zu bestimmenden Stellen" ermächtigt. Ziel der Änderung war, dass die Zuständigkeitsverlagerung auch durch die Entscheidung des Ressortministers ermöglicht wird, soweit das Landesrecht dies zulässt[262]. In der allgemeinen Begründung zum Gesetzentwurf heißt es, dass es immer noch eine Reihe bundesrechtlicher Regelungen gebe, in denen die Zuständigkeit von Landesbehörden festgelegt ist. Dies widerspreche dem Föderalismusgedanken (Art. 83ff. GG) und behindere die Verwaltungsreform in den Bundesländern[263]. Auch in der Literatur findet sich die Aussage, dass sich durch die Änderung die Zuständigkeit allein nach Landesrecht richte und dadurch die Organisationshoheit der Länder ohne bundesrechtliche Bindungen voll gewahrt bleibe[264].
Dahinter steckt die verständliche Erwägung, dass nicht für jede Veränderungssperre die Landesregierung zuständig sein soll, sondern eine untergeordnete Behörde[265].
Eine Aussage über die Vereinbarkeit mit Art. 80 Abs. 1 Satz 1 GG findet sich nirgends. Da Verordnungsermächtigungen an die Landesregierungen selten vorkommen und gerade in Rahmengesetzen Formulierungen wie „die Länder erlassen Vorschriften über ..." oder „durch Landesgesetz wird geregelt ..." vorherrschen, ist zu vermuten, dass das verfassungsrechtliche Problem schlicht nicht gesehen wurde.

---

[258] Gesetz v. 10.7.1962, GV.NW S. 421, zuletzt geändert durch Gesetz v. 31.5.2000, GV.NW S. 462.
[259] Bspw. existiert in Mecklenburg-Vorpommern nur ein Organisationserlass des Ministerpräsidenten; in Sachsen befindet sich ein Gesetzentwurf zu einem Sächsischen Verwaltungsorganisationsgesetz gerade im Gesetzgebungsverfahren, vgl. LT-Drs. 3/8772.
[260] Bspw. § 3 LVG BW, § 5 Abs. 1 LVG SH.
[261] BGBl. I S. 632.
[262] Antrag Mecklenburg-Vorpommern v. 4.2.1998, BR-Drs. 831/3/97.
[263] BT-Drs. 14/640, S. 9; so auch schon die Begründung im Gesetzentwurf des Bundesrates, BR-Drs. 13/10156, S. 9.
[264] *Zeitler*, in: Sieder/Zeitler/Dahme, Bd. 2, § 36 a RN. 1.
[265] In Nordrhein-Westfalen bestimmt § 5 Abs. 3 LOG[265] in der Anlage Nr. 20.1.21 der *Verordnung zur Regelung der Zuständigkeiten auf dem Gebiet des technischen Umweltschutzes*[265], dass die zuständigen Behörden zum Erlass von Veränderungssperren die Bezirksregierungen sind.

In § 52 Abs. 1 bis 8 BNaturSchG wird das Bundesministerium für Umwelt, Naturschutz und Reaktorsicherheit zum Erlass verschiedener Rechtsverordnungen ermächtigt. Gemäß § 52 Abs. 9 BNaturSchG können die Länder entsprechende Regelungen treffen, soweit das Bundesministerium für Umwelt, Naturschutz und Reaktorsicherheit von seiner Ermächtigung nach Abs. 4-7 keinen Gebrauch macht. Diese Vorschrift stellt keine Verordnungsermächtigung dar, weil erstens die Länder und nicht die Landesregierungen angesprochen sind und zweitens auch nur von „Regelungen“ und nicht von Verordnungen die Rede ist.

Ähnlich sieht es mit § 36 Abs. 2 BJagdG aus. § 36 BJagdG trägt den Titel „Ermächtigungen“. Die Absätze 1 und 3 bis 5 regeln Verordnungsermächtigungen an das Bundesministerium. Nach Absatz 2 erlassen die Länder insbesondere Vorschriften über die in Nr. 1 und 2 festgelegten Inhalte. Die Systematik könnte nahe legen, dass diese Vorschriften ebenfalls in der Form von Rechtsverordnungen ergehen sollen. Allerdings gilt hier dasselbe wie für § 52 Abs. 9 BNaturSchG: es handelt sich nicht um eine Verordnungsermächtigung, sondern um eine Verpflichtung der Länder, entsprechende Landesgesetze, gegebenenfalls mit dort enthaltenen Verordnungsermächtigungen, zu erlassen.

Damit lässt sich festhalten, dass Verordnungsermächtigungen an die Landesregierungen in Rahmengesetzen praktisch nicht existieren.

cc) Konkurrierende Gesetzgebungskompetenz

Anders sieht es im Fall der konkurrierenden Gesetzgebungskompetenz aus. Hat der Bund hier eine Regelung getroffen, schließt er damit die Länder aus, Art. 72 Abs. 1 GG. Zulässig ist eine bundesgesetzliche Regelung aber nur unter den Voraussetzungen des Art 72 Abs. 2 GG, also nur, wenn dies zur Herstellung gleichwertiger Lebensverhältnisse im Bundesgebiet oder zur Wahrung der Rechts- oder Wirtschaftseinheit im gesamtstaatlichen Interesse erforderlich ist. Die Anforderungen zur Erfüllung dieser Voraussetzungen sind durch die neueste bundesverfassungsgerichtliche Rechtsprechung konkretisiert und erhöht worden[266].

Sind diese Voraussetzungen nicht erfüllt, haben nur die Länder die Befugnis zur Gesetzgebung. Sind die Voraussetzungen dagegen erfüllt, bedeutet dies, dass eine bundeseinheitliche Regelung erforderlich im Sinne des Art. 72 Abs. 2 GG ist. Dann ist aber eine Ermächtigung der Länderregierungen zum Erlass von Rechtsverordnungen zumindest begründungsbedürftig[267]. Eine solche Ermächtigung dürfte in der Regel in solchen Bereichen in Betracht kommen, bei denen entweder Raum für unterschiedliche Regelungen bleibt oder bei denen die Vorgaben der Ermächtigung bereits so eng gefasst sind, dass kaum Platz für Spielräume seitens der Länder bleibt.

Möglicherweise wird durch die Ermächtigung der Landesregierungen auf dem Gebiet der konkurrierenden Gesetzgebung eine Kooperation derselben[268] letztlich sogar durch das Grundgesetz gefordert oder vorausgesetzt. Dabei darf aber nicht übersehen werden, dass die Bejahung der Erforderlichkeit nicht zwingend zu einer Regelung durch den Bund führt; das wird auch durch den Wortlaut des Art 71 Abs. 1 GG belegt („solange und soweit der Bund von seiner Gesetzgebungszuständigkeit nicht durch Gesetz Gebrauch gemacht hat“). Insbesondere Teilregelungen sind also möglich.

Außerdem gibt es unterschiedliche Gründe für den Bundesgesetzgeber, eine Ermächtigung an

[266] BVerfG, Urt. v. 24.10.2002 – 2 BvF 1/01 – , NJW 2003, 41; zu den Auswirkungen der Grundgesetzrevision von 1994 vgl. schon *Müller*, S. 46ff..

[267] Ähnlich *Brodersen*, in: Selmer/v. Münch, S. 57/67.

[268] Siehe hierzu im 2. Kapitel **A.** II. 1..

die Landesregierungen auszusprechen. Eine solche kann zum Beispiel sinnvoll sein, wenn sich der Inhalt der Rechtsverordnung in der Regel auf das Landesgebiet beschränkt. Das ist regelmäßig der Fall auf dem Gebiet des Tierseuchenrechts, da Tierseuchen normalerweise nicht in allen Bundesländern gleichzeitig ausbrechen und das Instrument der Rechtsverordnung zur Bekämpfung einer Seuchenverschleppung nur in einzelnen Ländern angewendet wird[269]. Andere Ermächtigungen an die Landesregierungen stehen unter dem Vorbehalt, dass der ebenfalls ermächtigte Bundesverordnungsgeber, also die Bundesregierung oder ein Bundesministerium, von seiner Ermächtigung keinen Gebrauch gemacht hat. Ein Beispiel hierfür ist § 79 Abs. 2 TierSG[270]. Diese Technik der Subsidiarität entspricht dem Verhältnis von Bundes- und Landesgesetzgebung gemäß Art. 72 GG.

III. Die Anforderungen des Art. 80 Abs. 1 Satz 2 GG an die gesetzliche Ermächtigung

Art. 80 Abs. 1 Satz 2 GG ist die zentrale Vorschrift im Zusammenhang mit Rechtsverordnungen. Bei der Prüfung der Rechtmäßigkeit einer Rechtsverordnung ist sie zumeist der entscheidende und problematische Prüfungspunkt.
Bryde nennt sie „wesensbestimmend" für den Charakter von Rechtsverordnungen[271]. Dies ist insbesondere dann nachvollziehbar, wenn man die Entstehungsgeschichte der Norm betrachtet. In bewusster Abkehr von der Verordnungsgebung vor den Weltkriegen sollte das Grundgesetz deutliche Grenzen für die Verordnungsermächtigung setzen, um so wirksam dem Missbrauch vorzubeugen. Verhindert werden sollten Ermächtigungsgesetze, wie sie sowohl während der Geltung der Reichsverfassung von 1871 als auch in der Weimarer Republik und im Übergang zum Nationalsozialismus erlassen worden waren. Diese erlaubten dem Bundesrat, gesetzesvertretende Verordnungen,[272] beziehungsweise der Reichsregierung, Gesetze im formellen Sinne zu erlassen[273].

1. Wortlaut des Art. 80 Abs. 1 Satz 2 GG

Nach Art. 80 Abs. 1 Satz 2 GG muss das ermächtigende Gesetz Inhalt, Zweck und Ausmaß der Ermächtigung bestimmen. Diese drei Vorgaben werden, nach den jeweiligen Ausführungen des Bundesverfassungsgerichtes, als Selbstentscheidungsformel[274], Programmformel[275] oder Vorhersehbarkeitsformel[276] bezeichnet[277]. Trotz dieser Konkretisierungsversuche ist es immer noch eine Frage des Einzelfalles, ob eine gesetzliche Ermächtigung den Anforderungen des Art. 80 Abs. 1 Satz 2 GG genügt. Man differenziert nach der Regelungsmaterie und nach der Eingriffsintensität.
In der Praxis der bundesverfassungsgerichtlichen Rechtsprechung werden nach Ansicht einiger Literaturstimmen keine allzu hohen Anforderungen mehr an die Erfüllung der Kriterien

---

[269] Vgl. dazu auch unten 2. Kapitel **D.** II. 2..
[270] Vgl. dessen Wortlaut unten 2. Kapitel **D.** II. 1..
[271] *Bryde*, in: v. Münch/Kunig, Bd. 3, Art. 80, RN. 20.
[272] Ermächtigungsgesetz vom 4. 8. 1914, RGBl. S. 327; ähnlich für die Weimarer Republik Ermächtigungsgesetz vom 13. 10. 1923, RGBl. I, S. 943, und vom 8. 12. 1923, RGBl. I, S. 1179.
[273] Ermächtigungsgesetz vom 24. 3. 1933, RBGl. I, S. 141.
[274] „Der Gesetzgeber hat [...] selbst die Entscheidung zu treffen, daß bestimmte Fragen geregelt werden sollen; er muß die Grenzen einer solchen Regelung festsetzen und angeben, welchem Ziel sie dienen soll", BVerfG, Beschl. v. 30.1.1968 – 2 BvL 15/65 –, BVerfGE 23, 62/72.
[275] „Aus dem Gesetz muß sich ergeben, welches Programm durch die Verordnung erreicht werden soll", so *Bryde*, in: *v. Münch/Kunig*, Bd. 3, Art. 80 RN. 20 unter Hinweis auf bspw. BVerfG, Beschl. v. 20.10.1981 – 1 BvR 640/80 – , BVerfGE 58, 257/277.
[276] Man muss vorhersehen können, „in welcher Art von Fällen und mit welcher Zielrichtung von der Ermächtigung Gebrauch gemacht werden darf", BVerfG, Beschl. v. 25.5.1976 – 2 BvL 1/75 – , BVerfGE 42, 191/200.
[277] Vgl. nur bei *Bryde*, in: v. Münch/Kunig, Bd. 3, Art. 80 RN. 20, *Hasskarl*, S. 62ff..

des Art. 80 Abs. 1 Satz 2 GG gestellt, so dass ein „festgestellter Verstoß gegen Art. 80 I 2 GG Seltenheitswert besitze[n]" soll[278]. Nach anderer Auffassung ist die Einstellung des Bundesverfassungsgerichts eher opportunistisch[279].
Dieses Ergebnis wird allerdings nicht immer negativ beurteilt[280]. Allzu strenge Anforderungen seitens des Bundesverfassungsgerichts könnten den gewünschten Entlastungseffekt der Verordnungsermächtigung zunichte machen.

2. Das Verhältnis von Art. 80 Abs. 1 Satz 2 GG zum Parlamentsvorbehalt
Die Frage, ob dem Parlamentsvorbehalt neben dem Bestimmtheitserfordernis des Art. 80 Abs. 1 Satz 2 GG eigenständige Bedeutung zukommt, ist umstritten. Teilweise wird statuiert, beide Rechtsinstitute nähmen eine identische Funktion wahr, nämlich die verfassungsrechtliche Begrenzung der Verordnungsmacht[281].
Nach zutreffender Ansicht jedoch legt der Parlamentsvorbehalt fest, ob überhaupt Rechtsetzung delegiert werden darf, während der Bestimmtheitsgrundsatz des Art. 80 Abs. 1 Satz 2 GG anschließend die Ausgestaltung, also das „Wie", kennzeichnet[282]. Damit besitzt der Parlamentsvorbehalt auch im Verhältnis von Gesetz und Rechtsverordnung eigenständige Bedeutung.

3. Das Verhältnis von Art. 80 Abs. 1 Satz 2 GG zum allgemeinen Bestimmtheitsgebot
Das allgemeine rechtsstaatliche Bestimmtheitsgebot besagt, dass Aussagen des Staates, die für den Bürger relevant sind, klar und eindeutig sein müssen[283].
Der Unterschied zum (besonderen) Bestimmtheitsgrundsatz des Art. 80 Abs. 1 Satz 2 GG besteht darin, dass sich das allgemeine Bestimmtheitsgebot aus dem Rechtsstaatsprinzip herleitet. Es beschränkt sich nicht auf die Normsetzung, sondern gilt auch für die Normanwendungsentscheidungen von Judikative und Exekutive[284].
Dagegen ist die wichtigste Funktion des Art. 80 GG die Kompetenzab- und -begrenzung. Er ist Ausprägung des Gewaltenteilungsgrundsatzes.

4. Überlegungen der Verfassungskommission
Es wurde schon angesprochen, dass das Bundesverfassungsgericht bei der Prüfung, ob eine gesetzliche Ermächtigung die Voraussetzungen des Art. 80 Abs. 1 Satz 2 GG eingehalten hat, eher großzügig ist, jedenfalls aber nicht immer vorhersehbare Entscheidungen trifft[285].
Im Zuge von Beratungen der Enquete-Kommission des Deutschen Bundestages, deren Gegenstand die Reform der Verordnungsgewalt war, ist vorgeschlagen worden, die Anforderungen des Art. 80 Abs. 1 Satz 2 GG nur noch auf den Zweck der gesetzlichen Ermächtigung zu beschränken[286]. Dieser Vorschlag ist allerdings bei der späteren Änderung des Grundgesetzes nicht übernommen worden.

---

[278] *V. Danwitz*, S. 102; *Ossenbühl*, in: Isensee/Kirchhof, Bd. III, § 64 RN. 18; von einer „laxen Rechtsprechung" spricht auch *Kloepfer*, JZ 1984, 685/693.
[279] Es begegne „den Selbstentlastungsbemühungen des Gesetzgebers mit teils weiter, teils enger bemessener Großzügigkeit". *Hans H. Klein*, DÖV 1975, 523/524; ähnlich *Magiera*, Der Staat 13 (1974), 1/18 .
[280] *Ossenbühl*, in: Isensee/Kirchhof, Bd. III, § 64 RN. 19.
[281] BVerfG, Beschl. v. 8.8.1978 – 2 BvL 8/77 – , BVerfGE 49, 89/127; *Böckenförde*, Gesetz, S. 393ff.; *v. Danwitz*, S. 95; *Busch*, S. 124ff..
[282] BVerfG, Beschl. v. 8.1.1981 – 2 BvL 3, 9/77 – , BVerfGE 56, 1/12f.; *Uhle*, S. 327f.; *Staupe*, S. 145.
[283] *Jarass*, in: Jarass/Pieroth, Art. 20 RN. 61ff..
[284] *Busch*, S. 141; *Kloepfer*, JZ 1984, 685/691.
[285] Vgl. oben II. 2. a).
[286] *Enquete-Kommission Verfassungsreform des Deutsches Bundestages*, Zur Sache 3/76, S. 189ff..

Grund für diese Beschränkung war die Befürchtung, dass der Gesetzgeber aufgrund der Unsicherheit, wann das Bundesverfassungsgericht eine Verordnungsermächtigung für vereinbar mit Art. 80 Abs. 1 Satz 2 GG ansieht, die Ermächtigung so genau wie möglich formuliere. Dieses habe zur Folge, dass das Gesetz kaum noch ausfüllungsbedürftig sei und der Entlastungseffekt gegen Null tendiere[287]. Die Kommission stellte sich die Frage, ob eine Lösung für dieses Dilemma gefunden werden könne. Das Problem könne von zwei Seiten angegangen werden: entweder man setzt beim Bundesverfassungsgericht selbst an. Durch die Präzisierung seiner Maßstäbe könnte man dem Gesetzgeber klare Vorgaben an die Hand geben. Die andere Möglichkeit, und nur auf deren Ausführung beschränkt sich die Kommission, wäre ein ganz oder teilweiser Verzicht auf diese Maßstäbe in dem Sinne, dass die Anforderungen des Art. 80 Abs. 1 Satz 2 GG nur noch auf den Zweck der gesetzlichen Ermächtigung beschränkt werden.

Bei einem solchen Verzicht oder einer Reduzierung auf den Zweck der Ermächtigung könnten sich verfassungsrechtliche Bedenken ergeben. Die Streichung von Inhalt und Ausmaß aus Art. 80 Abs. 1 Satz 2 GG könnte der Ewigkeitsklausel des Art. 79 Abs. 3 GG widersprechen[288]. Diese Bedenken hat die Kommission offenbar nicht geteilt, da sie sich in ihrem Schlussbericht dazu nicht äußert[289]. Im Endeffekt können die Bedenken auch nicht durchgreifen:
Zwar ist die Schrankentrias des Art. 80 Abs. 1 Satz 2 GG eine Konkretisierung des Demokratie- und Rechtsstaatsprinzips. Es ist aber ebenso eine demokratische und rechtsstaatliche Ordnung denkbar, welche die Exekutive großzügiger mit Verordnungsrechten ausstattet als Art. 80 Abs. 1 Satz 2 GG in seiner jetzigen Form, da auch die Exekutive demokratisch legitimiert ist[290]. Auch sind Begriffe wie Inhalt, Zweck und Ausmaß, gerade in der Zusammenschau, der Auslegung zugänglich, welche wiederum nicht unwesentlich durch das Bundesverfassungsgericht mitbestimmt wird. Man könnte möglicherweise den Begriff des Zwecks so auslegen, dass er der Exekutive keinen zu weiten Gestaltungsspielraum gegenüber dem Parlament gibt. Dann ist durchaus denkbar, dass durch die Beschränkung auf den Zweck der Ermächtigung ebenso dem Gewaltenteilungsprinzip Genüge getan wird. Mit der Abschaffung der Schrankentrias des Art. 80 Abs. 1 Satz 2 GG würde also nicht das Gewaltenteilungsprinzip oder das Rechtsstaatsgebot selbst oder ein wesentlicher Aspekt davon abgeschafft, was einen Verstoß gegen Art. 79 Abs. 3 GG darstellen würde.

Wenn die Enquete-Kommission dem Bundestag vorgeschlagen hat, die Schrankentrias des Art. 80 Abs. 1 Satz 2 GG auf das Merkmal des Zwecks zu reduzieren, so mag dies den Sinn gehabt haben, das Bundesverfassungsgericht auf diese Weise anzuregen, seine Anforderungen zu senken. Gleichzeitig hätte man dem Gesetzgeber die Möglichkeit gegeben, auf Detailregelungen zu verzichten. Die Skepsis gegenüber diesen Erwartungen schien allerdings wohl zu überwiegen, weshalb schließlich auf die Streichung von „Inhalt“ und „Ausmaß“ verzichtet wurde.

5. Art. 80 Abs. 1 Satz 2 GG und die Bundesländer
Art. 80 Abs. 1 Satz 2 GG gilt nach ganz überwiegender Ansicht nicht unmittelbar für die

---

287 So *Hans H. Klein*, DÖV 1975, 523/524.
288 Vgl. die Argumentation von *Hans H. Klein*, DÖV 1975, 523/524.
289 Vgl. *Enquete-Kommission Verfassungsreform des Deutsches Bundestages*, Zur Sache 3/76, Beratungen und Empfehlungen zur Verfassungsreform (I), S. 189ff..
290 *Bryde*, in: v. Münch/Kunig, Bd. 3, Art. 80 RN. 2.

Bundesländer[291]. Aufgrund der Homogenitätsklausel des Art. 28 Abs. 1 Satz 1 GG müsse der Landesgesetzgeber selbst entsprechende Regelungen schaffen beziehungsweise sicherstellen, dass landesrechtliche Verordnungsermächtigungen nicht zu unbestimmt sind[292]. Das Homogenitätsprinzip sehe als Mindestanforderung die Grundsätze des Demokratie- und Rechtsstaatsprinzips einschließlich des Grundsatzes der Gewaltenteilung auch in den Ländern vor, wobei abweichende Konkretisierungen möglich seien[293].
Entsprechende Bestimmungen gibt es in Art. 61 Abs. 1 Satz 2 LV Baden-Württemberg, Art. 64 Abs. 1 Satz 2 LV Berlin, Art. 80 Satz 2 LV Brandenburg, Art. 53 Abs. 1 Satz 2 LV Hamburg, Art. 57 Abs. 1 Satz 2 LV Mecklenburg-Vorpommern, Art. 43 Abs. 1 Satz 2 LV Niedersachsen, Art. 70 Satz 2 LV Nordrhein-Westfalen, Art. 110 Abs. 1 Satz 2 LV Rheinland-Pfalz, Art. 104 Abs. 1 Satz 2 LV Saarland, Art. 75 Abs. 1 Satz 2 LV Sachsen, Art. 79 Abs. 1 Satz 2 LV Sachsen-Anhalt, Art. 38 Abs. 1 Satz 2 LV Schleswig-Holstein und Art. 84 Abs. 1 Satz 2 LV Thüringen.
In Bayern, Bremen und Hessen fehlen in den Landesverfassungen dem Art. 80 Abs. 1 Satz 2 GG entsprechende Bestimmungen. In diesen Ländern muss anderweitig sichergestellt werden, dass die Ermächtigungen hinreichend bestimmt sind. Dies wird durch das Rechtsstaatsprinzip und den Grundsatz der Gewaltenteilung, der jeder Landesverfassung immanent ist, erreicht[294].

IV. Das Zitiergebot des Art. 80 Abs. 1 Satz 3 GG

Nach Art. 80 Abs. 1 Satz 3 GG muss die Rechtsgrundlage, also das ermächtigende Gesetz, in der Rechtsverordnung angegeben werden. Diese Bestimmung wird auch als Zitiergebot bezeichnet[295]. Dieses Zitiergebot ist nicht zu verwechseln mit dem Zitiergebot des Art. 19 Abs. 1 Satz 2 GG, der fordert, dass ein Gesetz, welches ein Grundrecht einschränkt, dieses unter Angabe des Artikels nennt.
Die Berücksichtigung des Zitiergebots des Art. 80 Abs. 1 Satz 3 GG ermöglicht die Prüfung, ob die Rechtsverordnung sich an den Rahmen der Ermächtigung gehalten hat. Daher ist es auch „unerläßliches Element des demokratischen Rechtsstaates"[296]. Wurde das Zitiergebot nicht beachtet, ist die Rechtsverordnung allein aus diesem Grund nichtig.
Nach der neuesten Rechtsprechung des Bundesverwaltungsgerichts ist es entgegen einigen Literaturstimmen[297] allerdings nicht erforderlich, dass eine nationale Rechtsverordnung auch die Bestimmungen des Gemeinschaftsrechts zitiert, auf denen sie beruht. Art. 80 Abs. 1 Satz 3 GG beziehe sich nur auf das innerstaatliche Verhältnis zwischen Legislative und Exekutive auf dem Gebiet der Normsetzung, dagegen nicht das Verhältnis von Europäischer Gemeinschaft und Mitgliedsstaat bei der Umsetzung des Gemeinschaftsrechts[298].

---

[291] Überhaupt gilt der gesamte Art. 80 GG nicht unmittelbar; vgl. dazu BVerfG, Beschl. v. 23.2.1972 – 2 BvL 36/71 – , BVerfGE 32, 346/360; BVerfG, Beschl. v. 2.5.1961 -- 1 BvR 203/53 – , BVerfGE 12, 319/325; BVerfG, Urt. v. 14.12.1965 – 1 BvR 571/60 – , BVerfGE 19, 253/266; BVerfG, Beschl. v. 24.6.1969 – 2 BvR 446/64 – , BVerfGE 26, 228/237; *Wilke*, AöR 98 (1973), 196/ 231f.; *Seiler*, S. 169; zur Gegenansicht siehe bei *v. Mutius*, VerwArch 62 (1971), 410/411ff..

[292] *Degenhart*, RN. 275; *Badura*, F, FN. 19; Hinweise bei *v. Mutius*, VerwArch 62 (1971), 410/411ff., der das Ganze kritisch durchleuchtet.

[293] *Seiler*, S. 169.

[294] Vgl. *Meder*, Art. 55, RN. 12 für die Bayerische Verfassung.

[295] Vgl. dazu nur *Ossenbühl*, in: Isensee/Kirchhof, Bd. III, § 64 Rn. 65.

[296] *Ossenbühl*, in: Isensee/Kirchhof, Bd. III, § 64 Rn. 65 unter Bezug auf *Bartlsperger*, VerwArch 58 (1967), 249/270.

[297] Bspw. *Nierhaus*, in: Dolzer/Vogel/Graßhof, Art. 80 RN. 327.

[298] Urt. v. 20.3.2003 – BVerwG 3 C 10.02– , DVBl 2003, 731.

V. Die Möglichkeit der Subdelegation gemäß Art. 80 Abs. 1 Satz 4 GG

Art. 80 Abs. 1 Satz 4 GG ermöglicht es, dass eine Ermächtigung an andere Stellen weiter übertragen werden kann. Er stellt dafür aber die Anforderung auf, dass die Übertragung nur in einer Rechtsverordnung geschehen kann[299]. Diese besondere Übertragungsform soll eine lückelose Rückführung der Verordnungsgebung auf die Ermächtigungsnorm im Bundesgesetzblatt oder sonstigen Verkündungsblättern ermöglichen[300].

Durch die Möglichkeit der Subdelegation können auch andere Stellen als die in Art. 80 Abs. 1 Satz 1 GG genannten Rechtsverordnungen erlassen.

Der Kreis der Subdelegatare ist nicht festgelegt und daher grundsätzlich unbegrenzt. Die Delegation der Verordnungsbefugnis an Private wird jedoch ganz überwiegend für unzulässig gehalten[301]. Das Grundgesetz habe den Kreis der Subdelegatare möglichst überschaubar halten wollen. Dies ergebe sich aus der Zielsetzung, eine Ausuferung der Verordnungsgebung wie in der Weimarer Zeit zu verhindern. Zudem mache Art. 80 GG keine Aussage über das Verhältnis von Staat und Gesellschaft, sondern nur über das Verhältnis von Legislative und Exekutive[302].

Nach ganz überwiegender Ansicht kann der Erstdelegatar seine Subdelegation jederzeit widerrufen und auch durch eigene Verordnungsgebung seinen Willen mit Vorrang vor dem des Subdelegatars durchsetzen[303]. Die Delegation sei, im Anschluss an *Triepel*[304], konservierend, nicht devolvierend[305].

VI. Die Zustimmung des Bundesrates zu Rechtsverordnungen gemäß Art. 80 Abs. 2 GG

Art. 80 Abs. 2 GG trifft Regelungen über die Zustimmung des Bundesrates zu Rechtsverordnungen. Die Bestimmung zählt enumerativ Bereiche auf, in denen die Zustimmung grundgesetzlich festgelegt ist; „vorbehaltlich anderweitiger bundesgesetzlicher Regelungen", was bedeutet, dass auch einfachgesetzlich weitere Fälle vorgesehen werden können. Es gibt die detaillierte Aufzählung der ersten Alternative, dann Rechtsverordnungen aufgrund von Zustimmungsgesetzen und schließlich Rechtsverordnungen, die nicht in bundeseigener Verwaltung (sondern im Auftrag des Bundes oder als eigene Angelegenheit) vollzogen werden. Rechts-

[299] Entsprechende Bestimmungen der Länder in: Art. 80 S. 4 LV Brandenburg, Art. 53 Abs. 2 Satz 1 LV Hamburg, Art. 57 Abs. 2 LV Mecklenburg-Vorpommern, Art. 43 Abs. 2 Satz 2 Niedersachsen, Art. 70 S. 4 LV Nordrhein-Westfalen, Art. 104 Abs. 1 Satz 4 LV Saarland, Art. 79 Abs. 2 LV Sachsen-Anhalt, Art. 38 Abs. 2 LV Schleswig-Holstein; Art. 84 Abs. 2 LV Thüringen.

[300] *Bryde*, in: v. Münch/Kunig, Bd. 3, Art. 80 RN. 25.

[301] *Brenner*, in: v. Mangoldt/Klein/Starck, Bd. 3, Art. 80 RN. 55.; *Pieroth*, in: Jarass/Pieroth, Art. 80 RN. 19; *Ossenbühl*, in: Isensee/Kirchhof, Bd. III, § 64 RN. 30; *Stern*, Bd. II, S. 669; *Nierhaus*, in: Dolzer/Vogel/Graßhof, Bd. 7 Art. 80 RN. 259; A.A. *Wilke*, in: v. Mangoldt/Klein, Bd. III, Art. 80 VIII 3; wohl auch *Ramsauer*, in: Azzola, Art. 80 RN. 46 FN 117.

[302] *Ossenbühl*, in: Isensee/Kirchhof, Bd. III, § 64 RN. 30; *Stern*, Bd. II, S. 669; *Nierhaus*, in: Dolzer/Vogel/Graßhof, Bd. 7 Art. 80 RN. 259.

[303] *Maunz*, in: Maunz/Dürig, Art. 80 VII. RN. 43; *Pieroth*, in: Jarass/Pieroth, Art. 80 RN. 20; *Stern*, Bd. II S. 670; *Ossenbühl*, in: Isensee/Kirchhof, Bd. III § 64 RN. 32; *Ramsauer*, in: Azzola, Bd. 2 Art. 80 RN. 47. A.A. nur *Brenner*, in: v. Mangoldt/Klein/Starck, Bd. 3, Art. 80 RN. 57. Beide Seiten verzichten jeweils auf eine Begründung ihrer Position.

[304] *Triepel*, S. 51ff., unterscheidet in seiner wegweisenden Monographie „Delegation und Mandat" zwischen diesen Arten der Delegation. Bei der konservierenden Delegation behält der Delegant sich vor, eine Kompetenz, die er überträgt, auch selbst auszuüben. Devolvierende Delegation nennt er auch echte oder translative Delegation. Gemeint sind Fälle, in denen ein Subjekt „eine Zuständigkeit, die es im eigenen Besitze hat, kraft eigenen Entschlusses zu Gunsten eines anderen Subjektes *aufgibt*." Es findet also ein Kompetenzverlust statt.

[305] *Stern*, Bd. II S. 670; *Ossenbühl*, in: Isensee/Kirchhof, § 64 RN. 32.

verordnungen aufgrund der beiden letzten Alternativen werden auch als Föderativverordnungen bezeichnet[306].
Rechtsverordnungen der Länder fallen nicht unter das Zustimmungserfordernis des Art. 80 Abs. 2 GG. Wäre dem so, würde ein Bundesorgan an der Rechtsetzung eines Landes mitwirken. Dies verhindert die im Art. 80 Abs. 2 GG enthaltene „föderative Sperre“.

1. Die „Verkehrsverordnungen“, Art. 80 Abs. 2, 1. Alt. GG
Die erste Alternative betrifft Bereiche, in denen es bis vor einiger Zeit noch staatliche Monopolbetriebe gab: Postwesen, Telekommunikation und Eisenbahn. Sie wurden herkömmlich als „Verkehrsverordnungen“ bezeichnet, was sich aus der bis 1993 bzw. 1994[307] geltenden Fassung des Grundgesetzes erklärt. Es handelt sich dabei um Verordnungen über Grundsätze und Benutzungsgebühren für Einrichtungen des Postwesens und der Telekommunikation, über Grundsätze der Entgelterhebung für die Benutzung der Einrichtungen der Eisenbahnen des Bundes oder über den Bau und Betrieb der Eisenbahnen. Art. 80 Abs. 2 GG sagt allerdings nichts über die Regelungsbefugnisse aus. Dies ist eine Frage der Gesetzgebungskompetenz (Art. 73 Nr. 6a GG: Bau von Eisenbahnen und Betrieb der Schienenwege; Art. 73 Nr. 7 GG: Postwesen und Telekommunikation). Die Zustimmungsbedürftigkeit dieser Rechtsverordnungen wird historisch mit Art. 88 Abs. 3 und 91 Satz 1 WRV erklärt: „die besonderen wirtschaftlichen und Verkehrsbedürfnisse der Länder“ sollten berücksichtigt werden[308]. Ob dies wirklich notwendig war, lässt sich bezweifeln, soll hier aber nicht weiter vertieft werden[309].

2. Föderativverordnungen, Art. 80 Abs. 2, 2. bis 4. Alt. GG

a) Rechtsverordnungen aufgrund von Zustimmungsgesetzen, Art. 80 Abs. 2, 2. Alt. GG
Ebenfalls zustimmungspflichtig sind Rechtsverordnungen aufgrund von Bundesgesetzen, die der Zustimmung des Bundesrates bedürfen.
Die Zustimmungsbedürftigkeit der Verordnungen, die aufgrund von Bundesgesetzen ergehen, welche selbst der Zustimmung des Bundesrates bedurften, soll sich daraus ergeben, dass die Zustimmungsrechte des Bundesrates nicht durch die Delegation erlöschen sollen[310].

aa) Bestimmung von Zustimmungsgesetzen im Sinne des Art. 80 Abs. 2 GG
Strittig ist, was unter Zustimmungsgesetzen im Sinne von Art. 80 Abs. 2 GG zu verstehen ist. Solche Rechtsverordnungen sollen nach einer Ansicht bereits dann vorliegen, wenn das Ermächtigungsgesetz irgendeinen zustimmungsbedürftigen Teil enthält. Da das Gesetz als rechtstechnische Einheit betrachtet werde, müsse der Teil, der das Gesetz zustimmungspflichtig macht, nicht derjenige sein, der die Ermächtigungsnorm selbst beinhalte[311]. Nach der Ge-

---

306 Vgl. nur *Bryde*, in v. Münch/Kunig, Bd. 3, Art. 80 RN. 26.

307 Änderung des GG v. 20.12.1993, BGBl. I, S. 2089, und v. 30.8.1994, BGBl. I, S. 2245.

308 Art. 117 Abs. 2 Satz 1 Ch. E., abgedruckt in: JöR n.F. 1 (1951), 645. Lücke, in: *Sachs*, Art. 80 RN. 33 vor RN. 1 ist auch Text von Art. 88 Abs. 3 und Art. 91 Satz 1 WRV abgedruckt; *Ramsauer*, in: Azzola, Bd. 2, Art. 80 RN. 80.

309 Vgl. hierzu ausführlich *Bettermann*, S. 21ff.: „bloße Zweckmäßigkeitserwägungen“; *Ramsauer*, in: Azzola, Bd. 2, Art. 80 RN. 80.

310 *Bryde*, in: v. Münch/Kunig, Bd. 3, Art. 80 RN. 26; *Brenner*, in: v. Mangoldt/Klein/Starck, Bd. 3, Art. 80 RN. 86; *Bettermann*, S. 20.

311 BVerfG, Beschl. v. 9.10.1968 – 2 BvE 2/66 – , BVerfGE 24, 184/ 194ff.; *Schmidt-Bleibtreu*, in: Schmidt-Bleitreu/Klein, Art. 80 RN. 18; *Bettermann*, S. 26; *Bryde*, in: v. Münch/Kunig, Bd. 3, Art. 80 RN. 31; *Brenner*, in: v. Mangoldt/Klein/Starck, Bd. 3, Art. 80 RN. 87.

genansicht liegt ein Zustimmungsgesetz im Sinne von Art. 80 Abs. 2 GG nur dann vor, wenn der Regelungsgegenstand der konkreten Ermächtigungsnorm zustimmungsbedürftig ist[312].

(1) Wortlaut

Der Wortlaut des Art. 80 Abs. 2 GG spricht von „Rechtsverordnungen, die aufgrund von Bundesgesetzen, die der Zustimmung des Bundesrates bedürfen", ergehen.
Bei unbefangenem Verständnis assoziiert man mit dieser Formulierung („aufgrund von Bundesgesetzen") das Zustandekommen von Gesetzen[313].
Beim Zustandekommen von Gesetzen, welchen der Bundesrat zustimmen muss, stimmt er dem „Gesetz als Ganzem" zu, auch wenn das Gesetz mehrere verschiedene Regelungsbereiche zusammenfasst, die nicht alle der Zustimmung bedürfen. Der Wortlaut spricht also für die Auffassung, mit Gesetz sei das Gesetz als Ganzes gemeint[314]. Ob daraus notwendigerweise die Zustimmungspflichtigkeit zu jeglicher Rechtsverordnung aufgrund eines Zustimmungsgesetzes folgt, ist aufgrund des Wortlautes nicht eindeutig, wird aber wohl indiziert.

(2) Sinn und Zweck

Es muss geklärt werden, warum der Bundesrat den Rechtsverordnungen überhaupt zustimmen soll und ob daraus folgt, dass Zustimmungsgesetze nach Art. 80 Abs. 2 GG die Bundesgesetze als Ganzes sind.

Sinn der Zustimmung des Bundesrates zu *Gesetzen* ist die „Sicherung elementarer Interessen und ureigenster Aufgabenbereiche der Länder vor Eingriffen des Bundes"[315]. Fasst man die Fälle, in denen nach dem Grundgesetz Gesetze unter Zustimmung des Bundesrates ergehen müssen, zusammen, kommt man zu folgendem Ergebnis: zustimmungspflichtig sind Gesetze, die in die Verwaltungspraxis und Verwaltungskompetenz der Länder eingreifen (entweder durch direkte Organisationsregelungen des Bundes oder mittelbar durch den Ausbau der Bundeseigenverwaltung), oder die die Finanzverteilung zwischen Bund und Ländern betreffen[316].

Ergehen aufgrund solcher Gesetze Ermächtigungen zum Erlass von Ausführungs- oder Durchführungsverordnungen, so ist auch hier die Zustimmung des Bundesrates angebracht. Dem Bundesrat soll maßgeblicher Einfluss auf alle Normen eingeräumt werden, „die zur Durchführung und Ergänzung der gesetzlichen Vorschriften ergehen, auf die sich die Zustimmung des Bundesrates bezieht und die ohne diese Zustimmung nicht zustande gekommen wären", so das Bundesverfassungsgericht[317]. Der Bundesrat übernehme mit der Zustimmung zu einem Gesetz die Verantwortung für das Gesetz als Ganzes[318]. Dies soll offenbar bedeuten, dass sich die Verantwortung dementsprechend auch auf alle aufgrund des Gesetzes erlassenen Rechtsverordnungen bezieht.
Es fragt sich aber, ob der Einfluss des Bundesrates nach Sinn und Zweck der Zustimmung

---

312 So wohl die Kritik bei *Wilke*, AöR 98 (1973), 196/225; *Ossenbühl* S. 369/376ff.; *Lücke*, in: Sachs, Art. 80 RN. 34: den Begriff „Bundesgesetz" in Art. 80 Abs. 2 GG müsse man wie in Art. 77 Abs. 2a und Abs. 3 Satz 1 GG dahingehend interpretieren, dass damit nicht die Gesetze als Ganzes gemeint seien.
313 BVerfG, Beschl. v. 9.10.1968 – 2 BvE 2/66 – , BVerfGE 24, 184/196.
314 *Antoni*, AöR 114 (1989), 220/232; *Ramsauer*, in: Azzola, Bd. 2, Art. 80 RN. 59.
315 *Antoni*, AöR 114 (1989), 220/232.
316 Vgl. Katalog im Einzelnen bei *Ossenbühl*, AöR 99 (1974), 369/373ff..
317 BVerfG, Beschl. v. 9.10.1968 – 2 BvE 2/66 – , BVerfGE 24, 184/198.
318 BVerfG, Beschl. v. 9.10.1968 – 2 BvE 2/66 – , BVerfGE 24, 184/197f.. Dies wird von *Ossenbühl* als Mitverantwortungsthese oder -theorie bezeichnet, AöR 99 (1974), 369/403. Er zeigt dort auch auf, dass schon die Prämissen dieser These fragwürdig sind.

wirklich so weit gehen soll, dass davon sämtliche, aufgrund des zustimmungspflichtigen Gesetzes ergangenen Normen betroffen sind. Es muss nämlich beachtet werden, dass Umfang und Zusammensetzung des (meist nur in Teilen) zustimmungspflichtigen Gesetzes vom Bundestag festgelegt wird und somit erheblich variieren kann. Hat sich das Parlament für die Zusammenfassung mehrerer, teils zustimmungspflichtiger, teils zustimmungsfreier Teile entschieden, dient diese „Gesetzeseinheit" dem Schutz des Bundestages. Der Bundesrat soll den einheitlichen Willen des Bundestages im nachfolgenden Gesetzgebungsverfahren nicht durch partielle Ablehnung manipulieren können[319]. Die zusammengefassten Normen werden so zu einer *„rechtlichen Schicksalsgemeinschaft"*[320]. Sie können nur alle zusammen abgelehnt oder angenommen werden. Grund der „gesetzgebungstechnischen Einheit"[321] ist daher (nur) das Verbot einseitiger Änderung der Gesamtvorlage durch den Bundesrat.
Auf der anderen Seite sprechen Sinn und Zweck der Zustimmung eher dafür, die Zustimmungsbedürftigkeit von Rechtsverordnungen nur dann anzunehmen, wenn sie sich, wie der zustimmungsbedürftige Teil des Gesetzes, auf Bereiche beziehen, die die Länderhoheit tangieren[322]. Die Zustimmungsbedürftigkeit von Rechtsverordnungen folgt also der Zustimmung zu Gesetzen nach, denn die Verordnungen greifen „von ihrer Natur her als einer die Ausführung des Bundesgesetzes näher bestimmenden Regelung in den landesrechtlichen Vorbehaltsbereich ein"[323].

Sinn und Zweck der Zustimmung des Bundesrates sprechen also dafür, dass Rechtsverordnungen nur dann zustimmungspflichtig sind, wenn auch die Ermächtigungsnorm ihrerseits zustimmungspflichtig war.

(3) Systematik

Es wird darauf hingewiesen, dass der Begriff „Gesetz" in Art. 80 Abs. 1 GG nicht das Gesetz als Ganzes meine, sondern jeweils die einzelne gesetzliche Bestimmung. Daraus ergebe sich, dass diese Auslegung auch dem Art. 80 Abs. 2 GG zugrunde liege[324]. Beiden Absätzen liegen aber unterschiedliche Ansätze zugrunde. Art. 80 Abs. 1 GG spricht von „Rechtsverordnungen auf Grund von Bundesgesetzen". Es geht also um die Tatsache, dass Verordnungsrecht abgeleitete Rechtsetzung ist. Das ergibt sich aus dem Gewaltenteilungsgrundsatz, der eng mit dem Rechtsstaatsprinzip verbunden ist. Art. 80 Abs. 1 Satz 3 GG stellt hiervon einen besonderen Aspekt dar, weil er durch das Formerfordernis die Prüfung erleichtert, ob sich der Verordnungsgeber beim Erlass im Rahmen der ihm erteilten Ermächtigungen gehalten hat[325].
Dagegen ist Art. 80 Abs. 2 GG Ausfluss des Bundesstaatsprinzips.
Da beide Vorschriften auf unterschiedlichen Prinzipien beruhen, kann aus der Systematik nichts für die Begriffsauslegung in Absatz 2 geschlossen werden[326].

(4) Entstehungsgeschichte des Art. 80 Abs. 2 GG

Die Entstehungsgeschichte des Art. 80 Abs. 2 GG gibt für die Frage, was unter Zustimmungsgesetz zu verstehen ist, nichts her, da über diese Frage nicht diskutiert wurde[327].

---

319 *Ossenbühl*, AöR 99 (1974), 369/413.
320 *Ossenbühl*, AöR 99 (1974), 369/413.
321 *Ossenbühl*, AöR 99 (1974), 369/413.
322 So auch *Ossenbühl*, AöR 99 (1974), 369/435.
323 BT-Drs. 7/5924, S. 92.
324 Auffassung der Bundesregierung, in: BVerfG, Beschl. v. 9.10.1968 – 2 BvE 2/66 – BVerfGE 24, 184/196.
325 Auffassung des Bundesrates, in: BVerfG, Beschl. v. 9.10.1968 -- 2 BvE 2/66 – BVerfGE 24, 184/196.
326 BVerfG, Beschl. v. 9.10.1968 – 2 BvE 2/66 – BVerfGE 24, 184/196f..
327 Vgl. dazu *Füsslein* (Bearb.), JöR Bd. 1 (1951), S. 590ff..

bb) Ergebnis
Die Auslegung des Wortlauts, vor allem aber des Sinn und Zwecks von Art. 80 Abs. 2 GG ergibt, dass die Zustimmungspflichtigkeit von Rechtsverordnungen aufgrund von Bundesgesetzen, die der Zustimmung des Bundesrates bedurften, nur dann gegeben ist, wenn die einschlägige Ermächtigungsnorm Ursache für die Zustimmung war[328].

b) Bundesauftragsverwaltung – Art. 80 Abs. 2, 3. Alt. GG
Bei Rechtsverordnungen aufgrund von Bundesgesetzen, die von den Ländern im Auftrag des Bundes ausgeführt werden, wird die Zustimmungsbedürftigkeit damit erklärt, dass solche Verordnungen inhaltlich häufig mit Verwaltungsvorschriften übereinstimmen, also Ausführungs- und Durchführungscharakter haben[329]. Für dementsprechende Verwaltungsvorschriften besteht gemäß Art. 85 Abs. 2 und Art. 108 Abs. 7 GG (Verwaltung von Steuern im Auftrag des Bundes gemäß Art. 108 Abs. 3 GG, soweit dies solche sind, die ganz oder zum Teil dem Bund zufließen[330]) ein Zustimmungsvorbehalt des Bundesrates. Dem Vergleich von Rechtsverordnungen mit Verwaltungsvorschriften ist jedoch vorsichtig zu begegnen. Der Erlass von Rechtsverordnungen ist delegierte Rechtsetzungskompetenz, der von Verwaltungsvorschriften originäre Rechtsanwendungskompetenz[331]. Allerdings wird mit der Entstehungsgeschichte argumentiert, nach der „der Grundgesetzgeber für beide Arten“[332] (Verwaltung im Auftrag des Bundes und als ländereigene Angelegenheit) die Zustimmung aus dem gleichen Grund gewollt habe: „weil in beiden Fällen die Bundesexekutive vorschreibt, wie die Länder das Bundesgesetz, auf das sich die Vorschrift bezieht, auszuführen haben.“[333] Das macht deutlich, dass sich – trotz unterschiedlicher Einordnung von Rechtsverordnungen und Verwaltungsvorschriften – der Anwendungsbereich überschneiden kann und somit unter Umständen eine Austauschbarkeit zwischen ihnen besteht.

c) Verwaltung als ländereigene Angelegenheit - Art. 80 Abs. 2, 4. Alt. GG
Rechtsverordnungen aufgrund von Bundesgesetzen im landeseigenen Vollzug sind ebenfalls zustimmungsbedürftig. Auch hier gilt das obige Argument der Vergleichbarkeit mit den Verwaltungsvorschriften. Die Zustimmungsbedürftigkeit dieser Gesetze ergibt sich aus Art. 84 Abs. 2 GG.

3. Der Vorbehalt anderweitiger gesetzlicher Regelung
Die Zustimmungsbedürftigkeit des Bundesrates zu Rechtsverordnungen nach Art. 80 Abs. 2 GG besteht vorbehaltlich einer anderweitigen gesetzlichen Regelung. Ein Bundesgesetz kann damit sowohl das Zustimmungserfordernis noch weiter ausdehnen als auch einschränken[334].
Durch den Vorbehalt einer anderen gesetzlichen Regelung macht der Grundgesetzgeber deutlich, dass in bestimmten Bereichen oder Situationen eine hiervon abweichende Regelung zweckmäßiger sein kann. Auch macht er dem Bundesgesetzgeber keine Vorschriften, unter welchen Voraussetzungen diese anderweitige Regelung eingeführt werden soll.
Durch Art. 80 Abs. 2 GG werden also Grundlinien der Zustimmungsbedürftigkeit von

---

[328] So auch *Lücke*, in: *Sachs*, Art. 80 RN 34.
[329] *Ramsauer*, in: Azzola, Bd. 2, Art. 80 RN. 82, vermutet, dies sei der Beweggrund des Parlamentarischen Rates gewesen; *Bryde*, in: v. Münch/Kunig, Bd. 3, Art. 80 RN. 26; *Bettermann*, S. 20f..
[330] Vgl. dazu Art. 106 Abs. 1 und Abs. 3 GG.
[331] So auch *Ramsauer*, in: Azzola, Bd. 2, Art. 80 RN. 82; strittig, vgl. II. 1. c) aa).
[332] *Bettermann*, S. 21.
[333] *Bettermann*, S. 21.
[334] *Antoni*, AöR 114 (1989), 220/233; *Brenner*, in: v. Mangoldt/Klein/Starck, Bd. 3, Art. 80 RN. 76, 91; *Bauer*, in: Dreier, Bd. II, Art. 80 RN. 44.

Rechtsverordnungen festgelegt, gleichzeitig dem Gesetzgeber aber ein weiter Gestaltungsspielraum an die Hand gegeben.

Es ist umstritten, ob die anderweitige gesetzliche Regelung wiederum der Zustimmung des Bundesrates bedarf. Nach Sinn und Zweck der Zustimmung soll der Bundesrat Einfluss auf alle Regelungen haben, die Länderinteressen berühren. Wenn die anderweitige gesetzliche Regelung auf die Zustimmung verzichtet, wird die Position des Bundesrates beeinträchtigt, weil er damit auf seinen Einfluss auf die Verordnung verzichtet. Ein solcher Verzicht kann aber nicht ohne die Einwilligung des Rechtsinhabers festgesetzt werden[335].
Unabhängig von sonstigen Argumenten besitzt dieser Streit nur geringe praktische Bedeutung, da die anderweitige gesetzliche Regelung regelmäßig schon aus anderen Gründen zustimmungsbedürftig sein wird[336].

VII. Das Initiativrecht des Bundesrates gemäß Art. 80 Abs. 3 GG

1. Bedeutung des Art. 80 Abs. 3 GG
Art. 80 Abs. 3 GG betrifft das Initiativrecht des Bundesrates für den Erlass von Rechtsverordnungen. Allerdings darf er nur Vorschläge hinsichtlich solcher Verordnungen machen, die wiederum seiner Zustimmung bedürfen. Ist das der Fall, leitet der Bundesrat die Vorlagen an die Bundesregierung weiter.
Art. 80 Abs. 3 GG wurde, ebenso wie Absatz 4, erst 1994 auf Vorschlag der Bundesratskommission[337] in das Grundgesetz eingefügt[338]. Er sollte zur Stärkung des Bundesrates und letztlich zur Stärkung der Position der Bundesländer beitragen. Nach Untersuchungen soll der Bundesrat bis Mitte 1998 von diesem Initiativrecht sechsmal[339] Gebrauch gemacht haben, also etwa einmal pro Jahr. Allerdings ist nur in wenigen Fällen aufgrund der Bundesratsinitiative tatsächlich eine Verordnung auf den Weg gebracht worden[340].

2. Das Verhältnis von Art. 80 Abs. 2 und Abs. 3 GG
Ist eine Rechtsverordnung dem Bundesrat zugeleitet worden, weil sie seiner Zustimmung bedarf, so soll er die Wahl haben, ob er, wenn er mit dem Inhalt nicht einverstanden ist, einen Maßgabebeschluss nach Art. 80 Abs. 2 GG fasst (Zustimmung mit der Maßgabe, dass einige Punkte geändert werden) oder ob er selbst eine Gegeninitiative nach Art. 80 Abs. 3 GG startet[341]. Wenn der Bundesrat nach Art. 80 Abs. 3 GG vorgeht, soll er allerdings aus Gründen der Rechtsklarheit die Pflicht haben, vorher ausdrücklich die Zustimmung zur Verordnung zu

---

[335] BVerfG, Beschl. v. 24.2.1970 – 2 BvL 12/69, 2 BvR 665/65, 26/66 und 467/68 – , BVerfGE 28, 66/77ff; *Bettermann*, S. 30; für die Zustimmungspflichtigkeit auch *Bryde*, in: v. Münch/Kunig, Bd. 3, Art. 80 RN. 28; *Ossenbühl*, AöR 99 (1974), 369/433; *Brenner*, in: v. Mangoldt/Klein/Starck, Bd. 3, Art. 80 RN. 91.; a.A. BVerwG, Urt. v. 6.10.1967 – VII C 142.66 – , BVerwGE 28, 36/41; *Antoni*, AöR 114 (1989), 220/235.
[336] *Ramsauer*, in: Azzola, Bd. 2, Art. 80 RN. 83; ähnlich wohl *Schmidt-Bleibtreu*, in: Schmidt-Bleibtreu/Klein, Art. 80 RN. 18.
[337] BR-Drs. 360/92, S. 9 RN. 47.
[338] Eingefügt in das Grundgesetz durch Gesetz zur Änderung des Grundgesetzes vom 27. Oktober 1994, BGBl. I S. 3146.
[339] Vgl. dazu *Lücke*, in: Sachs, Art. 80 RN. 47; *Brenner*, in: v. Mangoldt/Klein/Starck, Bd. 3, Art. 80 RN. 101; *Bauer*, in: Dreier, Bd. II, Art. 80 RN. 46, FN. 176. Nach Zählung von *Nierhaus*, in: Dolzer/Vogel/Graßhof, Bd. 7, Art. 80 Abs. 3, RN. 813, waren es siebenmal.
[340] *Nierhaus*, in: Dolzer/Vogel/Graßhof, Bd. 7, Art. 80 Abs. 3, RN. 813; zur erstmaligen Anwendung des Art. 80 Abs. 3 GG vgl. *Jekewitz*, ZRP 1995, 248ff.: Rechtsverordnung aufgrund des § 22 Abs. 1 S. 1 BJagdG.
[341] *Nierhaus*, in: Dolzer/Vogel/Graßhof, Bd. 7, Art. 80 Abs. 3, RN. 797; *Nierhaus/Janz*, ZG 1997, 320/334.

verweigern[342]. Außerdem kann der Bundesrat, solange der Entwurf einer zustimmungsbedürftigen Rechtsverordnung ihm noch nicht zugeleitet wurde oder soweit es um Änderungen einer bereits in Kraft befindlichen Verordnung geht, nur über Art. 80 Abs. 3 GG aktiv werden[343], egal worauf sich seine Vorstellungen bzw. Änderungswünsche beziehen.
Abgrenzungsschwierigkeiten bestehen somit nicht. Es bleibt darauf hinzuweisen, dass das Initiativrecht nach Art. 80 Abs. 3 GG in der Regel mehr Zeit in Anspruch nehmen wird als ein Maßgabebeschluss. Möglicherweise erklärt sich dadurch die bisher seltene praktische Anwendung des Art. 80 Abs. 3 GG.

VIII. Landesgesetze als Verordnungsersatz nach Art. 80 Abs. 4 GG?

Art. 80 Abs. 4 GG betrifft den Fall, dass die Landesregierungen zum Verordnungserlass (durch Bundesgesetz oder aufgrund eines solchen) befugt sind. In diesem Fall darf das Landesparlament für den Regelungsbereich auch ein Gesetz erlassen – anstatt einer Verordnung der Landesregierung[344]. Die Rechtsetzungsformen von Gesetz und Rechtsverordnung werden also gleichberechtigt, aber alternativ, nebeneinander gestellt.

1. Grund für die Einfügung in das Grundgesetz

Die Bestimmung des Art. 80 Abs. 4 GG wurde 1994[345] in das Grundgesetz eingefügt. Mit ihr sollte der Föderalismus gestärkt, insbesondere dem Bedeutungsverlust der Länderparlamente entgegengewirkt werden[346].
Vorschläge hinsichtlich dieser „Wahlmöglichkeit" der Länder waren schon 1976 von der Enquete-Kommission Verfassungsreform des Deutschen Bundestages gemacht worden. Sie wurden in der Folgezeit immer wieder aufgenommen[347], bis sie 1994 umgesetzt wurden.

2. Kritik an der Konzeption

An Art. 80 Abs. 4 GG ist teilweise Kritik geübt worden, auch schon vor dessen Aufnahme in das Grundgesetz[348]. Insbesondere wurde bemängelt, dass die Konzeption nicht hinreichend durchdacht worden sei. Ländergesetze aufgrund bundesgesetzlicher Rechtsverordnungsermächtigung seien nur schlecht in das bestehende System des Grundgesetzes integrierbar.
Hauptkritikpunkt ist die Abhängigkeit des Landesgesetzgebers vom Bundesgesetzgeber. Letzterer hat gemäß Art. 80 Abs. 1 Satz 2 GG die Bestimmung von Inhalt, Zweck und Ausmaß vorzunehmen. An diese Konkretisierung muss sich der Landesgesetzgeber halten, wenn er von der Möglichkeit eines Gesetzes nach Art. 80 Abs. 4 GG Gebrauch machen will. Dies sei aber mit der Stellung des Landesgesetzgebers unvereinbar[349].
Dadurch stelle sich die Frage, ob die Landesgesetzgebung aufgrund von Art. 80 Abs. 4 GG nicht eine andere Kategorie von Gesetzgebungskompetenzen darstellt als diejenige, die den

---

[342] A.A. insoweit wohl *Lücke*, in: Sachs, Art. 80, RN 37.
[343] *Nierhaus*, in: Dolzer/Vogel/Graßhof, Bd. 7, Art. 80 Abs. 3, RN. 797; *Nierhaus/Janz*, ZG 1997, 320/334.
[344] Zum möglichen Verfahren der Einbringung in den Landtag und die Frage der Verdrängung einer ebenfalls auf Art. 80 Abs. 4 GG beruhenden Verordnung siehe *Wagner/Brocker*, NVwZ 1996, 759/760f., und Beschluss der Konferenz der Präsidenten der Landesparlamente, Thür. LT-Drs. 2/2137.
[345] *Gesetz zur Änderung des Grundgesetzes* vom 27. Oktober 1994, BGBl. I S. 3146.
[346] So die Begründung in BT-Drs. 12/6633, S. 11; Lücke, in: *Sachs*, Art. 80 RN. 49; *Brenner*, in: v. Mangoldt/Klein/Starck, Bd. 3, Art. 80 RN. 106f.; zu weiteren Vorschlägen und deren Umsetzung im Bereich der Gesetzgebungskompetenzen vgl. *Müller*: „Auswirkungen der Grundgesetzrevision von 1994 auf die Verteilung der Gesetzgebungskompetenzen zwischen Bund und Ländern", 1996.
[347] Vgl. Vorschläge einer von den Fraktionsvorsitzendenkonferenzen von CDU/CSU, SPD und FDP berufenen interfraktionellen Arbeitsgruppe, ZParl. 1985, 179/183.
[348] *Brodersen*, in: Selmer/v. Münch, S. 57/67ff. und 72.
[349] *Brodersen*, in: Selmer/v. Münch, S. 65ff.; ebenfalls kritisch *Dette/Burfeind*, ZG 1998, 257/267.

Ländern grundsätzlich durch das Grundgesetz in Art. 30 und 70 zugewiesen ist[350]. Es handele sich hier um „derivative Gesetzgebung"[351].

Anknüpfend an diese Frage werden Rechtsschutzaspekte problematisiert: Während die Rechtmäßigkeit von Rechtsverordnungen in den meisten Ländern gemäß § 47 Abs. 1 Nr. 2 VwGO in einem Normenkontrollverfahren vor dem Oberverwaltungsgericht überprüft werden kann, unterliegt das Gesetz dem Verwerfungsmonopol des Bundesverfassungsgerichts nach Art. 100 Abs. 1 GG oder des Landesverfassungsgerichts, wenn es um die Vereinbarkeit mit Landesverfassungsrecht geht. In diesem Zusammenhang stelle sich die Frag nach dem Rechtsweg gegenüber solchen Gesetzen. Es sei fraglich, ob solche Gesetze im Wege der konkreten Normenkontrolle des Art. 100 Abs. 1 Satz 2 GG überhaupt auf ihre Verfassungsmäßigkeit hin überprüft werden können oder ob sie als Rechtsverordnungen behandelt und dementsprechend eine abstrakte Normenkontrolle gemäß § 47 Abs. 1 Nr. 2 VwGO stattfinden könne[352].

All diese Kritikpunkte sind allerdings in der Literatur bisher nur von Einzelnen angebracht worden; eine grundsätzliche Auseinandersetzung mit diesem Thema hat bisher nicht stattgefunden. Der Grund hierfür liegt wohl in der nicht vorhandenen Praxisrelevanz des Art. 80 Abs. 4 GG. 1997 ergab eine Umfrage, dass zu diesem Zeitpunkt noch kein einziges Landesparlament von der Möglichkeit eines „verordnungsvertretenden Gesetzes" Gebrauch gemacht hatte[353]. Eine erneute Nachfrage 2002 ergab, dass sich an diesem Ergebnis nichts geändert hat[354]. Die Länder sahen und sehen offenbar keinen Bedarf für Gesetze nach Art. 80 Abs. 4 GG. Möglicherweise können die Vorteile eines Gesetzes (in der Regel höhere Lebensdauer, höhere Legitimation, höhere Akzeptanz) in den Fällen, in denen der Bundesgesetzgeber an eine Regelung durch Rechtsverordnung gedacht hat, die Vorteile einer Rechtsverordnung (schnelle und flexible Anpassung an komplexe Sachverhalte, Sachnähe der Verwaltung) nicht aufwiegen. Außerdem ist es fraglich, inwieweit durch „verordnungsvertretende Gesetze" die Bedeutung der Landesparlamente gestärkt werden kann. Dies könnte höchstens gegenüber der Landesregierung der Fall sein. Eine Stärkung gegenüber dem Bund ist aber eher unwahrscheinlich.[355] Zwar können die Länderparlamente nun auf Gebieten tätig werden, die ihnen vorher aufgrund der Sperrwirkung des Art. 72 Abs. 1 GG oder aufgrund des Art. 73 GG versperrt waren. Aber es ist doch erkennbar - ohne die rechtliche Stellung solcher Gesetze festlegen zu wollen -, dass Gesetze aufgrund von Art. 80 Abs. 4 GG auf einer anderen Stufe stehen. Schließlich muss man sich fragen, worin der Fortschritt für die Länderparlamente besteht, Gesetze auf Gebieten erlassen zu können, „die dem Bundestag zu unbedeutend erscheinen,

---

[350] So *Schütz*, NVwZ 1996, 37/38; *Nierhaus*, in: Dolzer/Vogel/Graßhof, Bd. 7, Art. 80 Abs. 4, RN. 840f.: „förmliche Gesetze sui generis"; ablehnend *Brenner*, in: v. Mangoldt/Klein/Starck, Bd. 3, Art. 80 RN. 108, der aber zugibt, dass die Bestimmung sich nicht mit den originären Gesetzgebungsbefugnissen der Länder gleichsetzen lässt.

[351] *Schütz*, NVwZ 1996, 37/38; *Nierhaus/Janz*, ZG 1997, 320/332; *Brenner*, in: v. Mangoldt/Klein/Starck, Bd. 3, Art. 80 RN. 110; a. A. *Jutzi*, ZG 1999, 239/241f..

[352] Die Anwendbarkeit des Art. 100 Abs. 1 Satz 2 GG verneinend *Schütz*, NVwZ 1996, 37/38ff.; *Nierhaus*, in: Dolzer/Vogel/Graßhof, Bd. 7, Art. 80 Abs. 4 RN. 898; ähnlich *Nierhaus/Janz*, ZG 1997, 320/332; a.A. *Lücke*, in: Sachs, Art. 80 RN. 61 FN. 126; *Sommermann*, JZ 1997, 434/440.

[353] So *Wagner/Brocker*, NVwZ 1997, 759/760; *Brenner*, in: v. Mangoldt/Klein/Starck, Bd. 3, Art. 80 RN. 110; Bauer, in: Dreier, Bd. II, Art. 80 RN. 49. In den meisten Bundesländern ist noch nicht einmal das Verfahren für solche Fälle kodifiziert worden.

[354] Auskunft des nordrhein-westfälischen Landtages v. 7.8.2002.

[355] So auch *Lücke*, in: Sachs, Art. 80 RN. 59; *Schütz*, NVwZ 1996, 37/40; *Wagner/Brocker*, NVwZ 1997, 759.

um sich damit selbst zu befassen"[356]. Damit wird es möglich, den (Bundes-)Gesetzgeber durch eine Belastung des (Landes-)Gesetzgebers zu entlasten. Das stellt das Verhältnis von Art. 80 Abs. 4 GG und Art. 80 Abs. 1 GG (Sinn von Verordnungsermächtigungen) in Frage. Eine ausführliche Auseinandersetzung mit der rechtlichen Einordnung des Art. 80 Abs. 4 GG erübrigt sich im Rahmen dieser Arbeit.

Im Übrigen ist diese Art der Landesgesetzgebung nicht die einzige, bei der den Landesparlamenten nur ein enger Spielraum bleibt und sie im Wesentlichen den „parlamentsfremde[n] Nachvollzug eines heteronomen Rechtsetzungsprogramms"[357] durchführen. Ähnlich sieht es bei der Ausfüllung von Rahmengesetzgebung oder bei der Ergänzung von Bundesgesetzen im konkurrierenden Bereich aus[358]. Dort sind die Länder allerdings frei, über die Vorgaben des Bundes hinaus bei der Rahmengesetzgebung bzw. solange und soweit der Bund im Bereich der konkurrierenden Gesetzgebung von seiner Kompetenz nicht Gebrauch gemacht hat, weitergehende Regelungen zu treffen. Dagegen ist die Landesgesetzgebung aufgrund von Art. 80 Abs. 4 GG streng auf Inhalt und Umfang der bundesgesetzlichen Ermächtigung begrenzt, so dass ein Vergleich nur bedingt möglich ist.

IX. Weitere Beteiligte beim Erlass von Rechtsverordnungen

Außer dem Bundesrat werden in der Praxis weitere Stellen beim Erlass von Rechtsverordnungen beteiligt, wenn es gesetzlich vorgeschrieben ist. In Betracht kommen der Bundestag (1.) bzw. das Landesparlament, die Parlamentsausschüsse (2.), Gremien jeglicher Art, Sachverständige bzw. Sachverständigenausschüsse und außerstaatliche Verbände (3.).

1. Die Mitwirkung des Bundestages an der Verordnungsgebung

Die Mitwirkung des Parlamentes an der Verordnungsgebung lässt sich in Deutschland bis in die Zeiten des Norddeutschen Bundes zurückverfolgen, so dass dieses Instrument wohl gewohnheitsrechtlich anerkannt ist.

Im Laufe der Zeit haben sich verschiedene Arten der Mitwirkung herausgebildet, deren Verfassungsmäßigkeit überwiegend unzweifelhaft ist.

a) Historischer Überblick

Schon 1818 sah eine Bestimmung der Verfassung des Großherzogtums Baden einen Mitwirkungsvorbehalt zugunsten des Parlaments vor[359]. Nach dieser Bestimmung sollte das Parlament aber nur die Rechtmäßigkeit der Verordnung kontrollieren, so dass man noch nicht von einem echten Vorläufer der heute bekannten Vorbehalte sprechen kann[360].

Als Herkunft dieses Instrumentariums wird England angesehen[361]. Nachforschungen von *Hat-*

---

[356] *Dette/Burfeind*, ZG 1998, 257/268ff., die aber darauf hinweisen, dass im Zusammenhang mit der Wesentlichkeitstheorie Art. 80 Abs. 4 GG in gewissen Fällen zur Stärkung beitragen kann, da „unbedeutende" Fragen für den Bund auf Landesebene sehr wohl erhebliche Bedeutung haben könnten; vgl. auch die Unterrichtung des Landtags durch den Präsidenten des Landtags in Thüringen zu der Frage, in welchen Bereichen ein solches Gesetz Bedeutung erlangen könnte, LT-Drs. 2/2137, Anlage zu Nr. III.

[357] So *Schütz*, NVwZ 1996, 37/39.

[358] *Sommermann*, JZ 1997, 434/440 FN. 64; ähnlich *Jutzi*, ZG 1999, 239/241; dagegen aber *Nierhaus*, in: Dolzer/Vogel/Graßhof, Bd. 7, Art. 80 Abs. 3, RN. 840, der auf den Unterschied zu ergänzender und konkurrierender Gesetzgebungskompetenz der Länder hinweist, da über Art. 80 Abs. 4 GG die Länderparlamente Gesetze erlassen, die „eher technische Details und ephemere Reglungen enthalten[d]".

[359] § 67 Abs. 1 S. 1 2. Halbs., Nachweis bei *Huber*, Bd. 1, S. 181.

[360] *Uhle*, S. 21.

[361] *Hatschek*, S. 196; *Uhle*, S. 22.

schek haben ergeben, dass auf Reichsebene die erste Verordnungsermächtigung, die eine Beteiligung des Parlamentes vorsah,
§ 15 Abs. 2 BWahlG von 1869 ist, also zu Zeiten des Norddeutschen Bundes[362]. Es handelte sich dabei um eine so genannte Genehmigungsverordnung, die sich dadurch auszeichnet, dass der Verordnungsgeber[363] zur Änderung einer Verordnung die Genehmigung des Reichstages brauchte[364]. Neben dieser Art der Beteiligung gab es zu dieser Zeit auch noch Kenntnisverordnungen, also solche, die nach ihrem Erlass zur Kenntnis des Reichstages zu bringen sind.
Eine Zustimmung schon vor Erlass der Verordnung war erstmals in § 13 des „Gesetz[es], betreffend die Portofreiheiten im Gebiete des Norddeutschen Bundes“[365] angeordnet worden.

Die Kenntnisverordnungen lösten die Genehmigungsverordnungen Mitte der 90er Jahre des 19. Jahrhunderts in ihrer Häufigkeit ab, offenbar weil der Bundesrat als Verordnungsgeber wenig Anlass dazu sah, von der Gebrauch zu machen[366].

In der Weimarer Republik gab es erstmals Anhörungsvorbehalte zugunsten des Parlamentes, außerdem wurden ebenfalls erstmalig Zustimmungsvorbehalte nicht nur dem Plenum, sondern auch den Ausschüssen zugestanden[367]. Die Zahl dieser Zustimmungsvorbehalte stieg in dieser Zeit zahlenmäßig im Vergleich mit anderen Beteiligungsmöglichkeiten stark an[368].

Nachdem während der Herrschaft des Nationalsozialismus der Unterschied zwischen Gesetzen und Verordnungen eingeebnet worden war, nahm der Wirtschaftsrat nach Beendigung des 2. Weltkrieges die Tradition der Mitwirkungsmöglichkeiten wieder auf. Insbesondere die Zustimmungsvorbehalte zugunsten von Ausschüssen wurden wieder eingeführt[369], aber auch insgesamt ist die Summe der Mitwirkungsvorbehalte größer geworden; außerdem hat das Parlament neue Arten der Mitwirkung eingeführt[370].
Während die Beteiligung grundsätzlich einfachgesetzlich festgelegt ist, bestimmt Berlin als einziges Bundesland in Art. 64 Abs. 3 Satz 1 seiner Verfassung, dass Rechtsverordnungen, die der Senat oder ein Senatsmitglied erlassen, unverzüglich dem Abgeordnetenhaus zur Kenntnisnahme vorzulegen sind[371].

b) Arten der Beteiligung
Die Möglichkeiten der Mitwirkung des Bundestages an der Verordnungsgebung sind vielfältig. Es gibt Genehmigungs-, Einwilligungs- oder Zustimmungsverordnungen, also Verord-

---

[362] *Hatschek*, S. 196; *Hüser*, S. 99.
[363] Problematisch an diesem Vergleich ist, dass der damalige Verordnungseber der Bundesrat (des Norddeutschen Bundes) war, ein Organ, das auch Legislativfunktion besaß. *Hüser*, S. 99, FN. 4 und *Uhle*, S. 24, weisen allerdings darauf hin, dass ihm ebenfalls Exekutivrechte, insbesondere der Erlass von Rechtsverordnungen, zugeordnet waren, so dass ihm der Exekutivcharakter nicht abgesprochen werden kann.
[364] *Hatschek*, S. 196ff.; außerdem sollten diese Verordnungen ihren Zielen nach einem Gesetz gleich stehen, auch das Verfahren war dem Gesetzgebungsverfahren angeglichen (S. 199).
[365] BGBl. 1869, S. 141.
[366] *Hatschek*, S. 197.
[367] Dazu ausführlich *Uhle*, S. 51ff..
[368] *Hüser*, S. 101; *Uhle*, S. 52f..
[369] *Hüser*, S. 102; Uhle, S. 70ff..
[370] *Schmidt*, S. 24f..
[371] Eilverordnungen müssen in Bremen ebenfalls sofort der Bürgerschaft vorgelegt werden. Das sind Anordnungen, die nach Art. 101 Abs. 2 Satz 1 der Landesverfassung eigentlich der Gesetzesform bedürfen und nur, wenn außergewöhnliche Umstände ein sofortiges Eingreifen erfordern, auch als Verordnungen ergehen können.

nungen, die vor Erlass der Zustimmung des Bundestages bedürfen[372], Anhörungs- oder Kenntnisverordnungen, bei denen also dem Bundestag die Möglichkeit zur Stellungnahme gegeben werden muss, Aufhebungs- oder Kassationsverordnungen, die vom Bundestag nach Erlass aufgehoben werden oder er kann deren Aufhebung verlangen kann sowie Änderungsvorbehalte. Dies sind Verordnungen, bei denen der Bundestag noch während des Erlassverfahrens Einfluss auf den Inhalt der Verordnung nehmen kann[373].

c) Zweck der Mitwirkung des Bundestages
Die meisten Quellen in der Literatur schweigen zu der Frage, was Zweck der Mitwirkung des Parlamentes an der Verordnungsgebung ist.
Die Rechtsprechung des Bundesverfassungsgerichts bleibt, wie die überwiegende Literatur, eine eingehende Befassung mit dem Zweck der parlamentarischen Mitwirkung schuldig. Es wird lediglich statuiert, dass in bestimmten Sachbereichen „ein legitimes Interesse der Legislative anerkannt werden muß, [...] wegen der Bedeutung der zu treffenden Regelungen" [...] [sich] entscheidenden Einfluß auf Erlaß und Inhalt der Verordnungen vorzubehalten"[374].

Eine ausführliche Befassung mit den Zwecken der verschiedenen Mitwirkungsmöglichkeiten des Parlaments findet sich in der Literatur lediglich bei *Uhle*. Er nennt als Gründe für die Mitwirkung, die teilweise in recht unterschiedlichen Formen praktiziert wird, die Harmonisierung bzw. Abstimmung von parlamentarischen und exekutiven Positionen, die parlamentarische Kontrolle, die Effektivität der Rechtsetzung durch Rechtsverordnung, teilweise auch die Einhaltung der Voraussetzungen des Art. 80 Abs. 1 Satz 2 GG und die Entlastungswirkung[375].
Zwei weitere Gründe liefern *Kisker*, der überlegt, ob die Mitwirkung des Parlamentes an der Verordnungsgebung ein Bestimmtheitsdefizit der Ermächtigungsnorm kompensieren kann[376], und *Ossenbühl*, der eine Erhöhung der Legitimationswirkung der Rechtsverordnung durch die parlamentarische Mitwirkung annimmt[377].
Diese beiden letzten Gründe, die nicht unumstritten sind, und der Zweck der Kontrolle des Verordnungsgebers sollen noch etwas eingehender betrachtet werden.

aa) Kontrolle des Verordnungsgebers durch das Parlament
Die so genannten Genehmigungsvorbehalte, die Ende des 19. Jahrhunderts existierten, hatten zwei Ziele: erstens die Kontrolle des Verordnungsgebers und zweitens, dass der Reichstag in die Lage versetzt wurde, innerhalb derselben Legislaturperiode die Genehmigung zu der Verordnung zu erteilen, deren Ermächtigung er vorher im Gesetz erlassen hatte, damit er in der gleichen Zusammensetzung entscheiden konnte[378]. Diese Form der Mitwirkung des Parlamentes gibt es allerdings nicht mehr.
Die Kontrolle des Verordnungsgebers ist auch heute noch Zweck der Mitwirkung. Hergeleitet wird dies aus dem konservierenden Charakter der Delegation. So kann man wohl etwa

---

[372] Bei den Zustimmungsverordnungen wiederum gibt es verschiedene Spielarten, bspw. danach differenziert, ob die Zustimmung ausdrücklich erteilt oder nach Ablauf einer bestimmten Zeitspanne fingiert wird. Zu den verschiedenen Formen siehe bei *Uhle*, S. 109ff..
[373] Vgl. die Übersicht bei *Bauer*, in: v. Mangoldt/Klein/Starck, Bd. 3, Art. 80 RN. 25 FN. 99 mit Verweis auf *Ossenbühl*, in: Isensee/Kirchhof, Bd. III, § 64 RN. 51f.; zu den Änderungsvorbehalten siehe unten d) bb).
[374] BVerfG, Beschl v. 12.11.1958 – 2 BvL 4, 26, 40/56, 1, 7/57 –, BVerfGE 8, 274/321; mehr zum Erfordernis des legitimen Interesses *Brandner*, in: Fluck, Bd. 2, § 59 RN. 37ff..
[375] Siehe zum Ganzen ausführlich *Uhle*, S. 201ff..
[376] *Kisker*, in: Kisker/Scholz/Bismarck/Avenarius, S. 39ff..
[377] *Ossenbühl*, in: Isensee/Kirchhof, Bd. III, § 64 RN. 39, 55.
[378] *Hatschek*, S. 197.

Schneider verstehen, wenn er es einerseits als völlig verständlich ansieht, dass sich der Gesetzgeber Einfluss auf die Rechtsverordnung vorbehält, insbesondere wenn die Ermächtigung erlaubt, dass durch Rechtsverordnung von der gesetzlichen Bestimmung abgewichen werden darf[379], und er andererseits lapidar darauf hinweist, dass der Gesetzgeber „unbeschadet von etwaigen Mitteilungspflichten" den Verordnungsgegenstand auch selber regeln kann[380].
Kontrolle als Zweck der Beteiligungsbefugnisse des Parlaments an der Verordnungsgebung scheint also in der Regel unausgesprochen vorausgesetzt zu werden. Die Kontrollaufgabe des Parlaments im parlamentarischen Regierungssystem ist unumstritten[381]. Kontrolle soll Entscheidungen determinieren und zu ihrer Rationalität beitragen, indem die Sachrichtigkeit der Entscheidung erhöht wird[382]. Insofern könnte die Mitwirkung an der Verordnungsgebung dazu beitragen, dass die Verordnung sowohl die Vorgaben der Ermächtigungsgrundlage einhält als auch dass die Umsetzung dieser Vorgaben in einer möglichst hocheffizienten Norm geschieht.
Die Frage ist nur, ob das Parlament dazu befugt ist. Die parlamentarischen Kontrollkompetenzen sollen, auch ohne ausdrückliche verfassungsrechtliche Erwähnung, in den parlamentarischen Entscheidungskompetenzen mit enthalten sein[383]. Umfasst die Gesetzgebungsbefugnis, die Delegationsbefugnis und die Rückholkompetenz des Parlamentes auch die Möglichkeit, Einfluss auf den Verordnungserlass selbst zu nehmen? Immerhin ist es ihm ausdrücklich durch die Verfassung untersagt, selbst Rechtsverordnungen zu erlassen. Dass das Parlament aber faktisch selbst eine Verordnung „erlässt", könnte aber wohl nur bei den Änderungsvorbehalten zugunsten des Parlaments geschehen, da hier gerade die Einwirkung des Parlamentes auch auf den Inhalt der Verordnung möglich ist[384]. Grundsätzlich ist diese Gefahr aber nicht gegeben. Da andere Vorbehalte gegen diese Kontrolle durch das Parlament nicht erkennbar sind, muss man davon ausgehen, dass jedenfalls die Gesamtschau der dem Parlament zugewiesenen Entscheidungskompetenzen auch auf das Vorhandensein der Kontrollkompetenz schließen lässt.

bb) Kompensation eines Bestimmtheitsdefizits

Zweck der Mitwirkung des Parlaments an der Verordnungsgebung kann möglicherweise auch die Kompensation eines Bestimmtheitsdefizits sein, und zwar in Fällen, bei denen „eine präzise Vorprogrammierung des Verordnungsgebers in allen wesentlichen Fragen nicht möglich oder jedenfalls nicht sachgerecht erscheint".[385]
Fraglich ist, ob Art. 80 Abs. 1 Satz 2 GG, der eine Ausprägung des Demokratie- und das Rechtsstaatsgebot darstellt, nicht gegen die Zulässigkeit dieser Zielsetzung spricht. Nach *Kisker*[386] ist dies aber nicht der Fall: aus dem Demokratieprinzip lasse sich keine Aussage

---

[379] *Schneider*, RN. 253f..
[380] *Schneider*, RN. 262.
[381] Siehe dazu *Krebs*, Kontrolle, S. 120 m.w.N..
[382] *Krebs*, Kontrolle, S. 37, 50.
[383] *Krebs*, Kontrolle, S. 143.
[384] Siehe dazu unter d) bb).
[385] *Kisker*, in: Kisker/Scholz/Bismarck/Avenarius, S. 39ff., der aufzeigt, dass sich die Literatur bisher noch wenig mit diesem Thema beschäftigt hat. Die Rechtsprechung des Bundesverwaltungsgerichts (BVerwG 7 C 68.77, DVBl. 1979, 424/426) steht dieser Zielsetzung positiv gegenüber, die des Bundesverfassungsgerichts (BVerfG, Beschl. v. 12.11.1958 – 2 BvL, 4, 26, 40/56, 1, 7/57 –, BVerfGE 8, 274/318ff.; BVerfG, Beschl. v. 21.12.1977 – 1 BvL 1/75, 1 BvR 147/75 –, BVerfGE 47, 46/82) ist nach der Analyse von *Kisker* skeptisch, aber uneindeutig. Nach Ansicht von *Ossenbühl* ist eine solche Kompensation der Staatspraxis seit langem vertraut und in Rechtsprechung und Schrifttum grundsätzlich anerkannt, in: Isensee/Kirchhof, Bd. III, § 64 RN. 19.
[386] Ähnlich auch das BVerwG, Urt. v. 23.4.1954 – II C 50.53 –, BVerwGE 1, 104/111; BVerwG, Urt. v. 1.12.1978 – 7 C 68.77 –, BVerwGE 57, 130/139f..

herleiten, dass das Parlament nur *als Gesetzgeber* die „Vorprogrammierung" des Verordnungsgebers vornehmen dürfe. Und auch das Rechtsstaatsprinzip sei nicht beeinträchtigt. Die Kontrollfunktion des Parlamentes hinsichtlich der Ausgestaltung der Grundrechtssphäre durch den Verordnungsgeber werde durch die Kompensation nicht beeinträchtigt. Und auch die Vorhersehbarkeit der staatlichen Entscheidungen für den Bürger werde nicht unterlaufen, wenn noch nicht die gesetzliche Ermächtigung zur Delegation, sondern erst die Norm der Verordnung diesem Prinzip genüge, da nicht erkennbar sei, weshalb in dieser Hinsicht unterschiedliche Maßstäbe für Gesetze und Verordnungen gelten sollten[387].
Erhebliche Vorbehalte äußert dagegen *von Danwitz*, obwohl auch er das Bedürfnis für eine solche Kompensation anerkennt. Insbesondere Zustimmungsvorbehalte seien ein spezifisches Mittel des Gesetzgebers zur Durchsetzung seiner gestaltungspolitischen Vorstellungen. Sie seien jedoch nicht in der Lage, die in Art. 80 Abs. 2 Satz 2 GG festgelegten Anforderungen an den Gesetzgeber zu kompensieren[388].
Schließlich trägt *Uhle* gegen dieses Kompensationsmodell vor, es verstoße zwar nicht gegen die ratio des Art. 80 Abs. 1 Satz 2 GG, da der eigentliche Normzweck weniger in der Umsetzung des rechtsstaatlich gebotenen Rechtsschutzes des Bürger als in der Wahrung der politischen Verantwortung des Parlaments liege. Es verstoße aber gegen den Wortlaut des Art. 80 Abs. 1 Satz 2 GG, der fordert, dass die Festlegung von Inhalt, Zweck und Ausmaß durch, und nicht erst aufgrund eines Gesetzes erfolgt[389].

cc) Erhöhung der Legitimationswirkung

Nach einigen Literaturstimmen soll durch die Mitwirkung des Parlamentes die demokratische Legitimation der Rechtsverordnung erhöht werden[390]. Dass die Gesetzgebung durch die unmittelbare Wahl eine höhere personelle Legitimation besitzt, ist unstrittig. Wirkt das Parlament an der Verordnungsgebung mit, so soll dies die Akzeptanz der Rechtsverordnung verstärken.
Die Begründung hierfür ist allerdings unterschiedlich: teilweise soll sich die höhere Legitimation daraus ergeben, dass das Parlament eine Mitverantwortung übernehme[391]. Dies wird allerdings überwiegend abgelehnt. Jedenfalls im Verhältnis zum Bürger soll trotz der Beteiligung des Parlamentes immer noch die Exekutive im Außenverhältnis die Verantwortung für das „Produkt Rechtsverordnung" tragen. Das Parlament trage dagegen eben nur die Verantwortung für die Herbeiführung eines möglichst hohen Grades an demokratischer Legitimation, weil Sinn von Zustimmungserfordernissen die Bindung der exekutiven Rechtsetzung an die Zustimmung der Volksvertretung sei[392]. Teilweise wird die Verantwortung des Parlaments auch allein auf die Ermächtigungsnorm beschränkt und eine Vermischung der Verantwortungssphären befürchtet[393].
Nicht nur die Literatur, sondern vor allem die gesetzgeberische Praxis begründet Mitwirkungsvorbehalte, wenn auch nicht ausdrücklich, damit, Legitimationsdefizite der Verordnungsermächtigungen zu kompensieren, was sich aus der besonderen Bedeutung der Materie ergebe[394]. Die Arbeit von *Schmidt* beschäftigt sich eingehend mit der verfassungsrechtlichen

---

387 Zur gesamten Argumentation siehe *Kisker*, in: Kisker/Scholz/Bismarck/Avenarius, S. 46ff.; ebenfalls für die Zulässigkeit der Kompensation *Scholz/Bismarck*, in: Kisker/Scholz/Bismarck/Avenarius, S. 139ff..
388 *V. Danwitz*, S. 133f..
389 *Uhle*, S. 339ff..
390 *Ossenbühl*, in: Isensee/Kirchhof, Bd. III, § 64 RN. 39, 55; *v. Danwitz*, S. 63ff..
391 *Ossenbühl*, in: Isensee/Kirchhof, Bd. III, § 64 RN. 39, 55.
392 *V. Danwitz*, S. 65.
393 *Studenroth*, DÖV 1995, 525/529; *Konzak*, DVBl. 1994, 1107/1111.
394 Vgl. bei *Schmidt*, S. 130f..

Bewertung der Kompensationsidee[395] und kommt zu dem Ergebnis, dass eine Kompensation bei so genannten verdrängenden Mitwirkungsvorbehalten (obligatorische/echte Änderungsvorbehalte und Maßgabezustimmungen mit Ermessensreduzierung[396]) sowohl verfassungswidrig als auch verfassungspolitisch nicht akzeptabel sei, da dies den Verlust parlamentarischer Steuerung begünstige[397].

d) Zulässigkeit der Mitwirkungsbefugnisse am Beispiel des Zustimmungs- und des Änderungsvorbehalts

Die Einflussnahme des Parlamentes auf die Verordnungsgebung wird nahezu einhellig als zulässig erachtet[398]. Beteiligungsmöglichkeiten wie die Anhörung, die keinerlei Einfluss auf den Verordnungsgeber nehmen, aber auch Kassationsvorbehalte werden im Endeffekt als unbedenklich angesehen.

Zustimmungsvorbehalte sollen ebenfalls zulässig sein. Im Übrigen beschränkt sich die Behandlung der Zulässigkeit von Mitwirkungsmöglichkeiten des Parlaments regelmäßig auf diese Form. Aber auch bei den Zustimmungsvorbehalten gibt es kritische Stimmen, außerdem wird die Begründung für die Zulässigkeit unterschiedlich gesehen.

Umstritten ist die Zulässigkeit von Änderungsvorbehalten, weil diese dem Parlament die Möglichkeit geben, inhaltlich Einfluss zu nehmen.

aa) Zustimmungsvorbehalte

Wie schon erwähnt ist die Zulässigkeit von Zustimmungsvorbehalten zugunsten des Parlamentes anerkannt, auch wenn es im Einzelnen kritische Stimmen gibt.

Die grundsätzliche Zulässigkeit soll sich schon aus der Tradition der Parlaments- bzw. Verordnungspraxis ergeben. Obwohl das Grundgesetz nur in Art. 109 Abs. 4 Satz 4 ausdrücklich einen Zustimmungsvorbehalt des Parlamentes vorsieht[399], soll dies nach einhelliger Ansicht nicht gegen die Zulässigkeit dieser Beteiligungsform in allen anderen Fällen sprechen. Da diese Form der Mitwirkung schon seit der Kaiserzeit bekannt sei und somit langjähriger Staatspraxis entspreche, hätte es einer ausdrücklichen Ablehnung im Grundgesetz bedurft, um die Unzulässigkeit anzunehmen[400].

Im Einzelnen ist die Begründung für die Zulässigkeit aber unterschiedlich: während das Bundesverfassungsgericht und mit ihm die überwiegende Lehre davon ausgeht, dass es sich bei der Zustimmung zu einer Rechtsverordnung um ein Minus im Vergleich zur vollen Delegation auf die Exekutive handele[401], sprechen andere von einem Aliud[402].

---

[395] Wobei er offensichtlich als Legitimationsdefizit, das unter Umständen kompensiert werden kann, sowohl die Problematik des Parlamentsvorbehalts als auch des Bestimmtheitsgrundsatzes ansieht, S. 28. Im Übrigen unterscheidet er zwischen verschiedenen Kompensationspunkten wie Öffentlichkeit, Integrationsförderung oder Kontrollmöglichkeit des Gesetzgebungsverfahrens auf, S. 138ff..

[396] Also Mitwirkungsformen bei Verordnungsermächtigungen, die eine Verpflichtung zum Erlass der Verordnung enthalten, so dass die Mitwirkung das Letztentscheidungsrecht der Exekutive aufhebt, vgl. *Schmidt*, S. 67ff., sowie unter d) aa).

[397] *Schmidt*, S. 130ff., 144ff. (Untersuchung der verschiedenen Arten von Mitwirkungsvorbehalten).

[398] So auch für Nordrhein-Westfalen *Dickersbach*, in: Geller/Kleinrahm, Art. 70 Anm. 12 a).

[399] Genauer: ein Aufhebungsverlangen für Rechtsverordnungen zur Abwehr einer Störung des gesamtwirtschaftlichen Gleichgewichts.

[400] *Rupp*, NVwZ 1993, 756/757; *Kisker*, in: Kisker/Scholz/Bismarck/Avenarius, S. 26ff., 32f.; *Ossenbühl*, in: Isensee/Kirchhof, Bd. III, § 64 RN. 50.

[401] BVerfG, Beschl v. 12.11.1958 – 2 BvL, 4, 26, 40/56, 1, 7/57 – , BVerfGE 8, 274/321; BVerfG, Beschl. v. 9.10.1968 – 2 BvE 2/66 – , BVerfGE 24, 184/199; *Lücke*, in: *Sachs*, Art. 80 RN. 39ff.; *Bryde*, in: v. Münch/

Das Bundesverfassungsgericht qualifiziert die Beteiligung als Rechtsetzung. Das Parlament halte sozusagen einen Teil der Gesetzgebungsmacht zurück und übe diesen durch die Mitwirkung aus[403]. Die Gegenansicht geht dagegen davon aus, dass der Zustimmung (wie allen anderen Beteiligungsformen auch) keine Rechtsetzungsqualität zukomme; sie stelle nur eine formelle Wirksamkeitsvoraussetzung für die Rechtsverordnung dar. Das bedeute aber, dass die Delegation vollständig sei (selbstverständlich immer mit der Möglichkeit der Rückholung, da es sich um konservierende Delegation handele). Ein solches Ergebnis vertrage sich nicht mit der Aussage, dass die Zustimmung ein Minus darstelle[404].
Eine genaue Qualifizierung des Zustimmungsaktes, des Minus und des Plus, das dem Minus auf parlamentarischer Seite logischerweise entsprechen müsste, haben das Bundesverfassungsgericht und die ihm folgende Literatur bisher unterlassen.
Ein Argument für die Auffassung, dass es sich um ein Aliud handele, liefert die Rechtsprechung zu Rechtsverordnungen nach Art. 9 Abs. 2 Satz 2 der Bayerischen Verfassung: sie geht davon aus, dass der bayerische Landtag nicht als „Gesetzgebungsorgan, sondern als Volksvertretung zur Mitwirkung berufen" ist[405]. Außerdem erfolge die Zustimmung gerade nicht in Gesetzesform, sondern durch Parlamentsbeschluss, was ebenfalls den Schluss nahe lege, dass das Parlament nicht in seiner Legislativfunktion zur Mitwirkung berufen sei. Dann könne aber die Mitwirkung nur ein Aliud und kein Minus der Gesetzgebungsmacht darstellen.

Die Grenzen der zulässigen Mitwirkung machen die beiden Positionen ebenfalls von unterschiedlichen Faktoren abhängig:
Das Bundesverfassungsgericht bestimmt als Schranke das legitime Interesse des Parlaments an der Mitwirkung. Dieses wird aus dem Gewaltenteilungsprinzip hergeleitet, und zwar aus dem Aspekt der funktionsgerechten und organadäquaten Aufgabenzuordnung[406]. Das legitime Interesse des Parlaments an der Mitwirkung soll vorliegen, wenn die Verordnungsermächtigung die Befugnis der Exekutive einschließt, von gesetzlichen Bestimmungen abzuweichen[407].

Nach der Gegenansicht ist die Mitwirkung des Bundestages solange zulässig, solange sie nicht in die Letztentscheidungskompetenz der Exekutive, sozusagen den Kernbereich exekutiver Aufgaben, eingreift. Unabhängig von der Ausgestaltung als Kenntnisnahme, Vetorecht oder Kassationsrecht, sollen Mitwirkungsbefugnisse daher dann unzulässig sein, wenn die Exekutive zum Erlass der betreffenden Rechtsverordnung verpflichtet ist[408], da hierdurch der Spielraum des Verordnungsgebers zu weit eingeschränkt wird[409]. Dabei könne sich die Verpflichtung nicht nur aus dem Wortlaut der Norm, sondern auch aus der Unentbehrlichkeit der

Kunig, Bd. 3, Art. 80 RN. 5; *Stern*, Bd. II, S. 664f; *Brenner*, in: v. Mangoldt/Klein/Starck, Bd. 3, Art. 80 RN. 95ff..

402 *V. Danwitz*, S. 113f.; *Uhle*, NVwZ 2002, 15/16ff.; *ders.*, S. 314ff.; *Rupp*, NVwZ 1993, 756/758.

403 BVerfG, Beschl v. 12.11.1958 – 2 BvL, 4, 26, 40/56, 1, 7/57 – , BVerfGE 8, 274/322.

404 *V. Danwitz*, S. 114; *Uhle*, S. 313ff.; *ders.*, NVwZ 2002, 15/16ff..

405 BayVGH, Beschl. v. 26.11.1976 – Nr. 6, 10 V 76 – , VGHE 30, 26/29; Bayer. VerfGH, Beschl v. 10.12.1971 – Vf. 34-VII-71 – , VGHE 24, 181/196; so auch *Brandner*, in: Fluck, Bd. 2, § 59 RN. 32: „Mitwirkung des Parlaments – nicht des Gesetzgebers".

406 *V. Danwitz*, S. 116.

407 BVerfG, Beschl. v. 12.11.1958 – 2 BvL 4, 26, 40/56, 1, 7/57 – , BVerfGE 8, 274/321; *Schneider*, RN. 253f..

408 Vgl. dazu oben d).

409 *Uhle* NVwZ 2002, 15/19ff.; *Sommermann*, JZ 1997, 434/436ff., unterscheidet sprachlich zwischen Zustimmungsvorbehalten mit fakultativer und mit obligatorischer Wirkung; ebenfalls die Frage eines (Mit-)Entscheidungsrechts des Parlaments als entscheidend ansehend *Brenner*, in: v. Mangoldt/Klein/Starck, Bd. 3, Art. 80 RN. 96; *Lücke*, in: Sachs, Art. 80 RN. 39; *Bauer*, in: Dreier, Bd. 3, Art. 80 RN. 25.

Verordnung aufgrund gesetzgeberischer Einheit, aufgrund des Regelungszusammenhangs und der Erfüllung grundrechtlicher Schutzpflichten sowie durch eine Ermessenreduzierung auf Null aufgrund von gemeinschaftsrechtlichen Vorgaben ergeben[410].
Auch hier erscheint die Meinung der Gegenansicht vorzugswürdig: das Merkmal des legitimen Interesses ist zu stark an die Prämisse angelehnt, dass die Mitwirkung Rechtsetzung darstelle.

Schließlich gibt es auch kritische Stimmen, die einwenden, durch die Zustimmung des Parlamentes zu Rechtsverordnungen komme es zu einer Verantwortungsverlagerung und damit zu einer Verschiebung der Balance im Verhältnis zwischen Parlament und Verordnungsgeber[411]. Dadurch werde die Zurechnung der Verantwortung hinsichtlich der Rechtsverordnung unklar. Allerdings ist die (Mit-)Verantwortung, die das Parlament durch die Mitwirkung übernimmt, wie schon erwähnt, allenfalls eine interne. Im Außenverhältnis bleibt stets der Verordnungsgeber der alleinige Urheber der Rechtsverordnung, da durch die Mitwirkung keine Kompetenzverlagerung stattfindet[412]. Der Anteil der Rechtsetzung an der Verordnungsgebung beschränkt sich für das Parlament auf die Festlegung von Inhalt, Zweck und Ausmaß der Ermächtigung gemäß Art. 80 Abs. 1 Satz 1 GG. Die Bedenken können auch dadurch entkräftet werden, dass bei Zustimmungs- und selbst bei Änderungsvorbehalten die Letztentscheidungskompetenz (nämlich ob und wann die Verordnung erlassen wird) immer noch beim Verordnungsgeber liegt[413].

Im Ergebnis spricht nichts gegen die grundsätzliche Zulässigkeit von Zustimmungsvorbehalten. Sie dürfen nur dann nicht eingreifen, wenn die Exekutive zum Erlass der Verordnung verpflichtet ist.

bb) Änderungsvorbehalte

Problematischer als Zustimmungsvorbehalte sind Änderungsvorbehalte Bei ihnen kann der Bundestag direkt Einfluss auf den Inhalt der Verordnung nehmen.
Die ganz überwiegende Meinung[414] hält Änderungsvorbehalte für unzulässig, da die Grenzen die Einflussnahme nicht feststünden. Das Parlament könne „eine völlige Neugestaltung des Regelungsinhaltes vornehmen"[415]. Dies laufe auf eine „Bundestagsverordnung" hinaus und bedeute zudem eine Umgehung des Gesetzgebungsverfahrens[416].

Nach *Uhle* kann jedoch die Unterscheidung zwischen Zustimmungs- und Änderungsvorbehalten nicht aufrecht erhalten werden. Auch bei den Zustimmungsvorbehalten könne das Parlament durch die so genannte „antizipierte Zustimmung" erreichen, dass der Verordnungsgeber nur noch darüber entscheiden könne, ob er den nach Parlamentswünschen geänderten Verord-

---

410 *Schmidt*, S. 68ff.; zum „imperativen Präsens" auch *Schneider*, RN. 248. Schließlich kann sich nach *Brandner* eine solche Verpflichtung auch aus der in § 292 Abs. 4 S. 4 HGB ausgesprochenen Bindungswirkung ergeben. Danach steht dem Bundestag ein Änderungsvorbehalt zu; der Bundesminister der Justiz als Verordnungsgeber ist dabei per Gesetz an den Beschluss des Bundestages gebunden, *Brandner*, UTR 1997 (40), 119/135f..
411 *Konzak*, DVBl. 1994, 1107/1111; *Pegatzky*, S. 154; *Sommermann*, JZ 1997, 434/439; *Studenroth*, DÖV 1995, 525/529; *Thomsen*, DÖV 1995, 989/991f..
412 *Uhle*, S. 398; *v. Danwitz*, S. 63ff., der den treffenden Vergleich mit mehrstufigen Verwaltungsakten aufgreift.
413 *v. Danwitz*, S. 114f.; *Uhle*, NVwZ 2002, 15/18 einerseits (problematische Verschiebung der Verantwortlichkeit und andererseits *Uhle*, S. 393ff. (nur interne Verantwortung im Endeffekt unschädlich).
414 Vgl. nur bei *Thomsen*, DÖV 1995, 989/991ff..
415 *Konzak*, DVBl. 1994, 1107/1109; *Rupp*, NVwZ 1993, 756/757ff..
416 *Thomsen*, DÖV 1995, 989/991ff.; *Studenroth*, DÖV 1995, 525/534; *Konzak*, DVBl. 1994, 1107/1110ff..

nungsinhalt übernehme und die Rechtsverordnung erlasse oder ob er darauf verzichte.
„Antizipierte Zustimmung" bedeute, dass das Parlament nicht nur dieVerweigerung der Zustimmung ausspreche, sondern auch Änderungswünsche anmelde. Es erteile für die parlamentarisch veränderte Verordnung damit eine antizipierte Zustimmung und verweigere die Zustimmung entsprechend anders gestalteter Entwürfe. Wie bei den Änderungsvorbehalten sei aber auch hier eine ermächtigungsgesetzliche Begrenzung nicht erkennbar, so dass theoretisch auch hier eine „Bundestagsverordnung" möglich sei[417].
Sowohl Zustimmungs- als auch Änderungsvorbehalte zugunsten des Parlaments seien also unter zwei Voraussetzungen zulässig: erstens dürfe der Verordnungsgeber nicht zum Erlass der Rechtsverordnung verpflichtet sein, und zweitens müsse sich das Parlament bei der Mitwirkung an den von ihm selbst gesetzten Ermächtigungsrahmen und an den Ermächtigungszweck halten[418].

Die Argumentation von *Uhle* überzeugt. In der Tat ist zwischen einem Zustimmungsvorbehalt und einem Änderungsvorbehalt inhaltlich kein signifikanter Unterschied erkennbar. Der einzige Unterschied besteht darin, dass beim Änderungsvorbehalt die Möglichkeit der Änderung des Entwurfs durch das Parlament von vorneherein in der gesetzlichen Ermächtigung erwähnt ist, so dass diese von *Uhle* zu Recht als die „ehrliche[re]" Mitwirkungsform bezeichnet wird[419].
Änderungsvorbehalte sind also wie Zustimmungsvorbehalte grundsätzlich zulässig und unterliegen denselben rechtlichen Grenzen wie diese.

cc) Unterscheidung von Änderungsvorbehalten und verordnungsändernden Gesetzen
Zum Abschluss muss nur noch darauf hingewiesen werden, dass diese Änderungsvorbehalte zugunsten des Parlamentes nicht mit den so genannten gesetzändernden Rechtsverordnungen und dem verordnungsändernden Gesetzen verwechselt werden dürfen. Beim Änderungsvorbehalt behält sich das Parlament im Ermächtigungsgesetz das Recht vor, vor Erlass inhaltliche Änderungen vorzunehmen. Als verordnungsändernde Gesetze bezeichnet man dagegen die Änderung von Rechtsverordnungen durch Gesetz im Zusammenhang mit den so genannten Entsteinerungsklauseln[420]. Dort geht es um die nachträgliche Änderung einer Verordnung durch Gesetz, was schon deshalb möglich ist, weil die Delegation an den Verordnungsgeber nur eine konservierende ist, der Gesetzgeber sich also jederzeit wieder mit der Materie befassen kann. Durch die gesetzliche Änderung wird die Rechtsverordnung zum Gesetz. Um künftige Änderungen durch den Verordnungsgeber aber möglich zu machen, enthält das Gesetz eine Entsteinerungsklausel, die die geänderte Norm von der formellen Rechtskraft ausschließt. Eine solche Regelungstechnik ist umstritten, nach hier vertretener Meinung aber grundsätzlich zulässig[421]. Ein weiterer Unterschied besteht darin, dass die überwiegend abgelehnten Änderungsvorbehalte nicht nur vor Erlass eingreifen, sondern auch Änderungen durch einfachen Parlamentsbeschluss und nicht durch Gesetz vornehmen[422].

dd) Zahlenbeispiel für die Häufigkeit einer Bundestagsbeteiligung
Der Bundestag musste im Jahre 2001 insgesamt zweimal beim Erlass von Rechtsverordnun-

---

[417] *Uhle*, S. 260ff., 382f..
[418] *Uhle*, S. 469ff.; vgl. dazu auch *Brandner*, in: Fluck, Bd. 2, § 59 RN. 46ff..
[419] *Uhle*, S. 263.
[420] Vgl. zu den Einzelheiten C. II. 1. b).
[421] Vgl. dazu schon oben C. II. 1 b) cc).
[422] *Studenroth*, DÖV 1995, 525/533f..

gen beteiligt werden.

Der erste Fall betraf die *Biomasseverordnung* vom 21. Juni 2001[423].
Gemäß § 2 Abs. 1 Satz 2 Erneuerbare-Energien-Gesetz (EEG) bedürfen solche Rechtsverordnungen des Bundesministeriums für Umwelt, Naturschutz und Reaktorsicherheit der Zustimmung des Bundestages, die bestimmen, welche Stoffe und technischen Verfahren bei Biomasse in den Anwendungsbereich des Gesetzes fallen und welche Umweltanforderungen einzuhalten sind. Aufgrund dieser Ermächtigungsgrundlage hat das Ministerium am 21. Juni 2001 die *Biomasseverordnung* erlassen. Diese bedurfte außerdem gemäß Art. 80 Abs. 2 GG der Zustimmung des Bundesrates[424].
Nachdem der Bundestag am 9. Juni 2000 von dem Verordnungsentwurf unterrichtet worden war[425], beschloss der federführende Ausschuss für Umwelt, Naturschutz und Reaktorsicherheit am 5. Juli 2000, dem Bundestag zu empfehlen, der Verordnung in der vom Ausschuss beschlossenen Fassung zuzustimmen[426], was der Bundestag dann auch tat[427]. Es dauerte bis zum 16. Mai 2001, bis das Ministerium die Änderungswünsche eingearbeitet und dem Bundestag erneut vorlegen konnte.
Der Bundesrat wurde erneut unterrichtet und stimmte am 11. Mai 2001 zu[428], der Bundestag am 1. Juni 2001[429].

Der zweite Fall einer Verordnung unter Beteiligung des Bundestages im Jahr 2001 war die *Erste Verordnung zur Änderung der Batterieverordnung*[430]. § 23 KrW-/AbfG ermächtigt die Bundesregierung zum Erlass von Rechtsverordnungen, die Verbote, Beschränkungen und Kennzeichnungen festlegen. Nach § 24 KrW-/AbfG können von der Bundesregierung durch Rechtsverordnung Rücknahme- und Rückgabepflichten festgelegt werden. Verordnungen, die aufgrund dieser Bestimmungen ergehen, müssen gemäß § 59 Satz 1 KrW-/AbfG dem Bundestag zugeleitet werden. Nach Satz 3 kann dieser durch Beschluss die Verordnung ändern oder ablehnen. Er muss sich allerdings nach Satz 4 innerhalb von drei Sitzungswochen nach Eingang der Rechtsverordnungen mit ihr befasst haben, danach gilt seine Zustimmung als erteilt beziehungsweise Änderungswünsche oder eine Ablehnung kann nicht mehr geltend gemacht werden. Dem Bundestag steht hier also ein zeitlich begrenzter Änderungsvorbehalt zu[431].
Auch bei dieser Verordnung musste der Bundesrat gemäß Art. 80 Abs. 2 GG zustimmen. In diesem Fall hatte nicht der Bundestag, sondern der Bundesrat Änderungswünsche, so dass

---

[423] BGBl. I S. 1234 (zuletzt geändert durch Art. 7 des Gesetzes v. 9.9.2001, BGBl. I S. 2331, neu gefasst durch Bekanntmachung. v. 2.7.2001, BGBl. I S. 1486).
[424] Dieser hat der geänderten Fassung am 11.5.2001 zugestimmt, BR-Drs. 209/01.
[425] BT-Drs. 14/3574.
[426] BT-Drs. 14/3801.
[427] Plenarprotokoll 14/114 v. 6.7.2000, S. 10817 C.
[428] BR-Drs. 209/01.
[429] BT-Drs. 14/6059.
[430] Verordnung vom 26. Juni 2001, BGBl. I S. 1361; Neufassung der Verordnung vom 2. Juli 2001, BGBl. I S. 1486.
[431] Ebenfalls im Verfahren des § 59 Satz 1 KrW-/AbfG wurden die *Verordnung zur Einführung eines Europäischen Abfallkataloges* (v. 13.9.1996, BGBl. I S. 1428), die Altauto-Verordnung (v. 7.7.1997, BGBl. I S.1666, neu gefasst durch Bekanntmachung v. 21.6.2002, BGBl. I S. 2214), und die Verpackungsverordnung (v. 21.8. 1998, BGBl. I S. 2379, zuletzt geändert durch Art. 1 der Verordnung v. 15.5.2002, BGBl. I S. 157). *Brandner*, in: Fluck, Bd. 2, § 59 RN. 81, konstatiert, die bisherigen Erfahrungen mit der Handhabung des § 59 KrW-/AbfG hätten gezeigt, dass die Änderungsbefugnis des Bundestages in der Praxis keine allzu große Bedeutung erlangen dürfte.

vom ersten Verordnungsentwurf am 12. Oktober 2000 bis zum Erlass der Verordnung am 29. Juni 2001 acht Monate vergingen.
Der Bundestag folgte bei seiner Zustimmung wiederum der Einschätzung des zuständigen Ausschusses.
Schmidt ist der Ansicht, dass die Verordnungsermächtigungen der §§ 23, 24 KrW-/AbfG obligatorischen Charakter besitzen, dass also die Exekutive zum Erlass verpflichtet ist. Dies schließt er daraus, dass Rechtsverordnungen aufgrund dieser Paragraphen nicht nur für die Erreichung des Zwischenziels Produktverantwortung, sondern auch im Gesamtrahmen des KrW-/AbfG unverzichtbar seien[432]. Nach der oben vertretenen Ansicht, dass Zustimmungs- und Änderungsvorbehalte des Bundestages nicht das Letztentscheidungsrecht des Verordnungsgebers beeinträchtigen dürfen[433], würde aus *Schmidts* Ergebnis folgen, dass die Verordnungsermächtigung und die ergangenen Rechtsverordnungen verfassungswidrig sind.

Obwohl das Jahr 2001 willkürlich zur Ermittlung der Häufigkeit von Bundestagsbeteiligungen herausgegriffen wurde, erscheint es dennoch möglich, aus den vorliegenden Daten allgemeine Schlussfolgerungen zu ziehen:

Erstens sind Vorbehalte zugunsten des Bundestages beim Erlass von Rechtsverordnungen, gemessen an der Anzahl der von der Bundesregierung bzw. von Bundesministerien im Jahr 2001 erlassenen Anzahl von 298 Rechtsverordnungen[434], sehr gering; noch geringer als die Beteiligung von Ausschüssen auf Landesebene[435].
Zweitens scheint eine Bundestagsbeteiligung vor allem im Umweltrecht stattzufinden; jedenfalls sind entsprechende Mitwirkungsvorbehalte vor allem dort zu finden[436]. Die Gründe für eine Parlamentsbeteiligung vor allem im Umweltrecht liegen wohl darin, dass Verordnungen auf diesem Gebiet wichtige Gesetzeskonkretisierungen vornehmen und dass aufgrund der Bedeutung der Regelungen dem Parlament ein inhaltlicher Einfluss zugestanden werden muss bzw. soll[437]. Dies erinnert sowohl an den Kontrollzweck der Parlamentsbeteiligung als auch daran, dass der Gesetzgeber sich möglicherweise außerstande sah, dem Bestimmtheitsgebot hinreichend Rechnung zu tragen und die Entscheidungen dem Verordnungsgeber zu überlassen, da „sie nur unter konkreteren Umständen sachgerecht getroffen werden können"[438].

---

[432] *Schmidt*, S. 83f.. Siehe dort auch zur Untersuchung weiterer Verordnungsermächtigungen, S. 73ff.. Nach *Brandner*, UTR 1997 (40), 119/136f., der verfassungsrechtliche Bedenken bei der Frage der Bindungswirkung des Parlamentsbeschlusses sieht, lässt sich § 59 KrW-/AbfG (der das Verfahren bei Rechtsverordnungen auch nach §§ 23, 24 KrW-/AbfG betrifft) aber verfassungskonform auslegen.
[433] Vgl. oben C. IV. 1. d) aa) und bb).
[434] Die Zahl ergibt sich aufgrund eigener Auswertung des BGBl. I von 2001 und Anfang 2002. Dabei ist zu berücksichtigen, dass bei dieser Zählweise Artikelverordnungen (also ein Normwerk, das in mehreren Artikeln jeweils Verordnungen enthält) nur einfach gezählt wurden. Zählt man die in diesen Artikeln enthaltenen Verordnungen mit, ergibt sich eine Zahl von 311 erlassenen Verordnungen für das Jahr 2001. Nicht berücksichtigt in dieser Zahl sind die insgesamt 23 Bekanntmachungen von Neufassungen von Verordnungen.
[435] Vgl. dazu unten 2. d).
[436] Ähnliche Regelungen wie § 59 KrW-/AbfG: § 20 Abs. 2 Satz 5 UmweltHG, § 40 Abs. 1 GenTG a.F. (eingefügt durch Gesetz v. 30.6.1990, BGBl. I S. 1080, aufgehoben durch Gesetz v. 16.12.1993, BGBl. I S. 2059); außerhalb des Umweltrechts: § 292 Abs. 4 HGB, § 42 d BRAO a.F. (eingefügt durch Gesetz v. 21.1.1991, BGBl. I S. 150, aufgehoben durch Gesetz v. 27.2.1992, BGBl. I S. 369).
[437] Ähnlich BVerfG, Beschl. v. 12.11.1958 – 2 BvL 4, 26, 40/56, 1, 7/57 –, BVerfGE 8, 274, 321; Begründung der Änderungen des Ausschusses für Umwelt, Naturschutz, und Reaktorsicherheit zum Gesetzentwurf der Bundesregierung, BT-Drs. 12/7284, S. 27; *Brandner*, in: Fluck, Bd. 2, § 59 RN. 22, 37ff..
[438] *Brandner*, in: Fluck, Bd. 2 § 59 RN. 38, unter Hinweis auf *Ossenbühl*, in: Isensee/Kirchhof, Bd. III, § 64 RN. 56.

Und schließlich ist drittens zu vermuten, dass sich das Verhalten des Bundestagsplenums als Entscheidungsträger in der Regel an der Empfehlung des zuständigen Ausschusses orientiert, welchem der Vorgang gemäß § 92 Satz 1 GeschO BT zugewiesen worden war. Die von ablehnenden Stimmen in der Literatur zur Frage der Ausschussbeteiligung an der Verordnungsgebung geforderte Letztentscheidung des Parlaments wird durch dieses Verfahren, jedenfalls formal, aufrechterhalten. Es bleibt aber anzumerken, dass bei einer dem Stärkeverhältnis des Plenums entsprechenden Ausschussbesetzung die „Absegnung" der Ausschussempfehlung durch das Plenum absehbar ist.

2. Mitwirkung von Parlamentsausschüssen am Beispiel der Zustimmungsvorbehalte

Problematischer als die Mitwirkung des Parlaments*plenums* beim Erlass von Rechtsverordnungen ist die Beteiligung von Parlaments*ausschüssen*. Zwar existiert diese auf Bundesebene nicht, in den Ländern kommt ihr aber eine nicht unbedeutende Rolle zu[439].

Die Zulässigkeit der Ausschussbeteiligung ist umstritten. Interessanterweise wird der Streit nicht nur allein bezogen auf die Länder geführt, sondern bezieht auch den Bund mit ein. Das wird damit begründet, dass faktisch eine Ausweitung auf Bundesebene jederzeit möglich wäre[440].

Aus der Diskussion heraus fallen von vorneherein reine Anhörungs- oder Kenntnisvorbehalte von Ausschüssen. Die Zulässigkeit solcher Mitwirkungsformen wird – ebenso wie bei der Beteiligung des gesamten Plenums – allgemein als unproblematisch angesehen[441], da sie die Entscheidungsbefugnis der Exekutive nicht beeinträchtigen und auch keine Kompetenzkonflikte zwischen Ausschüssen und Plenum erkennbar sind.

Die Zulässigkeit von Zustimmungs- oder Vetovorbehalten zugunsten von Parlamentsausschüssen ist dagegen umstritten. Daher soll die Zulässigkeit dieser Art der Beteiligung näher untersucht werden.

Die Diskussion wurde schon in früheren Jahren intensiv geführt und hat in letzter Zeit erneut Interesse erfahren[442]. Hauptargumente gegen die Zulässigkeit sind der Mangel an demokratischer Legitimation, an pluralistischer Repräsentation und die grundsätzliche Nichtöffentlichkeit der Ausschusssitzungen[443]. Für die Zulässigkeit wird das Erfordernis funktionsgerechter und organadäquater Aufgabenzuordnung[444] und das Recht des Parlamentes zur Selbstorganisation[445] angeführt.

Streng genommen müsste man bei der Diskussion über die Zulässigkeit zwischen der Bundes- und der Landesebene unterscheiden. In der Literatur wird allerdings meist nur für den Bund unter Hinweis darauf, dass es die Vorbehalte tatsächlich aktuell nur auf Landesebene gibt, argumentiert[446]. Die meisten Argumente lassen sich auch verallgemeinern. Wo allerdings mit Bundesnormen argumentiert wird, muss man sich vergewissern, dass die Aussagen auch für die Landesebene, hier für Nordrhein-Westfalen, gelten.

---

[439] So auch *Ossenbühl*, in: Isensee/Kirchhof, Bd. III, § 64 RN. 57;

[440] So bspw. *Uhle*, S.149f..

[441] Vgl. nur *Ossenbühl*, in: Isensee/Kirchhof, Bd. III, § 64 RN. 58.

[442] Durch die Dissertation von *Uhle*, Parlament und Rechtsverordnung, München 1999.

[443] Vgl. bei *v. Danwitz*, S. 117ff.; *Uhle*, S. 511ff..

[444] *V. Danwitz*, S. 119ff.; siehe dazu aber auch kritisch *Uhle*, S. 520f..

[445] *Uhle*, S. 517ff..

[446] Speziell auf NRW bezogen dagegen *Roewer/Hoischen*, DVBl. 1979, 900ff..

a) Wortlaut des Art. 80 Abs. 1 Satz 1 GG
Art. 80 Abs. 1 Satz 1 GG betrifft die Übertragung von Rechtsetzungsgewalt von der Legislative auf die Exekutive, also zwischen zwei Verfassungsorganen. Aus seinem Wortlaut lassen sich daher keine Argumente für oder gegen die Zulässigkeit parlamentsinterner Delegation ziehen[447].

In Nordrhein-Westfalen gibt es keine dem Art. 80 Abs. 1 Satz 1 GG entsprechende Norm, welche die Ermächtigungsadressaten abschließend festlegt, so dass prinzipiell alle exekutiven Stellen Adressaten sein können. Aus dem Grundsatz der Gewaltenteilung ergibt sich aber, dass die Übertragung auf exekutive Stellen beschränkt sein soll. Davon abgesehen ist dies wiederum eine andere Frage als die der parlamentsinternen Delegation. Eine Norm, die dazu eine Aussage trifft, gibt es auch auf Landesebene nicht.

b) Argumentationsstand
Bei der Mitwirkung von Parlamentsausschüssen an der Verordnungsgebung geht es um die Frage, ob ein Ausschuss „stellvertretend für das Plenum"[448] die Zustimmung zu einer Rechtsverordnung erteilen darf, ob also das Plenum diese Kompetenz an die Ausschüsse delegieren darf.
Das Bundesverfassungsgericht hat in einer frühen Entscheidung darauf verwiesen, dass Ausschüsse nach der Ordnung des Grundgesetzes keine Befugnis (mehr) haben, selbstständig an der Rechtsetzung mitzuwirken[449]. Es ging in dieser Entscheidung um den Übergang einer Delegation von Rechtsetzungsbefugnissen aus der Zeit des Wirtschaftsrates auf die Organe des Bundes (Art. 129 Abs. 1 Satz 1 GG), in der ein Zustimmungsvorbehalt zugunsten der Ausschüsse des Wirtschaftsrates enthalten war. In einer späteren Entscheidung betonte das Bundesverfassungsgericht zwar weiterhin die Bedeutung des so genannten Plenarvorbehaltes, es wandte sich aber gleichzeitig gegen eine „allzu starre Anwendung dieses Prinzips"[450] (bezogen auf das Prinzip der repräsentativen Demokratie, das grundsätzlich die Mitwirkung aller Abgeordneten bei der Willensbildung des Parlamentes erfordert). Es konstatierte, die prinzipielle Forderung nach Mitwirkung aller Abgeordneten bei Entscheidungen des Parlamentes bedeute nicht, dass die Abgeordneten das Volk bei Entscheidungen des Parlamentes ausschließlich im Plenum repräsentieren könnten. Außerdem werde „ein wesentlicher Teil der Parlamentsarbeit traditionell außerhalb des Plenums geleistet"[451]. Solange „die endgültige Beschlußfassung über ein parlamentarisches Vorhaben dem Plenum vorbehalten bleibt"[452], sei an der Ausschussarbeit nichts auszusetzen. Diese Aussagen könnte man dahingehend interpretieren, dass die Übertragung von Vorbehalten vom Plenum an die Ausschüsse dann zulässig sein kann, wenn entweder eine solche Übertragung kein parlamentarisches Vorhaben ist oder die Ausübung des Vorbehaltes nicht die endgültige Beschlussfassung des Plenums umgeht.

aa) Ausschussbeteiligung als parlamentarisches Vorhaben
Die Einordnung von Beteiligungsvorbehalten der Ausschüsse als parlamentarisches Vorhaben

---

[447] *Ossenbühl*, in: Isensee/Kirchhof, Bd. III, § 64 RN. 58; *v. Danwitz*, S. 116f.; *Uhle*, S. 517; so aber *Wilke*, in: v. Mangoldt/Klein, Bd. III, Art. 80 Anm. V 9, S. 1939, FN. 152.
[448] *Linck*, DÖV 1973, 513/518.
[449] BVerfG, Beschl. v. 7.7.1955 – 1 BvR 108/52 –, BVerfGE 4, 193/203; *Brenner*, in: v. Mangoldt/Klein/Starck, Bd. 3, Art. 80, RN. 99.
[450] BVerfG, Beschl. v. 10.5.1977 – 2 BvR 705/75 –, BVerfGE 44, 308/316.
[451] BVerfG, Beschl. v. 10.5.1977 – 2 BvR 705/75 –, BVerfGE 44, 308/317.
[452] BVerfG, Beschl. v. 10.5.1977 – 2 BvR 705/75 –, BVerfGE 44, 308/317.

wird als zweifelhaft angesehen, weil die Tätigkeit „keine Gesetzgebungs-, sondern Kontrollqualität“ aufweise, so dass es "nicht um typische gestaltungspolitisch-gesetzgeberische Vorhaben“ gehe, „sondern um die Realisierung einer verordnungsspezifischen Kontrolle“[453]. Allerdings wird die Beteiligung des Parlamentes an der Verordnungsgebung grundsätzlich als legitim und zulässig, die Kontrolltätigkeit also als eine der Aufgaben des Parlamentes angesehen. Daher ist nicht einsichtig, warum Beteiligungsvorbehalte nicht auch parlamentarische Vorhaben darstellen sollten, auch wenn das Bundesverfassungsgericht in seiner Entscheidung nicht explizit an diese gedacht haben wird und sie keinen typischen gestaltungspolitischen Charakter aufweisen[454]. Die Beteiligung von Ausschüssen am Erlass von Rechtsverordnungen stellt also ein parlamentarisches Vorhaben dar.

bb) Reichweite des Plenarvorbehaltes

Nach den Bemerkungen des Bundesverfassungsgerichts könnte die Übertragung auch dann zulässig sein, wenn die Ausübung des Vorbehaltes nicht die endgültige Beschlussfassung des Plenums umgeht bzw. vorwegnimmt. Eine solche Umgehung droht aber schon dann nicht, wenn das Plenum seine Kompetenz zulässigerweise intern an die Ausschüsse delegieren durfte.

Es muss also geklärt werden, wie weit der so genannte Plenarvorbehalt reicht, der besagt, dass bestimmte Entscheidungen dem Plenum vorbehalten bleiben müssen.

Selbstverständlich ist zunächst, dass darunter solche Entscheidungen zu verstehen sind, für die das Grundgesetz die Zustimmung der Mehrheit der Mitglieder des Bundestages verlangt[455], beispielsweise die Wahl des Bundeskanzlers nach Art. 63 Abs. 2 Satz 1 GG[456].

Es ergibt sich aber nirgendwo ein ausdrückliches Delegationsverbot; alle allgemein angenommenen Delegationsverbote können nur mittelbar durch Auslegung hergeleitet werden[457].

Eine grundgesetzliche Vorschrift, aus der man mittelbar die Unzulässigkeit der Übertragung schließen könnte, existiert nicht, da schon die Mitwirkung des Parlamentes im Grundgesetz nicht geregelt ist. Die Unzulässigkeit der Übertragung kann sich also nur aus Sinn und Zweck der Mitwirkung des Parlamentes an der Verordnungsgebung ergeben.

Wie oben gesehen, ist Hauptzweck der Mitwirkung des Parlaments an der Verordnungsgebung die Kontrolle über die Exekutive, teilweise auch die Erhöhung der Legitimationswirkung[458].

Zunächst ist festzuhalten, dass aufgrund des Rechtes zur Selbstorganisation das Parlament grundsätzlich Aufgaben intern delegieren darf[459]. Das Plenum kann „zwecks Sicherstellung einer sachgerechten Tätigkeit sich selbst im Wege parlamentsinterner Delegation von Aufgaben auf seine Untergliederungen, namentlich auf seine Ausschüsse [zu] entlasten“[460]. Dieses Recht steht aber selbstverständlich unter dem Vorbehalt, dass die Delegation nicht aus einem

---

[453] *Uhle*, S. 512.

[454] So denn auch *Uhle*, S. 512f.; anders zum gestaltungspolitischen Charakter allerdings *v. Danwitz*, S. 65.

[455] So auch *Uhle*, S. 517f.; *Berg*, Der Staat 9 (1970), 21/25f.; *Pietzner*, S. 93f..

[456] Entsprechendes gilt für die Landesebene: nach Art. 52 Abs. 1 LV NW wählt der Landtag „aus seiner Mitte“ den Ministerpräsidenten.

[457] So auch *Achterberg*, S. 680; *Uhle*, S. 519f.; der überwiegend (beispielsweise bei *Pietzner*, S. 76ff.; *Berg*, Der Staat 9 (1970), S. 21/26) als Beispiel angeführte Art. 45 Abs. 2 GG, der die Befugnisse des Ständigen Ausschusses niederlegt, existiert allerdings nicht mehr; anders bzgl. der Auslegung wohl *Dickersbach*, in: Geller/Kleinrahm, Art. 70 Anm. 12 b).

[458] Vgl. oben VI. 1. c) cc).

[459] *Uhle*, S. 517ff.; allgemein zu diesem Recht: *Zeh*, in: Isensee/Kirchhof, Bd. II, § 42 RN. 26.

[460] *Uhle*, S. 517f.; *Kisker*, in: Kisker/Scholz/Avenarius/Bismarck, S. 35f..

anderen Grund gegen die Verfassung verstößt[461].
Eine Erhöhung demokratischer Legitimation und eine Kontrolle des Verordnungsgebers seien nicht möglich, da Ausschüsse einen Mangel an demokratischer Legitimation sowie an pluralistischer Repräsentation besäßen. Außerdem seien sie auch aufgrund der grundsätzlich nichtöffentlichen Ausschusssitzungen nicht mit dem Plenum vergleichbar.
Diese Vorwürfe sind jedoch nicht haltbar:

(1) Mangel an demokratischer Legitimation

Wenn man Parlamentsausschüssen einen Mangel an demokratischer Legitimation bescheinigt, können sie selbstverständlich durch ihre Mitwirkung an der Verordnungsgebung nicht eine Erhöhung der demokratischen Legitimation herbeiführen.
Gegen einen möglichen Mangel der Ausschüsse an demokratischer Legitimation[462] ist allerdings einzuwenden, dass die Wahl der Abgeordneten eine unmittelbare personelle Legitimation derselben bewirkt. Wenn sie anschließend von ihren Fraktionen gemäß § 57 Abs. 2 Satz 1 GeschO BT zu Ausschussmitgliedern benannt werden, sind sie zwar nicht mehr unmittelbar, sondern nur noch mittelbar legitimiert. Wo das Grundgesetz aber die Kette von Delegationsentscheidungen nicht begrenzt, kann aus der Länge dieser Legitimationskette kein Legitimationsdefizit hergeleitet werden[463]. Im Übrigen ist fraglich, weshalb die Ausschussmitglieder einer unmittelbaren Legitimation bedürfen sollten, wenn auch der Verordnungsgeber selbst ebenfalls nur mittelbar über das Parlament legitimiert ist.

(2) Mangel an pluralistischer Repräsentation

Ähnliches gilt für die, sicherlich real existierende, mangelnde pluralistische Repräsentation in den Parlamentsausschüssen[464]. Es ist zwar durchaus möglich, dass kleinere Fraktionen unter Umständen in Ausschüssen überhaupt nicht vertreten sind oder dass sich Mehrheitsverhältnisse ändern, obwohl die Ausschüsse gemäß der Fraktionsstärke im Plenum besetzt werden[465]. Die Besetzung der Ausschüsse erfolgt möglichst mit solchen Volksvertretern, die über spezielle Sachkenntnis auf dem Aufgabengebiet des Ausschusses besitzen. Im Hinblick auf Kontrolltätigkeit und auch auf die eventuell erhöhte Legitimationswirkung kann diese Tatsache die mangelnde pluralistische Repräsentation ausgleichen, denn die Ausschussmitglieder werden in der Regel die Recht- und vor allem Zweckmäßigkeit eines Verordnungsentwurfes besser beurteilen können als das Plenum[466].

(3) Nichtöffentliche Ausschusssitzungen

(a) Situation auf Bundesebene

Problematisch könnte allerdings der nach § 69 Abs. 1 Satz 1 GeschO BT geltende Grundsatz der Nichtöffentlichkeit von Ausschusssitzungen sein, wobei nach Satz 2 Ausnahmen möglich sind. Die Geltendmachung der Vorbehalte von Ausschüssen anstelle des Plenums in nichtöffentlichen Ausschusssitzungen wird als Verstoß gegen das Demokratieprinzip angesehen[467].

---

[461] *Uhle*, S. 517.
[462] Für NRW *Roewer/Hoischen*, DVBl. 1979, 900/902f..
[463] *Oebbecke*, S. 91; *Wacker* für die Ebene der gemeindlichen Ausschüsse, S. 97.
[464] Dies führen *Berg*, Der Staat 9 (1970), 21/27; und *Kisker*, in: Kisker/Scholz/Avenarius/Bismarck, S. 36, als Argument an.
[465] §§ 57 Abs. 1 Satz 1, 12 GeSchO BT, § 23 Abs. 1 Satz 1 und 2 GeSchO LT NW, LT-Drs. 13/1, geändert durch LT-Drs. 13/435.
[466] *Uhle*, S. 579f..
[467] *Roewer/Hoischen*, DVBl. 1979, 900/903; weitere Nachweise bei *Pietzner*, S. 66.

Art. 42 Abs. 1 Satz 1 GG fordert in der Tat, dass der Bundestag öffentlich verhandelt, wobei nach Satz 2 mit Zweidrittelmehrheit die Öffentlichkeit ausgeschlossen werden kann. Unter „dem Bundestag“ im Sinne von Art. 42 Abs. 1 GG wird allgemein das Plenum verstanden. Die Tatsache, dass Ausschüsse grundsätzlich nicht öffentlich verhandeln, führt also noch nicht per se zu einem Verstoß gegen das Demokratieprinzip[468], sondern erst, wenn die Ausschüsse stellvertretend für das Plenum handeln, wenn also selbstständige Entscheidungsbefugnisse übertragen werden. Das ist bei Zustimmungsvorbehalten der Fall, da hier der Ausschuss nicht lediglich einen Verhaltensvorschlag für das Plenum macht, sondern eigenmächtig und abschließend – eben anstelle oder für das Plenum – die Entscheidung trifft.
Bei nichtöffentlichen Sitzungen von Ausschüssen ist eine Übertragung solcher Mitwirkungsbefugnisse also aufgrund eines Verstoßes gegen das Demokratieprinzip unzulässig.
Die Geschäftsordnung des Bundestages geht aber nur von einem Grundsatz der Nichtöffentlichkeit aus, Ausnahmen sind nach Art. 42 Abs. 1 Satz 2 GG möglich. Daher ist die Übertragung nicht per se unzulässig[469]. Vielmehr kommt es auf die Umstände im Einzelfall an, also darauf, ob die Sitzung tatsächlich öffentlich erfolgt oder nicht.
Wegen der zunehmenden Bedeutung der Ausschüsse für die parlamentarische Arbeit wird im Übrigen zunehmend gefordert, dass auch Ausschusssitzungen grundsätzlich öffentlich sein müssten[470]. Das wird unter anderem damit begründet, dass - und hier schließt sich der Kreis zur Argumentation bezüglich der Delegation - ein Ausschuss, der entscheidend tätig wird, „stellvertretend für das Parlament als Ganzes“[471] handele, so dass er als „Bundestag“ im Sinne des Art. 42 Abs. 1 GG anzusehen sei.

(b) Situation in Nordrhein-Westfalen und in den übrigen Ländern
Auch nach der Verfassung des Landes Nordrhein-Westfalen sind die Sitzungen des Landtages öffentlich, wobei auf Antrag mit Zweidrittelmehrheit für einzelne Gegenstände die Öffentlichkeit ausgeschlossen werden kann, Art. 42 LV NW.
Die Rechtslage hinsichtlich der öffentlichen oder nicht öffentlichen Ausschusssitzungen ist allerdings etwas anders als beim Bund. Der Entwurf der GeschO LT der 13. Wahlperiode[472] sah eine dem § 69 Abs. 1 Satz 1 GeschO BT vergleichbare Regelung mit dem grundsätzlichen Ausschluss der Öffentlichkeit vor. Nach Berücksichtigung von Änderungsvorschlägen der Parlamentarischen Geschäftsführer[473] wurde § 30 Abs. 1 GeschO LT NW aber folgendermaßen gefasst: „Die Sitzungen der Ausschüsse gliedern sich in einen öffentlichen und einen nichtöffentlichen Teil. Die Vorsitzende bzw. der Vorsitzende trifft die Entscheidung hierüber nach Beratung mit den Fraktionen. Dabei kann die Nichtöffentlichkeit für Verhandlungsgegenstände auch auf Beschluss des Ausschusses hergestellt werden. Sie ist herzustellen, wenn überwiegende Belange des öffentlichen Wohls oder schutzwürdige Interessen Einzelner dies erfordern.“[474] Nach dem Wortlaut dieser Regelung kann man nicht mehr ohne weiteres von einem Grundsatz der Nichtöffentlichkeit ausgehen[475]. Die Tatsache, dass die Sitzungen zwei-

---

[468] *Achterberg/Schulte*, in: v. Mangoldt/Klein/Starck, Bd. 2, Art. 42 RN. 2; *Morlok*, in: Dreier, Bd. II, Art. 42 RN. 22; *Linck*, DÖV 1973, 513/516.
[469] *Uhle*, S. 522ff..
[470] *Achterberg/Schulte*, in: *v. Mangoldt/Klein/Starck*, Bd. 2, Art. 42 RN. 14ff.; *Morlok*, in: Dreier, Bd. II, Art. 42 RN. 24; *Versteyl*, in: v. Münch/Kunig, Bd. 2, Art. 42 RN. 5; so wohl auch *Linck*, DÖV 1973, 513/517.
[471] *Achterberg/Schulte*, in: v. Mangoldt/Klein/Starck, Bd. 2, Art. 42 RN. 15; *Achterberg*, S. 678.
[472] LT-Drs. 13/1.
[473] Siehe dazu LT-Drs. 13/435.
[474] Geschäftsordnung des Landtags v. 9.5.2001, LT-Drs. 13/1200, S. 15
[475] Menzel, in: *Löwer/Tettinger*, Art. 38 RN. 28 FN. 80, spricht davon, dass der Grundsatz der Nichtöffentlichkeit durch eine Teilöffentlichkeit abgelöst worden ist.

geteilt sein sollen, legt zwar nahe, dass grundsätzlich immer noch die Öffentlichkeit ausgeschlossen werden soll. Aber dass dies der größere Teil der Sitzungsgegenstände ist, kann man dem nicht entnehmen. Jedenfalls gibt es keinen Automatismus; der Vorsitzende hat mit den Fraktionen jedes Mal darüber zu beraten, was öffentlich und was nicht öffentlich verhandelt werden soll. Das Demokratieprinzip gilt jedenfalls über Art. 28 Abs. 1 GG auch in den Ländern, so dass man für Nordrhein-Westfalen ebenfalls zu dem Ergebnis kommt, dass die Zulässigkeit der Delegation einzig von der Öffentlichkeit der Ausschusssitzungen abhängt.
Interessant ist in diesem Zusammenhang noch die Frage, ob diese Problematik unter Umständen sogar Grund für die Änderung des entsprechenden Paragraphen der Geschäftsordnung gewesen ist. Leider lässt sich dies allerdings nicht nachvollziehen, da es über entsprechende Beratungen, jedenfalls bezüglich dieses Paragraphen, keine schriftlichen Aufzeichnungen gibt. Wahrscheinlicher ist, dass Grund für die Änderung war, die Arbeit des Landtags und speziell der Ausschüsse in der Öffentlichkeit transparenter und so verständlicher zu machen.

Die Mehrzahl der Landtagsgeschäftsordnungen sieht weiterhin vor, dass die Ausschüsse grundsätzlich nichtöffentlich tagen, so in Baden-Württemberg[476], Brandenburg[477], Hessen[478], Mecklenburg-Vorpommern[479], Niedersachsen[480], Saarland[481], Sachsen[482], Sachsen-Anhalt[483] und Thüringen[484]. In allen anderen Ländern bis auf Bremen tagen die Ausschüsse grundsätzlich öffentlich[485]; in Bremen entscheidet der Ausschuss gemäß § 63 Abs. 4 der Geschäftsordnung der Bremischen Bürgerschaft vor Beginn der Arbeitsaufnahme über die Öffentlichkeit, von diesem Beschluss kann für einzelne Verhandlungsgegenstände abgewichen werden.

cc) Ergebnis nach Berücksichtigung der Aussage des Bundesverfassungsgerichts
Üben Ausschüssen Zustimmungsvorbehalte aus, werden ihnen damit selbstständige Entscheidungsbefugnisse übertragen. Nach Ansicht des Bundesverfassungsgerichts dürfen Ausschussentscheidungen die endgültige Entscheidung des Plenums nicht umgehen.
Nach der hier vertretenen Ansicht liegt keine Umgehung dieser Entscheidung vor, wenn und weil es dem Plenum gestattet ist, die Mitwirkungsbefugnisse auszuüben.
Die Aussagen des Bundesverfassungsgerichts sind allerdings möglicherweise eher so zu verstehen, dass endgültige Entscheidungsbefugnisse eben nicht an Ausschüsse übertragen werden dürfen, so dass dies die Unzulässigkeit zur Folge hätte.

c) Eigenes Ergebnis
Es bleibt also festzuhalten, dass die Übertragung von Aufgaben, die die Mitwirkung an Rechtsverordnungen betreffen – auch wenn es sich um selbstständige Entscheidungsbefugnisse handelt –, nur dann unzulässig sind, wenn die Ausschusssitzungen nichtöffentlich sind.

---

[476] § 32 der Geschäftsordnung.
[477] § 29 der Geschäftsordnung.
[478] § 89 der Geschäftsordnung.
[479] § 17 der Geschäftsordnung.
[480] § 93 der Geschäftsordnung.
[481] § 18 der Geschäftsordnung.
[482] § 28 der Geschäftsordnung.
[483] § 85 der Geschäftsordnung.
[484] § 78 der Geschäftsordnung.
[485] Bayern: § 29; Berlin: § 26, mit Ausnahme der für Rechnungsprüfung und Vermögensverwaltung zuständigen Ausschüsse; Hamburg: § 56; Rheinland-Pfalz: § 80; Schleswig-Holstein: § 17.

d) Zahlenbeispiele für die Häufigkeit von Ausschussbeteiligungen in Nordrhein-Westfalen
Im Jahr 2001 sind in Nordrhein-Westfalen von den obersten Landesbehörden insgesamt 122 Rechtsverordnungen erlassen worden[486]. Dabei war in zehn Fällen eine Anhörung, dreimal die Zustimmung und in drei Fällen das Einvernehmen eines Landtagsausschusses zu einer Rechtsverordnung erforderlich.
Dabei besteht zwischen der Zustimmung und dem Einvernehmen inhaltlich kein Unterschied. Die Ausführungen zur Mitverwaltung, also zum Zusammenwirken von Verwaltungsorganen (insbesondere beim Erlass von Verwaltungsakten), gelten auch bei der Beteiligung des Gesetzgebers, im Übrigen auch bei der Anhörung anderer Stellen, obwohl sie keine Verwaltungsorgane darstellen: danach bilden Zustimmung und Einvernehmen den so genannten bestimmenden Einfluss im Gegensatz zum nur beratenden Einfluss (Anhörung oder Benehmen)[487]. Allerdings soll auch dort in der Sache der Einfluss der Landtagsausschüsse, jedenfalls bei der Anhörung im Rahmen von § 44 Landesplanungsgesetz NW, sehr groß sein[488].

Bei den Anhörungen war am häufigsten der Ausschuss für Ernährung, Landwirtschaft, Forsten und Naturschutz vertreten (fünfmal[489]), weitere angehörte Ausschüsse waren der Ausschuss für Arbeit, Gesundheit, Soziales und Angelegenheiten der Vertriebenen und Flüchtlinge (zweimal[490]), der Ausschuss für Innere Verwaltung und Verwaltungsstrukturreform[491], der Ausschuss für Innere Verwaltung[492], der Ausschuss für Wirtschaft, Mittelstand und Technologie[493] und der Ausschuss Umweltschutz und Raumordnung[494] (je einmal).
Die Zustimmung war dreimal[495] erforderlich, in einem Falle allerdings gleich von drei Ausschüssen[496].

---

486 Auswertung des nordrhein-westfälischen Gesetz- und Verordnungsblattes.

487 *Badura,* in: Erichsen, § 37 RN. 33.

488 So *Depenbrock/Reiners*, § 37 RN. 1.2 zu § 37 LPlG a.F..

489 *4. Verordnung zur Änderung der Verordnung über die Zuständigkeiten nach dem Berufsbildungsgesetz* (v. 30. 1.2001, GV.NW S. 62); *5. Verordnung zur Änderung der Verordnung über die Zuständigkeiten nach dem Berufsbildungsgesetz* (v. 23.11.2001, GV.NW S. 777); *2. Verordnung zur Änderung der Verordnung zur Ausführung des Gesetzes über die Kosten der Fleisch- und Geflügelfleischhygiene* (v. 19.4.2001, GV.NW S. 191); *Verordnung zur Änderung der Verordnung über Zuständigkeiten auf dem Gebiet des Kleingartenwesens* (v. 6.11. 2001, GV.NW S. 798); *Verordnung über Zuständigkeiten auf dem Gebiete des Futtermittelrechts* (v. 11.12.2001, GV.NW S. 872).

490 *Verordnung zur Änderung der Verordnung zur Regelung der Zuständigkeiten nach Rechtsvorschriften für nichtärztliche und nichttierärztliche Heilberufe und der Verordnung über Zuständigkeiten im Arzneimittelwesen und nach dem Medizinproduktegesetz* (v. 11.12.2001, GV.NW S. 871); *Verordnung zur Regelung von Zuständigkeiten nach dem Maßregelvollzugsgesetz.* (v. 23.11.2001, GV.NW 2002 S. 22).

491 *Verordnung zur Änderung der VO über Zuständigkeiten auf dem Gebiet der Preisüberwachung* (v. 26.6.2001, GV.NW S. 486).

492 *5. Verordnung zur Änderung der Zweiten Berufsbildungs-Zuständigkeitsverordnung* (v. 23.10.2001, GV.NW S. 777).

493 *Verordnung zur Änderung der VO über Zuständigkeiten auf dem Gebiet der Preisüberwachung* (v. 26.6.2001, GV.NW S. 486).

494 *2. Verordnung zur Änderung der Verordnung über die Entschädigung der Mitglieder des Bezirksplanungsrates und des Braunkohlenausschusses* (v. 30.1.2001, GV.NW S. 46).

495 *Wahlordnung für Eigenbetriebe* (Eig-WO – v. 24.10.2001, GV.NW S. 771); *Kommunalunternehmensverordnung* (KUV – , v. 24.10.2001, GV.NW S. 773); *Verordnung zur Änderung der Verordnung zur Ausführung des § 5 Schulfinanzgesetz* (v. 2.4.2001, GV.NW S. 187).

496 Zustimmung des Ausschusses für Schule und Weiterbildung (nach § 130 Abs. 2 Nr. 1 GO NW eigentlich der Ausschuss für Kultur), des Haushalts- und Finanzausschusses und des Ausschusses für Kommunalpolitik bei der *Verordnung zur Änderung der Verordnung zur Ausführung des § 5 Schulfinanzgesetz* (v. 2.4.2001, GV.NW S. 187).

Die Herstellung eines Einvernehmens betraf nur den Ausschuss Umweltschutz und Raumordnung, dafür allerdings gleich dreimal[497].
Alle Beratungen von Ausschüssen, deren Zustimmung bzw. Einvernehmen erforderlich war, waren öffentlich[498], so dass es jedenfalls in diesen Fällen und in dieser Hinsicht keinen Zweifel an der Verfassungsmäßigkeit der Ausschussbeteiligung geben kann.

3. Mitwirkung anderer Stellen
Über das Parlament hinaus können Ermächtigungsgesetze auch noch die Beteiligung anderer Stellen vorsehen[499]. Dies können sowohl staatliche (z.B. Bundesbank oder Physikalisch-Technische Bundesanstalt) als auch nichtstaatliche Stellen (Verbände, Sachverständige oder amtlich bestellte Beiräte, z.B.: Sachverständigenausschuss für Arzneimittel) sein. Grund für die Mitwirkung, insbesondere in Rechtsbereichen mit naturwissenschaftlichem Bezug, ist die Versorgung des Verordnungsgebers mit Informationen, die dieser für ein „rechtes Gebrauchmachen von der Ermächtigung"[500] benötigt.
Die Zulässigkeit bestimmt sich danach, wie weit der Einfluss dieser Stellen geht. Anhörungsrechte werden als unproblematisch angesehen[501]. Das entspricht auch dem Sinn und Zweck dieser Mitwirkungen: durch den zusätzlichen Sachverstand soll die Normsetzung optimiert werden. Wenn der Einfluss aber der Sache nach einem Mitwirkungsrecht gleichkommt, ist die Beteiligung unzulässig[502]. Von einer Begründung wird in der Literatur abgesehen, offenbar aufgrund der zwingenden Logik, dass Art. 80 Abs. 1 Satz 1 GG einen Numerus clausus der Ermächtigungsadressaten enthält und Mitentscheidungsrechte aus den beteiligten Stellen einen solchen machen würden, in der Literatur abgesehen[503].

a) Problematische, aber überholte Beispiele
Als problematische Fälle wurden in der Literatur und teilweise auch vor dem Bundesverfassungsgericht bisher § 29 Abs. 1 BSchVG[504] und § 14 PostVG diskutiert[505].
Das Binnenschiffverkehrsgesetz ist durch das Tarifaufhebungsgesetz vom 13. August 1993[506]

---

[497] *2. Verordnung zur Änderung der Verordnung zur Bildung und Einberufung der Bezirksplanungsräte und des Braunkohlenausschusses (v. 30.1.01, S. 44); 5. DVO zum LandesplanungsG* (v. 19.6.2001, GV.NW S. 256); *3. Verordnung zur Änderung der Verordnung zur Abgrenzung des Kreises der Beteiligten und das Verfahren der Beteiligung bei der Erarbeitung der Gebietsentwicklungspläne und der Braunkohlenpläne sowie bei der Durchführung der Raumordnungsverfahren* (v. 30.1.2001, GV.NW S. 45); jeweils aufgrund des § 44 Abs. 1 Satz 2, 1. Var. LPlG.
[498] Die Vorgänge sind nachvollziehbar und abrufbar unter www.parlamentsspiegel.de.
[499] Dabei wird die Rechtslage, speziell im Umweltrecht teilweise stark kritisiert, weil es an der Beteiligung der Öffentlichkeit und gesellschaftlicher Gruppen mangele, vgl. *v. Bogdandy*, in: Bohnert, S. 363/364ff. m. w. N..
[500] *Schneider*, RN. 263.
[501] *Ossenbühl*, in: Isensee/Kirchhof, Bd. III, § 64 RN. 59; *v. Danwitz*, S. 123; *v. Bogdandy*, in: Bohnert, S. 363/378, zur möglichen Verbesserung der demokratischen Qualität des Verordnungsverfahrens: der Verordnungsgeber muss die Letztentscheidungsmacht behalten.
[502] *Ossenbühl*, in: Isensee/Kirchhof, Bd. III, § 64 RN. 59f.; *v. Danwitz*, S. 123f..
[503] So wie hier: *Wilke*, AöR 98 (1973), 196/228.
[504] V. 1.10. 1953 (BGBl. 1953 I, S. 1453) i.d.F.d. Bekm. v. 8.1.1969 (BGBl. 1969 I, S. 65). § 29 sah vor, dass der Bundesverkehrsminister die Beschlüsse der Frachtenausschüsse (bspw. Festlegung der Entgelte für Verkehrsleistungen) als Rechtsverordnungen erließ; aus Gründen des allgemeinen Wohls konnte er aber auch anders entscheiden.
[505] *Ossenbühl*, in: Isensee/Kirchhof, Bd. III, § 64 RN. 60.; *v. Danwitz*, S. 123f.; zu § 14 PostVG: BVerfG, Beschl. v. 24.2.1970 – 2 BvL 12/69, 2 BvR 665/65, 26/66 und 467/68 – , BVerfGE 28, 66/82ff.: im Endeffekt zulässig, da „die Wirksamkeit der Beschlüsse des Verwaltungsrates letztlich immer von der Entscheidung der Bundesregierung abhängig" sei (S. 84).
[506] BGBl. 1993 I, 1489/1497.

aufgehoben worden, eine vergleichbare inhaltliche Entsprechung hat es, soweit ersichtlich, nicht gegeben.
Ähnliches galt für das Postverwaltungsgesetz vom 24. Juli 1953[507]. Nach § 14 Postverwaltungsgesetz sollte der damalige Bundesminister für das Post- und Fernmeldewesen Rechtsverordnungen nach Maßgabe der Beschlüsse eines Postverwaltungsrates erlassen[508]. Es wurde durch das Poststrukturgesetz vom 08. Juni 1989[509] aufgehoben, so dass sich die Problematik des § 14 erledigt hat. Die Nachfolgeregelung des § 25 Abs. 2 und § 30 PostStruktG[510] ist in dieser Hinsicht unproblematisch (nur noch Anhörung der Unternehmen).

b) Neuere Beispiele
Beispiele aus der Verordnungsgebung des Jahres 2001 sind die Beteiligung der Regulierungsbehörde für Telekommunikation und Post (nach der *3. Schifffahrtsanpassungsverordnung*[511]), die Anhörung eines Verwaltungsrates (*Verordnung zur Änderung der Verordnung zum Filmförderungsgesetz*[512]), die Anhörung des Ständigen Ausschusses des Bundesinstituts für Berufsbildung bei diversen Prüfungsverordnungen[513], die Anhörung der Bundesanstalt für Arbeit und der Verbände der Unfallversicherungsträger (bei der *1. Verordnung zur Änderung der Insolvenz-Kostengeldverordnung*[514]), die Anhörung des Sachverständigen-Ausschusses für Verschreibungspflicht (*47. Verordnung zur Änderung der Verordnung über verschreibungspflichtige Arzneimittel*[515]), die Anhörung der beteiligten Kreise (bspw. bei der *Verordnung zur Umsetzung eines Europäischen Abfallverzeichnisses*[516]) oder der Erlass einer Verordnung auf Vorschlag des Vorstandes der Deutschen Telekom AG (*LAP-Telekom-Verordnung*[517]).
All diese Beteilungsformen beeinflussen die Entscheidungsfreiheit des Verordnungsgebers nicht, sie sind daher zulässig.

Bereits 1971 wurde § 32a in das Luftverkehrsgesetz eingefügt. Aufgrund dessen Absatz 1 Satz 1 wird beim Bundesminister für Umwelt, Naturschutz und Reaktorsicherheit und dem Bundesminister für Verkehr[518] ein Beratender Ausschuss gebildet, der vor Erlass von Rechtsverordnungen und allgemeinen Verwaltungsvorschriften aufgrund des Luftverkehrsgesetzes zu hören ist, soweit sie dem Schutz gegen Fluglärm und gegen Luftverunreinigungen durch Luftfahrzeuge dienen. Diesem Ausschuss gehören nach Satz 3 Vertreter der Wissenschaft, der Technik, der Flugplatzhalter, der Fluggesellschaften, der kommunalen Spitzenverbände, der Bundesvereinigung gegen Fluglärm, der Kommission nach § 32b, der Luftfahrtbehörden und der von der Landesregierung bestimmten obersten Landesbehörden an. Er soll dem Minister sein Fachwissen zur Verfügung stellen, da bei der Vorbereitung der Vorschriften schwierige fachliche Fragen geklärt werden müssen[519].

---

[507] BGBl. 1953 I, S. 676.
[508] Kritisch zur politischen Beeinflussung dieses Gremiums *Schneider*, RN. 264; anders noch in der 2. Auflage, RN. 258.
[509] BGBl. 1989 I, S. 1026, 1042.
[510] BGBl. 1989 I, S. 1026, 1032f..
[511] BGBl. 2001 I, S. 2276.
[512] BGBl. 2001 I, S. 2604.
[513] Bspw. BGBl. 2001 I, S. 2882, *Verordnung über die Prüfung zum anerkannten Abschluss Geprüfter Fachberater im Vertrieb/Geprüfte Fachberaterin im Vertrieb.*
[514] BGBl. 2001 I, S. 4078.
[515] BGBl. 2001 I, S. 3354.
[516] BGBl. 2001 I, S. 3379.
[517] BGBl. 2001 I, S. 3607.
[518] Mittlerweile Bundesminister für Verkehr, Bau- und Wohnungswesen.
[519] *Hofmann/Grabherr*, § 32a RN. 1.

Die in Betracht kommenden Rechtsverordnungen sind solche aufgrund von § 32 Abs. 1 Nr. 15 und 16 Luftverkehrsgesetz, da dort von Fluglärm und Luftverunreinigung durch Luftfahrtgeräte die Rede ist. Soweit ersichtlich, sind aufgrund dieser Vorschriften bisher noch keine Rechtsverordnungen erlassen worden. Die Bedeutung des Beratenden Ausschusses ist allerdings groß. Nach Auskunft des Bundesministeriums für Verkehr, Bau und Wohnungswesen wird die Anhörung des Beratenden Ausschusses großzügig gehandhabt[520]. Er werde praktisch vor Erlass jeder Regelung gehört, die in irgendeiner Weise Fluglärm betrifft, insbesondere auch bei der Novellierung des Fluglärmgesetzes, obwohl die Einbeziehung des Ausschusses bei Gesetzen im Luftverkehrsgesetz nicht vorgeschrieben ist. Der Ausschuss tagt schon vor der Fertigstellung des offiziellen Referentenentwurfs, also noch bevor sich die Ministerien abgestimmt haben. Dadurch habe das Votum des Ausschusses erheblichen Einfluss auf das Kabinett und bei Gesetzesentwürfen später auch auf das Parlament. Durch das Spektrum der beteiligten Stellen würden in der Ausschusssitzung alle erheblichen Meinungen geäußert. Diese Sitzungen sind nicht öffentlich. Späteren Anhörungen im Gesetzgebungs- oder Verordnungserlassverfahren werde so die Schärfe der Auseinandersetzung genommen, da die dort zu beteiligenden Stellen im Wesentlichen auch im Ausschuss vertreten seien.

X. Zusammenfassung

1. Die verfassungsrechtlichen Anforderungen für Rechtsverordnungen ergeben sich in erster Linie aus Art. 80 GG. Er ist Ausprägung des Demokratie- und des Rechtsstaatsprinzips.
Ein originäres Verordnungsrecht der Exekutive besteht nicht, ihre Rechtsetzung ist vom Parlament abgeleitet.

2. Mit Art. 80 Abs. 1 GG ist erstmalig in der Geschichte der Deutschen Verfassungen die Existenz von Rechtsverordnungen, die möglichen Ermächtigungsadressaten, die Begrenzung der Ermächtigung, ein Zitiergebot und die Zulässigkeit der Subdelegation festgelegt worden. Bedeutendste Vorschrift ist Art. 80 Abs. 1 Satz 2 GG. Er soll verhindern, dass sich das Parlament schrankenlos seiner Aufgaben entledigt. In der gerichtlichen Praxis ist die Frage, ob eine Ermächtigung Inhalt, Zweck und Ausmaß hinreichend festlegt, allerdings nicht immer einfach zu beantworten.

3. Nach Art. 80 Abs. 2 GG bedürfen eine Reihe von Rechtsverordnungen der Zustimmung des Bundesrates. Nach der hier vertretenen Ansicht sind Rechtsverordnungen, die aufgrund von zustimmungspflichtigen Gesetzen ergehen, aber nur dann selbst zustimmungspflichtig, wenn auch die Ermächtigungsnorm zustimmungspflichtig war. Mit dem Vorbehalt einer anderweitigen gesetzlichen Regelung im Sinne von Art. 80 Abs.2 GG sind ebenfalls Gesetze gemeint, die der Zustimmung des Bundesrates bedürfen. Dies ergibt sich zwar nicht aus dem Wortlaut des Art. 80 Abs. 2 GG, aber aus dessen Sinn und Zweck.

4. Art. 80 Abs. 3 GG, der dem Bundesrat ein Initiativrecht für Rechtsverordnungen gibt, ist rechtlich unproblematisch und bisher wenig praxisrelevant.

5. Die Konstruktion des Art. 80 Abs. 4 GG ist nur schwer in das bestehende System des Grundgesetzes einzuordnen. Unabhängig davon ist Art. 80 Abs. 4 GG aber in der Staatspraxis bisher bedeutungslos geblieben.

6. Außer dem Bundesrat können auch der Bundestag und Parlamentsausschüsse an der Verordnungsgebung mitwirken, wenn dies gesetzlich festgelegt ist. Dabei darf die Mitwirkung aber nur soweit gehen, dass das Letztentscheidungsrecht der Exekutive nicht berührt wird.
Die Beteiligung weiterer, staatlicher und nichtstaatlicher Stellen ist bei entsprechender gesetzlicher Ermächtigung ebenfalls möglich. Ihr Einfluss darf jedoch nicht so stark sein, dass er

[520] Telefonische Auskunft vom 9.12.2002.

einem Mitwirkungsrecht gleichkommt. Daher dürfte in solchen Fällen allenfalls eine Anhörung oder eine vergleichbare, nur beratende Beteiligung erlaubt sein.

2. Kapitel: Fallstudien

A. Vorgehensweise der Untersuchung

I. Untersuchungsgegenstand

Im folgenden Kapitel soll anhand von drei Beispielen untersucht werden, wie der Erlass einer Rechtsverordnung zustande kommt, welche Faktoren Einfluss auf die Tatsache haben, dass die Verordnung überhaupt und mit welchem Inhalt erlassen wird, und was den Verordnungsgeber dazu bringen kann, ihren Inhalt oder sogar ihre Rechtskraft bzw. ihren Geltungsbereich zu verändern.
Besondere Beachtung sollen dabei einige ausgesuchte, besonders relevante Faktoren der Beeinflussung haben, nämlich die Kooperation zwischen Verordnungsgebern sowie der Einfluss von Rechtsprechung, von Medien und von außerstaatlichen Organisationen, und schließlich eventuelle Vorgaben durch das Europäische Gemeinschaftsrecht (Einzelheiten dazu im Folgenden).

Die Untersuchung setzt den Schwerpunkt auf Rechtsverordnungen der Länder. Untersucht werden die Hundeverordnungen der Bundesländer, die Nebentätigkeitsverordnungen des Bundes und der Länder sowie ausgewählte Verordnungen aus dem Bereich des Tierseuchenrechts. Die Auswahl wurde getroffen aufgrund der Tatsache, dass die Verordnungen sich den verschiedenen Kompetenzbereichen der Länder zuordnen lassen: die Hundeverordnungen sind als Gefahrenabwehrrecht Teil der ausschließlichen Gesetzgebungskompetenz der Länder, die Nebentätigkeitsverordnungen stellen die Ausfüllung des bundesgesetzlichen Rahmenrechts dar (der Bund wiederum besitzt für seinen Bereich die ausschließliche Gesetzgebungskompetenz), und für das Tierseuchenrecht haben Bund und Länder eine konkurrierende Gesetzgebungszuständigkeit.
Außerdem wird vermutet, dass die Verordnungsbeispiele weitere Unterschiede aufweisen, beispielsweise in der „Lebensdauer“ der Normen: während Nebentätigkeitsverordnungen in der Regel lange in Kraft bleiben und auch, anders als die Hundeverordnungen, nicht Gefahr laufen, durch ein inhaltsgleiches Gesetz verdrängt zu werden, ist die Gültigkeit der meisten Rechtsverordnungen auf dem Gebiet des Tierseuchenrechts von Anfang an zeitlich begrenzt, sie sind also darauf angelegt, zu einem bestimmten Zeitpunkt überflüssig zu werden.
Schließlich sind die verschiedenen Rechtsbereiche für die Bevölkerung unterschiedlich interessant bzw. skandalanfällig, so dass zu vermuten ist, dass der Stellenwert in der Berichterstattung und damit auch der Einfluss der Medien und der Öffentlichkeit auf die Verordnungsgebung unterschiedlich groß ist.

II. Untersuchungsaspekte

Als Einflussfaktoren auf die genannten Verordnungen werden, jeweils in unterschiedlichem Ausmaß, die Kooperation von Verordnungsgebern, die Rechtsprechung, die Medien bzw. Medienöffentlichkeit, sonstige außerstaatliche Organisationen und europarechtliche Vorgaben untersucht.

1. Kooperation zwischen Verordnungsgebern

a) Begriff und Bedeutung des kooperativen Föderalismus

Der Begriff des kooperativen Föderalismus ist aus dem Amerikanischen entlehnt. In den USA hat sich Anfang des 20. Jahrhunderts der „cooperative federalism“ als eine besondere Form

der Zusammenarbeit zwischen des Bundesstaaten und dem Zentralstaat entwickelt[521]. In Deutschland taucht der Begriff erstmals im so genannten Troeger-Gutachten 1966 auf[522]. Er lässt sich umschreiben als Oberbegriff für das Zusammenwirken der bundesstaatlichen Ebenen sowohl zwischen Bund und Ländern als auch der Länder untereinander[523].
Dieses Zusammenwirken zeichnet sich dadurch aus, dass es grundgesetzlich nicht oder kaum festgelegt ist[524], zur Erledigung staatlicher Aufgaben aufgrund der föderalen Struktur aber als notwendig erachtet wird[525].

Bei der Kooperation unterscheidet man zwischen Kooperation auf der „dritten" und der „vierten" Ebene. Dabei ist mit dritter Ebene herkömmlich die Kooperation zwischen den Bundesländern gemeint. Als vierte Ebene bezeichnet man dagegen das Zusammenwirken von Bund und Ländern. Diese Begriffe erklären sich dadurch, dass nach der ursprünglichen Konzeption des Grundgesetzes die Bundesrepublik in zwei vertikal gegliederte Ebenen aufgeteilt ist: die Ebene der Bundes und die der unverbunden nebeneinander stehenden Gliedstaaten[526].
Die Kooperation auf der vierten Ebene ist in der Regel durch das Ziel geprägt, sowohl auf Bundes- als auch auf Länderebene einheitliche Regelungen zu erlassen. Dabei tritt die Kooperation auf der vierten Ebene in eine gewisse Konkurrenz zu derjenigen auf der dritten Ebene, da durch umfassende und einheitliche Länderregelungen eine Regelung durch den Bund entbehrlich gemacht werden kann. Das wiederum stärkt die Stellung der Länder gegenüber dem Bund. Dabei wird die Bereitschaft zur Kooperation unter den Ländern und letztendlich auch zur Rechtsvereinheitlichung eher vorhanden sein, wenn eine Regelung durch den Bund droht[527].

Im Laufe der Jahre haben sich die unterschiedlichsten Organisationsformen zur Zusammenarbeit gebildet[528]. Sie lassen sich unterteilen in institutionalisierte und informelle Gremien[529], also solche, die ein regelmäßiges Zusammenkommen vereinbart und feste Strukturen herausgebildet haben, und solche, die nur spontan bei besonderen Gelegenheiten zusammenarbeiten. Bekanntestes Beispiel eines institutionalisierten Gremiums ist die Kultusministerkonferenz, die regelmäßig tagt und ein ständig eingerichtetes Sekretariat besitzt.
Wenngleich Besprechungen keine rechtliche Bindung besitzen und die Gremien keine Rechtsfähigkeit[530], so soll ihr politischer Einfluss doch unübersehbar sein[531].

---

[521] siehe dazu *Renate Kunze*, S. 1f.; *Wettach*, S. 17.

[522] *Kommission für die Finanzreform* (Troeger-Gutachten), RN. 73ff..; *Wettach*, S. 17.

[523] *Wettach*, S. 17f.; dort auch weitere Definitionen, insbesondere die des Troeger-Gutachtens; *Ossenbühl* beschränkt dagegen den Begriff auf die Zusammenarbeit zwischen Bund und Ländern, DVBl. 1989, 1230/1234.

[524] Das Grundgesetz hat mit der Rechts-, Amts- und Katastrophenhilfe nach Art. 35 GG, der Polizeihilfe nach Art. 91 GG und der Gemeinschaftsaufgaben nach Art. 91a und 91b GG die Schaffung von Einrichtungen festgelegt, die der Verständigung der Ebenen dienen sollen; das Zusammenwirken soll historisch überkommen sein, so *Ossenbühl*, DVBl. 1989, 1230/1234.

[525] *Rudolf*, in: Isensee/Kirchhof, Bd. IV, § 105 RN. 2f.: dies beweise schon die Geschichte. Vertiefend zum kooperativen Föderalismus bspw. *Kisker*, in: Benda, S. 23ff.; *Pietzcker*, in: Starck, S. 17ff.; *Wagener*, VVDStRL 37 (1979), S. 215ff.; zum Einfluss desselben auf die Gesetzgebung der Länder *Wettach* in seiner Dissertation „Ländergesetzgebung in der Bundesrepublik Deutschland".

[526] *Ossenbühl*, DVBl. 1989, 1230/1234; *Wettach*, S. 18f.

[527] so auch *Pietzcker*, in: Starck, S. 42; *Oebbecke*, in: Huhn/Witt, S. 185/190f..

[528] Laut *Rau* gab es 1998 über 300 Bund-Länder-Kommissionen und über 928 länderübergreifende Gremien und Arbeitsgruppen, in: Bundesrat, S. 17/20.

[529] *Wettach*, S. 19.

[530] *Rudolf*, in: Isensee/Kirchhof, Bd. IV, § 105 RN. 34, 47; *Ossenbühl*, DVBl. 1989, 1230/1234.

[531] U.a. aufgrund der unüberschaubaren Anzahl wird eine Eindämmung und Beschränkung auf die wichtigsten

b) Die Konferenz der Innenminister und -senatoren der Länder als Beispiel einer institutionalisierten Zusammenarbeit

Ministerpräsidenten- sowie Fachministerkonferenzen sind das klassische Beispiel und gleichzeitig das wichtigste Instrument[532] einer institutionalisierten Länderzusammenarbeit. Der rechtliche Inhalt der vorliegenden Arbeit berührt überwiegend Themengebiete der Innenressorts, weshalb hier die Innenministerkonferenz näher dargestellt werden soll.

Die Einrichtung einer Konferenz der Innenminister und -senatoren der Länder (kurz: IMK) ist, wie alle anderen Ministerkonferenzen auch, im Grundgesetz nicht vorgesehen. Dies führt allerdings nicht zu ihrer Unzulässigkeit, vielmehr sind solche Konferenzen als Ausdruck eines funktionierenden Föderalismus anerkannt[533].

Ursprünglich als Gremien zur Selbstkoordinierung der Bundesländer gedacht, kommt den meisten Konferenzen, so auch der IMK, längst eine weitergehende Rolle zu, nämlich der Kooperation zwischen Bund und Ländern[534], so dass sie nicht mehr nur eine Einrichtung der „dritten", sondern auch der „vierten Ebene" darstellt[535]. Formell nimmt der jeweilige Bundesminister zwar nur als Gast an den Konferenzen teil, ist aber an der Willensbildung aktiv beteiligt[536]. Daher darf sein Einfluss nicht unterschätzt werden.

Zweimal im Jahr finden Zusammentreffen der Minister statt, und zwar im Frühjahr und im Herbst. Die Treffen werden protokollarisch vom jeweils federführenden Bundesland vorbereitet, wobei dieser Vorsitz jährlich wechselt. Die inhaltliche Vorbereitung fällt dagegen bei der IMK – wie im Übrigen auch bei der Konferenz der Wirtschafts- sowie der Finanz- und Verkehrsminister – einer beim Bundesrat ständig eingerichteten Geschäftsstelle zu, die dem Ausschuss für Innere Angelegenheiten angegliedert ist[537]. Zur Vorbereitung der Konferenzen gehört auch, dass die zu erwartenden Beschlussanträge schon so weit wie möglich abgestimmt werden; dies kann auch durch Vorkonferenzen der Amtschefs geschehen[538]. Außerdem ist es üblich, dass die Minister zu parteipolitischen Vorabstimmungen, also getrennt nach SPD- bzw. CDU/CSU-regierten Ländern (auch A- bzw. B-Länder genannt), zusammenkommen. Die auf den Konferenzen gefassten Beschlüsse müssen allerdings einstimmig zustande kommen, so dass bei starker Polarisierung die Gefahr der Handlungsunfähigkeit besteht[539].

Die Zusammenarbeit der IMK beruht auf Freiwilligkeit, und der Konsens ist ihr Leitmotiv.

Einrichtungen gefordert, damit insbesondere die Länder als Leidtragende gestärkt würden, vgl. bei *Wettach*, S. 19. FN. 115, hinsichtlich der Anzahl der Gremien; zur Kritik *Ossenbühl*, DVBl. 1989, 1230/1235f.; *Wagener*, VVDStRL 37 (1979), 217/256ff; *Rudolf*, in: Isensee/Kirchhof, Bd. IV, § 105 RN. 40.

532 So Rudolf, in: Isensee/Kirchhof, Bd. IV, § 105 RN. 35.

533 So bspw. *Püttner*, in: Lange, S. 277, der konstatiert, dass die IMK den „verfassungsrechtlichen Leerraum" ausfülle, den das Grundgesetz dadurch habe entstehen lassen, dass es über die administrativen und politischen Formen schweige, in denen sich die „Zusammenarbeit des Bundes und der Länder" bspw. gemäß Art. 73 Nr. 10 GG vollziehen soll.

534 *Klatt*, VerwArch 78 (1987), 186/190, vgl. auch zur Entstehung der Ministerkonferenzen; speziell zur Entstehung der IMK *Braß/Kimmerle*, PVT 2000, 34.

535 *Püttner*, in: Lange, S. 278 FN. 3.

536 *Klatt*, VerwArch 78 (1987), 186/190; *Rudolf*, in: Isensee/Kirchhof, Bd. IV, § 105 RN. 37; *Püttner*, in: Lange, S. 277.

537 *Braß/Kimmerle*, PVT 2000, 34; ähnlich auch *Rudolf*, in: Isensee/Kirchhof, Bd. IV, § 105 RN. 36; laut *Püttner*, in: Lange, S. 278 FN. 4, ist dies seit 1997 der Fall.

538 *Rudolf*, in: Isensee/Kirchhof, Bd. IV, § 105 RN. 38; zum Verfahren bei unterschiedlicher Handhabung eines Konferenzbeschlusses vgl. *Hofmann*, S. 19.

539 *Klatt*, VerwArch 78 (1987), 186/194; zu den Vorabbesprechungen und dem Einstimmigkeitsprinzip vgl. auch *Braß/Kimmerle*, PVT 2000, 34.

Sie besitzt zwar „keinerlei beschlußfördende Mechanismen“[540], dafür aber konfliktvermeidende bzw. -mindernde Instrumente. Man kann zum Beispiel bestimmte Themen gar nicht erst auf die Tagesordnung setzen, Fragen auf das so genannte „Kamingespräch“ verlegen oder Themen an nachgeordnete Gremien zur Beratung verweisen, Standpunkte ohne Beschluss erörtern oder abweichende Meinungen nur zu Protokoll geben, um die Einstimmigkeit des Beschlusses nicht zu gefährden,[541].

Im Übrigen liegt die Vorbereitung einzelner Punkte bei den Arbeitsgremien, die sich, teilweise im Auftrag der Minister, teilweise aus eigenem Antrieb mit bestimmten Angelegenheiten befassen. Bei der IMK sind dies neben der Konferenz der Staatssekretäre insbesondere sechs Arbeitskreise (kurz: AK)[542]. Diese bestehen in der Regel aus den zuständigen Abteilungsleitern[543]. Schließlich gibt es noch eine Reihe von Untergremien, Unterausschüsse (kurz: UA) sowie Projektgruppen und Kommissionen[544].
Zu den Aufgaben der Fachministerkonferenzen gehören die Erarbeitung und/oder Beratung von Gesetzes- und Verordnungsinitiativen sowie die Beratung der gesamten Regierungspraxis und des Verwaltungshandelns.

Die Ergebnisse der Konferenzen werden in Staatsverträgen oder Verwaltungsabkommen, in der Regel aber nur in so genannten Beschlüssen zusammengefasst. Diese Beschlüsse stellen Empfehlungen an die Landesregierungen dar, sie besitzen also keinerlei rechtliche Wirkung oder Bindung, da sie der Umsetzung bedürfen. Trotzdem wird ihnen ein hohes Maß an präjudizierender sowie politischer Wirkung zuerkannt[545], was sich insbesondere im Verhältnis zu den Länderparlamenten zeigen soll: es wird behauptet, bei der Umsetzung von Musterentwürfen falle es den Länderparlamenten schwer, sich gegen Beschlüsse zu stellen, denen auch die von ihnen getragenen Regierungen zugestimmt haben. Außerdem besäßen diese Beschlüsse aufgrund der langen Vorbereitungszeit sowie aufgrund des Einstimmigkeitsprinzips der Konferenzen eine hohe Autorität[546].

Ungeachtet dessen darf die Leistungsfähigkeit solcher Konferenzen nicht mit dem erreichten Ausmaß der Vereinheitlichung bzw. Harmonisierung gleichgesetzt werden. Denn auf die Umsetzung der Empfehlungen haben die Kooperationspartner nicht immer den nötigen Einfluss[547], insbesondere, wenn die Umsetzung durch Gesetz erfolgen muss.
Der Konsens als Leitmotiv der IMK, welcher auf dem bundesrepublikanischen „Exekutivföderalismus“ beruht, wird unterschiedlich beurteilt. Teilweise wird bemängelt, dass es immer nur zu einem Minimalkonsens kommen könne und die Zahl der ausgeklammerten Probleme immer weiter wachse. Andererseits wird in der mangelnden Transparenz und „demokratisch

[540] *Renate Kunze*, S. 60f..
[541] vgl. dazu *Püttner*, in: Lange, S. 279f..
[542] AK I „Staatsrecht und Verwaltung“, AK II „Innere Sicherheit“, AK III „Kommunale Angelegenheiten“, AK IV „Verfassungsschutz“, AK V „Feuerwehrangelegenheiten, Rettungswesen, Katastrophenschutz und zivile Verteidigung und AK VI „Verwaltungsorganisation, Aus- und Fortbildung sowie öffentliches Dienstrecht“, vgl. Schaubild bei *Braß/Kimmerle*, PVT 2000, 34/35.
[543] *Braß/Kimmerle*, PVT 2000, 34; *Püttner*, in: Lange, S. 280.
[544] Projektgruppen werden befristet, Kommissionen auf Dauer eingerichtet, ihre Einrichtung bedarf der Zustimmung des jeweiligen AK, *Braß/Kimmerle*, PVT 2000, 34/36.
[545] *Wettach*, S. 21; *Ossenbühl*, DVBl. 1989, 1230/1234; *Hofmann*, S. 69f.; *Braß/Kimmerle*, PVT 2000, 34/36; skeptisch dagegen *Klatt*, VerwArch 78 (1987), 186/193.
[546] *Lichtenstern*, S. 115f..
[547] *Klatt*, VerwArch 78 (1987), 186/200.

defizitäre[n] Verfassung“ eine „Grundvoraussetzung“ für ihren „Erfolg“ gesehen[548]. Denn die Strukturen der IMK machten diese für politische Kontroversen wertlos[549].
Schließlich wird im Zusammenhang mit der Medienberichterstattung[550] über Ministerkonferenzen kritisiert, dass auch solche Treffen teilweise nicht von der Bedienung des populistischen Repertoires verschont blieben. Dadurch würden die gefassten Beschlüsse oft ein als größerer Erfolg verkauft als sie tatsächlich angesehen werden könnten[551].

c) Kooperationsgründe und -auswirkungen
Als Gründe für die Kooperation zwischen den Ländern werden unter anderem Wirtschaftlichkeitsüberlegungen und Rechtsvereinheitlichung genannt[552], teilweise auch die Anerkennung von Verwaltungsentscheidungen aufgrund von Landesgesetzen[553].

aa) Wirtschaftlichkeitsüberlegungen, insbesondere: Kostenersparnis
Unter dem Stichwort „Wirtschaftlichkeit“ fasst man Überlegungen zusammen, die dahin gehen, dass die Zusammenarbeit der Länder für das einzelne Bundesland finanzielle Vorteile bringen kann, wenn diese auch in Zahlen nur schwer messbar sein dürften. Bei der hier angesprochenen Kooperation zwischen Verordnungsgebern auf Regierungs- bzw. Ministerebene kommen vor allem die Erarbeitung von Musterentwürfen zu Verordnungen oder jedenfalls vorbereitende Tätigkeiten und Überlegungen für künftige Regelungen in Betracht. Es ist zu vermuten, dass diese Zusammenarbeit in erster Linie auf Rechtsvereinheitlichung angelegt ist.
Die Kooperation äußert sich aber nicht nur darin, dass von vornherein versucht wird, gemeinsam eine Lösung zu erarbeiten. Vielmehr kommt es auch vor, dass einige Länder, vor allem die größeren, eine Vorreiterfunktion übernehmen und andere, vor allem kleinere, deren Lösungen übernehmen, nachdem diese sich bewährt haben. Dasselbe gilt für den Bund, der eine Vorbildfunktion dort übernehmen kann, wo für Bund und Länder Gesetzgebungskompetenzen bestehen, also im Bereich der konkurrierenden und der Rahmengesetzgebung. Denn durch die Übernahme bestehender Lösungen ist es möglich, Kosten einzusparen.

Kosten werden betriebswirtschaftlich definiert als der in Geld ausgedrückte Wertverzehr bei der Beschaffung, Erstellung und Abgabe einer Leistung, wobei als Leistung das Ergebnis einer betrieblichen Betätigung angesehen wird. Wertverzehr bedeutet, dass Produktionsfaktoren, die aus Personal-, Sach- oder Finanzmitteln bestehen, umgewandelt werden. Typisches Beispiel einer Verwaltungsleistung ist der Entwurf eines Gesetzes oder der Erlass einer Rechtsverordnung[554]. Auch bei solchen Verwaltungsleistungen fallen Kosten an.
Die Kosten eines Gesetzes lassen sich einteilen in Gesetzgebungs- oder Gesetzerarbeitungs-

---

548 *Püttner*, in: Lange, S. 287.
549 *Püttner*, in: Lange, S. 283.
550 Siehe zur Rolle der Medien unten 3. a).
551 *Hoffmann-Riem*, PVS 41 (2000), 101/114.
552 *Pietzcker*, in: Starck, S. 36ff.; *Rudolf*, in: Isensee/Kirchhof, Bd. IV, § 105 RN. 17ff.; *Oebbecke*, in: Huhn/Witt, S. 185/186ff.; *ders.*, Staatswissenschaften und Staatspraxis 8 (1997), 461/462ff..
553 Dies spielt bei der Zusammenarbeit von Verordnungsgebern gerade in den hier untersuchten Bereichen nur eine geringe Rolle.
554 Vgl. ausführlich *Eichhorn*, S. 25. *Schmidt-Eichstaedt*, S. 110ff., verweist im Hinblick auf die Vollzugskosten darauf, dass die exakte Übernahme dieser betriebswirtschaftlichen Definition auf Gesetze nicht gelingen kann, da die Frage nach den durch ein Gesetz ausgelösten Kosten eine grundsätzlich andere sei als die nach den Kosten einer Leistung.

kosten und Verwaltungsvollzugskosten[555]. Bei den Gesetzerarbeitungskosten unterscheidet man wiederum zwischen Ausarbeitungs-, Nachbetreuungs- und Kontrollkosten[556]. Dasselbe gilt für Rechtsverordnungen.
Während im Entwurfsstadium durch den Verfasser schon die voraussichtlichen Vollzugskosten prognostiziert werden müssen[557], ist die Bestimmung der Gesetzerarbeitungskosten nur schwer durchführbar bzw. in Zahlen fassbar[558] und darüber hinaus im Entwurfsstadium schon teilweise angefallen. Zu den Kosten der Erarbeitung eines Gesetzes bzw. einer Rechtsverordnung gehören beispielsweise die Kosten für die interne Verwaltungsabstimmung, für die Einschaltung von Kommissionen und Reisekosten[559]. Nicht nur die Kosten für die Erarbeitung eines Rechtsverordnungsentwurfs, sondern auch überwiegend die Kosten für die Erarbeitung eines Gesetzesentwurfs fallen in der Verwaltung an[560], da sie mit der Erarbeitung des Entwurfs beauftragt ist.

Auch wenn die Kosten, die bei der Erarbeitung eines Gesetzes- oder Rechtsverordnungsentwurfes anfallen, nur schlecht messbar sind, ist doch verständlich, dass die Verwaltung bemüht sein wird, diese Kosten dort einzusparen oder zu vermeiden, wo es möglich ist, ohne dass damit gleichzeitig die Qualität des Entwurfs oder der später zu erlassenen Rechtsverordnung leidet.
Eine Möglichkeit der Einsparung ist daher die Übernahme von Regelungen, die bereits in anderen Bundesländern oder auf Bundesebene bestehen, insbesondere wenn sich diese Regelungen bewährt haben.
Damit hängt ein weiterer Kostenfaktor zusammen: muss eine Vorschrift geändert werden, weil sie sich im Vollzug nicht bewährt oder weil ein Gericht ihre (Teil-)Nichtigkeit festgestellt hat, fallen wiederum Kosten an. Selbst wenn der Verordnungsgeber auf eine anschließende Änderung verzichtet, sind doch Kosten angefallen, beispielsweise Gerichtskosten. Schließlich könnte man aber einem Verzicht auf eine Änderung oder Neuregelung sämtliche Kosten, die zur Erarbeitung sowie im Vollzug bisher angefallen sind, als überflüssig bezeichnen.
Es ist wahrscheinlich, dass die Kosten für eine Änderung der Norm vermeidbar gewesen wären, wenn man den Entwurf besser geplant hätte. Und es darf auch vermutet werden, dass die zusätzlichen Kosten im Entwurfsstadium geringer gewesen wären als diejenigen, die zur späteren Schadensbegrenzung erforderlich sind.

Da Änderungen bzw. Neuregelungen von Normen Kosten mit sich bringen, wird der Verordnungsgeber in bestimmten Konstellationen von dieser Möglichkeit nur verhalten Gebrauch machen. Das ist insbesondere der Fall, wenn (weitere) Gründe für eine Änderung deutlich werden, während eine Verordnung (wegen eines anderen Grundes) gerichtlich anhängig ist. Es liegt nahe, dass der Verordnungsgeber, wenn er sich nicht sehr sicher ist, dass das Gerichtsverfahren die Gültigkeit der Norm bestätigen wird, das Ergebnis des Verfahrens abwar-

---

[555] Nach der Allokationstheorie werden sie als interne Kosten der Gesetzgebung bezeichnet, also Kosten, die bei der Durchführung von Gesetzen innerhalb der Verwaltung entstehen, im Gegensatz zu externen Kosten, die außerhalb des staatlichen Sektors anfallen, vgl. *Dicke/Hartung*, S. 10.
[556] *Hugger*, S. 257f..
[557] §§ 43 Abs. 1 Nr. 5, 44 Abs. 2 Satz 1, 3 Satz 1, 4 Satz 1 GGO, GMBl. 2000, S. 536/535.
[558] „nicht vorausschätzbar", so *Hugger*, S. 258 zur Antwort der Bundesregierung auf eine Kleine Anfrage (Umfang und Folgen der Gesetze und Rechtsverordnungen des Bundes für Staat und Bürger, BT-Drs. 8/112), BT-Drs. 8/212, S. 5f..
[559] *Walter Georg Leisner*, DVBl 2001, 1799/1806; siehe auch *Hugger*, S. 257f..
[560] *Walter Georg Leisner*, DVBl 2001, 1799/1806.

ten wird, bevor er die Änderung vornimmt, um die Erarbeitung eines Entwurfs nicht zweimal innerhalb kurzer Zeit einleiten zu müssen. Unter Umständen muss das Gerichtsverfahren nicht einmal die eigene Verordnung betreffen; es reicht dann schon ein Verfahren zu einer Rechtsverordnung eines anderen Verordnungsgebers, eines anderen Bundeslandes oder des Bundes, von dem schon vorher sicher ist, dass von ihm eine Signalwirkung ausgehen wird.

bb) Rechtsvereinheitlichung

Wirtschaftliche Vorteile bringt die Zusammenarbeit vor allem dann, wenn die Arbeitsergebnisse als Grundlage für Normen in allen Ländern nutzbar sind. Damit einher geht die Folge, dass sich die aufgrund dieser Grundlage erlassenen Normen ähneln werden, was normalerweise ebenfalls ein Zweck der Kooperation ist.

Ungeachtet dessen, dass wirtschaftliche Überlegungen ein Grund für bundeseinheitliche Regelungen sind, werden als weitere Gründe vor allem Rechtssicherheit und Rechtsvereinfachung genannt[561], außerdem die Erwartungshaltung der Bevölkerung[562]. Als Beispiel können hier die im Verlauf der Arbeit noch eingehend zu analysierenden Hundeverordnungen der Länder herhalten. Wer seinen Hund ausführt und dabei eine Landesgrenze passiert, wird nur schwer einsehen, dass er unter Umständen nach der Grenzüberquerung seinen Hund anleinen, einen Maulkorb anlegen oder sogar ein Bußgeld zahlen muss, weil die Haltung dieser bestimmten Rasse in dem Bundesland nicht gestattet ist[563].

Die Rechtsvereinheitlichung steht im Zusammenhang mit der Vereinheitlichung der Lebensverhältnisse im Bundesgebiet. Auf dem Gebiet der konkurrierenden Gesetzgebung kann der Bund gemäß Art. 72 Abs. 2 GG zur Herstellung gleichwertiger Lebensverhältnisse von seinem Gesetzgebungsrecht Gebrauch machen. Bei einer ausschließlichen Gesetzgebungskompetenz der Länder ist dem Bund ein Tätigwerden dagegen immer verwehrt, er kann es auch nicht mit einer Notwendigkeit der Rechtsvereinheitlichung oder der Vereinheitlichung gleichwertiger Lebensverhältnisse begründen. Wenn aber bei der ausschließlichen Gesetzgebungskometenz der Länder die Vereinheitlichung grundsätzlich keine Rolle spielt, ist es fraglich, ob die Zusammenarbeit der Länder zur Erreichung einer Rechtsvereinheitlichung schon immer dann legitim ist, wenn sie der Erwartungshaltung der Bevölkerung entspricht. Auch sind die Lebensverhältnisse schon innerhalb eines Bundeslandes regelmäßig verschieden[564].

Damit soll zugleich angedeutet werden, dass die Rechtsvereinheitlichung kein Ziel ist, das immer und um jeden Preis angestrebt werden sollte[565].

Es ist ein Kennzeichen des bundesdeutschen Föderalismus, dass die Länder im Bereich ihrer Gesetzgebungskompetenzen selbst und unabhängig (selbstverständlich in den Grenzen des Grundgesetzes und des Prinzips des bundesfreundlichen Verhaltens) Recht setzen können. Daraus folgt, dass sich Gesetze und Verordnungen des einen Landes vom Recht der anderen Länder unterscheiden können. Dies ist gewollt: die Möglichkeit der Normenvielfalt des Föderalismus soll unter anderem die Experimentierfreude anregen[566]. Stellt sich heraus, dass es für ein Problem mehrere gleich gute Lösungen gibt, spricht nichts dagegen, wenn der eine sich

---

[561] *Pietzcker*, in: Starck, S. 40.

[562] *Ossenbühl*, DVBl. 1989, 1230/1234; *Oebbecke*, Staatswissenschaften und Staatspraxis 8 (1997), 461/466.

[563] Daher sehen mittlerweile viele Länderverordnungen vor, dass sich ihr Geltungsbereich nur auf solche Hunde erstreckt, die sich nicht nur kurzfristig im Hoheitsgebiet des Landes aufhalten.

[564] *Rudolf*, in: *Isensee/Kirchhof*, Bd. IV, § 105 RN. 14.

[565] Vor allem in Kommunalverfassungsrecht ist man der Auffassung, es sei besser, einen eigenen Weg zu gehen anstatt die Modelle anderer Länder zu kopieren; Hinweise bei *Oebbecke*, in: Huhn/Witt, S. 185/189.

[566] *Ossenbühl*, DVBl. 1989, 1230/1236; *Oebbecke*, Staatswissenschaften und Staatspraxis 8 (1997), 461/477; *Rau*, in: *Bundesrat*, S. 17/20f..

für die eine, der andere sich für eine andere Lösung entscheidet. Gibt es nur eine „beste" Lösung, kann sie im Wettbewerb der Normgeber gefunden werden. Das erhöht die Chance, dass alle erforderlichen Aspekte miteinbezogen werden. Rechtsvereinheitlichung oder Rechtseinheit ist also nicht immer notwendig oder sinnvoll.

2. Einfluss der Rechtsprechung auf die Verordnungsgebung

Gerichtsentscheidungen beeinflussen das Verhalten der Verordnungsgeber im Hinblick auf Änderung, Abschaffung oder Neufassung von Rechtsverordnungen. Dies gilt sowohl für solche, die nur inter partes als auch solche, die inter omnes wirken, für Entscheidungen der Gerichte des eigenen Bundeslandes sowie der Gerichte anderer Bundesländer und selbstverständlich auch der Bundesgerichte (hier kommt eher das Bundesverwaltungs- als das Bundesverfassungsgericht in Betracht).

3. Außerstaatlicher Einfluss

Teilweise wird in der aktuellen verfassungsrechtlichen Diskussion nach weiteren Legitimationsfaktoren gesucht, da das traditionelle Bild von der linearen Legitimationskette, mit der letztlich jedes Handeln vom Wahlvolk abgeleitet und gerechtfertigt werden kann oder soll, nicht mehr aufrecht erhalten werden könne. Dort werden als Faktor auch die „Verfahren der öffentlichen Meinungsbildung und damit die Einschaltung der Öffentlichkeit als Mitgestalter und Mitkontrolleur, ferner die Einbeziehung von Betroffenen, unterschiedlichen Interessenträgern und Sachverständigen in die Interessenverarbeitung" genannt[567]. Dabei werden auch gerade die Massenmedien explizit als „Legitimationsmittler[n in diesem multiplen Legitimationsfeld]" bezeichnet[568].
Dieser neue Ansatz soll vorausgeschickt werden, wenn im Folgenden der faktische Einfluss auf die Verordnungsgebung untersucht wird.

a) Einfluss der Öffentlichkeit und Medienöffentlichkeit auf die Verordnungsgebung

Biedenkopf hat sich im Rahmen der Jahrestagung der Deutschen Gesellschaft für Publizistik- und Kommunikationswissenschaft 1996 die Frage gestellt, ob es einen Zusammenhang zwischen der wachsenden Quantität an Gesetzgebung – vor allem korrigierender – und der immer größer werdenden Lücke zwischen erlebter Wirklichkeit des Einzelnen und wahrgenommener Wirklichkeit der Gemeinschaft gibt. Bei der Frage des Verhältnisses von erlebter und wahrgenommener Wirklichkeit kommen die Medien ins Spiel, da sie als Vermittler von gemeinschaftlicher Wirklichkeit fungieren[569]. Auch *Hoffmann-Riem* ist der Auffassung, dass die Massenmedien Realität nicht abbilden, sondern „sie unter den je gegebenen Rahmenbedingungen in einem sozialen Prozess mit" konstruieren[570].
An diesen Gedanken soll angeknüpft werden. Die ausgewählten Beispiele der Verordnungsgebung sollen daraufhin untersucht werden, ob und wie die Medien bzw. die Öffentlichkeit durch eine bestimmte Art der Berichterstattung bzw. die Anprangerung von Missständen Einfluss auf den Verordnungsgeber ausüben und wie sich dieser Einfluss in einer Reaktion des Verordnungsgebers niederschlägt.

aa) Medien, öffentliche Meinung und Medienöffentlichkeit

Zunächst muss allerdings der Begriff der Medien im Verhältnis zum Begriff der Öffentlich-

---

[567] *Hoffmann-Riem*, Der Staat 42 (2003), 193/199f.; *Schuppert*, in: Ipsen/Schmidt-Jortzig, S. 201/209f..
[568] *Hoffmann-Riem*, Der Staat 42 (2003), 193/202.
[569] *Biedenkopf*, in: Bentele/Haller, S. 111/120f..
[570] *Hoffmann-Riem*, Der Staat 42 (2003), 193/203.

keit näher bestimmt werden.
Medien verbinden oder vermitteln zwischen den Bürgern auf der einen und den Politikern und den in der Verwaltung Tätigen auf der anderen Seite, indem sie gleichsam die „öffentliche Meinung" wiedergeben[571]. Zu den Medien zählen in diesem Zusammenhang insbesondere Druckerzeugnisse und das Fernsehen.
Dabei ist der Begriff der öffentlichen Meinung nicht leicht zu bestimmen[572]. Als öffentliche Meinung soll das Ergebnis öffentlicher, von bestimmten Personen oder Organisationen verantworteter und sich Gegenargumenten stellender Meinungsäußerungen verstanden werden[573]. Zu beachten ist dabei, dass die öffentliche Meinung eine solche ist, „die man öffentlich äußern kann, ohne sich zu isolieren", unter bestimmen Voraussetzungen sogar „äußern *muß*"[574]. In gewissem Sinne geht es also auch darum, sich durch Kundtun der öffentlichen Meinung in der Gesellschaft zu integrieren bzw. integriert zu bleiben[575].

Unter Medienöffentlichkeit soll eine Öffentlichkeit, eine öffentliche Meinung, verstanden werden, die sich ausschließlich durch die Medien vermittelt. Dabei muss berücksichtigt werden, dass sich durch die Veränderung der modernen Gesellschaft hin zu einer Mediengesellschaft – nicht nur, aber vor allem auch – öffentliche Meinungen im politischen Bereich so gut wie immer durch die Medien darstellen. Medienöffentlichkeit im weiteren Sinne liegt nicht nur vor, wenn die Medien ein Thema „kreieren"[576], sondern auch, wenn sie über eine Demonstration oder eine Unterschriftenaktion berichten. Ohne die mediale Aufmerksamkeit kann eine Vertretung von Interessen heute kaum noch Erfolg haben[577]. Der Begriff der Medienöffentlichkeit bezieht sich aber speziell auf eine gerade durch die Medien erzeugte öffentliche Meinung, indem über eine gewisse Zeitspanne immer wieder auf eine bestimmte Art und Weise berichtet wird, so dass ein Großteil der Bürger sich dieser Sichtweise anschließt: die öffentliche Meinung entsteht.

bb) Die Rolle der Medien im Meinungsbildungsprozess

(1) Medien als „Medium" der öffentlichen Meinung
Dass die Medien den Prozess der öffentlichen Meinungsbildung theoretisch nicht beeinflussen, sondern nur entfachen bzw. fördern sollen, indem sie die Information lediglich transportieren, kommt in der Wortbedeutung zum Ausdruck: Medium bedeutet Mittler oder Kommunikationsmittel. Sie sollen informieren und artikulieren, und die Information ist Grundlage für die Meinungsbildung des Einzelnen wie für die Entstehung der öffentlichen Meinung. Diese

---

[571] *Gerhards* bezeichnet die „massenmedial veröffentlichte öffentliche Meinung als [...] veröffentlichte Meinung"; in: Göhler, S. 149/150; zum Begriff des Massenmediums siehe auch *Kloepfer*, in: Isensee/Kirchhof, Bd. II, § 35 RN. 7ff..
[572] So *Noelle-Neumann*, die darauf verweist, dass erstmals *Rousseau* 1750 diesen Begriff verwendet habe und er seitdem „bis zur Erschöpfung in hunderterlei Bedeutungen in Anspruch genommen worden ist", PVS 18 (1977), 408/414; *dies.*, S. 84f., mit dem Hinweis auf den amerikanischen Wissenschaftler *Harwood Childs*, der 1965 rund fünfzig Definitionen zusammenstellte, die er im Schrifttum gefunden hatte; zur Unmöglichkeit einer Definition siehe auch *Kloepfer*, in: Isensee/Kirchhof, Bd. II, § 35 RN. 1ff..
[573] *Rudzio*, S. 483, unter Verweis auf die ausführliche Darstellung bei *Hennis*, S. 27.
[574] *Noelle-Neumann*, PVS 18 (1977), 408/414; *dies.*, S. 91.
[575] So *Noelle*-Neumann, S. 192ff.; In ähnlicher Weise kann man auch *Ancillon* verstehen, der die Bedeutung des Verhältnisses von Zeitgeist (hier im Sinne der öffentlichen Meinung) und Regierung mit der Bedeutung der Meinung der anderen für den einzelnen Menschen vergleicht, S. 73.
[576] So wohl *Dietz*, in: Göhler, S. 115.
[577] Zu den Möglichkeiten insbes. des Fernsehens und der dadurch erwachsenden Gefahren vgl. *Mander*, Schafft das Fernsehen ab, passim.

bildet sich durch die Beobachtung der tatsächlichen wie der massenmedialen Umwelt[578].

(2) Medien als Faktor der öffentlichen Meinung

Es ist aber unmittelbar einleuchtend, dass sich die Rolle der Medien nicht auf die Vermittlungsfunktion beschränkt. Die Medien vermitteln zwar zwischen den verschiedenen Gesellschaftsgruppen in dem Sinn, dass sie Informationsangebote für alle bereitstellen. Aber diese Informationen sind durch Nachrichtenagenturen, Journalisten und Redakteure selektiert worden. Dabei orientiert sich die Auswahl einerseits am Informationsangebot (Input-Hypothese), andererseits aber vor allem an den so genannten Nachrichtenfaktoren oder Nachrichtenwerten der jeweiligen Information (Nachrichtenwert-Hypothese)[579]. Die Bürger erfahren, was im Land passiert, und die Politiker erfahren, was die Menschen bewegt, um danach ihr Handeln auszurichten[580]. Das theoretische Modell, das sich dieser Beeinflussung annimmt, wird als *Agenda-Setting* bezeichnet[581]. Daneben gibt es in der Kommunikationsforschung weitere Untermodelle wie *Agenda-Building* – die Frage nach dem Verhältnis zwischen politischer Öffentlichkeitsarbeit und Massenmedien – und *Policy-Agenda-Setting* – Frage nach der Rückwirkung der Medienberichterstattung auf den Meinungsbildungsprozess im politischen System[582].
Daneben machen sich die Medien nicht nur über die Informationsauswahl, sondern auch über Kritik, durch Anregung von Diskussionen oder auch „mit diffizileren Mitteln"[583] der Meinungsbeeinflussung selbst zum Faktor der öffentlichen Meinung[584].

(3) Das Verhältnis von Medien und Politik

Nicht nur der Bürger, sondern auch der Politiker und (wenn auch nur mittelbar) letztlich auch der in der Verwaltung Tätige sind also zur Wissensbefriedigung auf die Medien angewiesen. In dieser Weise stellen auch Politiker einen Teil des Publikums dar, das die Medien zu erreichen suchen, auch wenn sich diese beiden Publikums-Teilgruppen deutlich voneinander unterscheiden.

Aber auch die Medien und die Politiker sind miteinander auf eigentümliche Weise verbunden. Dieses ist von gegenseitiger Abhängigkeit geprägt[585], man spricht auch von „eine[r] paradoxe[n Mischung aus Symbiose und Antagonismus, aus Nähe und Distanz"[586] oder von wechselseitige[n] Instrumentalisierungen, Missverständnisse[n] oder Symbiosen"[587] . Die Journalisten sind auf Pressekonferenzen und Informationen (besonders gerne: Hintergrundinformati-

---

[578] *Kloepfer*, in: Isensee/Kirchhof, Bd. II, § 35 RN. 38; *Noelle-Neumann*, S. 224f..

[579] Solche Nachrichtenfaktoren sind bspw.: Status der Akteure, Nähe des Ereignisses, Überraschung oder Human Interest, vgl. *Wehmeier*, DRiZ 1982, 4/6; *Gerhards*, in: Göhler, S. 149/157f.. Gerade bei der Frage der Beeinflussung der Öffentlichkeit durch die Massenmedien im Hinblick auf ihre Politikpräferenzen soll dies laut *Sarcinelli/Schatz* durch eine mittlerweile 30-jährige empirische Forschung bewiesen sein, in: dies., S. 26.

[580] Dass dieses Handeln die Bedürfnisse der Gesellschaft nicht immer oder nur vordergründig (Beruhigung der Öffentlichkeit durch „symbolische Politik") befriedigt, versteht sich von selbst.

[581] Zur öffentlichen Meinung wird nur das, was dem Zuhörer/Zuschauer durch Auswahl zugeführt wird. Dazu bspw. *Gerhards*, in: *Göhler*, S. 149/154ff.; *Wehmeier*, DRiZ 1982, 4ff.. Vgl. zum Agenda-Setting im gesetzgeberischen Prozess auch *v. Beyme*, S. 74ff..

[582] Zu beiden Modellen vgl. *Rössler*, S. 31ff.; *Scherer*, in: Schatz/Rössler/Nieland, S. 129/139ff.

[583] *Kloepfer*, in: Isensee/Kirchhof, Bd. II, § 35 RN. 39.

[584] *Kloepfer*, in: Isensee/Kirchhof, Bd. II, § 35 RN. 39; die Unterscheidung zwischen (Transport-)Medium und (Einfluss-)Faktor nimmt auch *Hoffmann-Riem* vor, PVS 41 (2000), 107/108 und 126; so auch schon das BVerfG, Urt. v. 28.2.1961 – 2 BvG 1, 2/60 – , BVerfGE 12, 205/260f..

[585] Vgl. ausführlich *Weischenberg*, in: *Sarcinelli*, S. 101ff.; *Gerhards*, in: Göhler, S. 149/151ff., 167ff..

[586] *Meckel*, in: Schatz/Rössler/Nieland, S. 277/278.

[587] *Hoffmann-Riem*, PVS 41 (2000), 107/108.

onen, die auf Vertraulichkeit basieren) angewiesen, während die Politiker – und dazu zählen in diesem Zusammenhang insbesondere diejenigen, die Rechtsverordnungen erlassen, also die Minister, der Bundeskanzler bzw. der Ministerpräsident und das Kabinett – die Medien für das „Feedback" benötigen. Dieses Feedback ist nicht auf das eigene Image beschränkt, sondern bezieht sich auch auf politische Themen. Die Medien sagen den Politikern, was die Leute wollen, und die Politiker machen mit Hilfe der Medien Politik, da sie ihnen eine große Wirksamkeit auf die Bevölkerung unterstellen[588]. Interessanterweise dienen die Medien mittlerweile nicht mehr nur der so genannten Außenkommunikation, also der Kommunikation zwischen der Politik bzw. den Parteien und der Gesellschaft, sondern auch der Binnen- oder innerparteilichen Kommunikation[589].

Gerade aus der Sicht der Politiker wird das Verhältnis zu den Medien oft als schwierig empfunden. Auf der einen Seite fordern sie „kritische und nachfassende Journalisten". Diese seien zwar nicht immer angenehm, als Teil eines Balanceverhältnisses von Medien und Politik, das als „Stützpfeiler unserer Demokratie fungiert", aber unverzichtbar[590]. Die Rolle der Medien in der Demokratie wird daher auch mit Informations-, Vermittlungs-, Kritik- und Kontrollfunktion beschrieben[591]. Auf der anderen Seite empfinden Politiker sich „in den Fesseln der Mediengesellschaft"[592] gefangen. Insbesondere herrsche keine Waffengleichheit, was die Möglichkeit eines Politikers betreffe, auf unrichtig oder verzerrt wiedergegebene Aussagen zu reagieren[593]. Wenn gleichzeitig beklagt wird, die Politiker verlautbarten zu oft (nur) das, was die Medien hören wollten[594] und dass „die Strukturen der Mediengesellschaft den Politikern ein Handeln abnötigen, das vorrangig auf mediale Politikinszenierungen bezogen"[595] sei, stellt sich die Frage, inwieweit dies nur ein „Mitspielen nach den Regeln der Medien" darstellt, und, wenn dies so wäre, inwieweit sie so die Medien mit ihren eigenen Waffen schlagen, indem sie nur nichts sagende Floskeln von sich geben[596].

cc) Der Einfluss der Medien und der Medienöffentlichkeit

Der Einfluss der Medien und der durch sie vermittelten Medienöffentlichkeit soll nun näher untersucht werden.

Teilweise wird von den Medien als „vierter Gewalt" gesprochen[597]. Im staatsrechtlichen Sin-

---

[588] *Scherer*, in: Schatz/Rössler/Nieland, S. 129/139.

[589] Sarcinelli/Schatz, in: dies., S. 9/15ff.; *Jarren*, in: Bentele/Haller, S. 103/106.

[590] *Meckel*, in: Schatz/Rössler/Nieland, S. 277.

[591] bspw. *Biedenkopf*, in: Bentele/Haller, S. 111/118, der diese Funktionen unter dem Sichtwort „vierte Gewalt" zusammenfasst; vgl. dazu im Folgenden.

[592] So der Titel eines Aufsatzes von *Hoffmann-Riem*, PVS 41 (2000), S. 107-127.

[593] *Hoffmann-Riem*, PVS 41 (2000), 107/108ff., 119ff..

[594] *Battis*, in: Franke/Summer/Weiß, S. 45/54. An dem dort beschriebenen Fall (der nordrhein-westfälische Innenminister bekundete in einer Pressemitteilung vom 20.9.1999, die Landesregierung wolle zusätzliche Erwerbsmöglichkeiten im öffentlichen Dienst so weit wie möglich beschränken) zeige sich symptomatisch, dass die Politik die Beschädigung ihrer politischen Glaubwürdigkeit selbst verschuldet habe.

[595] *Hoffmann-Riem*, Der Staat 42 (2003), 192/197.

[596] *Meckel*, in: Schatz/Rössler/Nieland, S. 277.ff., spricht von den „Spielregeln der politischen Kommunikation"; ähnlich auch *Hoffmann-Riem*, PVS 41 (2000), 107/114.

[597] Z.B. *Dietz*, in: Göhler, S. 115/116; *Langenbucher/Staudacher*, in: Kaase/Schulz, S. 185; *Landfried*, in: Hartwich/Wewer, S. 193. Nicht recherchierbar ist, wer diesen Begriff zuerst auf die Medien angewendet hat. Jedenfalls wird nicht nur von dem Medien als vierter Gewalt gesprochen, sondern bspw. auch vom (Landes-)-Rechnungshof (*Sauer/Blasius*, Politik und Rechnungsprüfung, VR 1987, 14/142 unter Bezugnahme auf *Theodor Heuss*), dem Ombudsmann (*Wild*, Der Ombudsmann in Deutschland, S. 162) oder dem Bundespräsidenten (*Hemmrich*, in: v. Münch/Kunig, Bd. 2, Art. 54 RN. 2 m.w.N.).

ne kann diese Bezeichnung nicht aufrechterhalten werden, da damit Bezug genommen wird auf die drei im Grundgesetz in Art. 1 Abs. 3 und 20 Abs. 2, genannten Gewalten[598]. In Art. 1 Abs.1 Satz 2 und 20 Abs. 1 Satz 1 GG ist von staatlicher Gewalt die Rede. Diese umfasst zwar die gesamte öffentliche Gewalt[599], also auch öffentlich-rechtliche Körperschaften und Anstalten, so dass zumindest die öffentlich-rechtlichen Rundfunkanstalten theoretisch unter diesen Begriff zu subsumieren sind[600]. „Die Medien" üben aber keine Staatsgewalt aus, da sie dazu nicht legitimiert sind. Presse und Rundfunk müssen gerade staatsfern sein, dürfen also vom Staat nicht missbraucht werden. Auf der anderen Seite ist der Einfluss der Medien verfassungsrechtlich begrenzt, da nur Rechtsprechung, vollziehende Gewalt und Gesetzgebung staatliche Gewalt ausüben dürfen.

Die Bezeichnung soll aber eine gewisse Macht oder gewissen Einfluss der Medien verdeutlichen. Insofern kann man vielleicht von den Medien als „vierter Gewalt" nicht im institutionellen Sinn, aber im funktionalen Sinn sprechen[601]. Diese „Macht"[602] der Medienöffentlichkeit beruht nicht auf „Entscheidungs- und Durchsetzungsbefugnissen, sondern liegt in der Erzeugung und Inanspruchnahme des staatsbürgerlichen Grundkonsenses"[603]. Gerade diese Erzeugung des Grundkonsenses oder eben der „öffentlichen Meinung" vermag aber Reaktionen beim Verordnungsgeber hervorzurufen, so dass diese zu einer entscheidungsrelevanten Kraft werden kann. Dabei wird vermutet, dass diese Kraft sich verringert, je kontroverser die gesellschaftlichen Ansichten und Interessen sind[604]. Das liegt zum einen daran, dass der Nachrichtenwert auch von der Komplexität der Information abhängt: je komplexer die Information, desto schwieriger ist es, sie darzustellen und desto größer ist die Gefahr, dass der Zuhörer/Zuschauer/Leser sich überfordert fühlt, resigniert und die Information für ihn keine Bedeutung hat. Zum anderen wird die Existenz „der" öffentlichen Meinung fraglich, wenn durch eine ausgewogen geführte Diskussion deutlich wird, dass der zugrunde liegende Sachverhalt differenziert betrachtet werden kann und muss. Die Öffentlichkeit ist dann in der Lage, sich verschiedene Meinungen zu bilden, was dazu führt, dass die Medien nicht mehr für sich in Anspruch nehmen können, „die" öffentliche Meinung darzustellen, sondern nur noch die öffentliche Diskussion.
Schließlich geschieht medialer Einfluss nicht nur durch die Informationsselektion, sondern vor allem auch durch die Art der Berichterstattung. Ein besonders anschauliches Beispiel dafür ist die BILD-Zeitung. Sie ist dementsprechend auch schon selbst Thema wissenschaftlicher Arbeiten, insbesondere im Hinblick auf die Art der Berichterstattung, gewesen[605].

Der Einfluss der Medien kann nur selten linear festgestellt werden[606]. Der Einflussgrad hängt

---

598 so auch schon *Bluntschli* über die öffentliche Meinung: „Sie ist eine öffentliche Macht, aber sie ist keine öffentliche Gewalt", 2. Band, S. 747.

599 *Starck*, in: v. Mangoldt/Klein/Starck, Bd. 1, Art. 1 RN. 189.

600 Zur „Staatsferne" des Rundfunks vgl. bspw. BVerfG, Urt. v.16.6.1981 – 1 BvL 89/78 – , BVerfGE 57, 295/320.

601 *Biedenkopf*, in: Bentele/Haller, S. 111/118.

602 Die Begriffe Macht und Einfluss werden in der soziologischen Literatur auf verschiedene Weise definiert und voneinander unterschieden, vgl. nur bei Dietz, in: *Göhler*, S. 115/117ff.. Hier soll auf eine exakte Begriffbestimmung und eine Zuordnung zum Bezugsobjekt Medien verzichtet werden.

603 *Dietz*, in: Göhler, S. 115/120.

604 *Dietz*, in: Göhler, S. 115/126ff.

605 zuletzt *Cornelia Voss*, Textgestaltung und Verfahren der Emotionalisierung in der BILD-Zeitung, 1999.

606 *V. Beyme* vermutet einen Unterschied zwischen den Bereichen symbolischer Politik, in denen der Einfluss groß sei, und in „Sphäre[n] effektiver Entscheidungspolitik, die durch die Begleitmusik von Medien eher behin-

von verschiedenen Faktoren ab, die auch die Medien nicht immer steuern können, und dies vielleicht sogar gar nicht beabsichtigen[607]. Ein Beispiel für einen solchen Faktor ist die Entfachung einer kontroversen Diskussion, vornehmlich um Missstände oder Versäumnisse der Politik. Öffentlicher Druck kann dazu führen, dass sich der Verordnungsgeber veranlasst sieht zu reagieren[608], entweder weil die Reaktion tatsächlich eine geeignete und erforderliche Maßnahme zur Lösung des Problems ist, oder weil man nicht durch Nichtstun den Anschein erwecken will, man habe keine Lösung parat oder eine Reaktion sei nicht notwendig, selbst wenn dies wirklich der Fall ist. Solche übereilten Reaktionen können zu Folgeproblemen führen, etwa bei der Frage, ob die erlassene Regelung vollziehbar ist oder ob sie einer gerichtlichen Überprüfung Stand halten würde[609]. Andererseits können öffentliche Diskussionen auch dazu führen, dass sich die Wahrnehmung der Bevölkerung im Laufe des Prozesses in eine Richtung verändert, die nicht abzusehen war. Schließlich kann eine Diskussion unter Druck auch bewirken, dass die wirkliche fachliche Diskussion zum Erliegen kommt oder dass jedenfalls der Öffentlichkeit nicht mehr vermittelt werden kann, wo das Problem und etwaige Lösungsmöglichkeiten liegen[610].

In der Kommunikationswissenschaft ist darüber hinaus anerkannt, dass die Medien nicht nur Einfluss auf die Themenpriorität nehmen, sondern auch die Richtung vorgeben können, von der aus ein Thema betrachtet wird[611]. Dabei steigt die Wirkung auf das Publikum mit der Höhe der Konsonanz in der Berichterstattung. Mit hoher Konsonanz ist gemeint, dass die Medien von einem Ereignis, einer Person oder einem Streit aus derselben Perspektive berichten. Wenn eine bestimmte Auffassung vorherrscht, ist die selektive Wahrnehmung des Einzelnen eingeschränkt[612]. Selektive Wahrnehmung bedeutet, dass ein Mensch eine Botschaft im Sinne einer bereits besehenden Wahrnehmung interpretiert[613]. Er schützt sich durch selektive Wahrnehmung gegen Medieneinflüsse, indem er ganz überwiegend nur solche Informationen aufnimmt, die der bereits bestehenden Einstellung entsprechen[614].

Je länger die Diskussion andauert, desto differenzierter wird zwangsläufig die Berichterstattung. Es ist daher anzunehmen, dass die Stärke des Medieneinflusses durch konsonante Berichterstattung mit der Dauer der öffentlichen Diskussion abnimmt.

Schließlich ist aber zu berücksichtigen, dass die Rolle der Medien bei der Bildung der öffentlichen Meinung und letztendlich der daraus resultierende Einfluss auf den Gesetz- bzw. Verordnungsgeber nicht von vorneherein als schlecht oder falsch beurteilt werden kann: „Wenn man den Prozeß der öffentlichen Meinung […] als Mittel der Integration versteht, […] dann

---

dert als gefördert" werden, in denen der Einfluss eher gering einzustufen sei (S. 88). Schließlich sei der Einfluss der Medien auf die Staatstätigkeit letztlich kaum meßbar" (S. 91).

607 *Biedenkopf*, in: Bentele/Haller, S. 111/114ff., zur Frage, inwieweit die Medien selbst Teil der Politik sind, und zu ihrer Rolle in derselben.

608 „Offenbar ist es für die Politik als Geisel einer öffentlichen Stimmung in unserer Mediendemokratie inzwischen unmöglich geworden, bei von Menschen verursachten Katastrophen nicht sofort in Aktionismus zu verfallen." So der Verband für das Deutsche Hundewesen e.V. (VDH) in seiner Broschüre „Gefährliche Hunde – Maßnahmen zur Prävention", Dortmund 2002.

609 vgl. hierzu im Einzelnen die Ausführungen zu den Hundeverordnungen **B.** V. und XII. 1..

610 so bspw. bei den „Skandalen" im Nebentätigkeitsrecht, vgl. unten **C.** VIII..

611 Etwa indem sie ein Problem mit weiteren Komponenten verbinden, etwa einer Ursache des Problems oder einer Problemlösung, so *Sarcinelli/Schatz*, in: dies., S. 26.

612 *Noelle-Neumann*, PVS 18 (1977), 408/410.

613 *Burkart, S. 216.*

614 *Esser/Brosius*, in: Schnorr, S. 55/59 nach *Dennis McQuail.*

dürfen Gesetze und Rechtslauslegung der öffentlichen Meinung nicht beliebig lange widerstehen."[615].

b) Einfluss sonstiger außerstaatlicher Stellen
Auch andere außerstaatliche Stellen als die Medien können Einfluss auf den Gesetz- bzw. Verordnungsgeber nehmen[616]. Hier kommen vor allem Sachverständige und Interessen- bzw. Fachverbände in Betracht.
Vor allem die Verbände werden deshalb in das Entwurfsverfahren einbezogen, weil dadurch die Einflussnahme der Interessenten kanalisiert wird. Außerdem kann der Ministerialbeamte „sich so ein Bild von den unterschiedlichen Interessen [...] machen, die von einer geplanten Rechtsänderung berührt sein werden. Die Ministerialreferenten wissen im Allgemeinen Spreu und Weizen besser zu sortieren als ein einzelner Abgeordneter, der sich von der Lobby leicht einwickeln lässt."[617]

Der Einfluss ist vielfach institutionalisiert, beispielsweise durch § 47 Abs. 1 und 3 GGO, wonach der Entwurf einer Gesetzesvorlage und über § 62 Abs. 2 Satz 1 GGO auch der Entwurf einer Rechtsverordnung den Ländern und kommunalen Spitzenverbänden und den Zentral- und Gesamtverbänden sowie Fachkreisen möglichst frühzeitig zuzuleiten ist. Allerdings bleibt bei der Beteiligung der Verbände und Fachkreise Zeitpunkt, Umfang und Auswahl nach § 47 Abs. 3 Satz 2 GGO grundsätzlich dem Ermessen des federführenden Ministeriums überlassen.
Mittlerweile existieren aber auch schon gesetzlich festgelegte Beteiligungen, wie § 94 BBG[618] bzw. § 58 BRRG[619] und die jeweiligen Regelungen in den Landesbeamtengesetzen oder § 59 Abs. 1 Nr. 1 BNatSchG[620].
Laut *Schneider*[621] existiert seit 1972 eine öffentliche Liste des Bundestages, in der alle Verbände, die Interessen gegenüber dem Bundestag oder der Bundesregierung vertreten, registriert sind. Dieses Verzeichnis wird jährlich im Bundesanzeiger veröffentlicht[622].

Im Gegensatz zu den Medien ist das Engagement der sonstigen außerstaatlichen Stellen in der Regel sehr bewusst, allerdings auch thematisch begrenzt[623]. In zahlreichen Fallstudien konnte der Einfluss von Organisationen auf einzelne Gesetzesvorhaben nachgewiesen werden. Ihr Erfolg hängt von verschiedenen Faktoren ab, beispielsweise der Größe der vertretenen Bevölkerungsgruppe oder von der Mobilisierbarkeit einer den Vertretungsbereich überschreitenden Öffentlichkeit[624]. Eine Umfrage von 1979 unter Referenten in Bundesministerien, die schwer-

---

615 *Noelle-Neumann*, S. 184, die aber gleichzeitig betont, dass es in dieser Hinsicht auch Grenzen gibt, S. 184ff..
616 Siehe grundlegend dazu *Conradi*, Die Mitwirkung außerstaatlicher Stellen beim Erlaß von Rechtsverordnungen, 1962.
617 *Schneider*, RN. 105.
618 Beteiligung der Spitzenorganisationen der zuständigen Gewerkschaften.
619 Beteiligung der Spitzenorganisationen der zuständigen Gewerkschaften und Berufsverbände.
620 Pflicht, rechtsfähigen Vereinen, die vom Bundesministerium für Umwelt, Naturschutz und Reaktorsicherheit anerkannt worden sind, Gelegenheit zur Stellungnahme und zur Einsicht in einschlägige Sachverständigengutachten bei der Vorbereitung von Verordnungen und anderen im Range unter dem Gesetz stehenden Rechtsvorschriften auf dem Gebiet des Naturschutzes und der Landschaftspflege, soweit die Vereine durch das Vorhaben in ihrem satzungsgemäßen Aufgabenbereich berührt werden. Auch die Länder sollen nach § 60 Abs. 1 BNatSchG Vorschriften über die Mitwirkung und Anerkennung von rechtsfähigen Vereinen erlassen.
621 RN. 103.
622 1997 soll es 1631 Verbände und Organisationen umfasst haben, so *Schneider*, RN. 103 FN. 36 unter Hinweis auf Angaben im Datenhandbuch zur Geschichte des Deutschen Bundestages 1949-1999, Bd. II (1999), S. 2182.
623 Womit ein bewusstes Handeln der Medien nicht ausgeschlossen werden soll.
624 *Hugger*, S. 75f..

punktmäßig mit der Entwicklung von Gesetzentwürfen befasst waren, ergab, dass die Referenten bei der Erarbeitung eines Entwurfes erst in zweiter Linie Anfragen und Wünsche um Stellungnahmen an Verbände und Organisationen als Informations- oder Erkenntnisquelle nutzten, an erster Stelle standen andere Bundesressorts, Landesministerien, andere Stellen der öffentlichen Verwaltung und die kommunalen Spitzenverbände[625]. Es ist zu vermuten, dass sich an dieser Einschätzung auch 24 Jahre später nicht viel geändert haben wird. Der Einfluss dieser außerstaatlichen Gruppen ist also deutlich niedriger anzusetzen als der der Medien. Möglicherweise liegt dies daran, dass der Einfluss dieser Gruppen dem Gesetz- bzw. Verordnungsgeber unmittelbar klar ist, während sich Medieneinfluss vermutlich eher unbewusst vollzieht bzw. eher der Kontakt mit dem Wähler über die Medien im Vordergrund steht. Da die erfolgreiche Einflussnahme auch von der Verstärkung durch die Medien abhängt, können beide Gruppen (Medien und andere Organisationen) aber nicht vollkommen isoliert voneinander betrachtet werden.

[625] *Hugger*, S. 76f.; *Fricke/Hugger*, S. 2f., 50ff..

B. Die Hundeverordnungen der Länder

I. Grund der Auswahl

Als „Hundeverordnungen" sollen Rechtsverordnungen bezeichnet werden, die erlassen werden, um die Gefahren abzuwehren, die von Hunden für andere Tiere und für Menschen ausgehen. Es handelt sich also um Gefahrenabwehrrecht, das in die (ausschließliche) Gesetzgebungskompetenz der Länder gemäß Art. 70 Abs. 1 GG fällt.

Das Gefahrenabwehrrecht ist ein Rechtsgebiet, in dem sich das Instrument der Rechtsverordnung bewährt hat, auch wenn es zahlenmäßig keinen hohen Stellenwert erlangt hat. Aufgrund der Polizei- und Ordnungsgesetze der Länder können die zuständigen Behörden zur Abwehr von abstrakt bestehenden Gefahren Rechtsverordnungen erlassen[626]. Von dieser Ermächtigung wird in der Regel dann Gebrauch gemacht, wenn sich die Behörden einer Gefahr gegenübersehen, der bisher nur durch Einzelfallregelungen begegnet wurde. Der Entschluss zum Erlass einer Gefahrenabwehrverordnung kann aus der Häufung dieser Gefahren, häufig verbunden mit politischem Druck und öffentlicher Anteilnahme, entstehen. Ein gutes Beispiel hierfür sind die Änderungen in den Hundesverordnungen der Länder[627].
Die Lebensdauer dieser Verordnungen ist unterschiedlich. Besteht aufgrund tatsächlicher Umstände keine Notwendigkeit mehr für die Verordnung, kann sie aufgehoben werden. Bleibt die Gefahr dagegen dauerhaft bestehen, kann die Verordnung in Kraft bleiben oder durch ein Gesetz verdrängt werden. Letzteres hat unterschiedliche Gründe. Zum einen ist es möglicherweise verfassungsrechtlich erforderlich, den Bereich gesetzlich zu regeln[628]. Zum anderen kann es politische Gründe geben (Aktionismus, breitere Akzeptanz eines Gesetzes in der Bevölkerung[629]).

Die „Hundeverordnungen" sind ein aktuelles Beispiel für Verordnungen im Gefahrenabwehrrecht. Sie sind als Beispiel für eine „Renaissance" der Gefahrenabwehrverordnung angeführt worden[630]. An ihnen lässt sich das komplizierte Geflecht aus Regelungsnotwendigkeit, politischem Aktionismus aufgrund öffentlichen Drucks, Einfluss von Experten und der Rechtsprechung und nicht zuletzt die Problematik einer ungeklärten Sachlage darstellen.

II. Vorgehensweise der Darstellung

Die Hundeverordnungen der Länder werden im Folgenden chronologisch dargestellt. Die Darstellung unterscheidet zwischen den Länderregelungen, die bis zum 26. Juni 2000 existierten und solchen, die nach diesem Datum erlassen wurden. Grund für diese Schnittstelle ist der Umstand, dass an diesem Tag in Hamburg ein sechsjähriger Junge von zwei Pitbulls zu Tode gebissen wurde. Viele Bürger und Politiker nahmen dieses Ereignis zum Anlass, neue bzw. schärfere Regelungen im Umgang mit diesen Hunden zu fordern. Inwieweit Verordnungen, die nach diesem Datum erlassen wurden, tatsächlich eine direkte Reaktion auf dieses Ereignis

[626] Dazu im Einzelnen *Pieroth/Schlink/Kniesel*, § 11, RN. 1ff..
[627] Vgl. dazu im Einzelnen unten XII.1..
[628] Dieser Auffassung sind viele Gerichte und ihnen nachfolgend auch die Länder bei den Hundeverordnungen, vgl. dazu bspw. V. 9. b).
[629] Bei den Hundeverordnungen wurde von einigen Seiten die geringe Akzeptanz in der Bevölkerung bemängelt. Dies liegt natürlich in erster Linie am Inhalt. Andererseits enthält bspw. das neue nordrhein-westfälische Hundegesetz nicht viel mehr neue Vorschriften als die bisherige Verordnung. Man hielt die Regelung durch Gesetz aber aufgrund der gesellschaftspolitischen Bedeutung für sinnvoller als eine Änderung der Verordnung, vgl. dazu VI. 6..
[630] *Hamann*, NVwZ 1994, 669.

sind, kann durch die zeitliche Zäsur besser deutlich gemacht werden. Außerdem wird bei der Darstellung der einzelnen Länderverordnungen gleichzeitig die dazu ergangene Rechtsprechung einbezogen (sofern die Verordnung Gegenstand gerichtlicher Entscheidungen gewesen ist). So ist bei der anschließenden Überprüfung der Hypothesen der Einfluss der Rechtsprechung auf das Erlassverhalten besser nachvollziehbar.
Die Normen, die vor dem 26. Juni 2000 ergangen sind, und teilweise auch danach, sind bis auf die bayerischen Regelungen mittlerweile alle nicht mehr in Kraft. Daher erfolgt ihre Darstellung in der Vergangenheitsform.

III. Einführung in die Problematik der Hundeverordnungen

1. Gesetzgebungskompetenz, Ermächtigungsnorm und Verordnungsgeber

a) Gesetzgebungskompetenz

Verordnungen (und Gesetze) zur Abwehr der von Hunden ausgehenden Gefahren sind Teil des Gefahrenabwehrrechts, das in die Gesetzgebungskompetenz der Länder gemäß Art. 70 Abs. 1 GG fällt. Daher ist es ohne Grundgesetzänderung nicht möglich, eine bundeseinheitliche Regelung für alle spezifischen Gefahren, die von Hunden ausgehen, zu erlassen[631].
Der Bund besitzt lediglich auf einzelnen Gebieten die notwendige Gesetzgebungskompetenz, um bundeseinheitlich tätig zu werden. Einschlägige Norm ist einmal Art. 74 Abs. 1 Nr. 17 GG, der die konkurrierende Gesetzgebungskompetenz für die Förderung der land- und forstwirtschaftlichen Erzeugung festlegt, und Art. 74 Abs. 1 Nr. 20 GG, der den Tierschutz der bundesgesetzlichen Regelung unterstellt. Gemäß Art. 74 Abs. 1 Nr. 17 GG ist das Tierzuchtgesetz[632] erlassen worden. Unter Art. 74 Abs. 1 Nr. 20 GG fallen Regelungen über die Haltung, Pflege und Unterbringung von Tieren sowie Tiertransporte, -versuche und -schlachtungen, außerdem organisatorische Regelungen zur Überwachung und Förderung des Tierschutzes[633]. Der Bund hat schließlich im Rahmen seiner Gesetzgebungskompetenz für Außenwirtschaft (Art. 73 Nr. 5 GG), Strafrecht (Art. 74 Abs. 1 Nr. 1 GG) und Tierschutz (Art. 74 Abs. 1 Nr. 20 GG) das *Gesetz zur Bekämpfung gefährlicher Hunde* erlassen[634].

b) Ermächtigungsnorm

Die Ermächtigungsnorm für die Landeshundeverordnungen findet man in der Regel im allgemeinen Polizei- und Ordnungsrecht. Lediglich in Bayern und Sachsen gibt es spezielle Verordnungsermächtigungen. In beiden Ländern legen die Verordnungen lediglich diejenigen Hunderassen fest, für welche die Eigenschaft als Kampfhund bzw. die Gefährlichkeit vermutet wird. Die Verordnungsermächtigungen sind in speziellen Gesetzen enthalten: in Bayern im *Landesstraf- und Verordnungsgesetz*, in Sachsen im *Gesetz zum Schutz der Bevölkerung vor gefährlichen Hunden*. Diese regeln darüber hinaus das, was in den anderen Bundesländern in den Verordnungen geregelt ist.

c) Verordnungsgeber

Die Rechtsverordnungen werden überwiegend von den Ministerien erlassen, und zwar vom

[631] Dies wird teilweise gefordert: *Gängel/Gansel*, NJ 1999, 67/73; *Hamann*, NVwZ 1992, 1067; so wohl auch *Caspar*, DVBl 2000, 1580/1590; dagegen: *Hölscheidt*, NdsVBl. 2000, 1/8: dies „würde einen Einbruch in eine der letzten Domänen der Landesgesetzgeber bedeuten."
[632] BGBl. I 1989, S. 2493.
[633] *Pieroth*, in: Jarass/Pieroth, Art. 74 RN. 48; *Hölscheidt*, NdsVBl. 2000, 1/2.
[634] Vgl. im Einzelnen zu den bundesrechtlichen Regelungen unter VIII..

Innenministerium[635], vom Landwirtschaftsministerium[636] oder vom Gesundheitsministerium[637]; in Baden-Württemberg teilweise auch vom Ministerium Ländlicher Raum, in Sachsen vom Ministerium für Soziales, Gesundheit, Jugend und Familie[638] und in Thüringen vom Landesverwaltungsamt (Mittelbehörde, vergleichbar mit der Bezirksregierung). In den Stadtstaaten Hamburg und Berlin wurden die Verordnungen vom Senat bzw. dem zuständigen Senator erlassen.

Im Bundesland Bremen gab es bis zum Erlass des *Bremischen Gesetzes über das Halten von Hunden* im Oktober 2001 sowohl für Bremen als auch für Bremerhaven jeweils eigene Hundeverordnungen. Damit war Bremen das einzige Bundesland, in dem zwei Verordnungen, jeweils beschränkt auf das jeweilige Stadtgebiet, nebeneinander existierten. Da diese Verordnungen in Bremerhaven von der Ortspolizeibehörde bzw. in Bremen vom Magistrat (bzw. später vom Senator für Inneres, Kultur und Sport) erlassen wurden, dürften sie in der vorliegenden Untersuchung, die sich auf die Rechtsverordnungen der Länder bezieht, an sich nicht berücksichtigt werden. Die Entwicklung dieser beiden Verordnungen bis hin zum einheitlichen Gesetz ist allerdings wichtig zur Vervollständigung der Länderdarstellung. Daher werden die Verordnungen der Stadt Bremen und der Stadt Bremerhaven in der Darstellung wie Länderverordnungen behandelt.

2. Mögliche Konzeptionen von Hundeverordnungen

a) Definition des gefährlichen Hundes

Es gibt drei Möglichkeiten, den Begriff des gefährlichen Hundes zu definieren:

1. Die erste Möglichkeit ist, einen Rassekatalog zu verwenden. Alle dort aufgelisteten Hunderassen gelten dann als gefährliche Hunde im Sinne der Rechtsverordnung. Teilweise wird auch der Begriff des Kampfhundes verwendet.
2. Anstatt eines Rassekataloges verwendet man einen Verhaltenskatalog. Hunde, die ein dort aufgeführtes Verhalten zeigen, sind gefährliche Hunde. Diese Verhaltensweisen sind insbesondere Bissigkeit des Hundes, das Anspringen von Menschen in gefahrdrohender Weise und das Hetzen oder Reißen anderer Tiere[639].
   Darüber hinaus wird bei der Gefährlichkeit aber nicht nur an Verhaltensweisen angeknüpft, sondern auch an bestimmte, den Hunden innewohnende Eigenschaften, welche diese allerdings nicht immer von Geburt an besitzen, sondern erst durch den Halter „antrainiert“ bekommen[640]. Die entsprechenden Vorschriften enthalten Formulierungen wie: „Hunde sind gefährlich, wenn sie auf eine gesteigerte, über das natürliche Maß hinausgehende Kampfbereitschaft, Angrifflust oder Schärfe hin ausgebildet, abgerichtet oder gezüchtet wurden.“ Zusammenfassend kann man von einer „gesteigerten Aggressivität“ sprechen[641].
3. Schließlich können beide Möglichkeiten miteinander kombiniert werden. Man legt also

---

[635] In Bayern, Brandenburg, Hessen, Mecklenburg-Vorpommern, Sachsen-Anhalt und Schleswig-Holstein; in Rheinland-Pfalz zusammen mit dem Ministerium für Umwelt und Forsten.

[636] Niedersachsen (Ministerium für Ernährung, Landwirtschaft und Forsten) und Nordrhein-Westfalen (Ministerium für Umwelt- und Naturschutz, Landwirtschaft und Verbraucherschutz).

[637] Saarland: Ministerium für Frauen, Arbeit, Gesundheit und Soziales.

[638] Bzw. Ministerium für Soziales, Gesundheit und Familie.

[639] Bei *Rachor*, in: Lisken/Denninger, F RN. 80ff., finden sich ausführliche Erläuterungen der einzelnen Verhaltensweisen.

[640] Daher ist der hier gewählte Begriff des Verhaltenskataloges nicht ganz korrekt. Der Einfachheit halber soll aber im Folgenden aber weiter verwendet werden.

[641] So *Rachor*, in: Lisken/Denninger, F RN. 86.

Hunderassen fest, die als gefährlich gelten; darüber hinaus gelten auch Hunde anderer Rassen als gefährlich, wenn sie ein bestimmtes Verhalten an den Tag legen. Teilweise knüpft man bei der gerade unter 2. dargestellten gesteigerten Aggressivität an rassespezifische Merkmale an[642].

Außerdem ist es möglich, sowohl mit widerlegbaren als auch mit unwiderlegbaren Vermutungen hinsichtlich der Gefährlichkeit eines Hundes zu arbeiten. Solche Vermutungsregelungen lassen sich auf alle drei Modelle anwenden.

b) Hundeverordnung, Kampfhundeverordnung oder Verordnung betreffend gefährliche Tiere

Die Rechtsverordnung kann sich darauf beschränken, Regelungen zum Schutz vor den so genannten Kampfhunden zu erlassen. Sie kann aber auch grundsätzlich vor Gefahren schützen, die von Hunden ausgehen. Dann enthalten sie Ge- und Verbote, die nicht an die Definition des gefährlichen Hundes anknüpfen. Schließlich ist es auch möglich, eine Verordnung allgemein zum Schutz vor gefährlichen Tieren zu erlassen.

c) Verbot oder Erlaubnis

Hauptinhalt von Hundeverordnungen sind die Beschränkung von Zucht, Ausbildung, Haltung und Führung von Hunden. Es ist möglich, diese Tätigkeiten grundsätzlich zu verbieten und nur ausnahmsweise zu erlauben (repressives Verbot mit Befreiungsvorbehalt), sie grundsätzlich zu erlauben und nur ausnahmsweise zu verbieten, sie von einer Erlaubnis abhängig zu machen (präventives Verbot mit Befreiungsvorbehalt) oder sie lediglich mit einer Anzeigepflicht zu belegen.

3. Rechtliche Probleme einzelner Regelungsgegenstände

a) Ermächtigungsgrundlage und Bestimmtheit der Regelungen

Die Verordnungen müssen auf einer hinreichenden Ermächtigungsgrundlage beruhen, die den Anforderungen des Art. 80 Abs. 1 Satz 2 GG genügt. Größtenteils beruhen die Landeshundeverordnungen auf der allgemeinen Verordnungsermächtigung in den Ordnungsbehördengesetzen der Länder[643]. Mittlerweile sind einige Länderverordnungen letztinstanzlich vom Bundesverwaltungsgericht mangels hinreichender Ermächtigungsgrundlage für nichtig erklärt worden[644]. Über die Gültigkeit weiterer Länderverordnungen muss das Bundesverwaltungsgericht noch entscheiden[645].

In der Literatur wird die Frage der Verfassungsmäßigkeit der Generalklauseln als Ermächti-

[642] Vgl. bspw. § 8 Abs. 1 Nr. 1 Hunderhalterverordnung Brandenburg v. 25.7.2000, siehe dazu auch unten V. 13.

[643] Spezielle Rechtsgrundlagen für die Hundeverordnungen existieren in Bayern (Art. 37 Landesstraf- und Verordnungsgesetz), Hamburg (§ 1 a des Gesetzes zum Schutz der öffentlichen Sicherheit und Ordnung) und Sachsen (§ 1 Abs. 2 des Gesetzes zum Schutz vor gefährlichen Hunden). Seit Erlass des nordrhein-westfälischen Hundegesetzes am 18.12.2002 sieht dessen § 16 spezielle Verordnungsermächtigungen für Teilbereiche vor, z.B. zur Festlegung von Inhalten und zum Verfahren der Verhaltensprüfung.

[644] Für die niedersächsische Gefahrtierverordnung hinsichtlich der Anknüpfung an die Rassezugehörigkeit. Es handele sich nur um einen Gefahrenverdacht, welcher kein Einschreiten durch Verordnung rechtfertige; BVerwG, Urt. v. 3.7.2002 – 6 CN 8.01 – , DVBl 2002, 1562; ähnlich für Teile der schleswig-holsteinischen Verordnung, vgl. Pressemitteilung des BVerwG vom 18.12.2002; ablehnend auch *Caspar*, DVBl 2000, 1580/1589, der spezielle Rechtsgrundlagen fordert.

[645] Anhängig ist noch die Verordnung von Brandenburg; das Revisionsverfahren bzgl. der Verordnung von Mecklenburg-Vorpommern wurde im Wesentlichen an das OVG zurückverwiesen, vgl. Pressemitteilung Nr. 51/2002 des BVerwG vom 18.12.2002.

gungsgrundlage unterschiedlich beurteilt[646].

Die einzelnen Regelungen der Verordnungen selbst müssen hinreichend bestimmt sein. Hier werfen gerade die Rassekataloge Probleme auf, da in der Praxis oft nicht eindeutig ist, ob ein Hund einer bestimmten Rasse angehört oder nicht.

b) Vereinbarkeit mit dem Gleichheitsgrundsatz, Art. 3 Abs. 1 GG

Art. 3 Abs. 1 GG gebietet, wesentlich Gleiches nicht ohne sachlichen Grund ungleich und wesentlich Ungleiches nicht ohne sachlichen Grund gleich zu behandeln.

Die verschiedenen Landeshundeverordnungen treffen Bestimmungen für Hundehalter. Teilweise beschränkt sich der Anwendungsbereich der Verordnungen auf die so genannten gefährlichen Hunde oder Kampfhunde, teilweise enthalten sie auch Regelungen für Halter von Hunden, die nicht unter diesen Begriff fallen. In jedem Fall werden Hundehalter gefährlicher Hunde strengeren Regelungen unterworfen als die übrigen Hundehalter, da auch die Länder, die spezielle Kampfhundeverordnungen erlassen haben, in anderen Vorschriften Bestimmungen zur Hundehaltung treffen. Besonders problematisch sind diejenigen Regelungen, die gefährliche Hunde anhand von Rasselisten definieren. Einerseits ist nämlich fraglich, ob das Aggressionsverhalten eines Hundes durch die genetische Disposition seiner Rasse mitbestimmt wird[647]. Andererseits könnte es eine sachlich nicht gerechtfertigte Ungleichbehandlung vergleichbarer Sacherhalte darstellen, wenn es der Verordnungsgeber unterlässt, Hunde anderer Rassen, die aufgrund ihrer Größe und Kampfkraft und wegen der statistisch erwiesenen Häufigkeit ihrer Beteiligung an Beißzwischenfällen ein vergleichbareres Gefährdungspotential bilden, mit in den Anwendungsbereich der Verordnung bzw. derjenigen Teile der Verordnung, die besonders restriktiv sind, aufzunehmen[648].

Problematisch im Hinblick auf einen ausreichenden Differenzierungsgrund können auch Typisierungen sein, da sie verallgemeinern und so eben nicht genau unterscheiden. In den Hundeverordnungen findet man sie häufig bei der Definition des gefährlichen Hundes nach bestimmtem Verhalten des Hundes.

Die Durchbrechung des Gleichheitssatzes durch Typisierungen kann durch Erwägungen der Praktikabilität und der Rechtssicherheit gerechtfertigt sein. Voraussetzung ist allerdings, dass die ungleichen Rechtsfolgen nur eine verhältnismäßig kleine Zahl von Personen treffen und die entstehende Ungerechtigkeit noch in einem angemessenen Verhältnis zu den Vorteilen der Typisierung besteht. Außerdem müssen die Sachverhalte vom Gesetzgeber folgerichtig oder systemgerecht geregelt werden[649].

c) Vereinbarkeit mit Art 12 Abs. 1 GG

Art. 12 Abs. 1 enthält nach überwiegender Meinung ein einheitliches Grundrecht mit den beiden Teilbereichen der Freiheit der Wahl des Berufs, des Arbeitsplatzes und der Ausübung

---

646 Für die Verfassungsmäßigkeit der Generalklauseln für Gefahrenabwehrverordnungen die überwiegende Literatur zum Polizei- und Ordnungsrecht, z.B. *Pieroth/Schlink/Kniesel*, § 11 RN. 3; *Drews/Wacke/Vogel/ Martens*, S. 493f.; *Schenke*, in: Steiner, S. 196, 335; speziell für die Hundeverordnungen sind die Stimmen eher kritisch (*Thomas Kunze*, NJW 2001, 1608/1611) bis ablehnend (*Caspar*, DVBl 2000, 1580/1589; *Kaltenborn*, NWVBl 2001, 249/252f.).

647 *Thomas Kunze, 1608/1611; Wollenteit*, NuR 2001, 620: „zentrale[r] Streitpunkt[en]".

648 Hier werden besonders oft der Deutsche Schäferhund, der Rottweiler und der Dobermann genannt.

649 BVerfG, Beschl. v. 4.4.2001 – 2 BvL 7/98 – , BVerfGE 103, 310/319; BVerwG, Urt. v. 19.1.2000 – 11 C 8/99 – , BVerwGE 110, 265/272;VGH Mannheim, Urt. v. 22.4.2002 – 1 S 1667/00, VBlBW 2002, 423/425; *Heun*, in: Dreier, Bd. I, Art. 3 RN. 31, 34.

einerseits des Berufs sowie die Freiheit der beruflichen Ausbildung andererseits[650]. In den Schutzbereich fällt jede auf Dauer angelegte oder nachhaltige Tätigkeit, die der Schaffung und Erhaltung einer Lebensgrundlage dient[651].
Soweit eine Verordnung verbietet, bestimmte Hunde gewerbsmäßig zu züchten oder mit ihnen zu handeln, kommt eine Beeinträchtigung von Art. 12 Abs. 1 GG in Betracht.
Dabei kann eine Einschränkung der Berufswahl und des Berufszugangs[652], wahrscheinlicher aber eine Einschränkung der Berufsausübung in Betracht kommen[653].

d) Vereinbarkeit mit Art. 14 Abs. 1 GG
Eigentum im Sinne des Art. 14 Abs. 1 GG ist jedes vom Gesetzgeber gewährte vermögenswerte Recht[654].
Die meisten Verhaltenvorschriften in Bezug auf die Haltung und das Führen eines Hundes (bspw. Leinenzwang; aber auch Entziehungs- oder Tötungsanordnung) in den Hundeverordnungen können sich als Eigentumsbeeinträchtigung darstellen[655]. Berechtigter Besitz und/oder Eigentum an einem von der Hundeverordnung betroffenen Hund fallen unter den Eigentumsbegriff des Art. 14 Abs. 1 GG in damit in dessen Schutzbereich.
Die Regelungen der Hundeverordnungen sind als Inhalts- und Schrankenbestimmungen zu qualifizieren – auch diejenigen, die die Entziehung oder Tötung vorsehen[656]. Für Personen, die in Zukunft solche Hunde halten wollen, ergibt sich dies von selbst, da hier kein singulärer Zugriff auf das Eigentum Einzelner vorliegt[657]. Für Personen, die schon Hunde halten, sind die Regelungen Inhaltsneubestimmungen. Auch die völlige Zerstörung des Eigentums aus Gründen der Gefahrenabwehr stellt sich nicht als Enteignung dar, denn der Staat „wird nicht mit Blick auf die Eigentumsentziehung tätig, sondern erfüllt die Pflicht der Abwehr von Gefahren für die Allgemeinheit“[658].

e) Vereinbarkeit mit Art. 28ff. EG
Außerdem müssen Einfuhr- und Handelsverbote auch an den Grundfreiheiten der Europäischen Union gemessen werden. Nach Art. 28 EG sind mengenmäßige Einfuhrbeschränkungen sowie alle Maßnahmen mit gleicher Wirkung zwischen Mitgliedsstaaten verboten. Auch das völlige Verbot der Einfuhr bestimmter Waren fällt nach der Rechtsprechung des Europäischen Gerichtshofes unter Art. 28 EG[659]. Import- und Handelsverbote stellen eine Beschränkung der Warenverkehrsfreiheit nach Art. 28 EG dar, da Züchter daran gehindert werden, in

---

[650] *Jarass*, in: Jarass/Pieroth, Art. 12 RN. 1; *Tettinger*, in: Sachs, Art. 12 RN. 8.
[651] BVerfGE 7, 377/397; *Jarass*, in: Jarass/Pieroth, Art. 12 RN. 4; *Tettinger*, in: Sachs, Art. 12 RN. 29.
[652] OVG Saarlouis, Urt. v. 1.12.1993 – 3 N 3/93, abrufbar unter www.jurisweb.de, abgerufen am 21.10.2002.
[653] VGH Rheinland-Pfalz, Urt. V. 4. 7.2001 – VGH B 12/00, 18/00, 8/01 – , NVwZ 2001, 1273/1279; VerfGH Berlin, Urt. v. 12.7.2001 – VerfGH 152/00 – , DVBl 2001, 1586/1594f.; OVG Schleswig, Urt. v. 29.5.2001 – 4 K 8/00 – , NVwZ 2001, 1300/1307; *Wollenteit*, NuR 620/627; *Caspar*, DVBl 2000, 1585/1590.
[654] Bspw. BVerfG, Beschl. v. 22.5.1979 – 1 BvL 8/75 – , BVerfGE 51, 193/216.
[655] Ein Maulkorb- und Leinenzwang soll aber nach Auffassung der OVG Schleswig nicht darunter fallen, da hier nur Modalitäten der Nutzung des Eigentums bestimmt würden und die Eigentumsfreiheit daher schon vom Ansatz her nicht betroffen sei, OVG Schleswig, Urt. v. 29.5.2001 – 4 K 8/00 – , NVwZ 2001, 1300/1306; auch Anzeige- oder Genehmigungsverfahren stellen keine Eingriffe in das Eigentum dar, vgl. *Caspar*, DVBl 2000, 1585/1587.
[656] OVG Schleswig, Urt. v. 29.5.2001 – 4 K 8/00 – , NVwZ 2001, 1300/1306; *Wollenteit*, NuR 2001, 620/625; *Klindt*, NJW 2000, 2563/2565.
[657] *Felix/Hofmann*, NordÖR 2000, 341/342.
[658] BVerfG, Beschl. v. 26.10.1966 – 1 BvL 10/61 – , BVerfGE 20, 351/359; *Wollenteit*, NuR 2001, 620/625; *Roller*, ZUR 1999, 244.
[659] EuGH, Urt. v. 12.7.1973, Rs. 2/73, Slg. 1973, 865, Rz. 7 – Geddo ente nationale risi.

anderen Mitgliedsstaaten gezüchteten Hunde nach Deutschland zu importieren und dort zu verkaufen. Solche Beschränkungen können jedoch gemäß Art. 30 EG gerechtfertigt sein, wenn die Maßnahme aus Gründen der öffentlichen Sicherheit oder zum Schutz der Gesundheit und des Lebens von Menschen und Tieren getroffen wird, es sei denn, die Beschränkung stellt eine willkürliche Diskriminierung oder eine verschleierte Beschränkung des Handels zwischen den Mitgliedsstaaten dar[660].

f) Verhältnismäßigkeit der Regelungen

Alle Regelungen einer Verordnung müssen dem Grundsatz der Verhältnismäßigkeit genügen. Sie müssen also einen legitimen Zweck verfolgen und zur Verfolgung dieses Zwecks geeignet und erforderlich sein. Schließlich dürfen sie zu dem Erfolg nicht außer Verhältnis stehen. Problematisch und Gegenstand der meisten gerichtlichen Verfahren sind auch hier wiederum die Einordnung bestimmter Hunderassen als Kampfhund bzw. gefährlicher Hund mit den daraus folgenden Konsequenzen.

4. Vollzugsprobleme

Die Regelungen der Hundeverordnungen werfen nicht nur rechtliche, sondern auch praktische Probleme auf. Ein Problem besteht darin, dass der Vollzugsbeamte in der Regel nicht von sich aus tätig werden kann, sondern auf Hinweise aus der Bevölkerung angewiesen ist, ob beispielsweise der Hund des Nachbarn verhaltensauffällig ist[661]. Das bedeutet, dass die Ordnungsbehörde oft erst dann einschreiten kann, wenn es schon zu einer konkreten Gefahr gekommen ist. Sie kann dann nur noch verhindern, dass in Zukunft von dem Hund noch eine Gefahr ausgeht. Von den Vollzugsbeamten kann wohl kaum verlangt werden, dass sie den ganzen Tag lang auf der Straße patrouillieren, ob sich Hunde verhaltensauffällig zeigen, geschweige denn, ob ein Hund auf eine gesteigerte Kampfbereitschaft ausgebildet oder gezüchtet worden ist. Anders sieht dies natürlich aus, wenn es darum geht, das Befolgen von Anlein- oder Maulkorbpflichten zu überprüfen.

Hat die Behörde entsprechende Informationen erhalten, müssen sie auf ihren Wirklichkeitsgehalt hin überprüft werden. Gerade in den letzten zwei Jahren bestand aufgrund der Aktualität des Themas verstärkt die Möglichkeit, dass Anzeigen allein aus unbegründeter Angst heraus getätigt wurden. Regelmäßig erfolgt sie auch aus einem Nachbarschaftsstreit heraus[662]. Einen „falschen Alarm" auszuschließen und die sich anschließende Sachverhaltsermittlung kann teilweise mit erheblichem Aufwand verbunden sein. Regelmäßig kann der Beamte der Ordnungsbehörde nicht allein vorgehen, sondern muss sachkundige Personen wie Tierärzte einschalten und den Hund begutachten lassen.

Problematisch ist auch die Überprüfung einer gesteigerten Aggressivität von Hunden, ein Merkmal, das regelmäßig zur Bestimmung der Gefährlichkeit genutzt wird. Eine gesteigerte Aggressivität allein aus der Zugehörigkeit zu einer bestimmten Rasse zu folgern (so, wenn eine Verordnung von „rassespezifischen Merkmalen" spricht[663]), wird wohl ganz überwiegend abgelehnt. Wird mit einem Hund eine Verhaltensprüfung durchgeführt, kann der Prüfer zwar typische Situationen in der Prüfung nachstellen, um zu sehen, wie der Hund reagiert. Solche Situationen sind zum Beispiel das Vorbeifahren eines Radfahrers, kleine Kinder in der

---

[660] *Caspar*, DVBl 2000, 1580/1589f., der solche Verbote in Verordnungen als verhältnismäßig ansieht; anders *Wollenteit*, NuR 2001, 620/627f..

[661] *Rachor*, in: Lisken/Denninger, F RN 74 und 87.

[662] Auskunft des Münsteraner Veterinäramtes vom 25.8.2003.

[663] Art. 37 Abs. 1 Satz 1 des Bayerischen Landesstraf- und Verordnungsgesetz, vgl. unten IV. 7.; § 6 Abs. 1 Nr. 1 der brandenburgischen Verordnung vom 12.6.1998, vgl. unten IV. 10., sowie § 8 Abs. 1 Nr. 1 der brandenburgischen Verordnung vom 25.7.2000, vgl. unten IV. 18..

Nähe oder das Zerplatzen eines Luftballons. Es gibt aber Hundehalter, die ihre Hunde darauf trainieren, auf eine ganz bestimmte Geste oder ein Geräusch anzugreifen. Wenn dies Dinge sind, die in der Prüfung nicht nachgestellt werden (können), weil sie nicht zu den typischen Gefahrensituationen gehören, kann nicht mit an Sicherheit grenzender Wahrscheinlichkeit beurteilt werden, ob ein Hund besonders aggressiv ist[664]. Eine absolute Sicherheit kann also insoweit nicht geleistet werden.
Bei der Überlegung, mit welcher Maßnahme reagiert werden soll, muss schließlich beachtet werden, ob mit Widerstand von Seiten des Halters zu rechnen ist[665]. Die Behörde muss auch in der Lage sein, die angeordnete Maßnahme durchzusetzen.

IV. Die Hundeverordnungen der Länder bis zum 26. Juni 2000

Der 26. Juni 2000, der Tag, an dem ein sechsjähriger Junge in Hamburg von zwei Pitbulls getötet wurde, ist zum Stichtag für den Erlass einer Reihe von Hundeverordnungen quer durch Deutschland geworden. Anlässlich dieser „Gesetzgebungshektik"[666] könnte man vermuten, dass es vorher noch keine oder nur unzureichende Vorschriften gegeben habe. Tatsächlich existierten zu diesem Zeitpunkt aber schon entsprechende Rechtsverordnungen (in Bayern auch ein Gesetz) in zwölf Bundesländern, darunter auch in Hamburg selbst.

1. Die Hundeverordnung Schleswig-Holstein vom 8. März 1976

Schleswig-Holstein war das erste Bundesland, das am 8. März 1976 eine entsprechende Verordnung erließ, die *Landesverordnung über das Halten und Beaufsichtigen von Hunden (Hundeverordnung)*[667]. In dieser Verordnung des Innenministeriums wurden Regelungen über das Beaufsichtigen, den Leinenzwang und ein Mitnahmeverbot für bestimmte Orte festgelegt. Darüber hinaus bestimmte § 4, dass gefährliche Hunde (Überschrift des § 4) in Gewahrsam zu halten sind. Unter gefährlichen Hunden verstand man solche Hunde, die zum Umhertreiben, Hetzen oder Reißen von Wild oder Vieh neigen, bissige Hunde und solche, die gewohnheitsmäßig vorübergehende Menschen, Tiere oder Fahrzeuge anbellen oder anspringen, und läufige Hündinnen. Diese mussten in Gewahrsam gehalten werden. Ergänzt wurden diese Vorschriften um die Pflicht zum Tragen von Halsbändern, Ausnahmeregelungen und die Bestimmung, dass der Verstoß gegen die in den Rechtsverordnungen festgelegten Pflichten eine Ordnungswidrigkeit gemäß § 175 Abs. 3 Landesverwaltungsgesetz darstellte[668].
Die Verordnung beinhaltete somit Regelungen über Hunde an sich, nicht beschränkt auf die Kampfhunde oder gefährliche Hunde; Kampfhunde bzw. bestimmte Hunderassen wurden gar nicht erwähnt. Gefährliche Hunde wurden anhand eines Verhaltenskataloges definiert. Vorschriften über die Zucht und Ausbildung von Hunden bestanden nicht, diese Tätigkeiten waren also, ebenso wie das Halten, erlaubnisfrei. Außerdem gab es keine Eingriffsnormen.

2. Die Hundeverordnung Hamburg vom 4. Juni 1991

Erst vierzehn Jahre nach der ersten Länderverordnung aus Schleswig-Holstein wurde in Hamburg eine weitere Hundeverordnung erlassen. Am 4. Juni 1991 erließ der Hamburgische Senat die *Verordnung über die Zucht und das Halten von Hunden (Hundeverordnung)*[669].

---

664 Auskünfte des Münsteraner Veterinäramtes vom 25.8.2003.
665 *Rachor*, in: Lisken/Denninger, F RN 74.
666 *Wassermann*, NJW 2000, 2560.
667 GVOBl. S. 117.
668 Danach handelt ordnungswidrig, wer vorsätzlich oder fahrlässig einer Verordnung nach Absatz 1 (Verordnungen über die öffentliche Sicherheit) zuwiderhandelt, soweit sie für einen bestimmten Tatbestand auf diese Bußgeldvorschrift verweist.
669 GVBl. S. 235.

a) Inhalt der Verordnung

Die *Verordnung über die Zucht und das Halten von Hunden* enthielt sowohl Vorschriften für das Halten von Kampfhunden, welche anhand eines Rassekataloges[670] definiert wurden, als auch für andere Hunde.

Sowohl die Zucht als auch das Halten solcher Kampfhunde war nach § 2 der Verordnung erlaubnispflichtig; die Erlaubnis wurde nur erteilt, wenn die Person die erforderliche Zuverlässigkeit besaß. Das Erfordernis der Zuverlässigkeit hat sich seit der erstmaligen Verwendung in dieser Verordnung weitgehend durchgesetzt, so dass man es mittlerweile in allen Hundeverordnungen findet. Nach § 2 Abs. 3 fehlt die erforderliche Zuverlässigkeit unter anderem solchen Personen, die wegen bestimmter Straftaten rechtskräftig verurteilt worden sind[671].

Weiter galten nach § 3 für Kampfhunde außerhalb befriedeten Besitztums ein Leinenzwang sowie die Pflicht zum Tragen eines Maulkorbs für Hunde, die sich als bissig erwiesen haben. Ausnahmen waren möglich. Das Halten eines Kampfhundes musste mit einem Hinweisschild am Eingang zum befriedeten Besitztum gekennzeichnet werden[672]; eine Anforderung, die später auch von anderen Verordnungen übernommen wurde[673].

Hunde, die nicht als Kampfhunde galten, mussten unter denselben Voraussetzungen wie Kampfhunde einen Maulkorb tragen. Für verhaltensauffällige Hunde bestand Leinenzwang. Dieser galt für alle Hunde an Orten und Veranstaltungen mit großen Menschenansammlungen.

Die zuständige Behörde konnte das Halten solcher Hunde, das an sich nicht erlaubnispflichtig war, unter bestimmten Voraussetzungen untersagen. Schließlich legte § 8 bußgeldbewehrte Ordnungswidrigkeiten fest.

Die Hamburger Verordnung unterschied sich erheblich von der schleswig-holsteinischen. Die Zucht war reglementiert, es existierten eine Erlaubnispflicht, die sich auf das Merkmal Zuverlässigkeit stützte, ein Rassekatalog, der gefährliche Hunde definierte, und Befugnisnormen zum Einschreiten der Behörde. Insgesmt zeichnete sie sich also durch eine stärkere Reglementierung aus.

b) Rechtsprechung

Durch Urteil vom 24.11.1992 erklärte das Verwaltungsgericht Hamburg im Rahmen einer Feststellungsklage wesentliche Teile der Verordnung für nichtig[674]. Der Halter eines Staffordshire Bullterriers hatte beantragt festzustellen, dass er nicht gemäß § 2 Abs. 1, § 3 Abs. 2 und 3 der Hundeverordnung verpflichtet sei, für das Halten und die Zucht des Hundes eine Erlaubnis einzuholen, den Hund anzuleinen und die Haltung durch ein Hinweisschild kenntlich zu machen. Eine konkrete Normenkontrollklage kam nicht in Betracht, da diese in Hamburg nach § 47 VwGO gegen Verordnungen nicht möglich ist. Das Gericht stellte fest, dass die streitigen Rechtverhältnisse nicht bestünden, da die sie begründenden Regelungen der Hundeverordnung wegen Verstoßes gegen Art. 3 Abs. 1 GG rechtswidrig seien. Es stelle eine sachlich nicht gerechtfertigte Ungleichbehandlung vergleichbarer Sacherhalte dar, dass es der Verordnungsgeber unterlassen habe, Hunde anderer Rassen, die aufgrund ihrer Größe und Kampfkraft und wegen der statistisch erwiesenen Häufigkeit ihrer Beteiligung an Beisszwi-

---

[670] Fila Brasileiro, Mastino Napoletano, American Staffordshire Terrier, Staffordshire Bullterrier, Bullterrier, Bandog und Pit-Bullterrier.

[671] Bspw. wegen vorsätzlichen Angriffs auf das Leben oder die Gesundheit oder wegen einer Straftat gegen das Tierschutzgesetz oder das Waffengesetz.

[672] Diese Pflicht bestand im Übrigen auch bei anderen Hunden, die sich als bissig erweisen hatten.

[673] Bswp. Hessische VO v. 22.4.1992, vgl. unten IV. 6..

[674] 17 VG 2854/92 (nicht veröffentlicht).

schenfällen ein vergleichbareres Gefährdungspotential bildeten, den genannten belastenderen Regelungen der §§ 2 Abs. 1 und 3 Abs. 2 und 3 der Hundeverordnung zu unterwerfen[675].

3. Die saarländische Polizeiverordnung über die Zucht, das Halten und das Führen von Kampfhunden vom 14. August 1991

Zwei Monate nach Hamburg erließ das saarländische Ministerium für Frauen, Arbeit, Gesundheit und Soziales im Einvernehmen mit dem Innenministerium die *Polizeiverordnung über die Zucht, das Halten und das Führen von Kampfhunden*[676].

a) Inhalt der Verordnung

Die saarländische Verordnung legte wie die hamburgische bestimmte Rassen und Kreuzungen als Kampfhund fest[677]. Die Zucht, das Halten und das Führen von Kampfhunde bedurfte gemäß § 2 der Erlaubnis, die nur erteilt wurde, wenn die betreffende Person über die erforderliche Zuverlässigkeit verfügte und das 18. Lebensjahr vollendet hatte. Es bestand außerhalb befriedeter Besitztümer Anleinpflicht sowie Maulkorbzwang für bissige Kampfhunde. Ausnahmen waren möglich. Die Erlaubnisscheine mussten mit sich getragen und ein Hinweisschild am Besitztum angebracht werden, § 3. Schließlich wurden bußgeldbewehrte Ordnungswidrigkeiten festgelegt.

Die saarländische Verordnung ähnelt der hamburgischen. Sie geht aber über diese hinaus, da der Rassekatalog mehr Hunderassen aufführt und die Erlaubnis auch auf das Führen von Kampfhunden erstreckt wird. Andererseits fehlen Befugnisnormen, und die Verordnung beschränkt sich auf Kampfhunde.

b) Rechtsprechung

Das Oberverwaltungsgericht Saarlouis hat in einem Urteil vom 1.12.1993 große Teile der Verordnung für nichtig erklärt[678]. Die ausschließliche Anwendbarkeit der Verordnung auf die Rassen, die in § 1 als Kampfhunde bezeichnet werden, verstoße gegen Art. 3 Abs. 1 GG. Daraus folge dessen Nichtigkeit sowie die Nichtigkeit aller Vorschriften, die sich auf diese Bestimmung beziehen.

4. Die baden-württembergische Polizeiverordnung des Ministeriums Ländlicher Raum über das Halten gefährlicher Hunde vom 28. August 1991

Die *Polizeiverordnung des Ministeriums Ländlicher Raum über das Halten gefährlicher Hunde*[679] wurde am 28. August 1991 im Einvernehmen mit dem Innenministerium erlassen.

a) Inhalt der Verordnung

Wie die hamburgische und die saarländische Verordnung enthielt die baden-württembergische Verordnung eine Aufzählung, welche Rassen und ihre Kreuzungen als Kampfhunde im Sinne der Verordnung gelten sollten[680]. Die Haltung bedurfte der Erlaubnis. Diese wurde nach

---

[675] S. 11 des Urteils, Ausführungen auf den folgenden Seiten.

[676] ABl. 1991, S. 918.

[677] Über die in der Hamburger Verordnung hinaus noch Englische Bulldogge, Mastin Espanol, Argentinischer Mastiff, Bullmastiff, Tosa Inu, Bordeaux Dogge und ihre Kreuzungen, die Kreuzungen Bandog und Pitbullterrier sowie andere Kreuzungen von Kampfhunderassen.

[678] OVG Saarlouis, Urt. v. 1.12.1993 – 3 N 3/93 –, www.juris.de vom 21.10.2002.

[679] GBl.BW 1991, S. 542.

[680] Bullterrier, Stafforshire Bullterrier, American Staffordshire Terrier, Mastino Napoletano, Mastin Espanol, Fila Brasileiro, Argentinischer Mastiff, Mastiff, Bullmastiff, Tosa Inu, Bordeaux Dogge und deren Kreuzungen,

§ 2 nur unter besonderen Voraussetzungen erteilt[681].

Außer Kampfhunden bestimmte die Verordnung, wann Hunde als gefährlich galten[682]. Diese mussten in Gewahrsam gehalten, außerhalb befriedeten Besitztums angeleint werden und einen Maulkorb tragen, wenn es sich um Kampfhunde oder bissige Hunde handelte. Ausnahmen konnten zugelassen werden. Schließlich wurden in § 5 bußgeldbewehrte Ordnungswidrigkeiten festgelegt.

Die Aufzählung der Kampfhunderassen ist fast identisch mit der Aufzählung in der saarländischen Verordnung[683]. Die Erlaubnis beschränkt sich allerdings auf das Halten von Kampfhunden; außerdem werden zusätzlich gefährliche Hunde definiert, für die Reglementierungen hinsichtlich das Haltens und Führens bestehen. Gefährliche Hunde können also nicht nur Kampfhunde im Sinne der Verordnung sein. Ebenso wie in der saarländischen Verordnung fehlen, außer der Möglichkeit, Bußgelder zu verhängen, Eingriffsnormen wie ein Untersagungsverbot oder die Einziehung oder Einschläferung von Hunden.

b) Rechtsprechung

Die baden-württembergische Hundeverordnung ist vom Verwaltungsgerichtshof Mannheim für teilweise nichtig erklärt worden[684]. Der Rassekatalog verstoße gegen Art. 3 Abs. 1 GG. Daraus ergebe sich die Nichtigkeit sowohl von § 1 insgesamt als auch die Erlaubnis- und Anzeigepflicht (§§ 2, 4) und der generelle Gewahrsams-, Leinen- und Maulkorbzwang (§ 3), soweit er Kampfhunde allein nach der Rassezugehörigkeit erfasst, da diese Regelungen ohne § 1 nicht sinnvoll bestehen bleiben könnten[685]. Auf diese teilweise Nichtigkeit der Verordnung hat der Verordnungsgeber allerdings, soweit erkennbar, in der Folgezeit nicht reagiert[686]. Erst am 3. August 2000, anderthalb Monate nach dem Vorfall in Hamburg und acht Jahre nach dem Urteil, wurde in Baden-Württemberg eine neue Hundeverordnung erlassen[687]. Nicht mit Sicherheit kann die Frage geklärt werden, ob sich dadurch eine Rechtslücke in Baden-Württemberg ergeben hat. Schon die ministerielle Verordnung sah in § 6 Satz 2 vor, dass weitergehende Polizeiverordnungen nachgeordneter Polizeibehörden unberührt bleiben. Die Gemeinden hatten also die Möglichkeit, eigene Regelungen betreffend die Hundehaltung zu treffen. Dass von dieser Möglichkeit tatsächlich auch Gebrauch gemacht wurde, zeigt zumindest ein Urteil des VGH Mannheim zu einer Polizeiverordnung im Stadtkreis Mannheim vom 26. April 1999[688].

---

die Kreuzungen Bandog und Pitbullterrier sowie diesen Rassen und Kreuzungen in der Gefährlichkeit vergleichbare Hunde.

[681] Wenn durch die Haltung keine Gefahr für Leben und Gesundheit von Menschen, anderen Haustieren oder jagbarem Wild entstehen kann, gegen die Zuverlässigkeit keine Bedenken bestehen und die Person ihre Eignung als Führer von Kampfhunden nachweist. Wie letzteres geschehen sollte, war nicht geregelt.

[682] § 3: Kampfhunde, die älter als sechs Monate sind, Hunde, die zum Streunen, Hetzen oder Reißen von Wild oder Vieh neigen, bissige Hunde und Hunde, die in aggressiver oder gefahrdrohender Weise Menschen oder Tiere anspringen.

[683] In der saarländischen Verordnung ist lediglich noch zusätzlich die Englische Bulldogge genannt, § 1.

[684] Urt. v. 18.8.1992 – 1 S 2550/91 – , NVwZ 1992, 1105.

[685] NVwZ 1992, 1105/1106ff..

[686] Auf Nachfrage erklärte das zuständige Ministerium, es seien ja nur Teile der Verordnung für nichtig erklärt worden. Weiter äußerte es sich dazu nicht; Auskunft vom 12.12.2002.

[687] Vgl. dazu unten V. 15.. Dort wird nun zwischen gefährlichen Hunden und Kampfhunden differenziert. Bei den Kampfhunden wird zusätzlich zwischen Rassen mit der Vermutung widerlegbarer und unwiderlegbarer Gefährlichkeit differenziert.

[688] 1 S 2214/98 (nicht rechtskräftig), NVwZ 1999, 1016.

5. Die Polizeiverordnung für die Stadtgemeinde Bremerhaven vom 31. Oktober 1991

Am 31. Oktober wurde für die Stadtgemeinde Bremerhaven, also beschränkt auf das Stadtgebiet, mit Zustimmung der Stadtverordnetenversammlung die *Polizeiverordnung über die öffentliche Sicherheit der Stadtgemeinde Bremerhaven*[689] erlassen.

a) Inhalt der Verordnung

Die *Polizeiverordnung über die öffentliche Sicherheit der Stadtgemeinde Bremerhaven* regelte zunächst allgemein das Befördern und Führen von Tieren[690], sah aber auch spezielle Vorschriften für Hunde vor. Für verhaltensauffällige Hunde konnte ein Leinen- oder Maulkorbzwang angeordnet werden, für bissige Hunde war der Maulkorb Pflicht.

Besondere Regeln galten für Kampfhunde. § 1 Abs. 5 Satz 2 definierte Kampfhunde als solche Hunde, von denen nach ihrer besonderen Veranlagung, Erziehung und/oder Charaktereigenschaft eine Gefahr für die öffentliche Sicherheit ausgeht (§ 1 Abs. 5 Satz 2). Insbesondere galten als Kampfhunde nach § 1 Abs. 5 Satz 3 die dort aufgeführten Rassen und deren Kreuzungen[691].

Diese Definition des Kampfhundebegriffs enthält eine Neuerung zu den Rassekatalogen der baden-württembergischen, hamburgischen und saarländischen Verordnung, da in Bremerhaven die Rassen nur beispielhaft aufgeführt und nicht abschließend sind. Dadurch werden auch Hunde anderer Rassen als Kampfhunde eingestuft, wenn sie die Voraussetzungen des § 1 Abs. 5 Satz 2 erfüllen.

b) Rechtsprechung

Trotz dieser Differenzierung wurde § 1 Abs. 5 der Verordnung vom Oberverwaltungsgericht Bremen aufgrund eines Verstoßes gegen Art. 3 Abs. 1 GG für nichtig erklärt[692].

Der Verordnungsgeber hat auf diese Entscheidung, soweit erkennbar, nicht reagiert. Erst im Juni 2000, noch vor dem Vorfall in Hamburg, wurde für Bremerhaven eine neue Hundeverordnung erlassen. Diese änderte an dem von der Rechtsprechung kritisierten Rassekatalog allerdings kaum etwas[693].

6. Die Hundeverordnung Hessen vom 22. April 1992

In Hessen wurde am 22. April 1992 die *Gefahrenabwehrverordnung über das Halten von Hunden (Hundeverordnung)*[694] vom Ministerium des Innern und für Europaangelegenheiten erlassen. Sie enthielt in § 1 das Gebot, dass jeder, der einen Hund außerhalb des eingefriedeten Besitztums führt oder laufen lässt, diesem ein Halsband anzulegen hat, auf dem Namen, Anschrift und gegebenenfalls Telefonnummer des Halters anzugeben sind.

---

[689] GBl. S. 406.

[690] Gemäß § 65 Abs. 1 PolG Bremen sind die Ortspolizeibehörden die Gemeinden. Nach § 67 Abs. 2 PolG Bremen gliedern sich die Ortspolizeibehörden in das Stadt- und Polizeiamt der Stadtgemeinde Bremen und in den Oberbürgermeister der Stadtgemeinde Bremerhaven als Vertreter des Magistrats. Die Ortspolizeibehörden dürfen gemäß § 49 PolG Bremen für ihren Bezirk Polizeiverordnungen erlassen.

[691] Bullterrier, Pitbullterrier, Mastino Napoletano, Fila Brasileiro, Bordeaux Dogge, Staffordshire Terrier, Dogo Argentino, American Staffordshire Bullterrier, Mastiff, Bullmastiff sowie Kreuzungen mit diesen Hunden wie beispielsweise der Bandog.

[692] Urt. v. 6. 10. 1992 – 1 N/92 – , DÖV 1993, S. 576: Es sei zwar richtig, dass die in der Verordnung genannten Hunde ein erhöhtes Gefahrenpotential besäßen. Es fehle aber ein sachlicher Grund für die unterschiedliche Behandlung gegenüber denjenigen Hunderassen, die ein vergleichbares Gefahrenpotential besitzen. Das seien insbesondere diejenigen Rassen, die ebenfalls zu den doggenartigen Hunden gerechnet werden.

[693] Verordnung vom 7. Juni 2000, GBl. S. 232, vgl. dazu unten IV. 23..

[694] GVBl. S. 154.

Gefährliche Hunde wurden ausschließlich anhand eines bestimmten gezeigten Verhaltens[695] und nicht anhand der Rasse bestimmt. Diese mussten außerhalb befriedeten Besitztums angeleint werden, einem bissigen Hund musste ein Maulkorb angelegt werden. Es gab auch Vorschriften für die Sicherung und Kennzeichnung des Besitztums und für die Anforderungen an die Aufsichtsperson[696].
Zwar war für die Haltung von gefährlichen Hunden eine Erlaubnis nicht erforderlich, jedoch konnte die Behörde unter bestimmten Voraussetzungen die Haltung untersagen. Auch wurde festgelegt, welche Zuwiderhandlungen gegen Vorschriften der Verordnung Ordnungswidrigkeiten darstellten.

Mit dem Verzicht auf einen Rassekatalog und die Erwähnung von Kampfhunden folgt die hessische Hundeverordnung dem Beispiel der schleswig-holsteinischen. Die Möglichkeit, das Halten von Hunden zu untersagen, war aber bisher nur in der Hamburger Verordnung vorgesehen, was die hessische Verordnung offenbar von dieser übernommen hat. Die Anforderungen an die Aufsichtsperson (Vollendung des 18. Lebensjahres sowie die körperliche und geistige Fähigkeit, den Hund sicher zu führen, § 3 Abs. 1) weichen allerdings von allen bisherigen Verordnungen ab, da auf das Vorliegen des Merkmals Zuverlässigkeit verzichtet wird. Auch in Hessen musste das Besitztum mit einem Warnschild gekennzeichnet werden.

7. Die Änderung des Landesstraf- und Verordnungsgesetz Bayern und die Hundeverordnung Bayern vom Juni 1992

a) Inhalt der Änderung des Landesstraf- und Verordnungsgesetzes
Das *Gesetz zur Änderung des Landesstraf- und Verordnungsgesetzes*[697] des Freistaates Bayern vom 10. Juni 1992 fügte in das bestehende Gesetz drei Artikel (teilweise neu) ein, die sich mit gefährlichen Tieren und insbesondere Hunden befassen. Der neue Art. 18 Abs. 1 enthält eine Verordnungsermächtigung an die Gemeinden, das freie Herumlaufen von großen Hunden und Kampfhunden zu reglementieren. Was große Hunde sind, führt die Vollzugsbekanntmachung näher aus[698]. Nach Absatz 2 können Anordnungen für den Einzelfall zur Haltung von Hunden getroffen werden.
Art. 37 Abs. 1 Satz 1 legt fest, dass für das Halten eines gefährlichen Tieres einer wildlebenden Art oder eines Kampfhundes eine Erlaubnis erforderlich ist[699]. Satz 2 definiert Kampfhunde als Hunde, bei denen aufgrund rassespezifischer Merkmale, Zucht oder Ausbildung von einer gesteigerten Aggressivität und Gefährlichkeit gegenüber Menschen oder Tieren auszugehen ist; gleichzeitig enthält der 2. Halbsatz eine Ermächtigung an das Staatsministerium des Innern, durch Verordnung Rassen, Kreuzungen und sonstige Gruppen von Hunden zu bestimmen, für die die Eigenschaft als Kampfhund vermutet wird. Diese Art der Bestimmung der Kampfhundeeigenschaft taucht erstmalig auf, wird aber ab diesem Zeitpunkt in vielen

695 Bissigkeit, Anspringen von Menschen in gefahrdrohender Weise oder Neigung zum Hetzen oder Reißen von Wild, Vieh oder anderen Hunden, § 2 Abs.1. Vgl. zur Erklärung dieser Verhaltensweisen *Rachor*, in: Lisken/Denninger, F RN 80ff..
696 Sie musste nach das 18. Lebensjahr vollendet haben und sowohl körperlich als auch geistig in der Lage sein, den Hund zu führen.
697 GVBl. S. 152.
698 Abgedruckt bei *Bengl/Berner/Emmerig*, Art. 18, S. 1f..
699 Diese Erlaubnis wird gemäß Abs. 3 nur erteilt, wenn der Halter ein berechtigtes Interesse nachweist, keine Bedenken gegen seine Zuverlässigkeit bestehen und Gefahren für Leben, Gesundheit, Eigentum oder Besitz nicht entgegenstehen. Die Erteilung kann auch vom Bestehen einer Haftpflichtversicherung abhängig gemacht werden.

folgenden Verordnungen übernommen. In ähnlicher Form existiert die Bestimmung gefährlicher Hunde mittlerweile so gut wie überall. Man kann daher davon ausgehen, dass Bayern mit dieser Formulierung als Vorbild gedient hat[700].
Gemäß Art. 37 Abs. 5 des Landesstraf- und Verordnungsgesetzes kann insbesondere das Halten ohne Erlaubnis mit einer Geldbuße bis zu 10.000 € geahndet werden. Außerdem ist nach Art. 37 a eine Geldbuße bis 50.000 € möglich, wenn Kampfhunde gezüchtet oder gekreuzt werden[701].

b) Inhalt der Verordnung
Aufgrund der Ermächtigung des Art. 37 Abs. 1 Satz 2 des Landesstraf- und Verordnungsgesetzes ist die *Verordnung über Hunde mit gesteigerter Aggressivität und Gefährlichkeit*[702] erlassen worden. Diese enthält zwei Kataloge von Rassen und Gruppen von Hunden. Nach dem ersten Katalog wird die Kampfhundeeigenschaft unwiderlegbar vermutet[703], nach dem zweiten ist die Eigenschaft als Kampfhund widerlegbar, wenn nachgewiesen wird, dass der einzelne Hund keine gesteigerte Aggressivität und Gefährlichkeit aufweist[704]. Schließlich kann sich die Eigenschaft im Einzelfall aus der Ausbildung des Hundes ergeben.

Bayern geht damit schon von der Konzeption her – Regelung der meisten Aspekte durch Gesetz anstatt durch Verordnung – einen anderen Weg als die übrigen Bundesländer. Das Landesstraf- und Verordnungsgesetz enthielt schon vor Einfügung der kampfhundespezifischen Regelungen Vorschriften über das Halten gefährlicher Tiere. Durch das Änderungsgesetz wurde außerdem das Vorliegen des berechtigten Interesses um das Beispiel der Bewachung eines gefährdeten Besitztums konkretisiert und die Auflage des Vorliegens einer Haftpflichtversicherung für das Erteilen der Erlaubnis ergänzt. Beides ist (zu diesem Zeitpunkt) einmalig in Deutschland. Im Wesentlichen wurden die Vorschriften über gefährliche Tiere auf Kampfhunde ausgeweitet. Eine Orientierung an den Verordnungen anderer Länder könnte höchstens hinsichtlich des Rassekataloges stattgefunden haben. Auch hier unterscheidet sich die bayerische Regelung aber insofern, als bei den Rassen differenziert wird zwischen solchen, bei denen die Kampfhundeeigenschaft widerlegbar und bei denen sie unwiderlegbar vermutet wird. Schließlich kann sich die Eigenschaft auch unabhängig von der Rasse im Einzelfall aus der Ausbildung mit dem Ziel einer gesteigerten Aggressivität und Gefährlichkeit ergeben.
Die Existenz eines Gesetzes, das schon grundsätzliche Regelungen enthält, machte es unnötig, eine gänzlich neue Verordnung zu erlassen, wie dies in den anderen Bundesländern der Fall war. Lediglich die Vermutung der Kampfhundeeigenschaft wurde durch die neu eingefügte Ermächtigung per Verordnung geregelt.
Das Gesetz ist seit dem unverändert, die Verordnung ist im Wesentlichen immer noch unverändert in Kraft[705].

[700] Vgl. bspw. nur die in den 90er Jahren folgenden Verordnungen aus Rheinland-Pfalz, Nordrhein-Westfalen oder Bremerhaven. Zum faktischen Problem, wie der Ordnungsbeamte dies feststellen soll, vgl. schon oben III. 4.. Er ist auf Hinweise angewiesen, und die Überprüfung dieser Hinweise muss in der Regel durch einen Tierarzt erfolgen.
[701] Vorher 20.000 bzw. 10.000 DM; Euroanpassung durch § 9 des Gesetzes v. 24.4.2001, GVBl. S. 140.
[702] v. 10.6.1992, GVBl. S. 268.
[703] Pit-Bull, Bandog, American Staffordshire Terrier, Staffordshire Bullterrier und Tosa-Inu.
[704] Bullmastiff, Bullterrier, Dog Argentino, Dogue de Bordeaux, Fila Brasileiro, Mastiff, Mastin Espanol, Mastino Napoletano und Rhodesian Ridgeback.
[705] Änderung der Verordnung am 4. 9.2002, GVBl. S. 514, vgl. dazu unten VI. 4..

c) Rechtsprechung
Diese Vorschriften wurden vom Bayerischen Verfassungsgerichtshof für mit der bayerischen Verfassung vereinbar erklärt[706].

8. Die rheinland-pfälzische Landespolizeiverordnung zur Abwehr von Gefahren durch gefährliche Hunde vom 10. November 1992
Am 10. November 1992 wurde in Rheinland-Pfalz die *Landespolizeiverordnung zur Abwehr von Gefahren durch gefährliche Hunde*[707] durch das Ministerium des Innern und für Sport erlassen. In dieser werden gefährliche Hunde entsprechend der hessischen Verordnung anhand des Verhaltens[708] bestimmt, aber auch danach, ob sie mit dem Ziel gezüchtet oder herangebildet wurden, ihre Aggressivität zu steigern. Das Abstellen auf Gefährlichkeit aufgrund von Aggressionszucht oder -ausbildung wird hier aus Bayern übernommen.
Es war verboten, Hunde zu diesem Verhalten heranzubilden. Für gefährliche Hunde bestand ein Anleinzwang außerhalb befriedeten Besitztums[709], teilweise auch ein Maulkorbzwang nach § 3. Außerdem mussten sie in Gewahrsam gehalten werden. Schließlich musste die Person, die einen solchen Hund außerhalb des befriedeten Besitztum führt, das 18. Lebensjahr vollendet haben und körperlich in der Lage sein, den Hund sicher zu führen. Dies ist ebenfalls eine Anlehnung an die Bestimmung der hessischen Hundeverordnung[710]. Ordnungswidrigkeiten waren ebenfalls festgelegt. Schließlich existierte wie in Hessen und Hamburg eine Untersagungsbefugnis (§ 6) hinsichtlich des Haltens von Hunden.

Mit dem Verzicht auf eine spezifische Regelung für Kampfhunde orientierte sich die rheinland-pfälzische Hundeverordnung an den Verordnungen von Schleswig-Holstein und Hessen.

9. Die Polizeiverordnung über das Halten von Hunden für die Stadtgemeinde Bremen vom 16. November 1992
Am 16. November 1992 erließ der Magistrat der Stadt Bremen mit Zustimmung der Stadtbürgerschaft die *Polizeiverordnung über das Halten von Hunden*[711] für die Stadtgemeinde Bremen. Als gefährlich galten Hunde, die ein bestimmtes auffälliges Verhalten gezeigt hatten[712] oder bei denen mit großer Wahrscheinlichkeit davon auszugehen war, dass sie Menschen oder Tiere beißen. Eine Ausnahme bestand, wenn die Hunde zur Verteidigung ihrer Aufsichtsperson oder zu ihrer eigenen Verteidigung gebissen hatten. In anderen Verordnungen waren solche Ausnahmen nur zulässig, wenn im Einzelfall keine Gefahr für die öffentliche Sicherheit oder Ordnung zu befürchten war[713].
Für das Halten von gefährlichen Hunden bestand wie in anderen Verordnungen auch Leinenpflicht, bei bissigen Hunden Maulkorbzwang und Kennzeichnung des befriedeten Besitztums durch ein Warnschild. Die Beschränkung und Untersagung der Haltung eines gefährlichen Hundes war möglich; gleichzeitig sollte die Behörde dann anordnen, den Hund unverwechselbar markieren zu lassen.

---

[706] Entsch. v. 12.10.1994 – Vf. 16-VII-92 und Vf. 5-VII-93 – , BayVBl. 1995, 76; vgl. auch zu Art. 18 Abs. 2 LStVG BayVGH, Beschl. v. 11.7.2001 – 24 CS 01.1201 – , BayVBl. 2001, 691.
[707] GVBl. S. 374.
[708] § 1: Hunde, die sich als bissig erwiesen haben, die zum Hetzen oder Reißen von Wild oder Vieh neigen, die wiederholt in aggressiver oder gefahrdrohender Weise Mensche anspringen.
[709] So auch im Saarland, Baden-Württemberg und Hessen.
[710] Diese stellt allerdings zusätzlich auf die entsprechende geistige Fähigkeit ab.
[711] GBl. S. 678.
[712] Gefährdendes Anspringen oder Beißen, Hetzen oder Reißen von Wild und Vieh.
[713] Vgl. § 3 Abs. 5 der *Gefahrenabwehrverordnung - Gefährliche Hunde* - von Rheinland-Pfalz.

Die Hundeverordnung für die Stadtgemeinde Bremen traf aber auch Vorschriften für das Halten von anderen als gefährlichen Hunden. Auch diese durften nur von geeigneten Personen, an der Leine und mit einem Halsband geführt werden, das den Halter erkennbar ließ. Die Behörde war befugt, Hunde, die ohne Aufsicht entgegen diesen Bestimmungen angetroffen wurden, einzufangen und kostenpflichtig in Verwahrung zu nehmen. Schließlich konnten Ordnungswidrigkeiten mit einer Geldbuße bis zu zehntausend Deutsche Mark geahndet werden.

Die Hundeverordnung für die Stadtgemeinde Bremen könnte sich an der schleswig-holsteinischen, der hessischen und der rheinland-pfälzischen Verordnung orientiert haben, da sie keine Aussage über Kampfhunde oder Rassen machte. Der Grund, weshalb man auf einen Rassekatalog verzichtete, liegt aber wahrscheinlicher darin, dass kurz zuvor (etwa einen Monat vor Erlass) das Oberverwaltungsgericht Bremen eine entsprechende Regelung der Verordnung für Bremerhaven für nichtig erklärt hatte[714].
Eingriffsnormen existierten wie in Hamburg[715] und Hessen; die Möglichkeit des Einfangens und der kostenpflichtigen Verwahrung ging allerdings darüber hinaus. Die Reglementierung des Haltens und Führens anderer Hunde existierten ebenfalls in der schleswig-holsteinischen und in der Hamburger Verordnung[716].

10. Die brandenburgische Hundehalterverordnung vom 22. Februar 1993
Am 22. Februar 1993 erließ Brandenburg als erstes der neuen Bundesländer[717] eine *Ordnungsbehördliche Verordnung über das Führen und Halten von Hunden (Hundehalterverordung)*[718]. Sie kam ohne den Begriff des gefährlichen Hundes oder des Kampfhundes und auch ohne einen Rassekatalog aus. Besondere Vorschriften wie Anleinpflicht, Maulkorbzwang oder Kennzeichnung des Besitztums waren nur für verhaltensauffällige Hunde vorgesehen.

Die sonstigen Vorschriften betrafen allgemein das Führen und Halten von Hunden. Diese mussten grundsätzlich umsichtig geführt werden, ein Halsband tragen und bei Veranstaltungen mit Menschenansammlungen an einer höchstens zwei Meter langen Leine geführt werden. Die Behörde konnte die Haltung eines Hundes untersagen, wenn der Hund von einer unzuverlässigen Person (Voraussetzungen in § 6 Abs. 2) gehalten wurde oder wenn der Hund (gemäß § 4 Abs. 1) als bissig galt. Die Ordnungswidrigkeiten wurden mit einer Geldbuße, allerdings ohne Angabe eines Höchst- oder Mindestbetrages, geahndet. Ausnahmeregelungen bestanden für Diensthunde und Blindenhunde. Außerdem gab es die Möglichkeit, von einzelnen Bestimmungen der Verordnung Ausnahmen zu erteilen, wenn im Einzelfall Menschen, Tiere oder Sachen nicht gefährdet wurden.

Mit dem Verzicht auf eine Rasseliste könnte die brandenburgische Verordnung sich an den überwiegend negativen Gerichtsentscheidungen zu den Rassekatalogen orientiert haben.

---

714 Urt. v. 6. 10. 1992, DÖV 1993, 576, vgl. dazu auch oben IV. 5..

715 Wobei die Erlaubnispflicht zur Haltung und Zucht, die Anleinpflicht sowie die Pflicht zur Aufstellung eines Hinweisschildes, wie erwähnt, durch Urteil des VG Hamburg für nichtig erklärt wurde. Da es sich um ein Feststellungsurteil handelte, besaß es allerdings keine inter-partes-Wirkung.

716 Wohl auch in der hessischen Verordnung, da die Möglichkeit der Untersagung der Haltung sich nicht auf gefährliche Hunde beschränkt, § 4.

717 Ob diese Bundesländer bis zu diesem Zeitpunkt entsprechende Rechtsverordnungen aufgrund von DDR-Recht besaßen, ist nicht bekannt. Es dürfte aber zu bezweifeln sein, dass es dort schon eine bedeutende Anzahl von „Kampfhunden" gegeben hat.

718 GVBl. II 1993, S. 11.

Möglich ist aber auch, dass man sich die Verordnungen aus Schleswig-Holstein, Hessen oder Bremen zum Vorbild genommen hatte.

11. Die Hundeverordnung Schleswig-Holstein vom 7. Juli 1993

Mit Inkrafttreten der *Landesverordnung über das Halten und Beaufsichtigen von Hunden (Hundeverordnung)*[719] vom 7. Juli 1993 trat die bisher in Schleswig-Holstein geltende Hundeverordnung vom März 1976 außer Kraft. Wesentlicher Unterschied ist die Beschränkung der Überlassung von Hunden nur an solche Personen, die die Gewähr dafür bieten, den Hund sicher zu führen. Die Definition des gefährlichen Hundes nach § 4 wurde etwas verändert: Hunde mussten nun, um als gefährlich im Sinne der Verordnung zu gelten, über ihre artgemäße Veranlagung hinaus zum Umhertreiben, Hetzen oder Reißen von Wild oder Vieh neigen. Läufige Hündinnen tauchten nicht mehr auf, dafür galten ebenfalls als gefährlich solche Hunde, die zu aggressivem Verhalten gezüchtet oder abgerichtet worden waren, zu diesem Verhalten neigen und wegen ihrer körperlichen Beschaffenheit schwere Verletzungen verursachen können. Diese Konzeption ist offenbar aus der rheinland-pfälzischen Verordnung übernommen worden.
Die Halter gefährlicher Hunde trafen besondere Pflichten zur Sicherung des Hundes.

Nachdem die meisten Verordnungen anderer Bundesländer, die der schleswig-holsteinischen Hundeverordnung von 1976 nachfolgten, auf einen Rassekatalog verzichtet haben, sah offenbar auch Schleswig-Holstein weiterhin keinen Bedarf, in dieser Hinsicht etwas an seiner Verordnung zu ändern. Auch die Gerichtsurteile in Hamburg, Baden-Württemberg und dem Saarland haben möglicherweise zu dieser Entscheidung beigetragen. Eingriffsbefugnisse und besondere Anforderungen an den Halter von gefährlichen Hunden sowie die Erlaubnispflicht bestimmter Tätigkeiten existierten aber weiterhin nicht.

12. Die Hundeverordnung Hamburg vom 14. Dezember 1993

Am 14. Dezember 1993 erließ Hamburg eine neue Verordnung, die *Verordnung zum Schutz vor gefährlichen Hunden und über das Halten von Hunden (Hundeverordnung)*[720]. Auf die Definition bestimmter Hunderassen als Kampfhunde wurde nun verzichtet, stattdessen definierte § 1 gefährliche Hunde über ihr bisher gezeigtes auffälliges und gefährliches Verhalten. Außerdem galten Hunde als gefährlich, die durch Zucht, Haltung oder Ausbildung eine erhöhte Aggressivität entwickelt haben und aus diesem Grund Menschen oder Tiere angreifen. Die Zucht und die Ausbildung, bisher erlaubnispflichtig, waren nun verboten. Die Erlaubnispflicht zum Halten eines gefährlichen Hundes wurde dagegen aufgehoben.
Die übrigen Vorschriften waren weitgehend identisch mit denen der Verordnung von 1991[721].

Offenbar war der Verzicht auf eine Rasseliste in der neuen Verordnung eine Reaktion auf das Urteil des Verwaltungsgerichts Hamburg, das eine solche für nichtig erklärt hatte. Das kann man deshalb vermuten, da die übrigen Gerichte bis auf den Bayerischen Verfassungsgerichtshof eine solche Regelung für verfassungswidrig hielten. Der Verordnungsgeber wollte wohl das Risiko eines erneuten Scheiterns vor Gericht nicht auf sich nehmen.

---

[719] GVOBl. 1993, S. 282, geändert durch die Verordnung vom 24. Oktober 1996, GVBl. S. 652, die allerdings keine inhaltliche Änderung vorgenommen hat.

[720] GVBl. 1993, S. 379; 1994, S. 2.

[721] Vgl. dazu oben IV. 2..

13. „Musterverordnung Hunde“ aus Mecklenburg-Vorpommern von 1994

In Mecklenburg-Vorpommern wurde 1994 eine „Musterverordnung Hunde“ erarbeitet, die zunächst als Ministerverordnung geplant war. Dem stand die kommunale Ebene allerdings ablehnend gegenüber, eine Einstellung, die sich erst mit dem Urteil des Bundesverwaltungsgerichts Anfang 2000 zur Hundesteuer änderte[722]. So wurde die Musterverordnung nur als Vorbild für einige kommunale Verordnungen genutzt.

Diese Musterverordnung verzichtete auf einen Rassekatalog und definierte gefährliche Hunde aufgrund von gezeigtem sozialauffälligem Verhalten bzw. solchen, die zu besonders aggressivem Verhalten gezüchtet oder abgerichtet worden sind. Für das Halten und Führen von Hunden, insbesondere von gefährlichen Hunden gab es Beschränkungen wie Leinen- und Maulkorbzwang. Außerdem konnte die Haltung gefährlicher Hunde untersagt werden, wenn eine Gefahr für Mensch oder Tier bestand.

Die Musterverordnung weist deutliche Ähnlichkeiten mit der hessischen Verordnung und der rheinland-pfälzischen Verordnung von 1992 auf, die beide auf eine Erlaubnispflicht und einen Rassekatalog verzichteten.

14. Die Hundeverordnung Nordrhein-Westfalen vom 21. September 1994

Am 21. September 1994 wurde vom nordrhein-westfälischen Ministerium für Umwelt, Raumordnung und Landwirtschaft im Einvernehmen mit dem Innenministerium die *Ordnungsbehördliche Verordnung über die Zucht, die Ausbildung, das Abrichten und das Halten gefährlicher Hunde*[723] erlassen.

a) Inhalt der Verordnung

Die Verordnung verzichtete darauf, nur Kampfhunde zu reglementieren. Dieser Begriff findet sich in der Verordnung auch nicht, statt dessen waren gefährliche Hunde im Sinne der Verordnung solche, die durch ein bestimmtes auffälliges Verhalten ihre Gefährlichkeit bewiesen, eine bestimmte Ausbildung durchlaufen haben oder scharf gezüchtet wurden[724]. Die Zucht, Ausbildung, das Abrichten und Halten gefährlicher Hunde war erlaubnispflichtig. Dies war die bisher umfassendste Erlaubnispflicht[725]. Die Erlaubnis wurde erteilt, wenn die Person das 18. Lebensjahr vollendet, einen Sachkundenachweis nach § 3 erbracht hatte, die erforderliche Zuverlässigkeit besaß und eine verhaltensgerechte und ausbruchsichere Unterbringung der Tiere gewährleistet war; dies entsprach größtenteils den Vorschriften in Baden-Württemberg und im Saarland[726].

Es bestand Leinen- und Maulkorbzwang mit der Möglichkeit zu Ausnahmeregelungen. Eine Eingriffsbefugnis sowie Bußgeldvorschriften waren ebenfalls vorhanden.

b) Rechtsprechung

Die Hundeverordnung Nordhrein-Westfalen ist vom Oberverwaltungsgericht Münster als im Wesentlichen rechtmäßig angesehen worden[727].

---

[722] Auskunft des Innenministeriums Mecklenburg-Vorpommern vom 19.11.2002.

[723] GV.NW 1994, S. 1086, 1140.

[724] Vgl. im Einzelnen § 1 der Verordnung.

[725] In Baden-Württemberg war nur das Halten erlaubnispflichtig, in Bayern zusätzlich die Ausbildung. In der Hamburger Verordnung von 1991 waren die Zucht und die Haltung, in der saarländischen Verordnung von 1991 Zucht, Halten und Führen erlaubnispflichtig.

[726] Ein Sachkundenachweise ist dort allerdings nicht erforderlich.

[727] Beschl. v. 6.3.1997 – 5 B 3201/96 – , NVwZ 1997, 806: wegen mangelnder gesetzlicher Grundlage nichtig ist nur die Vorschrift, dass die Sachkundeprüfung auf den Verband für das Deutsche Hundewesen e.V. und den Landestierschutzverband übertragen wird. Es ging in dem Verfahren um einen Antrag auf Gewährung einstwei-

15. Die Hundeverordnung Sachsen vom 28. Juni 1996

Am 28. Juni 1996 wurde in Sachsen die *Polizeiverordnung des Sächsischen Staatsministeriums für Soziales, Gesundheit und Familie zum Schutz vor gefährlichen Hunden*[728] erlassen. Die Verordnung verzichtete auf einen Rassekatalog und definierte gemäß § 1 als gefährliche Hunde solche Hunde, die sich als bissig erwiesen haben, die zum Hetzen oder Reißen von Tieren neigen sowie Hunde, die durch Zucht, Haltung oder Ausbildung eine gesteigerte Aggressivität entwickelt haben und aus diesem Grund Menschen oder Tiere angreifen. § 2 legte ein Zucht- und Ausbildungsverbot mit dem Ziel gesteigerter Aggressivität fest. Eine Erlaubnispflicht zur Haltung bestand nicht, jedoch enthielt § 5 Abs. 1 eine Generalklausel, nach der die zuständige Behörde alle geeigneten Maßnahmen treffen konnte, um Gefahren für Leib oder Leben von Menschen oder Tieren zu beseitigen, was insbesondere bei nicht ausbruchsicherer Unterbringung des Hundes oder bei Unzuverlässigkeit des Hundehalters der Fall sein sollte. Weiterhin existierten Vorschriften zur Leinen- und Maulkorbpflicht, der Kennzeichnung des Besitztums und zu Verstößen gegen die Verordnung, welche bußgeldbewehrte Ordnungswidrigkeiten darstellen.

16. Die Hundeverordnung Rheinland-Pfalz vom 13. September 1996

Am 13. September erließ das rheinland-pfälzische Ministerium für Inneres und Sport die *Gefahrenabwehrverordnung - Gefährliche Hunde -*[729], welche die Hundeverordnung vom 10. November 1992 außer Kraft setzte. Die Definition gefährlicher Hunde wurde dahingehend verändert, dass Hunde ein bestimmtes Verhalten bereits gezeigt haben mussten; die Einschätzung war also nur nachträglich möglich. Außerdem galten zusätzlich Hunde als gefährlich, die durch Zucht, Haltung oder Ausbildung eine über das natürliche Maß hinausgehende Kampfbereitschaft, Angriffslust, Schärfe oder andere in ihrer Wirkung vergleichbare Eigenschaft entwickelt haben.

Neu war die Aufnahme des Erfordernisses, gefährliche Hunde so zu halten, dass Menschen, Tiere oder Sache nicht gefährdet werden. Ebenso mussten in Anlehnung an Vorschriften anderer Länder diese Hunde angeleint werden und einen Maulkorb tragen[730], allerdings waren Ausnahmen möglich.

Der Maulkorbzwang ging über andere Länderregelungen hinaus. In Rheinland-Pfalz mussten alle gefährlichen Hunde gemäß § 3 Abs. 4 einen Maulkorb tragen, in den übrigen Bundesländern nur Hunde, die sich als bissig erwiesen hatten[731]. Die Zahl der Fälle, in denen die zuständige Behörde die Haltung eines gefährlichen Hundes untersagen konnte, wurde erhöht: bisher durfte sie dies bei Gefahr für Leben und Gesundheit von Menschen oder Tieren; nun konnte sie es darüber hinaus, wenn der Halter nicht die erforderliche Zuverlässigkeit gemäß § 6 Abs. 2 besaß. Die dafür zuständige Behörde wurde von der Ortspolizeibehörde in die örtliche Ordnungsbehörde geändert.

Die Unzuverlässigkeit als Voraussetzung für ein Eingreifen der Behörde wurde von den Verordnungen aus Bayern und Nordrhein-Westfalen übernommen[732].

---

ligen Rechtsschutzes gegen eine Haltungsuntersagung; die Normenkontrolle nach § 47 VwGO ist in Nordrhein-Westfalen nicht möglich.

[728] SächsGVBl. S. 269.

[729] GVBl. S. 364.

[730] Außerhalb befriedeten Besitztums, bei Mehrfamilienhäusern an Zuwegen, in Treppenhäusern und Fluren sowie in sonstigen von der Wohngemeinschaft gemeinsam genutzten Räumen.

[731] In Hamburg zusätzlich auch Hunde mit erhöhter Aggressivität, nur in Schleswig-Holstein ist die Rechtslage mit Rheinland-Pfalz vergleichbar, siehe dort §§ 2 Abs. 2, 4 Abs. 1 der Verordnung von 1993.

[732] Die Verordnungen von Baden-Württemberg und dem Saarland enthielten dieses Erfordernis ebenfalls.

17. Die Hundeverordnung Hessen vom 15. August 1997

Mit Inkrafttreten der *Gefahrenabwehrverordnung über das Halten von Hunden (Hundeverordnung)*[733] am 16. August 1997 wurde die Hundeverordnung vom 22. April 1992 aufgehoben.

Verändert wurde die Definition der gefährlichen Hunde: über die bisherigen Voraussetzungen hinaus (gezeigtes sozialinadäquates Verhalten) galten Hunde unabhängig von der Feststellung durch die Behörde als gefährlich, die auf Angrifflust, das natürliche Maß hinausgehende Kampfbereitschaft, Schärfe oder auf andere gleich wirkende Zuchtmerkmale gezüchtet, ausgebildet oder abgerichtet wurden. Im Vergleich mit der ursprünglich aus Bayern stammenden Formulierung ist diese mittlerweile etwas modifiziert worden[734].

Für einen gefährlichen Hund konnte die Behörde eine unveränderliche Kennzeichnung[735] anordnen. Die Feststellung der Behörde, dass ein Hund als gefährlich einzustufen ist, konnte auf Antrag zurückgenommen werden, wenn der Hund nicht mehr gefährlich war. Sowohl diese Regelung als auch die der Anordnung einer unveränderlichen Kennzeichnung sind ein Novum, da sie bisher noch in keiner Verordnung enthalten waren. Neu eingeführt wurde auch das Erfordernis eines Sachkundenachweises und der Zuverlässigkeit für den Erwerb oder die Haltung (von einer Erlaubnispflicht ist allerdings nicht die Rede), sowie die Pflicht zur Begutachtung, gegebenenfalls auch der zeitweiligen Überlassung des Hundes und der Tragung der entstehenden Kosten durch den Halter.

18. Die Hundehalterverordnung Brandenburg vom 12. Juni 1998

Am 12. Juni 1998 wurde vom brandenburgischen Innenministerium die *Ordnungsbehördliche Verordnung über das Führen und Halten von Hunden (Hundehalterverordnung)*[736] erlassen, die gleichzeitig die Verordnung vom 22. Februar 1993 außer Kraft setzte. Auch hier brachte die neue Rechtsverordnung grundlegende Änderungen im Vergleich zu bisherigen Verordnung. Vor allem fällt auf, dass nun in § 6 gefährliche Hunde definiert wurden. Absatz 1 nannte vier Alternativen, die sich am bisherigen Verhalten (bspw. Bissigkeit), aber auch an der Zucht, Ausbildung oder Abrichtung mit dem Ziel besonderer Angriffslust orientierten; darüber hinaus bestand nach Abs. 2 aber eine widerlegbare Vermutung für der Gefährlichkeit der dort genannten Hunderassen[737]. Diese Differenzierung geht zurück auf die Regelung in der bayerischen Verordnung. Den Ansatz, gefährliche Hunde auch über das Zuchtziel zu bestimmen, hat Brandenburg ebenfalls von anderen Verordnungen[738] übernommen.

Widerlegbar war die Vermutung durch Nachweis des Hundehalters gemäß § 6 Abs. 2 Satz. Das Halten, Züchten, Ausbilden und Abrichten eines gefährlichen Hundes war nun erlaubnispflichtig[739]. Bisher war keine Erlaubnispflicht vorgesehen, die Zuverlässigkeit spielte nur für die Untersagung der Haltung eine Rolle. Ein Leinen- und Maulkorbzwang war weiterhin vorgesehen, er wurde aber ausgeweitet. Schließlich wurde das Halten von Hunden in Mehrfamilienhäusern verboten, allerdings waren Ausnahmen möglich.

---

733 Vom 15. August 1997, GVBl. S. 279.

734 Vgl. oben IV. 7..

735 Durch Tätowierung mit dem Großbuchstaben „G“ im linken Ohr, § 2 Abs. 2 Satz 2.

736 GVBl. II, S. 418.

737 Pitbull, Bandog, American Staffordshire Terrier, Staffordshire Bullterrier, Tosa Inu, Bullmastiff, Bullterrier, Dogo Argentino, Dogue de Bordeaux, Fila Brasileiro, Mastiff, Mastin Espanol, Mastino Napoletano und Rhodesian Ridgeback (letzterer war in den bisherigen Rechtsverordnungen noch nie genannt).

738 Rheinland-Pfalz, Nordrhein-Westfalen, Schleswig-Holstein, Bayern und Hessen.

739 Die Erlaubnis war abhängig von der Sachkunde, der Zuverlässigkeit, der Vollendung des 18. Lebensjahres und der Gewährleistung einer verhaltensgerechten und ausbruchsicheren Unterbringung des Tieres.

19. Die Polizeiverordnung über das Halten und Beaufsichtigen gefährlicher Hunde im Saarland vom 7. Juli 1998

Im Saarland wurde am 7. Juli 1998 vom Ministerium für Frauen, Arbeit, Gesundheit und Soziales im Einvernehmen mit dem Ministerium des Innern die *Polizeiverordnung über das Halten und Beaufsichtigen gefährlicher Hunde im Saarland*[740] erlassen, mit deren Inkrafttreten gleichzeitig die Verordnung vom 14. August 1991 außer Kraft trat.

In der neuen Verordnung wurde auf die Definition des gefährlichen Hundes über einen Rassekatalog verzichtet und stattdessen – wie auch schon in anderen Ländern – auf das Verhalten und die Zucht abgestellt. Während die Verordnung von 1991 eine Erlaubnis für die Zucht, das Halten und das Führen eines gefährlichen Hundes eine Erlaubnis vorgesehen hatte[741], brauchte man sie nun für Ausbildung, Abrichten und Halten. Die Erlaubnis wurde erteilt, wenn die antragstellende Person das 18. Lebensjahr vollendet, die erforderliche Sachkunde gemäß § 4 nachgewiesen hatte, nicht unzuverlässig und eine ausbruchsichere Unterbringung der Tiere gewährleistet war. Das Erfordernis der Sachkunde wurde damit ebenfalls neu eingeführt. Hinsichtlich des Haltens gefährlicher Hunde ist zusätzlich das Erfordernis eines Halsbandes mit Name und Anschrift des Halters, die Anzeigepflicht bei Aufgabe, Weitergabe oder Abhandenkommen des Hundes sowie eine Vorschrift über die Beschaffenheit der Leine[742] und das Verbot, gleichzeitig mehrere gefährliche Hunde zu führen eingefügt worden[743].

20. Die Hundeverordnung Berlin vom 5. November 1998

In Berlin wurde erstmals am 5. November 1998 eine entsprechende Rechtsverordnung, die *Verordnung über das Halten von Hunden in Berlin (Hundeverordnung Berlin)*[744] erlassen[745]. Sie entsprach in vielen Punkten den bisher in anderen Bundesländern erlassenen Verordnungen[746]. Darüber hinaus enthielt sie aber auch einige verschärfende Vorschriften, die deutlich über die Vorschriften anderer Rechtsverordnungen hinausgingen: zum Beispiel konnte die Sicherstellung und/oder Tötung eines Hundes angeordnet werden, der einem Menschen oder eine Tier schwere Verletzungen zugefügt hatte. Die Einziehung des Hundes war bei Vorliegen einer Ordnungswidrigkeit möglich. Die Zucht eines Hundes mit dem Ziel, über das natürliche Maß hinausgehende Kampfbereitschaft, Schärfe oder andere in der Wirkung gleichstehende Zuchtmerkmale zu zeigen, wurde verboten, ebenso das Abrichten. Dies wurde aus dem bayerischen Recht übernommen.

Eine Erlaubnispflicht bestand nicht, allerdings mussten der Halter und teilweise auch der Führer eines gefährlichen Hundes zuverlässig sein[747].

Obwohl nicht ohne weiteres erkennbar, orientierte sich die Berliner Verordnung an der

---

740 ABl. S. 672.

741 Die Verordnung ist vom OVG Saarlouis für nichtig erklärt worden, vgl. oben 4. c) bb).

742 So auch schon in Nordrhein-Westfalen; Vorgaben zur Leinenlänge finden sich in Brandenburg und Hessen.

743 So auch schon in Brandenburg, Hessen und Rheinland-Pfalz.

744 GVBl. 1998, 326, 370.

745 Zu den Gründen, weshalb Berlin erst so spät eine Regelung erlassen hat, siehe *Kipp*, NVwZ-Beilage II/2001, 48ff..

746 Bspw. bezüglich der Leinenpflicht (auch zur Beschaffenheit und Länge der Leine) oder der Definition gefährlicher Hunde über ihr bisheriges auffälliges Verhalten und gesteigerte Aggressivität anstatt über einen Rassekatalog. Die Leinenpflicht galt allerdings gemäß nicht in Hundeauslaufgebieten, wenn der Hund einen beißsicheren Maulkorb trug.

747 Unzuverlässig war bspw., wer die erforderliche Sachkunde nicht nachwies. Wann die Sachkunde erforderlich war, wurde aus der Verordnung allerdings nicht ganz deutlich, vgl. §§ 5 Abs. 1, Abs. 3 Nr. 2, Abs. 4, 10 Abs. 5 und 6 Abs. 1.

Rechtslage in Nordrhein-Westfalen[748]. Das betraf jedenfalls die Entscheidung, gefährliche Hunde nicht anhand eines Rassekataloges zu bestimmen. Im Einzelnen ergeben sich allerdings, sowohl im Sprachstil und der Systematik als auch im Inhalt, deutliche Unterschiede. So war das Halten eines gefährlichen Hundes in Nordrhein-Westfalen erlaubnispflichtig, während die Berliner Verordnung nicht von einer Erlaubnis spricht[749]. Außerdem erstreckte sich die Leinenpflicht in Berlin auch auf andere als gefährliche Hunde, während die nordrheinwestfälische Verordnung nur Bestimmungen für gefährliche Hunde traf.

21. Änderung der Hamburger Hundeverordnung am 14. März 2000

Hamburg änderte seine Hundeverordnung vom 14. Dezember 1993[750] am 14. März 2000[751]. Die wichtigste Änderung betraf die Definition gefährlicher Hunde in § 1. Die bisherige Aufzählung bestimmter Verhaltensweisen, die einen Hund zu einem gefährlichen Hund machen, stellen nun Regelbeispiele dar. Ihnen wurde ein Satz 1 vorangestellt, der bestimmte, dass gefährliche Hunde solche Hunde sind, die ein der Situation nicht angemessenes, ausgeprägtes oder verändertes Aggressionsverhalten gegen Menschen oder Tiere zeigen.

Außerdem wurde § 6 dadurch verschärft, dass die Beschränkung und Untersagung des Haltens eines Hundes nun nicht mehr im Ermessen der Behörde steht. Zusätzlich konnte die Behörde die Beschränkung der Haltung mit der Anordnung verbinden, eine Hundeschule zu besuchen.

22. Die Thüringer Gefahren-Hundeverordnung vom 21. März 2000

a) Inhalt der Verordnung

Nach Sachsen und Brandenburg erließ am 21. März 2000 Thüringen als drittes der neuen Bundesländer die *Ordnungsbehördliche Verordnung zur Abwehr von Gefahren durch Zucht, Ausbildung, Abrichten und Halten gefährlicher Hunde (Thüringer Gefahren-Hundeverordnung)*[752]. Sie ist die einzige Verordnung, die immer noch unverändert in Kraft ist. Die Verordnung gleicht im Wesentlichen den Verordnungen der anderen Bundesländer[753]. Neu ist, dass über das Erfordernis einer Erlaubnis hinaus auch die Untersagung des Haltens nach § 7 möglich ist. Darüber hinaus zeichnet sich die thüringische Verordnung durch detaillierte Vorschriften über das Verfahren der Behörde aus[754], die es in den Verordnungen der anderen Bundesländer nicht gibt. Im Übrigen hat das Landesverwaltungsamt gleichzeitig eine ausführliche Verwaltungsvorschrift zur Anwendung der Verordnung erlassen[755].

---

748 So die telefonische Aussage der Senatsverwaltung für Gesundheit und Soziales vom 13.11.2002; so auch *Kipp*, NVwZ-Beilage II/2001, 48f..

749 Die Anforderungen, die die Berliner Verordnung an das Halten und Führen von gefährlichen Hunden stellt, sind aber mit Erlaubnisvoraussetzungen vergleichbar.

750 Siehe dazu oben IV. 21..

751 GVBl. 2000, S. 70.

752 ThürStAnz. 2000, S. 884, geändert durch Verordnung vom 30.11.2001, ThürStAnz. 2001, S. 2730.

753 Definition gefährlicher Hunde über das bisherige Verhalten oder die Existenz einer gesteigerten Aggressivität (aufgrund von Zucht oder Ausbildung), § 1; Sachkundenachweis, Zuverlässigkeit, Vollendung des 18. Lebensjahres und Gewährleistung einer verhaltensgerechten und ausbruchsicheren Unterbringung des Hundes als Voraussetzung für die Erteilung einer Erlaubnis, § 3 Abs. 2 und 3; Verbot des Züchten, Abrichten und Ausbildens, § 3 Abs. 1; Bedingungen für das Halten gefährlicher Hunde, § 6; Regelbeispiele, wann Unzuverlässigkeit vorliegt, § 5.

754 Bspw. § 2; dieser regelt, wie die Behörde vorzugehen hat, wenn jemand die Erlaubnis nicht oder nicht rechtzeitig beantragt.

755 ThürStAnz. 2001, S. 886.

b) Rechtsprechung

Einem Antrag auf Aussetzung der Vollziehung hinsichtlich eines Bescheides, der Besitzern eines American-Staffordshire-Terriers unter Androhung eines Zwangsgeldes aufgab, eine Erlaubnis gemäß § 3 der Verordnung zu beantragen, wurde vor dem Verwaltungsgericht Wiemar stattgegeben[756]. Der Bescheid war allein aufgrund der Rassezugehörigkeit des Hundes ergangen. Unter Berufung auf die Verwaltungsvorschrift zur Gefahrhundeverordnung erklärte das Gericht, der Verordnungsgeber habe den eindeutigen Willen geäußert, dass gerade nicht allein aufgrund der Rassezugehörigkeit auf die Gefährlichkeit des Hundes geschlossen werden könne und solle. In der Verwaltungsvorschrift zu § 1 der Verordnung ist in der Tat festgehalten, dass das Verhalten eines Hundes wesentlich durch Erziehung und Erfahrungswerte des Hundes mit Tieren und Menschen geprägt sei und das deshalb und aufgrund von neuesten wissenschaftlichen Erkenntnissen der Verordnungsgeber ausdrücklich auf die Nennung einzelner Hunderassen verzichtet habe[757].

23. Die Polizeiverordnung über das Halten von Hunden in der Stadt Bremerhaven vom 7. Juni 2000

Nachdem das Oberverwaltungsgericht Bremen 1992 § 1 Abs. 5 der Bremerhavener Polizeiverordnung für nichtig erklärt hatte, trat erst am 7. Juni 2000 die neue *Polizeiverordnung über das Halten von Hunden in der Stadt Bremerhaven*[758] in Kraft, die speziell das Halten von Hunden regelte. Die Benutzung des Kampfhundebegriffs wurde vermieden, stattdessen wurde die Definition der gefährlichen Hunde in § 1 Abs. 1 aus der Bremischen Verordnung übernommen. Zusätzlich legte Absatz 2 aber fest, welche Hunde insbesondere als gefährliche Hunde im Sinne von Abs. 1 gelten[759]. Diese Aufzählung war im Wesentlichen identisch mit dem Rassekatalog der Verordnung von 1991. Das verwundert, da das Oberverwaltungsgericht Bremen die Vorschrift deshalb für unvereinbar mit Art. 3 Abs. 1 GG gehalten hatte, weil andere Hunde, die in der Gefährlichkeit den aufgezählten nicht nachstehen, nicht einem Maulkorb- und Leinenzwang unterworfen wurden. Um dieser Entscheidung umzusetzen, hätte der Verordnungsgeber am besten ganz auf einen Rassekatalog verzichtet und einen Hund nur dann als gefährlich eingestuft, wenn er beispielsweise besonders scharf gezüchtet wurde oder ein gefährliches Verhalten gezeigt hat. Absatz 1 hätte dazu möglicherweise ausgereicht.
Außerdem enthielt die neue Bremerhavener Verordnung viel weitergehende Einschränkungen als die alte. Im Gegensatz zur Bremischen Verordnung sah die Verordnung für Bremerhaven eine Erlaubnispflicht für das Halten gefährlicher Hunde vor. Die Erlaubnis wurde nur bei berechtigtem Interesse und Zuverlässigkeit des Halters sowie einer ausbruchsicheren Unterbringung erteilt. Interessant ist das Erfordernis des berechtigten Interesses, da dieses bisher nur in Bayern existierte. Ansonsten war die Verordnung aber identisch mit der Bremer Verordnung, die §§ 4-6 stimmen sogar wortwörtlich mit den entsprechenden Vorschriften der Bremischen Verordnung (§§ 3-5) überein.

Die Stadt Bremerhaven als Verordnungsgeber hat sich mit der neuen Verordnung zwar größtenteils an der Verordnung für die Stadt Bremen orientiert. Auf die Nichtigkeitserklärung einer Regelung durch das Oberverwaltungsgericht Bremen hat sie aber im Ergebnis nicht reagiert. Man könnte dieses bewusste Missachten einer Gerichtsentscheidung höchstens damit

---

[756] Beschl. v. 18.6.2002 – 2 E 797/02.WE – , NuR 2003, 189 (nicht rechtskräftig).

[757] ThürStAnz. 2001, S. 886.

[758] *Polizeiverordnung über das Halten von Hunden in der Stadt Bremerhaven* vom 7. Juni 2000, GBl. S. 232.

[759] Bullterrier, Pit-Bull-Terrier, Mastino Napolitano, Fila Brasileiro, Bordeaux Dogge, Mastino Espanol, American Staffordshire Terrier, Staffordshire-Bull-Terrier, Dogo Argentino, Bandog und Tosa Inu.

erklären, dass die Frage eines Rassekataloges in der Länderrechtsprechung zu diesem Zeitpunkt unterschiedlich beurteilt wurde[760], oder man hoffte auf eine veränderte Handhabung durch das Gericht in der Zukunft.

24. Tabellarische Übersicht

Bundesland	**Verordnung/Gesetz**	**Gerichtsentscheidungen**
Baden-Württemberg	Verordnung v. 28.8.1991	VGH, Urt. v. 18.8.1992 – 1 S 2550/91
Bayern	Art. 37 Abs. 1 Halbs. 2 LStVG, eingefügt durch Gesetz v.10.6.1992; Verordnung v. 10.6.1992	BayVerfGH, Urt. v. 12.10.1994 – VF. 16-VII-92, Vf. 5-VII-93
Berlin	Verordnung v. 5.11.1998	-
Brandenburg	Verordnung v. 22.3.1992 Verordnung v. 12.6.1998	-
Bremen Bremerhaven	Verordnung v. 16.11.1992 Verordnung v. 31.10.1991 Verordnung v. 7.6.2000	- OVG, Urt. v. 6.10.1992 – 1 N/92
Hamburg	Verordnung v. 4.6.1991 Änd. v. 14.3.2000	OVG, Urt. v. 24.11.1992 – 17 VG 2854/92
Hessen	Verordnung v. 15.7.1997	-
Mecklenburg-Vorpommern	-	-
Niedersachsen	-	-
Nordrhein-Westfalen	Verordnung v. 21.9.1994	OVG, Beschl. v . 6.3.1997 -5 B 3201/96
Rheinland-Pfalz	Verordnung v. 13.9.1996	-
Saarland	Verordnung v. 14.8.1991 Verordnung v. 7.7.1998	OVG, Urt. v. 1.12.1993 – 3 N /93
Sachsen	Verordnung v. 28.6.1996	-
Sachsen-Anhalt	-	-
Schleswig-Holstein	Verordnung v. 8.3.1976 Verordnung v. 7.7.1993	-
Thüringen	Verordnung v. 21.3.2000	VG, Beschl. v. 18.6.2002 - 2 E 797/02.We. (nicht rechtskräftig)

V. Die Hundeverordnungen der Länder nach dem 26. Juni 2000

Am 26. Juni 2000 wurde in Hamburg ein sechsjähriger Junge auf einem Schulhof von zwei Pitbulls angefallen und getötet. Dieses Ereignis wurde zum Auslöser eine heftigen Diskussion in der Öffentlichkeit über die Sicherheit vor und die Gefährlichkeit von so genannten Kampf-

[760] Der BayVerfGH hält die entsprechende Regelung des bayerischen Rechts für vereinbar mit der bayerischen Verfassung, Entsch. v. 12.10.1994 – Vf. 16-VII-9 und Vf. 5-VII-93 – , BayVBl. 1995, 76; dagegen wie das OVG Bremen der VGH Mannheim, Urt. v. 18.8.1992 – 1 S 2550/91 – , NVwZ 1992, 1105 und VG Hamburg, Urt. v. 24.11.1992 – 17 VG 2854/92 (nicht veröffentlicht).

hunden[761]. Aufgrund der immensen öffentlichen Anteilnahme und der Tatsache, dass sich in der Zeit vor dem 26. Juni ähnliche Ereignisse offenbar gehäuft hatten, sah sich die Politik zum Handeln gezwungen[762]. Im Laufe nur weniger Wochen wurde in den verschiedenen Bundesländern eine Reihe von Verordnungen erlassen, teilweise erstmalig, teilweise aber auch, um bestehende Regelungen zu verändern.

1. Die Änderungen der Polizeiverordnung Bremen

Nur einen Tag nach dem Ereignis in Hamburg erließ der Senator für Inneres, Kultur und Sport mit Zustimmung der Stadtbürgerschaft am 27. Juni 2000 die *Polizeiverordnung zur Änderung der Polizeiverordnung über das Halten von Hunden*[763]. Eine weitere Änderungsverordnung wurde am 5. Juli 2000 erlassen.

a) Inhalt der Änderungsverordnung vom 27. Juni 2000

Dem § 1 (Gefährliche Hunde) der Verordnung[764] wurde ein Absatz 3 hinzugefügt, der festlegte, dass gefährliche Hunde ferner – also zusätzlich zu denen, die durch ihr Verhalten aufgefallen sind – die dort aufgeführten Rassen[765] sowie deren Kreuzungen untereinander oder mit anderen Hunden sind. Diese bezeichnete die Verordnung als Kampfhunde. Auch sie mussten nun gemäß dem neu gefassten § 2 Abs. 2 außerhalb des befriedeten Besitztums sowie in Treppenhäusern und auf Zuwegungen von Mehrfamilienhäusern an der Leine geführt werden. Ein neu eingefügter § 2a regelte das Halten von Kampfhunden. Dieses ist erlaubnispflichtig[766]. Unter anderem wurde eine Übergangsregelung für solche Personen geschaffen, die zum Zeitpunkt des Inkrafttretens der Verordnung Kampfhunde hielten. Diese bedurften keiner Erlaubnis, wenn der Halter innerhalb von drei Monaten Haltung, Rasse, Anzahl und Alter der Hunde unter Angabe seiner Personalien anzeigte.

Der Verordnungsgeber hat es also für nötig befunden, in der Verordnung, die bisher nur allgemein das Halten von Hunden betraf, spezielle Regelungen für bestimmte Hunderassen zu treffen, die als Kampfhunde bezeichnet werden. Der kurze zeitliche Abstand von nur einem Tag lässt es als unwahrscheinlich erscheinen, dass die Verordnung durch das Hamburger Ereignis beeinflusst wurde[767].

b) Inhalt der Änderungsverordnung vom 5. Juli 2000

Am 5. Juli 2000 wurde die Verordnung erneut geändert[768]. Die Zucht und der gewerbsmäßige Handel mit Kampfhunden wurde verboten, ebenso die Ausbildung von Kampfhunden mit dem Ziel einer Steigerung ihrer Aggressivität oder Gefährlichkeit gegenüber Menschen und Tieren. Zuwiderhandlungen stellten Ordnungswidrigkeiten geahndet. Der Ortspolizeibehörde

---

[761] Vg. unten XII. 1..

[762] *Bölsche/Holm/u.a.*, in: SPIEGEL v. 3. 7.2000, Nr. 27/2000, S. 72; dort wird Bundeskanzler Schröder mit den Worten „Wir müssen sofort handeln, das Thema regt die Leute auf“ zitiert.

[763] GBl. S. 231.

[764] Vgl. Oben IV. 9..

[765] Bullterrier, Pit-Bull-Terrier, Mastino Napolitano, Fila Brasileiro, Mastin Espanol, American Staffordshire Terrier, Staffordshire Bullterrier, Dogo Argentino, Bandog und Tosa Inu.

[766] Voraussetzung für die Erteilung waren das Vorliegen eines berechtigen Interesses, einer ausbruchsicheren Unterbringung und Zuverlässigkeit des Halters.

[767] Das Bremische Innenministerium konnte hierzu keine genaue Auskunft geben, vermutete aber ebenfalls eher einen Zusammenhang mit der Innenministerkonferenz vom Mai 2000, auf der die Gefahren durch Hunde Thema waren, Auskunft vom 11.11.2002. Das gilt im Übrigen auch für die meisten anderen Verordnungen, die unmittelbar nach dem 26. Juni 2000 erlassen wurden; vgl. dazu im Einzelnen auch unter XII..

[768] GBl. S. 297.

war es nun möglich, zur zweifelsfreien Registrierung von Hunden die Vorlage von Unterlagen und Lichtbildern zu verlangen. Die Registrierung konnte auch mit der Auflage einer unveränderbaren Kennzeichnung verbunden werden, aufgrund derer der Hundehalter feststellbar war.

c) Rechtsprechung

Ein Normenkontrollverfahren vor dem Oberverwaltungsgericht Bremen ist nach beiderseitiger Erledigungserklärung eingestellt worden[769], und zwar mit Blick auf den Erlass des Bremischen *Gesetzes über das Halten von Hunden und zur Änderung von anderen Vorschriften*[770] vom 2.10.2001.

2. Die Hundeverordnung Hamburg vom 28. Juni 2000

Die *Verordnung zum Schutz vor gefährlichen Hunden und über das Halten von Hunden* vom 28. Juni 2000[771] setzte die Hundeverordnung vom 14. Dezember 1993[772] mit der Änderung vom 14. März 2000[773] außer Kraft.

§ 1 unterschied zwischen Hunderassen, bei denen die Eigenschaft des gefährlichen Hundes vermutet wurde,[774] und solchen, bei denen diese Vermutung durch Einzelnachweis widerlegbar war[775]. Unabhängig von der Rassezugehörigkeit konnte sich die Gefährlichkeit eines Hundes im Einzelfall auch gemäß Abs. 3 daraus ergeben, dass er ein der Situation nicht angemessenes oder ausgeprägtes Aggressionsverhalten gegen Menschen oder Tiere zeigt. Die neue Verordnung kombinierte also die Ansätze der beiden Verordnungen, die bisher (nacheinander) in Hamburg existierten.

Die Haltung eines gefährlichen Hundes wurde grundsätzlich verboten, konnte aber ausnahmsweise durch Erlaubnis auf Antrag erteilt werden. Dazu musste der Antragsteller ein berechtigtes Interesse an der Haltung nachweisen, gegen seine Zuverlässigkeit durften keine Bedenken bestehen und es durften keine Gefahren für Dritte entgegenstehen. Außerdem musste der Halter seine Sachkunde, das Bestehen einer Haftpflichtversicherung, eine erfolgte Unfruchtbarmachung und die fälschungssichere Kennzeichnung des Hundes nachweisen.

Die Erlaubnispflicht, die in der Verordnung vom 1993 nicht mehr bestanden hatte, wurde also wieder eingeführt, wobei, im Gegensatz zur Verordnung von 1991, die Voraussetzungen für die Erteilung nun wesentlich höher waren[776].

Spezielle Anforderungen an das Halten gefährlicher Hunde stellte § 4[777]. Regelungen für das Halten anderer Hunde traf § 6, z.B. einen Anleinzwang für verhaltensauffällige Tiere oder an bestimmten Orten. Absatz 3 enthielt eine Eingriffsermächtigung, nach der die Behörde Leinen- oder Maulkorbzwang oder eine ausbruchsichere Haltung anordnen konnte, wenn der Hund ein gefährdendes Verhalten an den Tag legt.

Für alle Hunde galt weiterhin gemäß § 8, dass frei laufende Hunde außerhalb befriedeten Be-

---

769 OVG Bremen, Beschl. v. 3.12.2001 – 1 D 348/00.

770 GBl. 2001, S. 331; dazu unten VI. 1..

771 GVBl. 2000, S. 111; geändert durch Verordnung vom 11.9.2001, GVBl. S. 337/341: Euroanpassung des Bußgeldhöchstbetrages (50.000 €).

772 Vgl. dazu oben IV. 12..

773 Vgl. oben IV. 21..

774 Abs. 1: Pit-Bull, American Staffordshire Terrier und Staffordshire Bullterrier.

775 Abs. 2: Bullmastiff, Bullterrier, Dog Argentino, Dogue de Bordeaux, Fila Brasileiro, Mastiff, Mastin Espanol, Mastino Napoletano, Kangal und Kaukasischer Owtscharka.

776 Nach dem damaligen § 2 musste der Halter nur die erforderliche Zuverlässigkeit besitzen.

777 Leinenzwang, Maulkorbpflicht, Anbringung eines Warnschildes am Zugang des befriedeten Besitztums und bestimmte Anforderungen an den Halter.

sitztums ein Halsband mit der Anschrift des Halters tragen müssen. Halter von Hunden im Sinne des § 1 mussten die Erlaubnis oder das Negativzeugnis nach § 2 Abs. 3 beim Ausführen des Hundes stets mit sich tragen.
Das Verbot der Zucht und der Ausbildung wurde um den gewerbsmäßigen Handel mit gefährlichen Hunden erweitert; die Eingriffsbefugnisse erweiterten sich um die Möglichkeit der Untersagung, Einziehung und Tötung von Hunden. Bisher konnte die Behörde nur das Halten untersagen.

3. Die Gefahrhundeverordnung Schleswig-Holstein vom 28. Juni 2000
In Schleswig-Holstein wurde die alte Hundeverordnung vom 7. Juli 1993[778], geändert durch die Verordnung vom 24. Oktober 1996[779], außer Kraft gesetzt und eine gänzlich neue Verordnung, die *Landeshundeverordnung zur Abwehr der von Hunden ausgehenden Gefahren (Gefahrhundeverordnung)*[780] erlassen.

a) Inhalt der Verordnung
Die Verordnung enthält allgemeine Anforderungen an das Halten und Führen von Hunden[781]. Besondere Vorschriften gelten für gefährliche Hunde, wie zum Beispiel Leinenzwang außerhalb des befriedeten Besitztums oder das Tragen eines Maulkorbes unter bestimmten Voraussetzungen[782]; Ausnahmen sind möglich, wenn im Einzelfall Menschen, Tiere oder Sachen nicht gefährdet werden. Gefährliche Hunde sind Hunde, die in der Rasseliste des § 3 Abs. 1 enthalten sind[783] oder solche, die nach Absatz 2 eine über das natürliche Maß hinausgehende Kampfbereitschaft, Angriffslust, Schärfe oder vergleichbare Eigenschaft besitzen oder die durch bestimmtes Verhalten auffällig geworden sind[784]. Nach Absatz 3 entscheidet über das Vorliegen der Voraussetzungen des Absatzes 2 die örtliche Ordnungsbehörde. Dazu kann sie die Vorführung des Hundes bei einem Tierarzt und eine Tätowierung des Hundes anordnen.
Es ist verboten, Hunde zu gefährlichen Hunden heranzubilden oder Hunde mit dem Ziel einer gesteigerten Aggressivität und Gefährlichkeit auszubilden, Ausnahmen sind möglich[785].
Gemäß § 5 Satz 1 kann die Behörde das Halten eines gefährlichen Hundes untersagen oder die Einziehung oder Tötung eines solchen Hundes anordnen, wenn Tatsachen die Annahme rechtfertigen, dass durch die Haltung eine Gefahr für Leben oder Gesundheit von Menschen oder Tieren ausgeht.
§ 10 bestimmt, dass örtliche weitergehende Regelungen durch Verordnungen mit Zustimmung des Innenministeriums getroffen werden können. Die in der Verordnung genannten Ordnungswidrigkeiten können mit einem Bußgeld bis zu 10.000 DM[786] geahndet und zusätzlich die Einziehung des Hundes nach § 175 Landesverwaltungsgesetz angeordnet werden.

---

[778] Vgl. oben IV. 11..
[779] Keine inhaltliche Änderung, weshalb hier auf diese Änderung nicht eingegangen wird; GVOBl. 1996, S. 652.
[780] Vom 28. Juni 2000, GVOBl. 2000, S. 533.
[781] Qualifizierte Aufsichtsperson, Halsbandpflicht, Mitnahmeverbot von Hunden an bestimmte, von vielen Menschen frequentierte Orte.
[782] Siehe § 4.
[783] American Pitbull Terrier, American Staffordshire Terrier, Staffordshire Bullterrier, Bullmastiff, Bullterrier, Dogo Argentino, Fila Brasileiro, Kaukasischer Ovtscharka, Mastiff, Mastino Español und Mastino Napoletano.
[784] Vgl. im Einzelnen zu diesen Verhaltensweisen § 3 Abs. 2 Nr. 2 bis 5 der Verordnung.
[785] Erteilung einer Erlaubnis, wenn der Antragsteller nachweist, dass die Ausbildung Schutzzwecken dient, der Antragsteller die erforderliche Sachkunde und Zuverlässigkeit besitzt, das 18. Lebensjahr vollendet hat und eine verhaltensgerechte und ausbruchsichere Unterbringung gewährleistet ist.
[786] Soweit ersichtlich, ist dieser Betrag noch nicht an den Euro angepasst worden.

b) Rechtsprechung

Die Schleswig-holsteinische Gefahrhundeverordnung wurde durch das Oberverwaltungsgericht Schleswig in einem Normenkontrollverfahren teilweise für nichtig erklärt[787], die Revision beim Bundesverwaltungsgericht ergab ebenfalls eine teilweise Ungültigkeit der Bestimmungen[788]. Vorsorgemaßnahmen seien von den Befugnissen und Ermächtigungen des Verwaltungsbehörden und der Polizei nach § 175 VwG SH nicht umfasst. Um solche gehe es aber bei Haltungsbeschränkungen für gefährliche Hunde, wenn bestimmte Hunderassen und -gruppen ohne nähere Prüfung des Gefahrenbegriffs als solche gefährlichen Hunde eingestuft würden[789].

4. Die Hundeverordnung Rheinland-Pfalz vom 30. Juni 2000

Die neue *Gefahrenabwehrverordnung – Gefährliche Hunde* – vom 30. Juni 2000[790] setzte die alte Verordnung vom 13. September 1996[791] außer Kraft.

a) Inhalt der Verordnung

§ 1 definiert gefährliche Hunde in Absatz 1 unwiderlegbar sowohl über ihr Verhalten[792] als auch in Absatz 2 über einen (im Gegensatz zur alten Verordnung neu eingefügten), wenn auch kurzen Rassekatalog: Hunde der Rassen Pit Bull Terrier, American Staffordhsire Terrier und Staffordshire Bullterrier sowie Hunde, die von diesen Rasse abstammen, gelten als gefährlich.
Gemäß § 2 sind die Zucht, die Vermehrung, der Handel und die Heranbildung zu gefährlichen Hunden verboten; die Behörde kann die Unfruchtbarmachung eines gefährlichen Hundes anordnen[793]. Bis auf das Verbot der Heranbildung gefährlicher Hunde sind alle anderen Regelungen im Vergleich mit der alten Verordnung neu.
Die Haltung eines gefährlichen Hundes ist erlaubnispflichtig[794] und der Hund muss durch einen elektronisch lesbaren Chip gekennzeichnet werden. Außerdem besteht eine Mitteilungspflicht für den Halter, wenn er den Hund länger als vier Wochen einer anderen Person überlässt oder wenn der Hund abhanden gekommen ist. Sowohl die Erlaubnis- als auch die Kennzeichnungs- und Mitteilungspflicht ist im Vergleich zur Verordnung von 1996 neu eingeführt worden.
Für das Führen gefährlicher Hunde bestimmt § 5 besondere Anforderungen an die führende Person sowie Anlein- und Maulkorbzwang. Ausnahmen vom Maulkorbzwang sind möglich. Diese Bestimmungen sind im Wesentlichen mit denen der Verordnung von 1996 identisch. Lediglich die Anforderungen an das Führen eines gefährlichen Hundes sind durch das Kriterium der Zuverlässigkeit erhöht worden.

b) Rechtsprechung

Der rheinland-pfälzische Verfassungsgerichtshof hat in einem Urteil vom 4. Juli 2001 entschieden, dass die Gefahrenabwehrverordnung vom 30. Juni 2000 mit der Verfassung des

---

787 OVG Schleswig, Urt. v. 29.5.2001– 4 K 8/00 – , NVwZ 2001, 1300. Dort wurde insbesondere ein Verstoß von § 3 Abs. 1 gegen Art. 3 Abs. 1 GG und eine mangelnde Bestimmtheit gerügt.

788 BVerwG, Urt v. 18.12.2002 – 6 CN 1/02, abrufbar unter www.jurisweb.de, abgerufen am 21.05.2003.

789 Dagegen hält das BVerwG, im Gegensatz zum OVG, § 3 Abs. 2 Nr. 1 GefHuV SH für ausreichend bestimmt.

790 GVBl. 2000, S. 247.

791 GVBl. 1996, S. 364, vgl. oben IV. 16..

792 Siehe § 1 Abs. 1 Nr. 1 bis 4; dies entspricht auch der Fassung der Verordnung aus 1996.

793 Sollvorschrift, wenn die Gefahr der Heranbildung gefährlicher Nachkommen besteht.

794 Erteilung bei Bestehen eines berechtigten Interesses an der Haltung, Vollendung des 18. Lebensjahres des Antragstellers und Vorliegen der erforderlichen Sachkunde und Zuverlässigkeit.

Landes vereinbar ist[795]. Insbesondere verstoße die Festlegung, dass für die in § 1 Abs. 2 genannten Hunderassen die unwiderlegbare Vermutung der Gefährlichkeit gilt, weder gegen den Gleichbehandlungs- noch gegen den Verhältnismäßigkeitsgrundsatz. Es sei sachlich vertretbar, wenn der Verordnungsgeber, bei unterschiedlicher Auffassung in der Literatur, der Meinung folge, dass vom Halten bestimmter Hunde eine gesteigerte Gefahr ausgehe und daher in die Verordnung einen Rassekatalog aufgenommen habe. Auch die Auffassung, dass ein Wesenstest zur Widerlegung der Vermutung der Gefährlichkeit eines Hundes kein ebenso wirksames Mittel sei, sei von Verfassungs wegen nicht zu beanstanden.
Eine Verfassungsbeschwerde gegen dieses Urteil hat das Bundesverfassungsgericht nicht zur Entscheidung angenommen[796].
In einem weiteren Verfahren vor dem Verwaltungsgericht Neustadt klagte ein Halter von American Pitbull Terriern erfolglos gegen eine behördliche Aufforderung, eine Unfruchtbarmachung der Hunde nachzuweisen. Die Zulassung der Berufung lehnte das Oberverwaltungsgericht ab; auch eine gegen dieses Urteil gerichtete Verfassungsbeschwerde wurde vom Bundesverfassungsgericht nicht zur Entscheidung angenommen[797].

5. Die Hundeverordnung Nordrhein-Westfalen vom 30. Juni 2000
Das Land Nordrhein-Westfalen erließ am 30. Juni 2000 eine neue *Landeshundeverordnung*[798].

a) Inhalt der Verordnung
Die Verordnung gilt nach § 1 Abs. 1 Satz 1 für das Halten von Hunden, die ausgewachsen eine Widerristhöhe von mindestens 40 cm oder ein Gewicht von mindestens 20 kg erreichen. Sie gilt nach Satz 2 außerdem für das Halten, die Zucht, die Ausbildung und das Abrichten von Hunden, die die Kriterien nach § 2 erfüllen sowie ferner für Hunde der Rassen der Anlagen 1 und 2 oder deren Kreuzungen. Gefährliche Hunde werden in § 2 definiert. Das sind Hunde, die in der Vergangenheit durch ihr Verhalten auffällig geworden sind[799]. Die Anlage 1 zur Verordnung enthält einen Katalog von 13 Hunderassen[800], die Anlage 2 einen Katalog mit insgesamt 29 Hunderassen[801].
§ 1 Abs. 2 enthält eine Anzeigepflicht für das Halten eines Hundes im Sinne von Absatz 1.

---

[795] VGH B 12/00, 18/00, 8/01, NVwZ 2001, 1273.
[796] BVerfG, 1 BvR 1685/01 v. 10.5.2002, abrufbar unter www.bverfg.de, abgerufen am 05.12.2002.
[797] BVerfG, 1 BvR 550/02 v. 16.3.2004, EuGRZ 2004, 226. In der Begründung wird auf das Urteil vom gleichen Tag verwiesen, siehe dazu unten VII. 6..
[798] GV.NW 2000, S. 518b; die Verordnung vom 21. September 1994 wurde außer Kraft gesetzt; vgl. zu dieser Verordnung oben IV. 14..
[799] Vgl. im Einzelnen § 2.
[800] American Staffordshire Terrier, Pitbull Terrier, Staffordshire Bullterrier, Mastino Napolitano, Mastino Espanol, Bordeaux Dogge, Dogo-Argentino, Fila Brasileriro, Römischer Kampfhund, Chinesischer Kampfhund, Bandog, Tosa Inu.
[801] Akbas, Berger de Brie (Briard), Berger de Beauce (Beauceron), Bullmastiff, Carpatin, Dobermann, Estrela-Berghund, Kangal, Kaukasischer Owtscharka, Mittelasiatischer Owtscharka, Südrussischer Owtscharka, Karakatschan, Karshund, Komondor, Kraski Ovcar, Kuvasz, Liptak (Goralenhund), Maremmaner Hirtenhund, Mastiff, Mastin de los Pirineos, Mioritic, Polski Owczarek Podhalanski, Pyrenäenberghund, Raffeiro do Alentejo, Rottweiler, Slovensky Cuvac, Sarplaninac, Tibetanischer Mastiff, Tornjak.
Angesichts einer solchen Vielzahl eher unbekannter Rassen stellt sich die Frage, ob der Verordnungsgeber in seinem Regelungsbedürfnis nicht über das Ziel hinausgeschossen ist. Die Anzahl solcher Hunde in Nordrhein-Westfalen dürfte so gering sein, dass der von ihnen ausgehenden Gefahr nicht zwangsläufig mit einer Rasseliste begegnet werden musste. Im Hundegesetz vom 18.12.2002 ist dementsprechend der Rassekatalog erheblich reduziert worden; vgl. unten VI. 6..

Für das Halten eines Hundes nach § 1 Abs. 1 Satz 1 ist Sachkunde und Zuverlässigkeit erforderlich, außerdem gilt für sie in bestimmten Bereichen eine Anleinpflicht.
Für alle Hunde im Sinne der Verordnung gilt nach § 3 Abs. 5 die Pflicht zum Abschluss einer Haftpflichtversicherung und nach Abs. 6 die dauerhafte Kennzeichnung per Mikrochip.
§ 4 bestimmt Voraussetzungen für das Halten, die Zucht, die Ausbildung und das Abrichten von Hunden nach den Anlage 1 und 2 sowie von gefährlichen Hunden, also Hunden im Sinne des § 2. Die Zucht mit gefährlichen Hunden und mit Hunden der Anlage 1 ist gemäß Abs. 5 verboten. Die anderen genannten Tätigkeiten bedürfen der Erlaubnis[802].
Für gefährliche Hunde und Hunde der Anlagen 1 und 2 sind unter anderem eine Anleinpflicht und das Tragen eines Maulkorbs vorgesehen, Ausnahmen sind möglich.
§ 7 enthält eine Untersagungsmöglichkeit für die Haltung gefährlicher Hunde und für Hunde der Anlagen 1 und 2. Auch sind im Einzelfall zur Gefahrenabwehr andere Maßnahmen nach Maßgabe des OBG möglich.
Im Übrigen wurden am 13. Oktober Verwaltungsvorschriften zur Landeshundeverordnung erlassen[803], die zugleich als allgemeine Weisung gemäß § 9 Abs. 2 Buchstabe a OBG NW ergingen, also um die gleichmäßige Durchführung der ordnungsbehördlichen Aufgaben sicherzustellen.

Im Vergleich mit der Verordnung aus 1994 zeigt sich als auffälligste Veränderung einmal die Aufnahme zweier Rassekataloge und darüber hinaus die Einbeziehung von Hunden bestimmter Größe oder eines bestimmten Gewichts in den Anwendungsbereich der Verordnung. Letzteres ist auch im Vergleich mit den Verordnungen, die bis zu diesem Zeitpunkt in anderen Bundesländern in Kraft sind oder waren, einmalig. Dementsprechend sind auch alle Bestimmungen, die Aussagen über solche Hunde machen, neu aufgenommen worden. Ansonsten finden sich aber nur wenige Veränderungen im Vergleich mit der Verordnung von 1994.

b) Rechtsprechung
Mehrere vor dem Bundesverfassungsgericht erhobene Verfassungsbeschwerden gegen die nordrhein-westfälische Verordnung wurden nicht zur Entscheidung angenommen, da vor Erhebung einer Verfassungsbeschwerde zuerst der Rechtsweg vor den Verwaltungsgerichten beschritten werden müsse[804].

6. Die Änderung der Hundeverordnung Berlin vom 4. Juli 2000
Das Land Berlin erließ keine gänzlich neue Verordnung, sondern begnügte sich mit einer *Ersten Verordnung zur Änderung der Verordnung über das Halten von Hunden in Berlin*[805].

a) Inhalt der Änderungsverordnung
In § 3 wurde ein neuer Absatz 1 eingefügt, der bestimmte Hunderassen als gefährlich ein-

---

[802] Die Erlaubnis wird erteilt, wenn der Antragsteller das 18. Lebensjahr vollendet und seine Sachkunde nachgewiesen hat, die erforderliche Zuverlässigkeit besitzt, eine verhaltensgerechte und ausbruchsichere Unterbringung ermöglicht wird und die Voraussetzungen des § 3 Abs. 3, 5 und 6 erfüllt sind (Führungszeugnis zum Nachweis der Zuverlässigkeit, Haftpflichtversicherung und Mikrochipkennzeichnung). Darüber hinaus müssen Halter von Hunden im Sinne des § 2 Buchstabe a oder der Anlage 1 ein überwiegendes besonderes Interesse nachweisen.
[803] MBl.NW 2000, S. 1558.
[804] BVerfG, Beschl. v. 18.8.2000 – BvR 1329/00 u.a., NVwZ 2000, 1407.
[805] Vom 4. Juli 2000, GVBl. 2000, S. 365; erneut geändert durch Verordnung v. 29.5.2001, GVBl. S. 165 (Euroanpassung); zur bisherigen Verordnung vgl. oben 4. t).

stuft[806]. Die Bestimmung über das Tragen eines Maulkorbes wurde verschärft, indem gefährliche Hunde nun außerhalb eines eingefriedeten Besitztums stets einen beißsicheren Maulkorb tragen müssen. Zusätzlich ist eine neuer § 5a eingefügt worden, der eine Anzeige- und Kennzeichnungspflicht für Hunde nach § 3 Abs. 1 Nr. 1 bis 5, also nur für einzelne Rassen aus der Liste, vorsieht. Das Halten muss angezeigt und verschiedene Unterlagen beigebracht werden. Der Halter erhält dann eine Plakette, die am Halsband des Hundes zu befestigen ist. Da die Behörde die Haltung des Hundes untersagen kann, wenn die Voraussetzungen für das Erteilen einer Plakette nicht vorliegen, kommt dieses Verfahren dem Erteilen einer Erlaubnis gleich und ist nur zusätzlich der sichtbare Ausdruck dafür. Schließlich wird die Zucht von Hunden der Rassen Pit-Bull, American Staffordshire Terrier, Staffordshire Bullterrier, Bullterrier und Tosa Inu gemäß § 8 Abs. 2 Satz 2 verboten.

b) Rechtsprechung

Die Hundeverordnung in der Fassung der Änderungsverordnung ist vom Verfassungsgerichtshof Berlin am 12. Juli 2001 in einem Verfassungsbeschwerdeverfahren für verfassungsgemäß erklärt worden[807]. Die Auflistung unwiderlegbar als gefährlich geltender Hunde in § 3 Abs. 1, also dem Rassekatalog, ist nach der Entscheidung des Gerichts verfassungsrechtlich, insbesondere im Hinblick auf den Gleichbehandlungsgrundsatz, nicht zu beanstanden. Im Hinblick auf die Typisierung im Rahmen des Gestaltungsspielraums des Verordnungsgebers billigt der Verfassungsgerichtshof dem Verordnungsgeber sogar einen Beurteilungsspielraum zu, da es sich um „einen komplexen und in mancher Hinsicht noch nicht endgültig, jedenfalls nicht durch eindeutig objektivierbare Maßstäbe geklärten Sachverhalt" handele[808].
Ein Antrag auf Erlass einer einstweiligen Anordnung auf Außervollzugsetzung einiger Vorschriften der Verordnung vor dem Bundesverfassungsgericht hatte keinen Erfolg[809].

Am 21. November 2002 entschied das Verwaltungsgericht Berlin im Verfahren des einstweiligen Rechtsschutzes über die Sicherstellung eines American-Staffordshire-Terrier-Mischlings, dass den zugrunde liegenden Regelungen eine hinreichend bestimmte Ermächtigungsgrundlage fehle, und gab damit dem Eilantrag statt[810]. Das Gericht schließt sich ausdrücklich der Entscheidung des Bundesverwaltungsgerichts vom 3. Juli 2002 an[811], welche die Anknüpfung einschränkender Maßnahmen allein an die Rasse nicht mehr als Gefahrenabwehr, sondern als Gefahrenvorsorge ansieht, da derzeit für bestimmte Rassen lediglich der Verdacht bestehe, dass von ihnen erhöhte Gefahren ausgingen. Damit können solche Verordnungen nicht auf die polizeiliche bzw. ordnungsrechtliche Generalklausel gestützt werden.

7. Die Hundehalterverordnung Mecklenburg-Vorpommern vom 4. Juli 2000

Mecklenburg-Vorpommern hat am 4. Juli 2000 erstmals eine entsprechende Verordnung er-

---

[806] Pit-Bull, American Staffordshire Terrier, Staffordshire Bullterrier, Bullterrier, Tosa Inu, Bullmastiff, Dogo Argentino, Dogue de Bordeaux, Fila Brasileiro, Mastin Espanol, Mastino Napoletano, Mastiff.

[807] Urt. v. 12.7.2001 – VerfGH 152/00 – , DVBl 2001, 1586; Urt. v. 30.8.2001 – VGH 12, 18/00, 8/01 – , DVBl 2001, 1627.

[808] DVBl 2001, 1586/1589.

[809] BVerfG, Beschl. v. 25.9.2000 – BvR 1498/00 – , NVwZ 2000, 1408; außerdem hat die Beschwerdeführerin eine Verfassungsbeschwerde erhoben.

[810] Beschl. v. 21.11.2002 – VG 14 A 57.02; vgl. Pressemitteilung des VG, abrufbar unter www.berlin.de/SenJust/Gerichte/VG/presse/archiv/09521/index.html, abgerufen am 26.6.2003.

[811] Siehe dazu ausführlich unten V. 9. b).

lassen, die *Hundehalterverordnung*[812].

a) Inhalt der Verordnung
Als gefährlich werden in § 2 Abs. 1 Hunde definiert, die ein bestimmtes auffälliges Verhalten gezeigt haben[813], nach Abs. 3 gilt eine widerlegbare Vermutung für die Gefährlichkeit von Hunden der dort aufgeführten Rassen[814]. Ein nach Abs. 1 als gefährlich eingestufter Hund muss mit einer unveränderlichen Kennzeichnung versehen werden, Abs. 4.
Nach § 1 dürfen gefährliche Hunde nicht gezüchtet (dies gilt nur für die nichtgewerbsmäßige Zucht), gehalten und geführt werden, außer wenn eine Erlaubnis nach § 4 vorliegt. Diese wird erteilt, wenn der Antragsteller das 18. Lebensjahr vollendet, die erforderliche Sachkunde (siehe dazu § 5), Zuverlässigkeit und körperliche Eignung (§ 6) besitzt, der Halter das Bestehen einer Haftpflichtversicherung mit ausreichender Deckungssumme nachweist und eine verhaltensgerechte und ausbruchsichere Unterbringung ermöglicht wird. Die Erlaubnis kann mit Nebenbestimmungen ergehen, § 4 Abs. 3. Außerdem kann das nichtgewerbsmäßige Züchten, Halten und Führen gefährlicher Hunde nach Abs. 5 untersagt und gegebenenfalls der Hund tierschutzgerecht getötet werden.
Gefährliche Hunde dürfen außerhalb befriedeten Besitztums nicht ohne Aufsicht frei laufengelassen werden und müssen ein Halsband mit Namen und Wohnanschrift des Besitzers sowie eine gültige Steuermarke tragen, § 1 Abs. 3 Satz 1 und Abs. 4. An bestimmten Orten sind sie an der Leine zu führen.
§ 7 regelt Ausnahmen von den Vorschriften der Verordnung; § 8 legt Kosten für Amtshandlungen nach der Verordnung fest, z.B. für die Feststellung der Gefährlichkeit nach § 2 Abs. 2 oder die Abnahme der Sachkundeprüfung nach § 5. § 9 enthält bußgeldbewehrte Ordnungswidrigkeiten und §10 Übergangsbestimmungen.

Die Verordnung wurde am 10. Dezember 2001 erneut geändert[815]; die Änderungen beziehen sich allerdings nur auf die Kostenregelungen des § 8 und auf § 9.

b) Rechtsprechung
Das Oberverwaltungsgericht Greifswald hat in einem nicht rechtskräftigen Urteil vom 6. April 2001[816] einen Normenkontrollantrag in einigen Teilen für begründet gehalten und die Verordnung daher in diesen Teilen für nichtig erklärt. Die Revision führte im Wesentlichen zur Zurückverweisung, weil die entscheidungserheblichen Vorschriften nach Auffassung des Bundesverwaltungsgerichts noch der Klärung durch das dafür berufene Landesgericht bedürften[817].
Nach der Auffassung des Oberverwaltungsgerichts Greifswald verstoßen die unveränderliche Kennzeichnung (§ 2 Abs. 4 Satz 2) von Hunden, deren Gefährlichkeit festgestellt wurde, die Vorschrift des § 4 Abs. 2 Nr. 4 (Pflicht zum Abschluss einer Haftpflichtversicherung mit ausreichender Deckungssumme) und die Privilegierung der Jägerschaft im Rahmen des Sachkundenachweises in § 5 Abs. 1 Satz 2 gegen die Verfassung.

---

[812] GVOBl. 2000, S. 295, geändert durch Verordnung vom 10. Dezember 2001, GVOBl. 2001, 525 (Einführung von Gebühren für die nach der Verordnung erhobenen Amtshandlungen).
[813] Bspw. wenn sie wiederholt Menschen gefährdet haben; vgl. im einzelnen § 2 Abs. 1.
[814] American Pitbull Terrier, American Staffordshire Terrier, Staffordshire Bullterrier, Bull Terrier, Bullmastiff, Dogo Argentino, Dogue de Bordeaux, Fila Brasilerio, Mastiff, Mastino Espanol, Mastino Napoletano und Tosa Inu.
[815] GVOBl. M-V 2001, S. 525.
[816] 4 K 32/00, NVwZ-RR 2001, 752.
[817] Pressemitteilung des BVerwG Nr. 51/2002 v. 18.12.2002.

Die übrigen Bestimmungen der Verordnung begegnen keinen verfassungsrechtlichen Bedenken; zwei bedürfen allerdings nach der Auffassung des Gerichts einer verfassungskonformen Auslegung[818]. Insbesondere der Rassekatalog des § 2 Abs. 3 ist verfassungsgemäß, er verstoße weder gegen den Gleichheitsgrundsatz noch gegen das Bestimmtheitsgebot[819].

Die Teile der Verordnung, die vom Oberverwaltungsgericht Greifswald für nichtig erklärt wurden, sind nach Auffassung des Innenministeriums relativ unbedeutende Kleinigkeiten im Verhältnis zum Rest der Verordnung. Vor der Entscheidung des Bundesverwaltungsgerichts – die im Einzelnen noch nicht vorliegt – befürchtete man im Innenministerium aufgrund der Entscheidung zur niedersächsischen Verordnung, ein Gesetz erlassen zu müssen. Allerdings besteht in Mecklenburg-Vorpommern für alle als gefährlich eingestuften Rassen die Möglichkeit, die Gefährlichkeit zu widerlegen. Gelingt dies, so müssen die Halter nur noch recht geringe Belastungen im Kauf nehmen. Damit unterscheidet sich die Verordnung trotz Rasseliste gerade wegen der Widerlegbarkeit der Gefährlichkeit deutlich von der niedersächsischen Verordnung. Man hofft deshalb, dass die mecklenburg-vorpommerische Verordnung nicht dasselbe Schicksal erleidet[820].

8. Die Kampfhundeverordnung Hessen vom 5. Juli 2000

Das Land Hessen erließ am 5. Juli 2000 die *Gefahrenabwehrverordnung über Hunde mit gesteigerter Aggressivität und Gefährlichkeit (KampfhundeVO)*[821]. Wie der Titel schon deutlich macht, fand diese Verordnung nur Anwendung auf Kampfhunde. Die Gefahrenabwehrverordnung über das Halten von Hunden vom 15. August 1997 blieb hiervon unberührt (so § 7 Abs. 1)[822]. Das bedeutete, dass für Hunde, die das in der Verordnung beschriebene sozialinadäquate Verhalten gezeigt haben, weiter die Gefahrenabwehrverordnung von 1997 Anwendung fand.

Als Kampfhunde definierte § 1 die dort genannten Rassen und Gruppen von Hunden sowie deren Kreuzungen[823]. Die Haltung eines solchen Hundes bedurfte der Erlaubnis[824]. Das Führen und Halten von Kampfhunden unterlag den üblichen Anforderungen, die in § 3 genannt waren[825]. Darüber hinaus mussten Kampfhunde unfruchtbar gemacht werden. Die Zucht, die Kreuzung, der Handel, der Erwerb und die Abgabe von Kampfhunden wurden verboten.

Am 15. August 2000 erließ Hessen dann die *Gefahrenabwehrverordnung gefährliche Hunde*[826], die sowohl die *Gefahrenabwehrverordnung über das Halten von Hunden* vom 15. August 1997 als auch die *Kampfhundeverordnung* vom 5. Juli 2000 aufhob[827].

---

818 § 3 Abs. 5 Satz 1 und § 6 Abs. 4, NVwZ-RR 2001, 752/755f.; einer einschränkenden Auslegung bedarf auch § 2 Abs. 3 Satz 5 Halbs. 2, vgl. NVwZ-RR 2001, 752/755.

819 NVwZ-RR 2001, 752/753ff..

820 Telefonische Auskunft des Innenministeriums Mecklenburg-Vorpommern vom 15.11.2002.

821 GVBl. 2000, S. 355.

822 Vgl. dazu oben IV. 17..

823 American Pitbull Terrier oder Pit Bull Terrier; American Stafford Terrier oder American Staffordshire Terrier; Staffordshire Bullterrier; American Bulldog; Bandog; Bullmastiff; Bullterrier; Bordeaux Dogge, Dogue de Bordeaux; Dogo Argentino; Fila Brasileiro; Kangal (Karabash); Kaukasischer Owtascharka; Mastiff; Mastin Espanol; Mastino Napoletano; Tosa Inu.

824 Diese sollte erteilt werden, wenn ein berechtigtes Interesse für die Haltung nachgewiesen und ein Antrag auf Erteilung der Erlaubnis schriftlich bis zum 15. August 2000 gestellt wird.

825 Mit „üblich" ist der Vergleich mit anderen Hundeverordnungen gemeint; bspw. wird ein Leinen- und Maulkorbzwang außerhalb des eingefriedeten Besitztums gefordert.

826 GVBl. 2000, S. 411.

827 Zu VO v. 15.8.2000 siehe unten V. 16..

9. Die niedersächsische Verordnung über das Halten gefährlicher Tiere vom 5. Juli 2000

In Niedersachsen wurde am 5. Juli 2000 eine neue *Verordnung über das Halten gefährlicher Tiere*[828] erlassen. Sie hob die bisherige *Verordnung über das Halten gefährlicher Tiere* vom 21. August 1980[829]. Diese hatte aber keine Vorschriften über das Halten gefährlicher Hunde enthalten, so dass Niedersachsen mit der Verordnung vom 5. Juli 2000 erstmalig eine spezielle Regelung für die von Hunden ausgehenden Gefahren geschaffen hat[830].

a) Inhalt der Verordnung

Nach § 1 Abs. 1 ist es verboten, nicht gewerblich Hunde der Rassen Bullterrier und American Staffordshire Terrier, des Typs Pit Bull Terrier und Kreuzungen mit Hunden dieser Rassen oder dieses Typs zu halten, züchten oder zu vermehren. Eine Ausnahmegenehmigung kann für Hunde, die bei Inkrafttreten der Verordnung vorhanden waren, erteilt werden, wenn der Hund einen Wesenstest bestanden hat, durch die Haltung keine Gefahr für Dritte entsteht und der Halter über die persönliche Eignung (durch Vorlage eines Führungszeugnisses) und die notwendige Sachkunde verfügt. Nach bestandenem Wesenstest müssen die Hunde dann leicht erkennbar und dauerhaft gekennzeichnet und unfruchtbar gemacht werden. Besteht ein Hund den Wesenstest nicht, „weil ein außergewöhnliches Aggressionspotential zu erkennen ist, durch das eine erhebliche Gefahr für Menschen besteht", so muss dessen Tötung angeordnet werden[831].

§ 1 Abs. 6 enthält die üblichen Vorschriften über das Halten und Führen solcher Hunde[832].

Die Verordnung unterscheidet zusätzlich zu den in § 1 Abs. 1 genannten Hunden weiter nach Hunden, die in der Anlage 1[833] der Verordnung aufgezählt sind. Diese müssen ebenfalls stets mit Maulkorb und an der Leine ausgeführt werden, Ausnahmegenehmigungen sind möglich. Bis zur Erteilung einer Genehmigung nach §§ 1 oder 2 müssen Hunde einen Maulkorb tragen und angeleint sein, wenn sie eine Privatwohnung oder ein ausbruchsicheres Grundstück verlassen. Die Verwaltungsbehörden können nach § 5 Abs. 3 auch nach Erlass dieser Verordnung allgemein durch Verordnung oder im Einzelfall weitergehende Regelungen über den Umgang mit Hunden treffen.

Die §§ 3 und 4 regeln das Halten sonstiger gefährlicher Tiere.

Die niedersächsische Verordnung ist die erste Verordnung, die mit einem Wesenstest arbeitet. Diese Form ist von anderen Ländern übernommen worden, obwohl sie dort nicht Wesenstest genannt wird. Vielmehr muss dort durch eine sachverständige Stelle überprüft werden, ob die

---

[828] GVBl. 2000, S. 149; geändert durch Verordnung v. 12.09.2002, GVBl. S. 608 (keine inhaltliche Änderung).

[829] GVBl. S. 344, geändert durch Verordnung v. 13. April 1984, GVBl. S. 114.

[830] Daher wurde sie auch in diesem Rahmen nicht untersucht.

[831] *Rachor*, in: Lisken/Denninger, F RN 106 FN 160, ist der Auffassung, die Folge eines nicht bestandenen Wesenstests sei „mindestens die Unfruchtbarmachung, bei besonderer Gefährlichkeit die Tötung." Nach der hier vertretenen Meinung ist die Formulierung nicht eindeutig. Denn das Gesetz regelt nicht, ob und was es für sonstige Fälle gibt, aufgrund derer ein Hund den Wesenstest nicht bestehen kann (außer des Vorliegens eines außergewöhnlichen Aggressionspotentials), und was in diesen Fällen mit ihm geschehen soll.

[832] Nur persönliche Führung außerhalb einer Privatwohnung oder außerhalb eines ausbruchsicheren Grundstücks, Leinen- und Maulkorbpflicht, mitführen der Bescheinigung über die Sachkunde. *Rachor*, a.a.O., kritisiert, dass die Bestimmungen der übrigen Länder, die einen Wesenstest vorsehen, nicht regeln, was bei einem Nichtbestehen passieren soll. Allerdings existieren nach meiner Einschätzung in den anderen Ländern keine Wesenstests. Dort, wo Hunde im Einzelfall ihre Gefährlichkeit nicht widerlegen können, finden eben die Vorschriften für gefährliche Hunde Anwendung. Kein anderes Land hat aber das Bestehen eines Wesenstests von der Erteilung der Erlaubnis abhängig gemacht. Ein „Regelungsdefizit" besteht also nicht.

[833] Bullmastiff, Dobermann, Dogo Argentino, Fila Brasileiro, Kaukasischer Owtscharka, Mastiff, Mastin Espanol, Mastino Napoletano, Rottweiler, Staffordshire Bullterrier, Tosa-Inu und Kreuzungen mit diesen Hunden.

Vermutung der Gefährlichkeit bestimmter Hunde widerlegt werden kann. Was dann durchgeführt wird, ist eine Wesensprüfung oder ein Wesenstest[834].

b) Rechtsprechung

Das Bundesverwaltungsgericht hat im Ergebnis ein Urteil des Oberverwaltungsgericht Lüneburg bestätigt und die grundlegenden Regelungen der Gefahrtierverordnung für nichtig erklärt[835]. Auf die Frage, ob die Rasseliste gegen Art. 3 Abs. 1 GG verstößt (so das Oberverwaltungsgericht in der Vorinstanz[836]), kam es nach dem Bundesverwaltungsgericht nicht an, da es schon an einer Ermächtigungsgrundlage fehle. Es hätte eines Gesetzes bedurft, festzulegen, dass die Verordnung allein an die Rassezugehörigkeit anknüpft, da dies einen Eingriff in die Freiheitssphäre der Hundehalter darstelle.

10. Die Hundeverordnung Sachsen-Anhalt vom 6. Juli 2000

Erstmalig erließ das Land Sachsen-Anhalt am 6. Juli 2000 eine *Gefahrenabwehrverordnung zum Schutz vor gefährlichen Hunden*[837]. Gefährliche Hunde im Sinn der Verordnung waren der American Pitbull Terrier, der American Staffordshire Terrier und der Staffordshire Bullterrier sowie deren Kreuzungen untereinander oder mit anderen Hunden. Die Zucht, das Kreuzen und der Handel mit diesen Hunden waren verboten. Gemäß § 2 mussten die Hunde angeleint werden und einen Maulkorb tragen[838]. Die Behörden konnten nach § 3 den örtlichen Verhältnissen entsprechende weitergehende Regelungen durch Gefahrenabwehrverordnungen treffen.

Diese Verordnung unterscheidet sich schon allein durch ihre Kürze von allen anderen Verordnungen. Außer dem Maulkorb- und Anleinzwang sowie den Verboten gab es keine Regelungen zum Führen und Halten von Hunden in dieser Verordnung; insbesondere bestand keine Erlaubnispflicht. Auch die Beschränkung auf drei Hunderassen bzw. -gruppen ohne die Einbeziehung von anderen Hunden aufgrund eines auffälligen Verhaltens weicht von anderen Verordnungen ab.

Es ist nicht nachvollziehbar, ob und wie viele Gefahrenabwehrverordnungen aufgrund der Ermächtigung des § 3 der Verordnung erlassen wurden.

Offenbar war die Verordnung nicht Gegenstand gerichtlicher Verfahren.

11. Die Änderung der Hundeverordnung für die Stadt Bremerhaven vom 7. Juli 2000

Die schon bestehende *Polizeiverordnung über das Halten von Hunden in der Stadt Bremerhaven* vom 7. Juni 2000[839] wurde am 7. Juli 2000 geändert[840]. In § 1 Abs. 2, der gefährliche Hunde anhand eines Rassekataloges bestimmt, wurde die Rasse „Bordeaux Dogge" aus der Liste gestrichen, dafür aber nun zusätzlich auch alle Kreuzungen der genannten Rassen untereinander oder mit anderen Hunden aufgenommen. Der neue Absatz 3 verbot die Zucht und den gewerbsmäßigen Handel mit gefährlichen Hunden, Absatz 4 die Ausbildung dieser Hun-

---

[834] Vgl. zu den Einzelheiten *Gängel/Gansel*, NVwZ 2001, 1208/1211, FN. 24 und 25.

[835] BVerwG, Urt. v. 3.7. 2002, 6 CN 8.01, DVBl 2002, 1562.

[836] Urt. v. 30.5.2001 – 11 K 4333/00 –, NdsVBl. 2001, 280 und Urt. v. 30.5.2001 – 11 K 2877/00 –, NVwZ-RR 2001, 742. Nach diesem Urteil ist § 1 Abs. 6 Satz 2 der Verordnung, der einen Maulkorbzwang auch für solche Hunde vorsieht, die den Wesenstest bestanden haben, unverhältnismäßig.

[837] GVBl. LSA 2000, S. 440.

[838] Außerhalb des befriedeten Besitztums sowie bei Mehrfamilienhäusern in von der Hausgemeinschaft genutzten Räumen; unter Umständen müssen sie sogar grundsätzlich einen Maulkorb tragen vgl. § 2 Abs. 2.

[839] Vgl. oben IV. 23..

[840] *Polizeiverordnung zur Änderung der Polizeiverordnung über das Halten von Hunden in der Stadt Bremerhaven*, GBl. 2000, S. 297.

de mit dem Ziel einer Steigerung ihrer Aggressivität oder Gefährlichkeit gegenüber Menschen und Tieren. In der Übergangsregelung des § 7 wurde ergänzt, dass zur zweifelsfreien Registrierung des Hundes Unterlagen und Lichtbilder verlangt werden können und die Registrierung mit einer unveränderlichen Kennzeichnung verbunden werden kann.

12. Die Hundeverordnung Hamburg vom 18. Juli 2000

Das Land Hamburg erließ am 18. Juli 2000 die *Verordnung zum Schutz vor gefährlichen Hunden und über das Halten von Hunden*[841], mit der gleichzeitig die erst knapp einen Monat alte Verordnung vom 28. Juni 2000[842] außer Kraft gesetzt wurde.

a) Inhalt der Verordnung

Der Inhalt der Verordnung gleicht fast vollständig der Verordnung vom 28. Juni 2000. Neu ist die Aufnahme der Rasse Tosa Inu in den Katalog derjenigen Hunderassen, bei denen die Gefährlichkeit widerlegbar vermutet wird. Die Vorschriften für das Halten anderer Hunde (also Hunde, die nicht als gefährlich gelten) wurden gelockert. Innerhalb des § 10, der die Ordnungswidrigkeiten bestimmt, wurden einige Veränderungen vorgenommen. Wichtigste Änderung ist die Erhöhung des Höchstsatzes für eine Geldbuße von 10.000 DM auf 100.000 DM bzw. auf 50.000 €[843]. Dies ist mit Abstand die höchste Summe im Vergleich mit den Verordnungen anderer Länder[844], nur in Bayern gibt es für bestimmte Verstöße ebenfalls eine Höchstgrenze von 100.000 DM bzw. 50.000 €[845].

b) Rechtsprechung

Bisher sind vor dem Oberverwaltungsgericht Hamburg vier Beschlüsse im einstweiligen Rechtschutz ergangen[846]. Diese machen überwiegend keine Aussagen über die Verfassungsmäßigkeit der Verordnung[847].

Derzeit soll die Verordnung noch Gegenstand einer Feststellungsklage sein (Normenkontrollverfahren gemäß § 47 Abs. 1 Nr. 2 VwGO sind in Hamburg gegen Verordnungen nicht möglich).

13. Die Hundehalterverordnung Brandenburg vom 25. Juli 2000

Am 25. Juli 2000 erließ Brandenburg eine *Hundehalterverordnung*[848], die die alte Verordnung vom 12. Juni 1998[849] außer Kraft setzte.

---

[841] GVBl. 2000, S. 152.

[842] Vgl.oben V. 2..

[843] Euroanpassung durch Art. 21 der VO v. 11.9.2001, GVBl. S. 337.

[844] In der Regel können Bußgelder bis zu 10.000 DM(/5.000 €) erteilt werden; vgl. bspw. § 10 Abs. 2 der Schleswig-holsteinischen Verordnung vom 28. Juni 2000, § 9 Abs. 2 der Verordnung aus Mecklenburg-Vorpommern vom 4. Juli 2000 oder § 6 Abs. 2 der Niedersächsischen Verordnung vom 5. Juli 2000. Höher ist § 12 des Sächsischen Gesetzes mit einer Geldbuße von bis zu 25.000 €, deutlicher niedriger § 10 Abs. 2 der Nordrhein-Westfälischen Verordnung vom 30. Juni 2000 mit einer Geldbuße bis zu 2000 DM (1.022 €).

[845] Art. 37a Abs. 4 Landesstraf- und Verordnungsgesetz.

[846] OVG Hamburg, Beschl. v. 11.12.2000 – 2 Bs 306/00 – , NuR 2001, 639f.; Beschl. v. 11.12.2000 – 2 BS 306/2000; Beschl. v. 16.5.2001 – 2 Bs 124/01 – , NordÖR 2001, 406; Beschl. v. 24.10.2001 – 2 Bs 271/01 – , NVwZ-RR 2002, 276.

[847] Im Verfahren 2 Bs 306/00, NuR 2001, 639f., konnte das OVG einen Verstoß gegen Art. 3 Abs. 1 GG nicht erkennen. Im Verfahren 2 Bs 124/01, NordÖR 2001, 406, war nach Ansicht der Gerichts eine verfassungskonforme Auslegung des § 2 Abs. 1 erforderlich.

[848] GVBl. 2000, S. 235.

[849] Siehe dazu oben IV. 18..

a) Inhalt der Verordnung

Zwar wurden durchaus einige Vorschriften der alten Verordnung übernommen, gleichzeitig wurden aber noch mehrere Bestimmungen neu eingefügt, die die Verordnung insgesamt verschärfen: Die Zweiteilung für die Definition gefährlicher Hunde nach Rassekatalog und Verhaltensauffälligkeit wurde beibehalten. Neu ist allerdings die Unterscheidung zwischen Rassen mit widerlegbarer und unwiderlegbarer Vermutung der Gefährlichkeit. Bei Hunden der Rassen American Pitbull Terrier, American Staffordshire Terrier, Bullterrier, Staffordshire Bullterrier und Tosa Inu wird die Gefährlichkeit nach § 8 Abs. 2 unwiderlegbar vermutet (bis auf American Pitbull Terrier, der neu aufgenommen wurde, galt für die anderen Rassen bisher die widerlegbare Vermutung). Aus der widerlegbaren Vermutung, die auch bisher schon existierte, wurden 3 Rassen ganz herausgenommen[850], gleichzeitig aber 5 neu eingefügt[851]. Die Haltung von Hunden im Sinne des § 8 Abs. 2 ist verboten. Es werden erhöhte Anforderungen an das Führen von Hunden gestellt (bspw. Zuverlässigkeit und Sachkunde der führenden Person, Tragen einer Plakette) und die Leinenpflicht sowie der Maulkorbzwang werden ausgeweitet. Zusätzlich zur Untersagung der Haltung eines Hundes kann die Behörde dessen Sicherstellung und Tötung gemäß § 5 Abs. 2 anordnen. Neu sind auch die §§ 6, 7 und 9. § 6 legt eine Anzeige- und Kennzeichnungspflicht fest, § 7 stellt besondere Anforderungen an die Zucht, Ausbildung und das Abrichten von Hunden. Nach § 9 ist das gewerbliche Inverkehrbringen von gefährlichen Hunden grundsätzlich verboten. Soll eine Erlaubnis zur Haltung nach § 10 erteilt werden, muss über die bisherigen Voraussetzungen hinaus der Antragsteller ein berechtigtes Interesse nachweisen, außerdem ist die Erlaubnis grundsätzlich mit der Auflage der dauerhaften Kennzeichnung mittels Mikrochip und der Kastrierung bzw. Sterilisierung zu versehen. Der Halter hat die Sachkunde und Zuverlässigkeit alle zwei Jahre nach Erteilung der Erlaubnis erneut nachzuweisen. Neu ist schließlich auch die Einführung des § 13, der die Übergabe und den Erwerb gefährlicher Hunde regelt.

b) Rechtsprechung

Das Oberverwaltungsgericht Frankfurt/Oder entschied am 20. Juni 2002 in einem Normenkontrollverfahren, dass die Hundehaltungsverordnung weitgehend mit höherrangigem Recht vereinbar sei[852].

Zwei Jahre vorher hatte dasselbe Gericht im einstweiligen Rechtsschutz entschieden, dass § 10 Abs. 3 Satz 2 der Verordnung durch das OVG Frankfurt/Oder außer Vollzug gesetzt werden müsse, da bei einer Erlaubnis mit der Auflage, den Hund kastrieren oder sterilisieren zu lassen, nicht mehr rückgängig zu machende Umstände entständen[853].

Die Verordnung war anschließend auch Gegenstand mehrerer Normenkontrollverfahren vor dem Bundesverwaltungsgericht[854]. Mit Urteil vom 20. August 2003 hat das Bundesverwaltungsgericht die Verordnung insoweit für ungültig erachtet, als sie die Gefährlichkeit von

[850] Pitbull, Bandog und Rhodesian Ridgeback.

[851] Alano, Cane Corso, Dobermann, Perro Presa Canario und Perro de Presa Malloquin.

[852] Urt. v. 20.6.2002 – 4 D 89/00.NE, abrufbar unter www.jurisweb.de, abgerufen am 08.11.2002. Lediglich die Erlaubnispflicht für so genannte Altfälle stelle einen Verstoß gegen den Gleichbehandlungsgrundssatz dar. Laut Pressemitteilung des OVG betrifft das Urteil auch die Verfahren mit den Aktenzeichen 4 D 9/99. NE, 4 D 72/00.NE und 4 D 86/00. NE, Pressemitteilung v. 20.6.2002, abrufbar unter www.ovg.brandenburg.de, abgerufen am 11.03.2003.

[853] Beschl. v. 20.10.2000 – 4 B 155/00.NE – , NVwZ 2001, 223.

[854] Aktenzeichen der Verfahren: 4 D 88/00.NE, 4 D 91/00.NE, 4 D 93/00.NE, 4 D 94/00.NE, 4 D 5/01.NE, 4 D 31/01.NE, 4 D 21/02. NE, 4 D 22/02. NE und 4 D 28/02.NE.

Hunden allein aus der Zugehörigkeit zu bestimmten Rassen herleitet[855]. Es hat damit seine Rechtsprechung zu den Verordnungen von Niedersachsen und Schleswig-Holstein fortgeführt.
Außerdem sind noch mehrere Normenkontrollverfahren vor dem Oberverwaltungsgericht anhängig[856].

14. Die Hundeverordnung Saarland vom 26. Juli 2000
Das Saarland erließ am 26. Juli 2000 eine *Polizeiverordnung über den Schutz der Bevölkerung vor gefährlichen Hunden im Saarland*[857], die gleichzeitig die alte Verordnung vom 7. Juli 1998[858] außer Kraft setzte. Die Verordnung verzichtet weiterhin auf einen Rassekatalog zur Feststellung von gefährlichen Hunden. Allerdings bedürfen die Haltung und die Ausbildung von Hunden der Rassen American Staffordshire Terrier, Staffordshire Bullterrier und Pit Bull Terrier einer besonderen Erlaubnis gemäß § 6 Abs. 1. Die Vorschriften des § 1 (Gefährliche Hunde), § 2 (Erlaubnisvorbehalt), § 3 (Zuverlässigkeit), § 7 (Ausnahmeregelungen) und § 8 (Zuständigkeiten) sind fast wörtlich identisch mit den Paragraphen der Verordnung aus 1998[859]. Auch § 4 (Sachkundenachweis) und § 5 (Haltung) sind im Wesentlichen übernommen, allerdings auch ergänzt worden. So werden die Voraussetzungen des Sachkundenachweises nun detaillierter geregelt. Die Pflicht zum Tragen eines Maulkorbes und zum Anleinen wurde ausgeweitet. Neu ist der schon erwähnte § 6 mit der besonderen Erlaubnis für die genannten Hunderassen. Diese besondere Erlaubnis umfasst die Anforderungen der „normalen" Erlaubnis nach § 2 Abs. 3 und die Teilnahme an einem besonderen Lehrgang gemäß § 6 Abs. 1 Satz 3. Außerdem kann die Behörde die Unfruchtbarmachung eines Hundes nach § 6 Abs. 2 anordnen, wenn die Gefahr der Heranbildung gefährlicher Nachkommen besteht. Nach § 6 Abs. 3 ist die nicht gewerbsmäßige Zucht mit Hunden nach Abs. 1 Satz 1 verboten. Neu sind auch die Möglichkeit der Ausnahmegenehmigung vom Maulkorbzwang nach § 7 Abs. 2 und die Übergangsvorschriften nach § 9. Die Regelung der Ordnungswidrigkeiten des § 10 wurde den neu eingefügten Vorschriften angeglichen.

15. Die Hundeverordnung Baden-Württemberg vom 3. August 2000
In Baden-Württemberg wurde am 3. August 2000 eine neue *Polizeiverordnung des Innenministeriums und des Ministeriums Ländlicher Raum über das Halten gefährlicher Hunde*[860] erlassen. Sie setzt die alte Verordnung vom 28. August 1991[861] außer Kraft, die schon für teilweise nichtig erklärt worden war.

a) Inhalt der Verordnung
Die neue Verordnung unterscheidet (wie schon die Verordnung von 1991) zwischen Kampfhunden und gefährlichen Hunden. Gefährliche Hunde sind Hunde, die aufgrund ihres Verhaltens die Annahme rechtfertigen, dass durch sie eine Gefahr für Leben und Gesundheit von Menschen oder Tieren besteht. Bei den Kampfhunden wird unterschieden zwischen bestimm-

---

[855] BVerwG 6 CN 2.02, 6 CN 3.02, 6 CN 4.02, 6 CN 5.02, Urteile vom 20.8.2003, Pressemitteilung des Bundesverwaltungsgerichts Nr. 35/2003 v. 20.8.2003.
[856] Aktenzeichen 4 D 88/00.NE, 4 D 91/00.NE, 4 D 93/00.NE, 4 D 94/00.NE, 4 D 5/01.NE, 4 D 31/01.NE, 4 D 21/02.NE, 4 D 22/02.NE, 4 D 28/02.NE, Auskunft des OVG Frankfurt/Oder vom 11.3.2003..
[857] ABl. 2000, S. 1246.
[858] Siehe oben IV. 19..
[859] ABl. 1998, S. 672.
[860] GBl.BW 2000, S. 574.
[861] GBl.BW S. 542, in Verbindung mit der Bekanntmachung vom 18.12.1992 (GBl. 1993, S. 60) über die Entscheidung des Verwaltungsgerichtshofs Baden-Württemberg vom 18. August 1992; vgl. dazu oben IV. 4..

ten Rassen, bei denen die Kampfhundeigenschaft grundsätzlich vermutet wird[862], solange nicht das Gegenteil bewiesen wird, und solchen, bei denen diese Eigenschaft im Einzelfall anhand von bestimmten Anhaltspunkten vorliegen kann[863]. Das Halten eines Kampfhundes bedarf der Erlaubnis[864]. Darüber hinaus dürfen Gefahren für Leben, Gesundheit, Eigentum oder Besitz nicht entgegenstehen. Der Hund muss unveränderlich gekennzeichnet und in der Regel für ihn eine Haftpflichtversicherung abgeschlossen werden. Neu aufgenommen wurden besondere Halterpflichten, Leinen- und Maulkorbzwang für Kampfhunde und gefährliche Hunde. Ausnahmen sind allerdings möglich. Ebenfalls neu ist das Zuchtverbot für Kampfhunde und das Gebot ihrer Unfruchtbarmachung. Einer Erlaubnis bedarf nun nach § 5 Abs. 2 auch derjenige, der Hunde mit dem Ziel einer gesteigerten Aggressivität und Gefährlichkeit halten oder ausbilden will. Für Kampfhunde und Hunde der in § 1 genannten Rassen sowie deren Kreuzungen darf die Erlaubnis nicht erteilt werden.

Nachdem der Verwaltungsgerichtshof Mannheim die Verordnung von 1991 teilweise für nichtig erklärt hatte[865], hat der Verordnungsgeber die Kritik an dem Rassekatalog dahingehend aufgenommen, dass eine Definition von Kampfhunden anhand bestimmter Rassen und die daraus abgeleitete Gefährlichkeit nicht mehr vorgenommen wird.

b) Rechtsprechung

Gegen die Verordnung sind vor dem Verwaltungsgerichtshof Mannheim angestrengte Normenkontrollanträge als unbegründet abgelehnt worden[866]. Die Antragsteller hatten sich gegen die Vermutung der Kampfhundeeigenschaft der in § 1 Abs. 1 der Verordnung genannten Rassen und Kreuzungen gewandt. Nach Auffassung des Gerichts verstoßen die Regelungen des § 1 aber weder gegen das Bestimmtheitsgebot noch gegen den Gleichbehandlungsgrundsatz. Auch der Rest der Verordnung ist verfassungsrechtlich nicht zu beanstanden.
Außerdem hat der Verwaltungsgerichthof Mannheim in einem Beschluss vom 6. Mai 2003 festgestellt, dass die Polizeiverordnung auch unter Berücksichtigung der Entscheidung des Bundesverwaltungsgerichts vom 3. Juli 2002 auf der Grundlage der polizeilichen Generalklausel (§§ 1, 10 PolG BW) ergehen durfte[867]. Denn die Verordnung beruhe auf einem anderen Regelungskonzept als die niedersächsische Gefahrtierverordnung, insbesondere da in Baden-Württemberg jeder Hund unabhängig von der Rasse als Kampfhund eingestuft werden kann und weil selbst eine vermutete Gefährlichkeit widerlegt werden könne.

Eine Polizeiverordnung der Stadt Mannheim dagegen, die bestimmte Hunderassen unwiderlegbar als gefährlich einstuft[868], hat der Verwaltungsgerichtshof Mannheim insoweit für nichtig erklärt, und zwar genau deshalb, weil dem Halter keine Möglichkeit gegeben wird, die Widerlegbarkeit der Vermutung zu ermöglichen[869].

---

[862] § 1 Abs. 2.
[863] § 1 Abs. 3.
[864] Für diese muss der Antragsteller ein berechtigtes Interesse an der Haltung, seine Zuverlässigkeit und seine Sachkunde nachweisen.
[865] Urt. v. 18.8.1992 – 1 S 2550/91 – , NVwZ 1992, 1105.
[866] NK-Urt. v. 16.10.2001 – 1 S 2346/00 – , VBlBW 2002, 292.
[867] Beschl. v. 65.2003 – 1 S 411/03 – , VBlBW 2003, 354 (Antrag auf Widerherstellung der aufschiebenden Wirkung des Widerspruchs gegen eine Haltungsuntersagung).
[868] Vom 28.7.1998, geändert durch Verordnung vom 28.7.2000.
[869] Urt. v. 22.4.2002 – 1 S 1667/00 – , VBlBW 2002, 423.

16. Die Gefahrenabwehrverordnung gefährliche Hunde des Landes Hessen vom 15. August 2000

Am 15. August 2000 erließ Hessen die *Gefahrenabwehrverordnung gefährliche Hunde*[870], die sowohl die *Gefahrenabwehrverordnung über das Halten von Hunden* vom 15. August 1997[871] als auch die *Kampfhundeverordnung* vom 5. Juli 2000[872] aufhob.

a) Inhalt der Verordnung

Nach § 2 Abs. 1 Satz 1 sind gefährliche Hunde solche, bei denen aufgrund rassespezifischer Merkmale oder Zucht eine gesteigerte Aggressivität und Gefährlichkeit gegenüber Menschen oder Tieren anzunehmen ist. Bei einigen Rassen[873] werden diese Eigenschaften unwiderlegbar vermutet; bei den in § 2 Abs. 2 Satz 1 Nr. 2 aufgeführten Rassen und Gruppen sowie deren Kreuzungen untereinander[874] kann diese Vermutung durch die Begutachtung des Hundes durch eine sachverständige Stelle widerlegt werden. Darüber hinaus sind auch solche Hunde gefährlich, die ein bestimmtes Verhalten an den Tag gelegt haben[875] oder eine mensch- oder tiergefährdende Eigenschaft besitzen. Damit vereinigt die Verordnung die beiden verschiedenen Ansätze der Gefahrenabwehrverordnung von 1997, welche ihren Anwendungsbereich über das Verhalten der Hunde bestimmte, und der Kampfhundeverordnung von 2000, die an die Rassezugehörigkeit anknüpfte.

§ 1 bestimmt, wann und wie Hunde und gefährliche Hunde geführt und gehalten werden dürfen. Halter gefährlicher Hunde bedürfen einer Erlaubnis gemäß §§ 13, 14 (§14 stellt weitere Anforderungen für das Erteilen der Erlaubnis, wie z.B. das Bestehen einer Haftpflichtversicherung), außerdem müssen sie über die notwendige Sachkunde und Zuverlässigkeit verfügen und das 18. Lebensjahr vollendet haben. Spezielle Regelungen für das Führen eines gefährlichen Hundes trifft außerdem § 5. Zusätzlich zu den Voraussetzungen, die zur Haltung eines solchen Hundes erfüllt sein müssen, muss die Person, die einen gefährlichen Hund führen will, gemäß § 5 Abs. 1 auch körperlich und geistig in der Lage sein, den Hund sicher zu führen.

Unter bestimmten Voraussetzungen besteht eine Anleinpflicht sowohl für gefährliche als auch für andere Hunde (siehe § 6). Gefährliche Hunde, für die die unwiderlegbare Vermutung des § 2 Abs. 1 Satz 2 Nr. 1 gilt und die älter als neun Monate sind, müssen einen Maulkorb tragen. Nach § 7 müssen Grundstücke, Zwinger und Wohnungen so gesichert werden, dass ein dort gehaltener gefährlicher Hund außerhalb befindliche Personen nicht gefährden kann.

Die Ausbildung zu gesteigerter Aggressivität, die Abgabe und der Erwerb gefährlicher Hunde im Sinne von § 2 Abs. 1 Satz 2 Nr. 1 sind verboten, Ausnahmen bestehen. Gefährliche Hunde müssen nach § 9 unveränderlich gekennzeichnet und gemäß § 10 unfruchtbar gemacht werden.

Gemäß § 11 kann die Behörde bei Nichtbeachtung der Verordnung die Sicherstellung und Verwahrung und unter Umständen sogar die Tötung eines gefährlichen Hundes anordnen, wenn Tatsachen die Annahme rechtfertigen, dass von dem Hund eine Gefahr für Menschen oder Tiere ausgeht. Den Halter treffen gemäß § 15 Mitwirkungs- und Mitteilungspflichten.

---

[870] GVBl. 2000, S. 411.

[871] Siehe oben IV. 17..

[872] Siehe oben V. 8..

[873] American Pitbull Terriern oder Pit Bull Terrier, American Stafford Terrier oder American Staffordshire Terrier und Staffordshire Bullterrier.

[874] American Bulldog, Bullmastiff, Bullterrier, Bordeaux Dogge, Dogo Argentino, Fila Brasileiro, Kangal (Karabash), Kaukasischer Owtscharka, Mastiff, Mastin Espanol, Mastino Napoletano, Tosa Inu.

[875] Z.B. einen Menschen gebissen oder in Gefahr drohender Weise angesprungen.

Im Vergleich mit der nur einen Monat vorher erlassenen Kampfhundeverordnung fällt die neu eingeführte Unterscheidung zwischen Hunden mit unwiderlegbarer und widerlegbarer Vermutung der Kampfhundeigenschaft auf. Außerdem wurden die Voraussetzungen für das Erteilen der Erlaubnis zum Halten eines gefährlichen Hundes und zum Führen wesentlich verschärft.

b) Rechtsprechung

Am 29. August 2001 entschied der Verwaltungsgerichtshof Kassel[876] in einem Normenkontrollverfahren, dass die (mittlerweile aufgehobene) Kampfhundeverordnung vom 5. Juli insgesamt nichtig und einige Teile der am 15. August 2000 erlassenen Gefahrenabwehrverordnung ebenfalls nichtig seien. Die Unwiderlegbarkeitsvermutung der Kampfhundeeigenschaft bei bestimmten Rassen (§ 2 Abs. 1 Satz 2 Nr. 1) verstoße gegen Art. 3 Abs. 1 GG und gegen den Verhältnismäßigkeitsgrundsatz. Aufgrund der Nichtigkeit dieser Bestimmung sind auch die auf ihr beruhenden Regelungen der §§ 6 Abs. 3 1. Halbs. (Maulkorbzwang), 10 (Unfruchtbarmachung), 12 Satz 1 (Handels-, Erwerbs- und Abgabeverbot) und § 14 Abs. 1 Satz 1 Nr. 5 (abgeschlossene Haftpflichtversicherung als Voraussetzung für die Erteilung der Haltererlaubnis) nichtig. Für die letztgenannte Regelung fehle es nach der Wesentlichkeitstheorie an einer ausreichenden gesetzlichen Grundlage[877].

Schon vorher hatte der Verwaltungsgerichtshof im einstweiligen Rechtsschutz[878] entschieden, dass der Antrag auf Aussetzung der Vollziehung der gesamten Verordnung im Hinblick auf die Bestimmungen der §§ 6, Abs. 3 1. Halbs. (teilweise), 9, 10 sowie 14 Abs. 1 S. 1 Nr. 1, 9 und 10 erfolgreich sei.

17. Das sächsische Gesetz zum Schutz der Bevölkerung vor gefährlichen Hunden vom 24. August 2000 und die Verordnung vom 1. November 2000

Nachdem in Sachsen bisher eine Verordnung von 1996[879] existierte, erließ das Land am 24. August 2000 ein Gesetz[880] und am 1. November 2000 auf diesem basierend die *Verordnung des Sächsischen Staatsministeriums des Innern zur Durchführung des Gesetzes zum Schutze der Bevölkerung vor gefährlichen Hunden*[881]. Gleichzeitig mit Inkrafttreten des Gesetzes trat die Verordnung vom 28. Juni 1996 außer Kraft.

Gefährliche Hunde sind nach § 1 Abs. 1 Hunde, deren Gefährlichkeit vermutet oder im Einzelfall festgestellt wird. Das Gesetz verzichtet auf einen Rassekatalog, ermächtigt aber in § 1 Abs. 2 Satz 1 zum Erlass einer Rechtsverordnung, die bestimmen soll, bei welchen Hunden die Gefährlichkeit widerlegbar vermutet wird. Die entsprechende Ausführungsverordnung vom November 2000 vermutet die Gefährlichkeit in § 1 Abs. 1 für die Gruppen American Staffordshire Terrier, Bullterrier und Pitbullterrier. Außerdem regelt die Verordnung Näheres über den Nachweis der Sachkunde, welche unter anderem Voraussetzung für die Haltung eines gefährlichen Hundes ist.

§ 1 Abs. 3 des Gesetzes enthält einen Regelbeispielkatalog, wann Hunde aufgrund ihres bisher gezeigten Verhaltens als gefährlich gelten. Es ist verboten, Hunde mit dem Ziel einer gesteigerten Aggressivität auszubilden und Hunde im Sinne des § 1 Abs. 2 zu züchten oder mit ihnen zu handeln.

---

[876] Urt. v. 29.8.2001 – 11 N 2497/00 –, NVwZ-RR 2002, 650.

[877] NVwZ-RR 2002, 650/ 653f..

[878] Beschl. v. 8.9.2000 – 11 NG 2500/00 –, NuR 2001, 281.

[879] Vgl. zu dieser oben IV. 15..

[880] SächsGVBl. 2000, S. 358.

[881] SächsGVBl. 2000, S. 467.

Das Halten gefährlicher Hunde bedarf nun, im Gegensatz zur Verordnung von 1996, der Erlaubnis der Behörde[882]. Wenn bei einem Hund die Gefährlichkeit im Einzelfall nachgewiesen worden ist, kann die Behörde die Haltung zur Verhütung weiterer Gefahren untersagen, mit Auflagen genehmigen und unter Umständen die Unfruchtbarmachung des Tieres anordnen. Weitere Bestimmungen zur Haltung von Hunden sind aus der alten Verordnung übernommen [883] oder angeglichen worden[884]. Gemäß § 7 bestehen für den Halter Mitteilungspflichten bei Aufgabe der Haltung. § 12 legt Ordnungswidrigkeiten fest, die mit einer Geldbuße von bis zu 25.000 € geahndet werden können.

Neu und einmalig im Vergleich mit den Bestimmungen anderer Bundesländer sind die folgenden Vorschriften: § 10 enthält eine Verpflichtung für die Gemeinde, für gefährliche Hunde örtliche Abgaben zu erheben. § 11 stellt die Zucht von Hunden nach § 1 Abs. 2 oder die Zucht von Hunde mit gesteigerter Aggressivität und das Hetzen von gefährlichen Hunden auf Menschen oder Tiere unter Strafe. § 13 enthält eine Zitierklausel im Sinne des Art. 19 Abs. 1 Satz 2 GG. Schließlich werden in § 14 die allgemeinen Polizeibehörden ermächtigt, zur Abwehr weiterer Gefahren durch Hunde Polizeiverordnungen nach den §§ 9 und 10 des Polizeigesetzes zu erlassen.

18. Bremisches Gesetz über das Halten von Hunden vom 2. Oktober 2001

Als drittes Land nach Bayern und Sachsen hat Bremen ein Gesetz zur Regelung der Hundehaltung erlassen[885]. Es hob die beiden bisher existierenden Polizeiverordnungen der Stadt Bremen und der Stadt Bremerhaven auf.

Nach diesem *Gesetz über das Halten von Hunden und zur Änderung von anderen Vorschriften* gelten gemäß § 1 Abs. 1 solche Hunde als gefährlich, die ein bestimmtes auffälliges und gefährliches Verhalten gezeigt haben bzw. bei denen mit hoher Wahrscheinlichkeit davon auszugehen ist, dass sie ein solches Verhalten zeigen, außerdem gemäß Abs. 3 Hunde der Rassen Pit-Bull-Terrier, Bullterrier, American Staffordshire Terrier und Staffordshire Bullterrier.

Mit diesen Rassen sind die Zucht, der Handel, die Ausbildung mit dem Ziel einer gesteigerten Aggressivität oder Gefährlichkeit und auch das Halten verboten. Vom Haltungsverbot bestehen Ausnahmen für Hunde, die nach den Vorschriften eines anderen Landes gehalten werden dürfen, wenn der Betroffene in Bremen einen Wohnsitz begründet oder sich nur vorübergehend dort aufhält[886]. Die Hunde müssen allerdings nach § 3 Abs. 2 Satz 2 registriert werden. Eine unentgeltliche Weitergabe solcher Hunde ist an zuverlässige Dritte mit Zustimmung der Ortspolizeibehörde möglich. Außerdem muss für sie eine Haftpflichtversicherung abgeschlossen werden.

Alle gefährlichen Hunde müssen gemäß § 1 Abs. 6 mittels Mikrochip gekennzeichnet werden. Es besteht eine Anleinpflicht und unter bestimmten Voraussetzungen auch die Pflicht zum Tragen eines Maulkorbes.

Persönliche Voraussetzungen zum Halten gefährlicher Hunde gibt es nicht, es muss lediglich eine verhaltensgerechte und ausbruchsichere Unterbringung sowie die Kennzeichnung des

---

[882] Dazu muss der Antragsteller das 18. Lebensjahr vollendet, die erforderliche Sachkunde und Zuverlässigkeit besitzen, das Bestehen einer Haftpflichtversicherung nachweisen und eine verhaltensgerechte und ausbruchsichere Unterbringung ermöglichen.

[883] § 5 Abs. 4 und 5 des Gesetzes: Haltung möglichst so, dass Menschen, Tiere oder Sachen nicht gefährdet werden (Abs. 4) und Anbringen eines Warnschildes im Besitztum (Abs. 5).

[884] § 6 des Gesetzes, Anlein- und Maulkorbpflicht.

[885] GBl. 2001, S. 331.

[886] Ausnahmen gelten auch für die Haltung in Tierheimen.

Besitztums durch Warnschilder gewährleistet sein. Wohnungswechsel und Abhandenkommen eines Hundes nach § 1 Abs. 3 sind unverzüglich gemäß § 3 Abs. 6 mitzuteilen.
Möglichkeiten zur Beschränkung und Untersagung der Haltung gefährlicher Hunde sowie eine gleichzeitig anzuordnende Unfruchtbarmachung trifft § 4. Diese Bestimmung ist im Wesentlichen identisch mit denen der bisher erlassenen Verordnungen der Städte Bremen und Bremerhaven. Das Führen sonstiger Hunde regelt § 5, der ebenfalls an bisher bestehende Regelungen anknüpft.

Die wichtigsten Veränderungen, die das Gesetz im Gegensatz zu den Stadtverordnungen mit sich bringt, betreffen die Bestimmung gefährlicher Hunde in § 1 Abs. 1 Nr. 3[887], die unveränderliche Kennzeichnung per Mikrochip, die Pflicht zum Abschluss einer Haftpflichtversicherung nach § 1 Abs. 6, Ausnahmen von der Maulkorb- und Anleinpflicht nach § 2 Abs. 3[888] und die Anerkennung von Bescheinigungen anderer Länder.

Die Gründe für die Regelung durch Gesetz waren in erster Linie die Eingriffstiefe und das Erfordernis einer landeseinheitlichen Regelung. Laut Begründung des Gesetzentwurfs wurden die neueren Entwicklungen des Bundesrechts, die Rechtsprechung und die Beschlüsse der Innenministerkonferenz berücksichtigt[889].

19. Die Hundeverordnung Sachsen-Anhalt vom 26. März 2002

a) Inhalt der Verordnung
Am 26. März 2002 wurde eine neue Verordnung, die *Gefahrenabwehrverordnung zum Schutz vor gefährlichen Hunden*[890] erlassen, die sowohl die Verordnung vom 6. Juli 2000 als auch die aufgrund von § 3 der Verordnung erlassenen Gefahrenabwehrverordnungen außer Kraft setzte.
Nach § 1 ist jetzt zusätzlich zu denjenigen Rassen, die bisher schon in der Verordnung vom 5. Juli 2000 genannt wurden, auch der Bullterrier ein gefährlicher Hund im Sinne der Verordnung. Die Haltung gefährlicher Hunde ist nun gemäß § 2 Abs. 1 verboten, wobei allerdings gemäß Abs. 2 viele Ausnahmen (teilweise vorübergehend) vorgesehen sind, unter anderem für Hunde, die am Tage des Inkrafttretens der Verordnung gehalten werden. Hunde, für die das Haltungsverbot nicht gilt, dürfen nach § 2 Abs. 3 nur von einer Person gehalten werden, die die erforderliche Zuverlässigkeit (Voraussetzungen geregelt in § 4) und Sachkunde besitzt oder den Hund aufgrund einer Erlaubnis nach § 11 Abs. 1 Satz 1 Nr. 2 des Tierschutzgesetzes[891] halten darf. Ebenfalls verboten sind die Zucht und der Handel gemäß § 3. Wird ein gefährlicher Hund gehalten, muss er nach § 5 mittels eines Mikrochips dauerhaft und unverwechselbar gekennzeichnet und unfruchtbar gemacht werden; auch muss er nach § 7 ausbruchsicher gehalten werden, ansonsten muss er einen Maulkorb tragen. Außerdem muss nach § 6 eine Haftpflichtversicherung abgeschlossen werden. Für den Halter gelten bestimmte Anzeige- und Nachweispflichten gemäß § 9[892].
Für das Führen gefährlicher Hunde gilt Anleinpflicht und Maulkorbzwang; an bestimmten

---

[887] Es gelten auch solche Hunde als gefährlich, die insbesondere durch Zuchtauswahl eine besonders hohe genetisch bedingte Aggressivität aufweisen, die über das üblicherweise bei Hunden vorhandene Potential hinausgeht.
[888] Durch eine bestandene Wesenprüfung oder einen bestandenen Begleithundetest.
[889] Mitteilung des Senats vom 8.5.2001, LT-Drs. 15/703, S. 7.
[890] GVBl. LSA 2002, S. 201.
[891] I.d.F. der Bekm. vom. 25. Mai 1998, BGBl. I S. 1105, zuletzt geändert durch Art. 19 des Fünften Euro-Einführungsgesetzes vom 25. Juni 2001, BGBl. I S. 1215.
[892] Bspw. Abhandenkommen des Hundes.

Orten darf ein solcher Hund nicht mitgeführt werden[893]. Weitere Anforderungen an das Führen eines gefährlichen Hundes stellt Abs. 5.
Nach § 10 Abs. 1 kann die Behörde die zur Verhütung oder Abwehr von Gefahren die erforderlichen Anordnungen und sonstigen Maßnahmen treffen.

b) Rechtsprechung
In einem Beschluss vom 27. Mai 2002 hat das Oberverwaltungsgericht Magdeburg einen Antrag auf Gewährung vorläufigen Rechtsschutzes im Wesentlichen abgelehnt, mit dem die Verordnung vom 26. März 2002 einstweilig außer Vollzug gesetzt werden sollte[894]. Hinsichtlich der Anleinpflicht und des Maulkorbzwanges überwöge das Interesse der Allgemeinheit am Schutz vor gefährlichen Hunden. Lediglich die Anordnung der unverzüglichen Kennzeichnung des Hundes per Mikrochip und der Unfruchtbarmachung sei außer Vollzug zu setzen, da so vollendete Tatsachen geschaffen würden, „die nur mit unverhältnismäßigen Aufwand bzw. gar nicht mehr rückgängig gemacht werden könnten, wenn sich die Verordnung im Hauptsacheverfahren als nichtig erweisen sollte“[895].

20. Hundeverordnung Hessen vom 10. Mai 2002
Das Land Hessen hat am 10.Mai 2002 eine neue *Gefahrenabwehrverordnung über das Halten und Führen von Hunden (HundeVO)*[896] erlassen.
§ 1 (Halten und Führen von Hunden) entspricht fast wörtlich demjenigen der Verordnung vom 15. August 2000. Eine deutliche Änderung findet sich dagegen bei der Definition gefährlicher Hunde: Eine Unterscheidung zwischen Rassen mit widerlegbarer und unwiderlegbarer Vermutung der Gefährlichkeit findet nicht mehr statt. Stattdessen gibt es elf Hunderassen, bei denen die Gefährlichkeit unwiderlegbar[897] vermutet wird[898]. Darüber hinaus sind aber auch Hunde, die ein auffälliges und gefährdendes Verhalten gezeigt haben, gefährliche Hunde.
Für die Erteilung einer Erlaubnis zum Halten eines gefährlichen Hundes muss der Nachweis eines besonderen Interesses an der Haltung und der Unfruchtbarmachung nicht mehr erbracht werden. Die Erlaubnis ist allerdings bei den aufgelisteten Rassen auf zwei Jahre, bei den übrigen gefährlichen Hunden auf bis zu vier Jahre zu befristen.
Die in einem anderen Land erworbenen Sachkundebescheinigungen können in Hessen nach § 4 Abs. 5 anerkannt werden. Die Innehabung eines Jagdscheins gilt gemäß Abs. 3 als Nachweis der Zuverlässigkeit im Rahmen der Erlaubniserteilung[899].
Die Voraussetzungen zum Führen eines gefährlichen Hundes sind verschärft[900], der Leinen- und Maulkorbzwang dagegen leicht gelockert worden. Hunde, die eine Wesensprüfung bestanden haben, werden von einigen Restriktionen ausgenommen, so vom grundsätzlichen Lei-

---

893 Siehe § 8 Abs. 4 der Verordnung.
894 Beschl. v. 27.5.2002 – 2 R 199/02 – , MBl. LSA Teilausgabe B 2002, S. 59.
895 Pressemitteilung des OVG Magdeburg v. 27.5.2002.
896 GVBl. 2002, S. 90. Mit ihr wurde gleichzeitig die Verordnung vom 15. August 2000 außer Kraft gesetzt.
897 Aus der Verordnung, die nicht von einer unwiderlegbaren Vermutung spricht, ist nicht ersichtlich, wie man die Gefährlichkeit widerlegen könnte.
898 Pitbull-Terrier, American Staffordshire Terrier, Staffordshire-Bullterrier, Bullterrier, American Bulldog, Dogo Argentino, Fila Brasileiro, Kangal (Karabash), Kaukasischer Owtscharka, Mastiff und Mastino Napoletano. Die ersten drei Rassen waren bisher solche mit unwiderlegbarer Vermutung, die restlichen solche mit widerlegbarer Vermutung. Vier weitere Rassen der Verordnung vom 15.8.2000 erscheinen in der neuen Rasseliste nicht mehr (Tosa Inu, Bullmastiff, Bordeaux Dogge und Mastin Espanol).
899 Zu weiteren Ausnahmen von Vorschriften der Verordnung siehe § 4.
900 Der Hund darf außerhalb befriedeten Besitztums nur noch geführt werden, wenn der Halter eine Erlaubnis besitzt. Die führende Person muss das 18. Lebensjahr vollendet, die erforderliche Sachkunde und Zuverlässigkeit besitzen und körperlich und geistig in der Lage sein, den Hund sicher zu führen.

nenzwang. Ansonsten sind die Bestimmungen aus der Verordnung vom 15. August 2000 übernommen worden; ähnliches gilt für die Ausbildung von Hunden und die Kennzeichnung.
Das grundsätzliche Abgabeverbot für gefährliche Hunde gilt nur noch für solche, die die Wesensprüfung nicht bestanden haben. Eine Unfruchtbarmachung von gefährlichen Hunden ist nicht mehr vorgesehen.
Fraglich ist, was mit den Hunden geschieht, die den Wesenstest nicht bestanden haben. Die Abgabe an ein Tierheim gemäß § 13 2. Halbs. Ist erlaubt ist. Nach § 14 Abs. 1 der Verordnung kann die Sicherstellung oder Verwahrung nach §§ 40, 41 des Hessischen Gesetzes über die öffentliche Ordnung und Sicherheit angeordnet werden, wenn die nach dieser Verordnung bestehenden Verbote oder Gebote nicht eingehalten werden oder den Anordnungen oder Auflagen der zuständigen Behörde nicht nachgekommen wird. Da bei nicht bestandenem Wesenstest die Erlaubnis zum Halten nicht erteilt wird und ein Halten ohne Erlaubnis eine Ordnungswidrigkeit nach §18 Nr. 2 darstellt, könnte die Behörde nach § 14 Abs. 1 die Sicherstellung oder Verwahrung anordnen. Außerdem kann sie nach § 14 Abs. 2 Satz 1 im Einzelfall die Tötung des Hundes anordnen, wenn Tatsachen die Annahme rechtfertigen, dass von dem Hund eine Gefahr für Leben oder Gesundheit von Menschen oder Tieren ausgeht.
Die übrigen Bestimmungen, (§ 15: Mitwirkungs- und Mitteilungspflichten, § 16: Zuständigkeit, § 17: Geltungsbereich und § 18: Ordnungswidrigkeiten) entsprechen im Wesentlichen denen der Verordnung vom 15. August 2000.

Auf die Kritik der Rechtsprechung an der bisherigen Verordnung[901] geht die Verordnung vom 10. Mai 2002 insofern ein, als dass nun kein Unterschied mehr zwischen Kampfhunden und gefährlichen Hunden gemacht wird und auch keine so erheblichen Eingriffe mehr wie Unfruchtbarmachung erlaubt sind. Außerdem können alle jetzt als gefährlich eingestuften Rassen durch eine positive Wesensprüfung manchen Restriktionen entgehen. Die Einstufung als gefährlicher Hund wird dadurch jedoch nicht berührt.

21. Änderung der bayerischen Verordnung über Hunde mit gesteigerter Aggressivität und Gefährlichkeit am 4. September 2002

Am 4. September 2002 änderte Bayern seinen Rassekatalog der *Verordnung über Hunde mit gesteigerter Aggressivität und Gefährlichkeit*[902]. Der Rhodesian Ridgeback wurde aus der Liste herausgenommen, während die Rassen Alano, American Bulldog, Cane Corso, Perro de Presa Canario (Dogo Canario), Perro de Presa Malloquin und Rottweiler neu aufgenommen wurden. Laut Pressemitteilung des Bayerischen Innenministeriums[903] ist der Rhodesian Ridgeback deshalb aus der Liste heraus gefallen, weil festgestellt wurde, dass diese Rasse nur ein geringes zuchtbedingtes Aggressionspotential besitze. Daher könne die Gefährlichkeit nicht mehr vermutet werden. Die Neuaufnahme der anderen Rassen ergebe sich aufgrund der besonderen Gefahr, die durch die rassespezifische Muskel- und Beißkraft von diesen Rassen ausgehe. Insbesondere beim Rottweiler habe es auch in letzter Zeit vermehrt Angriffe auf Menschen gegeben.
Mit beiden Änderungen will der Verordnungsgeber dem Urteil des Bayerischen Verfassungsgerichtshof Rechnung tragen. Dieser hatte 1994 in seinem Urteil zur Verfassungsmäßigkeit der bayerischen Rechtslage festgestellt, dass geeignete Maßnahmen zum Schutz der Allge-

---

901 VGH Kassel, Urt. v. 29.8.2001 – 11 N 2497/00 – , NVwZ-RR 2002, 650.
902 Verordnung zur Änderung der Verordnung über Hunde mit gesteigerter Aggressivität und Gefährlichkeit, GVBl. 2002, S. 513.
903 Pressemitteilung 642/02 v. 30. Oktober 2002, abgerufen am 11.11.2002 unter www2.stmi.bayern.de/PM/2002/642.htm.

meinheit getroffen werden müssen, wenn neue Erkenntnisse über die Gefährlichkeit bestimmter Hunderassen vorlägen[904].

Gegen Art. 37 Abs. 1 Satz 2 Halbs. 2, Abs. 4 des Landesstaf- und Verordnungsgesetzes sowie gegen § 1 Abs. 2 Satz 1 der *Verordnung über Hunde mit gesteigerter Aggressivität und Gefährlichkeit* ist am 8. Februar 2003 vor dem Bayerischen Verfassungsgerichtshof im Rahmen einer Verfassungsbeschwerde ein Antrag auf Feststellung der Verfassungswidrigkeit gestellt worden[905].

22. Das Niedersächsische Gesetz über das Halten von Hunden vom 12. Dezember 2002
Nachdem schon das Oberverwaltungsgericht Lüneburg und ihm folgend auch das Bundesverwaltungsgericht die niedersächsische Gefahrtierverordnung in wesentlichen Punkten betreffend gefährliche Hunde für nichtig erklärt hatten, wurde am 18. September 2002 ein Gesetzentwurf für ein Gesetz über die Vorsorge vor von Hunden ausgehenden Gefahren[906] in den niedersächsischen Landtag eingebracht.
Nach Änderungen ist es schließlich als *Niedersächsisches Gesetz über das Halten von Hunden*[907] verabschiedet worden.
Das Gesetz verweist in § 3 Abs. 2 auf § 2 Abs. 2 Satz 1 des *Hundeverbringungs- und -einfuhrbeschränkungsgesetzes* des Bundes[908] und bestimmt, dass zur Haltung der dort als gefährlich eingestuften Hunde eine Erlaubnis erforderlich ist.
Nach § 3 Abs. 3 hat die Behörde von Amts wegen zu prüfen, ob ein Hund eine über das natürliche Maß hinausgehende Kampfbereitschaft, Angriffslust oder Schärfe besitzen, wenn sie einen Hinweis darauf erhält. Ergibt die Prüfung Tatsachen, die den Verdacht rechtfertigen, dass der Hunde eine Gefahr für die öffentliche Sicherheit darstellt, stellt sie fest, dass der Hund gefährlich ist. Die Erlaubnis wird gemäß § 5 erteilt, wenn der Halter das 18. Lebensjahr vollendet, die erforderliche Zuverlässigkeit (§ 6), persönliche Eignung (§ 7) und Sachkunde (§ 8) besitzt, der Hund sich einem Wesentest (§ 9) unterzogen hat und unveränderlich gekennzeichnet worden ist und der Abschluss einer Haftpflichtversicherung (§ 10) nachgewiesen wurde. Gefährliche Hunde müssen gemäß § 11 angeleint geführt werden.
Gemäß § 13 ist für Einzelfallmaßnahmen und zum Erlass von Verordnungen zur Abwehr abstrakter, von Hunden ausgehender Gefahren auch weiterhin das Niedersächsische Gefahrabwehrgesetz anwendbar.

Im Vergleich mit der für rechtswidrig erklärten Verordnung fallen die deutlich weniger gravierenden Eingriffe des Gesetzes auf. Zuchtverbot, Unfruchtbarmachung, Tötung des Hundes bei nicht bestandenem Wesenstest und Maulkorbpflicht existieren nicht mehr. Die Rasseliste ist auf die drei genannten Hunderassen eingeengt worden. Dafür sind die Anforderungen an die Erlaubniserteilung gestiegen.
Verwunderlich ist, dass das Gesetz keinerlei Sanktionsmöglichkeiten für Personen versieht, die gefährliche Hunde ohne Erlaubnis halten. Dieser Tatbestand stellt auch keine Ordnungswidrigkeit nach § 14 dar. Auch ist nicht erkennbar, was mit Hunden geschieht, die den We-

---

[904] Urt. v. 12.10.1994 – Vf. 16.VII-92 und Vf. 5.VII-93 – , BayVBl. 1995, 76/81.
[905] Vf. 1-VII-03; jeweils soweit die Hunderassen Alano, American Bulldog, Cane Corso, Perro de Presa Canario (Dogo Canario), Perro de Presa Malloquin und Rottweiler betroffen sind; LT-Drs. 14/12083 v. 3.4.2003.
[906] Gesetzentwurf des SPD-Fraktion, LT-Drs. 14/3715.
[907] Gesetz v. 12.12.2000, GVBl.2003, S. 2.
[908] Gesetz v. 12.4.2001, BGBl. I S. 530: Pitbull-Terrier, American Staffordshire-Terrier, Staffordshire-Bullterrier, Bullterrier sowie deren Kreuzungen untereinander oder mit anderen Hunden, vgl. dazu auch unten VIII. 1. a).

sentest nicht bestanden haben. Die Verordnung sah hier die Tötung des Hundes vor[909]. Hier kann nur die allgemeine Eingriffsbefugnis nach § 13 Abs. 1 weiterhelfen. Danach kann die Behörde die im Einzelfall notwendigen Maßnahmen treffen, um eine von einem Hund ausgehende Gefahr für die öffentliche Sicherheit abzuwehren.

23. Das nordrhein-westfälische Landeshundegesetz vom 18. Dezember 2002

a) Inhalt der Verordnung

In Nordrhein-Westfalen ist am 11. März 2002 von den Fraktionen der SPD und von Bündnis 90/Die Grünen Gesetzentwurf für ein Landeshundegesetz in den Landtag eingebracht worden[910]. Aufgrund massiver Kritik sowohl an der schon bestehenden Verordnung als auch am vorliegenden Gesetzentwurf bei der Anhörung im zuständigen Ausschuss sah sich die CDU-Fraktion veranlasst, am 28. November 2002 einen eigenen Entwurf einzubringen[911]. Das am 18. Dezember 2002 erlassene Gesetz[912] entspricht allerdings im Wesentlichen dem Entwurf der Regierungskoalition.

Es folgt einer Vierteilung: allgemeine Pflichten, die für alle Hunde gelten (§ 2), Anforderungen an den Umgang mit großen Hunden (§ 11)[913], Anforderungen für zehn bestimmte Rassen (§ 10)[914] sowie besonders strenge Regelungen für gefährliche Hunde. Als gefährlich gelten gemäß § 3 Abs. 1 die Rassen Pitbull Terrier, American Staffordshire Terrier, Staffordshire Bullterrier und Bullterrier sowie deren Kreuzungen untereinander. Außerdem sind Hunde im Einzelfall gefährlich, wenn sie die Kriterien des § 3 Abs. 3 erfüllen, die also beispielsweise aufgrund falscher Ausbildung oder durch tatsächliches gefahrverursachendes Fehlverhalten ihre Gefährlichkeit unter Beweis gestellt haben.

Dieses Gesetz berücksichtigt die Empfehlungen der 165. Innenministerkonferenz und setzt sie um, soweit sie noch nicht in den Regelungen der bisherigen Hundeverordnung enthalten sind[915]. Dies betrifft das Verbot der Ausbildung mit dem Ziel einer gesteigerten Gefährlichkeit, Anzeige- und Mitteilungspflichten des Hundehalters und die Anerkennung von Entscheidungen und Bescheinigungen anderer Bundesländer. Eine Mindesthöhe für Geldbußen von 10.000 DM (5.000 €) wurde nicht eingeführt, allerdings wurde der Höchstrahmen von 1.022 € in der Verordnung auf 100.000 € erheblich heraufgesetzt. Im Gesetzentwurf wird dies mit eklatanten Fällen der Vergangenheit und zur wirksamen Abschreckung begründet[916].

Das Gesetz entspricht laut der Begründung des Gesetzentwurfs hinsichtlich der Regelungsinstrumente und ihrer gestuften Anwendung weitgehend der bisherigen Verordnung. Der Erlass des Gesetzes soll der Erhöhung der Rechtssicherheit, der Erreichung größerer demokratischer Legitimation und der Aufnahme einer Strafvorschrift und der Ermöglichung höherer Bußgeld-

---

909 Siehe § 1 Abs. 5 der Verordnung vom 5.7.2000.

910 Entwurf der Fraktion von SPD und BÜNDNIS 90/DIE GRÜNEN vom 11.03.2002, LT-Drs. 13/2387.

911 LT-Drs. 13/3246.

912 GV.NW S. 656.

913 Das sind diejenigen mit mindestens 40 cm Widerristhöhe bzw. 20 kg Gewicht, also Hunde, die auch schon vorher vom Anwendungsbereich der Verordnung erfasst waren.

914 Alano, American Bulldog, Bullmastiff, Mastiff, Mastino Espanol, Mastino Napoletano, Fila Brasileiro, Dogo Argentino, Rottweiler und Tosa Inu sowie deren Kreuzungen untereinander sowie mit anderen Hunden.

915 Im Wesentlichen betrifft dies den Umfang der Rasselisten, vgl. Begründung zum Gesetzentwurf der Regierungskoalition, LT-Drs. 13/2387, S. 17, außerdem das Mitführen der Erlaubnis nach § 4Abs. 6 und die Anerkennung von Entscheidungen und Bescheinigungen anderer Länder nach § 14.

916 LT-Drs. 13/2387, S. 36.

rahmen dienen. Bis auf letzteres Ziel wäre auch eine Änderung der Verordnung möglich gewesen. Man entschied sich jedoch, vor allem aufgrund der gesellschaftspolitischen Bedeutung der Regelungsmaterie zum Erlass eines Gesetzes[917].
Das Gesetz berücksichtigt ebenfalls das Urteil des Bundesverwaltungsgerichts zur niedersächsischen Hundeverordnung, und zwar insofern als es auch der Gefahrenvorsorge dienen soll.

Zusätzlich zum Landeshundegesetz hat das Ministerium für Umwelt und Naturschutz, Landwirtschaft und Verbraucherschutz am 2. Mai 2003 ausführliche Verwaltungsvorschriften zum Gesetz erlassen[918]. Außerdem enthält das Gesetz in § 16 Ermächtigungen zum Erlass ordnungsbehördlicher Verordnungen, in denen unter anderem beispielsweise Inhalte und Verfahren der Verhaltensprüfung nach § 5 Abs. 3 Satz 3, aber auch über die in § 3 Abs. 2 und § 10 Abs. 1 genannten Rassen hinaus weitere Rassen bestimmt werden können, deren Haltung, Erziehung und Beaufsichtigung besondere Anforderungen zur Vermeidung von Gefahren erfordert. Bisher ist aber von den Ermächtigungen noch kein Gebrauch gemacht worden.

b) Rechtsprechung
Das Oberverwaltungsgericht Münster hat in einem Beschluss vom 2. Juli 2003 daruf hingewiesen, dass § 7 Abs. 1 Landeshundegesetz keine abschließende Aufzählung von Unzuverlässigkeitsgründen enthält[919]. Sonstige Aussagen, insbesondere zur Verfassungsmäßigkeit des Gesetzes, wurden nicht gemacht.

24. Berlin
In Berlin gab es einen Gesetzentwurf vom 5. September 2000[920]. Dieser Entwurf übernahm die wesentlichen Forderungen der Innenministerkonferenz. Allerdings konnte man sich aufgrund von Meinungsverschiedenheiten nicht auf den Gesetzesentwurf einigen, so dass er schließlich der Diskontinuität anheim gefallen ist[921].
Mittlerweile existiert ein neuer Gesetzentwurf der Fraktion Bündnis 90/Die Grünen im Berliner Abgeordnetenhaus[922]. Dieser neue Entwurf nimmt die bisherige Rechtslage Nordrhein-Westfalens auf, indem nur solche Hunde besonderen Reglementierungen unterworfen werden, die eine bestimmte Körpergröße oder -gewicht überschreiten. Auf Rassen wird nicht mehr Bezug genommen. Völlig neu ist die Konzeption einer außerbehördlichen Kontrolle durch einen Hundeüberwachungsverein, der sich an die Tätigkeit des TÜV anlehnt. Dieser soll die Überprüfung der Kennzeichnung von Hunden, den Abschluss einer Haftpflichtversicherung und bei bestimmten Hunden die Sachkunde des Halters vornehmen. Einige Punkte der Innenministerkonferenz werden allerdings in diesem Gesetzentwurf nicht mehr beachtet, was sich schon aus der grundsätzlichen Konzeption ergibt. Seit der Entwurf am 28. September 2002 in die zuständigen Ausschüsse überwiesen wurde[923], ist keine parlamentarische Aktivität mehr ersichtlich, so dass es nicht so aussieht, als könne in nächster Zeit mit einem Inkrafttreten gerechnet werden.

---

[917] Begründung des Gesetzentwurfs der Fraktion von SPD und Bündnis 90/Die Grünen vom 11.3.2002, LT-Drs. 13/2387, S. 2.
[918] VV LHundG NRW, RdErl. VI-7 – 78.01.52 – , zugl. als Weisung gemäß § 9 Abs. 1 Buchstabe a OBG, MBl.NW 2003, 580.
[919] Hinweis des Eildienst Städtetag NW 2003, 295: Beschl. v. 2.7.2003, 5 B 417/03.
[920] *Gesetz über das Halten und Führen von Hunden in Berlin*, Drs. 14/618.
[921] Zur Situation in Berlin vgl. auch *Tetzlaff*, ZG 2001, 356/357f.; *Kipp*, NVwZ-Beilage II/2001, 48ff..
[922] *Gesetz zur Reduzierung von Gefahren durch Hunde in der Stadt*, Drs. 15/679 vom 13.08.2002.
[923] Plenarprotokoll 15/16, 28.9.2002, S. 1027.

VI. Abschließende Übersicht

Bundesland	**Gesetz/Verordnung**	**Gerichtsentscheidungen**
Baden-Württemberg	Verordnung v. 3.8.2000	VGH, Urt. v. 16.10.2001 – 1 S 2346/00 VGH, Beschl. v. 6.5.2003 – 1 S 411/03
Bayern	Änd. der Verordnung v. 4.9.2002	-
Berlin	Änd. der Verordnung v. 4.7.2000 und v. 29.5.2001	VerfGH, Urt. v. 12.7.2001 – VerfGH 152/00 VG Berlin, Beschl. v. 21.11.2002 - VG 14 A 57.02
Brandenburg	Verordnung v. 25.7.2000	OVG, Urt. v. 20.6.2002 – 4 D 8/00.NE; (weitere Verfahren anhängig) BVerwG, Urteile v. 20.8.2003 – 6 CN 2.02-6 CN 5.02
Stadt Bremen Stadt Bremerhaven Land Bremen	Änd. der Verordnung v. 27.6.2000; Verordnung v. 5.7.2000 Änd. der Verordnung v. 7.7.2000 Gesetz v. 2.10.2001	OVG, Beschl. v. 3.12.2001 - 1 D 348/00 (Einstellung)
Hamburg	Verordnung v. 28.6.2000; Verordnung v. 18.7.2000; Änd. der Verordnung v. 11.9.2001	(4 Beschlüsse des OVG, Klage vor VG anhängig; alle nicht relevant)
Hessen	Verordnung v. 5.7.2000 Verordnung v. 15.8.2000 Verordnung v. 10.5.2002	VGH, Urt. v. 29.8.2001 – 11 N 2497/00
Mecklenburg-Vorpommern	Verordnung v. 4.7.2000; Änd. der Verordnung v. 10.12.2001	OVG, Urt. v. 6.4.2001 - 4 K 32/00; BVerwG, Urteile v. 18.12.2002 – & CN 3.01, 6 CN 4.01
Niedersachsen	Verordnung v. 5.7.2000; Änd. der Verordnung v. 12.9.2001 Gesetz v. 12.12.2002	OVG , Urt. v. 30.5.2001 – 11 K 4333/00 BVerwG, Urt. v. 3.7.2002 – 6 CN 8.01
Nordrhein-Westfalen	Verordnung v. 30.6.2000 Gesetz v. 18.12.2002	BVerfG, Beschl. v. 18.8.2000 - BvR 1329/00 u.a.
Rheinland-Pfalz	Verordnung v. 30.6.2000	VerfGH, Urt. v. 4.7.2001 - VGH B 12/00, 18/00, 8/01

		BVerfG, Beschl. v. 16.3.2004 – 1 BvR 550/02
Saarland	Verordnung v. 26.7.2000	-
Sachsen	Verordnung v. 24.8.2000	-
Sachsen-Anhalt	Verordnung v. 6.7.2000 Verordnung v. 26.3.2002	OVG, Beschl. v. 27.5.2002 – 2 R 199/02
Schleswig-Holstein	Verordnung v. 28.6.2000	OVG, Urt. v. 29.5.2001 – 4 K 8/00; BVerwG, Urt. v. 18.12.2002 – 6 CN 1/02
Thüringen	-	-

VII. Exkurs: Bundesgesetzliche Regelungen in Bezug auf gefährliche Hunde

Als Reaktion auf den Beißvorfall in Hamburg und den hierdurch entstandenen Ruf der Öffentlichkeit nach wirksameren Regelungen zum Schutz vor gefährlichen Hunden sah sich auch der Bund gezwungen, sich zu seinem Teil der Verantwortung zu bekennen[924] und gesetzlich tätig zu werden. Teilweise wurde als Grund für die gesetzgeberische Aktivität auch vermutet, dass der Bund fürchtete, die Anstrengungen der Länder auf diesem Gebiet würden nicht ausreichen[925].

1. Das Gesetz zur Bekämpfung gefährlicher Hunde

Gefahrenabwehrregelungen sind dem Bund naturgemäß verwehrt, aber als „flankierende [...] Maßnahme[n]“[926] sollte ein Einfuhr- und Verbringungsverbot für bestimmte Hunderassen und eine Verschärfung des Straf- und Ordnungswidrigkeitenrechts festgelegt werden. Am 12. April 2001 beschloss daher der Bundestag das *Gesetz zur Bekämpfung gefährlicher Hunde*[927], erlassen aufgrund der Bundeskompetenz für Außenwirtschaft (Art. 73 Nr. 5 GG), Strafrecht (Art. 74 Abs. 1 Nr. 1 GG) und Tierschutz (Art. 74 Abs. 1 Nr. 20 GG). Es enthält das *Hundeverbringungs- und -einfuhrbeschränkungsgesetz*, eine Änderung des Tierschutzgesetzes und eine Änderung des StGB[928].

Interessant ist, dass der Bund noch zehn Jahre zuvor die Situation grundsätzlich anders eingeschätzt hat. Die Fraktion der Grünen hatte 1990 eine Novelle zum Waffengesetz erarbeitet mit dem Ziel, nach Maßgabe eine Rechtsverordnung des Innenministeriums das Halten und Züchten gefährlicher (Kampf-)Hunde zu untersagen. In einer kleinen Anfrage wurde die Bundesregierung „um Auskunft gebeten, inwieweit sie das Problem sowie die Diskussion zur Kenntnis genommen hat und Bereitschaft zeigt, die geforderten Maßnahmen einzuleiten bzw. umzusetzen.“[929] Daraufhin erklärte die Bundesregierung, dass sowohl das StGB als auch das OWiG als Standorte für ein solches Verbot nach ihrer Systematik nicht in Betracht kommen und dass Änderungen im Tierzucht- und Tierschutzgesetz mangels Gesetzgebungskompetenz ebenfalls ausscheiden. Im Einzelnen führt die Bundesregierung aus, dass wegen „der bekannten gesteigerten Bissigkeit und Aggressivität insbesondere sog. Kampfhunde [...] häufig [...]

924 Es sei fatal, wenn der Eindruck entstanden sei, dass die Verantwortung zwischen den verschiedenen staatlichen Ebenen hin- und hergeschoben werde; BT-Drs. 14/3785, S. 1.

925 *Tetzlaff*, ZG 2001, 356/362.

926 BT-Drs. 14/3825, S. 2.

927 BGBl. I S. 530.

928 Zur Frage, ob diese gesetzliche Regelung gelungen ist *Gängel/Gansel*, NVwZ 2001, 11208/1213; speziell zu § 143 StGB *v. Coelln*, NJW 2001, 2834ff..

929 BT-Drs. 11/7266 v. 28.5.1990, S 1.

als bösartig [im Sinne] des § 121 OWiG" eingestuft werden könnten. Auf der anderen Seite wird festgestellt, dass es die Rassebezeichnung „Kampfhund" nicht gibt und dass nach „übereinstimmender Auffassung der Sachverständigen [...] die von Hunden drohenden Gefahren weniger von bestimmten Hunderassen und der ihnen innewohnenden Kampflust als vielmehr von der Motivation und den Verhaltensweisen der Hundehalter" ausgehen.[930] Die Bundesminister der Justiz und für Ernährung, Landwirtschaft und Forsten kommen daher insgesamt zu dem Ergebnis, dass „in ihren Geschäftsbereichen gesetzgeberische Initiativen nicht in Betracht kommen."[931]

a) Das Hundeverbringungs- und -einfuhrbeschränkungsgesetz

Wichtigste Bestimmung des *Hundeverbringungs- und -einfuhrbeschrän-kungsgesetzes*[932] ist das Verbot der Einfuhr und Verbringung von Hunden der Rassen Pitbull-Terrier, American Staffordshire-Terrier, Staffordshire-Bullterrier, Bullterrier sowie deren Kreuzungen untereinander oder mit anderen Hunden (§ 2 Abs. 1). Dies gilt auch für andere Rassen, wenn der Hund in ein Bundesland verbracht oder eingeführt werden soll, in dem für diese Rasse eine Gefährlichkeit vermutet wird[933]. Ein Verstoß gegen diese Bestimmung wird nach § 5 mit Freiheitsstrafe bis zu zwei Jahren bestraft. Außerdem können Hunde und sonstige Gegenstände eingezogen werden, wenn eine Straftat nach § 5 oder eine Ordnungswidrigkeit nach § 6 Abs. 1 begangen wurde.

b) Änderung des Tierschutzgesetzes

Die Änderungen im Tierschutzgesetz bestehen insbesondere in der Aufnahme von drei Verordnungsermächtigungen. Aufgrund dieser Ermächtigungen können erstens Rechtsverordnungen zur Kennzeichnung von Tieren sowie zur Art und Durchführung der Kennzeichnung (§ 2a Abs. 1b), zweitens zur Bestimmung der erblich bedingten Veränderungen, Verhaltensstörungen und Aggressionssteigerungen nach § 11b Abs. 1 und 2 und zum Verbot oder zur Beschränkung des Züchtens mit Wirbeltieren bestimmter Arten, Rassen und Linien (§ 11b Abs. 5), und schließlich drittens Rechtsverordnungen betreffend die Zulassung oder Bauartzulassung hinsichtlich des Verwendens serienmäßig hergestellter Stalleinrichtungen (§ 13a Abs. 2) erlassen werden.

c) Änderung des StGB

Im StGB wird ein neuer § 143 (Unerlaubter Umgang mit gefährlichen Hunden) eingefügt, der die Zuwiderhandlung gegen landesrechtliche Verbote zur Zucht oder des Handels mit gefährlichen Hunden und die Haltung eine gefährlichen Hundes ohne die erforderliche Genehmigung oder entgegen einer vollziehbaren Anordnung unter Strafe stellt.

2. Die Tierschutz-Hundeverordnung

Aufgrund mehrerer Bestimmungen des Tierschutzgesetzes, unter anderem auch des geänderten § 11b Abs. 5, wurde am 2. Mai 2001 die *Tierschutz-Hundeverordnung* vom Bundesministerium für Verbraucherschutz, Ernährung und Landwirtschaft erlassen[934]. Diese setzte die Verordnung über das Halten von Hunden im Freien vom 6. Juni 1974[935] außer Kraft. Festge-

---

930 BT-Drs. 11/8496 v.27.11.1990, S. 2.

931 BT-Drs. 11/8496 v.27.11.1990, S. 10.

932 *Gesetz zur Beschränkung des Verbringens oder der Einfuhr gefährlicher Hunde in das Inland.*

933 Dabei war man sich einig, dass die Definition unabdingbare Voraussetzung für den bundeseinheitlichen Vollzug sei; Stellungnahme des Bundesrates, BT-Drs. 14/4451, S. 12.

934 BGBl. I S. 838.

935 BGBl. I S. 1265.

legt werden Anforderungen an das Halten, an die Betreuung bei gewerbsmäßigem Züchten, an das Halten im Freien, in Räumen, im Zwinger und an die Anbindehaltung. Aufgrund des § 11b Abs. 2 des Tierschutzgesetzes bestimmt § 11 der Verordnung, dass eine Aggressionssteigerung bei denjenigen Hunden vorliegt, die ein übersteigertes Angriffs- und Kampfverhalten aufweisen, das durch artgemäße Signale nicht hinreichend gesteuert wird. Von einer solchen Aggressionssteigerung ist bei Pitbull-Terriern, Staffordshire Bullterriern, American Staffordshire Terriern und Bullterriern sowie Kreuzungen von diesen Tieren auszugehen[936].
Eine auf vorläufige Aussetzung des Gesetzes zur Bekämpfung gefährlicher Hunde und des § 11 Tierschutz-Hundeverordnung gerichtete einstweilige Anordnung vor dem Bundesverfassungsgericht hatte keinen Erfolg[937].

3. Die Hundeverbringungs- und -einfuhrbeschränkungsverordnung
Schließlich hat die Bundesregierung am 3. April 2002 aufgrund des § 2 Abs. 2 Nr. 2 und 3 des *Hundeverbringungs- und -einfuhrbeschränkungsgesetzes* die *Hundeverbringungs- und -einfuhrverordnung* erlassen[938]. Diese bestimmt Ausnahmen vom grundsätzlichen Verbot der Einfuhr und Verbringung sowie Vorschriften über die Überwachung, Befugnisse der Behörde bei Verstößen gegen das Gesetz oder die Verordnung und das Verfahren.

4. Änderung des Bundeszentralregistergesetzes
Durch das *Vierte Gesetz zur Änderung des Bundeszentralregistergesetzes* vom 23. April 2002[939] wird den für die Erteilung von Erlaubnissen zum Halten eines gefährlichen Hundes zuständigen Behörden ein unbeschränktes Auskunftsrecht zugestanden: damit erhalten sie gemäß § 41 Abs. 1 Satz 1 N. 9 BZRG auch Kenntnis von Eintragungen, die nicht in das Führungszeugnis aufgenommen werden, sowie von Suchvermerken.

5. Nicht verabschiedete Vorhaben
Ursprünglich waren auch die bundesgesetzliche Einführung einer Pflicht-Haftpflichtversicherung für Halter gefährlicher Hunde[940], die Erweiterung des Waffenbegriffs auf Kampfhunde[941] sowie eine unbeschränkte Auskunft der örtlichen Ordnungsbehörde nach dem Bundeszentralregistergesetz[942] im Gespräch; dies hat sich aber bis jetzt nicht durchsetzen können. Die Überlegung einer Haftpflichtversicherung ist aber Teil der Forderungen der Innenministerkonferenz zur Harmonisierung der verschiedenen Länderregelungen und ist auf Länderebene weitgehend umgesetzt[943].

6. Rechtsprechung
Am 16. März 2004 entschied das Bundesverfassungericht über eine Verfassungsbeschwerde, die sich gegen § 2 Abs. 1 Satz 1 HundVerbrEinfG und die darauf bezogenen Regelungen in den §§ 5 und 7 HundVerbrEinfG sowie gegen § 11 Abs. 2 a) TierSchG in Verbindung mit §

[936] Zur Verfassungsmäßigkeit der Verordnung siehe *Kloepfer/Rossi*, NuR 2002, 133ff..
[937] BVerfG, Beschl. v. 23.11.2002 – 1 BvR 1778/01 –, NVwZ 2002, 592.
[938] *Verordnung über Ausnahmen zum Verbringungs- und Einfuhrverbot von gefährlichen Hunden in das Inland*, BGBl. I S. 1248.
[939] BGBl. I S. 1406.
[940] Antrag der FDP-Fraktion im Bundestag, BT-Drs. 14/3785 und Antrag der Fraktionen der SPD und von BÜNDNIS 90/DIE GRÜNEN im Bundestag, BT-Drs. 14/3825.
[941] BT-Drs. 14/3785.
[942] Erklärung des Staatsministers *Jung* (Hessen), BR-Plenarprotokoll 753 v. 14.07.2000, S. 321B-323B/Anl.
[943] Vgl. unten IX. 2. m).

11 Satz 3 TierSchHundVO und § 143 Abs. 1 StGB wandte[944].
Hinsichtlich des in § 2 Abs. 1 Satz 1 HundVerbrEinfG niedergelegten Einfuhr- und Verbringungsverbotes entschied das Bundesverfassungsgericht, dass diese Regelung weder gegen Art. 12 Abs. 1 GG noch gegen Art. 14 Abs. 1, Art. 2 Abs. 1 oder Art. 3 Abs. 1 GG verstoße. Wie schon zuvor das Bundesverwaltungsgericht billigte das Gericht dem Gesetzgeber einen weiten Einschätzungs- und Prognosespielraum zu, welcher nicht als überschritten angesehen wurde. Insbesondere sei die Annahme, dass Hunde der Rassen Pitbull Terrier, American Staffordshire Terrier, Staffordshire Bullterrier und Bullterrier für Leib und Leben so gefährlich seien, dass ihre Einfuhr und ihre Verbringung ins Inland unterbunden werden müsse, vertretbar und nicht offensichtlich unrichtig. Dabei berücksichtigte das Bundesverfassungsgericht, dass nach derzeitigem wissenschaftlichen Erkenntnisstand allein aus der Zugehörigkeit eines Hundes zu einer bestimmten Rasse nicht auf seine Gefährlichkeit geschlossen werden könne. Es lägen aber genug Anhaltspunkte dafür vor, dass Hunde bestimmter Rassen – und sei es auch erst im Zusammenwirken mit anderen Faktoren – für die Schutzgüter Leben und Gesundheit in besonderer Weise gefährlich werden könnten.
Das Bundsverfassungsgericht betont gleichzeitig die Notwendigkeit für den Gesetzgeber, die weitere Entwicklung zu beobachten. Falls sich erweise, dass die den Normen zugrunde liegenden Annahmen nicht zuträfen, müssten diese überprüft und revidiert werden.
Hinsichtlich des Gleichbehandlungsgrundsatzes führt das Bundesverfassungsgericht aus, dass es in der Praxis nicht zu gewährleisten sei, die Einordnung eines Hundes als gefährlich aufgrund einer Einzelfallüberprüfung an den Grenzkontrollstellen vorzunehmen. Daher verstoße das Einfuhr- und Verbringungsverbot nicht gegen Art. 3 Abs. 1 GG.
Anders sieht das Bundsverfassungsgericht die Verfassungsmäßigkeit des § 11b Abs. 2 a) Alt. 2 TierSchG in Verbindung mit § 11 S. 3 TierSchHundVO. Diese Normen verstießen mit dem Verbot, Hunde zu züchten, damit bei den Nachkommen erblich bedingte Aggressionssteigerungen nicht auftreten, gegen das Grundgesetz. Dem Bund fehle dafür die Gesetzgebungskompetenz, da die Vorschriften nicht in erster Linie erlassen worden seien, um Tieren Schmerzen, Leiden oder Schäden zu ersparen, sondern um Leben und Gesundheit von Menschen besser zu schützen. Dies falle aber unter die Gesetzgebungszuständigkeit der Länder für das Recht der öffentlichen Sicherheit und Ordnung.
Schließlich sei § 143 Abs. 1 StGB unvereinbar mit dem Grundgesetz, da die Voraussetzungen des Art. 72 Abs. 2 GG nicht vorlägen. Insbesondere könne Bundeseinheitlichkeit durch diese Norm nicht erreicht werden, da § 143 Abs. 1 StGB auf Landesrecht verweise, welches aber sehr unterschiedliche Regelungen enthalte. Dadurch werde im Gegenteil die bestehende Uneinheitlichkeit über die strafrechtliche Sanktionierung noch verstärkt.
Es wird nun aufgrund dieses Urteils wieder mit verstärkter gesetzgeberischer Aktivität gerechnet[945]. Der Parlamentarische Staatssektretär des Bundesinnenministeriums soll noch im Gerichtssaal eine Bund-Länder-Initiative angekündigt haben[946].

VIII. (Vereinheitlichungs-) Bestrebungen der Innenministerkonferenz

Die Innenministerkonferenz ist eine institutionalisierte Einrichtung des kooperativen Föderalismus[947]. Zweimal im Jahr findet ein Zusammentreffen der Innenminister und -senatoren statt, und zwar im Frühjahr und im Herbst. In der Regel werden dort Beschlüsse gefasst, die von Arbeitsgruppen oder -kreisen erarbeitet wurden. Auf der Grundlage dieser nicht binden-

---

944 1 BvR 1778/01, Urt. v. 16.3.2004, DVBl 2004, 698.
945 *Vahle*, DVP 2004, 296/297.
946 *Kerscher*, SZ v. 17.3.2004 (Nr. 64), S. 1.
947 Vgl. dazu oben II. 1. a).

den Beschlüsse sollen die Länder anschließend ihre Rechtslage verändern, soweit dies erforderlich ist.
Die Frage des Schutzes vor Gefahren, die von Hunden ausgehen können, war Thema mehrerer Innenministerkonferenzen, erstmalig im Mai 2000. Seitdem sind von diesen Konferenzen Anstrengungen ausgegangen, den Schutz von Menschen und Tieren zu gewährleisten, zu verbessern zu und zu vereinheitlichen.
Fraglich ist, wie konsequent die von der Innenministerkonferenz gefassten Beschlüsse tatsächlich umgesetzt werden bzw. wurden, wie erfolgreich also die Arbeit der Innenministerkonferenz auf diesem Gebiet bisher gewesen ist[948].

1. Beschluss der 161. Sitzung der Ständigen Konferenz der Innenminister und -senatoren am 5. Mai 2000

Die erste[949] Konferenz, die das Thema der gefährlichen Hunde aufgriff, war die 161. Innenministerkonferenz, die am 5. Mai 2000 in Düsseldorf stattfand, etwa zwei Monate vor dem Vorfall in Hamburg. Dies macht deutlich, dass sich die Länder schon vor dem 26. Juni 2000 Gedanken über eine Verbesserung der Rechtslage gemacht hatten. Gerade diejenigen Verordnungsänderungen, die zeitlich sehr nah am 26. Juni 2000 liegen, zeigen, dass der Vorfall in Hamburg an diesem Datum nicht (der einzige) Grund für das exekutive Handeln gewesen ist. Da auch Rechtsverordnungen einer Vorbereitungszeit bedürfen, könnte der Hamburger Vorfall in einigen Ländern lediglich dazugeführt haben, das Erlassverfahren zu beschleunigen, nicht aber, es erst in Gang zu setzen[950].

Die Konferenz vom Mai 2000 traf einen Beschluss, welcher den Ländern eine Reihe von Maßnahmen empfahl[951]. Unter den Buchstaben a. bis i. sind dort neun Punkte aufgelistet, die insbesondere als Maßnahmen für einen besseren Schutz der Bevölkerung vor gefährlichen Hunden empfohlen werden.

Bevor der Inhalt dieser Maßnahmen näher untersucht wird, soll kurz auf den Beschluss selbst eingegangen werden: Die Ergebnisse der IMK werden regelmäßig in Beschlüssen zusammengefasst. Dabei kann zwischen verschiedenen Eingangsformeln unterscheiden:
- Beschlüsse, die mit „Die Ständige Konferenz der Innenminister und -senatoren nimmt ... (zustimmend) zur Kenntnis" beginnen, beziehen sich normalerweise auf Berichte oder Beschlüsse sowohl von eigenen als auch von außen stehenden Gremien. Eine solche Formulierung soll nach *Püttner* bedeuten, dass die eigentliche Entscheidung von den Fachbehörden getroffen worden sei. Dies betone den Konsenscharakter, der entscheidend dadurch beeinflusst werde, dass die meisten Beschlüsse aus den Verhandlungen der unteren Ebenen resultierten[952].
- Bei Beschlüssen, die mit „Die Ständige Konferenz der Innenminister und -senatoren ... begrüßt ...", beginnen, handelt es sich in der Regel um ein Signal der Zustimmung zu Berich-

---

948 Bei der folgenden Untersuchung wird nicht berücksichtigt, dass Verordnungen oder Teile davon für nichtig erklärt worden sind, da dies für die Frage der Umsetzung keine Rolle spielt.
949 In seinem Bericht v. 3.7.2000, S. 72/81, berichtet der SPIEGEL, bereits im März 1999 habe der Innenminister Schleswig-Holsteins seinen Kollegen ein „Mustergesetz" gegen Kampfhunde vorgeschlagen, das allerdings mit Frühjahr 2000 (auf der Sitzung der IMK am 5.Mai) „bereits gründlich zerredet" gewesen sei.
950 Vgl. dazu auch die Aussagen der Ministerien im weiteren Verlauf der Untersuchung, insbes. IX. 1. c) und XII..
951 Abrufbar unter www.bremen.de/innensenator, Beschlüsse der 161. Sitzung der Ständigen Konferenz der Innenminister und -senatoren der Länder am 05. Mai 2000 in Düsseldorf, S. 6f.; abgerufen am 21.10.2002.
952 Püttner, in: *Lange*, S. 281.

ten, Beschlüssen oder Stellungnahmen anderer Organisationen, die meist schon zu einer bestimmten Reaktion auffordern, oder zu bereits erfolgten Handlungen. Solche „Begrüßungen" wird die IMK besonders dann aussprechen, wenn sie selbst mangels Kompetenz keinerlei Aktionen durchführen kann.

- Schließlich können Beschlüsse auch mit „Die Ständige Konferenz der Innenminister und -senatoren empfiehlt …" beginnen. In diesem Fall enthält der Beschluss im Weiteren mehr oder weniger konkrete Empfehlungen, die sich an die Länder, aber beispielsweise auch an den Bund, insbesondere das Bundesministerium des Innern, oder an andere Rachministerkonferenzen richten können.

Der Beschluss der IMK vom Mai 2000 mit der Nr. 5 (Schutz vor gefährlichen Hunden) zählt zur letzteren Kategorie. Sowohl aufgrund des dort benutzten Sprachstils als auch aufgrund der Tatsache, dass Maßnahmen nur selten so konkret in Beschlüssen bezeichnet werden, unterscheidet sich dieser Beschluss deutlich von den meisten anderen.

Die Maßnahmen im Beschluss sind mit „kann" bzw. „können" oder „sollte" formuliert. Ein Vergleich mit Beschlüssen, die ebenfalls bestimmte Maßnahmen empfehlen, zeigt, dass dort der Konjunktiv bzw. eine Ermessenformulierung nur selten gewählt wird. Vielmehr überwiegen imperative Formulierungen wie „ist…geboten", „muss" oder „brauchen". Dies legt nahe, dass die vorgeschlagenen Maßnahmen eher Anstoßfunktion haben sollten. Möglicherweise sollen die Formulierungen auch bewusst den – grundsätzlich allen Beschlüssen innewohnenden – unverbindlichen Charakter deutlich machen, da keine einheitliche Linie gefunden werden konnte.

Außerdem fällt bei einer Durchsicht der Sammlung der zur Veröffentlichung freigegebenen Beschlüsse der 161., 165., 167., 169., 170. sowie 171. Sitzung der IMK, die durchschnittlich 31 Beschlüsse enthalten[953], auf, dass nur fünf Beschlüsse so deutliche Zielsetzungen beschreiben[954], und nur einer davon betitelt die aufgelisteten Zielsetzungen als Maßnahmen[955]. Vereinheitlichungsbestrebungen waren zu diesem Zeitpunkt noch nicht Zweck der Empfehlungen der Innenministerkonferenz. Vielmehr stand der (bessere) Schutz der Bevölkerung vor gefährlichen Hunden im Vordergrund. Eine Vereinheitlichung hätte aber auch beispielsweise durch Formulierungen, die Alternativvorschläge beinhalteten, gar nicht erzielt werden können.

a) Die Empfehlungen des Beschlusses

Zur Bestimmung der Gefährlichkeit von Hunden sah der Beschluss mehrere Möglichkeiten vor: sie sollte „individuell anhand bestimmter sozialinadäquater Eigenschaften und Verhaltensweisen", aber auch „durch eine Anknüpfung an die Zugehörigkeit zu einer bestimmter Hunderasse, beispielsweise American Pitbull Terrier, American Stafford Terrier, Staffordshire Bullterrier, definiert werden" können. Außerdem sollte es möglich sein, bei der Anknüpfung an Hunderassen „die vermutete Gefährlichkeit widerleglich oder unwiderleglich" auszu-

[953] 161. Sitzung: 42; 165. Sitzung: 30; 167. Sitzung: 30; 169. Sitzung: 27; 170. Sitzung: 24; 171. Sitzung: 34 Beschlüsse.

[954] Beschlüsse Nr. 5 der 167. Sitzung, Nr. 24 der 169. Sitzung und Nrn. 8, 18 und 27 der 171. Sitzung, abrufbar unter www.bremen.de/innensenator, abgerufen am 28.3.2003; hierbei nicht berücksichtigt ist Beschluss Nr. 16 der 165. Sitzung zur Harmonisierung der Vorschriften zum Schutz der Bevölkerung vor gefährlichen Hunde, dazu unter 7. b).

[955] Beschluss Nr. 8 der 171. Sitzung („Praktische Erfahrungen mit der Umsetzung der Bestimmungen über die Rückführung ausländischer Staatsangehöriger auf dem Luftweg"), abrufbar unter www.bremen.de/innensenator, abgerufen am 28.3.2003.

gestalten[956]. Die Haltung sollte erlaubnispflichtig sein.
Empfohlen wurden weiter Zucht- und Handelsverbote für Rassen, bei denen die Gefährlichkeit nicht widerlegt worden ist, Kastrations- und Sterilisationsgebote, das Verbot von Ausbildungen mit dem Ziel einer gesteigerten Aggressivität, Mitteilungspflichten der Hundehalter bzw. -züchter und die Ahndung von Verstößen gegen Verbote oder Gebote als Ordnungswidrigkeiten.
Außerdem wurde es in das Ermessen der Länder gestellt, die Haltung gefährlicher Hunde von der Erteilung einer Erlaubnis abhängig zu machen und erhöhte kommunale Hundesteuern für bestimmte Rassen zu erheben, die als gefährlich eingestuft werden.

b) Übereinstimmungen der Empfehlungen mit den Rechtslagen in den Ländern

aa) Definition gefährlicher Hunde
Die Bestimmung von gefährlichen Hunden wurde zum Zeitpunkt des Beschlusses recht unterschiedlich praktiziert.

Überwiegend wurde die Bestimmung ohne Rücksicht auf die Rassezugehörigkeit anhand auffälliger Verhaltensweisen oder sozialinadäquaten Eigenschaften vorgenommen[957]. Teilweise wurde aber auch die Kampfhundeeigenschaft (widerlegbar oder unwiderlegbar) vermutet[958] oder die beiden Ansätze (Rasseliste und Verhaltensauffälligkeit) miteinander kombiniert[959]. Niedersachsen, Sachsen-Anhalt und Mecklenburg-Vorpommern besaßen noch keine entsprechende (ministerielle) Verordnung.

Im Laufe des Sommers änderten sich die Definitionen teilweise erheblich. Die Länder gingen überwiegend zum Kombinationsansatz über[960], aber auch die alleinige Anknüpfung an die Rassezugehörigkeit wurde weiter praktiziert[961]. Allein das Saarland verzichtet völlig auf die Anknüpfung an die Rassezugehörigkeit und beschränkt die Bestimmung gefährlicher Hunde auf ein gezeigtes gefährdendes Verhalten bzw. auf Hunde, die besonders auf Angriffslust oder Schärfe gezüchtet worden sind. Von einem grundsätzlichen Zusammenhang zwischen Rassezugehörigkeit und gesteigerter Gefährlichkeit von Hunden ist man dort also nicht überzeugt. Ein weiterer Grund könnte darin bestehen, dass im Saarland der öffentliche Druck nie besonders groß gewesen ist. Es gab dort nur wenig Beißvorfälle und diese auch nie mit der Folge schwerer Körperverletzungen[962]. Aus Sicht der Bevölkerung gab es daher wohl keine Notwendigkeit, bestimmte Hunderassen einer besonders strengen Reglementierung zu unterwerfen.

---

956 Beschluss der 161. Sitzung der Ständigen Konferenz der Innenminister und -se-natoren der Länder am 05. Mai 2000 in Düsseldorf, S. 6f..
957 So in Bremen (Stadt), Berlin, Hamburg, Hessen, Nordrhein-Westfalen, Rheinland-Pfalz, Saarland, Sachsen, Schleswig-Holstein, Thüringen und der Musterentwurf aus Mecklenburg-Vorpommern.
958 Baden-Württemberg und Bayern.
959 Bremerhaven.
960 Berlin, Brandenburg, Bremen und Bremerhaven, Hamburg, Hessen (die Verordnung vom 15.8.2000 enthält beide Ansätze, während sich die Verordnung vom 5.7.2000 nur auf Kampfhunde und die Gefahrenabwehrverordnung von 1997 nur auf verhaltensauffällige Hunde bezog); Schleswig-Holstein, Rheinland-Pfalz, Nordrhein-Westfalen (zusätzlicher Anknüpfungspunkt: bestimmtes Gewicht oder Körpergröße), Mecklenburg-Vorpommern, Sachsen und Thüringen.
961 Baden-Württemberg, Bayern und Sachsen-Anhalt.
962 Auskunft des Saarländischen Ministeriums für Frauen, Arbeit ,Gesundheit und Soziales vom 4.11.2002.

In Niedersachsen erfolgt keine Definition gefährlicher Hunde[963].

bb) Zuchtverbot für Hunderassen, bei denen die Vermutung der Gefährlichkeit nicht widerlegt worden ist

Ein Zuchtverbot war zu diesem Zeitpunkt bis auf die Verordnungen von Sachsen und Thüringen in keinem Bundesland vorgesehen. In Rheinland-Pfalz war die Heranbildung zu gefährlichen Hunden durch Zuchtauswahl verboten, in Nordrhein-Westfalen war die Zucht nicht verboten, aber erlaubnispflichtig.

Im Laufe des Sommers wurde ein Zuchtverbot in allen Bundesländern bis auf Hessen und Schleswig-Holstein eingeführt. Hessen hatte in der Verordnung vom 5.7.2000 ein generelles Zuchtverbot vorgesehen, dieses aber in der Verordnung vom 15.8.2000 wieder gestrichen.
In Schleswig-Holstein ist lediglich die Heranbildung durch Zuchtauswahl oder Aufzucht zu gefährlichen Hunden verboten.
Von den Ländern, die bei Hunderassen zwischen widerlegbarer und unwiderlegbarer Gefährlichkeit unterscheiden, sehen für Hunde mit nicht widerlegter Vermutung der Gefährlichkeit Bayern und Baden-Württemberg ein Zuchtverbot vor. Hamburg verbietet die Zucht mit dem Ziel gesteigerter Aggressivität und Gefährlichkeit. Ein Zuchtverbot für bestimmte Rassen sehen Bremen (diejenigen Rassen, die als gefährlich gelten; kein Zuchtverbot für verhaltensauffällige Hunde) und Berlin vor. In Mecklenburg-Vorpommern und im Saarland ist nur die nichtgewerbsmäßige Zucht verboten.

cc) Kastrations- und Sterilisationsgebote für gefährliche Hunde

Zum Zeitpunkt der 161. Innenministerkonferenz existierte in keinem Bundesland das Gebot der Unfruchtbarmachung gefährlicher Hunde.

Durch die Änderungen zwischen Juni und August 2000 wurde dieses Gebot in Baden-Württemberg, Brandenburg, Hamburg, Hessen (Verordnung vom 15.8.2000), Niedersachsen und Sachsen-Anhalt eingeführt, teilweise ist es als Voraussetzung für die Erteilung einer Haltungserlaubnis ausgestaltet worden.
Ein entsprechendes Gebot fehlte weiterhin in den Regelungen von Bayern Berlin, Bremen (Stadt), Mecklenburg-Vorpommern, Sachsen-Anhalt, Schleswig-Holstein und Thüringen. Als mögliche Eingriffsmaßnahme der Behörde ist das Gebot der Unfruchtbarmachung in Bremerhaven, Nordrhein-Westfalen, Rheinland-Pfalz, dem Saarland und Sachsen ausgestaltet.

dd) Erlaubnispflichtigkeit der Haltung

Schon vor der Innenministerkonferenz im Mai 2000 war die Haltung gefährlicher Hunde in Bayern, Baden-Württemberg, Brandenburg (nicht für alle gefährlichen Hunde), Nordrhein-Westfalen, Saarland und Thüringen erlaubnispflichtig. In Berlin und Hessen existierte zwar keine ausdrückliche Erlaubnispflicht, aber auch dort wurden bestimmte Anforderungen an den Halter solcher Hunde gestellt[964].

Anschließend ist die Erlaubnispflichtigkeit in Bremen und Bremerhaven, Hamburg, Hessen,

---

[963] Dort bestand lediglich ein Haltungs- und Zuchtverbot für bestimmte Rassen und eine an bestimmte Voraussetzungen geknüpfte Genehmigungspflicht.
[964] Sachkunde und Zuverlässigkeit.

Mecklenburg-Vorpommern, Niedersachsen[965] (Ausnahmegenehmigung für bestimmte Rassen), Nordrhein-Westfalen, Rheinland-Pfalz und Sachsen eingeführt worden.
In Berlin gibt es zwar keine Erlaubnispflicht, aber eine Anzeigepflicht, die ähnliche Voraussetzungen wie diejenigen zur Erteilung einer Erlaubnis hat[966]. Die Verordnungen von Sachsen-Anhalt (vom 6. Juli 2000) und von Schleswig-Holstein sind die einzigen, die noch kein Erlaubnisverfahren vorsehen[967].

(1) Mögliche Voraussetzungen für die Erteilung der Erlaubnis nach den Empfehlungen der Innenministerkonferenz

Nach den Empfehlungen der Innenministerkonferenz sollte die Erteilung der Genehmigung an den Nachweis der Sachkunde und der Zuverlässigkeit, eines berechtigten Interesses an der Haltung und an den Abschluss einer Haftpflichtversicherung geknüpft werden (können)[968].

Alle Bundesländer, die schon zu diesem Zeitpunkt eine Erlaubnispflicht für das Halten gefährlicher Hunde vorsahen, knüpften die Erteilung an das Vorliegen von Sachkunde und Zuverlässigkeit des Halters[969]. Das berechtigte Interesse musste zu diesem Zeitpunkt aber nur in Bayern nachgewiesen werden; dort ist es auch in das Ermessen der Behörde gestellt, die Erteilung vom Abschluss einer Haftpflichtversicherung abhängig zu machen.

Der Nachweis der Sachkunde und der Zuverlässigkeit sind mittlerweile auch in den übrigen Bundesländern als Erlaubnisvoraussetzung weitgehend anerkannt[970].
Ein besonderes oder berechtigtes Interesse an der Haltung ist nun, außer in Bayern, in Brandenburg, Baden-Württemberg, Bremen und Bremerhaven, Hamburg, Hessen[971] und Rheinland-Pfalz erforderlich.
Der Abschluss einer Haftpflichtversicherung ist Voraussetzung für die Erlaubniserteilung in Baden-Württemberg („in der Regel"), Hamburg, Hessen (Verordnung vom 15.8.2000), Nordrhein-Westfalen, Mecklenburg-Vorpommern Saarland, und Hessen; in Bayern besteht weiterhin Ermessen.

(2) Weitere Anforderungen

Die Länder haben teilweise noch weitere Anforderungen an die Erteilung der Erlaubnis gestellt, so die Unfruchtbarmachung des Hundes[972], eine unveränderliche Kennzeichnung[973], die

---

[965] Dort kann eine Ausnahmegenehmigung vom grundsätzlich bestehenden Haltungsverbot erteilt werden, die unter vergleichbaren Voraussetzungen wie in anderen Ländern die Erlaubnis erteilt wird.
[966] Führungszeugnis, Sachkunde, keine Verhaltensanomalie des Hundes, Plakette, Zuverlässigkeit; bei Zuwiderhandlung kann die Haltung untersagt werden.
[967] In Schleswig-Holstein gilt die Erlaubnispflicht nur für die Ausbildung.
[968] Beschluss der IMK, S. 6, in: Zur Veröffentlichung freigegebene Beschlüsse der 161. Sitzung der Ständigen Konferenz der Innenminister und -senatoren der Länder am 05. Mai 2000 in Düsseldorf, www.bremen.de /innensenator v. 22.10.2002.
[969] In Hamburg wurde nicht von Sachkunde, sondern von der Eignung zum Führen eines solchen Hundes gesprochen. Sachkunde und Zuverlässigkeit waren auch in Berlin und Hessen erforderlich, wo es kein ausdrückliches Erlaubnisverfahren gab.
[970] Die Sachkunde ist in Hamburg, Hessen (Verordnung vom 15.8.2000), Mecklenburg-Vorpommern, Rheinland-Pfalz und Sachsen erforderlich; die Zuverlässigkeit in Bremen und Bremerhaven, Hessen (Verordnung vom 15.8.2000), Mecklenburg-Vorpommern, Rheinland-Pfalz und Sachsen.
[971] Nur Verordnung vom 15.8.2000.
[972] Hamburg, Brandenburg, Hessen (Verordnung vom 15.8.2000) und Niedersachsen.
[973] Hamburg, Nordrhein-Westfalen, Brandenburg, Baden-Württemberg, Niedersachsen (Kennzeichnung von Hunden, die einem Wesenstest unterzogen wurden), Rheinland-Pfalz, Hessen (Verordnung vom 15.8.2000).

Vollendung des 18. Lebensjahres des Halters[974], der Nachweis einer artgerechten und ausbruchsicheren Unterbringung[975], der Nachweis eine Wesentestes[976], die Entrichtung einer bereits fälligen Hundesteuer[977], ein Führungszeugnis[978], die körperliche Eignung des Halters[979] und schließlich auch die Voraussetzung, dass Gefahren für Leben, Gesundheit, Eigentum oder Besitz nicht entgegenstehen[980].

ee) Erhöhte kommunale Hundesteuern

Nach den Empfehlungen der Innenministerkonferenz sollten die Länder über erhöhte kommunale Hundesteuern für gefährliche Hunde nachdenken.

Eine entsprechende Ermächtigung in den Hundeverordnungen gibt es bis heute nicht. Lediglich das Sächsische *Gesetz zum Schutze der Bevölkerung vor gefährlichen Hunden* trifft zu kommunalen Hundesteuern eine Regelung. Es verpflichtet die Kommunen zur Erhebung von Abgaben hinsichtlich gefährlicher Hunde.

Die Möglichkeit, solche kommunale Abgaben zu erheben, ergibt sich aus Art. 28 Abs. 2 i.V.m. Art. 105 Abs. 2 a GG und den Kommunalabgabengesetzen[981], wobei sich das Satzungsrecht aus den Gemeindeordnungen ergibt.[982]. Ohne mit der Aufzählung den Anspruch auf Vollständigkeit zu erheben, haben jedenfalls Gemeinden in Baden-Württemberg, Hessen, Niedersachsen und Sachsen-Anhalt für Kampfhunde erhöhte Steuersätze eingeführt[983].

ff) Verbot von Ausbildungen, die eine gesteigerte Aggressivität zum Ziel haben

Ein solches Verbot bestand zum Zeitpunkt der Konferenz schon in Berlin[984], Hamburg, Rheinland-Pfalz, Sachsen und Thüringen. In Thüringen existierte ein Verbot mit Erlaubnisvorbehalt; in Bayern, Nordrhein-Westfalen und im Saarland war die Ausbildung erlaubnispflichtig.

Anschließend wurde ein entsprechendes Verbot auch in Bremen und Brandenburg eingeführt. In Schleswig-Holstein und Hessen[985] besteht das Verbot ebenfalls, aber hier sind Ausnahmen möglich.

---

974 Nordrhein-Westfalen, Mecklenburg-Vorpommern, Saarland, Brandenburg, Hessen (Verordnung vom 15.8.2000), Sachsen und Thüringen.

975 Bremen und Bremerhaven, Nordrhein-Westfalen, Mecklenburg-Vorpommern, Saarland, Brandenburg, Hessen (Verordnung vom 15.8.2000), Sachsen und Thüringen

976 Niedersachsen und Hessen (Verordnung vom 15.8.2000).

977 Hessen (Verordnung vom 15.8.2000).

978 Nordrhein-Westfalen und Saarland.

979 Mecklenburg-Vorpommern.

980 Hamburg (Verordnung vom 18.7.2000), Brandenburg, Baden-Württemberg und Bayern.

981 *Jahn*, JuS 2001, 334/335.

982 Satzungsrecht der Gemeinden in Nordrhein-Westfalen aus § 7 Abs. 1 GO NW, Möglichkeit der Erhebung von Kommunalabgaben nach § 1 Abs. 1 KAG NW.

983 Das zeigen die dazu ergangenen Gerichtsentscheidungen, bspw. für Niedersachsen OVG Lüneburg, Urt. v. 5. 8.2002 - 13 L 4102/00, abrufbar bei juris (www.jurisweb.de); abgerufen am 23.10.2002; für Baden-Württemberg VGH Mannheim, NK-Bschl v.231.2002 – 2 S 926/01, VBlBW 2002, 210; für Hessen VGH Kassel, Beschl. v. 29.5.2001, - 5 N 92/00, HSGZ 2001, 346; grundlegend zur Zulässigkeit kommunaler Kampfhundesteuern BVerwG , Urt. v. 19.1.2000 – 11 C 8/99 –, NVwZ 2000, 929 (Vorinstanz OVG Magdeburg, Urt. v. 18.3.1998 – A 2 S 317/96 – , NVwZ 1999, 321); dagegen Verstoß gegen den Gleichheitssatz: OVG Lüneburg, Urt. v. 5.8.2002 – 13 L 4102/00, abrufbar bei juris (www.jurisweb.de), abgerufen am 23.10.2002.

984 Dort wurde von „Abrichten" gesprochen.

985 Verordnung vom 15.8.2000.

gg) Handelsverbot für Hunde, bei denen die Vermutung der Gefährlichkeit nicht widerlegt worden ist
Zum Zeitpunkt der Empfehlung der Innenministerkonferenz sah nur die Berliner Verordnung ein Verbot des Inverkehrbringens und des Erwerbs von bestimmten als gefährlich geltenden Hunden vor.

Ein generelles Handelsverbot wurde im Laufe des Sommers 2001 in Bremen, Hessen, Rheinland-Pfalz und Sachsen, ein Verbot nur des gewerbsmäßigen Handels in Bremerhaven, Hamburg[986] und Brandenburg[987] eingeführt.

hh) Mitteilungspflichten der Hundehalter- bzw. -züchter bei Abgabe des Hundes
Gab ein Halter seinen gefährlichen Hund ab, so musste er dies bisher nur in Hessen und im Saarland der Behörde mitteilen.

Anschließend wurde diese Mitteilungspflicht auch in Hamburg, Sachsen-Anhalt, Brandenburg, Baden-Württemberg, Mecklenburg-Vorpommern, Rheinland-Pfalz[988] und Sachsen eingeführt.

ii) Ordnungswidrigkeiten
Schon zum Zeitpunkt der 161. Innenministerkonferenzen sahen alle Bundesländer, die bereits Hundeverordnungen bzw. -gesetze erlassen hatten, vor, dass Verstöße gegen Verbote oder Gebote als Ordnungswidrigkeiten geahndet werden.

Niedersachsen, Mecklenburg-Vorpommern und Sachsen-Anhalt, die im Sommer 2000 erstmals entsprechende Bestimmungen erlassen, nahmen ebenfalls Ordnungswidrigkeiten in ihre Verordnungen auf.

c) Änderung der Rechtslagen aufgrund der Empfehlungen?
Im Sommer 2000 wurden fast in jedem Bundesland die bestehenden Hundeverordnungen geändert oder neu gefasst. Dabei wurden teilweise auch die Empfehlungen der Innenministerkonferenz vom Mai 2000 eingearbeitet.

Die meisten Empfehlungen erfüllten im Sommer 2000 die Verordnungen von Baden-Württemberg, Brandenburg und Hamburg, gefolgt von Bremerhaven, Hessen und Rheinland-Pfalz. Die größte Änderungsbereitschaft gab es in Mecklenburg-Vorpommern, Bremerhaven, Hamburg, Bremen, Niedersachsen und Rheinland-Pfalz, wobei berücksichtigt werden muss, dass Niedersachsen und Mecklenburg-Vorpommern, jedenfalls auf ministerieller Ebene, bisher noch keine Verordnungen besaßen.
Dies bedeutet, dass Baden-Württemberg, Brandenburg und Hessen schon vor der Innenministerkonferenz relativ viele Punkte des Beschlusses in ihren Verordnungen berücksichtigten. Die Verordnungen dieser Länder bedurften daher nicht mehr so vieler Änderungen, um die Empfehlungen weitgehend zu erfüllen.

---

986 Verordnung vom 18.7.2000.
987 Das „gewerbliche Inverkehrbringen" ist verboten, Ausnahmen sind möglich.
988 In Mecklenburg-Vorpommern und Rheinland-Pfalz besteht die Mitteilungspflicht, wenn der Halter den Hund länger als vier Wochen/nicht nur vorübergehend der Obhut einer anderen Person überlässt oder wenn der Hund abhanden gekommen/dauerhaft aus dem Einwirkungsbereich des Haltes entwichen ist.

Nicht eindeutig geklärt werden kann durch diese Aussagen die Frage, inwieweit schon die Empfehlungen der Innenministerkonferenz selbst Einfluss auf den Entscheidungsprozess der Verordnungsgeber hatten, die Verordnungen an den Empfehlungen auszurichten. Erstens ist nicht erkennbar, wer zuerst von der Richtigkeit und Notwendigkeit der Maßnahmen, die die Empfehlungen vorsahen, überzeugt war: die einzelnen Verordnungsgeber (was bedeuten würde, dass sie die Empfehlungen mitgeprägt haben) oder die Stellen, die die Empfehlungen für die Innenministerkonferenz erarbeitet haben (was bedeuten würde, dass die einzelnen Erlassverfahren von den Empfehlungen beeinflusst wurden[989]).
Zweitens kann vermutet werden, dass die Verordnungsgeber erst wegen des Hamburger Vorfalls, der sich etwa anderthalb Monate nach der Konferenz ereignete, bereit waren, bestimmte Punkte der Empfehlungen aufzugreifen. Dies könnte insbesondere bei solchen der Fall gewesen sein, bei denen sich aufgrund der einschneidenden Grundrechtseingriffe die Frage stellt, ob eine Regelung durch Rechtsverordnung verfassungsmäßig ist.

Jedenfalls für Mecklenburg-Vorpommern kann diese Frage jedoch beantwortet werden. Dieses Land besaß, wie ausgeführt, bis zum Erlass der Verordnung vom 4. Juli 2000 keine ministerielle Gefahrenabwehrverordnung für gefährliche Hunde. Der Entwurf zu dieser Verordnung existierte schon länger. Mecklenburg-Vorpommern hatte erstmalig nach dem Urteil des Bundesverwaltungsgerichts zur Hundesteuer Anfang 2000[990] mit der Erarbeitung eines entsprechenden Verordnungsentwurfs begonnen. Mehrere Jahre zuvor hatte es zwar schon einmal Überlegungen gegeben, eine Hundeverordnung zu erlassen, zu diesem Zeitpunkt wurde aber noch keine Notwendigkeit für eine solche Regelung gesehen. Nach Aussage des Innenministeriums sind die Empfehlungen der Innenministerkonferenz unter maßgeblicher Beteiligung von Mecklenburg-Vorpommern entstanden. Dies erklärt die weitgehenden Übereinstimmungen[991].
Auch in Sachsen können einige Teile des am 24. August 2000 erlassenen Gesetzes sowohl auf den Vorfall in Hamburg als auch auf eine daraufhin kurzfristig einberufene Konferenz der Innenminister (die laut Aussage des hessischen Innenministeriums telefonisch stattfand[992]) zurückgeführt werden. Schon im März war in Sachsen ein Gesetzentwurf in den Landtag eingebracht worden[993]. Am 29. Juni 2000 brachten die SPD- und die CDU-Fraktion im Landtag einen Änderungsantrag ein, der damit begründet wird, dass der bisherige Entwurf in Teilen hinter dem Beschluss der Innenministerkonferenz vom Mai 2000 zurückbliebe[994]. Der bisherige Entwurf[995] sah z.B. vor, dass Zucht, Ausbildung und Abrichtung von gefährlichen Hunden bzw. Kampfhunden erlaubnispflichtig war; eine Beschränkung des Handels war nicht vorgesehen. Laut Empfehlung der Innenministerkonferenz sollten die Zucht, Ausbildungen mit dem Ziel gesteigerter Aggressivität und der Handel verboten werden. Dies wurde im Änderungsantrag berücksichtigt, ebenso wie das Gebot der Unfruchtbarmachung gefährlicher Hunde – jedenfalls als Eingriffsmöglichkeit der Behörde zur Verhütung von Gefahren.
Als Grund für die Regelung durch Gesetz – bisher war eine Verordnung in Kraft gewesen –

[989] Sofern die jeweiligen Verordnungsgeber nicht mit diesen Personen identisch waren.
[990] Urt. v. 19.1.2000, BVerwG 11 C 8/99, NVwZ 2000, 929: Zulässigkeit von deutlich erhöhten Steuersätzen für Kampfhunde, der abstrakten Umschreibung des Kampfhundebegriffs und der Festlegung bestimmter Hunderassen als unwiderlegbar gefährlich.
[991] Auskunft des Innenministeriums Mecklenburg-Vorpommern vom 15.11.2002.
[992] Aussage vom 27.11.2002.
[993] Drs-Nr. 3/1413.
[994] Auskunft des Innenministeriums unter Hinweis auf den Änderungsantrag, dessen Drucksachen-Nummer allerdings unbekannt ist.
[995] Drs.-Nr. 3/1413.

wurde die Überzeugung angegeben, wegen der zahlreichen Verbote und der damit verbundenen grundrechtsrelevanten Eingriffe könne nur ein Gesetz eine ausreichende Grundlage für diese Bestimmungen treffen[996].
Der Feststellung, mit diesem Änderungsantrag, der ohne wesentliche Abweichungen als Gesetz erlassen wurde, seien die Empfehlungen der Innenministerkonferenz vom Mai 2000 in sächsisches Landesrecht umgesetzt worden, kann allerdings nur eingeschränkt gefolgt werden, da, wie oben gesehen, Sachsen nicht allen Empfehlungen nachkommt.

Auch das Saarland und Rheinland-Pfalz haben angegeben, ihre Verordnungen aufgrund der IMK-Beschlüsse erlassen zu haben, in Rheinland-Pfalz soll zusätzlich auch der Vorfall in Hamburg dazu beigetragen haben. Allerdings soll dort zu diesem Zeitpunkt noch kein Erlassverfahren im Gang gewesen sein[997]. Die Richtigkeit dieser Aussage darf bezweifelt werden. Denn es ist unwahrscheinlich anzunehmen, dass das Land tatsächlich imstande gewesen sein sollte, innerhalb von vier Tagen eine Verordnung zu formulieren und zu erlassen, die im weiteren Verlauf auch vor Gericht Bestand hatte[998].

Bayern und Thüringen sind die einzigen Länder, die ihre Rechtslage nach den Empfehlungen gar nicht änderten, Schleswig-Holstein änderte sie nur in einem Punkt[999].

Zusammenfassend kann man festhalten, dass die Bestrebungen der 161. Innenministerkonferenz nicht in allen Ländern gleichviel Erfolg zeitigten. Immerhin besitzen nun auch Mecklenburg-Vorpommern, Niedersachsen und Sachsen-Anhalt Hundeverordnungen, welche alle drei im Vergleich der Umsetzung der Empfehlungen im Mittelfeld der Verordnungen liegen. Es ist aber unsicher, inwieweit die Innenministerkonferenz tatsächlich Auslöser für die Erlassverfahren in diesen Ländern gewesen sind. Es ist wahrscheinlich, dass der Vorfall in Hamburg die Bereitschaft der Länder zu Umsetzung der Empfehlungen erhöht hat. Dies änderte an den Differenzen jedoch nur wenig.

2. Beschluss der 165. Sitzung der Ständigen Konferenz der Innenminister am 28. November 2000 in Bonn

Nachdem die meisten Bundesländer ihre Hundeverordnungen geändert oder erstmals solche erlassen hatten, zeigte sich, wie sehr diese voneinander abwichen. Das Überschreiten einer Ländergrenze konnte so für den Halter eines gefährlichen Hundes zum Problem werden. Vor allen aber waren in der Öffentlichkeit die erheblichen Differenzen zwischen den Bundesländern kaum nachvollziehbar. Daher fasste die Innenministerkonferenz auf ihrer 165. Sitzung am 28. November den Beschluss, „[s]oweit die Regelungen Auswirkungen auf andere Länder haben können, [...] eine Angleichung [anzustreben], um in allen Ländern möglichst einheitliche Schutz- und Sicherungsmaßnahmen zu erreichen“[1000]. Die Empfehlungen, die nun gegeben wurden, sollten Grundlage einer Harmonisierung sein.

Für den Beschluss, der auf der 165. Sitzung der IMK bezüglich gefährlicher Hunde gefasst wurde, gilt Ähnliches wie für den Beschluss der 161. Sitzung im Mai 2000[1001]. Zwar werden

996 Drs.-Nr. 3/5815, S. 2.
997 Auskunft des Innenministeriums vom 20.11.2002.
998 Vgl. zur Verordnung und zum Urteil des Verfassungsgerichtshof oben V. 4..
999 Einführung eines Verbots von Ausbildungen, die eine gesteigerte Aggressivität zum Ziel haben.
1000 Abrufbar unter www.mi.sachsen-anhalt.de/imk/down/imk2000_nov.pdf, abgerufen am 26.8.2002.
1001 Siehe oben IX. 1..

die „[f]olgende[n] Regelungen, […] [die] Grundlage einer Harmonisierung sein" sollten, immer noch mit „sollen"/"sollten" formuliert, aber die Betonung des Harmonisierungszwecks und die deutlich konkreteren Beschreibungen der Maßnahmen, auch wenn sie nicht als solche bezeichnet werden, machen deutlich, dass hinter diesem Beschluss ein größerer politischer Druck stand als hinter dem vom Mai 2000. Auch hier sind allerdings Meinungsunterschiede erkennbar, wenn auch versteckt: der Beschluss enthält am Ende eine Protokollnotiz, laut derer Thüringen sich der Stimme enthält und bezweifelt, ob eine Rasseliste nach dem derzeitigen wissenschaftlichen Kenntnisstand geeignet sei, einen Hund als gefährlich einzustufen; gleichwohl begrüße Thüringen die Intention einer Harmonisierung[1002].
Wie schon erwähnt, ist eine solch präzise Beschreibung von Zielsetzungen selten[1003].

Zwar haben in einigen Ländern seit dem November 2000 noch Änderungen in der Rechtslage stattgefunden (Bayern, Bremen, Niedersachsen, Nordrhein-Westfalen und Sachsen-Anhalt). Dies muss aber nicht zwangsläufig aus dem Grund erfolgt sein, den IMK-Beschluss umzusetzen. Die Änderung der bayerischen Rechtslage beruht beispielsweise eindeutig nicht auf dem Beschluss der Innenministerkonferenz[1004].
Laut den Begründungen zu den Gesetzentwürfen in Bremen, Niedersachsen und Nordrhein-Westfalen berücksichtigen die Gesetze die Vorgaben der IMK[1005]. Ob dies bei der Verordnung Sachsen-Anhalts ebenfalls eine Motivation war, lässt sich nicht nachvollziehen. Aber selbst solche Absichtserklärungen müssen nicht bedeuten, dass in den Ländern tatsächlich eine konsequente Umsetzungspraxis betrieben worden ist.
Dies soll im Folgenden näher untersucht werden. Darüber hinaus stellt sich die Frage, ob die Änderungen, die in der Zwischenzeit – also zwischen der Konferenz im Mai und der im November – ergangen waren, die Empfehlungen des November-Beschlusses schon vorwegnahmen oder ob eine Umsetzung der Empfehlungen schlicht nicht erfolgte.

Daher können die Bundesländer eingeteilt werden in solche Länder, die schon vor dem Beschluss der IMK entsprechende Regelungen besaßen, in Länder, die nach dem Beschluss entsprechende Regelungen eingeführt haben (hier ist noch die Frage nach dem Zeitpunkt interessant) und in solche, die ihre Bestimmungen nach dem Beschluss nicht veränderten, jedenfalls nicht in der Art und Weise, dass sie eine Umsetzung des Beschlusses bedeutet hätten.

a) Bestimmung von gefährlichen Hunden
Zu Einordnung von Hunden als gefährlich wurden empfohlen: „Die Bestimmung der Gefährlichkeit von Hunden als Grundlage für Maßnahmen sollte gemäß folgender Kriterien erfolgen: Als gefährlich gelten Hunde, die unter anderem auf Grund rassespezifischer Merkmale, Zucht, Ausbildung oder Haltung eine gesteigerte Aggressivität oder andere in ihrer Wirkung vergleichbare, Menschen oder Tiere gefährdende Eigenschaft, insbesondere Beisskraft und fehlende Bisslösung, besitzen."[1006]

[1002] Siehe Beschluss Nr. 16, S. 26 der Sammlung der zur Veröffentlichung freigegebenen Beschlüsse der 165. Sitzung der Ständigen Konferenz der Innenminister und -senatoren der Länder, abrufbar unter www.bremen.de/innensenator, abgerufen am 26.8.2002

[1003] Siehe oben IX. 1..

[1004] Siehe oben VI. 4..

[1005] Bremen: Drs. 15/703, S. 7; Niedersachsen: LT-Drs. 14/3715, S. 8; Nordrhein-Westfalen: LT-Drs. 13/2387, S. 2.

[1006] Abrufbar unter www.mi.sachsen-anhalt.de/imk/down/imk2000_nov.pdf, abgerufen am 26.8.2002.

aa) Länder, die vorher bereits entsprechende Regelungen besaßen
In Berlin, Mecklenburg-Vorpommern, Rheinland-Pfalz, Saarland, Sachsen und Thüringen gibt es sinngemäße Bestimmungen; die Regelungen von Schleswig-Holstein, Brandenburg und Baden-Württemberg sind fast wörtlich identisch mit der Empfehlung[1007]. In Baden-Württemberg, Bayern, Hessen und Nordrhein-Westfalen (dort erst seit Inkrafttreten des Landeshundegesetzes) existiert außerdem ein Katalog von Hunderassen, bei denen die Gefährlichkeit vermutet wird.

bb) Länder, die anschließend ihre Bestimmungen entsprechend dem Beschluss änderten
Das Bremische Gesetz vom Oktober 2001 führt eine solche Bestimmung ein, allerdings ohne den Begriff der „rassespezifischen Merkmale".
Die hessische Verordnung vom Mai 2002 besitzt eine vergleichbare Bestimmung von gefährlichen Hunden, die allerdings – im Gegensatz zur bisher geltenden Verordnung vom August 2000 – auf die Anlehnung an die rassespezifischen Merkmale verzichtet[1008].
Niedersachsen besitzt seit dem Inkrafttreten des Hundegesetzes eine vergleichbare Bestimmung, allerdings kann nur im Einzelfall festgestellt werden, ob ein Hund gefährlich ist.

cc) Länder, die ihre Bestimmungen nicht entsprechend dem Beschluss geändert haben
Eine entsprechende Passage findet sich nicht in der hamburgischen und in beiden sachsen-anhaltinischen (vom 6.7.2000 und 26.3.2002) Verordnungen. In Hamburg wird zwischen widerlegbarer und unwiderlegbarer vermuteter Gefährlichkeit differenziert, in Sachsen-Anhalt existiert eine Rasseliste[1009].

b) Zuchtverbot für gefährliche Hunde, insbesondere für Pitbull-Terrier, American Staffordshire Terrier, Staffordshire Bullterrier und Bullterrier
Die Innenministerkonferenz hielt ein Zuchtverbot für gefährliche Hunde im oben angesprochenen Sinne für angebracht, insbesondere für die Rassen Pitbull-Terrier, American Staffordshire Terrier, Staffordshire Bullterrier und Bullterrier sowie deren Kreuzungen untereinander oder mit anderen Hunden. Darüber hinaus wurde auch ein Handelsverbot empfohlen.

aa) Länder, die vorher bereits entsprechende Regelungen besaßen
Ein Zuchtverbot sehen bis auf die hessische Verordnung vom 15.8.2000 sowie vom 10.5. 2002, die saarländische, die schleswig-holsteinische und die thüringische Verordnung alle Länderregelungen vor[1010]. In denjenigen Bestimmungen, die mit einer Rasseliste arbeiten, umfasst das Verbot auch die in der Empfehlung der Innenministerkonferenz genannten Rassen.
Das Zuchtverbot, das in der (nichtigen) niedersächsischen Verordnung enthalten war, wurde in das neue Hundegesetz nicht mehr mit aufgenommen. Auch Nordrhein-Westfalen änderte seine Rechtslage mit Inkrafttreten des Hundegesetzes: verboten ist nun nur die Zucht von gefährlichen Hunden im Sinne des § 3 Abs. 3 (also die Gefährlichkeit aufgrund sozialinadäqua-

[1007] Bis auf Thüringen, Nordrhein-Westfalen, Schleswig-Holstein, Baden-Württemberg und Bayern gehen die Bestimmungen über die Anforderungen des Beschlusses hinaus.
[1008] Vgl. jeweils § 2 Abs. 1 Satz 1 der Verordnung vom 15.8.2000 und der Verordnung vom 10.5.2002.
[1009] Zum Vergleich der Länderregelungen in diesem Punkt vgl. auch schon oben IX. 1. b) aa).
[1010] Vgl. schon oben IX. 1. b) bb). Dabei waren die Rasselisten der gemeindlichen Verordnungen aus Bremen und Bremerhaven deutlich umfangreicher als die des neuen Bremischen Gesetzes.

ten Verhaltens)[1011].

bb) Länder, die anschließend ihre Bestimmungen entsprechend dem Beschluss änderten
Kein Bundesland, das seine Bestimmungen hätte ändern müssen, um sie in Einklang mit dem Beschluss zu bringen, hat eine solche Änderung vorgenommen[1012].

cc) Länder, die ihre Bestimmungen nicht entsprechend dem Beschluss geändert haben
Die saarländische und die thüringische Verordnung sind die einzigen Verordnungen, die zur Bestimmung der Gefährlichkeit eines Hundes nicht mit einer Rasseliste arbeiten. Das Verbot der nichtgewerbsmäßigen Zucht erstreckt sich hier auf Hunde, bei denen nach § 1 Abs. 1 der saarländischen Verordnung[1013] bzw. § 1 der thüringischen Verordnung[1014] ein bestimmtes sozialinadäquates Verhalten Anknüpfungspunkt für die Gefährlichkeit ist.
Die hessische Verordnung vom 5.7.2000 hatte ein Zuchtverbot vorgesehen, die Verordnung vom 15.8.2000 sah ein solches Verbot allerdings nicht mehr vor. Das Verbot wurde auch durch die Verordnung vom 10.5.2002 nicht wieder eingeführt.
In Schleswig-Holstein ist es lediglich verboten, Hunde durch Zuchtauswahl zu gefährlichen Hunden heranzubilden.

c) Verbot der Heranbildung mit dem Ziel gesteigerter Aggressivität und Gefährlichkeit
Der Beschluss der Innenministerkonferenz sah vor, dass das Heranbilden von Hunden mit dem Ziel gesteigerter Aggressivität und Gefährlichkeit gegenüber Menschen oder Tieren verboten werden und Ausnahmen einer besonderen Erlaubnis bedürfen sollten.

aa) Länder, die vorher bereits entsprechende Regelungen besaßen
Der Begriff der Heranbildung findet sich nur selten in den Verordnungen, meist wird von Ausbildung gesprochen.
Ein solches ausdrückliches Verbot gibt es in Baden-Württemberg, Berlin[1015], Brandenburg, Hamburg, Hessen (vor dem Beschluss mit bestimmten Ausnahmen) Mecklenburg-Vorpommern, Rheinland-Pfalz, Saarland, Sachsen, Schleswig-Holstein und Thüringen. Von diesem Verbot sind in nur Schleswig-Holstein Ausnahmen möglich. Für die Heranbildung bzw. Ausbildung mit dem Ziel gesteigerter Aggressivität bedarf man in Baden-Württemberg und Bayern einer Erlaubnis (in Bayern gibt es kein grundsätzliches Verbot).

bb) Länder, die anschließend ihre Bestimmungen entsprechend dem Beschluss änderten
Für das gesamte Gebiet des Landes Bremen besteht erst seit dem Erlass des Gesetzes vom Oktober 2001 ein solches Verbot, bisher hatte es nur für das Stadtgebiet Bremen existiert.
Nordrhein-Westfalen besitzt erst seit Inkrafttreten des Hundegesetzes ein entsprechendes Verbot, vorher war die Ausbildung erlaubnispflichtig.

cc) Länder, die ihre Bestimmungen nicht entsprechend dem Beschluss geändert haben
Niedersachsen besaß und besitzt auch seit dem Inkrafttreten des Gesetzes kein entsprechendes Verbot, dasselbe gilt für Sachsen-Anhalt.

[1011] Nach § 20 Abs. 1 Nr. 14 begeht aber der Halter eine Ordnungswidrigkeit, wenn er eine Verpaarung eines gefährichen Hundes im Sinne von § 3 nicht verhindert. Die Behörde kann außerdem bei einem Verstoß die Unfruchtbarmachung anordnen.
[1012] Vgl. dazu auch sogleich unter cc).
[1013] Verordnung vom 26. Juli 2000, ABl. 2000, S. 1246.
[1014] Verordnung vom 21. März 2000, ThürStAnz. 2000, S. 884.
[1015] Dort ist die Rede vom „Abrichten".

d) Anleinpflicht in Bereichen mit erhöhtem Publikumsverkehr

Der Beschluss der Innenministerkonferenz empfahl weiterhin eine grundsätzliche Anleinpflicht für Hunde, also nicht nur für gefährliche Hunde, für Bereiche mit erhöhtem Publikumsverkehr sowie an Orten mit Menschenansammlungen.

aa) Länder, die vorher bereits entsprechende Regelungen besaßen

Eine entsprechende Bestimmung enthalten die Vorschriften von Brandenburg, Bremen, Hamburg, Hessen, Mecklenburg-Vorpommern, dem Saarland und Schleswig-Holstein. In Schleswig-Holstein besteht darüber hinaus ein Mitnahmeverbot für Hunde für bestimmte Orte wie Kirchen, Kindergärten, Theater oder Badeanstalten[1016].

bb) Länder, die anschließend ihre Bestimmungen entsprechend dem Beschluss änderten

Während in Nordrhein-Westfalen bisher nur eine Anleinpflicht nur für gefährliche Hunde bestand, wurde durch das Hundegesetz eine entsprechende allgemeine Anleinpflicht eingeführt.

cc) Länder, die ihre Bestimmungen nicht entsprechend dem Beschluss geändert haben

In Bayern, Baden-Württemberg, Berlin, Rheinland-Pfalz, Sachsen, Sachsen-Anhalt und Thüringen gibt es, jedenfalls in den Hundeverordnungen, eine entsprechende Anleinpflicht nicht. In Rheinland-Pfalz bestimmt die Hundeverordnung, dass Gefahrenabwehrverordnungen sowie sonstige allgemein verbindliche Vorschriften über das Halten und Führen von Hunden, insbesondere im Hinblick auf Anleingebote für nicht gefährliche Hunde, unberührt bleiben. In Sachsen-Anhalt verbietet die Verordnung, gefährliche Hunde an bestimmte Orte, wie z.B. öffentliche Vergnügungsstätten oder Einkaufszentren mitzunehmen.

In Niedersachsen galt bisher nur eine Anleinpflicht für gefährliche Hunde. Das neue Hundegesetz verzichtet auf eine Anleinpflicht an bestimmten Orten und stellt nur die allgemeine Anforderung auf, dass Hunde so zu halten und zu führen sind, dass von ihnen keine Gefahren für die öffentliche Sicherheit ausgehen.

e) Anlein- und Maulkorbpflicht außerhalb befriedeten, ausbruchsicheren Besitztums sowie in Treppenhäusern und Gemeinschaftsräumen von Mehrfamilienhäusern

Nach dem Beschluss der Innenministerkonferenz sollten jedenfalls gefährliche Hunde im oben genannten Sinne außerhalb befriedeten, ausbruchsicheren Besitztums sowie in Treppenhäusern und Gemeinschaftsräumen von Mehrfamilienhäusern immer angeleint sein und einen Maulkorb tragen.

aa) Länder, die vorher bereits entsprechende Regelungen besaßen

Entsprechende Vorschriften waren schon in fast allen Ländern vorhanden, wobei allerdings nicht immer speziell auf Treppenhäuser und insbesondere Gemeinschaftsräume von Mehrfamilienhäusern hingewiesen wird; in Baden-Württemberg und Niedersachsen besteht eine Anlein- und Maulkorbpflicht lediglich außerhalb befriedeten Besitztums (Niedersächsisches Hundegesetz: nur grundsätzliche Anleinpflicht außerhalb ausbruchsicherer privater Grundstücke).

Die Maulkorbpflicht ist darüber hinaus noch in Thüringen und Mecklenburg-Vorpommern eingeschränkt: in Thüringen müssen nur Hunde einen Maulkorb tragen, die sich als bissig erwiesen haben, in Mecklenburg-Vorpommern nur Hunde, die wiederholt gebissen haben

---

[1016] § 2 der Verordnung, GVOBl. 2000, 553f.; ein entsprechendes Mitnahmeverbot nur gefährliche Hunde sieht Sachsen-Anhalt vor, § 8 Abs. 4 der Verordnung vom 26. März 2000, GVBl. LSA 2002, S. 201ff..

oder auf Angriffslust o.ä. gezüchtet wurden.
In Hessen gilt die Anleinpflicht für gefährliche Hunde außerhalb befriedeten Besitztums, den Zusatz von Treppenhäusern und Gemeinschaftsräumen von Mehrfamilienhäusern gibt es nicht. Der Maulkorbzwang gilt seit Inkrafttreten der Verordnung vom Mai 2000 nicht mehr automatisch. Er kann vielmehr erst dann von der Behörde angeordnet werden, wenn Tatsachen die Annahme rechtfertigen, dass der Hund besonders aggressiv ist.
In Nordrhein-Westfalen hat sich durch das Hundegesetz der Umfang derjenigen Rassen geändert, die unter dieses Verbot fallen. Außerdem sind davon auch gefährliche Hunde nach § 3 Abs. 3 umfasst (Hunde mit sozial inadäquatem Verhalten).

bb) Länder, die anschließend ihre Bestimmungen entsprechend dem Beschluss änderten
Im Stadtgebiet von Bremen mussten bisher nur Hunde einen Maulkorb tragen, die sich als bissig erwiesen hatten. Seit dem Gesetz vom Oktober 2001[1017] fallen auch die in § 1 Abs. 3 genannten Rassen unter diese Pflicht. Alle gefährlichen Hunde müssen, der Empfehlung der Innenministerkonferenz entsprechend, angeleint werden.

cc) Länder, die ihre Bestimmungen nicht entsprechend dem Beschluss geändert haben
Lediglich in Bayern gibt es keinen grundsätzlichen Maulkorbzwang, und auch die Anleinpflicht besteht nicht ohne weiteres. Die Gemeinden haben hier lediglich die Möglichkeit, durch Verordnung das freie Umherlaufen einzuschränken.

f) Grundsätzliches Haltungsverbot mit Ausnahmen nur unter besonderen Voraussetzungen
Die Innenministerkonferenz empfahl ein grundsätzliches Haltungsverbot für gefährliche Hunde. Alternativ sollte die Haltung nur unter besonderen Voraussetzungen zugelassen werden.

aa) Länder, die vorher bereits entsprechende Regelungen besaßen
Ein ausdrückliches Haltungsverbot besteht in Brandenburg (für bestimmte Rassen), Hamburg, Niedersachsen (für bestimmte Rassen), Saarland und Thüringen.
Eine Erlaubnis bzw. Ausnahmegenehmigung zum Halten gefährlicher Hunde, für die besondere Anforderungen erfüllt sein müssen, braucht man in den gerade genannten Ländern sowie in Baden-Württemberg, Bayern, Bremen, Hessen, Mecklenburg-Vorpommern, Nordrhein-Westfalen, Rheinland-Pfalz und Sachsen. In Berlin existiert weder ein Haltungsverbot noch eine explizite Pflicht zur Einholung einer Erlaubnis. Der Halter eines Hundes muss aber ähnliche Voraussetzungen erfüllen wie in den Ländern, in denen die Haltung erlaubnispflichtig ist.

bb) Länder, die anschließend ihre Bestimmungen entsprechend dem Beschluss änderten
Bremen hat durch sein Gesetz den bisher bestehenden Erlaubnisvorbehalt durch ein Haltungsverbot ersetzt. Niedersachsen wählte mit seinem Gesetz genau den umgekehrten Weg.
Das Haltungsverbot besteht in Sachsen-Anhalt erst seit Erlass der Verordnung vom März 2002. Halter, für die das Haltungsverbot nicht gilt, müssen in Sachsen-Anhalt zwar keine Erlaubnis beantragen, aber trotzdem bestimmte Voraussetzungen erfüllen, die denen für die Erlaubniserteilung in den anderen Bundesländern entsprechen.

cc) Länder, die ihre Bestimmungen nicht entsprechend dem Beschluss geändert haben
Schleswig-Holstein besitzt weiterhin kein Haltungsverbot und auch keine Erlaubnispflicht (für die Haltung; dagegen ist die Ausbildung erlaubnispflichtig).

[1017] Dies gilt selbstverständlich auch in Bremerhaven.

g) Forderung von Zuverlässigkeit und Sachkunde des Halters sowie unveränderlicher Kennzeichnung des Hundes

Als Voraussetzungen zur Haltung sind nach der Empfehlung die Zuverlässigkeit und Sachkunde des Halters sowie die unveränderliche Kennzeichnung des Hundes zum Zwecke der Identifizierung zu fordern.

aa) Länder, die vorher bereits entsprechende Regelungen besaßen

Der Nachweis der Sachkunde muss in Baden-Württemberg, Brandenburg, Bremen und Bremerhaven, Hamburg, Hessen, Mecklenburg-Vorpommern, Nordrhein-Westfalen, Rheinland-Pfalz, Saarland, Sachsen und Thüringen erbracht werden.

Der Nachweis der Zuverlässigkeit ist in Baden-Württemberg, Bayern, Brandenburg, Bremen und Bremerhaven, Hamburg, Hessen, Nordrhein-Westfalen, Mecklenburg-Vorpommern, Rheinland-Pfalz, Saarland, Sachsen und Thüringen erforderlich.

Eine unveränderliche Kennzeichnung fordern Baden-Württemberg, Brandenburg, Hamburg, Hessen, Nordrhein-Westfalen und Rheinland-Pfalz. In Niedersachsen mussten Hunde gekennzeichnet werden, die einem Wesentest unterzogen wurden. Dieser war Voraussetzung für das Erteilen einer Ausnahmegenehmigung. In Hessen war die Kennzeichnung allerdings nicht als Voraussetzung für die Erlaubniserteilung ausgestaltet, sondern galt für alle Rassen nach § 2 Abs. 1 (Verordnung vom 15.8.2000). In der Stadt Bremerhaven konnte die Behörde die Registrierung von Hunden, die bereits gehalten wurden, mit der Auflage einer unveränderlichen Kennzeichnung verbinden.

bb) Länder, die anschließend ihre Bestimmungen entsprechend dem Beschluss änderten

Seit dem Inkrafttreten des Bremischen Gesetzes ist nur noch die Zuverlässigkeit des Halters erforderlich, allerdings müssen nun die gefährlichen Hunde auch unveränderlich gekennzeichnet werden.

Die Kennzeichnung des Hundes als Voraussetzung für die Erteilung einer Erlaubnis existiert in Hessen erst seit der Verordnung vom Mai 2002.

Seit dem Inkrafttreten des Hundesgesetzes in Niedersachsen sind der Nachweis von Sachkunde und Zuverlässigkeit, die unveränderliche Kennzeichnung wie auch die Durchführung eines Wesentestes Voraussetzung für die Erteilung einer Erlaubnis.

Sachsen-Anhalt führt durch die Verordnung vom März 2002 den Nachweis von Sachkunde und Zuverlässigkeit ein, allerdings nicht die Kennzeichnungspflicht.

cc) Länder, die ihre Bestimmungen nicht entsprechend dem Beschluss geändert haben

Der Nachweis der Sachkunde ist weiterhin nicht in Bayern, Berlin und Schleswig-Holstein erforderlich, der Nachweis der Zuverlässigkeit in Berlin. Eine unveränderliche Kennzeichnung existiert weiterhin nicht in Bayern, Berlin, Mecklenburg-Vorpommern, Saarland, Sachsen, Sachsen-Anhalt, Schleswig-Holstein und Thüringen.

h) Haltungsuntersagung bei Verstößen gegen die Voraussetzungen der Erlaubniserteilung oder gegen Sicherungspflichten

Nach der Empfehlung der Innenministerkonferenz sollte die Haltung bei Verstößen gegen die Voraussetzungen der Erlaubniserteilung untersagt werden. Eine Untersagung bei wiederholten Verstößen gegen Sicherungspflichten sollte ebenfalls möglich sein.

aa) Länder, die vorher bereits entsprechende Regelungen besaßen

Entsprechende Regelungen enthielten bisher nur die Verordnungen von Berlin (Untersagung bei Nichtvorliegen der Erlaubnisvoraussetzungen[1018]), Brandenburg, Hamburg, Mecklenburg-Vorpommern, Nordrhein-Westfalen, Schleswig-Holstein und Thüringen. In Hessen war bisher „nur“ die Sicherstellung, Verwahrung und ggflls. die Tötung des Hundes möglich.

bb) Länder, die anschließend ihre Bestimmungen entsprechend dem Beschluss änderten
In Bremen besteht seit Inkrafttreten des Gesetzes die Möglichkeit, die Haltung zu untersagen, wenn Verstöße gegen § 2 des Gesetzes (betreffend das Führen gefährlicher Hunde in der Öffentlichkeit) vorgekommen sind oder wenn das Leben oder die Gesundheit von Menschen oder Tieren gefährdet wurde.
Die hessische Verordnung vom Mai 2002 sieht vor, dass der Hund sichergestellt werden kann, wenn gegen Ge- oder Verbote verstoßen wird; außerdem wird die Erlaubnis widerrufen, wenn die Voraussetzungen für ihre Erteilung weggefallen sind.
Nur in Sachsen-Anhalt enthält die Verordnung vom März 2002 eine der Empfehlung sinngemäß entsprechende Regelung.

cc) Länder, die ihre Bestimmungen nicht entsprechend dem Beschluss geändert haben
Baden-Württemberg, Bayern, Niedersachsen, Rheinland-Pfalz und das Saarland besitzen über die Generalklausel hinaus weiter keine spezielle Befugnis zur Haltungsuntersagung.
In Sachsen gibt es lediglich eine allgemeine Ermächtigung, Regelungen hinsichtlich des Umgangs mit Hunden zu treffen. Die Möglichkeit, die Haltung zu untersagen, besteht in Bayern und Baden-Württemberg nur für Personen, die zur Zeit des Inkrafttretens der Regelung schon einen gefährlichen Hund besaßen und nun nicht die Erlaubnisvoraussetzungen erfüllen. In Rheinland-Pfalz hat die Behörde bei fortdauernden Verstößen gegen die Verordnung Zwangsmittel anzuwenden.

i) Anerkennung von Erlaubnissen, Sachkundebescheinigungen, Ausnahmegenehmigungen etc. anderer Länder im Zuzugsland bei Vergleichbarkeit
Zur Erleichterung von Umzügen in andere Bundesländer forderte die Innenministerkonferenz eine Anerkennung von vergleichbaren Erlaubnissen, Sachkundebescheinigungen, Ausnahmegenehmigungen etc. anderer Länder im Zuzugsland.

aa) Länder, die vorher bereits entsprechende Regelungen besaßen
Eine entsprechende Anerkennungsregelung enthielt nur die thüringische Verordnung.

bb) Länder, die anschließend ihre Bestimmungen entsprechend dem Beschluss änderten
Hessen erkennt in der Verordnung vom Mai 2002 erstmals Sachkundebescheinigungen anderer Bundesländer an, wenn sie den in Hessen gestellten Anforderungen entsprechen. Niedersachsen anerkennt bei Gleichwertigkeit den Nachweis der Sozialverträglichkeit anderer Länder durch das Gesetz, Nordrhein-Westfalen Entscheidungen, Befreiungen und Sachkundebescheinigungen.

cc) Länder, die ihre Bestimmungen nicht entsprechend dem Beschluss geändert haben
In Baden-Württemberg, Bayern, Berlin, Brandenburg, Bremen, Hamburg, Mecklenburg-Vorpommern, Rheinland-Pfalz, Saarland, Sachsen, Sachsen-Anhalt und Schleswig-Holstein fehlt weiterhin eine entsprechende Bestimmung.

[1018] Dies bezieht sich wohl nur auf Halter, die schon zum Zeitpunkt des Inkrafttretens entsprechende Hunde gehalten haben.

j) Anzeigepflicht
Weiter wurde empfohlen, dass ein Halter den Umzug, den Halterwechsel oder das Abhandenkommen eines gefährlichen Hundes bei der Behörde anzeigen muss, welche die Erlaubnis zur Haltung erteilt hat.

aa) Länder, die vorher bereits entsprechende Regelungen besaßen
Eine Anzeigepflicht für alle drei Tatbestände gab es zu diesem Zeitpunkt nur in Baden-Württemberg.
Im Saarland und in Rheinland-Pfalz muss nur der Halterwechsel[1019] und das Abhandenkommen, in Brandenburg und Sachsen nur der Halterwechsel und in Hamburg der Halterwechsel und der Tod des Hundes angezeigt werden.

bb) Länder, die anschließend ihre Bestimmungen entsprechend dem Beschluss änderten
Seit dem Erlass des Hundegesetzes muss in Bremen der Wohnungswechsel und das Abhandenkommen des Hundes[1020] angezeigt werden. Hessen und Sachsen-Anhalt führten in ihren 2002 erlassenen Verordnungen erstmals eine Anzeigepflicht für alle drei Tatbestände ein. Niedersachsen führt durch sein Gesetz die Pflicht zur schriftlichen Mitteilung der Aufgabe, des Abhandenkommens, des Todes, von An- und Abmeldungen nach § 9 Abs. 1 und 2 NMG[1021] und von Anzeigen nach § 13 Abs. 2 NMG[1022] ein. In Nordrhein-Westfalen sind nach dem Hundegesetz die Haltung, der Erwerb, die Abgabe und die Eigentumsaufgabe sowie der Umzug anzeigepflichtig.

cc) Länder, die ihre Bestimmungen nicht entsprechend dem Beschluss geändert haben
Entsprechende Regelungen existieren weiterhin in Bayern, Berlin, Mecklenburg-Vorpommern, Schleswig-Holstein und Thüringen überhaupt nicht und in Brandenburg, Hamburg, Rheinland-Pfalz, Saarland, Sachsen nur teilweise.

k) Geldbußen bei Verstößen mit Höchstgrenzen nicht unter 10.000 DM
Nach dem Willen der Innenministerkonferenz sollen Verstöße gegen Ge- und Verbote mit empfindlichen Geldbußen geahndet werden, wobei die Höchstgrenze nicht unter 10.000 DM liegen sollte.

aa) Länder, die vorher bereits entsprechende Regelungen besaßen
Keine Landesregelung sah zu diesem Zeitpunkt eine entsprechende Mindesthöhe bei Geldbußen vor.

bb) Länder, die anschließend ihre Bestimmungen entsprechend dem Beschluss änderten
Es gibt kein Land, das eine Mindesthöhe von 10.000 DM (oder ca. 5.000 €) bei den Geldbußen eingeführt hat.

cc) Länder, die ihre Bestimmungen nicht entsprechend dem Beschluss geändert haben
Verstöße gegen Ge- und Verbote werden in allen Bundesländern mit Geldbußen geahndet. Eine Mindesthöhe von 10.000 DM (oder ca. 5.000 €) existiert aber nirgendwo. Alle Regelun-

[1019] Rheinland-Pfalz: bei Überlassung der Obhut über vier Wochen hinaus.
[1020] Mitteilung eines neuen Halters nur in den Fällen, in denen der Hund nach Vorschriften eines anderen Landes gehalten werden durfte, vgl. § 3 Abs. 2.
[1021] Allgemeine Meldepflicht.
[1022] Betrifft die Nutzung einer Nebenwohnung als Hauptwohnung.

gen arbeiten mit Höchstgrenzen, die niedrigste liegt bei 1.000 € in Baden-Württemberg[1023], es folgen bis zu 10.000 DM bzw. 5.000 €[1024], bis zu 25.000 DM im Saarland, bis zu 25.000 € in Sachsen und Geldbußen bis 50.000 € in Bayern. Das Saarland und Bayern differenzieren bei der Art der Verstöße und legen die Höchstgrenze einmal bei 10.000 und 20.000 DM (Saarland[1025]) und bei 10.000 und 50.000 € (Bayern) fest.
Nordrhein-Westfalen hat allerdings durch das Hundegesetz seine Höchstgrenze für Geldbußen deutlich erhöht, und zwar von bisher 10.000 auf 100.000 €.

l) Ausnahmen für Diensthunde usw. im Rahmen ihrer Zweckbestimmung
Die Länderregelungen betreffend gefährliche Hunde sollten nach dem Beschluss der Innenministerkonferenz für Diensthunde, Rettungshunde, Blindenführhunde, Behindertenhunde, Herdengebrauchshunde und Jagdhunde im Rahmen ihrer Zweckbestimmung Ausnahmen vorsehen.

aa) Länder, die vorher bereits entsprechende Regelungen besaßen
Entsprechende, wenn auch nicht immer alle Gebrauchshunde umfassende Regelungen gab es schon in Bayern, Baden-Württemberg, Berlin, Brandenburg, Bremen und Bremerhaven, Hamburg, Mecklenburg-Vorpommern, Rheinland-Pfalz, Saarland und Schleswig-Holstein. Ohne die Einschränkung „im Rahmen ihrer Zweckbestimmung" sahen bzw. sehen Thüringen und Nordrhein-Westfalen[1026] in ihren Verordnungen Ausnahmeregelungen vor.

bb) Länder, die anschließend ihre Bestimmungen entsprechend dem Beschluss änderten
Das Bremische Gesetz enthält Ausnahmetatbestände, die der Empfehlung weitgehend entsprechen. In der Verordnung für das Stadtgebiet von Bremen fehlte bisher der Zusatz „im Rahmen ihrer Zweckbestimmung". Eine weitgehend der Empfehlung entsprechende Bestimmung hat Hessen erstmalig in der Verordnung vom Mai 2002 eingeführt, ebenso Sachsen-Anhalt und Niedersachsen durch sein Gesetz[1027]. Nordrhein-Westfalen hat die Ausnahmebestimmungen erweitert.

cc) Länder, die ihre Bestimmungen nicht entsprechend dem Beschluss geändert haben
Die sächsische Verordnung sieht weiterhin keine Ausnahmen vor.

m) Obligatorische Haftpflichtversicherung für gefährliche Hunde
Zuletzt wurde empfohlen, jedenfalls für gefährliche Hunde im oben genannten Sinne eine obligatorische Haftpflichtversicherung einzuführen.

aa) Länder, die vorher bereits entsprechende Regelungen besaßen
In Baden-Württemberg[1028], Hamburg, Hessen, Nordrhein-Westfalen[1029], Mecklenburg-Vorpommern und dem Saarland müssen Hundehalter für ihre gefährlichen Hunde eine Haft-

[1023] Keine Angabe im Gesetz, Bezugnahme auf § 17 Abs. 1 OWiG.
[1024] Berlin, Brandenburg, Bremen, Hessen, Mecklenburg-Vorpommern, Niedersachsen, Rheinland-Pfalz, Sachsen-Anhalt, Schleswig-Holstein und Thüringen.
[1025] Soweit ersichtlich, hat für die Verordnung eine Euroanpassung noch nicht stattgefunden.
[1026] Dort galten die Ausnahmen nur für Diensthunde.
[1027] Sie gelten nur für Diensthunde von Körperschaften des öffentlichen Rechts und für Personen, die ein Tierheim oder Ähnliches betreiben.
[1028] „in der Regel".
[1029] Dort galt die Versicherungspflicht für alle Hunde dieser Verordnung, also für die in Anlage 1 und 2 genannten und alle mit einer bestimmten Körpergröße und einem bestimmten Körpergewicht.

pflichtversicherung abschließen, um die Erlaubnis zur Haltung der Tiere zu bekommen; in Bayern besteht in dieser Hinsicht Ermessen.

bb) Länder, die anschließend ihre Bestimmungen entsprechend dem Beschluss änderten
Bremen führte die Pflicht zum Abschluss einer Haftpflichtversicherung für gefährliche Hunde im Gesetz vom Oktober 2001 ein, ebenso Niedersachsen durch sein Gesetz vom Dezember 2002 und Sachsen-Anhalt durch die Verordnung vom März 2002. Nordrhein-Westfalen hat die Versicherungspflicht entsprechend dem Anwendungsbereich des Gesetzes angepasst[1030].

cc) Länder, die ihre Bestimmungen nicht entsprechend dem Beschluss geändert haben
Die Pflicht zum Abschluss einer Haftpflichtversicherung für gefährliche Hunde besteht weiterhin in Berlin, Brandenburg, Mecklenburg-Vorpommern, Rheinland-Pfalz, Sachsen und Schleswig-Holstein nicht.

n) Übereinstimmungen von Empfehlungen und Länderbestimmungen
Zwei Jahre nach diesen Empfehlungen zu Vereinheitlichung der Länderregelungen über gefährliche Hunde bestehen weiterhin teilweise erhebliche Differenzen. Nur ein einziger Vorschlag wird von allen Ländern erfüllt, nämlich die Anlein- und Maulkorbpflicht außerhalb befriedeten Besitztums. Von den dreizehn Forderungen wird durchgängig ein Drittel bis die Hälfte von den meisten Bundesländern nicht erfüllt. Die Mindesthöhe für Geldbuße von 10.000 DM existiert nirgendwo, die Anerkennung von Erlaubnissen u.ä. aus anderen Bundesländern nur in Thüringen, Hessen, Niedersachsen und Nordrhein-Westfalen.

Von den Bundesländern, die ihre Bestimmungen nach der Innenministerkonferenz vom November 2000 nicht mehr änderten, erfüllen die Verordnungen (bzw. Gesetze) von Brandenburg, Mecklenburg-Vorpommern und Saarland an ehesten die Empfehlungen der Innenministerkonferenz.

Die niedersächsische Verordnung[1031] (im Übrigen nichtig) erfüllte die wenigsten Anforderungen, eine Verbesserung ist aber durch Inkrafttreten des Hundegesetzes eingetreten. Durch die Hundegesetze in Nordrhein-Westfalen und Niedersachsen sind die beiden Länder außer Sachsen diejenigen, die die meisten Empfehlungen umgesetzt haben.
Man könnte zwar versucht sein, die Dauer des Umsetzungsprozesses zu kritisieren. Hierbei ist allerdings zweierlei zu beachten: erstens kann eine Verordnung schneller erlassen werden als ein Gesetz, und zweitens ist die „späte" Umsetzung in beiden Ländern insofern zu begrüßen, als zu diesem Zeitpunkt eine Harmonisierung nicht mehr unbedingt erwartet werden konnte. Im Fall Niedersachsens kommt schließlich noch hinzu, dass die Verordnung lange Zeit Gegenstand eines gerichtlichen Verfahrens war und im Juli 2002 für nichtig erklärt wurde. Die Einbringung eines Gesetzentwurfs zwei Monate später und der Erlass des Gesetzes weitere drei Monate später erscheint durchaus als angemessener zeitlicher Rahmen.

Bremen und Hessen, die ebenfalls nach dem Beschluss vom November 2000 ihre Bestimmungen änderten, haben etwa gleich viele Empfehlungen umgesetzt, wobei Hessen schon vor Erlass der Verordnung von 2002 etwas mehr Anforderungen erfüllte. Beide Länderbestimmungen sind mittlerweile recht nah an der Vorgabe des Beschlusses. Daran ist erstaunlich,

---

[1030] Versicherungspflicht für gefährliche Hunde, Hunde bestimmter Rassen nach § 10 und große Hunde nach § 11.

[1031] Diese ist mittlerweile vom Bundesverwaltungsgericht für nichtig erklärt worden, vgl. schon oben V. 9 b).

dass das hessische Innenministerium als Grund für den Erlass der Verordnung von 2002 nicht die Umsetzung der IMK-Vorgaben nannte. Vielmehr sei Grund für die neue Verordnung ein Normenkontrollverfahren gegen die Verordnung vom August 2000 gewesen[1032]. Insoweit sind die Angleichungen in Hessen also jedenfalls nicht mit dem (ausschließlichen) Ziel erfolgt, den Beschluss der Innenministerkonferenzen umzusetzen. Auch in Bremen scheint die Anpassung an den IMK-Beschluss nicht vordringliches Ziel gewesen zu sein. In der Begründung zum Gesetzentwurf heißt es dazu lediglich, dass der Entwurf „ferner die Beschlüsse der Konferenz der Innenminister und -senatoren in dieser Angelegenheit berücksichtigt"[1033].

Sachsen-Anhalt liegt bei diesem Vergleich, inwieweit die IMK-Vorgaben umgesetzt wurden, eher im unteren Mittelfeld. Daraus könnte man schließen, dass das Land beim Erlassverfahren offensichtlich die Anpassung an die Empfehlungen der Innenministerkonferenz nicht als vordringliches Ziel betrachtete. Dieses Ergebnis deckt sich allerdings nicht mit der Einschätzung des dortigen Ministeriums. Laut dessen Aussage hat man die IMK-Vorgaben fast komplett umgesetzt[1034].

Im Ergebnis kann festgestellt werden, dass die Bestrebung der Innenministerkonferenz, eine Vereinheitlichung der Länderregelungen zu erreichen, nur mäßigen Erfolg hatte. Selbst wenn man nur die für eine Rechtsvereinheitlichung wichtigsten Punkte betrachtet, nämlich einheitliche Verbote sowie die Anerkennung von Erlaubnissen und ähnlichen offiziellen Dokumenten, ergibt sich grundsätzliche keine Änderung dieser Aussage. Die größten Übereinstimmungen finden sich bei den Ausnahmen für Diensthunde, bei der Bestimmung von gefährlichen Hunden, dem Zuchtverbot, beim Verbot der Heranbildung mit dem Ziel einer gesteigerten Aggressivität und Gefährlichkeit und beim Haltungsverbot, auch wenn dieses nicht immer exakt so umgesetzt wurde[1035]. Gerade bei der Bestimmung von gefährlichen Hunden sowie beim Zuchtverbot und beim Haltungsverbot war der Beschluss aber ohnehin fast überflüssig, da fast überall schon entsprechende Regelungen bestanden.

3. Beschluss der 169. Sitzung der Ständigen Konferenz der Innenminister am 8. November 2001 in Meisberg

Die Innenministerkonferenz stellte auf ihrer 169. Sitzung am 8. November 2001 fest, dass weiterhin die Notwendigkeit einer Harmonisierung bestehe. Sie wies deshalb erneut auf die Empfehlungen hin, die schon im Beschluss der 165. Sitzung gegeben wurden.
Darüber hinaus wurde festgelegt, dass das von der Arbeitsgruppe des Arbeitskreises für Tierschutz[1036] und des Arbeitskreises I erarbeitete Eckpunktepapier vom 20. September 2001 eine geeignete Grundlage für die Weiterentwicklung der Länderregelungen darstelle[1037].

a) Das Eckpunktepapier vom September 2001

Dieses Eckpunktepapier empfiehlt, unter Berücksichtigung von ergangener verwaltungs- und verfassungsgerichtlicher Rechtsprechung, gefährliche Hunde in zwei Gruppen einzuteilen. Stets als gefährlich sollen die Rassen Pitbull, American Staffordshire Terrier, Staffordshire

---

1032 Auskunft vom 27.11.2002.
1033 Drs. 15/703, S. 7.
1034 Aussage vom 19.11.2002.
1035 Siehe oben f).
1036 Dieser Arbeitskreis ist Teil der Arbeitsgemeinschaft der für das Veterinärwesen zuständigen obersten Landesbehörden (ArgeVet) und nicht der IMK.
1037 Beschluss abrufbar unter www.mi.sachsen-anhalt.de/imk/down/imk2001_nov.pdf, abgerufen am 23.8.2002.

Bullterrier und Bullterrier[1038] angesehen werden. Die Haltung soll der Erlaubnis bedürfen, welche vom Nachweis der Zuverlässigkeit und Sachkunde des Halters, der Kennzeichnung und dem Abschluss einer Haftpflichtversicherung abhängig gemacht wird. Sachkundig müssen auch alle anderen Personen sein, die den Hund regelmäßig ausführen; außerdem dürfen die Hunde nur mit Maulkorb und Leine ausgeführt werden. Die Maulkorbpflicht kann jedoch nach einem bestandenen Wesenstest entfallen. Von der Anleinpflicht soll es nur auf kommunaler Ebene Ausnahmen geben. Im Einzelfall können Unfruchtbarmachung und Tötung angeordnet werden.
Von dieser ersten Gruppe ist die Gruppe 2 zu unterscheiden. Zur Gruppe 2 zählen die Rassen Alano, American Bulldog, Bullmastiff, Mastiff, Mastin Espanol, Mastino Napoletano, Fila Brasileiro, Dogo Argentino, Rott-weiler und Tosa Inu[1039]. Bestehen diese Hunde einen Wesenstest, sollen sie keiner weiteren Reglementierung unterliegen. Ansonsten sind sie ebenfalls erlaubnispflichtig und gelten wie die Gruppe 1 als gefährlich.
Beim Ausführen sollen der Erlaubnisbescheid bzw. das Negativzeugnis immer mitgeführt werden.
Es ist wichtig, die Rasselisten stets unter Berücksichtung neuer wissenschaftlicher Erkenntnisse zu überprüfen. Eine Änderung soll einheitlich nach einem Bund-Länder-Abstimmungsverfahren erfolgen.
Sind im Einzelfall Maßnahmen zur Gefahrenabwehr erforderlich, gelten die allgemeinen sicherheitsrechtlichen Bestimmungen. Zusätzlich wird die Erfassung aller polizeilich bekannt gewordenen Beißvorfälle empfohlen[1040].

Die Einteilung der gefährlichen Hunde in die zwei beschriebenen Gruppen ist die wichtigste und auffälligste Forderung des Eckpunktepapiers, da die übrigen Forderungen nur eine Wiederholung dessen sind, was schon in den Beschlüssen vom Mai und November 2000 gefordert wurde.

b) Der Musterentwurf aus Sachsen

Der Freistaat Sachsen hatte für die Konferenz am 8. November 2001 ein Muster für ein Gesetz bzw. eine Verordnung zum Schutz der Bevölkerung vor gefährlichen Hunden erarbeitet[1041]. Dieses Muster lehnte sich eng an die sächsische Rechtslage an und orientierte sich außerdem an den Empfehlungen der Innenministerkonferenz vom Mai 2000 (bis auf die Mindestgrenze bei den Bußgeldern). Es sollte einen Paragraphen mit der Überschrift Gefährlichkeitsvermutung geben, dessen Absatz 1 folgenden Wortlaut hat:
„Die Gefährlichkeit wird bei Hunden vermutet, denen durch eine Zuchtauswahl eine besondere Angriffsbereitschaft, ein Beißverhalten ohne Hemmung und eine herabgesetzte Empfindlichkeit gegen Angriffe des Gegners gefördert worden ist und denen wegen ihrer Beißkraft eine abstrakte Gefährlichkeit zugesprochen werden muss."

Nach der ersten Alternative – und bei Regelung durch Verordnung – soll die Gefährlichkeit im Sinne von Absatz 1 bei den Hundegruppen sowie Kreuzungen von American Staffordshire Terrier, Bullterrier und Pitbull Terrier vermutet werden.
Nach der zweiten Alternative – und bei Regelung durch Gesetz – soll das zuständige Ministe-

[1038] Sowie deren Kreuzungen untereinander und mit anderen Hunden.
[1039] Sowie deren Kreuzungen untereinander und mit anderen Hunden.
[1040] Zum genauen Wortlaut der Empfehlung des Eckpunktepapier vgl. dort, bestellbar über die IMK-Geschäftsstelle beim Bundesrat.
[1041] Nicht veröffentlicht.

rium durch Rechtsverordnung Hunderassen und -gruppen bestimmen, bei denen die Gefährlichkeit im Sinne von Absatz 1 vermutet wird.

Dass die letzten beiden Sätze als Alternativen bezeichnet werden, darf nicht darüber hinwegtäuschen, dass die drei genannten Hunderassen trotzdem auf jeden Fall als gefährlich gelten und Absatz 1 dazu dienen soll, im Einzelfall auch andere Hunde als gefährlich einzustufen.

c) Erfolg beider Vorschläge

Seit der Innenministerkonferenz vom November 2001 haben Bayern, Hessen, Niedersachsen, Nordrhein-Westfalen und Sachsen-Anhalt ihre Bestimmungen geändert. In weiten Teilen enthalten diese und auch die Bestimmungen der übrigen Bundesländer schon die Forderungen, die sowohl das Eckpunktepapier als auch der Musterentwurf beinhalten.

Die wichtigste Forderung des Eckpunktepapiers, nämlich die Einteilung der gefährlichen Hunde in die beschriebenen zwei Gruppen, ist aber nur von Nordrhein-Westfalen und auch nur teilweise umgesetzt worden. Dort wird zwar zwischen diesen zwei Gruppen differenziert, aber auch die Hunde der zweiten Gruppe unterliegen im Hinblick auf die Erlaubnisvoraussetzungen denselben Anforderungen wie die Hunde der ersten Gruppe, obwohl Hunde der zweiten Gruppe nicht als gefährlich gelten[1042].

Die bayerische Rechtslage stimmt mit dieser Forderung zwar weitgehend überein[1043], aber sie gilt in Bayern schon seit 1992. Damit kann man vermuten, dass bei der Erarbeitung des Eckpunktepapiers die bayerische Rechtslage zum Vorbild genommen wurde.

Die in der ersten Gruppe des Eckpunktepapiers und vom Musterentwurf Sachsens genannten Hunderassen[1044] werden in allen Bundesländern bis auf das Saarland und Thüringen, die eine Benennung von Rassen generell nicht vorsehen, als gefährliche Hunde bzw. Kampfhunde angesehen. Die Gefährlichkeit dieser drei Rassen ist also fast überall anerkannt.

Da nur Nordrhein-Westfalen und Bayern über die in der ersten Gruppe genannten Rassen hinaus weitere Rassen benennen, für die besondere Regelungen gelten, kann auch die weitere Forderung, dass nämlich die in der zweiten Gruppe des Eckpunktepapier genannten Rassen keiner Reglementierung unterliegen sollen, wenn sie einen Wesenstest bestehen, keinen Erfolg haben. Und selbst in diesen beiden Ländern gilt diese Forderung nicht so, wie das Eckpunktepapier es vorsieht: In Nordrhein-Westfalen gelten die Vorschriften für gefährliche Hunde grundsätzlich entsprechend für Hunde der zweiten Gruppe (§ 10 des Gesetzes[1045]), jedenfalls diejenigen Vorschriften, die die Voraussetzungen für die Erlaubniserteilung regeln. Daran ändert auch eine Verhaltensprüfung nichts. Durch den Nachweis einer im Einzelfall nicht bestehenden Gefahr für die öffentliche Sicherheit kann nur erreicht werden, dass der Hund von der Anlein- und Maulkorbpflicht befreit wird (vgl. § 5 Abs. 3 Satz 1). Die Befreiung gilt für gefährliche Hunde (solche nach § 3 Abs. 2), für Hunde der zweiten Gruppe (§10) gilt sie entsprechend. Ein Unterschied besteht also insoweit nicht. Lediglich das Verbot der Zucht, Kreuzung und des Handels gelten für Hunde zweiten Gruppe nicht.

In Bayern wird die Kampfhundeeigenschaft bei Hunden der zweiten Gruppe (§ 1 Abs. 2 Satz

[1042] Vgl. insbes. § 10 des Gesetzes vom 18.12.2002, GV.NW S. 656.

[1043] Die Rasselisten unterscheiden sich in einigen Punkten.

[1044] Die im Übrigen auch durch die bundesrechtlichen Regelungen als besonders problematisch eingestuft werden, da für sie gemäß § 2 Abs. 1 Hundeverbringungs- und -einfuhrbeschränkungsgesetz ein Verbot der Einfuhr und der Verbringung besteht und bei denen nach der Tierschutz-Hundeverordnung von einer Aggressionssteigerung auszugehen ist, vgl. oben IX. 3. a) und b).

[1045] GV.NW 2002 S. 656.

1 der Verordnung[1046]) vermutet, solange diese Vermutung nicht im Einzelfall widerlegt wird. Bei gelungener Widerlegung unterliegen diese Hunde dann allerdings keinen weiteren Beschränkungen.

Die Regelung entsprechend Absatz 1 der Gefährlichkeitsvermutung des Musterentwurfs ist vergleichbar mit der Empfehlung, die die Innenministerkonferenz auf ihrer Sitzung im November 2000 gegeben haben. Es wurde bereits festgestellt, dass eine ähnliche Bestimmung in allen Bundesländern bis auf Hamburg und Sachsen-Anhalt überall vorhanden ist[1047]. Diese Bundesländer stellen nur auf die Rasseeigenschaft ab. Das bedeutet, dass es auch hier eine relativ hohe Übereinstimmung mit der Vorgabe des Eckpunktepapier bzw. des Musterentwurfs gibt.
Es ist allerdings nicht zu erwarten, dass diejenigen Länder, die noch abweichende Regelungen besitzen, diese in der Zukunft anpassen werden[1048].

IX. Kooperation der Verordnungsgeber beim Erlass der Hundeverordnungen
Anhand der Aussagen der zuständigen Ministerien und der dargestellten Beschlüsse der Innenministerkonferenzen soll nun ausgewertet werden, inwieweit eine effiziente Kooperation der Verordnungsgeber auf dem Gebiet der Hundeverordnungen bzw. Hundegesetze stattgefunden hat.

1. Existenz und Ziele der Kooperation
Die Kooperation zwischen den Verordnungsgebern war zu Beginn der Diskussion um spezielle Regelungen betreffend die von Hunden ausgehenden Gefahren nur in sehr geringem Maße vorhanden, steigerte sich aber mit Zunahme der Aktualität des Themas.
Zu dem Zeitpunkt, als die ersten Bundesländer begannen, erstmals Regelungen betreffend gefährliche Hunde zu erlassen (in Schleswig-Holstein 1976, dann Anfang der 90er Jahre auch andere Länder), ist Kooperation – jedenfalls für den Außenstehenden – nicht messbar vorhanden. Die Aussagen der zuständigen Ministerien deuten darauf hin, dass zu diesem Zeitpunkt Kooperation allenfalls sporadisch und ohne großen bürokratischen Aufwand betrieben wurde.
Als Mitte der 90er Jahre die Problematik akuter wurde und immer mehr Bundesländer entsprechende Regelungen erließen, nahm die Zusammenarbeit der Verordnungsgeber zu. Auf der 157. Sitzung der Ständigen Konferenz der Innenminister und -senatoren der Länder am 11. Juni 1999 wurde der Arbeitskreis I „Staatsrecht und Verwaltung" gebeten, Vorschläge zur Verbesserung des Schutzes der Bevölkerung vor gefährlichen Hunden zu erarbeiten. Gleichzeitig sollte der Arbeitskreis I Musterentwürfe erarbeiten. Um den Beschluss der Innenministerkonferenz umzusetzen, wurde die Einrichtung einer länderoffenen Arbeitsgruppe beschlossen, an der neben dem Bundesministerium des Innern die Länder Bayern, Brandenburg, Niedersachsen, Rheinland-Pfalz, Sachsen, Sachsen-Anhalt und Schleswig-Holstein mitgewirkt haben. Ein allgemeiner Konsens in Form von einheitlichen Vorschlägen konnte jedoch nicht gefunden werden, so dass die Arbeitsgruppe lediglich einen Bericht vorgelegt und von der Erarbeitung von Musterentwürfen wegen der fehlenden Übereinstimmung abgesehen hat[1049].
Ergänzt wurde die Zusammenarbeit in den Arbeitsgruppen durch Telefonate zwischen den Mitarbeitern der Ministerien. Die Vereinheitlichung des Rechts wird auch schon damals (jedenfalls ein) Ziel dieser Zusammenarbeit gewesen sein, dies lässt sich auch anhand der Aus-

[1046] VO v. 10.7.1992, GVBl. S. 268, geändert durch VO v. 4.9.2002, GVBl. S. 513.
[1047] Siehe oben IX. 2. a) cc).
[1048] Siehe dazu sogleich unter X. 1..
[1049] Vgl. Bericht der länderoffenen Arbeitsgruppe, erhältlich beim der IMK- Geschäftsstelle beim Bundesrat.

sagen der Ministerien und anhand eines Vergleichs der damaligen Verordnungstexte belegen. Schon zu diesem Zeitpunkt unterschieden sich allerdings die meisten Verordnungen deutlich voneinander. Grund hierfür waren die unterschiedlichen Auffassungen über die „beste“ Konzeption.

Schließlich nahmen sich erstmals offiziell im Mai 2000 die Innenminister der Länder auf der Innenministerkonferenz diesem Thema an. Dort wollte man darauf hinwirken, dass zum Schutz der Bevölkerung in allen Ländern entsprechende Bestimmungen erlassen werden[1050]. Dieses Ziel ist erreicht worden.

Im weiteren Verlauf, insbesondere beeinflusst durch den Tod des sechsjährigen Jungen in Hamburg Ende Juni 2000, verstärkte sich die Zusammenarbeit noch. Das wichtigste Ziel hieß allerdings schon bald Rechtsvereinheitlichung. Diese ist bis zum heutigen Zeitpunkt nur in einigen Teilen gelungen. Grund für die relative Wirkungslosigkeit der Kooperation sind die besonderen Umstände, das Ereignis in Hamburg und die darauf folgenden Reaktionen von Politik und Öffentlichkeit.

Dagegen hat die Rechtsprechung das Ziel der Rechtsvereinheitlichung positiv beeinflusst. Auf beides wird im weiteren Verlauf eingegangen[1051].

Schließlich sind sich die Beteiligten auch selbst bewusst, dass die Rechtsvereinheitlichung, jedenfalls von einigen, nur halbherzig angegangen worden ist. Es war die Aussage zu hören, der Vereinheitlichungsbeschluss der IMK sei eine Mogelpackung gewesen. Es sei nicht gelungen, den „Fluch des Föderalismus“ auf diesem Gebiet zu beseitigen. Es habe bei den meisten einfach die Bereitschaft gefehlt[1052]. Nach dem Urteil des Bundesverwaltungsgerichts zur niedersächsischen Hundeverordnung seien auch keine großen Änderungen mehr zu erwarten[1053]. Alle Regelungen, die mit dem Urteil vereinbar seien, würden wohl nicht mehr geändert werden. Im Übrigen sei es eine Illusion zu glauben, dass sich Landesparlamente für einen Beschluss der IMK interessieren würden. In Ländern, in denen bereits gesetzliche Regelungen existierten, sei also mit einer Änderung Richtung Vereinheitlichung erst recht nicht mehr zu rechnen.

2. Formen der Kooperation

Untersuchungen zur Kooperation zwischen den Ländern auf Gesetzgebungsebene haben ergeben, dass oftmals größere Bundesländer eine Vorbild- bzw. Vorreiterfunktion übernehmen und Lösungen entwickeln, die wiederum vor allem von den kleineren Bundesländern aufgegriffen werden. Werden von vorneherein alle oder zumindest mehrere Länder in den Kooperationsprozess eingebunden, äußert sich das in der Regel in der Erarbeitung von Musterentwürfen[1054].

[1050] Abrufbar unter www.bremen.de/innensenator, Beschlüsse der 161. Sitzung der Ständigen Konferenz der Innenminister und -senatoren der Länder am 05. Mai 2000 in Düsseldorf, abgerufen am 21.10.2002.

[1051] Vgl. zu den Vereinheitlichungsbestrebungen unter IX. sowie zur Kooperation unter X., und zum Einfluss der Rechtsprechung unter XI..

[1052] Einen tief greifenden Dissens liest *Wollenteit* aus dem Bericht des AK I heraus, welcher Grundlage des Beschlusses der 161. Sitzung der Innenminister war; Stellungnahme zum Entwurf des Landeshundegesetzes NRW für die Kanzlei Günther – Heidel – Wollenteit – Hack, Zuschrift 13/1508, S. 12.

[1053] Anders die Landesregierung Schleswig-Holsteins in einem Bericht über den bisherigen Vollzug der Landeshundeverordnung, LT-Drs. v. 11.6.2002, S. 12: Fortschritte der Harmonisierung seien erst nach der Grundsatzentscheidung des Bundesverwaltungsgerichts zu erwarten.

[1054] *Wettach*, S. 29ff..

a) Vorbildfunktionen einzelner Länder

Für den hier dargestellten Bereich der Hundeverordnungen lassen sich diese Ergebnisse nur sehr eingeschränkt bestätigen.

Die Übernahme bestehender anstatt der Findung eigener Lösungen hat kaum stattgefunden. Die unterschiedlichen Auffassungen über die Frage, wie sich die Gefährlichkeit von Hunden bestimmen lässt, haben zwischen den Ländern zu verhärteten Fronten geführt. Aufgrund dessen liegt der Eindruck nahe, dass die Rezeption geradezu vermieden worden ist. Eine solche Kooperation, also eine Orientierung an der Rechtslage anderer Länder, kommt von vorneherein nur zwischen den Verordnungsgebern in Betracht, die zur Hundeproblematik ein ähnliches Prinzip verfolgen. Erst wenn Verordnungen vor Gericht keinen Bestand haben, scheint ein Umdenken und eine Orientierung auch an anderen Rechtslagen möglich zu sein.

In den Fällen, in denen unzweifelhaft bestehende Lösungen übernommen wurden, orientierten sich in der Tat eher die kleineren an den größeren Bundesländern. Die Übernahme erfolgte allerdings nie im Ganzen, es gab oder gibt also keine Verordnungen, die sich inhaltlich nahezu gleichen. Außerdem scheint die Orientierung an den größeren Bundesländern eher Zufall zu sein. Denn offenbar kam es den rezipierenden Ländern in erster Linie darauf an, ihre Verordnungen „gerichtsfest" zu machen. Daher orientierte man sich an den Ländern, deren Verordnungen für verfassungsgemäß erklärt worden waren. Die Sicherheit, die mit der Übernahme einer solchen gleichsam „praxisgetesteten" Rechtsverordnung verbunden ist, bringt diesen Ländern eine Einsparung bei den Verordnungserarbeitungskosten, und zwar sowohl bei den Ausarbeitungskosten, also den Kosten, die anfallen, um eine Norm zu schaffen, als auch bei den Kontrollkosten, zu denen im weiteren Sinne auch die Kosten zählen, die beispielsweise durch ein Normenkontrollverfahren und dessen eventuell negatives Ergebnis entstehen[1055].

aa) Vorbild Bayern für Hamburg

Hamburg hat in der Verordnung vom 28. Juni 2000 die bayerische Regelung übernommen, gefährliche Hunde zu definieren. Zwar spricht die bayerische Verordnung von Kampfhunden, die hamburgische dagegen von gefährlichen Hunden, außerdem sind die Rassekataloge nicht exakt identisch. Dennoch ist erkennbar, dass die Konzeption dieselbe ist. Laut Aussage der Hamburger Behörde für Gesundheit und Soziales hatte die Übernahme der bayerischen Gesetzeslage den Grund, dass diese einer gerichtlichen Überprüfung standgehalten hatte. Hamburg hatte ursprünglich auch einen Rassekatalog besessen, der aber vor Gericht keinen Bestand gehabt hatte. Nachdem man offenbar mit der Verordnung von 1993, die keine Rasseliste mehr enthielt, keine großen Erfolge erzielt hatte, war man bemüht, eine Rasseaufzählung so in die Verordnung aufzunehmen, dass sie ein Gericht nicht für nichtig erklären würde[1056].

bb) Vorbild Nordrhein-Westfalen für Berlin

Berlin hat als Vorbild für seine Hundeverordnung von 1998 die nordrhein-westfälische Rechtslage (Verordnung von 1994) gewählt. Grund war die Überzeugung, dass sich die potentielle Gefährlichkeit eines Hundes nicht zwangsläufig anhand der Rasse bestimmen lässt[1057].

Die thüringische Verordnung vom 21. März 2000 hat sich laut Aussage des dortigen Innenministeriums ebenfalls an der Rechtslage Nordrhein-Westfalens orientiert[1058].

[1055] Siehe dazu schon oben **A.** II. 1. c) aa).

[1056] Auskunft der Hamburger Behörde für Gesundheit und Soziales vom 08.11.2002.

[1057] Aussage der Berliner Senatsverwaltung für Gesundheit und Soziales vom 13.11.2002.

[1058] Aussage des Innenministeriums Thüringen vom 18.11.2002.

Nordrhein-Westfalen verzichtete in der Verordnung von 1994 auf eine Rasseliste sowie auf die Anknüpfung an rassespezifische Merkmale, die eine Aggressionssteigerung zur Folge haben soll. Diese Konzeption verfolgten aber vor Nordrhein-Westfalen auch schon andere Bundesländer, nämlich Rheinland-Pfalz und Hamburg[1059]. Diese sahen vergleichbare Vorschriften zur Bestimmung gefährlicher Hunde vor. Dies allein kann also eigentlich nicht der Grund dafür gewesen sein, dass sich Thüringen die nordrhein-westfälische Verordnung zum Vorbild genommen haben will.
Auch die Tatsache, dass Zucht, Ausbildung, Abrichten und Halten erlaubnispflichtig waren, war nicht neu. Allerdings ist Nordrhein-Westfalen das erste Bundesland, das alle vier Tätigkeiten unter Erlaubnisvorbehalt stellt.
Schließlich sind auch die Voraussetzungen zur Erteilung der Erlaubnis nicht grundsätzlich neu, nur die Zusammensetzung hatte es bisher noch nicht gegeben[1060]. Es schenit also eher das Gesamtkonzept gewesen zu sein, das Thüringen dazu veranlasst hat, sich an der nordrhein-westfälischen Rechtslage zu orientieren.

cc) Vorbilder Hessen und Nordrhein-Westfalen für das Saarland?
Nachdem die Verordnung von 1991 vor Gericht nicht standgehalten hatte, entschied man sich im Saarland, sich an den bestehenden Verordnungen in Hessen und in Nordrhein-Westfalen zu orientieren[1061]. Aus dem Wortlaut der saarländischen Verordnung heraus lassen sich allerdings Ähnlichkeiten mit beiden Verordnungen nicht ohne weiteres nachvollziehen.

Die Bestimmung gefährlicher Hunde wurde damals in Nordrhein-Westfalen und in Hessen nach demselben Prinzip vorgenommen[1062]; das Saarland hat allerdings die Bestimmung, dass Hunde, die andere Tiere reißen oder hetzen, als gefährlich gelten, nicht übernommen[1063]. Da auch andere Länder entsprechende Regelungen besaßen, lässt sich jedenfalls anhand des Wortlauts der Verordnung die Bezugnahme auf Hessen oder NRW nicht belegen.
Die Möglichkeit, einen gefährlichen Hund zu halten, auszubilden oder abzurichten bedurfte im Saarland der Erlaubnis. Dies stellt eine Übernahme der nordrhein-westfälischen Rechtslage dar, da zu diesem Zeitpunkt bis auf Bayern andere Länder keine Erlaubnispflicht vorsahen (oder ihre Verordnungen für nichtig erklärt worden waren). In Hessen fällt zwar der Begriff Erlaubnis nicht, entsprechende Voraussetzungen musste man aber ebenfalls erfüllen. Diese Voraussetzungen entsprechen der nordrhein-westfälischen Verordnung, dort ist allerdings zusätzlich die Zucht verboten. Der Sachkundenachweis wird sowohl in Hessen als auch in Nordrhein-Westfalen durch den Verband für das Deutsche Hundewesen e.V. (VDH) erbracht, im Saarland ist hier lediglich vorgesehen, dass die zuständige Behörde Sachverständige hinzuziehen kann.
Die Vorschrift zur Haltung gefährlicher Hunde (§ 5) übernimmt sowohl Regelungen aus Hessen (dortiger § 3 Abs. 5 und 6) als auch aus Nordrhein-Westfalen (dortiger § 5 Abs. 1, 2 und teilweise 3), ähnliche Regelungen bestanden allerdings auch in anderen Bundesländern (beispielsweise in Rheinland-Pfalz).

Eine Analyse ergibt somit, dass die Bezugnahme auf die hessische Verordnung nicht eindeu-

---

[1059] Siehe oben 8. und 12. sowie die jeweiligen Paragraphen der Verordnungen.
[1060] Vollendung des 18. Lebensjahres, Zuverlässigkeit und verhaltensgerechte und ausbruchsichere Unterbringung.
[1061] So jedenfalls die Auskunft des Ministeriums für Gesundheit und Soziales vom 25.11.2002.
[1062] So auch schon vorher in Schleswig-Holstein, Brandenburg, Bremen und Rheinland-Pfalz.
[1063] So aber in § 2 Abs. 1 Nr. 4 der hessischen Verordnung vom 15.8.1997 und § 1 Buchst. d) der nordrhein-westfälischen Verordnung vom 21.9.1994.

tig, die Bezugnahme auf die nordrhein-westfälische Verordnung nur bei der Erlaubnispflicht erkennbar ist. Natürlich kann man nicht erwarten, dass ein Land die Verordnung eines anderen eins zu eins übernimmt, wenn es aussagt, es habe sich an anderen Ländern orientiert. Nachdem diese Aussage aber nur schwer nachvollziehbar ist, drängt sich eher der Gedanke auf, dass die Orientierung gerade an den beiden genannten Bundesländern deshalb geschah, weil dort die Verordnungen vor Gericht Bestand hatten.

Das bedeutet, dass die Rezeption weniger wegen der Übernahme vollzugsbewährter Regelungen in den größeren Bundesländern als aufgrund der Sicherheit gerichtsfester Normen vorgenommen wird. Dies beweist zwar, dass Rezeption zur Einsparung eigener Mittel vorgenommen wird; es beweist aber noch mehr die Relevanz der Rechtsprechung beim Erlassverhalten.

b) Kooperation durch Musterentwürfe

Einen gemeinsamen Musterentwurf der Länder im Hinblick auf einheitliche Regelungen hat es bei den Hundeverordnungen nicht gegeben. Es existierte lediglich ein Musterentwurf, den Sachsen für die Innenministerkonferenz im November 2001 entworfen hat und der Grundlage einer Harmonisierung sein sollte[1064]. Der Entwurf folgte im Wesentlichen der sächsischen Rechtslage. Allerdings hat sich das Muster nicht durchsetzen können. Interessanterweise erwähnte bei den Anfragen in den jeweiligen Ministerien auch niemand den Musterentwurf Sachsens (bis auf Sachsen selbst). Vermutlich kam der Musterentwurf einfach zu spät. Jedes Land hatte zu diesem Zeitpunkt schon eine eigene Regelung auf den Weg gebracht, diese unterschieden sich, wie erwähnt, teilweise erheblich voneinander. Von diesen Regelungsansätzen wollte man mittlerweile nicht mehr abweichen. Die kynologische[1065] Fachdiskussion wurde – und wird teilweise noch – von den Ministerien weitergeführt, und so lange das Land nicht gerichtlich gezwungen wird, einen anderen Weg einzuschlagen, kann kaum jemand überzeugt werden, die Regelung eines anderen Landes zu übernehmen. Dabei ist eine Korrelation zwischen einer bestimmten Meinung (bspw. ob bestimmte Rassen besonders gefährlich sind) und der Frage der Regierungsmehrheit (also A- oder B-Land) nicht erkennbar.

Hätte zu dem Zeitpunkt, in dem die gesetzgeberische Eile und der politische Druck zu härteren Regelungen einsetzte (spätestens unmittelbar nach dem 26. Juni 2000), schon ein Musterentwurf existiert, wäre aufgrund dieser Umstände die Chance zur Umsetzung dieses Entwurfs sicherlich gestiegen. So aber nahmen sich die Verordnungsgeber nicht die nötige Zeit, um zusammen einen solchen Musterentwurf zu entwickeln.

X. Einfluss der Rechtsprechung auf das Erlassverhalten

Der Bereich der Hundeverordnungen mit ihren zahlreichen gerichtlichen Entscheidungen stellt ein anschauliches Beispiel für den Einfluss von Gerichtsentscheidungen auf das Verhalten der Verordnungsgeber. Dabei beschränkt sich der Einfluss nicht auf denjenigen Verordnungsgeber, dessen Verordnung Gegenstand des Gerichtsverfahrens war, sondern geht über die Grenzen des Bundeslandes hinaus.

1064 Der SPIEGEL berichtet darüber hinaus in seiner Ausgabe v. 3.7.2000, 27/2000, von einem Mustergesetzentwurf aus Schleswig-Holstein vom März 1999, *Bösche/Holm/u.a.*, S. 72/81. Schon im Juni 1999 soll der schleswig-holsteinische Innenminister zur Erarbeitung von Musterentwürfen aufgerufen haben, so die Landesregierung in einem Bericht vom 11.6.2002, LT-Drs. 15/1958, S. 11f..

1065 Kynologie ist die Lehre von Zucht, Dressur und Krankheiten der Hunde, so *Duden*, S. 777.

1. Einfluss auf den Verordnungsgeber, dessen Verordnung Gegenstand des Gerichtsverfahren war

Der Einfluss der Rechtsprechung äußert sich in der Regel durch Urteile, die die Verordnung ganz oder teilweise für verfassungswidrig erklären. Ganz überwiegend reagieren die Verordnungsgeber auf eine solche Entscheidung, indem sie ihre Verordnung entsprechend ändern oder insgesamt neu fassen. Allerdings haben auch einige Länder, deren Verordnungen vor den Gerichten ganz oder teilweise gescheitert sind, lange Zeit jedenfalls keine sichtbare Reaktion auf die Urteile gezeigt. Sie haben ihre Verordnungen also nicht geändert oder neu gefasst. Dies gilt für Baden-Württemberg, Bremerhaven und das Saarland.

Die baden-württembergische Verordnung von 1991 wurde am 18.8.1992 für teilweise nichtig erklärt; die Nichtigerklärung betraf die Rasseliste. Erst am 3. August 2000 erließ das Land eine neue Verordnung. Gründe für das Untätigbleiben sind nicht erkennbar[1066].

Die Polizeiverordnung Bremerhaven von 1991 wurde am 6.10.1992 für nichtig erklärt, eine neue Verordnung wurde im Juni 2000 erlassen. Schließlich wurde die saarländische Verordnung von 1991 vom OVG Saarlouis[1067] für nichtig erklärt, aber erst 1998 erließ das Land eine neue Verordnung.

Die Verordnungen anderer Länder, die vor Gericht keinen Bestand hatten, wurden aber in der Regel in absehbarer und akzeptabler Zeit geändert bzw. neu erlassen. Durchschnittlich reagierte der Verordnungsgeber innerhalb von anderthalb bis zwei Jahren (Zeit zwischen dem Datum des Urteils und dem jeweiligen Datum der offiziellen Endfassung).

Der Einfluss der Rechtsprechung äußert sich auch darin, dass die Bereitschaft, weitere Änderungen in die Verordnungen einzuarbeiten, durch anhängige Gerichtsverfahren gehemmt wird. So wurde z.B. in den Ländern, in denen noch Gerichtsverfahren zu den Hundeverordnungen anhängig sind bzw. waren, darauf hingewiesen, dass man, solange die Entscheidung noch ausstehe, keine weiteren Änderungen an der bestehenden Verordnung vornehmen wolle[1068]. Dies bezieht sich sowohl auf weitere Harmonisierung als auch auf die Frage, ob man die Thematik möglicherweise in Zukunft gesetzlich regeln solle.

Diese Reaktion ist verständlich. Dadurch wird nicht nur möglicherweise unnötige Arbeit vermieden, sondern auch der Rechtssicherheit Genüge getan. Trotzdem stellt sich die Frage, ob bestimmte Vorarbeiten nicht trotz eines anhängigen Gerichtsverfahrens schon absolviert werden können, wenn man sich ernsthaft mit dem Gedanken einer gesetzlichen Regelung oder einer Angleichung gemäß den Bestimmungen der Innenministerkonferenz trägt.

2. Einfluss von Gerichtsentscheidungen in anderen Bundesländern

Nicht nur die Rechtsprechung der jeweiligen Landesgerichte hat Einfluss auf die Verordnungsgebung, sondern auch diejenige anderer Landesgerichte zu den dort geltenden Verordnungen.

In der Literatur wird betont, dass vor allem das Urteil des Verwaltungsgerichtshofs Mannheim[1069] und des Verwaltungsgerichts Hamburgs[1070], beide von 1992, die Verordnungspraxis

---

1066 Das Innenministerium sagt dazu nur, es habe verschiedene Überlegungen gegeben; Auskunft vom 12.12.2002.

1067 OVG Saarlouis, Urt. v. 1.12.1993 – 3 N 3/93, www.jurisweb.de vom 21.10.2002.

1068 Telefonische Auskunft des schleswig-holsteinischen Innenministeriums und des saarländischen Ministeriums für Frauen, Arbeit, Gesundheit und Soziales vom 04.11.2002.

1069 V. 18.8.1992 – 1 S 2550/91 – , NVwZ 1992, 1105.

1070 V. 24.11.1991 – 17 VG 2854/92.

aller Bundesländer in den neunziger Jahren beeinflusst hätten[1071]. Es wird beispielsweise berichtet, dass in Berlin 1992 eine Verordnung beschlossen werden sollte, die eine Liste von Hunden enthielt, deren Gefährlichkeit normativ vermutet wurde – ähnlich der Regelung in Baden-Württemberg und in Hamburg. Diese Senatsvorlage wurde Anfang 1993 zurückgezogen, als die Urteilsbegründung des Verwaltungsgerichtshof Mannheim veröffentlicht und auch die gleich lautende Entscheidung des Verwaltungsgerichts Hamburg bekannt waren, welche besagten, dass es gegen den Gleichheitsgrundsatz verstoße, zwischen Hundearten mittels Rasseliste zu differenzieren.
In Berlin wurde schließlich 1998 eine Hundeverordnung erlassen, welche die Aussage beider Urteile aber weiterhin beachtete, auch nachdem mittlerweile anders lautende Gerichtsentscheidungen ergangen waren[1072]. Erst die Änderungsverordnung vom 4. Juli 2000 hat eine Rasseliste aufgenommen.

Auch wird immer wieder bestätigt, dass schon bestehende Gerichtsurteile das Entwurfsverfahren dahingehend beeinflussen, dass man bemüht ist, eine Regelung möglichst „gerichtsfest" zu machen. Hier kann als Beispiel die Verordnung Hamburgs vom 28. Juni 2000 genannt werden. Bei dieser hat man sich bewusst an die Gesetzeslage in Bayern angelehnt, da hier die Rasseliste vom Gericht nicht beanstandet worden war. Zu diesem Zweck war sogar zeitweilig eine Mitarbeiterin aus Bayern in Hamburg[1073].

In Sachsen sind, soweit ersichtlich, weder gegen die Verordnung von 1996 noch gegen das Gesetz und die darauf basierende Durchführungsverordnung von 2000, Gerichtsverfahren anhängig (gewesen). Gleichwohl hat der Gesetz- und Verordnungsgeber die Rechtsprechung anderer Bundesländer verfolgt, wie sich aus einer Unterrichtung des Landtags über den Vollzug und die Auswirkungen des Gesetzes Anfang 2002 ergibt[1074]. Daraus hat sich für Sachsen aber bisher kein Änderungsbedarf an der Rechtslage ergeben. Aus der Tatsache fehlender gerichtlicher Streitigkeiten und nur vereinzelten Petitionen oder Beschwerden hat das Land die Überzeugung gewonnen, dass Gesetz und Verordnung eine hohe Akzeptanz in der Bevölkerung besitzen[1075].

3. Einfluss der Rechtsprechung eines Bundesgerichts
Besonderen Einfluss hat das Urteil des Bundesverwaltungsgerichts vom 3. Juli 2002 zur niedersächsischen Verordnung als bisher einzigem Urteil eines Bundesgerichts (abgesehen vom Urteil zur Hundesteuer[1076]) gehabt, dessen Inhalt sich in der Entscheidung zur Verordnung Schleswig-Holsteins und Brandenburgs fortgesetzt hat[1077].

[1071] *Kipp*, NVwZ-Beilage II/2001, 48ff.; *Tetzlaff*, ZG 2001, 356/359.
[1072] So *Kipp*, NVwZ-Beilage II/2001, 48f.. Er berichtet, die Berliner Verordnung sei nach nordrhein-westfälischem und hamburgischem Vorbild erlassen worden. Eine Orientierung an der nordrhein-westfälischen Rechtslage bestätigt auch die Berliner Senatsverwaltung für Gesundheit und Soziales, telefonische Auskunft vom 13.11.2002. Diese Orientierung scheint aber nur die Frage der Bestimmung eines gefährlichen Hundes zu betreffen, vgl. auch oben 4. n) und t).
[1073] Telefonische Auskunft der Hamburger Behörde für Gesundheit und Soziales vom 08.11.2002; so auch *Caspar*, DVBl 2000,1580/1581.
[1074] LT-Drs. 3/5815, S. 3f..
[1075] LT-Drs. 3/5815, S. 10f..
[1076] BVerwG , Urt. v. 19.1.2000, 11 C 8/99, BVerwGE 110, 265ff.: dieses führte in Sachsen dazu, die Kommunen zur Erhebung einer höheren Hundesteuer zu verpflichten, vgl. § 10 des Gesetzes v. 24.8.2000, GVBl. S. 2000 und die Begründung zum Änderungsantrag vom 29.6.2000 zur Drs- Nr. 3/1413.
[1077] Pressemitteilung der BVerwG Nr. 51/2002 vom 18.12.2002 (Schleswig-Holstein) und Nr. 35/2003 vom 20.8.2003 (Brandenburg).

Es hat die Diskussion darüber verstärkt, ob die verschiedenen Beschränkungen der Hundehaltung nicht auf einer speziellen gesetzlichen Grundlage beruhen müssen.
Auch die Verordnung Mecklenburg-Vorpommern war vor dem Bundesverwaltungsgericht anhängig, das Verfahren wurde aber an die vorherige Instanz zurückverwiesen. Außerdem sind noch weitere Verordnungen anderer Länder vor Verwaltungs- bzw. Oberverwaltungsgerichten anhängig (die Verordnungen von Hamburg, Sachsen-Anhalt und dem Saarland). Diese Verfahren werden sicherlich durch das Urteil des Bundesverwaltungsgerichts beeinflusst werden. Laut Informationen des SPIEGEL wollte Brandenburg einem möglichen Urteil zuvor kommen und bereite deshalb ein Gesetz vor, das die Verordnung in einigen Bereichen entschärfen soll[1078]. Bis zum Urteil des Bundesverwaltungsgerichts zur brandenburgischen Verordnung vom 20. August 2003 ist es allerdings nicht zum Erlass eines Hundegesetzes in Brandenburg gekommen. Da das Bundesverwaltungsgericht in diesem Urteil aber seine bisherige Rechtsprechung fortgesetzt hat, ist damit zu rechnen, dass Brandenburg nun bald ein entsprechendes Gesetz erlassen wird.
Unter Umständen müssen also weitere Bundesländer damit rechnen, dass ihre Verordnungen nicht verfassungsgemäß sind. Aber auch in denjenigen Ländern, die kein Gerichtsurteil hinsichtlich ihrer eigenen Verordnung fürchten müssen, werden nun Überlegungen angestellt, den Inhalt der Verordnung gesetzlich zu regeln oder wenigstens anstatt der ordnungsbehördlichen Generalklausel eine spezielle Verordnungsermächtigung zu schaffen[1079]. Teilweise stellte man sich die Frage der gesetzlichen Grundlage sogar schon vor dem Urteil: in Rheinland-Pfalz hatte man eigentlich von vorneherein die Regelung per Gesetz befürwortet, nach dem Hamburger Vorfall war die Zeit für ein Gesetzgebungsverfahren allerdings zu kurz[1080].

Konkrete Auswirkungen hatte das Urteil bislang in Bremen, Hessen und Nordrhein-Westfalen:
Das Bremische Gesetz ist aufgrund des Urteils zur niedersächsischen Verordnung ergangen[1081]; man fürchtete offenbar, die bisherige Regelung durch Verordnung würde einer gerichtlichen Überprüfung ebenfalls nicht Stand halten.
In Hessen ist man dabei, das Ordnungsbehördengesetz zu ändern und sowohl die Pflicht zum Abschluss einer Haftpflichtversicherung als auch eine Ermächtigung aufzunehmen, dass zur Vorsorgeregelung in der Verordnung Rassen genannt werden können[1082]. Dazu wird die bestehende Verordnung nochmals neu erlassen werden müssen.
Der nordrhein-westfälische Gesetzgeber ist der Auffassung gewesen, Konsequenzen aus dem Urteil des Bundesverwaltungsgerichts zu ziehen. Daraufhin wurde das Gesetz neben der Gefahrenabwehr eindeutig auch als Grundlage zur Gefahrenvorsorge formuliert[1083]; in § 1 heißt es:“ Zweck dieses Gesetzes ist es, [...] und möglichen Gefahren vorsorgend entgegenzuwirken“.

1078 *Dominik Baur*, „Das Comeback der vierbeinigen Killer“, Artikel der Online-Ausgabe des SPIEGEL vom 26.06.2003, abrufbar unter www.spiegel.de/panorama /0,1518,254504,00.html, abgerufen am 26.6.2003.

1079 Auskunft der Berliner Senatsverwaltung für Gesundheit und Soziales vom 13.11.2002.

1080 Auskunft des rheinland-pfälzischen Innenministeriums vom 20.11.2002. Auch aus dieser Aussage kann man wiederum den Druck heraushören, möglichst schnell zu reagieren. Man muss allerdings sehen, dass acht Monate später die nächsten Landtagswahlen (am 25.3.2001) waren und dass insofern die Zeit tatsächlich knapp geworden wäre.

1081 Auskunft des Innenministeriums Bremen vom 11.11.2002.

1082 Auskunft des hessischen Innenministeriums vom 27.11.2002.

1083 So die Auskunft des federführenden Ministeriums für Umwelt und Naturschutz, Landwirtschaft und Verbraucherschutz vom 23.6.2003.

In Schleswig-Holstein erklärte die Landesregierung vor Erlass des Urteils in einem Bericht über den bisherigen Vollzug der Landeshundeverordnung, dass eine Überarbeitung der Verordnung erst nach der zu erwartenden Grundsatzentscheidung des Bundesverwaltungsgerichts erfolgen werde[1084]. Das Innenministerium hatte zu einem nicht genau feststehenden Zeitpunkt einen Gesetzentwurf vorbereitet, von dem aber aufgrund der verabschiedeten bundesrechtlichen Vorschriften abgesehen wurde[1085]. Eine Änderung der Verordnung ist bisher nicht erfolgt. Auch die Einbringung eines Gesetzentwurfs hat, soweit ersichtlich bisher noch nicht stattgefunden.

Darüber hinaus beeinflusst das Urteil des Bundesverwaltungsgerichts auch noch vor anderen Gerichten anhängige Verfahren, wie beispielhaft am Beschluss des Verwaltungsgerichts Berlin wie auch am Beschluss des Verwaltungsgerichtshofs Mannheim festgestellt wurde[1086]. Sollten an anderen Verwaltungsgerichten ebenfalls noch weitere Verfahren anhängig gewesen sein, was nicht im Einzelnen überprüft wurde, dürften diese ebenfalls im Sinne der bundesgerichtlichen Rechtsprechung entschieden worden sein. Das gilt im Übrigen auch für Verfahren vor den ordentlichen Gerichten wegen Forderungen von Bußgeldern aufgrund der Hundeverordnungen.

Die Problematik der Gefahrenvorsorge, aufgrund derer das Bundesverwaltungsgericht die Rasselisten in Verordnungen gekippt hat, ist damit wegweisend geworden und hat die Debatte vorerst beendet.
Es ist noch anzumerken, dass dieser Aspekt des Urteils für alle Beteiligten überraschend war[1087], denn damit hatte sich bis zu diesem Zeitpunkt noch niemand auseinandergesetzt.
Außerdem hat das Urteil über den Bereich der Hundeverordnungen und ihrer Rasselisten hinaus Bedeutung für das allgemeine Polizei- und Ordnungsrecht. Auch dort geht es um die Frage, ob auch der Gefahrenverdacht eine Gefahr darstellt[1088]. Nur dann darf mit den Gefahrenabwehrmaßnahmen der Generalklausel eingeschritten werden. Die Aussage des Bundesverwaltungsgerichts, ein bloßer Gefahrenverdacht rechtfertige noch kein Einschreiten aufgrund der polizeilichen Generalklausel, bedarf daher eingehender Würdigung[1089].

XI. Einfluss nichtstaatlicher Stellen

Der Einfluss nichtstaatlicher Stellen ist teilweise sehr groß gewesen. Die nichtstaatlichen Stellen können in Sachverständige und Interessen- bzw. Fachverbände oder Vereine sowie die Öffentlichkeit eingeteilt werden. Letztere wiederum ist in großem Maße durch die Medien beeinflusst worden.

1. Einfluss von Öffentlichkeit und Medien

Die Aktivität von Gesetz- und Verordnungsgebern auf diesem Gebiet ist ein gutes Beispiel für

---

[1084] LT-Drs. V. 11.6.2002, S. 3.

[1085] LT-Drs. V. 11.6.2002, S. 6.

[1086] Vgl. oben V. 6. b) (VG Berlin)und 15. b) (VGH Mannheim).

[1087] So die Auskunft des nordrhein-westfälischen Ministeriums für Umwelt und Naturschutz, Landwirtschaft und Verbraucherschutz vom 23.6.2003.

[1088] Nach wohl herrschender Ansicht ist dies, mit unterschiedlichen Einschränkungen, der Fall. Vgl. die Übersicht bei *Schenke*, in: Wendt, S. 455ff.. Der Unterschied liegt lediglich auf der Sekundärebene, denn wenn sich der Gefahrenverdacht nicht bestätigt, muss die Behörde Schadenersatz oder Entschädigung leisten, obwohl der Eingriff rechtmäßig war.

[1089] Bisher hat sich nur *Ehlers* mit dieser scheinbaren (?) Abkehr des Bundesverwaltungsgerichts von der herrschenden Meinung befasst, DVBl 2003, 336-338.

den Einfluss von Medien und Öffentlichkeit auf die Politik[1090]. Allerdings bedarf diese Aussage einer differenzierenden Betrachtung.

a) Verordnungserlass als Reaktion auf die öffentliche Meinung?
In der Literatur zu den Hundeverordnungen findet man immer wieder die Aussage, die zahlreichen Änderungen ab Mitte des Jahres 2000 seien direkte Folge des Hamburger Beißvorfalls (und weiterer ähnlich gravierender in anderen Bundesländern) gewesen[1091]. Diese Aussage deutet darauf hin, dass die Verordnungsgeber aus politischem Aktionismus, aufgrund des öffentlichen Drucks und in Befriedigung der Erwartungshaltung der Bevölkerung gehandelt hätten, ansonsten aber von allein nicht tätig geworden wären.
Diese These kann nur einschränkend bestätigt werden.

aa) Allgemeine Vollzugsprobleme
Zunächst ergibt sich aus oben Gesagtem, dass die Mehrzahl der Länder schon vor diesen Ereignissen die Gefahren erkannt hatten, die von Hunden ausgehen können, und auch entsprechende Gefahrenabwehrmaßnahmen getroffen hatten. Die zuständigen Organe sind also nicht von den Entwicklungen überrascht worden. Es ist ebenfalls nicht so, als seien die bisher erlassenen Regelungen alle unzureichend gewesen, auch wenn sie verschiedentlich nicht gerichtlicher Kontrolle standgehalten haben.
Wenn das Problem aber nicht im Fehlen von Vorschriften oder deren Lückenhaftigkeit zu suchen ist, muss man nach weiteren Fehlerquellen Ausschau halten. Hier kommen drei solcher Fehlerquellen in Betracht: erstens können Beißvorfälle dadurch begünstigt werden, dass „bestehendes Recht nicht oder nicht rechtzeitig angewandt wurde, weil Hinweise ignoriert, Tatsachen falsch eingeschätzt oder Erkenntnisse nicht umgesetzt wurden."[1092] Damit hängt der zweite Aspekt zusammen: es muss genug geschultes Vollzugspersonal vorhanden sein. Beispielsweise kann gerade die Einordnung von Hunden danach, ob sie einer bestimmten Rasse angehören oder eine Kreuzung verschiedener Rassen sind, große Schwierigkeiten bereiten. Es verwundert daher nicht, dass es Stimmen gibt, die behaupten, dass die bisher erlassenen Verordnungen ausgereicht hätten, wenn man sie nur konsequent genug angewendet hätte[1093].
Drittens müssen die Vorschriften auch vollziehbar sein. Noch so gut gemeinte, ausführliche Regelungen können unter Umständen die Verwaltung im Vollzug überfordern. Dieser Punkt hängt also mit dem Vorhandensein von ausreichend geschultem Personal zusammen. Hier ist beispielsweise das Problem zu nennen, dass die Feststellung der Gefährlichkeit eines Hundes im Einzelfall nur durch den Amtsveterinär geschehen kann. Dieser wierum muss sich ausführlich mit dem Hund beschäftigen, um sich ein Urteil bilden zu können.
Ist die Verwaltung mit dem Vollzug überfordert, stellt sich aber letztlich doch die Frage, ob die Rechtslage nicht geändert werden muss.

bb) Medienberichterstattung
Schon in den neunziger Jahren konnte das Thema gefährlicher Hunde einen gewissen Stel-

[1090] Eine eingehende Analyse der Situation bis zum April 1999 findet sich in den Di-plomarbeit von *Petra Dressler*, „Medienspektakel um Kampfhunde", veröffentlicht bspw. unter www.hundeinberlin.de/?/bibliothek/-pdressler, abgerufen am 8.5.2003.
[1091] Bspw. *Tetzlaff*, ZG 2001, 356.
[1092] *Rachor*, in: Lisken/Denninger, F RN. 73.
[1093] Bspw. *Gängel/Gansel*, NJ 1999, 69/71 bzgl. der Verordnungen in Brandenburg und Nordrhein-Westfalen; *Hamann*, NVwZ 1992, 1067/1069 unter Hinweis auf die bestehenden Möglichkeiten des Ordnungs- und Ordnungswidrigkeitenrechts.

lenwert in der öffentlichen Diskussion beanspruchen. Dies hat auch damals schon Einfluss auf manchen Verordnungsgeber genommen, zum Beispiel in Rheinland-Pfalz. Nach Angaben des dortigen Innenministeriums geht die Verordnung von 1992 zurück auf Vorfälle in London, die im Juli 1992 auch in Deutschland – unter Beteiligung der BILD-Zeitung – zu großen Diskussionen geführt hatten. Daraufhin sahen sich wohl einige Landtage bzw. die Politik genötigt, darauf zu reagieren, so die Aussage des Innenministeriums[1094]. Dennoch ist diese Situation nicht mit derjenigen zu vergleichen, die unmittelbar nach dem 26. Juni 2000 eintrat.
Insbesondere die BILD-Zeitung machte in den ersten Tagen nach dem Tod des sechsjährigen Volkan[1095] einseitig mobil gegen die so von ihr bezeichneten „Killerhunde“, „Bestien“ oder „Mord-Hunde“[1096]. Etwas differenzierter berichtete beispielsweise der SPIEGEL in seiner Ausgabe vom 3. Juli 2000 mit Hintergrundberichten über den Halter des Pitbulls und den Stadtteil, in dem dieser lebte. Aber auch in diesem Artikel schwingt im Ton der Berichterstattung vor allem Kritik an der Untätigkeit von Politik und Verwaltung mit[1097].
Nur wenige Tage nach dem Tod des sechsjährigen Jungen in Hamburg gab es eine Schaltkonferenz aller Innenminister einschließlich des Bundesinnenministers, auf der beschlossen wurde, rasch auf den Vorfall zu reagieren[1098]. Die Bild-Zeitung proklamierte, dass diese Konferenz nur auf ihre Forderung hin zustandegekommen sei[1099]. Der Druck, der hier durch die tatsächlichen Umstände, Politik, Öffentlichkeit und Medien auf die Verordnungsgeber ausgeübt wurde, möglichst schnell möglichst strenge und umfassende Regelungen zu treffen, darf nicht unterschätzt werden.

cc) Zusammenhang zwischen Berichterstattung und Reaktionen der Verordnungsgeber

Nicht alle Verordnungsgeber haben dem mediale veranlassten Druck nachgegeben, und die meisten nur indirekt. Zwar haben fast alle Länder nach dem 26. Juni 2000 ihre Rechtslage verändert, jedoch kann man dies in den wenigsten Fällen allein auf den Beißvorfall in Hamburg zurückführen.
Schaut man sich die Änderungen ab Mitte des Jahres 2000 genauer an, stellt man fest, dass nur ein geringer Teil hektische und unkoordinierte Bestrebungen darstellt, unter öffentlichem Druck möglichst schnell etwas umzusetzen, um sich nicht dem Anschein auszusetzen, nichts

---

[1094] Auskunft vom 20.11.2002.

[1095] Den sie im Übrigen in ihrer Ausgabe vom 27.6.2000 (jedenfalls in der NRW-Ausgabe) fälschlicherweise „Vulkan“ nennt; *o. V.*: „Mord-Hunde wüten auf Schulhof“.

[1096] BILD-Zeitung, *o. V.*, v. 27.6.2000, S. 1: „Mord-Hunde wüten auf Schulhof“, sowie BILD-Zeitung, *o. V.*, v. 28.6.2000. S. 1: „Weg mit diesem Bestien!“. Von einem Abdruck der Originalartikel zur Veranschaulichung musste leider abgesehen werden. Die Ausgabe vom 27.6.2000 enthält auf Seite 1 den besagten Artikel, der etwa die Hälfte der Seite einnimmt. Er enthält drei Fotos: eines von einem Pitbull, der furchteinflößend das Maul aufreisst, ein zweites von dem verstorbenen Jungen und ein drittes von einer Rasenfläche, auf der der Leichnam des Jungen mit einem Tuch bedeckt und fast direkt daneben der erschossene Hund liegen. Zwischen den Fotos ist übergroß die Überschrift plaziert.
Die Ausgabe vom 28.6.2000 zeigt auf Seite 1 wiederum ein Foto eines zähnefletschenden Pitbulls, allerdings hinter Gittern. Das Foto ist etwa so groß wie das darunter platzierte BILD-Logo. Daneben findet man die – wiederum überdimensionale – Überschrift.

[1097] Vgl. nur den Titel „Unterlassene Hilfeleistung“ oder den wiederholenden Schreibstil im Feature „Er machte alle kalt“ von *Klaus Brinkbäumer*, SPIEGEL vom 3. 7.2000, 27/2000, S. 72ff..

[1098] Laut Informationen des SPIEGEL soll sie „gerade mal 25 Minuten“ gedauert haben, bis „das Zuchtverbot für drei Rassen zum Mindeststandard erklärt“ wurde, *Bölsche/Holm/u.a.*, in: SPIEGEL v. 3.7.2000, 27/2000, S. 72/81.

[1099] BILD v. 28.6.2000, o.V., S. 1: „Jetzt reicht's“, „handelt endlich“. BILD v. 29.6.2000, NRW-Ausgabe, o.V., S. 6: „BILD hatte eine Sondersitzung der Innenminister gefordert. So kam es“.

zu tun[1100].
In vielen Ländern wurden zu diesem Zeitpunkt schon neue Verordnungs- oder Gesetzentwürfe zu erarbeitet, da man die alten für unzureichend hielt oder die Thematik erstmals regeln wollte. Das trifft auf Mecklenburg-Vorpommern, Nordrhein-Westfalen, Schleswig-Holstein, Hessen (Gesetzentwurf), Hamburg[1101] und möglicherweise auch auf Baden-Württemberg zu[1102]. Teilweise reagierten die Länder damit auch auf die Beschlüsse der Innenministerkonferenz[1103].

Diejenigen Länder, die bis zum Hamburger Vorfall noch keine Vorbereitungen getroffen hatten, an ihrer Rechtslage etwas zu ändern, dies dann aber taten, waren Niedersachsen, Sachsen-Anhalt und Rheinland-Pfalz. Als einen „Schnellschuss" kann man aber höchstens die hamburgische Verordnung vom 28. Juni 2000 sowie die niedersächsische Verordnung und die hessische Verordnung vom 5. Juli 2000 bezeichnen[1104]. In Niedersachsen hatte es nämlich bisher nur Überlegungen gegeben, die Zucht bestimmter Rassen zu reglementieren, es war aber noch kein Verordnungsverfahren in Gang gesetzt. Man sah sich durch den Hamburger Vorfall aber genötigt, innerhalb kürzester Zeit eine entsprechende Verordnung zu erlassen. Die Nichtigkeitserklärung der Verordnung sowohl durch das Oberverwaltungsgericht Lüneburg als auch durch das Bundesverwaltungsgericht ist immerhin ein gewichtiges Indiz für mangelnde Vorbereitung.
Im Übrigen hatte der niedersächsische Landwirtschaftsminister *Bartels* noch zehn Tage vor dem Hamburger Vorfall Rasselisten abgelehnt[1105]. Insofern liegt die Vermutung, man habe sich „der Macht und dem Druck der Sensationsmedien [gebeugt]"[1106], tatsächlich nicht fern.

Hessen dagegen hatte schon mit der Vorbereitung eines Gesetzgebungsverfahrens begonnen, als der Sechsjährige in Hamburg zu Tode gebissen wurde. Aufgrund des Drucks, schnell etwas tun zu müssen, hat man das Gesetzgebungsverfahren als zu langwierig verworfen, und beschloss stattdessen, mit dem vorhandenen Material eine Verordnung zu erstellen. Da man dazu aufgrund interner Vorgaben aber nur zwei Tage Zeit hatte, war abzusehen, dass diese Verordnung „mit der heißen Nadel gestrickt" war[1107]. Das belegt auch die nur kurze Lebensdauer dieser Verordnung, die schon fünf Wochen später ersetzt wurde.

1100 Als Beispiel für „normsetzerische Schnellschüsse" ohne verfassungsrechtlichen Bestand nennt *Hamann* die baden-württembergische Verordnung von 1991, NVwZ 1994, 669/670; zu den Verordnungen ab Mitte 2000 entsprechend *Tetzlaff*, ZG 2001, 356; kritisch zu dieser „Gesetzgebungshektik" auch *Wassermann*, NJW 2000, 2560f. und *Gängel/Gansel*, NVwZ 2001, 1208/1209ff..

1101 So die Aussage der Hamburger Behörde für Umwelt und Gesundheit v. 6.11.2002; kritisch dazu *Bölsche/Holm/u.a.*, in: SPIEGEL v. 3.7.2000, 27/2000, die die Untätigkeit der Politiker, insbes. des damaligen Hamburger Sozialsenators *Runde* anprangerten und vermuten, durch eine Verordnung mit Erlaubnispflicht hätte der Tod des sechsjährigen Jungen in Hamburg verhindert werden können, S. 72/73f. und 81.

1102 Die Auskunft des Innenministeriums (vom 12.12.2002) dazu ist nicht eindeutig: der Hamburger Vorfall soll jedenfalls nicht der Auslöser gewesen sein; die lapidare Auskunft lautete: „Es war Zeit dafür". Schaut man sich an, wie lange der Verordnungsgeber gebraucht hat, um die für nichtig erklärten Teile der Verordnung von 1992 neu zu fassen, kann man sich dieser Aussage nur anschließen.

1103 Vgl. dazu schon oben IX. 1. c) und 2. n).

1104 So für Hessen auch *Rachor*, in: Lisken/Denninger, F RN. 73 FN 87.

1105 So ein Schreiben des Minister an eine Hundefreundin vom 12.6.2000, ebenso ein Zitat in dem Artikel „Vererbung unterbrechen" der Nordwest-Zeitung vom 12.4.2000, veröffentlicht unter www.hund-und-halter.de-/aktuell/material/seiten/meldungen /meldung-054.html, abgerufen am 1.4.2003.

1106 So *Thomas Henkenjohann*, 1. Vorsitzender des Vereins gegen die Diskriminierung von Hund und Halter e.V. am 5. Juni 2001 auf der Homepage des Vereins, abrufbar unter www.hund-und-halter.de/aktuell/material/-seiten/meldungen/meldung-054.html, abgerufen am 1.4.2003.

1107 Auskunft des hessischen Innenministeriums vom 27.11.2002.

Ähnlich war die Lage in Hamburg: die Verordnung vom 28. Juni 2000 wurde schon am 18. Juli 2000 durch eine neue Verordnung aufgehoben[1108].

Auch in Sachsen-Anhalt gab es bis zum Zeitpunkt des Hamburger Vorfalls keine Bestrebungen, eine Gefahrenabwehrverordnung für Hunde zu erlassen. Da diese allerdings, soweit ersichtlich, nicht gerichtlich anhängig war, scheint die Schnelligkeit des Erlassverfahrens dem Inhalt nicht geschadet zu haben. Die im Vergleich mit den Verordnungstexten anderer Länder in Sachsen-Anhalt auffallende Kürze legt auch nahe, dass keine allzu starke Anlehnung an die Regelungen anderer Bundesländer stattgefunden hat, so dass die kurze Zeit auch ohne Arbeitserleichterung durch Rezeption für eine vernünftige Lösung ausgereicht hat.

In Rheinland-Pfalz war der Vorfall in Hamburg ebenfalls Hauptanlass für den Erlass einer neuen Verordnung. Wie sich aber schon aus dem kurzen Zeitabstand (26. Juni 2000: Tötung des Jungen in Hamburg, 30. Juni 2000: Erlass der Verordnung in Rheinland-Pfalz) ergibt, müssen aber schon vorher Überlegungen zu einer solchen Regelung bestanden haben. Denn selbst der beste (oder auch schlechteste) Verordnungsgeber kann eine solche Verordnung nicht innerhalb von vier Tagen erstellen. In Rheinland-Pfalz gab es auch schon vorher aufgrund der Empfehlungen der Innenministerkonferenz Überlegungen, wenn auch wohl noch keine konkreten Vorbereitungen für eine neue Verordnung[1109]. Und dass die Arbeit des Verordnungsgebers in diesem Fall nicht so schlecht gewesen sein kann, beweist die Bestätigung durch die Rechtsprechung.

Diejenigen Länder, die – außer Niedersachsen – zugegeben haben, dass jedenfalls der Erlasszeitpunkt ihrer Verordnungen eine direkte Reaktion auf den Hamburger Vorfall gewesen ist, sind Nordrhein-Westfalen, Hessen und Mecklenburg-Vorpommern. Alle drei Länder hatten aber schon vorher Vorbereitungen zum Erlass einer geänderten bzw. neuen Verordnung, in Hessen zum Erlass eines Gesetzes[1110], getroffen. Die fast abgeschlossenen Erlassverfahren in Nordrhein-Westfalen und in Mecklenburg-Vorpommern wurden dann lediglich schneller beendet als ursprünglich geplant. In Mecklenburg-Vorpommern hatte der Hamburger Vorfall inhaltlich aber nur dahingehend Einfluss, dass zusätzlich der Maulkorbzwang in die Verordnung mit aufgenommen wurde[1111]. Nur in Nordrhein-Westfalen und in Hessen hat ein Beamter des Ministeriums zugegeben, es liege auf der Hand, dass die schnelle Umsetzung durch den öffentlichen Druck Schwächen in der Verordnung produziert habe[1112]. Dabei sind solche Schwächen in Nordrhein-Westfalen, anders als in Hessen, jedenfalls nicht offensichtlich zu Tage getreten.

Allerdings stimmt die Aussage, die Verordnungserlasse seien direkte Folge des Ereignisses in Hamburg gewesen, möglicherweise insofern, als nicht sicher ist, ob die Verordnungsgeber auch ohne den enormen Druck den Weg der Rassekonzeption gewählt hätten. Nachvollziehbare Anhaltspunkte gibt es dazu aber nicht. Immerhin fängt die (einseitige) Berichterstattung über Beißvorfälle nicht erst mit dem 27. Juni 2000 an, auch schon vorher hatte es ähnliche Vorfälle gegeben. Wann sich die Überzeugung, der Rassekonzeption zu folgen, gebildet hat, ist nicht feststellbar. Es ist aber nicht unwahrscheinlich, dass die aus Sicht vieler bestehende

[1108] Vgl. zu Hessen oben V. 16. und zu Hamburg V. 12..
[1109] Auskunft des rheinland-pfälzischen Innenministeriums von 20.11.2002.
[1110] So Auskunft des hessischen Innenministeriums vom 27.11.2002.
[1111] Auskunft des mecklenburg-vorpommerischen Innenministeriums vom 15.11.2002.
[1112] Auskunft des nordrhein-westfälischen Ministeriums für Umwelt und Naturschutz, Landwirtschaft und Verbraucherschutz vom 30.10.2002.

falsche Problemwahrnehmung zu „vermeintliche[m] Problemdruck [geführt hat], der weitgehend medial erzeigt [worden sei] und auf den die Politik mit drastischen Reglement reagieren zu müssen [meine].“[1113]

Die Länder Bayern und Thüringen haben als einzige überhaupt nicht auf den Vorfall reagiert, jedenfalls nicht durch Änderungen ihrer Rechtslagen. In Bayern könnte dies daran liegen, dass die bayerische Rechtslage mit der Rasseliste zwar eine an sich umstrittene Konzeption gewählt hat, diese aber vom Bayerischen Verfassungsgerichtshof für zulässig erklärt worden war und sich zu diesem Zeitpunkt schon seit acht Jahren im Vollzug bewährt hatte. Und da Bayern von Anfang an mit einer Rasseliste gearbeitet hat, welche nach dem 26. Juni 2000 eine Renaissance erfahren hat, wäre eine Verschärfung auch unnötig gewesen. Schließlich ist es auch möglich, dass die Verantwortlichen in Bayern, in erster Linie das Landesparlament, einfach nur schwerer durch öffentlichen Druck zu beeindrucken sind.
In Thüringen dagegen hat man sich mit dem Erlass einer Hundeverordnung lange Zeit gelassen. Dies scheint der Qualität der Verordnung und der sich daraus ergebenden Akzeptanz der Bevölkerung gut getan zu haben, denn es ist (bisher) nicht zu einer obergerichtlichen Entscheidung gekommen. Dies mag auch daran liegen, dass der Verordnungsgeber auf eine Rasseliste verzichtet und durch detaillierte Verfahrensvorschriften einen ordnungsgemäßen Vollzug sichergestellt hat.

b) Zugrundelegung der kommunikationswissenschaftlichen Theorien
Der Verlauf der Debatte um die Kampfhunde und das sich bildende breite Meinungsspektrum bestätigt die These, dass der Einfluss der Medien mit der Dauer der öffentlichen Diskussion abnimmt[1114].
Zwar war die Berichterstattung zu Beginn sehr einseitig. Es dominierten Anteilnahme und Empörung über den grausamen Tod des unschuldigen Kindes sowie die Forderung nach einem Handeln der Politik, das auf strengere Reglementierung gerichtet ist. Außerdem wurde Politik und Verwaltung Untätigkeit vorgeworfen[1115]. Je weiter die Diskussion voranschritt, desto vielschichtiger wurde allerdings die Debatte[1116]. Hundebesitzer und Tierschützer meldeten sich zu Wort, die darauf bestanden, dass nicht der Hund, sondern der Besitzer bzw. die falsche Erziehung die Ursache für derartige Tragödien sei und eine gesetzliche Reglung daher

[1113] Stellungnahme zum Entwurf des nordrhein-westfälischen Landeshundegesetzes, *Wollenteit* für die Kanzlei Günther – Heidel – Wollenteit – Hack, Zuschrift 13/1508, S. 3.
[1114] Vgl. dazu schon oben A. II. 3. c).
[1115] Vgl. *Bölsche/Holm/u.a.*, in: SPIEGEL v. 3.7.2000, 27/2000, S. 72ff.: „Verantwortlich für das Blutbad machten Kommentatoren von links bis rechts, in seltener Einigkeit, nicht allein die Hundehalter […] , sondern jene Politiker in Bund und Ländern, die sich jahrelang außer Stande gezeigt hatten, der Mordsviecher Herr zu werden“. „Eine Rekordflut von Leserbriefen signalisierte, dass auch Millionen von Deutschen in dem Skandal in Politikum sahen: ein Symptom für die Unfähigkeit des Staates, seine Bürger hinreichend zu schützen“, und *Brinkbäumer*, in: SPIEGEL 27/2000: „Er machte alle kalt“, S. 76f., (Hintergrund über den Halter des Pitbulls, der den Jungen in Hamburg tötete, den Stadtteil und seiner Bewohner). In den Ausgaben der BILD-Zeitung tauchten ab dem 27.6.2000 immer wieder Worte wie „Bestien“, „Killer-Maschinen“, „Tötungsmaschinen“ und „Killer-Hunde“ auf, außerdem gibt es eine Rubrik „WEG mit den Kampfhunden“. Zudem wurden Leserbriefe veröffentlicht, die die Zeitung aufforderten, „den Verantwortlichen in Bund und Ländern ordentlich Dampf“… zu machen, *o. V.*, in: BILD, NRW-Ausgabe v. 29.6.2000, S. 6.
[1116] Ab dem 1.7.2000 beginnt auch die BILD-Zeitung, die Situation differenzierter darzustellen: Artikel über Vermieter, die Kampfhundebesitzern mit Kündigung drohen (*o. V.*, NRW-Ausgabe v. 1.7.2000, S. 7), Diskussion über den Leinenzwang in NRW (*o. V.*, NRW-Ausgabe v. 4.7.2000, S. 5), Artikel über ausgesetzte Kampfhunde (*o. V.*, NRW-Ausgabe v. 5.7.2000, S. 3: „Was jetzt abläuft, geht zu weit: Hundehasser legen Giftköder aus“; *o. V.*, NRW-Ausgabe v. 7.7.2000, S. 3: „Böse Auswüchse im Kampf gegen Killerhunde“).

beim Menschen ansetzen müsse. Dagegen wurde von fachlicher Seite eingewandt, gewisse Anlagen seien nun einmal bei bestimmten Rassen in besonderem Maße vorhanden, so dass auch die beste Erziehung solche Angriffe nicht gänzlich ausschließen könne.

Die medial bestimmte öffentliche Meinung hat aber trotzdem nicht unerheblichen Einfluss gehabt[1117]. Durch die Berichterstattung über ein Ereignis mit zweifellos hohem Nachrichtenwert (bestehend aus mehreren Nachrichtenfaktoren, was die Auswahl der Information als Nachricht begünstigt) wurde Anteilnahme, Empörung und eine öffentliche Meinung erzeugt. Die Diskussion differenzierte diese Meinung zwar weiter aus und führte dazu, dass die Öffentlichkeit nicht mehr allein in einer Medienöffentlichkeit bestand[1118]. Aber die öffentliche Meinung blieb immerhin mit dem Inhalt bestehen, dass Änderungen in der bestehenden Rechtslage als unbedingt erforderlich angesehen wurden – unabhängig von der Frage, ob die Änderung eher den Hund oder den Halter in den Blick nehmen sollte.

Damit lässt sich festhalten, dass die Gemengelage aus tatsächlichen tragischen Vorfällen und dadurch ausgelösten Reaktionen von Politik und Öffentlichkeit immerhin mitverantwortlich für die Situation war, die im Laufe des Sommers 2000 in den Bundesländern eintrat, nämlich der fast überall stattfindende Erlass von Verordnungen und die sich daraus ergebende Differenz in den Rechtslagen.

c) Symbolische Verordnungsgebung?

Einige Literaturstimmen sprechen im Zusammenhang mit den Hundeverordnungen im Jahr 2000 von symbolischer Verordnungsgebung bzw. Gesetzgebung[1119]. Nicht ganz sicher ist dabei, was genau diese Stimmen darunter verstehen. Zu symbolischer Gesetzgebung ist vor allem rechtssoziologisch gearbeitet worden[1120]. Dort wird zwischen verschiedenen Formen von symbolischer Gesetzgebung unterschieden. Ohne die Hundeverordnungen im Einzelnen näher daraufhin zu untersuchen, zu welcher dieser Formen sie exakt gehören, geht es aber doch wohl um zwei Aspekte: zum einen um die Tatsache, dass die Verordnungsgebung als Instrument von Handlungsmacht des Staates, zur Entlastung von politischem Druck und zur Beruhigung der Bevölkerung benutzt wird[1121]. Dieser Aspekt trifft sicherlich zu. Zum anderen impliziert symbolische Gesetz- oder Verordnungsgebung, dass sich faktisch nichts durch die neuen Vorschriften ändert, dass sich vielleicht auch gar nichts ändern soll[1122]. Das kann man bei den Hundeverordnungen nicht uneingeschränkt bejahen. Über den subjektiven Hintergrund des Verordnungsgebers könnte nur spekuliert werden, deshalb soll davon abgesehen werden. Inhaltlich sind die Verschärfungen, beispielsweise durch Einführung einer Rasseliste, durchaus geeignet, die bisherige Rechtslage zu verändern. Nur wenn ein in diesen Vorschrif-

---

1117 Diese Einschätzung teilt auch *Wollenteit* in der Stellungnahme zum Entwurf des Landeshundegesetzes NRW für die Kanzlei Günther – Heidel – Wollenteit – Hack, Zuschrift 13/1508, S.3.

1118 Demonstrationen, Unterschriftenaktionen, Protestbriefe (vgl. den indirekten Aufruf zu weiteren Protestbriefen gegen den Maulkorbzwang an den damaligen Leiter der Innenministerkonferenz *Püchel* sowie an den Präsidenten der EU-Kommission *Prodi* und an EU-Kommissar *Byrne* unter www.maulkorbzwang.de/Briefe/leserbrief/gerlach/gerlach_201001.htm, abgerufen am 27.03.2003.

1119 Dies attestieren *Gängel/Gansel*, NVwZ 2001, 1208/1209 den zuständigen Bundes- und Landespolitikern; so auch *Wollenteit* in der Stellungnahme zum Entwurf des Landeshundegesetzes NRW für die Kanzlei Günther – Heidel – Wollenteit – Hack, Zuschrift 13/1508, S. 3; wohl auch *Tetzlaff*, ZG 2001, 356/367f..

1120 Vgl. in neuerer Zeit bspw. *Newig*, Symbolische Umweltgesetzgebung, 2003, oder *Voß*, Symbolische Gesetzgebung, 1988. Dort finden sich jeweils weitere Nachweise, vor allem zu den grundlegenden politikwissenschaftlichen Arbeiten.

1121 So bspw. *Newig*, S. 51, zur Unterform der Alibigesetzgebung; *Voß*, S. 31f..

1122 Obwohl der Gesetzgeber hinsichtlich dieser Normen meist das Gegenteil verspricht, *Newig*, S. 46.

ten (unbewusst oder bewusst) angelegtes Vollzugsdefizit vorhanden wäre, wäre dies tatsächlich keine Veränderung der Rechtslage. Vielleicht, und das wäre paradox, lenkt die neue Rechtslage jedenfalls vorerst davon ab, dass gerade auch an der alten Rechtslage die Vollzugsprobleme bemängelt wurden, dagegen kaum ihr Inhalt.

2. Einfluss von Sachverständigen und Interessen- bzw. Fachverbänden

a) Allgemeine Einschätzung

Es ist schwierig, den Einfluss von tierärztlichen und so genannten kynologischen Experten sowie von Interessen- bzw. Fachverbänden einzuschätzen.

Dabei ist die Notwendigkeit der Einbeziehung dieser nichtstaatlichen Stellen unübersehbar, weil der Verordnungsgeber gar nicht selbst weiß, ob man z.B. an die Rassezugehörigkeit eine erhöhte Gefährlichkeit knüpfen kann. Erst dann kann er entscheiden, ob die beabsichtigte Regelung zur Gefahrenabwehrauch geeignet und erforderlich (und angemessen) ist.

Verständlicherweise sind Hundeverbände und -vereine schon von Haus aus gegen einschränkende Maßnahmen wie Maulkorb- und Leinenzwang, vor allem aber auch gegen die Einführung von Rasselisten[1123].

Die Einschätzung der fachwissenschaftlichen Literatur ist schwieriger zu bestimmen: bis auf eine Tierärztin, die in einer mündlichen Verhandlung deutlich erklärte, sie bejahe eine gesteigerte Gefährlichkeit von Pitbull Terriern, American Staffordshire Terriern und Bullterriern[1124], sind meines Erachtens alle Wissenschaftler der Ansicht, es gebe keine Rassen, die a priori ein Gefahrenpotential darstellten; sie warnen in der Regel vor der Verwendung von Rassekatalogen[1125].

Diese Wissenschaftler werden auch von den Gerichtsurteilen mit dieser Ansicht zitiert, erstaunlicherweise werden sie aber ebenfalls dafür herangezogen, dass ein Zusammenhang zwischen Rasse und Gefährlichkeit nicht vollkommen ausgeschlossen werden könne[1126]. Die Gerichte betonen dann, dass der Verordnungsgeber aufgrund dieser unterschiedlichen Ansätze in der fachwissenschaftlichen Literatur diese zuverlässig ausgewertet habe, gerade wenn und weil die Regelungen nicht nur Einschränkungen für bestimmte Rassen vorsehen.

[1123] Vgl. bspw. Broschüre des Verbandes für das Deutsche Hundewesen e.V. (VDH), „Gefährliche Hunde – Maßnahmen zur Prävention".

[1124] So Dr. *Falbesaner* in der mündlichen Verhandlung vor dem VerfGH Rheinland-Pfalz, Urt v. 4.7.2001 – VGH B 12/00, 18/00, 8/01, NVwZ 2001, 1273/1276.

[1125] Vgl. bspw. die Gutachten von Dr. *Eichelberg*, Dr. *Feddersen-Petersen*, Prof. *Unshelm* und Prof. *Hamann* in der Broschüre „Kampfhunde"? Gefährliche Hunde? des Verbandes für das Deutsche Hundewesen e.V. (VDH); eine Übersicht über Gutachten findet man unter www.ksgmeinde.de/html/info_gutachten.html, abgerufen am 7.4.2003. Obwohl sich die Aussagen alle in der Broschüre des VDH finden, spricht dies meiner Ansicht nach nicht für einseitigen Lobbyismus. Dieselben Personen werden bspw. auch vom Bayerischen Verfassungsgerichtshof, wenn auch mit älteren Veröffentlichungen, für die Untermauerung seiner Ansicht zitiert, „daß das Hundeverhalten auch von der genetischen Disposition bestimmt ist, daß es Aggressionszüchtungen gibt und daß sich bestimmte Rassen hierfür besonders eignen", BayVerfGH, Urt. v. 12.4.1994 – Vf. 16-VII-92u.a., NVwZ 1995, 261/263.
Dieselbe Einschätzung teilen auch *Eichelberg*, Stellungnahme zum Entwurf des Landeshundegesetzes NRW, Zuschrift 13/1496, S. 2, und *Wollenteit*, Stellungnahme zum Entwurf des Landeshundegesetzes NRW, Zuschrift 13/1508, S.5ff..

[1126] Bspw. VerfGH Berlin, Urt. v. 12.7.2001 – VerfGH 152/00 – , BVB. 2001, 1586/1589; BayVerfGH, Urt. v. 12.10.1994 – Vf. 16-VII-92 – , Vf. 5-VII-93, BayVBl. 1995, 76/78.

Die dort zitierten Experten sehen dies allerdings teilweise anders. In einem Brief an den Präsidenten des Bundesverwaltungsgerichts haben zwei von ihnen darauf hingewiesen, dass sie sich in dem Urteil zur erhöhten Kampfhundesteuer „sachinhaltlich falsch“[1127] bzw. „völlig entstellt zitiert“[1128] fühlten[1129].
Im Urteil heißt es: „Danach ist es „unbestritten, dass die aufgelisteten Hundegruppen ein Potential zur Erzeugung des ‚gefährlichen‘ Hundes darstellen, die einen wegen ihrer Masse, die anderen ihres Mutes wegen“ (vgl. Dr. Helga Eichelberger [sic!])[1130] in der vom BerGer. zitierten Broschüre des Verbandes für das Deutsche Hundewesen e.V. „Kampfhunde? Gefährliche Hunde?“, 4. Aufl. [1999], S. 7; vgl. auch Prof. *Dr. Unshelm*, „Kampfhunde? Gefährliche Hunde?“, S. 22, wonach bestimmte Hunderassen weitgehend unabhängig von der Einstellung des Hundehalters wegen ihrer gesteigerten Aggressivität auffallen).“[1131] Ähnlich zitieren auch andere Gerichtsentscheidungen[1132].

Hingewiesen wird auch auf fehlende Statistiken bzw. Zahlen, die die besondere Gefährlichkeit bestimmter Rassen belegen sollen, sowie auf die grundsätzliche Tatsache, dass die Verwendung der Begriffe „Rasse“ und „Kampfhund“ unsachgemäß vorgenommen werde[1133].

Ohne die kynologische Literatur intensiver studiert zu haben, drängt sich doch beim ersten Vergleich der Urteilszitate mit den Textpassagen, aus denen zitiert wurde, der Eindruck auf, dass den Experten Aussagen abgenötigt wurden, die sie an anderen Stellen definitiv nicht vertreten[1134]. Dies klingt auch im Urteil des Bundesverwaltungsgerichts zur niedersächsischen Gefahrhundeverordnung an, das ausführt:
„Aus der Zugehörigkeit zu einer Rasse, einem Typ oder gar einer entsprechenden Kreuzung allein lässt sich aber nach dem Erkenntnisstand der Fachwissenschaft nicht ableiten, dass von den Hundeindividuen Gefahren ausgehen. Zwar besteht der Verdacht, dass Hunde der in Rede stehenden Rassen bzw. des in Rede stehenden Typs ein genetisch bedingtes übersteigertes Aggressionsverhalten aufweisen. Es ist jedoch in der Wissenschaft umstritten, welche Bedeutung diesem Faktor neben zahlreichen anderen Ursachsen – Erziehung und Ausbildung des Hundes, Sachkunde und Eignung des Halters sowie situative Einflüsse – für die Auslösung aggressiven Verhaltens zukommt. Insbesondere liegen weder aussagekräftige Statistiken oder sonstiges belastbares Erfahrungswissen noch genetische Untersuchungen vor. Insoweit schätzen die Beteiligten, wie die mündliche Verhandlung vor dem erkennenden Senat bestätigt hat,

---

1127 Brief von Dr. *Feddersen-Petersen* vom 02.01.2001, abrufbar unter www.homepages.compuserve. de/Kta520 /comm.html, abgerufen am 01.04.2001.
1128 Brief von Dr. Eichelberg vom 08.11.2000, abrufbar unter www.homepages.compuserve. de/Kta520 /comm.html, abgerufen am 01.04.2001.
1129 Zur Rechtsprechung bis 1999 teilt diese Ansicht auch *Hamann*, in: VDH, S. 26f..
1130 Der Name lautet Eichelberg.
1131 BVerwG, Urt. v. 19.01.2001 - 11 C 8.99, NVwZ 200, 929/931.
1132 z.B. VerfGH Berlin, Urt. v. 12.7.2001 – VerfGH 152/00 – , BVB. 2001, 1586/1589; BayVerfGH, Urt. v. 12.10.1994 – Vf. 16-VII-92, Vf. 5-VII-93 – , BayVBl. 1995, 76/78; RhPfVerfGH, Urt. v. 4.7.2001 – VGH 12/00, 18/00, 8/01 – , NVwZ 2001, 1273/1275.
1133 Gutachten von *Feddersen-Petersen*, S. 13ff. und *Hamann*, S. 25f., 29f. in der Broschüre „Kampfhunde“? Gefährliche Hunde? des Verbandes für das Deutsche Hundewesen e.V. (VDH), 5. Aufl., Dortmund 2000; Stellungnahme von *Feddersen-Petersen* vom 26.10.2002 im Rahmen der Anhörung durch den Ausschuss für Ernährung, Landwirtschaft und Forsten zum Entwurf eines Niedersächsischen Gesetzes über die Vorsorge vor von Hunden ausgehenden Gefahren, veröffentlicht bspw. unter www.hundeverzeichnis.de/offene_briefe.htm, abgerufen am 4.4.2003.
1134 So auch *Wollenteit* in der Stellungnahme zum Entwurf des Landeshundegesetzes NRW für die Kanzlei Günther – Heidel – Wollenteit – Hack, Zuschrift 13/1508, S.7.

die Erkenntnislage im Wesentlichen übereinstimmend ein, so dass sich weitere Darlegungen erübrigen."[1135]

Unabhängig davon bleibt die Einschätzung des Einflusses von Verbänden und Experten, über den gesamten Erlasszeitraum hinweg schwierig. Zwar kann man davon ausgehen, dass sie vor Erlass fast jeder Verordnung und mit Sicherheit vor Erlass der bestehenden Gesetze angehört bzw. um Abgabe von Stellungnahmen oder Gutachten gebeten wurden[1136]. Mit ihren Meinungen sind sie aber, vergleicht man ihre Positionen mit den Inhalten der meisten Vorschriften, kaum durchgedrungen. Das gilt jedenfalls für Vorschriften, die ab dem Jahr 2000 erlassen wurden. Inwieweit diese nichtstaatlichen Stellen ihren Einfluss auf diejenigen Verordnungsgeber, die bis zu diesem Zeitpunkt auf die Verwendung von Rasselisten verzichteten (vor allem Schleswig-Holstein, vgl. oben), geltend machen konnten, ist nicht nachvollziehbar.
Spätestens seit dem Hamburger Vorfall fühlen sich die Wissenschaftler, die überwiegend der Versuchung widerstanden haben, die Debatte zu emotionalisieren – obwohl ihre Stellungnahmen von vielen Vereinen oder Aktionsbündnissen zitiert und damit in gewisser Weise instrumentalisiert worden sind[1137]– , als predigten sie auf taube Ohren. Vereinzelt ist aber auch schon recht früh Kritik daran geäußert worden, dass sich mancher Verordnungsgeber aufgrund öffentlichen Drucks zu bestimmten Reaktionen habe hinreißen lassen[1138].

Die vielleicht in früheren Veröffentlichungen nicht ganz eindeutig geäußerten Ansichten der Experten zu den Rasselisten sowie manche Zitierungen in Urteilen haben sich auf die Rechtslagen der Länder ausgewirkt und zu den unterschiedlichen Regelungen geführt. Daraus ergeben sich auch die Meinungsverschiedenheiten auf juristischer Ebene und als Konsequenz rechtlich unterschiedliche Regelungen. Hinzu kam zu Beginn der juristischen Debatte über die Frage nach dem Regelungsansatz, dass das fachliche Wissen noch gar nicht so weit fortgeschritten war und dass verlässlich Statistiken über die Anzahl von in Deutschland gehaltenen Hunden und der Relation zu Beißvorfällen nicht existierten[1139] – und teilweise bis heute nicht existieren[1140]. Eine genaue Datenaufbereitung ist aber Voraussetzung für eine effektive und letztlich auch verfassungsgemäße Regelung.

b) Beteiligung anhand des Beispiels des Landeshundegesetzes Nordrhein-Westfalen
Im Hinblick auf das Erlassverfahren der Landeshundeverordnung Nordrhein-Westfalen aus dem Jahr 2000 ist kritisiert worden, dass eine ordentliche Beteiligung von Experten nicht

---

[1135] BVerwG, Urt .v.3.7.2002 – 6 CN 8.01 – , DVBl 2002, 1562/1565.

[1136] In Hessen wurden bspw. der Verband für das Deutsche Hundewesen e.V. (VDH), die Landestierärztekammern, der Bund für praktische Tierärzte und die Landesbeauftragten für den Tierschutz beteiligt.

[1137] Vgl. nur die Homepages www.hund-und-halter.de, www.maulkorbzwang.de, www.ksgemeinde.de.

[1138] So *Hamann*: „Jedenfalls ist davon auszugehen, dass einzelne Verordnungsgeber – vermutlich populistisch motiviert – erst einmal Fakten schaffen wollten, bevor gesicherte wissenschaftliche Erkenntnisse vorlagen", S. 26. Befremdlich mutet an, dass unter Hinweis auf einen Aufsatz in der KStZ von 1991 davon gesprochen wird, dass die „kursierenden Rasselisten […] auf m.E. laienhafte Empfehlungen, wenn nicht gar auf die **Yellow Press** zurück[gehen]", S. 26. Unsicher ist, wann genau dieses Gutachten verfasst worden ist. Die neuesten verwendeten Zitate sind von 1997, so dass *Hamann* offenbar davon ausgeht, schon in den 90er Jahren sei die Verordnungsgebung nichtfrei von äußeren Einflüssen gewesen. Die Untersuchung von *Petra Dressler*, die sich auf einen Zeitraum von etwa 1995 bis 1998 bezieht, stützt diese These; vgl. „Medienspektakel um Kampfhunde", veröffentlicht bspw. unter www.hundeinberlin.de/? /bibliothek/pdressler, abgerufen am 8.5.2003.

[1139] Vgl. z.B. *Tetzlaff*, ZG 2001, 356/360.

[1140] Vgl. insbes. die Stellungnahme von *Wollenteit* für die Kanzlei Günther – Heidel – Wollenteit – Hack zum Entwurf des Landeshundegesetzes NRW, Zuschrift 13/1508, S. 7ff..

stattgefunden habe[1141].

Beim Gesetzgebungsverfahren des Landenshundegesetzes von 2002 sind dagegen eine Reihe von Verbänden und Einzelpersonen angehört worden, darüber hinaus hat der Landtag auch eine Reihe von Zuschriften von Privatpersonen erhalten. Im Einzelnen haben der Verband für das Deutsche Hundewesen (VDH)[1142], ein öffentlich bestellter und vereidigter Sachverständiger (unter anderem zur Beurteilung der Aggressivität und Gefährlichkeit von Hunden)[1143], ein Amtstierarzt als Amtswalter einer gemeindlichen Ordnungsbehörde[1144], eine wissenschaftliche tätige Sachverständige[1145], der Deutsche Kinderschutzbund[1146] und zwei Kanzleien, die zur Erstellung eines juristischen Gutachtens beauftragt worden waren[1147], eine Stellungnahme abgegeben.

Die Beurteilung sowohl der Verfassungs- als auch der Zweckmäßigkeit der einzelnen Regelungen fällt unterschiedlich aus. Betrachtet man die geforderten Änderungen, stellt man fest, dass der Gesetzgeber sich keiner dieser Forderungen angeschlossen hat[1148]. Unabhängig von der Tatsache, dass bis auf zwei Stellungnahmen[1149] alle die Anknüpfung der Gefährlichkeit an die Rassen von Hunden als grundsätzlich falsche Herangehensweise kritisieren[1150], gibt es auch Forderungen, die damit nichts zu tun haben und die man durchaus hätte berücksichtigen können, auch wenn man die Rassekonzeption unangetastet lassen wollte. Gefordert wurde unter anderem die generelle Pflicht zum Abschluss einer Haftpflichtversicherung für alle Hunde[1151], eine Kennzeichnungspflicht für alle Hunde[1152], die Zuordnung eines Hundes zu einer Rasse nicht nur am Phänotyp festzumachen, wie dies § 3 Abs. 2 vorsieht[1153], eine deutliche Formulierung, dass die Ausbildung zum Schutzhund nicht zu einer Einstufung des Hundes als gefährlich führt[1154].

Insofern fragt sich *Eichelberg* nicht zu Unrecht, weshalb Wissenschaftler befragt werden, „wenn die Antwort gar nicht interessiert und wenn die weltweit einhellige Meinung zu dieser Frage [gemeint ist die Frage nach den Kriterien der Gefährlichkeit eines Hundes] keinerlei Entscheidungshilfe darstellt."[1155]

[1141] Stellungnahme des VDH, S. 2, Zuschrift 13/1494, der sich darauf bezieht, von allen Parteien des Landtags sei eingeräumt worden, „dass die Fachverbände bei der übereilten Inkraftsetzung nicht eingebunden wurden".

[1142] Zuschrift 13/1494 vom 3.4.2002.

[1143] Zuschrift 13/1493 vom 8.4.2002.

[1144] Zuschrift 13/1497 vom 9.4.2002.

[1145] Zuschrift 13/1496 vom 10.4.2002.

[1146] Zuschrift 13/1513, eingegangen am 15.4.2002.

[1147] Zuschrift 13/1500 vom 11.4.2002 und Zuschrift 13/1508 vom 12.4.2002.

[1148] Vergleich des Gesetzentwurfs, LT-Drs. 13/2387, mit der offiziellen Fassung, GV.NW 2002 S. 656.

[1149] Stellungnahme von *Grünewald* für die Kanzlei Baumeister (Zuschrift 13/1500); Stellungnahme des Kinderschutzbundes, die sich dazu nicht äußert. Vom Deutschen Kinderschutzbund durfte allerdings auch nicht unbedingt eine Aussage zu dieser Problematik erwartet werden.

[1150] Differenzierend die Stellungnahme des Sachverständigen *Breitsamer*, S. 1f (Zuschrift 13/1493): Unterschiede in der Eigendynamik, Aggressions**gewalt** und Gefährlichkeit verschiedener Hunderassen; unterschiedliche Bissverletzungs**folgen**.

[1151] So der VDH, S. 5; Sachverständige *Eichelberg*, S. 2 (Zuschrift 13/1496).

[1152] So der VDH, S. 8; Sachverständige *Eichelberg*, S. 2; Stellungnahme des Deutschen Kinderschutzbundes, S. 2.

[1153] So der VDH, S. 3; Sachverständiger *Breitsamer*, S. 3 (Zuschrift 13/1493). Siehe im Übrigen auch zum rechtsstaatlichen Problem der Beweislastumkehr zu Lasten des Bürgers in der Stellungnahme von *Wollenteit* für die Kanzlei Günther – Heidel – Wollenteit – Hack, S. 16 (Zuschrift 13/1508).

[1154] So der VDH ; *Dannemann* vom Veterinär- und Lebensmittelüberwachungsamt der Stadt Wuppertal, S. 2 (Zuschrift 13/1497).

[1155] Zuschrift 13/1496, S. 2.

XII. Abschließende Einschätzung

1. Bewährung des Instruments der Gefahrenabwehrverordnung

Die Rechtsverordnung hat sich trotz der schwierigen Tatsachengrundlage als angemessenes Instrument zur ersten Bewältigung der Gefahren, die von gefährlichen Hunden ausgehen, bewiesen. Bei Maßnahmen zur Gefahrenabwehr stellt sich naturgemäß das Problem, dass bestehende Unsicherheiten – in diesem Fall beispielsweise die Unsicherheit im Tatsächlichen über den Zusammenhang zwischen Rasse und Gefährlichkeit eines Hundes – rechtlich fassbar gemacht werden müssen[1156]. Um dem Pro-blem zu begegnen, bietet sich die Rechtsverordnung als Regelungsinstrument an, möglicherweise in Verbindung mit einem Gesetz, das den Anforderungen an eine ausreichende gesetzliche Grundlage bei Grundrechtseingriffen Rechnung trägt[1157]. Bei unklarer Grundlage hat der Gesetz- und Verordnungsgeber aufgrund seiner Einschätzungsprärogative einen weitreichenden Spielraum. Er muss und kann gar nicht die beste aller Lösungen finden, sondern kann sich Typisierungen bedienen und muss „nur" ein in sich schlüssiges Konzept vorweisen. Er ist natürlich gehalten, die Entwicklung in der zugrunde liegenden Fachwissenschaft zu beobachten und bei neuen Erkenntnissen angemessen zu reagieren. Vor allem ist er aber auch gehalten, die Normierung an einer sachgerechten und vertretbaren Beurteilung des erreichbaren Materials zu orientieren und zugängliche Erkenntnisquellen vollständig auszuschöpfen[1158]. Hier ist die Rechtsverordnung das Instrument, das flexibel und unkompliziert entsprechende neue Erkenntnisse umsetzen kann. Auch wenn Gesetz und Verordnung sich letztlich inhaltlich kaum unterscheiden und damit austauschbar sind, würde ein Gesetzgebungsverfahren im Fall einer erstmaligen Gefahrbekämpfung mittels Normen zu lange dauern. Es ist daher nicht nur legitim, sondern auch sinnvoll, auf das Problem zunächst mit einer Rechtsverordnung zu reagieren.

Insofern erscheint die Kombination von Gesetz (das die grundsätzlichen Regelungen und insbesondere die Grundrechtseingriffe regelt) und Verordnung (die im Einzelfall die Bestimmung gefährlicher Hunde regelt) als bestes Instrument zur Gefahrenabwehr. Zu dieser Erkenntnis scheinen im Übrigen auch immer mehr Bundesländer zu kommen, da die Tendenz zur Regelung durch Gesetz geht.

Schließlich darf nicht übersehen werden, dass der Erlass von Hundeverordnungen zu einem Entlastungseffekt bei den Ordnungsbehörden führt, und zwar vor allem aufgrund der Tatsache, dass viele Ge- und Verbote bußgeldbewehrt sind. Das lässt auf der einen Seite viele Hundehalter die Normen von sich aus befolgen. Auf der anderen Seite wirkt dies „sittenbildend". Denn Dritte werden die Einhaltung dieser Normen gegenüber Hundehaltern fordern[1159].

2. Verbesserung der Verordnungsgebung schon während des Erlassverfahrens

Außer in der Verfassungswidrigkeit der Verordnungen zeigte sich die gesetzgeberische Übereilung auch beim Vollzug der Regelungen. Insbesondere wurde die fehlende Abstimmung mit

---

1156 *Tetzlaff*, ZG 2001, 356/364.

1157 So wohl auch *Tetzlaff*, ZG 2001, 356/363; dagegen kritisch *Hamann*, NVwZ 1994, 669/670: es bestehe die Gefahr, dass aufgrund der schnellen Umsetzung in einer Verordnung populistische Postulate zur Grundlage der Normsetzung gemacht würden. Außerdem dürfe die Gefahrenabwehrverordnung nicht als grundsätzliches Auffangbecken („Ersatzgesetz") für nicht konsensfähige Gesetzesvorhaben missverstanden werden.

1158 BVerfG, Urt. v. 26.5.1981 – 1 BvL 56, 57, 58/78 –, BVerfGE 57, 139/160.

1159 *Rachor*, in: Lisken/Denninger, F RN. 75. Ähnlich bei *Dominic Baur*, „Das Comeback der vierbeinigen Killer", abrufbar unter www.spiegel.de/panorama /0,1518,254594,00.html, abgerufen am 26.6.2003. Dies gilt natürlich nicht nur für Hundeverordnungen, sondern auch für andere Regeln wie beispielsweise Straßenverkehrsregeln.

den untergeordneten Behörden wie den Veterinärämtern oder den Ordnungsämtern gerügt[1160]. Darin zeigt sich, dass Regelungen nur dann effizient sein können, wenn schon im Erlassverfahren an die Praktikabilität und die sich daraus ergebende möglichst große Wirksamkeit der Normen gedacht wird. Bei Gesetzen fordert man deshalb schon seit längerer Zeit die Vornahme einer Gesetzesfolgen- und Vollzugsaufwandabschätzung im Entwurfsverfahren, und später eine Nachkontrolle[1161].
Eine solche Folgenabschätzung kann nicht nur für Gesetze, sondern auch für Rechtsverordnungen Vorteile bringen. Speziell für die Gefahrenabwehrverordnungen betreffend gefährliche Hunde wird diese – in der Nachschau der Ereignisse – gefordert, ebenso wie eine Nachkontrolle, welche eine Prüfung der faktischen Wirksamkeit der Normen vornimmt[1162]. Dafür ist es auch noch nicht zu spät. Die Institutionalisierung – soweit dies in den Ländern noch nicht geschehen ist – und die Anwendung dieser beiden Kontrollmechanismen erscheinen in der Tat notwendig. Hat sich die Benutzung solcher Mittel erst einmal durchgesetzt, kann man hoffen, dass sie auch dann nicht außer Acht gelassen werden, wenn der öffentliche Druck schnelles Handeln fordert. Ansonsten besteht die Gefahr von symbolischer Gesetzgebung[1163].

3. Kooperation und Öffentlichkeitseinfluss
Es ist nicht ganz einfach, die Wechselwirkung von Kooperationsbereitschaft und Öffentlichkeitsinteresse der Regelungsmaterie nachzuvollziehen. Auf der einen Seite hat die öffentliche Debatte der Politik sicherlich einen Anstoß gegeben, nicht nur im Sinne strengerer Regelungen, sondern auch vereinheitlichend tätig zu werden. Immerhin hatte sich die Innenministerkonferenz schon ein halbes Jahr vor dem Hamburger Ereignis mit den von Hunden ausgehenden Gefahren und möglichen Gegenmaßnahmen beschäftigt. Gleichzeitig hat der öffentliche Druck auf eine schnelle Lösung diesen Prozess behindert. Das ist interessant, da ein Anliegen der Öffentlichkeit gerade auch die Vereinheitlichung der unterschiedlichen Regelungen war. Aber auch nachdem das Thema aus den Medien verschwunden, ein bundesgerichtliches Urteil ergangen ist und sich der Vollzug eingespielt hat – oder gerade deshalb – ist weiteres Zusammenarbeiten auf diesem Gebiet offenbar nicht mehr möglich. Ein echtes Interesse scheint nicht mehr vorhanden zu sein. Das Thema hat sich, nicht zuletzt durch nicht mehr vorhandenes Medieninteresse und das als Schlussstrich anzusehende Urteil des Bundesverwaltungsgerichts, in den Augen der Politik erledigt.

4. Sinn einheitlicher Hunderegelungen?
Kooperation hat in der Regel in erster Linie die Rechtsvereinheitlichung zum Ziel. Es soll zum Abschluss noch kurz ein Blick darauf geworfen werden, wie sinnvoll einheitliche Regeln zur Abwehr der Gefahren, die von Hunden ausgehen, überhaupt sind.
Grundsätzlich zeichnet sich der Föderalismus durch eine Vielfalt an unterschiedlichen Konzeptionen aus. Es ist der Wettbewerb um die „beste" Lösung, der hierdurch geschaffen und gewünscht wird[1164], allerdings nur, wenn ein einheitlicher Weg nicht „überragende praktische Vorteile"[1165] hat[1166]. Man muss sich also fragen, ob Vereinheitlichungsbestrebungen auf dem Gebiet der Hundeverordnungen sinnvoll sind. Immerhin wird der Ruf nach bundeseinheitli-

---

[1160] *Wassermann*, NJW 2000, 2560/2561; zum Vollzugsproblem auch *Gängel/Gansel*, NVwZ 2001, 1208/1216f..
[1161] Vgl. dazu schon oben im 1. Kapitel C. I. 2..
[1162] *Wassermann*, NJW 2000, 2560/2561; ähnlich auch *Tetzlaff*, ZG 2001, 356/367ff. zur englischen Kommission für bessere Normsetzung (BRTF).
[1163] Vgl. dazu schon oben XI. 1. c).
[1164] *Tetzlaff*, ZG 2001,356/372.
[1165] *Oebbecke*, Staatswissenschaft und Staatspraxis 1997, 461/477.
[1166] Vgl. dazu schon oben I. 2.a) aa).

chen Regelungen oft sehr schnell laut[1167].

Einheitliche Regelungen könnten schon dann fehl am Platz sein, wenn die Gefahren, die von Hunden ausgehen, nicht in allen Bundesländern gleich groß wären. Naturgemäß stellt sich das Problem in den großen Stadtstaaten Berlin und Hamburg dringender als in dünner besiedelten Flächenstaaten wie Schleswig-Holstein oder dem Saarland[1168]. Insofern erscheint es nicht von vorneherein abwegig anzunehmen, dass es gute Gründe für unterschiedliche Herangehensweisen und auch unterschiedliche Belastungen für Hund und Halter gibt.

Schaut man sich das Verhalten der Verordnungsgeber aber genauer an, stellt man fest, dass unterschiedliche tatsächliche Voraussetzungen nicht der Grund für die unterschiedliche Handhabung waren. Solange es nicht sicher ist, ob die Fachwissenschaft tatsächlich einhellig der Auffassung ist, es mache keinen Sinn, an Rasselisten anzuknüpfen[1169], ist es nachvollziehbar, dass jedes Land sich derjenigen Meinung anschließt, die es überzeugender findet.

Für eine Vereinheitlichung könnte allerdings die Tatsache sprechen, dass die Wirksamkeit von Normen auch von ihrer Akzeptanz in der Bevölkerung abhängt. Sowohl die unterschiedlichen Regelungen in den Bundesländern als auch die unterschiedlichen Reaktionen durch die Gerichte sind den Hundehaltern nur schlecht zu vermitteln. Es wäre wünschenswert, wenn die Bevölkerung besser nachvollziehen könnte, dass in der Vielfalt gerade ein Vorteil des Föderalismus liegt. Solange die Hundehalter darauf nur in der Weise reagieren, dass sie mit ihrem Hund in ein anderes Bundesland ziehen[1170], ist die Wirksamkeit der Normen noch nicht grundsätzlich in Gefahr. Wenn aber dagegen die zuständigen Behörden schon Briefe und Anrufe mit Beschimpfungen bis hin zu Drohungen bekommen[1171], ist dies sehr bedenklich. Das bedeutet nicht, dass man gerade diesen indiskutablen Reaktionen nachgeben sollte. Sie indizieren aber, dass es mit der Akzeptanz nicht sehr weit her ist; teilweise werden gesetzliche Vorschriften offen boykottiert. Rechtsvereinheitlichung kann daher notwendig sein, um die Wirksamkeit von Vorschriften zu gewährleisten.

XIII. Zusammenfassung

1. Die Regelungen der Länder auf dem Gebiet der Gefahren, die von Hunden ausgehen können, sind bis Ende der 90er Jahre von wenig Kooperation untereinander geprägt. Nicht überall wurde ein Bedürfnis für spezielle Ministerverordnungen gesehen. Seit der ersten Ministerverordnung auf Landesebene, der Hundeverordnung Schleswig-Holsteins von 1976, und den sich anschließenden Verordnungen von Hamburg, dem Saarland und Baden-Württemberg lassen sich zwei unterschiedliche Regelungsansätze ausmachen: entweder man beschränkt die Regelungen auf bestimmte Hunderassen, die als Kampfhunde oder gefährliche Hunde angesehen werden, oder man legt allgemeine Anforderungen für alle Hunde fest, die in einer bestimmten

---

[1167] So *Ossenbühl*, DVBl 1989, 1230/1236; *Oebbecke*, Staatswissenschaft und Staatspraxis 1997, 461ff..

[1168] Da man sich in Berlin lange nicht auf eine Hundeverordnung einigen konnte, versuchte man, dem Problem dadurch Herr zu werden, dass große Vermietungs- und Wohnungsgesellschaften ihren Mietern verboten, bestimmte Hunderassen zu halten, *Gängel/Gansel*, NJ 1999, 69/72l; im Saarland dagegen hat es nie so gravierende Beißvorfälle gegeben, Auskunft des saarländischen Ministeriums für Frauen, Arbeit, Gesundheit und Soziales am 04.11.2002.

[1169] Nach meiner Einschätzung scheint dies aber wohl der Fall zu ein. Eine umfassende Sichtung alle Quellen habe ich allerdings Sicht vorgenommen. Eine solche Auswertung müsste auch anhand der eigenen mangelnden Qualifikation auf diesem Gebiet scheitern.

[1170] Solche Reaktionen soll es tatsächlich gegeben haben, so die Aussage des rheinland-pfälzischen Innenministeriums vom 20.11.2002.

[1171] Auch zu solchen Reaktionen soll es nach Angabe des rheinland-pfälzischen Innenministeriums gekommen sein, Auskunft vom 20.11.2002.

Art und Weise verhaltensauffällig sind. Die meisten zeitlich nachfolgenden Verordnungen sind dazu übergegangen, beide Ansätze miteinander zu kombinieren. Es ist davon auszugehen, dass sie sich jedenfalls faktisch (auch wenn das fast niemand zugegeben hat bzw. es kaum nachvollziehbar ist) an diesen beiden Ansätzen orientiert und sie entwickelten nach ihren Bedürfnissen teilweise weiterentwickelt haben.
Nur diejenigen Verordnungen, die besonders einschneidende Maßnahmen vorsahen, waren zu diesem Zeitpunkt Gegenstand gerichtlicher Kontrolle; überwiegend wurde ein Verstoß gegen Art. 3 Abs. 1 GG bemängelt.
2. Nach dem 26. Juni 2000, an dem ein sechsjähriger Junge in Hamburg durch Pitbullbisse starb lässt sich ein stark gehäufter Zuwachs an Hundeverordnungen feststellen. Zwei entscheidende Einflussfaktoren waren die mediale Öffentlichkeit und die Innenministerkonferenz im Mai 2000.
a) Die Häufung von Änderungen bzw. neu erlassenen Verordnungen auf diesem Gebiet ist auffällig. Nicht alle diese Verordnungen können aber unmittelbar auf dieses Ereignis zurückgeführt werden. Viele Länder waren schon früher in ein Entwurfsstadium eingetreten und reagierten auf den öffentlichen Druck dahingehend, dass lediglich der Erlasszeitpunkt nach vorne verschoben wurde.
b) Wenn auch lineare Zusammenhänge zwischen der medialen Darstellung vor allem des Ereignisses vom 26. Juni 2000 und Verordnungstätigkeiten nicht immer mit letzter Sicherheit nachvollzogen werden können, muss man den Massenmedien doch durch die Aufschreckung der Öffentlichkeit und die sich daraus allgemein ergebende Empörung einen nicht unerheblichen Anteil an manchen politischen Reaktionen zusprechen.
c) Wenn die Länder auch schon vor dem 26. Juni 2000 auf der Ebene der Innenministerkonferenz eine Initiative gestartet hatten, alle Länder zu ähnlichen Regelungen zu veranlassen, brachte doch erst dieses Datum eine Kehrtwende. Spätestens seitdem waren „Kampfhunde“ in aller Munde.
d) Seit der 161. Sitzung der Innenministerkonferenz am 5. Mai 2000, vor allem aber durch die 165. Sitzung am 28. November 2000 sind die Länder um Vereinheitlichung der verschiedenen Regelungen bemüht. Dabei sind sie, rückblickend gesehen, nur teilweise erfolgreich gewesen. Viele Länder haben die meisten der vorgeschlagenen Empfehlungen umgesetzt, einige sind dagegen sehr zurückhaltend geblieben. Von einer echten Rechtsvereinheitlichung kann man daher nicht sprechen.
4. Auch die Rechtsprechung hatte entscheidenden Einfluss auf die Verordnungsgebung, vor allem durch Entscheidungen zu Verordnungen, die nach dem 26. Juni 2000 erlassen worden sind. Dabei wirken die Urteile auch über die Landesgrenzen hinaus. Für die Zukunft dürfte das Urteil des Bundesverwaltungsgerichts vom Juli 2002 zur niedersächsischen Verordnung (und die Nachfolgenentscheidungen zur den Verordnungen von Brandenburg, Mecklenburg-Vorpommern und Schleswig-Holstein) Bedeutung erlangen.
a) Spätestens seit diesem Urteil ist die Erkenntnis gewachsen, dass die Länder, wenn sie an ihren einschneidenden Maßnahmen festhalten wollen, dies gesetzlich regeln müssen. Einige Länder haben ihre Verordnungen mittlerweile durch ein Gesetz ersetzt.
b) Es ist zu erwarten, dass zukünftige Änderungen nur noch im Hinblick auf ein Übereinstimmen mit der Auffassung des Bundesverwaltungsgerichts vorgenommen werden. Eine Rechtsvereinheitlichung dürfte insoweit nur unbeabsichtigtes Nebenrodukt sein.
c) An den gerichtlichen Entscheidungen über die verschiedenen Verordnungen ist darüber hinaus erkennbar, dass die Dauer des Entwurfs- und Prüfungsverfahrens Einfluss auf die Qualität der Normen hat.
5. Sachverständige und Interessenverbände sind zwar in der fortlaufenden öffentlichen Diskussion auch zu Wort gekommen, haben sich aber im Ergebnis mit ihren Ansichten kaum

durchsetzen können. Zwar ist man der Forderung der Einführung von Wesentests mittlerweile in vielen Ländern nachgekommen, aber die pauschale Bestimmung bestimmter Hunderassen als gefährlich (in Übernahme der bundesrechtlichen Vorgaben) besteht weiterhin und wird von diesen Gruppen auch ganz überwiegend nicht gutgeheißen.

6. Aus den Erfahrungen mit der Verordnungsgebung auf diesem Gebiet lässt sich festhalten, dass sich die Rechtsverordnung als erstes Zugriffsinstrument auf dem Gebiet der Gefahrenabwehr trotz mancher Gerichtsurteile bewährt hat.

Allerdings muss der Verordnungsgeber vor allzu schnellen Reaktionen gewarnt werden. Dies bezieht sich nicht allein auf den öffentlichen Druck. Es sollte, jedenfalls bei Verordnungen, die sowieso einen größeren Entwurfsaufwand erfordern und die nicht von vorneherein zeitlich begrenzt sind, überlegt werden, inwieweit die Anwendung von Methoden der Gesetzesfolgenabschätzung auch für Rechtsverordnungen Sinn machen kann.

Das Anliegen, die landesrechtlichen Regelungen auf dem Gebiet der „Hundeverordnungen“ zu vereinheitlichen, muss differenziert betrachtet werden. Grundsätzlich entspricht es dem Föderalismusgedanken des Grundgesetzes, dass die Länder auf Gebieten eigener Rechtsetzungskompetenz unterschiedliche Regelungen treffen können. Nicht allein die Erwartungshaltung der Bevölkerung sollte dazu veranlassen, eine Rechtsvereinheitlichung herbeizuführen. Besteht allerdings die Gefahr der offenen Missachtung gesetzlicher Bestimmungen, so wird dadurch die Wirksamkeit der Normen gefährdet. Dies ist ein legitimer Grund, landesrechtliche Regelungen anzugleichen.

C. Die Nebentätigkeitsverordnungen des Bundes und der Länder

I. Vorgehensweise der Untersuchung

Im Folgenden soll anhand des Nebentätigkeitsrechts des Bundes und der Länder das Zusammenspiel von Gesetz- und Verordnungsgebern im Bereich der Rahmengesetzgebung untersucht werden. Der Untersuchungsbereich kann hier zwangsläufig nicht auf Verordnungen bzw. Verordnungsgeber beschränkt bleiben, da das Nebentätigkeitsrecht stark durch gesetzliche Bestimmungen geprägt ist und zwischen Gesetz und Verordnung eine gewisse Austauschbarkeit besteht, wie im weiteren Verlauf gezeigt werden wird.

Nach einer Einführung in das Nebentätigkeitsrecht (II. und III.) anhand der bundesrechtlichen Regelungen (*Bundesbeamtengesetz* und *Bundesnebentätigkeitsverordnung*) soll auf verschiedene Vergleichsaspekte eingegangen werden. Ausgangspunkt für Länderregelungen im Bereich des Nebentätigkeitsrechts ist das *Beamtenrechtsrahmengesetz* (BRRG). Anhand einer Darstellung der letzten drei Änderungen des hier entscheidenden § 42 BRRG soll das Umsetzungsverhalten der Bundesländer untersucht werden (IV.).
Des Weiteren erfolgt ein Vergleich der Länderverordnungen mit der *Bundesnebentätigkeitsverordnung* (BNV) (V.). In beiden Fällen geht es um die Frage, inwieweit sich die Länder an den bundesrechtlichen Vorschriften orientieren.
Außerdem sollen auch die Verordnungsermächtigungen und die Verordnungen der Länder untereinander verglichen werden (VI.). Dadurch lässt sich möglicherweise herausfinden, ob zwischen den Ländern Kooperation im Sinne einer Angleichung stattfindet.

Bei allen Aspekten bleibt die Darstellung des Vergleichs auf wenige Beispiele beschränkt, um die Darstellung, die ohnehin durch die Anzahl der Normen (Bund und sechzehn Bundesländer) unübersichtlich ist, durch die Fülle an Regelungspunkten nicht noch mehr zu verkomplizieren. Tatsächlich erfolgte der Vergleich umfassend und die Beispiele sind so gewählt worden, dass sie grundsätzlich verallgemeinerungsfähig sind.

Schließlich erfolgt eine Untersuchung des Einflusses von Medien und Öffentlichkeit (VII.) sowie der Rechtsprechung und von außerstaatlichen Organisationen und Verbände (VIII.) auf das Nebentätigkeitsrecht.

II. Das Nebentätigkeitsrecht als Teil der Rahmengesetzgebung

1. Kompetenztitel nach Art. 75 Abs. 1 Nr. 1 GG

Gemäß Art. 75 Abs. 1 Nr. 1 GG hat der Bund das Recht, Rahmenvorschriften über die Rechtsverhältnisse der im öffentlichen Dienst der Länder, Gemeinden und anderen Körperschaften des öffentlichen Rechts stehenden Personen zu erlassen, soweit Art. 74 a nicht anderes bestimmt[1172]. Unter Art. 75 Abs. 1 Nr. 1 GG fallen die Regelungen über Nebentätigkeiten der Angehörigen des öffentlichen Dienstes.
Die Rahmengesetzgebung setzt wie die konkurrierende Gesetzgebung voraus, dass gemäß Art. 72 Abs. 2 GG eine bundesgesetzliche Regelung im gesamtstaatlichen Interesse erforderlich ist[1173]. Diese Erforderlichkeit ist gegeben bei einer bundesgesetzlichen Regelung zur Herstellung gleichwertiger Lebensverhältnisse im Bundesgebiet oder zur Wahrung der Rechts-

[1172] Aus Art. 74 a GG ergibt sich, dass sich diese Kompetenz zur Rahmengesetzgebung nicht auf das Gebiet der Besoldung und Versorgung der Angehörigen des öffentlichen Dienstes erstreckt.
[1173] *Kunig*, in: v. Münch/Kunig, Bd. 3, Art. 75, RN. 5f.; *Stettner*, in: Dreier, Bd. II, Art. 75, RN. 16f..

und Wirtschaftseinheit. Das Vorliegen dieser Voraussetzungen ist in der neuesten Rechtsprechung des Bundesverfassungsgerichts in restriktiver Weise zugunsten der Länderkompetenz konkretisiert worden[1174].
Zu den Anforderungen an das Tatbestandsmerkmal der Wahrung der Rechtseinheit, um das es im Zusammenhang mit dem Beamtenrechtsrahmengesetz nur gehen kann, führt das Bundesverfassungsgericht aus, dass eine Gesetzesvielfalt auf Länderebene die Voraussetzungen des Art. 72 Abs. 2 GG erst dann erfülle, wenn sie eine Rechtszersplitterung mit problematischen Folgen darstelle, die im Interesse sowohl des Bundes als auch der Länder nicht hingenommen werden könne[1175]. Es dürfte aber nicht zu bezweifeln sein, dass eine einheitliche Regelung[1176] durch das Beamtenrechtsrahmengesetz, auch im Hinblick auf das Nebentätigkeitsrecht, verfassungsgemäß ist. Die Verfassungsänderung von 1971, die dem Bund durch Art. 74 a Abs. 3 GG auch die konkurrierende Gesetzgebungskompetenz für die Besoldung und Versorgung der Beamten zusprach, soll belegen, dass ein großes Bedürfnis nach Gleichmäßigkeit der beamtenrechtlichen Regelungen in Bund und Ländern besteht. Es sei wichtig, so Stimmen im Schrifttum, jedes Abweichen von der Einheitlichkeit des Beamtenrechts zu verhindern[1177].

Rahmenvorschriften durch den Bundesgesetzgeber haben den Sinn, dass sie auf Ausfüllung durch die Länder angelegt sind, die Landesgesetzgebung aber durch eine Rahmenvorgabe harmonisiert wird[1178]. Es ist nicht ausgeschlossen, dass sie auch unmittelbar geltende und in Einzelheiten gehende Regelungen enthalten[1179]. Allerdings darf der Bundesgesetzgeber die Materie nicht erschöpfend regeln[1180], sondern muss den Ländern genug Spielraum für eigenständige Regelungen geben. Soweit der Bund auf einem Teilgebiet keine Regelung trifft, können die Länder selbst tätig werden.

2. Das Verhältnis von Bundes- und Landesvorschriften

Der Bund hat aufgrund seiner ausschließlichen Gesetzgebungskompetenz nach Art. 73 Nr. 8 GG[1181] das *Bundesbeamtengesetz*[1182] (im Folgenden: BBG) erlassen. Die §§ 64 ff. BBG regeln die Nebentätigkeit von Bundesbeamten[1183]. Aufgrund von § 69 BBG ist zur Ausführung dieser Vorschriften die *Bundesnebentätigkeitsverordnung* (im Folgenden: BNV)[1184] erlassen worden.

[1174] BVerfG, Urt. v. 24.10.2002 – 2 BvF 1/01 –, NJW 2003, 41.

[1175] BVerfG, Urt. v. 24.10.2002 – 2 BvF 1/01 –, NJW 2003, 41/52: bedroht sein muss – durch die Unterschiedlichkeit des Gesetzesrechts oder den Umstand, dass die Länder eine Materie nicht regeln – „das gesamtstaatliche Rechtsgut der Rechtseinheit, verstanden als Erhaltung einer funktionsfähigen Rechtsgemeinschaft".

[1176] Jedenfalls soweit Rahmenvorschriften dies erzielen können; vgl. auch Degenhart, in: *Sachs*, Art. 75, RN. 11, FN. 34.

[1177] *Mirbach*, ZBR 1995, 64/67; so auch *Rudolph*, NJW 1997, 2928/2930 bezogen auf das richterliche Nebentätigkeitsrecht aus Anlass des „Fall Henrichs".

[1178] *Stettner*, in: Dreier, Bd. II, Art. 75, RN. 6.

[1179] *Kunig*, in: v. Münch/Kunig, Bd. 3, Art. 75, RN. 9ff.; *Stettner*, in: Dreier, Bd. II, Art. 75, RN. 7.

[1180] *Rengeling*, in: Isensee/Kirchhof, Bd. IV, § 100, RN. 249; *Stettner*, in: Dreier, Bd. II, Art. 75, RN. 6.

[1181] Kompetenz zur Regelung der Rechtsverhältnisse der im Dienste des Bundes und der bundesunmittelbaren Körperschaften des öffentlichen Rechts stehenden Personen.

[1182] I.d.F. der Bek. v. 31.3.1999 (Neubekanntmachung des BBG v. 27.2.1985, BGBl. I S. 479, in der seit 1.1.1999 geltenden Fassung), BGBl. I S. 675, zuletzt geändert durch Art. 9 Drittes Gesetz zur Änderung verwaltungsverfahrensrechtlicher Vorschriften v. 21.8.2002, BGBl. I S. 3322.

[1183] Teilweise finden die Vorschriften entsprechende Anwendung auf Soldaten, § 20 Abs. 7 SG, und Richter, § 46 DRiG.

[1184] I.d.F. der Bek. v. 12.11.1987, BGBl. I S. 2376, geändert durch Art. 5 Sechstes Euro-EinführungsG v. 3.12.2001, BGBl. I S. 3306.

Das *Beamtenrechtsrahmengesetz*[1185] (im Folgenden: BRRG) ist dagegen Teil der Rahmengesetzgebung nach Art. 75 Abs. 1 Nr. 1 GG. § 42 BRRG regelt die Grundsätze zur Nebentätigkeit von Beamten. Gemäß § 1 BRRG sind die Vorschriften des ersten Kapitels, zu denen das auch § 42 gehört, Rahmenvorschriften für die Landesgesetzgebung. Die Landesbeamtengesetze setzen die Vorgaben des BRRG um. In ihnen finden sich, wie im BBG, Verordnungsermächtigungen zur Ausführung der gesetzlichen Vorschriften über die Nebentätigkeiten von Beamten.

3. Besonderheiten des Verfahrens beim Erlass beamtenrechtlicher Verordnungen

Gemäß § 58 BRRG (entsprechend § 94 BBG[1186]) sind die Spitzenorganisationen der zuständigen Gewerkschaften und Berufsverbände bei der Vorbereitung gesetzlicher Regelungen der beamtenrechtlichen Verhältnisse durch die obersten Landesbehörden zu beteiligen[1187]. Entsprechende gesetzliche Vorschriften finden sich in allen Landesbeamtengesetzen[1188]. Dabei ist diese Beteiligung teilweise weitergehend konkretisiert, so dass beispielsweise regelmäßige Zusammenkünfte stattfinden, bei denen über allgemeine Regelungen gesprochen wird[1189], dass den Spitzenorganisationen Entwürfe bzw. Vorlagen mit einer angemessenen Frist zur Stellungsnahme zuzuleiten sind[1190], dass eine erneute Beteiligung stattfinden muss, wenn die Entwürfe nach der Abgabe der Stellungnahmen wesentlich verändert wurden[1191] oder dass auf Verlangen der Spitzenorganisationen dem Ministerrat (gemeint ist das Kabinett) bzw. dem Senat oder auch der Bürgerschaft mitgeteilt werden muss, welche Vorschläge der Spitzenorganisationen bei der Verordnung nicht berücksichtigt wurden[1192].

III. Einführung in das Nebentätigkeitsrecht

1. Die Bedeutung des Nebentätigkeitsrechts

§ 1 Abs. 1 BNV definiert die Nebentätigkeit eines Beamten als die Ausübung eines Nebenamtes oder einer Nebenbeschäftigung. Nebenamt ist nach Abs. 2 ein nicht zu einem Hauptamt gehörender Kreis von Aufgaben, der auf Grund eines öffentlich-rechtlichen Dienst- oder Amtsverhältnisses wahrgenommen wird; Nebenbeschäftigung ist gemäß Abs. 3 jede sonstige, nicht zu einem Hauptamt gehörende Tätigkeit innerhalb oder außerhalb des öffentlichen Dienstes. Diese Definitionen haben alle Länder übernommen.

Es ist das Anliegen der Vorschriften in den Beamtengesetzen und Nebentätigkeitsverordnungen, sicherzustellen, dass der Beamte durch eine Tätigkeit, die nicht zum Bereich seines Am-

---

[1185] I.d.F. der Bek. v. 31.3.1999 (Neubekanntmachung des BRRG v. 27.2.1985, BGBl. I S. 462, in der seit 1.1.1999 geltenden Fassung), BGBl. I S. 654, zuletzt geändert durch Art. 8 Drittes Gesetz zur Änderung verwaltungsverfahrensrechtlicher Vorschriften v. 21.8.2002, BGBl. I S. 3322.

[1186] Dort fehlt allerdings die Bezugnahme auf die Berufsverbände.

[1187] Zur Frage, wie sich eine fehlende oder nicht ordnungsgemäße Beteiligung auf die Gültigkeit der Vorschrift auswirkt, vgl. *Schneider*, RN. 104, oder *Schröder*, S. 85ff.: beide verneinen, dass die Vorschrift dadurch ungültig ist.

[1188] § 120 LBG Baden-Württemberg, Art. 104 LBG Bayern, § 60 LBG Berlin, § 72 LBG Brandenburg, § 97 LBG Bremen, § 100 LBG Hamburg, § 110 LBG Hessen, § 112 LBG Mecklenburg-Vorpommern, § 104 LBG Niedersachsen, §106 LBG Nordrhein-Westfalen, § 105 LBG Rheinland-Pfalz, § 111 LBG Saarland, § 128 LBG Sachsen, § 94 LBG Sachsen-Anhalt, § 110 Schleswig-Holstein, § 108 LBG Thüringen.

[1189] So in Baden-Württemberg, Bayern, Mecklenburg-Vorpommern, Nordrhein-Westfalen, Rheinland-Pfalz und Schleswig-Holstein.

[1190] So in Baden-Württemberg, Bayern, Brandenburg, Mecklenburg-Vorpommern, Nordrhein-Westfalen, Rheinland-Pfalz, Schleswig-Holstein (bei Verordnungen mit grundsätzlicher Bedeutung) und Thüringen.

[1191] So in Baden-Württemberg und Rheinland-Pfalz.

[1192] So in Baden-Württemberg, Bremen und Rheinland-Pfalz.

tes, also zu seinem typischen Aufgabenfeld, gehört, nicht so beeinträchtigt wird, dass dadurch seine Arbeit leidet. Daher müssen die meisten dieser Tätigkeiten genehmigt oder jedenfalls angezeigt werden.
Die Nebentätigkeiten teilen sich auf in solche, die im weitesten Sinne durch den Dienstherrn veranlasst sind und solche, zu deren Ausübung sich der Beamte selbst entschlossen hat. Für erstere besteht eine Pflicht des Beamten zur Wahrnehmung, sofern er für diese geeignet ist und sie ihn nicht über Gebühr beansprucht (§ 64 BBG sowie entsprechende Länderregelungen). Letztere sind so genannte freiwillige Nebenbeschäftigungen nach § 1 Abs. 3 BNV. Diese können sowohl innerhalb (klassisches Beispiel: Prüfungstätigkeiten, wenn die Wahrnehmung nicht ohnehin durch den Dienstherrn veranlasst ist) als auch außerhalb des öffentlichen Dienstes verrichtet werden (Freizeitbeschäftigungen wie künstlerische Beschäftigungen). Ausschlaggebend für den Begriff „Nebentätigkeit im öffentlichen Dienst" ist, dass der Beamte zur Erfüllung öffentlicher Aufgaben eingesetzt wird, ohne dass es begrifflich von Belang ist, ob der Rechtsgrund der Dienstleistungspflicht im öffentlichen oder im privaten Recht wurzelt[1193].

2. Das BBG
Gemäß § 65 Abs. 1 Satz 1 BBG bedarf der Beamte zur Übernahme jeder Nebentätigkeit der vorherigen Genehmigung. Das gilt nicht, soweit er nach § 64 zur Wahrnehmung der Nebentätigkeit verpflichtet ist (sog. Nebentätigkeit im öffentlichen Dienst) oder wenn es sich um eine in § 66 Abs. 1 genannte Nebentätigkeit handelt, welche nach dem Gesetz nicht genehmigungspflichtig ist. Außerdem legt § 65 Abs. 1 Satz 2 BBG fest, welche Tätigkeiten nicht als Nebentätigkeiten gelten. Die Voraussetzungen zur Erteilung oder Versagung einer Genehmigung regeln die weiteren Absätze des § 65.

Nach § 69 BBG erlässt die Bundesregierung zur Ausführung der §§ 64-68 die notwendigen Vorschriften durch Rechtsverordnung. In dieser kann festgelegt werden,
- welche Tätigkeiten als öffentlicher Dienst im Sinne dieser Vorschriften anzusehen sind oder ihm gleichstehen,
- ob und inwieweit der Beamte für eine im öffentlichen Dienst ausgeübte oder auf Verlangen, Vorschlag oder Veranlassung seines Vorgesetzten übernommene Nebentätigkeit eine Vergütung erhält oder eine erhaltene Vergütung abzuführen hat,
- welche Beamtengruppen auch zu einer der in § 66 Abs. 1 Nr. 2 und 3 bezeichneten Nebentätigkeiten der Genehmigung bedürfen, soweit es nach der Natur des Dienstverhältnisses erforderlich ist,
- unter welchen Voraussetzungen der Beamte zur Ausübung von Nebentätigkeiten Einrichtungen, Personal oder Material des Dienstherrn in Anspruch nehmen darf und in welcher Höhe hierfür ein Entgelt an den Dienstherrn zu entrichten ist. Dieses Entgelt kann pauschaliert festgelegt werden und bei unentgeltlich ausgeübter Nebentätigkeit entfallen,
- dass der Beamte verpflichtet werden kann, nach Ablauf eines jeden Kalenderjahres seinem Vorgesetztem die ihm zugeflossenen Entgelte und geldwerten Vorteile aus Nebentätigkeiten anzugeben.
Aufgrund des § 69 BBG sind die *Bundesnebentätigkeitsverordnung* (BNV) und die *Verordnung über die Nebentätigkeit der Richter im Bundesdienst*[1194] erlassen worden. Da, soweit ersichtlich, nur Brandenburg eine spezielle Verordnung für die Nebentätigkeit der Richter

[1193] OVG Koblenz, Urt. v. 28.11.2002 – 2 A 11037/01, abrufbar unter www.jurisweb.de, abgerufen am 9.4.2003.
[1194] V. 15.10.1965, BGBl. I S. 1719, zuletzt geändert durch VO v. 12.11.1987, BGBl. I S. 2373.

erlassen hat[1195], soll dieser Bereich außer Betracht bleiben.

3. Die BNV

Die BNV ist am 12.11.1987 neu bekannt gemacht worden und seitdem noch einmal geändert worden[1196].

a) Die Voraussetzungen der Ausübung und Vergütung von Nebentätigkeiten, §§ 1-8

Wie schon erwähnt[1197], definiert § 1 den Begriff der Nebentätigkeit, des Nebenamtes und der Nebenbeschäftigung. Nach § 2 Abs. 1 ist eine Nebentätigkeit im öffentlichen Dienst eine Nebentätigkeit, die für den Bund, ein Land oder andere Körperschaften, Anstalten oder Stiftungen des öffentlichen Rechts oder Verbände von solchen ausgeübt werden, ausgenommen sind Nebentätigkeiten für öffentlich-rechtliche Religionsgesellschaften oder deren Verbände. Absatz 2 stellt weitere Tätigkeiten einer Nebentätigkeit im öffentlichen Dienst gleich, beispielsweise Nebentätigkeiten für Eigengesellschaften des Staates (§ 2 Abs. 2 Nr. 1).

§ 3 stellt besondere Voraussetzungen für die Zulässigkeit von Nebentätigkeiten im Bundesdienst auf. Für diese wird nach § 6 Abs. 1 grundsätzlich keine Vergütung gewährt. Für bestimmte Tätigkeiten können aber Ausnahmen zugelassen werden, die in Satz 2 näher genannt sind. Die Vergütung darf dann allerdings gemäß Absatz 2 bestimmte Höchstgrenzen, welche sich an den Besoldungsstufen orientieren, nicht überschreiten.

Außerdem muss der Beamte Teile der Vergütung an seinen Dienstherrn abliefern, wenn sie die genannten Höchstgrenzen überschreitet. Dies gilt allerdings nur dann, wenn er die Nebentätigkeit im öffentlichen oder in einem diesem gleichstehenden Dienst oder auf Verlangen, Vorschlag oder Veranlassung seines Vorgesetzten ausübt.

Nach § 7 sieht vor, dass für bestimmte Tätigkeiten § 6 – mit Ausnahme des Absatzes 1 Satz 3 – nicht anzuwenden ist. § 6 Abs. 1 Satz bestimmt, dass eine Vergütung nicht gewährt werden darf, wenn der Beamte für die Nebentätigkeit entsprechend entlastet wird. Für die Nebentätigkeiten im öffentlichen Dienst, die in § 7 als Ausnahmen genannt werden, gilt also weder das Vergütungsverbot noch die Ablieferungspflicht. Der Beamte kann sämtliche Entgelte behalten.

Übersteigt die Vergütung im Kalenderjahr 500 €, hat der Beamte seinem Vorgesetzten jährlich eine Abrechnung gemäß § 8 vorzulegen.

§ 4 definiert den Begriff der Vergütung für eine Nebentätigkeit. Es handelt sich um jede Gegenleistung in Geld oder geldwerten Vorteilen, auch wenn kein Rechtsanspruch auf sie besteht. Absatz 2 nimmt den Ersatz von Auslagen vom Vergütungsbegriff des Absatzes 1 aus.

Die Ausübung einer Nebenbeschäftigung gegen Vergütung bedarf nach § 5 der Genehmigung. Diese gilt nach Abs. 1 Satz 2 als allgemein erteilt, wenn die Nebenbeschäftigungen insgesamt geringen Umfang haben, außerhalb der Dienstzeit ausgeübt werden und kein gesetzlicher Versagensgrund vorliegt. Wann der Umfang als gering anzusehen ist, regelt Satz 3. Da in

[1195] Richternebentätigkeitsverordnung v. 10.5.1999, GVBl. II S. 330, geändert durch Art. 3 des Gesetzes v. 18.12.2001, GVBL. I S. 300, erlassen aufgrund von § 35 LBG, § 11 Abs. 1 Brandenburgisches Richtergesetz.

[1196] Art. 5 Sechstes Euro-EinführungsG v. 3.12.2001, BGBl. I S. 3306. Hessen hat spezielle Vorschriften für Nebentätigkeiten der Richter im Landesdienst 1997 neu in das Landesrichtergesetz aufgenommen (vgl. dazu auch VII. 1.); die übrigen Länder verweisen entweder in ihren Richtergesetzen auf das Beamtenrecht oder das Beamtengesetz/die Nebentätigkeitsverordnung erstreckt ihren Anwendungsbereich von vorneherein auf die Nebentätigkeiten der Richter.

[1197] Vgl. oben III. 1..

solchen Fällen die Genehmigung als allgemein erteilt gilt, muss die Nebenbeschäftigung dem Dienstvorgesetzten nur angezeigt werden, außer wenn es sich um eine „einmalige, gelegentliche Nebenbeschäftigung" handelt. Der Dienstvorgesetzte muss sie allerdings untersagen, wenn die Ausübung dienstliche Interessen beeinträchtigt, Absatz 2.

b) Inanspruchnahme von Einrichtungen, Personal oder Material des Dienstherrn, §§ 9-13
Die §§ 9-13 regeln die Inanspruchnahme von Einrichtungen, Personal oder Material des Dienstherrn bei der Ausübung einer Nebentätigkeit.
Für eine solche Inanspruchnahme bedarf der Beamte nach § 9 Abs. 1 der vorherigen Genehmigung. Diese darf nur erteilt werden, wenn ein öffentliches oder wissenschaftliches Interesse an der Ausübung der Nebentätigkeit besteht, Abs. 4 Satz 1, und sie darf nur unter der Auflage erteilt werden, dass ein Entgelt für die Inanspruchnahme gezahlt wird.
§ 10 enthält Grundsätze für die Bemessung dieses Entgelts. Für bestimmte Tätigkeiten kann gemäß § 10 Abs. 1 Satz 2 auf die Entrichtung eines Entgeltes verzichtet werden.
§ 11 regelt das so genannte allgemeine Entgelt im Unterschied zum Entgelt für ärztliche und zahnärztliche Nebentätigkeiten nach § 12. Es wird pauschaliert nach einem Vomhundertsatz der Bruttovergütung bemessen. Besondere Bestimmungen gelten nach § 12 Abs. 2 und 3 für die ärztlichen und zahnärztlichen Nebentätigkeiten.
Das zu zahlende Entgelt für die Inanspruchnahme wird gemäß § 12 Abs. 1 Satz festgesetzt, und zwar nach dem Ende der Inanspruchnahme, mindestens jedoch halbjährlich. Nach Absatz 2 treffen den Beamten hier besondere Mitwirkungspflichten (Anzeige des Endes der Inanspruchnahme, Führung von Aufzeichnungen, Vorlegung und Aufbewahrung derselben).

Schließlich legt § 14 fest, dass die Verordnung für Berufssoldaten auf Zeit entsprechend gilt.

IV. § 42 BRRG und das Umsetzungsverhalten der Länder

1. Inhalt des § 42 BRRG
Gemäß § 42 Abs. 1 Satz 1 BRRG[1198] bedarf der Beamte zur Übernahme jeder Nebentätigkeit, soweit er nicht zu ihrer Wahrnehmung verpflichtet ist, der vorherigen Genehmigung. Nach Satz 2 gilt allerdings die Wahrnehmung öffentlicher Ehrenämter sowie einer unentgeltlichen Vormundschaft, Betreuung oder Pflegschaft eines Angehörigen nicht als Nebentätigkeit; trotzdem ist ihre Übernahme vor Aufnahme schriftlich anzuzeigen.
Unentgeltliche Nebentätigkeiten sind nicht genehmigungspflichtig, allerdings nimmt Satz 3 davon einige Tätigkeiten aus.
Bei begründetem Anlass kann die Dienstbehörde verlangen, dass der Beamte zu einer nicht genehmigungspflichtigen Nebentätigkeit Auskunft erteilt, Satz 5. Eine solche Nebentätigkeit ist gemäß Satz 6 ganz oder teilweise zu versagen, wenn der Beamte bei ihrer Ausübung dienstliche Pflichten verletzt.
Absatz 2 regelt die Versagung der Genehmigung.
In Absatz 3 geht es um die Zeit, in der der Beamte die Nebentätigkeit ausübt (grundsätzlich nur außerhalb der Arbeitszeit).
Nach Absatz 4 kann der Beamte bei Vorliegen eines öffentlichen oder wissenschaftlichen Interesses Einrichtungen, Personal oder Material des Dienstherrn gegen Entgelt in Anspruch nehmen.

[1198] I.d.F. der Bek. v. 31.3.1999 (Neubekanntmachung des BRRG v. 27.2.1985, BGBl. I S. 462, in der seit 1.1.1999 geltenden Fassung), BGBl. I S. 654, zuletzt geändert durch Art. 8 Drittes Gesetz zur Änderung verwaltungsverfahrensrechtlicher Vorschriften v. 21.8.2002, BGBl. I S. 3322.

Schließlich legt Absatz 5 das Verfahren für den Antrag auf Erteilung der Genehmigung fest.

All diese Vorschriften müssen die Länder in ihren Landesbeamtengesetzen beachten und umsetzen. Das BRRG gibt ihnen lediglich in § 42 Abs. 1 Satz 4 einen gewissen Spielraum: Danach kann durch Gesetz für nicht genehmigungspflichtige Nebentätigkeiten eine Anzeigepflicht vorgesehen werden, die auch auf die Entgelte und geldwerten Vorteile erstreckt werden kann.
Bei Beachtung dieser Vorgaben sind die Länder frei, weitere Regelungen hinsichtlich der Nebentätigkeit von Beamten zu treffen.

2. Die Änderungen des BRRG seit dem Sechsten Gesetz zur Änderung dienstrechtlicher Vorschriften

Landesbeamtengesetze sowie Nebentätigkeitsverordnungen bestehen in den Bundesländern, wie auch die entsprechenden Vorschriften auf Bundesebene, seit über vierzig Jahren. Um das Umsetzungsverhalten der Länder näher zu untersuchen, werden im Folgenden die letzten drei Änderungen im BRRG als die aktuellsten herausgegriffen.

a) Änderung des § 42 BRRG durch das Sechste Gesetz zur Änderung dienstrechtlicher Vorschriften (Nebentätigkeitsbegrenzungsgesetz)

Bis zum Inkrafttreten des *Sechsten Gesetzes zur Änderung dienstrechtlicher Vorschriften (Nebentätigkeitsbegrenzungsgesetz)*[1199] bestand § 42 nur aus zwei Absätzen. Absatz 1 überließ es einer (landes-)gesetzlichen Bestimmung, in welchen Fällen der Beamte zur Ausübung einer Nebentätigkeit der Genehmigung seines Dienstherrn bedurfte. Nach Absatz 2 durften die dort genannten Tätigkeiten nicht von einer Genehmigung abhängig gemacht werden. Diese Tätigkeiten sind auch heute noch genehmigungsfrei[1200]. Die Pflicht des Dienstherrn, Missbräuchen entgegenzutreten, blieb davon unberührt.
Durch das *Nebentätigkeitsbegrenzungsgesetz* erhielt § 42 BRRG im Wesentlichen seine heutige Struktur mit insgesamt fünf Absätzen, außerdem wurde § 42 a neu eingefügt. Im Vergleich mit der derzeit geltenden Fassung (in Form des *2. Nebentätigkeitsbegrenzungsgesetzes*) war aber damals der Beamte verpflichtet, nur auf Verlangen der Dienstbehörde und nur über Art und Umfang der Nebentätigkeit Auskunft zu geben. Auch die Möglichkeit der Einführung einer Anzeigepflicht bestand noch nicht.

Das *Nebentätigkeitsbegrenzungsgesetz* entstand vor dem Hintergrund einer schlechten Wirtschafts- und Arbeitsmarktlage in Deutschland. Man schloss nicht aus, dass die Nebentätigkeit von Beamten die Existenzgrundlage anderer gefährden bzw. die Chancen Arbeitssuchender auf einen Arbeitsplatz mindern könnte. Daher sollte mit den Einschränkungen der Nebentätigkeit von Beamten ein Beitrag des öffentlichen Dienstes für zusätzliche Beschäftigungschancen eröffnet werden[1201].

Die Rahmenvorgaben des § 42 BRRG in der Fassung durch das *Nebentätigkeitsbegrenzungsgesetz* lassen sich wie folgt zusammenfassen:
- Absatz 1 regelt die grundsätzliche Genehmigungsbedürftigkeit von Nebentätigkeiten, Aus-

[1199] V. 21.2.1985, BGBl. I 1985, S. 371.
[1200] In der aktuellen Fassung sind dies § 42 Abs. 1 Satz 3 Nr. 1 c) (betreffend die unentgeltliche Tätigkeit in Organen von Genossenschaften) und Nr. 2 bis 5.
[1201] Begründung zum Gesetzentwurf der Abgeordneten Doss, Broll, Hauser. Dr. Miltner und der CDU/CSU-Fraktion und der Abgeordneten Kleinert, Dr. Hirsch, Beckmann, Dr. Haussmann und der FDP-Fraktion, BT-Drs. 10/1319, S. 1, 8.

nahmen vom Begriff der Nebentätigkeit sowie die Aufzählung von genehmigungsfreien Tätigkeiten. Letztere müssen untersagt werden, wenn der Beamte bei ihrer Ausübung dienstliche Pflichten verletzt. Insoweit muss der Beamte Auskunft über Art und Umfang geben.
- Absatz 2 regelt die Versagung und den Widerruf der Genehmigung.
- Absatz 3 bestimmt eine zeitliche Beschränkung hinsichtlich der Ausübung von Nebentätigkeiten (grundsätzlich nur außerhalb der Dienstzeit).
- Absatz 4 legt die Voraussetzungen für die Inanspruchnahme von Einrichtungen, Material und Personal des Dienstherrn durch den Beamten fest(Genehmigung, gegen Entgelt, nur bei Vorliegen eines öffentlichen oder wissenschaftlichen Interesses).
- Absatz 5 betrifft das Verfahren (Schriftform der Anträge, Führen von Nachweisen über Art und Umfang, Aktenkundigmachung des dienstlichen Interesses).

b) Änderung des § 42 BRRG durch das Gesetz zur Reform des Rechts der Vormundschaft und Pflegschaft für Volljährige (Betreuungsgesetz)

Durch das *Gesetz zur Reform des Rechts der Vormundschaft und Pflegschaft für Volljährige (Betreuungsgesetz*[1202]*)* wurden die nicht als Nebentätigkeit geltenden Tätigkeiten nach § 42 Abs. 1 Satz 2, 1. Halbs. BRRG über die Wahrnehmung öffentlicher Ehrenämter hinaus auf die unentgeltliche Vormundschaft, Betreuung oder Pflegschaft sowie die Testamtentsvollstreckung erweitert. Eine dort nicht genannte unentgeltliche Vormundschaft, Betreuung oder Pflegschaft ist nach Satz 3 genehmigungspflichtig.

c) Änderung des § 42 BRRG durch das Dreizehnte Gesetz zur Änderung dienstrechtlicher Vorschriften (Zweites Nebentätigkeitsbegrenzungsgesetz)

Seine bisher letzte Änderung hat § 42 BRRG durch das *Dreizehnte Gesetz zur Änderung dienstrechtlicher Vorschriften (Zweites Nebentätigkeitsbegrenzungsgesetz*[1203]*)* erfahren[1204]. Absatz 1 sieht nun die Möglichkeit vor, gesetzlich eine Anzeigepflicht für genehmigungsfreie Nebentätigkeiten einzuführen. Außerdem wird die Auskunftspflicht des Beamten gegenüber der Dienstbehörde über die Nebentätigkeit nach Absatz 1 sowie die Nachweispflicht nach Absatz 5 erheblich erweitert. Bezog sich die Auskunfts- und Nachweispflicht bisher nur auf Art und Umfang der Nebentätigkeit, werden diese Merkmale zu Regelbeispielen („insbesondere"). Die Auskunftspflicht kann auf die Entgelte und geldwerten Vorteile erstreckt werden, die Nachweispflicht erstreckt sich von vorneherein auf diese.

3. Künftige Entwicklung

Etwa seit Juni 2003 wird im Bundesinnenministerium an einem Gesetzentwurf für eine Novelle des BRRG gearbeitet. Diese Novelle soll auch § 42 BRRG betreffen. Einzelheiten konnten bisher nicht in Erfahrung gebracht werden. Es soll aber insbesondere auch darum gehen, den Ländern im Bereich des Beamtenrechts wieder mehr Spielräume zuzubilligen. Die Alternative wäre eine einheitliche Regelung durch den Bund, wofür aber das Grundgesetz geändert werden müsste[1205].

Diese geplante Novelle steht in einem gewissen Zusammenhang mit den Überlegungen, die seit Jahren geforderte Modernisierung der bundessstaatlichen Ordnung umzusetzen. Zu diesem Thema ist auf der letzten Konferenz der Innenminister am 15. Mai 2003 in Erfurt ein Beschluss ergangen, in welchem die IMK den AK IV (Arbeitskreis IV, beschäftigt sich mit

---

[1202] V. 19.9.1990, BGBl. I 1990, S. 2002.

[1203] V. 9.9.1997, BGBl. I 1997, S. 2294.

[1204] Vgl. die kritischen Erläuterungen zu den Änderungen bei *Summer*, ZBR 1988, 1ff..

[1205] Auskünfte des BMI vom 19.03. und 23.6.2003.

Verwaltungsorganisation, Aus- und Fortbildung und öffentlichem Dienstrecht) beauftragt, bis zur Herbstsitzung 2003 Leitlinien für eine weitere Entwicklung des öffentlichen Dienstrechts vorzulegen. Außerdem bittet die IMK den Bundesinnenminister, die abgestimmte Novellierung des BRRG sobald wie möglich vorzulegen, um kurzfristig zu einer größeren Gestaltungsfreiheit der Länder zu gelangen[1206].

Die Föderalismusreformdebatte hat auf der Besprechung der Regierungschefs der Länder am 27. März 2003 in Berlin erstmals konkrete Ausmaße angenommen. Ein wesentlicher Punkt der Reform ist – außer Finanzierungsfragen – die innerstaatliche Kompetenzordnung. Auf geeignete Gegenstände der konkurrierenden Gesetzgebung soll den Ländern ein eigenständiges Zugriffsrecht eingeräumt werden, die Rahmengesetzgebung soll entfallen. Die dort bisher geregelten Rechtsbereiche sollen entweder in die konkurrierende Gesetzgebungskompetenz des Bundes – mit oder ohne Zugriffsrecht der Länder – oder in die Gesetzgebungskompetenz der Länder überführt werden. Bei den Rechtsverhältnissen der im öffentlichen Dienst der Länder, Gemeinden und anderer Körperschaften des öffentlichen Rechts stehenden Personen (Art. 75 Abs. 1 Nr. 1 GG) streben die Regierungschefs der Länder zum jetzigen Zeitpunkt eine Überführung in die Gesetzgebung des Bundes mit Zugriffsrecht der Länder an[1207].
Es ist erkennbar, dass für die Umsetzung dieser Überlegungen eine Grundgesetzänderung bzw. mehrere Änderungen notwendig sind. Da dies naturgemäß einige Zeit in Anspruch nimmt, soll die Novelle des BRRG vorgezogen werden.

4. Überprüfung des Umsetzungsverhaltens der Länder

a) Nebentätigkeitsverordnungen und Landesbeamtengesetze
Das BRRG gibt den Ländern nur vor, was sie auf jeden Fall regeln müssen. Die Umsetzungsform ist aber in der Regel nicht festgelegt, so dass es den Ländern überlassen bleibt, ob sie die Rahmenvorgaben nur durch Gesetz oder auch durch Verordnung umsetzen. Wie im weiteren Verlauf der Arbeit zu sehen sein wird, findet die Umsetzung der Rahmengesetzvorgaben überwiegend durch die Landesbeamtengesetze statt. Will man die Umsetzungspraxis und die Orientierung am Bundesrecht untersuchen, kann man daher auf die Einbeziehung der Landesbeamtengesetze nicht verzichten. Im Übrigen enthalten sie die Ermächtigungen zum Erlass der Nebentätigkeitsverordnungen. Allein aus ihnen können sich Unterschiede in den Verordnungen ergeben.
Die Untersuchung bleibt, soweit in den Ländern eigene Nebentätigkeitsverordnungen für den Hochschulbereich bestehen, auf die Verordnungen für die Beamten beschränkt.

b) Beschränkung des Untersuchungszeitraums und des -inhaltes
Das BRRG ist am 1. Juli 1957[1208] erlassen worden. Die Untersuchung soll sich allerdings auf den Zeitraum beschränken, in dem sich Änderungen speziell des § 42 BRRG ergeben haben. Seine jetzige Fassung hat § 42 BRRG durch die drei schon erwähnten gesetzlichen Änderungen von 1985, 1990 und 1997 bekommen[1209]. Von entscheidender Bedeutung waren vor allem die beiden Nebentätigkeitsbegrenzungsgesetze. War § 42 in der Fassung der Neubekanntma-

---

1206 Sammlung der zur Veröffentlichung freigegebenen Beschlüsse der 172. Sitzung der Ständigen Konferenz der Innenminister und -senatoren der Länder, abrufbar unter www.im.nrw.de/inn/doks/imk0503.pdf, S. 22, abgerufen am 18.06.2003,
1207 Ergebnisprotokoll, TOP 3, abrufbar unter www.fhh.hamburg.de/stadt/Aktuell/senat/bund/ministerpräsidentenkonferenz/presse/start/html, abgerufen am 17.06.2003.
1208 BGBl. I 1957, S. 677.
1209 Vgl. oben unter IV. 2..

chung vom 3. Januar 1977[1210] noch recht allgemein gehalten, wurden die Anforderungen durch das *Nebentätigkeitsbegrenzungsgesetz* vom 21. Februar 1985[1211] detaillierter: statt der bisher drei Absätze enthielt § 42 nun fünf, zusätzlich wurde mit § 42a eine Regelung für Ruhestandsbeamte eingeführt. Damit wurde mit diesem Gesetz das Nebentätigkeitsrecht „grundlegend strukturell umgestaltet und inhaltlich in wesentlichen Punkten systematisch geändert und entsprechend neu"[1212] gefasst. Eine weitere Änderung erfuhr § 42 durch das *Betreuungsgesetz* vom 19. September 1990[1213]. Weitreichende Änderungen ergaben sich schließlich durch das *2. Nebentätigkeitsbegrenzungsgesetz* vom 9. September 1997[1214].
Es wird zu untersuchen sein, ob und inwieweit die Änderungen des § 42, die sich durch die beiden Nebentätigkeitsbegrenzungsgesetze und durch das *Betreuungsgesetz* ergeben haben, Niederschlag im Landesrecht gefunden haben. Diese Untersuchung soll aber der Übersichtlichkeit halber auf Beispiele beschränkt bleiben, und zwar auf drei Umsetzungsbeispiele betreffend das *Nebentätigkeitsbegrenzungsgesetz* (§ 42 Abs. 1 Satz 2, § 42 Abs. 1 Satz 4 und § 42 Abs. 3 BRRG) und zwei Beispiele betreffend das *2. Nebentätigkeitsbegrenzungsgesetz* vom 9. September 1997 (§ 42 Abs. 1 Satz 4 und § 42 Abs. 1 Satz 5 BRRG). Da die Änderungen durch das *Betreuungsgesetz* nur relativ gering waren, ist hier eine Beschränkung auf Beispiele nicht notwendig.

c) Folgen der Nichtumsetzung
Gemäß § 1 S. 1 BRRG sind die Vorschriften des ersten Kapitels, zu denen auch § 42 gehört, Rahmenvorschriften für die Landesgesetzgebung. Ob das Rahmengesetz die Länder verpflichten kann, die entsprechenden Bestimmungen umzusetzen, war früher umstritten[1215], ist aber mittlerweile wegen der Positivierung in Art. 75 Abs. 3 GG[1216] eindeutig zu bejahen. Danach sind die Länder verpflichtet, Rahmenvorschriften des Bundes innerhalb einer angemessenen Frist in Landesgesetze umzusetzen. Voraussetzung ist, dass das Rahmengesetz überhaupt eine Frist vorsieht und dass diese angemessen ist[1217]. Angemessen soll eine Frist jedenfalls dann sein, wenn den Ländern der Zeitraum einer Legislaturperiode zur Umsetzung verbleibt[1218].
Nach § 1 S. 2 BRRG waren die Länder verpflichtet, ihr Beamtenrecht bis zum 31. Dezember 1963 nach den Vorschriften des BRRG unter Berücksichtigung der hergebrachten Grundsätze des Berufsbeamtentums und der gemeinsamen Interessen von Bund und Ländern zu regeln. Diese Frist kann selbstverständlich nur für den erstmaligen Erlass der Landesbeamtengesetze auf der Grundlage der erstmaligen Fassung des BRRG vom 1. Juli 1957 gelten.
Fraglich ist, was für nachträgliche Änderungen des Rahmengesetzes zu gelten hat. Das ist jedenfalls in den Fällen problematisch, in denen das Änderungsgesetz selbst keine neue Um-

[1210] BGBl. I 1977, S. 21, 30.
[1211] Art. 1 des *6. Gesetzes zur Änderung dienstrechtlicher Vorschriften*, BGBl. I 1985, S. 371f..
[1212] *Fürst*, ZBR 1990, 305/306.
[1213] Art. 6 des *Gesetzes zur Reform des Rechts der Vormundschaft und Pflegschaft für Volljährige*, BGBl. I 1990, S. 2002, 2017.
[1214] Art. 1 des *13. Gesetzes zur Änderung dienstrechtlicher Vorschriften*, BGBl. I 1997, S. 2294; ausführlich zur Änderung durch dieses Gesetzes siehe unten IV. 2. c).
[1215] Vgl. dazu nur *Stettner*, in: Dreier, Bd. II, Art. 75 RN. 14, FN. 36; Degenhart, in: *Sachs*, Art. 75 RN. 39, FN. 159.
[1216] Art. 75 Abs. 3GG: „Erläßt der Bund Rahmenvorschriften, so sind die Länder verpflichtet, innerhalb einer durch das Gesetz zu bestimmenden angemessenen Frist die erforderlichen Landesgesetze zu erlassen."
[1217] *Pieroth*, in: Jarass/Pieroth, Art. 75 RN. 6.
[1218] *Degenhart*, in: Sachs, Art. 75 RN. 39; ähnlich *Kunig*, in: v. Münch/Kunig, Bd. 3, Art. 75 RN. 44; nach *Pestalozza*, in: v. Mangoldt/Klein/Pestalozza, Bd. 8, Art. 75 RN. 756ff., beurteilt sich dies sowohl nach den Rahmenvorschriften als auch nach den Landesverhältnissen; eine allgemeingültige Aussage lässt sich somit nicht machen.

setzungsfrist enthält. Diese Frage ist deshalb von Relevanz, weil die letzten drei Änderungsgesetze betreffend § 42 BRRG eine solche Frist nicht bestimmt haben[1219].
Dazu wird vertreten, dass in solchen Fällen die Rechtslage dieselbe sei wie vor der Einfügung des Art. 75 Abs. 3 in das Grundgesetz: die Landesgesetzgeber können tätig werden, aber eine Verpflichtung dazu gibt es nicht[1220].
Möglich ist auch, dann eine unmittelbare Wirkung der Rahmenvorschriften des Bundes anzunehmen. Das betrifft natürlich nur diejenigen Vorschriften, die nicht ohnehin gemäß Art. 75 Abs. 2 GG unmittelbare Wirkung entfalten, wie beispielsweise die Vorschriften des zweiten Kapitels des BRRG laut der Überschrift. Dies wird überwiegend abgelehnt[1221], da Art. 75 Abs. 2 GG eine für unmittelbar geltende Regelungen abschließende Vorschrift sei. Insbesondere die Überlegung, die Rechtsprechung des Europäischen Gerichtshofs zur unmittelbaren Wirkung von Richtlinien auf diesen Fall zu übertragen[1222], sei aufgrund der strukturellen Unterschiede nicht haltbar[1223]. Diskutiert wird dies allerdings auch nur für solche Fälle, in denen das Rahmengesetz eine Umsetzungsfrist vorgesehen hat, welche aber von den Ländern ignoriert worden ist.
Daher muss es wohl bei dem Ergebnis bleiben, dass bei fehlender Umsetzungsfrist keine Verpflichtung der Länder zur Umsetzung besteht. Dieses Ergebnis ist misslich, zumal gerade das *Nebentätigkeitsbegrenzungsgesetz* eine Vereinheitlichung bezwecken sollte[1224]. Es bleibt die Frage, ob die fehlende Frist, einfach ein Versäumnis war, ob man davon ausging, die Länder würden die Vorgaben auch ohne eine Frist in jedem Fall umsetzen, oder ob sonstige, nicht erkennbare Gründe den Gesetzgeber davon abgehalten haben, die Änderungsgesetze mit einer Umsetzungsfrist zu versehen.

d) Untersuchung der Umsetzung des Nebentätigkeitsbegrenzungsgesetzes

aa) Auswahl der Beispiele
Untersucht wird im Folgenden die Umsetzung von § 42 Abs. 1 Satz 2, Satz 4 und Abs. 3 BBRG in der Fassung des Nebentätigkeitsbegrenzungsgesetzes. § 42 Abs. 1 Satz 2 BRRG bestimmt diejenigen Tätigkeiten, die nach dem Gesetz nicht als Nebentätigkeit gelten. Nach § 42 Abs. 1 Satz 4 BRRG ist eine nicht genehmigungspflichtige Nebentätigkeit ganz oder teilweise zu untersagen, wenn der Beamte bei ihrer Ausübung dienstliche Pflichten verletzt. Schließlich darf der Beamte gemäß § 42 Abs. 3 Satz 1 BRRG Nebentätigkeiten, die er nicht auf Verlangen, Vorschlag oder Veranlassung seines Dienstvorgesetzten übernommen hat oder bei denen der Dienstvorgesetzte ein dienstliches Interesse an der Übernahme der Nebentätigkeit nicht anerkannt hat, nur außerhalb der Arbeitszeit ausüben. Die Ausnahmen bestimmen sich nach Satz 2.
Die dargestellten Beispiele sind, bis auf § 42 Abs. 1 Satz 3 BRRG, beliebig austauschbar mit den anderen Einzelvorschriften des § 42 BRRG in der Fassung des Nebentätigkeitsbegrenzungsgesetzes. Denn § 42 Abs. 1 Satz 3 BBRG ist die einzige Vorschrift, die mehr oder weniger unverändert aus der alten Fassung des § 42 übernommen wurde. Der Rest wurde grund-

[1219] Gesetz v. 21.2.1985, BGBl. I S. 371; Gesetz v. 19.9.1990, BGBl. I S. 2002; Gesetz v. 9.9.1997, BGBl. I S. 2294; auch die Gesetzentwürfe sahen keine entsprechende Frist vor.
[1220] *Pestalozza*, in: v. Mangoldt/Klein/Pestalozza, Bd. 8, Art. 75 RN. 755.
[1221] *Pestalozza*, in: v. Mangoldt/Klein/Pestalozza, Bd. 8, Art. 75 RN. 750; *Pieroth*, in: Jarass/Pieroth, Art. 75 RN. 6; *Gromitsaris*, NJW 1998, 2196f.; anders *Siebelt*, NVwZ 1996, 122/124f.; für überlegenswert hält dies auch *Jarass*, NVwZ 2000, 1089/1093f., ohne dazu aber nähere Ausführungen zu machen.
[1222] So *Siebelt*, NVwZ 1996, 122/124f..
[1223] *Gromitsaris*, NJW 2000, 2196f..
[1224] Zum Gesetzentwurf, BT-Drs. 10/1319, S. 1.

legend verändert.

bb) Umsetzung des § 42 Abs. 1 Satz 2 BRRG

§ 42 Abs. 1 Satz 2 BRRG (in der Fassung des *Nebentätigkeitsbegrenzungsgesetzes*) ist in allen Ländern bis auf Nordrhein-Westfalen per Gesetz umgesetzt worden. Dort enthält nicht das LBG NW, sondern die Nebentätigkeitsverordnung eine Vorschrift darüber, welche Tätigkeiten nicht als Nebentätigkeiten gelten sollen. Nach § 2 Abs. 4 gilt aber nicht – wie in § 42 Abs. 1 Satz 2 BRRG vorgesehen – allgemein die Wahrnehmung öffentlicher Ehrenämter nicht als Nebentätigkeit, sondern es werden nur bestimmte ehrenamtliche Tätigkeiten aufgezählt[1225].

cc) Umsetzung des § 42 Abs. 1 Satz 4 BRRG

§ 42 Abs. 1 Satz 4 BRRG gibt in seiner neuen Fassung vor, dass eine nicht genehmigungspflichtige Nebentätigkeit ganz oder teilweise zu untersagen ist, wenn der Beamte bei ihrer Ausübung dienstliche Pflichten verletzt.

Diese Regelung fehlt in Nordrhein-Westfalen. Dort ist nach § 69 Abs. 2 LBG NW eine genehmigungsfreie Nebentätigkeit zu untersagen, wenn dienstliche *Interessen beeinträchtigt* werden[1226]. In allen anderen Landesbeamtengesetzen sowie dem BBG und auch § 42 BRRG findet man den Ausdruck „Beeinträchtigung dienstlicher Interessen" nur als Voraussetzung für die Versagung einer Genehmigung. Eine genehmigungsfreie Tätigkeit wird dagegen erst bei einer *Verletzung dienstlicher Pflichten* versagt. In der einschlägigen Literatur findet man zum Verhältnis von Verletzung und Beeinträchtigung dienstlicher Interessen keine Aussagen. Die Begriffsbestimmungen zur Beeinträchtigung bzw. Verletzung von Grundrechten wird man bei dienstlichen Interessen wohl nicht heranziehen können. Aber schon der Sprachgebrauch macht deutlich, dass die Verletzung im Verhältnis zur Beeinträchtigung eine qualitative Steigerung erfordert. Das bedeutet, dass Nordrhein-Westfalen eine strengere Regelung trifft als durch das BRRG vorgesehen.

dd) Umsetzung des § 42 Abs. 3 BRRG

Gemäß § 42 Abs. 3 Satz 1 BRRG darf der Beamte Nebentätigkeiten, die er nicht auf Verlangen, Vorschlag oder Veranlassung seines Dienstvorgesetzten übernommen hat oder bei denen der Dienstvorgesetzte ein dienstliches Interesse an der Übernahme der Nebentätigkeit nicht anerkannt hat, nur außerhalb der Arbeitszeit ausüben. Ausnahmen dürfen gemäß Satz 2 nur in besonders begründeten Fällen, insbesondere im öffentlichen Interesse zugelassen werden, wenn dienstliche Gründe nicht entgegenstehen und die versäumte Arbeitszeit nachgeleistet wird.

§ 42 Abs. 3 Satz 1 BRRG wird in Nordrhein-Westfalen nur insoweit umgesetzt, dass sich die Pflicht zur Ausübung außerhalb der Dienstzeit nach § 70 Abs. 1 Satz 1 LBG NW nur auf Nebentätigkeiten bezieht, die der Beamte nicht auf Verlangen, Vorschlag oder Veranlassung des Dienstvorgesetzten übernommen hat. Eine Nebentätigkeit, der der Dienstvorgesetzte das dienstliche Interesse aberkannt hat, fällt also nicht darunter.

In Bremen muss der Beamte gemäß § 64 Abs. 3 Satz 1 Bremisches BG grundsätzlich sämtliche Nebentätigkeiten außerhalb der Dienstzeit ausüben, da eine Einschränkung, wie sie § 42 Abs. 3 Satz 1 BRRG enthält, fehlt. Dafür entfällt nach Satz 4 die Pflicht des Beamten zur Nachleistung der versäumten Arbeitszeit (wenn er ausnahmsweise doch innerhalb der Dienstzeit einer Nebentätigkeit nachgehen durfte), wenn die Nebentätigkeit auf Verlangen oder Ver-

---

[1225] Vgl. den Wortlaut von § 2 Abs. 4 NTVO NW mit § 42 Abs. 1 Satz 2 BRRG (auch in der aktuellen Fassung).

[1226] Hervorhebung durch die Verfasserin. Diesem Inhalt hat § 69 Abs. 2 im Übrigen seit der Änderung durch das *Zweite Gesetz zur Änderung dienstrechtlicher Vorschriften* vom 31.3.1981, BGBl. I, S. 194.

anlassung der obersten Dienstbehörde übernommen wurde und kein Entgelt gezahlt wird. Schließlich legt Satz 5 fest, dass Satz 1 nicht für eine Tätigkeit zur Wahrung von Berufsinteressen für Gewerkschaften und Berufsverbände gilt. Das Bremische BG ist damit einerseits strenger, andererseits weiter, da auf der einen Seite die Nachleistungspflicht entfallen kann und auf der anderen Seite bestimmte Tätigkeiten vom Gebot des Satz 1 ausgenommen sind. Und schließlich trifft das Bremische BG auch andere Zuständigkeiten hinsichtlich der Übernahme einer Nebentätigkeit im öffentlichen Dienst. Gemäß § 42 Abs. 3 Satz 1 BRRG entscheidet dies der Dienstvorgesetzte, in Bremen dagegen die oberste Dienstbehörde[1227].

e) Untersuchung der Umsetzung des Betreuungsgesetzes

Durch das *Betreuungsgesetz* wurden die Übernahme einer unentgeltlichen Vormundschaft, Betreuung oder Pflegschaft zusätzlich zur Wahrnehmung öffentlicher Ehrenämter gesetzlich als solche Tätigkeiten festgelegt, die keine Nebentätigkeiten sein sollten (§ 42 Abs. 1 Satz 2 BRRG).

Bis auf Sachsen-Anhalt und Nordrhein-Westfalen ist die Vorgabe überall übernommen und umgesetzt worden.

In Sachsen-Anhalt gilt gemäß § 65 Abs. 1 Satz 2 BG LSA (immer noch[1228]) nur die Wahrnehmung öffentlicher Ehrenämter nicht als Nebentätigkeit, die unentgeltliche Vormundschaft, Betreuung und Pflegschaft von Angehörigen wird nicht erwähnt.

In Nordrhein-Westfalen bestimmt anstatt des LBG NW § 2 Abs. 4 der Nebentätigkeitsverordnung, welche Tätigkeiten nicht als Nebentätigkeiten gelten. In § 2 Abs. 4 Nr. 7 ist die Pflege nicht nur auf angehörige Personen beschränkt. Andererseits werden die Vormundschaft und die Betreuung nicht erwähnt und es wird auch nicht allgemein auf öffentliche Ehrenämter abgestellt[1229]. Nach § 68 Abs. 1 LBG NW bedarf der Beamte zur Übernahme einer Vormundschaft, Betreuung, Pflegschaft oder Testamentsvollstreckung einer Genehmigung. Damit wird die Vorgabe des § 42 Abs. 1 Satz 1 BRRG in Nordrhein-Westfalen nur teilweise umgesetzt, und Nordrhein-Westfalen widersetzt sich eindeutig dem Willen des Bundesgesetzgebers, die in § 42 Abs. 1 Satz 2 BRRG genannten Tätigkeiten zu privilegieren.

f) Untersuchung der Umsetzung des 2. Nebentätigkeitsbegrenzungsgesetzes

aa) Auswahl der Beispiele

Durch das *Zweite Nebentätigkeitsbegrenzungsgesetz* wurde § 42 Abs. 1 Satz 4 bis 6 und Abs. 5 Satz 2 BRRG neu gefasst. Auf die Überprüfung der Umsetzung des neuen § 42 Abs. 1 Satz 6 BRRG kann verzichtet werden, da dieser dem § 42 Abs. 1 Satz 4 BRRG in der Fassung des Betreuungsgesetzes entspricht. § 42 Abs. 5 Satz BRRG verschärft die Führung von Nachweisen beispielsweise für die Genehmigung einer Nebentätigkeit. Auf die Überprüfung der Umsetzung dieser Vorschrift wurde verzichtet, da die Sätze 4 und 5 des § 42 Abs. 1 BRRG die wichtigeren Änderungen darstellen. Denn mit ihnen wird die Anzeigepflicht für nicht genehmigungspflichtige Nebentätigkeiten neu eingeführt, während Abs. 5 „nur“ bestehende Pflichten erweitert.

[1227] Die oberste Dienstbehörde bestimmt sich in Bremen nach § 4 Abs. 1, der Dienstvorgesetzte nach § 4 Abs. 2 Satz 1 Bremisches BG. Der Dienstvorgesetzte kann die oberste Dienstbehörde sein, muss es aber nicht.

[1228] Die Fassung hat § 65 Abs. 1 Satz 2 LBG schon seit dem Inkrafttreten des LBG 1991. Damit hat Sachsen-Anhalt die Vorgabe des § 42 Abs. 1 Satz 2 BRRG durch die Änderung des *Betreuungsgesetzes* nicht umgesetzt.

[1229] Zur Bestimmung der Pflegeperson nach § 2 Abs. 4 Nr. 7 NtVO vgl. §§ 19 Satz 1, 14 SGB XI. § 2 Abs. 4 Nebentätigkeitsverordnung zählt in Nrn. 3, 4 und 8 ehrenamtliche Tätigkeiten abschließend auf, öffentliche Ehrenämter „an sich“ werden nicht erwähnt.

bb) § 42 Abs. 1 Satz 4 BRRG

Nach § 42 Abs. 1 Satz 4 BRRG steht es im Ermessen der Länder, durch Gesetz eine Anzeigepflicht für nicht genehmigungspflichtige Nebentätigkeiten einzuführen. Die Anzeigepflicht soll auch auf die Entgelte und geldwerten Vorteile erstreckt werden können.

Gleichzeitig mit § 42 BRRG änderte das *Zweite Nebentätigkeitsbegrenzungsgesetz* auch das BBG. Insbesondere wurde in § 66 Abs. 2 Satz 1, 1. Halbs. die Anzeigepflicht, die gemäß § 42 Abs. 1 Satz 4 BRRG eingeführt werden kann, festgelegt und näher ausgestaltet[1230]. Der Bundesgesetzgeber, gleichzeitig Gesetzgeber für das Rahmengesetz wie auch für das Bundesbeamtenrecht, hat mit dem Gesetz also die Richtung für die Länder vorgegeben.

Diesem Vorbild sind die meisten Länder gefolgt. Die Formulierung des § 66 Abs. 2 Satz 1, 1. Halbs. BBG ist von den Beamtengesetzen der Länder Berlin, Brandenburg, Bremen, Hamburg, Mecklenburg-Vorpommern, Niedersachsen, Rheinland-Pfalz und Schleswig-Holstein übernommen worden. Schleswig-Holstein hat allerdings durch Gesetz vom 19.11.2001[1231] die Tätigkeiten in Selbsthilfeeinrichtungen der Beamten wieder von der Anzeigepflicht ausgenommen.

Eine in ihrem Umfang anders ausgerichtete Anzeigepflicht findet sich in den Landesbeamtengesetzen von Baden-Württemberg, Hessen, dem Saarland und Thüringen. Das bedeutet in der Regel, dass diese Länder noch mehr genehmigungsfreie Nebentätigkeiten als die in der BNV genannten anzeigepflichtig machen oder auch einschränkende Voraussetzungen hinzufügen[1232].

Nordrhein-Westfalen hat die Anzeigepflicht als einziges Bundesland nicht im Landesbeamtengesetz, sondern in der Verordnung geregelt[1233].

Bayern, Sachsen und Sachsen-Anhalt besitzen keine Anzeigepflicht[1234] für bestimmte nicht genehmigungspflichtige Nebentätigkeiten.

Es bleibt darauf hinzuweisen, dass diese Anzeigepflicht nicht mit der Anzeige von als allgemein genehmigt geltenden Nebentätigkeiten verwechselt werden darf, wie sie beispielsweise § 5 Abs. 1 BNV vorsieht[1235]. Die Anzeigepflicht für Nebentätigkeiten, die als allgemein genehmigt gelten, gilt gerade für grundsätzlich genehmigungspflichtige Nebentätigkeiten.

[1230] „Eine Tätigkeit nach Absatz 1 Nr. 3 [schriftstellerische, wissenschaftliche, künstlerische oder Vortragstätigkeit] und 4 [die mit Lehr- oder Forschungsaufgaben zusammenhängende selbständige Gutachtertätigkeit von Lehrern an öffentlichen Hochschulen und an Hochschulen der Bundeswehr sowie von Beamten an wissenschaftlichen Instituten und Anstalten] sowie eine Tätigkeit in Selbsthilfeeinrichtungen der Beamten nach Absatz 1 Nr. 5 hat der Beamte, wenn hierfür ein Entgelt gezahlt wird, in jedem Einzelfall vor ihrer Aufnahme seiner Dienstbehörde unter Angabe insbesondere von Art und Umfang der Nebentätigkeit sowie der voraussichtlichen Höhe der Entgelte und geldwerten Vorteile schriftlich anzuzeigen".

[1231] Art. 1 Nr. 6 Buchstabe c des Gesetzes zur Änderung des Landesbeamtengesetzes und anderer Gesetze, GVOBl. S. 184.

[1232] Bspw. Thüringen in § 68 Abs. 2 Satz 1 ThürBG: Anzeigepflicht für alle genehmigungsfreien Nebentätigkeiten, die nicht unter § 68 Abs. 1 Nr. 2 fallen und für die der Beamte ein Entgelt oder geldwerten Vorteil von mindestens 20 DM erhalten hat.

[1233] § 10NtV.

[1234] Insoweit ist die Aussage *Schiemanns* nicht ganz nachvollziehbar, wenn er konstatiert, dass „teilweise in den übrigen Rechtsbereichen für bestimmte nicht genehmigungspflichtige Nebentätigkeiten eine **Anzeigepflicht vor Aufnahme** eingeführt worden" sei und nur das BBG sowie Baden-Württemberg, Berlin, Brandenburg, Bremen, Hessen, Niedersachsen, Rheinland-Pfalz, das Saarland und Thüringen nennt; in: Schütz/Maiwald, Teil C, § 70 RN. 6. Erstens besitzt auch Hamburg eine entsprechende Regelung in § 70 Abs. 2 Satz 1 HmbBG, und zweitens sehen bis auf das Saarland alle Länder, in denen eine Anzeigepflicht existiert, ausdrücklich vor, dass die Anzeige vor der Aufnahme zu erfolgen hat.

[1235] Vgl. dazu auch unten V. 2. a).

cc) § 42 Abs. 1 Satz 5 BRRG

Nach § 42 Abs. 1 Satz 5 BRRG kann die Dienstbehörde aus begründetem Anlass nun auch verlangen, dass der Beamte Angaben über eine nicht genehmigungspflichtige Nebentätigkeit macht, die auch über die Angaben zu Art und Umfang hinausgehen können; sie können auch auf Entgelte und geldwerte Vorteile erstreckt werden.

Gleichzeitig wurde § 66 Abs. 2 Satz 2 BBG entsprechend geändert. Die Auskunftspflicht des BBG umfasst „insbesondere" Art und Umfang, aber nicht ausdrücklich die Entgelte und geldwerten Vorteile; ein zweiter Halbsatz entsprechend § 42 Abs. 1 Satz 5 BRRG fehlt. Nach der Begründung zum Gesetzesentwurf soll ein begründeter Anlass für das Auskunftsverlangen dann vorliegen, wenn sich im Zusammenhang mit der Ausübung genehmigungsfreier Nebentätigkeiten Anhaltspunkte für die Verletzung dienstlicher Pflichten ergeben[1236].

In allen Ländern existieren vergleichbare Vorschriften. Einen Sonderfall bildet allerdings Nordrhein-Westfalen: Nach § 70 Abs. 4 LBG NW muss der Beamte auf Verlangen des Dienstherrn über Art und Umfang der von ihm ausgeübten Nebentätigkeiten und die Höhe der dafür empfangenen Vergütungen Auskunft geben. Zwar soll die Vorschrift dergestalt ausgelegt werden, dass dies ebenfalls nur aus begründetem Anlass erfolgen darf[1237]. Allerdings ist fraglich, woher diese Einschränkung angesichts des klaren Wortlauts gezogen werden soll. Letztlich geschieht dies wohl dadurch, dass das Erfordernis des begründeten Anlasses aus § 42 Abs. 1 Satz 5 BRRG unmittelbar auf § 70 Abs. 4 LBG NW angewendet wird. Dann allerdings ergibt sich eine neue Frage, nämlich weshalb Nordrhein-Westfalen nicht gleich eine § 42 Abs. 1 Satz 5 BRRG entsprechende Formulierung in § 70 Abs. 4 LBG NW aufgenommen hat.

Alle (anderen) Länder haben, wie erwähnt, entweder die Regelung des § 42 Abs. 1 Satz 5 BRRG[1238] oder die etwas engere Auskunftspflicht der Regelung des § 66 Abs. 2 Satz 2 BBG[1239] übernommen. Rheinland-Pfalz geht dabei teilweise über die Vorgabe des § 42 Abs. 1 Satz 5 BRRG hinaus. Die Auskunftspflicht erstreckt sich hier nämlich auch auf die Person des Auftrag- oder Arbeitgebers.

Neun Länder erstrecken, entsprechend der Möglichkeit des § 42 Abs. 1 Satz 5 BRRG, die Auskunft ausdrücklich auch auf die Entgelte bzw. die Höhe der Vergütung[1240], die restlichen sieben tun dies, wie das BBG auch, nicht[1241]. Teilweise ergibt sich die Erstreckung aber aus anderen Normen wie solchen zum Verfahren, so zum Beispiel in Rheinland-Pfalz[1242].

[1236] BT-Drs. 553/96, S. 21.

[1237] So *Schiemann*, in: Schütz/Maiwald, Teil C, § 70 RN. 9 mit Verweis auf § 42 Abs. 1 Satz 5 BRRG.

[1238] Baden-Württemberg (§ 84 Abs. 2 Satz 4 LBG), Bayern (Art. 74 Abs. 2 Satz 1 LBG), Hamburg (§ 70 Abs. 2 Satz 2 LBG), Mecklenburg-Vorpommern (§ 69 Abs. 3 Satz 2 LBG), Nordrhein-Westfalen (§§ 70 Abs. 4, 71 LBG; die Auskunft umfasst sämtliche Nebentätigkeiten), Saarland (§ 80 Abs. 2 Satz 2 LBG), Sachsen-Anhalt (soweit dies zur Aufklärung des Verdachts erforderlich ist, § 66 Abs. 2 Satz 2 LBG), Schleswig-Holstein (§ 82 Abs. 3 Satz 3 LBG) und Thüringen (Auskunft kann hierauf erstreckt werden, § 68 Abs. 2 Satz 2, 2. Halbs. LBG).

[1239] Berlin, Brandenburg, Bremen, Hessen, Niedersachsen, Rheinland-Pfalz und Sachsen.

[1240] So *Schiemann*, in: Schütz/Maiwald, Teil C, § 70 RN. 9, unter Verweis auf § 42 Abs. 1 Satz 5 BRRG; widersprüchlich allerdings die Bemerkung in RN. 10, dass der „begründete Anlass", der sich bspw. in § 66 Abs. 2 Satz 2 BBG findet, eine Einschränkung sei, da dies voraussetzt, dass § 70 Abs. 4 LBG NW weiter verstanden werden muss.

[1241] Insoweit unzutreffend *Schiemann*, in: Schütz/Maiwald, Teil C, § 70 RN. 10, der unter Verweis auf § 70 Abs. 2 Satz 2 HmbBG konstatiert, dass die Auskunft in Hamburg auf Art und Umfang der Nebentätigkeit beschränkt sei.

[1242] § 75 Abs. 2 LBG n. F. (§ 74 a Abs. 2 Satz 2 a.F.) bestätigt, dass u.a. die Anzeige einer Nebentätigkeit der Schriftform bedarf und ergänzt, dass der Beamte dabei alle für die Entscheidung (hier kann es nur um eine Un-

5. Umsetzung durch Gesetz oder Rechtsverordnung

Die Vorgaben des BRRG werden fast ausschließlich durch Gesetz umgesetzt, wobei Detailregelungen wiederum in der Verordnung geregelt werden können. Soll eine Vorgabe des Rahmengesetzes durch Rechtsverordnung anstatt durch Gesetz umgesetzt werden, setzt dies selbstverständlich voraus, dass die Umsetzung jedenfalls auch im Gesetz insofern vorhanden ist, als die Verordnung auf einer Verordnungsermächtigung beruhen muss. Das erklärt, warum Änderungen des BRRG jedenfalls in der Regel dann nur gesetzlich umgesetzt werden, wenn zusätzlich zur inhaltlichen Vorschrift auch noch die Vorschrift geändert werden müsste, welche die Verordnungsermächtigung enthält. Tatsächlich ist es so, dass alle Bundesländer bis auf Hessen in ihren Landesbeamtengesetzen eine eigene Vorschrift besitzen, die Aussagen darüber macht, was in einer Ausführungsverordnung geregelt werden darf[1243].

Dass Nordrhein-Westfalen bei den dargestellten Beispielen als einziges Land eine Vorgabe des § 42 BRRG durch Verordnung anstatt durch Gesetz umgesetzt hat, ist kein Zufall. Außer dem schon erwähnten § 2 Abs. 4 der Nebentätigkeitsverordnung NW gibt es noch zwei weitere Vorhaben des § 42 BRRG, die, anders als in den anderen Ländern, in Nordrhein-Westfalen durch Rechtsverordnung umgesetzt wurden[1244]. Im Übrigen halten sich die anderen Länder mit einer Umsetzung durch Verordnung sehr zurück. Lediglich bei der Bestimmung der öffentlichen Ehrenämter findet teilweise durch Verordnung eine Konkretisierung im Form einer Aufzählung, teilweise auch durch Regelbeispiele[1245], statt[1246]. Schließlich findet man auch in § 8 der bayerischen Nebentätigkeitsverordnung eine Konkretisierung der in Art. 74 Abs. 1 BayBG genannten genehmigungsfreien Nebentätigkeiten[1247].

6. Ergebnis

Die Untersuchung der letzten drei Änderungen des § 42 BRRG anhand von Beispielen indiziert, dass die Länder die Vorgaben weitgehend umgesetzt haben.

Die Darstellung der Beispiele ist so gewählt worden, dass sie grundsätzlich verallgemeinerungsfähig sind: Das bedeutet, dass § 42 BRRG tatsächlich im Wesentlichen umgesetzt worden ist und dass vor allem diejenigen Teile, die nicht oder nur teilweise umgesetzt worden sind, nicht grundsätzlich die Konzeption des § 42 BRRG und damit die Bedeutung des Rahmenrechts als solches in Frage stellen. Außerdem bedeutet es, dass Nordrhein-Westfalen am zurückhaltendsten in der Umsetzung ist. Hier stellt sich die Frage, was die Folgen der Nichtumsetzung sind und ob diejenigen Vorschriften, die eine strengere oder weitere Regelung als

---

tersagung gehen) erforderlichen Nachweise, insbesondere auch über die Entgelte und geldwerten Vorteile hieraus schriftlich zu führen hat. Bei begründetem Anlass kann dann der Dienstherr Auskunft verlangen.

[1243] In Hessen enthält das HBG dagegen an drei Stellen in unmittelbarer Nähe zur betreffenden Vorschrift, was durch Rechtsverordnung geregelt werden kann. Vgl. bspw. § 80 Abs. 1 HBG: „Nebentätigkeiten von geringem Umfang können von der Pflicht zur Genehmigung ausgenommen werden. Das Nähere wird durch Rechtsverordnung bestimmt."

[1244] Dazu gehört die Umsetzung von § 42 Abs. 1 Satz 3 BRRG (Aufzählung der nicht genehmigungspflichtigen Nebentätigkeiten): § 9 der Nebentätigkeitsverordnung schränkt die in § 69 Abs. 1 LBG NW genannten genehmigungsfreien Tätigkeiten teilweise wieder ein oder konkretisiert sie. Außerdem gehört dazu die Pflicht gemäß § 42 Abs. 4 Satz 2 BRRG, das Entgelt für die Inanspruchnahme von Einrichtungen des Dienstherrn an den entstehenden Kosten des Dienstherrn auszurichten und dabei die besonderen Vorteile für den Beamten zu berücksichtigen. Diese Vorgabe findet man in Nordrhein-Westfalen im LBG nur in der Verordnungsermächtigung gemäß § 75 Satz 2 Nr. 6, 2. Halbs. und dementsprechend auch in § 17 Abs. 1 Satz 1 der Nebentätigkeitsverordnung.

[1245] So Bayern.

[1246] Bayern, Rheinland-Pfalz, Saarland, Sachsen-Anhalt und Schleswig-Holstein. In Niedersachsen geschieht dies durch Verwaltungsvorschrift.

[1247] Zur Frage der Selbstständigkeit einer Gutachtertätigkeit im Sinne von Art. 74 Abs. 1 Satz 1 Nr. 5 BayBG.

das BRRG treffen, gegen Art. 31 GG verstoßen.

Auffallend sind außerdem zwei Dinge: Erstens neigen die Länder dazu, eine mit der Änderung des Rahmengesetzes gleichzeitig erfolgte Änderung des Bundesbeamtengesetzes als Vorbild für die Umsetzung der Rahmenvorgaben zu benutzen. Diese Vorbildfunktion geht oft so weit, dass sogar der Wortlaut der Bestimmungen übernommen wird.
Zweitens erfolgt die Umsetzung ausschließlich durch Gesetz. Diejenigen Vorgaben, die das BRRG in das Ermessen der Länder stellt, müssen schon aufgrund des BRRG gesetzlich geregelt werden[1248]. Aber auch diejenigen Vorgaben, für die das BRRG keine bestimmte Umsetzungsform vorschreibt, sind doch durch ihren Inhalt weitgehend für eine gesetzliche Regelung determiniert. Denn beispielsweise die grundsätzliche Genehmigungspflicht von Nebentätigkeiten muss im Hinblick auf die Wesentlichkeitstheorie (auch formell-)gesetzlich festgelegt werden.
Und schließlich reichen die bestehenden Verordnungsermächtigungen nicht für eine alleinige Umsetzung durch Rechtsverordnung aus, so dass immer gleichzeitig auch eine Änderung zumindest der gesetzlichen Ermächtigung erforderlich wäre. Der Faktor der Arbeitsersparnis sowie der zeitlichen Verzögerung (die Anwendung kann erst durch das Inkrafttreten der geänderten Rechtsverordnung erfolgen) erklären also ebenfalls, weshalb sich die Änderungen des Rahmengesetzes in erster Linie nur in den Landesbeamtengesetzen wieder finden.

V. Vergleich der BNV mit den Nebentätigkeitsverordnungen der Länder

1. Existenz von Nebentätigkeitsverordnungen in den Ländern

Vor einem Vergleich der BNV mit den Nebentätigkeitsverordnungen der Länder muss darauf hingewiesen werden, dass nicht alle Bundesländer (eigene) Nebentätigkeitsverordnungen besitzen.
Die Landesbeamtengesetze von Brandenburg und Mecklenburg-Vorpommern ermächtigen zwar die jeweilige Landesregierung zum Erlass der notwendigen Ausführungsverordnungen, eine allgemeine Verordnung für die Nebentätigkeiten der Beamten existiert jedoch nicht. Brandenburg besitzt lediglich eine *Richternebentätigkeitsverordnung*[1249] und eine *Hochschulnebentätigkeitsverordnung*[1250]. Gemäß § 154 LBG Bbg bzw. § 148 LBG M-V gelten aber aufgrund des Einigungsvertrages[1251] bis zum Inkrafttreten eigener landesrechtlicher Bestimmungen die Vorschriften der BNV.
In Mecklenburg-Vorpommern gibt es schon seit mehreren Jahren immer wieder Entwürfe für eine eigene Nebentätigkeitsverordnung. Seit ca. einem Jahr gibt es nun einen neuen Anlauf. Der Entwurf ist bisher nicht öffentlich, da er sich noch in der Abstimmungsphase befindet. Mit dem Erlass ist nicht vor dem Sommer 2003 zu rechnen. Die bisherigen Unsicherheiten, ob im Zuge der Deregulierung eine eigene Regelung dann noch gewollt ist[1252], scheinen sich nicht bestätigt zu haben: zum jetzigen Zeitpunkt sieht es so aus, als sei der Erlass sicher[1253]. Inhaltlich soll sich die Verordnung an das Bundesrecht, mit einigen kleineren Abweichungen, anlehnen.
Niedersachsen schließlich ist das einzige Land, das vollkommen auf den Erlass einer Neben-

---

[1248] Vgl. Wortlaut des § 42 Abs. 1 Satz 4 BRRG.
[1249] V. 10.5.1999, GVBl I S. 330, geändert durch Gesetz v. 18.12.2001, GVBl I S. 300.
[1250] V. 4.12.1995, GVBl. II S. 723.
[1251] Anlage I Kapitel XIX Sachgebiet A Abschnitt III Nr. 2 Buchstabe a vom 31. August 1990, BGBl. II 1990, S. 885, 1141.
[1252] So noch die Auskunft des Innenministeriums Mecklenburg-Vorpommern vom 17.03.2003.
[1253] Auskunft des Innenministeriums Mecklenburg-Vorpommern vom 12.05.2003.

tätigkeitsverordnung für Beamte verzichtet hat. Es existiert lediglich eine Hochschulnebentätigkeitsverordnung[1254]. Das niedersächsische Landesbeamtengesetz[1255] enthält aber derart detaillierte Regelungen über die Nebentätigkeiten, dass der Erlass einer Verordnung in der Tat überflüssig erscheint. Allerdings existiert trotzdem eine, wenn auch im Umfang stark reduzierte, Verordnungsermächtigung in § 75 c Abs. 4[1256]. Außerdem besitzt Niedersachsen Verwaltungsvorschriften zum Nebentätigkeitsrecht der Beamten[1257].

Schließlich soll der Vollständigkeit halber ein Überblick über die Nebentätigkeitsverordnungen der Länder gegeben werden:

- Baden-Württemberg: *Landesnebentätigkeitsverordnung* in der Fassung vom 28. Dezember 1972[1258]. Ermächtigungsgrundlage ist § 88 LBG und § 8 LRiG,
- Bayern: *Bayerische Nebentätigkeitsverordnung* vom 14. Juni 1988[1259] aufgrund Art. 77 Abs. 1 des Bayerischen Beamtengesetzes und Art. 43 Abs. 3 des Gesetzes über kommunale Wahlbeamte;
- Berlin: Nebentätigkeitsverordnung vom 12. August 1992 aufgrund von § 33 LBG[1260];
- Bremen: die *Bremische Nebentätigkeitsverordnung* wurde am 25. November 1990 in der ab 1. August 1990 geltenden Fassung neu bekannt gemacht[1261]. Ermächtigungsgrundlage ist § 68 des Bremischen Beamtengesetzes;
- Hamburg: Verordnung über die Nebentätigkeit der hamburgischen Beamten vom 14. März 1989[1262] und die *Inanspruchnahme- und Entgelt-Verordnung* vom 15. Dezember 1987[1263]. Ermächtigungsgrundlage ist § 73 Hamburgisches Beamtengesetz;
- Hessen: *Verordnung über die Nebentätigkeit der Beamten im Lande Hessen* in der Fassung vom 21. September 1976[1264]. Sie wurde aufgrund von §§ 80 Abs. 2, 81 Abs. 2, 233 HBG erlassen;
- Nordrhein-Westfalen: *Nebentätigkeitsverordnung*[1265], Ermächtigungsgrundlagen sind §§ 75, 78 Abs. 3 LBG und § 4 Abs. 1 Satz 1 LRiG;
- Rheinland-Pfalz: *Nebentätigkeitsverordnung* vom 2. Februar 1987[1266] aufgrund von § 77 LBG (a.F.)[1267];
- Saarland: *Nebentätigkeitsverordnung* vom 27. Juli 1988, aufgrund des § 83 Saarländi-

---

[1254] Verordnung v. 23.2.1997, GVBl. S. 55.

[1255] V. 19.2.2001, GVBl. S. 33.

[1256] Ermächtigung zum Erlass von Verordnungen, die die Inanspruchnahme von Einrichtungen und die Höhe des dafür zu zahlenden Entgelts regeln können.

[1257] VV zum NBG v. 25.11.1992, Niedersächs. MinBl. 1993, 93.

[1258] Verordnung der Landesregierung über die Nebentätigkeit der Beamten und Richter, GBl.BW 1973 S. 57, seitdem achtmal geändert, letzte Änderung v. 8.11.1999, GBl.BW S. 437.

[1259] Verordnung über die Nebentätigkeit der Beamten, GVBl. S. 160, seitdem fünfmal geändert, letzte Änderung durch VO v. 18.12.2001, GVBl. S.1009.

[1260] Verordnung über die Nebentätigkeit der Beamten, GVBl. S. 1491, geändert durch VO v. 15.11.1999, GVBl. S. 595.

[1261] GBl. S. 459, seitdem viermal geändert, letzte Änderung durch VO v. 4.12.2001, GBl. S. 393.

[1262] GVBl. S. 45, geändert durch VO v. 11.9.2001, GVBl. S. 337.

[1263] GVBl. S.223, zuletzt geändert durch VO v. 11.9.2001, GVBl. S. 337.

[1264] GVBl. I S. 403, seitdem dreimal geändert, zuletzt geändert durch NebentätigkeitsVO-ÄndG v. 25.11.1998 (GVBl. I S. 492).

[1265] Verordnung über die Nebentätigkeit der Beamten und Richter v. 21.9.1982, GV.NW S. 605, seitdem fünfmal geändert, zuletzt geändert durch VO v. 3.4.2001, GV.NW S. 187.

[1266] GVBl. 1987, S. 31, zuletzt geändert durch VO v. 23.6.2003, GVBl. S. 129.

[1267] Fassung v. 14.7.1970, GVBl. S. 242; zuletzt geändert durch Gesetz v. 20.11.2002, GVBl. S. 433. Durch Art. 2 des Gesetzes v. 20.12.2000, GVBl. S. 582 wurde der bisherige § 77 LBG zu § 76.

sches Beamtengesetz und § 4 Abs.1 Saarländisches Richtergesetz[1268];
- Sachsen: *Sächsische Nebentätigkeitsverordnung* vom 21. Juni 1994. Ermächtigungsgrundlagen sind § 88 SächsBG und § 3 des Richtergesetzes für den Freistaat Sachsen[1269];
- Sachsen-Anhalt: Am 2. März 1994 wurde aufgrund von § 69 BG LSA die Verordnung über die *Nebentätigkeit der Beamten im Land Sachsen-Anhalt* erlassen[1270];
- Schleswig-Holstein: *Nebentätigkeitsverordnung* vom 30. März 1990[1271]. Ermächtigungsgrundlage ist § 85 LBG;
- Thüringen: Aufgrund des § 71 ThüBG wurde am 24. Februar 1995 die *Thüringer Nebentätigkeitsverordnung* erlassen[1272].

2. Vergleich
Wie schon bei den Änderungen des § 42 BRRG gesehen, hat das Bundesbeamtengesetz für die meisten Länder eine Vorbildfunktion. Es ist zu vermuten, dass dies auch für das Verhältnis von BNV und Länder-Nebentätigkeitsverordnungen gilt.
Auch erfolgt der Vergleich anhand von drei Beispielen: erstens anhand der Möglichkeit einer allgemeinen Genehmigung mit Anzeigepflicht für bestimmte Arten von Nebentätigkeiten, zweitens anhand des Vergütungsverbotes und der damit zusammenhängenden Ablieferungspflicht für erhaltene Vergütungen und drittens anhand der Voraussetzungen für die Inanspruchnahme von Einrichtungen des Dienstherrn bei der Ausübung von Nebentätigkeiten. Diese Vorschriften stellen die zentralen Regelungen der Nebentätigkeitsverordnungen dar und eignen sich daher besonders gut zur beispielhaften Verdeutlichung, inwieweit Übereinstimmungen zwischen der BNV und den Nebentätigkeitsverordnungen der Länder bestehen.

a) Allgemeine Genehmigung von Nebenbeschäftigungen mit Anzeigepflicht
Nach § 5 Abs. 1 Satz 1 BNV gilt die grundsätzlich erforderliche Genehmigung als allgemein erteilt, wenn die Nebenbeschäftigungen insgesamt geringen Umfang haben, außerhalb der Dienstzeit ausgeübt werden und kein gesetzlicher Versagungsgrund (vgl. § 65 Abs. 2 BBG) vorliegt. Satz 2 bestimmt, wann der Umfang als gering anzusehen ist[1273], und gemäß Satz 3 muss die Nebenbeschäftigung grundsätzlich dem Dienstvorgesetztem angezeigt werden.

Die Möglichkeit, eine Genehmigung für Nebenbeschäftigungen allgemein zu erteilen, besteht in allen Ländern bis auf Hessen. Gemäß § 80 Abs. 2 HBG können nach näherer Bestimmung durch Rechtsverordnung außer der in Absatz 1 genannten Nebentätigkeiten (Nebentätigkeiten, die nach dem Gesetz genehmigungsfrei sind) auch solche von geringem Umfang von der Genehmigungspflicht ausgenommen werden. Gemäß § 5 NVO sind Nebentätigkeiten von geringem Umfang solche, die mit nicht mehr als 2400 DM jährlich vergütet werden.

1268 ABl. S. 841, seitdem viermal geändert, zuletzt geändert durch Gesetz v. 7.11.2001, ABl. S. 2158.
1269 Verordnung der Sächsischen Staatsregierung über die Nebentätigkeit der Beamten und Richter im Freistaat Sachsen, SächsGVBl. S. 1110, seitdem zweimal geändert, letzte Änderung durch VO v.11.12.2001, SächsGVBl. S. 725.
1270 GVBl. LSA S. 456.
1271 GVOBl. S. 257, gleichzeitig mit Inkrafttreten Außerkrafttreten der Verordnung v. 23.1.1975, GVOBl. S. 21; seit 1990 wurde die Verordnung dreimal geändert, letzte Änderung durch VO v. 29.2.2000, GVOBl. S. 207.
1272 Thüringer Verordnung über die Nebentätigkeit der Beamten, GVBl. S. 135, seitdem zweimal geändert, zuletzt durch VO v. 11.12.2001, GVBl. 2002, S. 92.
1273 Vergütung im Monat nicht mehr als 100 €, zeitliche Beanspruchung nicht mehr als ein Fünftel der regelmäßigen Wochenarbeitszeit.

Weitergehende Anforderungen an die allgemeine Erteilung der Genehmigung als § 5 BNV stellen Bayern, Nordrhein-Westfalen, Rheinland-Pfalz und das Saarland[1274].
Während nach § 5 Abs. 1 Satz 1 BNV der insgesamt geringe Umfang der Nebentätigkeit unter anderem davon abhängt, dass die Vergütung weniger als 100 € pro Monat beträgt, darf der Beamte in Bayern und in Rheinland-Pfalz in diesen Fällen nicht mehr als 1848 € pro Jahr, also 154 € pro Monat, verdienen.

Die in § 5 Abs. 1 Satz 3 BNV festgelegte Anzeigepflicht solcher allgemein genehmigten Nebentätigkeiten besteht in allen Ländern.

b) Grundsätzliches Vergütungsverbot und Ablieferungspflicht
Die BNV bestimmt, dass für Nebentätigkeiten im Bundesdienst grundsätzlich keine Vergütung gewährt wird (§ 6 Abs. 1 Satz 1). Für bestimmte Tätigkeiten können aber Ausnahmen zugelassen werden (§ 6 Abs. 1 Satz 2). Die Vergütung für diese Tätigkeiten darf allerdings bestimmte Höchstgrenzen nicht überschreiten (§ 6 Abs. 2). Diese Höchstgrenzen orientieren sich an den Besoldungsstufen. Der Beamte muss die Teile der Vergütung, um die die Höchstgrenzen überschritten werden, an seinen Dienstherrn abliefern (§ 6 Abs. 3). Dies gilt allerdings nur dann, wenn er die Nebentätigkeit im öffentlichen oder in einem diesem gleichstehenden Dienst oder auf Verlangen, Vorschlag oder Veranlassung seines Vorgesetzten ausübt. Schließlich gelten sowohl das Vergütungsverbot als auch die Ablieferungspflicht für bestimmte Tätigkeiten nicht (§ 7).

Hessen besitzt als einziges Bundesland kein grundsätzliches Vergütungsverbot für Nebentätigkeiten im öffentlichen Dienst. In Sachsen-Anhalt besteht das Vergütungsverbot nur dann, wenn der Beamte zur Ausübung der Nebentätigkeit im Hauptamt entsprechend entlastet wird.

Über die in § 6 Abs. 1 BNV genannten Tätigkeiten hinaus, für die Ausnahmen vom grundsätzlich bestehenden Vergütungsverbot für Nebentätigkeiten im öffentlichen Dienst gemacht werden können, sehen Baden-Württemberg, Bayern, Nordrhein-Westfalen, Rheinland-Pfalz, das Saarland, Sachsen und Schleswig-Holstein Ausnahmemöglichkeiten für weitere Tätigkeiten vor.

Einige der Tätigkeiten, für die gemäß § 7 BNV weder das Vergütungsverbot noch die Ablieferungspflicht gelten, fehlen in Baden-Württemberg, Hessen, Nordrhein-Westfalen, Rheinland-Pfalz, Saarland, Sachsen und Sachsen-Anhalt, außerdem in der entsprechenden Regelung des § 75 b des niedersächsischen Landesbeamtengesetzes. Teilweise werden die Ausnahmen in den Nebentätigkeitsverordnungen der Länder auch modifiziert[1275].
Bis auf Sachsen-Anhalt[1276] und Niedersachsen[1277] gibt es in allen Bundesländern[1278] dafür

[1274] Keine Beeinträchtigung dienstlicher Interessen in Bayern, Nordrhein-Westfalen und dem Saarland; in Rheinland-Pfalz gilt die allgemeine Erteilung der Genehmigung nur für die in § 3 Nr. 26 EStG genannten Tätigkeiten (bspw. nebenberufliche künstlerische Tätigkeit, als Übungsleiter oder Erzieher).
[1275] Bspw. beschränkt § 9 Nr. 2 NtVO Rheinland-Pfalz die in § 7 Nr. 3 BNV genannten Tätigkeiten auf dem Gebiet der wissenschaftlichen Forschung auf Tätigkeiten von Professoren auf dem Gebiet der wissenschaftlichen Forschung, der Kunst, der gestaltenden Planung sowie des Bauingenieurwesens.
[1276] § 7 NtVO: keine Anwendung von § 6 (Ablieferungspflicht) lediglich auf Vergütungen für Tätigkeiten, die während eines unter Wegfall der Besoldung gewährten Urlaubs ausgeübt werden, oder auf dem Gebiet der wissenschaftlichen Forschung.
[1277] Das niedersächsische LBG besitzt weniger Ausnahmeregelungen.
[1278] Ausgenommen sind hier wiederum Brandenburg und Mecklenburg-Vorpommern, da dort die die BNV gilt.

aber weitere Ausnahmeregelungen.
Durch das Fehlen dieser Ausnahmetatbestände kommt es gleichzeitig zu einer abweichenden Rechtslage in den betreffenden Bundesländern, da diese Länder andere Tätigkeiten privilegieren bzw. diskriminieren als der Bund und die meisten anderen Länder. Solche Abweichungen sind aber von der Rechtsprechung nicht beanstandet worden, obwohl dadurch bundeseinheitliche Standards verhindert werden[1279].

c) Inanspruchnahme von Einrichtungen des Dienstherrn

aa) Voraussetzungen der Inanspruchnahme
§ 9 Abs. 1 BNV sieht eine vorherige und schriftliche Genehmigung der Inanspruchnahme von Einrichtungen des Dienstherrn vor, für deren Erteilung ein öffentliches oder wissenschaftliches Interesse vorhanden sein muss. Die Genehmigung darf nur unter der Auflage erteilt werden, dass ein Entgelt gezahlt wird.
In Hessen, Nordrhein-Westfalen und Rheinland-Pfalz bestimmen die Nebentätigkeitsverordnungen nicht, dass die Genehmigung schriftlich und im Voraus erfolgen muss; im Saarland ist nur die Schriftform geregelt, allerdings nicht in der Verordnung, sondern in § 79 Abs. 5 Satz 3 SBG. In Hamburg ist beides (nur) im HmbBG geregelt.
Das öffentliche oder wissenschaftliche Interesse als Voraussetzung für die Erteilung der Genehmigung ist in Nordrhein-Westfalen nicht erforderlich; in Berlin, Hamburg, Hessen, Rheinland-Pfalz und im Saarland ist dies (nur) gesetzlich geregelt. Baden-Württemberg, Hamburg und Sachsen sehen abweichend von der Genehmigungspflicht vor, dass teilweise die Genehmigung als allgemein erteilt gilt[1280]. Außerdem sehen Bremen und Nordrhein-Westfalen weitere Genehmigungsvoraussetzungen vor[1281].

Zwar sehen alle Länder vor, dass für die Inanspruchnahme ein Entgelt gezahlt werden muss, aber die ausdrückliche Ausgestaltung als Auflage zur Genehmigung entsprechend § 9 Abs. 4 Satz 4 BNV findet nur in Bremen, Saarland, Sachsen-Anhalt, Schleswig-Holstein und in Thüringen statt.

bb) Verzicht auf Entgeltzahlung für die Inanspruchnahme
Gemäß §10 Abs. 1 Satz 2 BNV kann auf die Entrichtung eines Entgelts für die Inanspruchnahme von Einrichtungen des Dienstherrn bei einer unentgeltlichen Tätigkeit, einer Tätigkeit, die auf Verlangen, Vorschlag oder Veranlassung des Dienstherrn vorgenommen wurde oder bei welcher der Betrag 100 € im Kalenderjahr nicht übersteigt, verzichtet werden.
Verzichtsmöglichkeiten in weiteren bzw. anders gelagerten Fällen sehen die Verordnungen

---

[1279] OVG Koblenz, Urt. v. 28.11.2001 – 2 A 11037/01, abrufbar unter www.jurisweb.de, abgerufen am 9.4.2003: die abweichende vergütungs- und ablieferungsrechtliche Behandlung akademischer Lehrtätigkeit in Rheinland-Pfalz beruhe auf rechtspolitischen Erwägungen, die mit den verfassungsrechtlichen Vorgaben vereinbar seien.
[1280] In Bayern gilt die Genehmigung nach § 14 Abs. 4 Satz 1 als allgemein erteilt, wenn ein öffentliches oder wissenschaftliches Interesse an der Ausübung vorliegt und ein Entgelt nicht zu entrichten ist; in Hamburg, wenn es sich um eine Nebentätigkeit für den Dienstherrn handelt, § 2 Abs. 2 der Inanspruchnahme- und Entgelt-Verordnung, GVBl. 1987, S. 223; in Sachsen gilt die Inanspruchnahme von Möbeln, einfachen Schreib- und Zeichengeräten, einfachen Schreib- und Rechenmaschinen, einfachen Werkzeugen sowie von Bibliotheken und wissenschaftlicher Literatur als allgemein genehmigt, § 10 Abs. 1 Satz 3.
[1281] Bremen: keine Beeinträchtigung dienstlicher Interessen (§ 8 Abs. 4 BremNVO); Nordrhein-Westfalen: der in Anspruch nehmende Beamte muss unter bestimmten Umständen dem Personal eine anteilige Vergütung zahlen (§§ 72 Abs. 2, 75 Satz 2 Nr. 7 LBG, § 16 Abs. 5 Satz 1 NVO).

von Baden-Württemberg, Bayern, Berlin und Sachsen vor[1282]. Baden-Württemberg, Bayern, Hamburg, Saarland und Sachsen sehen eine abweichende Vergütungshöchstgrenze vor[1283]. Darüber hinaus kann in Hamburg auf das Entgelt nur verzichtet werden, wenn der Beamte eine Nebentätigkeit ohne Vergütung im dienstlichen Interesse ausübt.

3. Ergebnis

Bei einer rein quantitativen Betrachtungsweise stellt man fest, dass fast alle Nebentätigkeitsverordnungen große inhaltliche Übereinstimmungen mit der BNV aufweisen. Betrachtet man die gerade dargestellten Beispiele, relativiert sich dieser Eindruck wieder etwas, da die Unterschiede im Einzelnen durchaus nicht unerheblicher Art sind.

Besonders viele inhaltliche Übereinstimmungen mit der BNV besitzen die Nebentätigkeitsverordnungen von Berlin, Bremen und Thüringen. Bei diesen Länderverordnungen, sowie auch bei der schleswig-holsteinischen, sind auch die Formulierungen der BNV weitgehend oder doch zumindest sinngemäß übernommen worden. Abweichungen ergeben sich hauptsächlich dadurch, dass die Länder in ihren Verordnungen von den weitergehenden Ermächtigungen Gebrauch gemacht haben. Durchgängige Differenzen sind auch kaum möglich, da die Umsetzung der Rahmenrechtsvorgaben nur sehr begrenzt die Freiheit der Abweichung ermöglicht.

Deutliche Abweichungen im Wortlaut kann man vor allem in Hessen finden, dort weicht auch die Systematik der Verordnung erheblich von der der BNV ab. Systematische Gemeinsamkeiten sind dort fast gar nicht mehr zu erkennen. Unterschiede im Wortlaut gibt es teilweise auch in Nordrhein-Westfalen und Rheinland-Pfalz.
Alle drei genannten Länder sind im Übrigen diejenigen, die inhaltlich die meisten Unterschiede zur BNV aufweisen. In Hessen fällt darüber hinaus auf, dass weder die Verordnung noch das HBG zu einigen Bereichen Regelungen treffen, so gibt es z.B. keine Bestimmungen der Begriffe Nebentätigkeit, Nebenamt und Nebenbeschäftigung und auch keine Grundsätze über die Bemessung des Entgelts für die Inanspruchnahme von Einrichtungen.

Insgesamt ist aber unverkennbar, dass die BNV Vorbildfunktion für die Nebentätigkeitsverordnungen der Länder besitzt. Der Bund übernimmt hier, nicht zuletzt aufgrund seiner Doppelstellung als Gesetzgeber des Rahmengesetzes wie auch des BBG in ausschließlicher Gesetzgebungskompetenz, eine Vorbildfunktion. Da die Übernahme der Regelungen des Bundes besonders in Berlin, Bremen und Thüringen aufgefallen ist, liegt die Vermutung nahe, dass dieser Befund mit einer grundsätzlichen Bereitschaft kleinerer Länder und insbesondere der Stadtstaaten zusammenhängt, durch die Übernahme bereits bestehender Regelungen Kosten einzusparen[1284].

[1282] In Baden-Württemberg und Sachsen kann auf das Entgelt verzichtet werden, wenn die Nebentätigkeit im Interesse des Dienstherrn liegt, dieser das dienstliche Interesse bei der Erteilung der Genehmigung bestätigt hat und die Erhebung eines Nutzungsentgelts wegen der Höhe der Vergütung unangemessen wäre. Es ist zu vermuten, dass die Fälle, in denen ein dienstliches Interesse vorliegt, solche Fälle sind, in denen in anderen Ländern bzw. auf Bundesebene die Nebentätigkeit auf Verlangen, Vorschlag oder Veranlassung des Dienstvorgesetzten ausgeübt würde.

[1283] Baden-Württemberg: 50 DM im Monat bei einer einmaligen oder gelegentlichen Inanspruchnahme; Bayern: 1230 € im Kalenderjahr; Hamburg: nicht mehr als 50 € im Kalenderjahr, Saarland: 50 € im Kalenderjahr; Sachsen: nicht mehr als 102,26 € bei einer einmaligen Inanspruchnahme.

[1284] Vgl. hierzu schon oben **A.** II. 1. c) aa).

VI. Vergleich der Verordnungen und ihrer Ermächtigungen als Indiz für die Beurteilung der Zusammenarbeit der Länder

Der Regelungsinhalt der untersuchten Nebentätigkeitsverordnungen geht teilweise über das hinaus, was zur Umsetzung des § 42 BRRG erforderlich ist. Das liegt auf der einen Seite an dem Entscheidungsspielraum des Verordnungsgebers, welcher ihm nicht nur durch das ermächtigende Landesgesetz, sondern auch durch die Vorgaben des BRRG eingeräumt ist; auf der anderen Seite an den zusätzlichen Ermächtigungen in den Landesgesetzen aufgrund ländereigener Gesetzgebungskompetenz.

Es wird vermutet, dass ähnlich aufgebaute und klingende Verordnungstexte eine Zusammenarbeit oder jedenfalls einen Austausch der Verordnungsgeber indizieren. Durch einen Vergleich der Systematik, aber vor allem des Wortlauts und damit auch teilweise des Inhalts soll dies näher untersucht werden.

1. Vergleich der Ermächtigungsgrundlagen

a) Vergleich in tabellarischer Übersicht

Im Folgenden soll anhand einer Tabelle dargestellt werden, zum Erlass welcher Ausführungsvorschriften die Landesbeamtengesetze den Verordnungsgeber ermächtigen.

Inhalt und Umfang der Verordnungsermächtigung	**Bundesland**

Begriffsbestimmungen und Genehmigungspflicht:

1	Welche Tätigkeiten als öffentlicher Dienst anzusehen sind oder ihm gleichstehen	Alle bis auf Niedersachsen, Hessen und Rheinland-Pfalz
2	Welche Tätigkeiten als Wahrnehmung öffentlicher Ehrenämter anzusehen sind	Mecklenburg-Vorpommern, Schleswig-Holstein
3a	In welchen Fällen die Nebentätigkeit als allgemein genehmigt gilt und	Baden-Württemberg, Mecklenburg-Vorpommern, Rheinland-Pfalz, Sachsen, Schleswig-Holstein
3b	ob und inwieweit der Beamte die Aufnahme anzuzeigen hat	Baden-Württemberg, Mecklenburg-Vorpommern, Rheinland-Pfalz NRW: Anzeige unter Angabe von Art und Umfang der der voraussichtlich zu erwartenden Entgelte
4a	Inwieweit Tätigkeiten von geringem Umfang von der Pflicht zur Genehmigung ausgenommen werden können bzw.	Hessen
4b	unter welchen Voraussetzungen der Umfang als gering anzusehen ist	Baden-Württemberg
4c	Das Nähere hinsichtlich nicht genehmigungspflichtiger Nebentätigkeiten	Brandenburg

4d	Das Nähere hinsichtlich der Unentgeltlichkeit betr. Genehmigungsfreie Nebentätigkeiten	Bayern
5	Welche Beamtengruppen für bestimmte Nebentätigkeit eine Genehmigung brauchen, obwohl die Nebentätigkeit eigentlich nicht genehmigungspflichtig ist	Berlin, Brandenburg, Bremen, Mecklenburg-Vorpommern, Sachsen-Anhalt, Schleswig-Holstein, Thüringen

Vergütungsverbot und Ablieferungspflicht:

6a	Ob und inwieweit der Beamte für eine im öff. Dienst ausgeübte oder auf Verlangen, Vorschlag oder Veranlassung seines Dienstherrn übernommen Nebentätigkeit eine Vergütung erhält oder abzuführen hat	Alle bis auf Niedersachsen; in Hessen nur Regelung der Abführung der Vergütung
6b	Staffelung der Höchstbeträge, die dem Beamten zu belassen sind	Berlin, Mecklenburg-Vorpommern
6c	Anwendbarkeit der AO auf die Vergütung und die Ablieferung derselben	Saarland

Inanspruchnahme von Einrichtungen des Dienstherrn:

7	Unter welchen Voraussetzungen der Beamte Einrichtungen in Anspruch nehmen darf	Alle bis auf Brandenburg, Hessen und Rheinland-Pfalz
8a 8b	Wann eine Inanspruchnahme als geringfügig angesehen werden kann oder auf das Entgelt verzichtet werden kann	Baden-Württemberg, Sachsen Alle bis auf Hessen; in Bayern: welches Entgelt der Beamte zu entrichten hat
9	Wann Vomhundertsätze der Bruttovergütung als Entgelt festgesetzt werden können[1285] bzw. dass das Entgelt pauschaliert [und][1286] in einem Vomhundertsatz festgelegt werden kann	Alle bis auf Bayern, Hessen, Niedersachsen, Nordrhein-West-falen und Rheinland-Pfalz
10	Höhe des Entgeltes	Alle bis auf Baden-Württemberg, Bremen, Hessen
11	Zahlung von Verzugszinsen oder Säumnisentgelt	Berlin, Rheinland-Pfalz Hessen
12	Schätzung der Höhe der Vergütung (auch bei genehmigungsfreier Tätigkeit) und von Art und Umfang der Inanspruchnahme bei fehlender Auskunft	Bayern, Brandenburg

[1285] So Formulierung in Baden-Württemberg, Bremen und Sachsen.

[1286] Formulierung mit „und" in Hamburg; ohne in Berlin, Brandenburg, Mecklenburg-Vorpommern, Saarland, Sachsen-Anhalt und Thüringen.

13	Ob das Personal einen Anteil an der Vergütung erhält	Nordrhein-Westfalen

Auskunfts- und Nachweispflichten:

14a	Ob und inwieweit der Beamte über Nebentätigkeit und Höhe der Vergütung Auskunft zu geben hat	Baden-Württemberg, Sachsen
14 b	Auskunft über Vergütung aus genehmigungspflichtiger Tätigkeit	Bayern
14c	Auskunft über Art, Umfang, Vergütung, Art und Umfang der Inanspruchnahme	Bayern, Brandenburg
14 d	Verpflichtung zur Angabe der Entgelte nach jedem Kalenderjahr	Berlin, Bremen, Brandenburg, Hamburg, Mecklenburg-Vorpommern, Rheinland-Pfalz, Schleswig-Holstein, Thüringen
14e	Auskunft bei nicht genehmigungspflichtiger Nebentätigkeit bzgl. Art, Umfang und Vergütung bei Anhaltspunkten für Dienstpflichtverletzung	Bayern
15	Führung von Nachweisen hinsichtlich Art, Umfang, Nebentätigkeit, Entgelt, Vergütung	Brandenburg

b) Ergebnis

Der Vergleich von Inhalt und Umfang der Verordnungsermächtigungen ergibt folgende Befunde:

aa) Übereinstimmung nie in allen Bundesländern

Der Regelungsbereich ist in allen Bundesländern sehr unterschiedlich ausgestaltet[1287]. Erstens existiert kein Punkt, der in jeder Verordnungsermächtigung zu finden ist. Dies liegt in der Regel daran, dass der betreffende Bereich – jedenfalls nach Auffassung des Gesetzgebers – bereits ausreichend im Gesetz geregelt ist. Die meisten Übereinstimmungen gibt es bei der Ermächtigung zur Bestimmung, welche Tätigkeiten als öffentlicher Dienst anzusehen sind oder ihm gleichstehen (1), ob und inwieweit der Beamte eine Vergütung erhält oder abzuführen hat (6a), unter welchen Voraussetzungen der Beamte Einrichtungen des Dienstherrn in Anspruch nehmen darf (7) und auf welche Weise das Entgelt festgelegt wird (9).

bb) Überwiegende Übereinstimmung nicht einmal in der Mehrzahl der Punkte

Zweitens gibt es unterschiedliche Einschätzungen, was in einer Ausführungsverordnung zu den Beamtengesetzen geregelt werden soll. Das zeigt sich darin, dass bestimmte Inhalte in den meisten Verordnungsermächtigungen enthalten sind, während andere nur vereinzelt auftauchen.

Knapp die Hälfte aller aufgezählten Punkte findet sich zumindest in mindestens der Hälfte aller Bundesländer (1, 5, 6a, 7, 8a, 8b, 9, 10, 14d).

Da die Formulierungen sich teilweise erheblich unterscheiden, ist es nicht immer einfach festzustellen, ob und inwieweit sich die Verordnungsermächtigungen in Inhalt und Umfang äh-

[1287] So auch *Schiemann*, in: Schütz/Maiwald, Teil C, § 75 RN. 3.

neln, so zum Beispiel im Bereich der genehmigungsfreien Nebentätigkeiten (4a-d) oder der recht unbestimmten Ermächtigung in Niedersachsen, das Nähere, insbesondere der Inanspruchnahme zu regeln[1288]; ähnliche Formulierungen gibt es auch in Hessen[1289].
Außerdem existieren eine Reihe von Punkten, die in den Verordnungsermächtigungen nur weniger Länder vorhanden sind: deutlichstes Beispiel ist die Pflicht in Nordrhein-Westfalen, bei der Inanspruchnahme von Einrichtungen des Dienstherrn in bestimmten Fällen das in Anspruch genommene Personal an der erhaltenen Vergütung zu beteiligen (13). Die Möglichkeit dieser Beteiligung existiert im Übrigen auch in Brandenburg gemäß § 31 Abs. 5 Satz 3 LBG.

cc) Im Umfang abweichende Verordnungsermächtigungen
Drittens gibt es Verordnungsermächtigungen, denen eine Sonderrolle zukommt, da sie sich von den anderen im Umfang deutlich unterscheiden. Das betrifft die Verordnungsermächtigungen von Hessen und Niedersachsen.

(1) Niedersachsen
Niedersachsen besitzt, ebenso wie Brandenburg und Mecklenburg-Vorpommern, zwar Verordnungsermächtigungen, aber keine Nebentätigkeitsverordnung. Dabei sind die Verordnungsermächtigungen von Brandenburg und Mecklenburg-Vorpommern, verglichen mit denjenigen der übrigen Länder, noch sehr umfangreich. In beiden Ländern könnten aufgrund dieser Ermächtigungen Nebentätigkeitsverordnungen erlassen werden, die denjenigen der übrigen Bundesländer in Inhalt und Umfang weitgehend entsprechen würden.
Dagegen ist das niedersächsische Landesbeamtengesetz bereits so detailliert, dass der Umfang der Verordnungsermächtigungen deutlich zurückgenommen wurde: dort könnten durch Rechtsverordnung nur die Voraussetzungen für die Inanspruchnahme von Einrichtungen des Dienstherrn und die Höhe des dafür zu entrichtenden Entgeltes geregelt werden.

(2) Hessen
Eine weitere Besonderheit hinsichtlich der Verordnungsermächtigungen enthält das hessische Landesbeamtengesetz: während alle anderen Landesbeamtengesetze einen eigenen Paragraphen (oder wie in Niedersachsen zumindest einen Absatz) der Verordnungsermächtigung widmen – was im Übrigen auch die Auffindung der betreffenden Ermächtigung erleichtert – findet man im HBG sowohl in § 80 Abs. 2 als auch in § 81 Abs. 1 Satz 5 und Abs. 2 Satz 1 Verordnungsermächtigungen. Diese lassen nur einen geringen Anwendungsbereich der Verordnung zu.

Laut der Begründung zum Entwurf eines Gesetzes, das sowohl das HBG als auch die Nebentätigkeitsverordnung geändert hat, soll § 78 Abs. 3 HBG ebenfalls eine Verordnungsermächtigung darstellen, und zwar für den neu eingefügten § 1a der Nebentätigkeitsverordnung[1290]. Dieser stellt bestimmte Tätigkeiten dem öffentlichen Dienst gleich und regelt inhaltlich dasselbe wie § 2 Abs. 2 BNV. § 78 Abs. 3 Satz 1 HBG lautet:
„Öffentlicher Dienst im Sinne der Abs. 1 und 2 ist jede Tätigkeit für den Bund, ein Land, eine Körperschaft, Anstalt oder Stiftung des öffentlichen Rechts oder deren Verbände sowie jede durch Rechtsverordnung einer Tätigkeit im öffentlichen Dienst gleichgestellte Tätigkeit."
Satz 2 nimmt davon Tätigkeiten für Kirchen und andere öffentlich-rechtliche Religions- und Weltanschauungsgemeinschaften und deren Verbände sowie Tätigkeiten für öffentlich-

[1288] § 75 c Abs. 4 Niedersächsisches Beamtengesetz.
[1289] § 80 Abs. 2 Satz 2 und § 81 Abs. 1 Satz 5, 2. Halbs. HBG.
[1290] LT-Drs. 14/4224, S. 5f. zum Gesetz v. 25.11.1998, GVBl. I S. 492.

rechtliche Rundfunkanstalten vom Begriff des öffentlichen Dienstes aus.
Eine solche Formulierung lässt jedoch nicht erkennen, dass es sich hierbei um eine Verordnungsermächtigung handeln soll. Vielmehr muss man davon ausgehen, gerade im Vergleich mit den Formulierungen anderer Beamtengesetze[1291], dass § 78 Abs. 3 Satz 1 HBG nur eine Begriffsbestimmung mit Verweis auf schon existierende Rechtsverordnungen darstellt.
Durch die knapp gehaltene Verordnungsermächtigung fällt auch die Nebentätigkeitsverordnung selbst, im Vergleich mit den Verordnungen anderer Länder, kurz und im Umfang begrenzt aus.

c) Häufigkeit von Änderungen in den Ermächtigungsgrundlagen

aa) Änderungen aufgrund des 2. Nebentätigkeitsbegrenzungsgesetzes
In den letzten Jahren sind die Verordnungsermächtigungen in den Landesbeamtengesetzen selten geändert worden. Die Änderungen sind fast ausschließlich auf die Änderung des § 42 BRRG und des BBG durch das *2. Nebentätigkeitsbegrenzungsgesetz* vom 9.9.1997[1292] zurückzuführen: durch dieses Gesetz wurden die Länder über § 42 Abs. 1 Satz 5 BRRG ermächtigt, eine Auskunftspflicht des Beamten über nicht genehmigungspflichtige Nebentätigkeiten und auch über die dadurch erzielten Entgelte einzuführen. Gleichzeitig wurde in § 69 BBG durch Nr. 5 eine weitere Verordnungsermächtigung eingefügt. Danach wird die Bundesregierung ermächtigt, eine Rechtsverordnung zu erlassen, in der bestimmt werden kann, dass der Beamte verpflichtet werden kann, nach Ablauf eines jeden Kalenderjahres seinem Dienstvorgesetzten die ihm zugeflossenen Entgelte und geldwerten Vorteile aus Nebentätigkeiten anzugeben.
Eine entsprechende Erweiterung des Ermächtigungskataloges in den Landesbeamtengesetzen haben im Laufe der nächsten vier Jahre[1293] alle Länder bis auf Baden-Württemberg, Hessen, Niedersachsen, Nordrhein-Westfalen, das Saarland, Sachsen und Sachsen-Anhalt vorgenommen.

In Baden-Württemberg existierte schon vor dem *2. Nebentätigkeitsbegrenzungsgesetz* in § 88 Satz 2 Nr. 5 LBG eine Ermächtigung zum Erlass von Verordnungen darüber, ob und inwieweit der Beamte über Nebentätigkeiten und die Höhe der der Nebentätigkeitsvergütung Auskunft zu geben hat. Offenbar hat sowohl der Gesetz- als auch der Verordnungsgeber diese Ermächtigung als ausreichend dafür angesehen, in § 8 der Nebentätigkeitsverordnung eine Pflicht zur Erklärung über die ausgeübten Nebentätigkeiten nach Ablauf eines Kalenderjahres einzuführen. Diese Pflicht war schon in der Neufassung der Verordnung 1972 vorhanden[1294]. Durch Änderungsverordnung wurde 1999[1295] diese Pflicht aber wesentlich erweitert, da sie sich bisher nur auf bestimmte Nebentätigkeiten und die hieraus erlangten Vergütungen bezog.
Ähnliches gilt für Sachsen. Dort lautet § 88 Satz 2 Nr. 5 SächsBG seit Erlass des Gesetzes 1992: „ob und inwieweit der Beamte über Nebentätigkeiten und die Höhe der Nebentätigkeitsvergütungen Auskunft zu geben hat." Nach § 9 Satz 2 und 3 der Nebentätigkeitsverordnung hat der Beamte am Ende des Kalenderjahres eine Erklärung über die von ihm ausgeübten Nebentätigkeiten vorzulegen, welche Angaben über Art, zeitliche Inanspruchnahme, Dau-

---

1291 Alle übrigen Verordnungsermächtigungen lauten: „In ihr kann [insbesondere] bestimmt werden, welche Tätigkeiten als öffentlicher Dienst im Sinne dieser Vorschriften anzusehen sind oder ihm gleichstehen".
1292 Vgl. dazu schon oben IV. 2. c).
1293 Am langsamsten waren dabei Mecklenburg-Vorpommern und Hamburg, die ihre Ermächtigungsgrundlagen erst 2001 anpassten.
1294 Bekanntmachung der Neufassung v. 28.12.1972, GBl.BW 1973, S. 57.
1295 § 8 neu gefasst durch Verordnung v. 8.11.1999, GBl.BW S. 437.

er und Auftraggeber enthalten muss. Vorlegen muss er ferner eine Abrechnung über die erhaltenen Vergütungen aus Nebentätigkeiten im Sinne von § 6: das sind solche Vergütungen, die der Beamte für eine Nebentätigkeit im öffentlichen Dienst erhalten hat. Die Verordnungsermächtigung im Sinne von § 69 Satz 2 Nr. 5 BBG zielt aber auf sämtliche Nebentätigkeiten ab, unabhängig davon, ob es sich im solche innerhalb oder außerhalb des öffentlichen Dienstes handelt.

Hessen, Niedersachsen, Nordrhein-Westfalen, Sachsen-Anhalt und das Saarland haben von der Möglichkeit des § 42 Abs. 1 Satz 5 BRRG und einer entsprechenden Erweiterung der Verordnungsermächtigungen keinen Gebrauch gemacht. Im Saarland wurde § 83 SBG lediglich dahingehend geändert, dass in Satz 2 ein „insbesondere" eingefügt wurde, was bedeuten soll, dass die Aufzählungen dessen, was in Rechtsverordnungen geregelt werden kann, nicht abschließend sein sollen. Das Arbeiten mit Regelbeispielen erschwert allerdings die Beantwortung der Frage, ob die Ermächtigungsgrundlage den Anforderungen des Art. 80 Abs. 1 Satz 2 GG genügt. Zwar ist die Bestimmtheit einer Verordnungsermächtigung durch Auslegung zu ermitteln, und zwar durch Auslegung des gesamten Gesetzes, das die Ermächtigung enthält[1296]. Da § 83 Satz 1 SBG von Rechtsverordnungen „zur Ausführung der §§ 78 bis 82 notwendigen Vorschriften" spricht, müsste man also durch Auslegung dieser Vorschriften Inhalt, Zweck und Ausmaß der Ermächtigung bestimmen können. Es ist allerdings fraglich, inwieweit das Arbeiten mit Regelbeispielen wirklich erforderlich war, wenn andere Verordnungsgeber auf dieses Instrument verzichten konnten[1297].

Obwohl das nordrhein-westfälische LBG in § 75 keine § 69 Satz 2 Nr. 5 BBG entsprechende Verordnungsermächtigung enthält, bestimmt § 15 der Nebentätigkeitsverordnung, dass der Beamte am Ende eines jeden Jahres eine Aufstellung über Nebeneinnahmen sowohl für genehmigungspflichtige sowie für bestimmte genehmigungsfreie Nebentätigkeiten innerhalb und außerhalb des öffentlichen Dienstes vorzulegen hat, wenn diese 1200 € übersteigen. Diese Vorschrift lässt sich auch nicht auf die Verordnungsermächtigung nach § 75 Satz 2 Nr. 3 LBG stützen, da es dort um eine vorherige Anzeige geht[1298], so dass es an einer gesetzlichen Ermächtigung im Sinne von Art. 80 Abs. 1 GG fehlt.

Erstaunlich ist, dass auch Brandenburg und Mecklenburg-Vorpommern, die beide keine Nebentätigkeitsverordnungen für Beamte besitzen, ebenfalls ihre Verordnungsermächtigungen entsprechend angepasst haben. In Brandenburg könnten die Änderungen immerhin noch für die Richternebentätigkeitsverordnung von Bedeutung sein, aber in Mecklenburg-Vorpommern existieren überhaupt keine auf § 74 LBG beruhenden Rechtsverordnungen.

bb) Sonstige Änderungen

Weitere Änderungen der Verordnungsermächtigungen fanden in Baden-Württemberg, Brandenburg und Nordrhein-Westfalen statt. In Baden-Württemberg wurde 1998 gleichzeitig mit der Einfügung von Nr. 2 in § 88 LBG Nr. 2 dergestalt ergänzt, dass nun auch durch Verordnung geregelt werden konnte, ob und inwieweit der Beamte die Aufnahme einer allgemein

---

[1296] *Bryde*, in: v. Münch/Kunig, Bd. 3, Art. 80 RN. 22.

[1297] Mit einer solchen „offenen" Gestaltung der Ermächtigungsgrundlagen arbeiten im Übrigen auch viele andere Länder, vgl. bei *Schiemann*, in: Schütz/Maiwald, Teil C, § 75 RN. 3.

[1298] „welche nicht genehmigungspflichtigen oder allgemein genehmigten Nebentätigkeiten dem Dienstvorgesetzten unter Angabe von Art und Umfang sowie der voraussichtlich zu erwartenden Entgelte oder geldwerten Vorteile anzuzeigen sind".

genehmigten Nebentätigkeit anzuzeigen hat[1299]. Weiterhin wurde Nr. 6 angefügt; danach kann durch Verordnung geregelt werden, unter welchen Voraussetzungen der Umfang einer oder mehrerer Nebentätigkeiten im Sinne des § 84 Abs. 2 Satz 3 insgesamt als gering anzusehen ist.

In Brandenburg wurde darüber hinaus die bisherige Nr. 5 des § 35 Satz 2 LBG aufgehoben[1300] und die bisherige Nr. 6 zu Nr. 5 und neu gefasst[1301].
1984 wurde mit § 75 Satz 2 Nr. 3 LBG NW eine Verordnungsermächtigung zur Begrenzung von Nebentätigkeiten der Beamten aus arbeitsmarktpolitischen Gründen eingeführt, und zwar trotz der Tatsache, dass von Anfang an gegen eine solche Vorschrift verfassungsrechtliche Bedenken erhoben worden waren[1302]. Nachdem das Oberverwaltungsgericht Münster 1990 in einem Urteil erklärt hatte, dass die in § 68 Abs. 3 LBG vorgesehene Versagung der Genehmigung wegen Beeinträchtigung erheblicher Belange des Arbeitsmarktes nicht mit § 42 Abs. 2 BRRG vereinbar und daher gemäß Art. 31 GG nicht anwendbar sei[1303], wurden §§ 68 Abs. 3 sowie 75 Satz 2 Nr. 3 LBG in der bisherigen Fassung 1993 durch Gesetz aufgehoben[1304].

cc) Überblick über die Änderung in den Verordnungsermächtigungen seit 1985:

Bundesland	**Zeitpunkt der Änderung**	**Inhalt der Änderung**
Baden-Württemberg	Geändert durch Gesetz v. 20.4.1998, GBl. S. 249	Neufassung von § 88 Satz 2 Nr. 2 und Einfügung von Nr. 6
Bayern	Geändert durch Gesetz v. 22.7.1999, GVBl. S. 300	Änderung von Art. 77 Satz 2 Nr. 5 (gleichzeitig Änderung von Art. 73 Abs. 3 Satz 6)
Berlin	Geändert durch Gesetz v. 22.7.1999, GVBl. S. 422	Einfügung von § 33 Satz 2 Nr. 5
Brandenburg	Geändert durch Gesetz v. 21.12.1998, GVBl. I S. 234	Aufhebung der bisherigen und Einfügung einer neuen Nr. 5 und Nr. 6 in § 35 Satz 2
Bremen	Geändert durch Gesetz v. 29.9.1998, GVBl. S. 251	Einfügung von § 68 Satz 2 Nr. 5
Hamburg	Geändert durch Gesetz v. 31.1.2001, GVBl. S. 19	Einfügung von § 73 Satz 2 Nr. 5
Hessen	-	-

1299 Durch Gesetz v. 20.4.1998, GBl.BW S. 249.
1300 § 25 Satz 2 Nr. 5 LBG lautete: „inwieweit der Beamte Auskunft über eine Vergütung aus einer genehmigungspflichtigen Nebentätigkeit zu erteilen hat".
1301 Geltende Fassung: „das Nähere hinsichtlich der Auskunftspflicht nach § 31 Abs. 4 Satz 3, § 32 Abs. 3, der Pflichten nach § 31 Abs. 6 Satz und § 32 Abs. 2 sowie der Schätzung nach § 31 Abs. 4 Satz 4 und § 32 Abs. 3.".
1302 Vgl. Begründung zum Gesetzentwurf der Landesregierung, LT-Drs. 11/5042, S. 52, und Aussagen der Abgeordneten und von Beteiligten im Gesetzgebungsverfahren (insbes. Vertreter der kommunalen Spitzenverbände und der Sachverständige *Papier*), zitiert bei *Schwandt*, ZBR 1985, 101/105ff..
1303 OVG Münster, Urt. v. 30.8.1990 – 6 A 1598/87, NVwZ-RR 1993, 316. Die Beeinträchtigung erheblicher Belange des Arbeitsmarktes fällt auch nicht unter den Versagungsgrund der Beeinträchtigung dienstlicher Interessen, so schon das BVerwG, Urt. v. 25.1.1990 – BVerwG 2 C 10.89, BVerwGE 84, 299/301ff..
1304 Sechstes Gesetz zur Änderung dienstrechtlicher Vorschriften v. 6.7.1993, GV.NW S. 468.

Mecklenburg-Vorpommern	Geändert durch Gesetz v. 10.7.2001, GVBL. S. 256	Einfügung von § 74 Satz 2 Nr. 7
Niedersachsen, Fassung v. 19.2.2001, GVBl. S. 33	-	-
Nordrhein-Westfalen	- Geändert durch Gesetz v.18.9.1984, GVBl. S. 582 - Gesetz v. 6.7.1993, GVBl. S. 468 - Gesetz v. 20.4.1999, GVBL. S. 148	- Einfügung von § 75 Nr. 3 - Aufhebung von Nr. 3 und Einfügung einer neuen Nr. 3 - Einfügung in Nr. 3
Rheinland-Pfalz	- Geändert durch Gesetz v. 20.7.1998, GVBl. S. 205 - Geändert durch Gesetz v. 20.12.2000, GVBL. S. 582	Einfügung von § 77 Satz 2 Nr. 5 § 77 wird zu § 76, neue Fassungen der Nrn. 1-4 des Satz 2
Saarland, Fassung v. 27. 12.1996, Amtsbl. 1997 S. 301	-	-
Sachsen, Fassung v. 14. 6.1999, GVBl. S. 370	-	-
Sachsen-Anhalt, Fassung v. 9.2.1998, GVBl. S. 50	-	-
Schleswig-Holstein, Fassung v. 3.3.2000, GVOBl. S. 218	-	-
Thüringen	Geändert durch Gesetz v. 27.7.1999, GVBl. S. 449	Einfügung von § 71 Nr. 5

2. Vergleich der Nebentätigkeitsverordnungen der Länder

a) Wortlaut und Inhalt

Wie schon erwähnt, enthalten die Nebentätigkeitsverordnungen der Länder über die Umsetzung der Vorgaben des § 42 BRRG hinaus weitere Regelungen, die daraus resultieren, dass sie aufgrund landesrechtlicher Gesetzgebungskompetenz erlassen wurden. Bei diesen Zusatzregelungen wie auch bei denjenigen Punkten, in denen die Länderverordnungen von der BNV abweichen, kann man anhand eines Inhaltsvergleichs nur wenige Gemeinsamkeiten feststellen.

Dies soll anhand der wichtigsten Punkte beispielhaft verdeutlicht werden:

- Die Voraussetzungen, wann eine Genehmigung als allgemein erteilt gilt, gehen in einigen Ländern[1305] über diejenigen der BNV hinaus. Hinsichtlich dieser weitergehenden Voraussetzungen gibt es keine Überschneidungen. Die meisten zusätzlichen Anforderungen hat Rheinland-Pfalz[1306].

[1305] Der geringe Umfang wird in Berlin, Rheinland-Pfalz, Saarland, Sachsen und Schleswig-Holstein anders beurteilt; Berlin, Hamburg und Rheinland-Pfalz haben weitere Anforderungen.

[1306] Zusätzlich zu den Anforderungen, die auch die BNV kennt, insgesamt vier. Außerdem wird der geringe Umfang einer Tätigkeit anders bestimmt.

- In vielen Bundesländern soll bzw. darf die Nebentätigkeitsgenehmigung nur befristet erteilt werden; in Baden-Württemberg, Bayern, Berlin, Bremen und Nordrhein-Westfalen ist dies in der Verordnung, in Brandenburg, Hamburg, Hessen, Mecklenburg-Vorpommern, Niedersachsen und dem Saarland gesetzlich festgelegt.

- Die Ausnahmen vom Grundsatz, dass für Nebentätigkeiten im Landesdienst keine Vergütungen gewährt werden dürfen, gehen weit über die Ausnahmen der BNV hinaus. Acht Bundesländer sehen in ihren Verordnungen[1307]und zwei Länder in ihren Landesbeamtengesetzen[1308] weitere Ausnahmen vor; insgesamt sind es vierzehn weitere Ausnahmen. Von diesen vierzehn gibt es nur fünf Ausnahmen, die nur in einem Bundesland vorkommen, bei den übrigen neun gibt es immer mindestens zwei Länder, die diese Ausnahmen vorsehen[1309]; im Höchstfall sind es acht[1310].

- Die Anzahl der Tätigkeiten, die von der Ablieferungspflicht – beim Übersteigen bestimmter Höchstgrenzen der Vergütung – ausgenommen sind, geht in den Ländern ebenfalls weit über die Ausnahmen in der BNV hinaus; es sind zusätzlich dreizehn weitere Tätigkeiten. Davon sind drei Ausnahmen in mehr als zwei Bundesländern identisch[1311], bei den restlichen Ausnahmen gibt es keine Übereinstimmungen.

- Besondere Mitwirkungspflichten bei der Abrechung der Vergütungen und Sanktionen beim Verstoß gegen diese treffen den Beamten in Bayern, Nordrhein-Westfalen, Schleswig-Holstein und Thüringen[1312]. Lediglich die Anforderungen von Bayern und Thüringen sind identisch.

- In allen Bundesländern, ist gemäß § 42 Abs. 4 Satz 1 BRRG die Nutzung von Einrichtungen, Personal oder Material des Dienstherrn von einer Genehmigung abhängig zu machen. In einigen Ländern gilt diese Genehmigung unter bestimmten Voraussetzungen als erteilt[1313]. Diese Voraussetzungen sind allerdings überall unterschiedlich.

- Nach den Nebentätigkeitsverordnungen aller Länder muss grundsätzlich für die Inanspruchnahme von Einrichtungen des Dienstherrn ein Nutzungsentgelt gezahlt werden. Ausnahmen von diesem Grundsatz sehen alle Verordnungen vor, insbesondere bei unentgeltlicher Tätig-

[1307] Baden-Württemberg, Bayern, Nordrhein-Westfalen, Rheinland-Pfalz, Saarland, Sachsen, Schleswig-Holstein und Thüringen.

[1308] Hessen und Niedersachsen.

[1309] Die meisten Übereinstimmungen gibt es zwischen Niedersachsen und Hessen.

[1310] Ausgenommen sind in Baden-Württemberg, Bayern, Saarland, Sachsen, Schleswig-Holstein und Thüringen Tätigkeiten, für die auf andere Weise keine geeignete Arbeitskraft ohne erheblichen Mehraufwand gewonnen werden kann; ausgenommen sind weiterhin Lehr-, Vortrags- und Prüfungstätigkeiten in Baden-Württemberg, Nordrhein-Westfalen, Rheinland-Pfalz, Saarland, Sachsen und Schleswig-Holstein. Beide Ausnahmen gelten auch in Hessen und Niedersachsen, dort sind sie aber per Gesetz geregelt.

[1311] Schriftstellerische und vergleichbare Tätigkeiten (Baden-Württemberg, Bayern, Hamburg, Sachsen, Schleswig-Holstein und Thüringen), künstlerische Tätigkeiten (Baden-Württemberg, Bayern, Hamburg, Nordrhein-Westfalen, Saarland, Sachsen, Schleswig-Holstein und Thüringen) und Arbeitnehmererfindungen (Bayern, Nordrhein-Westfalen und Thüringen).

[1312] Führen von Aufzeichnungen, Feststellung der Vergütung durch Schätzung, wenn der Beamte keine oder keine ausreichende Auskunft gibt, Fälligkeit einen Monat nach Schätzung, Zuschlag bei säumiger Zahlung.

[1313] Bayern, Hamburg, Rheinland-Pfalz und Sachsen.

keit[1314]. Außerdem kann in allen Ländern auf das Entgelt verzichtet werden, wenn die Vergütung, die der Beamte für seine Nebentätigkeit erhält, bestimmte Höchstgrenzen nicht überschreitet[1315]. Diese Grenzen variieren jedoch erheblich: so muss beispielsweise der Beamte in Hamburg und im Saarland das Nutzungsentgelt schon dann zahlen, wenn er mehr als 50 € / 100 DM pro Jahr mit der Nebentätigkeit verdient, während er in Bayern immerhin bis zu 1230 € pro Jahr verdienen kann. Zwei weitere Ausnahmen sieht die bayerische Verordnung vor.

b) Systematik

Wie oben erwähnt[1316] entsprechen die meisten Nebentätigkeitsverordnungen in ihrer Systematik der BNV, dies gilt nicht für Hessen und teilweise auch nicht für Rheinland-Pfalz. Aber auch die Systematik der Verordnungen dieser beiden Länder ähnelt sich nicht. Das liegt nicht zuletzt an der Kürze der hessischen Verordnung, die insbesondere keine Aussage über die Genehmigung von Nebentätigkeiten macht und hinsichtlich des Entgelts für die Inanspruchnahme von Einrichtungen nur auf die Festsetzung durch die oberste Dienstbehörde verweist.

c) Ergebnis

Es bestehen nur wenige Übereinstimmungen zwischen den Nebentätigkeitsverordnungen der Länder. Dies indiziert, dass Kooperation in diesem Bereich, jedenfalls im Hinblick auf eine Angleichung von Vorschriften, kaum stattfindet.

Aussagen der zuständigen Ministerien bestätigen dies. Danach ist man im Beamtenrecht und speziell auch im Nebentätigkeitsrecht nicht bemüht, die Länderregelungen zu vereinheitlichen. Kooperation findet zwar statt, aber die Kommunikation ist unregelmäßig und meist informell durch Anfragen. Auch der Arbeitskreis Beamtenrecht sei eher wenig gefragt[1317].

Dieser ist ein Gremium, das zur Kooperation auf der Bund-Länder-Ebene, also der so genannten vierten Ebene, eingerichtet worden ist. Er beruht auf einer unmittelbaren Absprache zwischen Bund und Ländern. Alle Länder sind beteiligt, den Vorsitz hat der Bund, da auf diesem Gebiet die Bundeskompetenzen vorherrschen (Art. 73 Nr. 8 und Art. 75 Abs. 1 Nr. 1 GG). Diese Aussage kann allerdings nicht dahingehend verallgemeinert werden, dass Bundeskompetenzen immer für die Einrichtung eines Bund-Länder-Gremiums sprechen. Im Bereich der Beamtenbesoldung und -versorgung besitzen beispielsweise sowohl der Bund als auch die Länder Gesetzgebungskompetenzen (Art. 74 a Abs. 1 und Art. 73 Nr. 8 GG). Zuständig hierfür ist allerdings die Finanzministerkonferenz.

Der Arbeitskreis Beamtenrecht soll die Tätigkeiten von Bund und Ländern auf diesem Gebiet koordinieren. Dabei darf nicht übersehen werden, dass sich auch der AK VI der IMK teilweise mit Beamtenrecht, nämlich dem öffentlichen Dienstrecht, befasst. Zwar existieren beide Organisationen unverbunden nebeneinander, insbesondere stehen sie in keinem Über-/Unterordnungsverhältnis, aber es bestehen Kontakte zum AK IV[1318].

Der Arbeitskreis Beamtenrecht zielt als Bund-Länder-Gremium zwar auf Vereinheitlichung als Ergebnis der Kooperation ab. Da im Bereich der Rahmengesetzgebung aber sowieso nur noch ein relativ eng begrenzter Spielraum für eigene Entscheidungen bleibt, ist nicht verwunderlich, dass die Bereitschaft der Länder, auch auf diesen Gebieten noch Rechtsvereinheitli-

---

[1314] Ebenso die BNV. Die Landesbeamtengesetze von Brandenburg und Mecklenburg-Vorpommern sehen keine Ausnahmen vor.

[1315] Bis auf Hessen: dort bestimmt die oberste Dienstbehörde das Nutzungsentgelt allgemein oder für den Einzelfall, § 7 Abs. 1 Satz 1. Eine Ausnahme sieht nur § 81 Abs. 1 Satz 2 LBG für den Fall vor, dass die Nebentätigkeit unentgeltlich für den Dienstherrn ausgeübt wird.

[1316] Vgl. V. 3..

[1317] Auskunft des nordrhein-westfälischen Innenministeriums vom 03.02.2003.

[1318] Sämtliche Auskünfte vom Bundesministerium des Innern vom 28.3.2003.

chung zu betreiben, eher gering ist.

Bei allen Unterschieden in den einzelnen Vorschriften muss aber beachtet werden, dass die Länderregelungen insgesamt doch viele gemeinsame Züge aufweisen, was daran liegt, dass sie sich im Rahmen dessen halten müssen, was durch § 42 BRRG vorgegeben wird. Unterschiede sind dementsprechend da anzutreffen, wo das Rahmenrecht Platz für weitergehende Bestimmungen gelassen hat.

Schließlich ergeben sich Unterschiede nicht nur aus differierenden Verordnungstexten, sondern auch aus einer unterschiedlichen Auslegung gleicher Vorschriften.
In allen Nebentätigkeitsverordnungen bzw. Beamtengesetzen existiert beispielsweise eine Vorschrift, nach der Tätigkeiten in Selbsthilfeeinrichtungen der Beamten genehmigungsfrei sind (ausgehend von § 42 Abs.1 Satz 3 Nr. 5 BRRG). Nach überwiegender Auffassung sind damit nicht nur Tätigkeiten in, sondern auch Tätigkeiten für Selbsthilfeeinrichtungen gemeint, also auch die Tätigkeiten von so genannten Vertrauensmännern beispielsweise für das BHW (Beamtenheimstättenwerk), die DeBeKa (private Krankenversicherung) oder die HUK-Coburg[1319]. Laut der Aussage des nordrhein-westfälischen Innenministeriums soll Nordrhein-Westfalen bisher das einzige Bundesland sein, das sich dieser weiten Auslegung nicht angeschlossen hat[1320]. Derartige Unterschiede in der Rechtspraxis sind also allein anhand des Wortlautes nicht zu entdecken; es bedarf vielmehr der eingehenden Beschäftigung mit einschlägigen Kommentaren, worauf in dieser Arbeit nur vereinzelt zurückgegriffen wurde. Der viel beschworene „eigene" Weg Nordrhein-Westfalens im Nebentätigkeitsrecht (den im Übrigen sicherlich allein nach dem Wortlautvergleich auch andere Bundesländer für sich proklamieren können und auch werden) kann damit nur mit einem Wortlaut- und Systematik-Vergleich nicht vollkommen nachvollzogen werden.

d) Änderungsverhalten im Verordnungsbereich

aa) Überblick über die Änderungen seit 1985

Die Anzahl der Änderungen, die die Nebentätigkeitsverordnungen der Bundesländer im Laufe der Zeit erfahren haben, ist recht unterschiedlich.
Unterschiedlich ist auch die Art, wie die Länder Änderungen umsetzen: die einen ermächtigen den Verordnungsgeber zu einer Neubekanntmachung, wenn die Verordnung durch mehrere Änderungen zu unübersichtlich geworden ist[1321], die anderen erlassen eine neue Verordnung, die die alte außer Kraft setzt[1322].
Die Länder, die neue Verordnungen erlassen haben, taten dies fast alle Ende der 80er Jahre (1987-1990)[1323], nur Nordrhein-Westfalen erließ schon 1982 eine neue Verordnung. In Sachsen, Sachsen-Anhalt und Thüringen wurden erstmalig 1994 bzw. 1995 Nebentätigkeitsverordnungen erlassen.

[1319] Bspw. *Summer* ZBR 1988, 1/9f. m.w.N. für beide Ansichten.
[1320] Auskunft vom 24.6.2003.
[1321] Baden-Württemberg, Bremen, Hessen.
[1322] Bayern, Berlin, Hamburg, Nordrhein-Westfalen, Rheinland-Pfalz, Saarland, und Schleswig-Holstein. In Brandenburg, Mecklenburg-Vorpommern und Niedersachsen existieren keine Verordnungen, in Sachsen, Sachsen-Anhalt und Thüringen traten erstmals 1994 bzw. 1995 Verordnungen in Kraft.
[1323] Rheinland-Pfalz: 1987; 1988: Bayern, Berlin, Saarland; 1989: Hamburg (bzw. 1987 für die Inanspruchnahme- und Entgelt-Verordnung).

Überblick über die Änderungen in Verordnungen seit 1985:

Verordnungen der Bundesländer	**Änderungen 1985 bis August 1990**	**Änderungen September 1990 bis August 1997**	**Änderungen September 1997 bis 2003**
Baden-Württemberg Fassung der Verordnung v. 28.12. 1972, GBl. 1973, S.57	18.5.1987, GBl. S. 170	2.7.1991, GBl. S. 482; 11.9.1995, GBl. S. 672	4.5.1998, GBl. S. 261; 8.9.1999, GBl. S. 437
Bayern Fassung der Verordnung v. 14.6. 1988, GVBl. S. 160	-	21.12.1993, GVBl. S. 1073; 20.12.1994, GVBl. S. 1057	27.7.1999, GVBl. S. 336; 24.4.2001, GVBl. S. 154; 18.12.2001, GVBl. S. 1009
Berlin Verordnung v. 12.8. 1988, GVBl. S. 595	Neue Verordnung: 12.8.1988	-	15.11.1999, GVBl. S. 595
Brandenburg	Verordnung existiert nicht; es gilt die BNV	Verordnung existiert nicht	Verordnung existiert nicht
Bremen Verordnung v. 25. 11.1990, GBl. S. 459		Bek. v. 13.10. 1992, GBl. S. 607; 27.5.1997, GBl. S. 185	29.9.1998, GBl. S. 256; 18.4.2000, GBl. S. 131; 4.12.2001, GBl. S. 393
Hamburg Verordnung v. 14.3.1989, GVBl. S. 45	-	-	11.9.2001, GVBl. S. 337
Inanspruchnahme- und Entgelt-VO v. 15.12. 1987, GVBl. S. 223	-	15.3.1994, GVBl. S. 85; 4.6.1996, GVBl. S. 85	11.9.2001, GVBl. S. 337
Hessen Fassung der Verordnung v. 21.9. 1976, GVBl. S. 403	-	-	25.11.1998, GVBl. S. 492
Mecklenburg-Vorpommern	Verordnung existiert nicht; es gilt die BNV	Verordnung existiert nicht	Verordnung existiert nicht
Niedersachsen	Verordnung existiert	Verordnung existiert	Verordnung existiert

	nicht	nicht	nicht
Nordrhein-Westfalen Verordnung v. 21.9. 1982, GV.NW S. 605	26.5.1988, GVBl. S. 214	6.12.1994, GVBl. S. 1069	24.10.2000, GVBl. S. 688; 3.4.2001, GVBl. S. 187
Rheinland-Pfalz Verordnung v. 2.2. 1987, GVBl. S. 31	-	15.7.1997, GVBl. S. 252	Gesetz v. 20.12. 2000, GVBl. S. 582; VO v. 23.6.2003, GVBl. S. 129
Saarland Verordnung v. 27.7. 1988, Amtsbl. S. 841	Neue Verordnung: 27.7.1988	26.1.1994, Amtsbl. S. 509; 18.7.1995, Amtsbl. S. 818	18.5.1999, Amtsbl. S. 853; 23.6.1999, Amtsbl. S. 982; 7.11.2001, Amtsbl. S. 2158
Sachsen Verordnung v. 21.6. 1994, GVBl. S. 1110	Verordnung existiert noch nicht	20.2.1996, GVBl. S. 79	11.12.2001, GVBl. S. 725
Sachsen-Anhalt Verordnung v. 2.4. 1994, GVBl. S. 456	Verordnung existiert noch nicht	-	-
Schleswig-Holstein Verordnung v. 30.3. 1990, GVOBl. S. 257	-	30.11.1994, GVOBl. S. 527; 10.4.1996, GVOBl. S. 432	29.2.2000, GVOBl. S. 207
Thüringen Verordnung v. 24. 2.1995, GVBl. S. 135	Verordnung existiert noch nicht	-	2.6.1999, GVBl. S. 437; 11.12.2001, GVBl. S. 2002, S. 92

Anhand dieser Daten kann man erkennen, dass Ende der 80er Jahre Änderungsbedarf bestand, ausgelöst durch das *Nebentätigkeitsbegrenzungsgesetz* vom 21.2.1985[1324] und das *Betreuungsgesetz* vom 19.9.1990[1325], welche die Vorgaben des § 42 BRRG veränderten. Die Länder reagierten, überwiegend mit vertretbarer zeitlicher Verzögerung, auch in den Verordnungen auf die Änderungen im BRRG.

Die Verschärfungen, die das *2. Nebentätigkeitsbegrenzungsgesetz* mit sich brachte, waren aber schon vor dessen Erlass in einigen Ländern in Kraft, wenn zu diesem Zeitpunkt auch

[1324] Art. 1 des *6. Gesetzes zur Änderung dienstrechtlicher Vorschriften*, BGBl. I, S. 371f..

[1325] Art. 6 des *Gesetzes zur Reform des Rechts der Vormundschaft und Pflegschaft für Volljährige*, BGBl. I, S. 2002/2017.

noch rechtswidrig: führte das *2. Nebentätigkeitsbegrenzungsgesetz* die Möglichkeit einer Anzeigepflicht für nicht genehmigungspflichtige Nebentätigkeiten inklusive der Angaben über Entgelte und geldwerte Vorteile sowie eine Auskunftspflicht bei begründetem Anlass ein, bestand diese Pflicht schon vorher in Sachsen und Brandenburg[1326] und ähnlich auch in Nordrhein-Westfalen[1327].

bb) Gebrauch von den „neuen“ Ermächtigungen im Sinne von § 69 Satz 2 Nr. 5 BBG?

Die § 69 Satz 2 Nr. 5 BBG[1328] entsprechenden Ermächtigungen umfassen die Möglichkeit, vom Beamten jährlich eine Auskunft über sämtliche Entgelte und geldwerten Vorteile aus Nebentätigkeiten zu erhalten. Von dieser Ermächtigung hat allerdings nur Schleswig-Holstein Gebrauch gemacht.

Zwar existieren in allen Ländern Vorschriften über die Pflicht zur jährlichen Abrechnung bzw. Aufstellung über Vergütungen für Nebentätigkeiten im öffentlichen Dienst. Diese Vorschriften waren aber schon vor den Änderungen der Landesbeamtengesetze aufgrund des 2. Nebentätigkeitsbegrenzungsgesetzes in den Verordnungen vorhanden, da sie sich auf andere Ermächtigungen stützen. Lediglich in einem Bundesland, nämlich in Nordrhein-Westfalen, existiert eine Pflicht zur Aufstellung von Nebeneinnahmen für genehmigungspflichtige und genehmigungsfreie Nebentätigkeiten nach § 69 Abs. 1 Nr. 2, 3 oder 4 b LBG innerhalb und außerhalb des öffentlichen Dienstes. Dies ist umso erstaunlicher, da in Nordrhein-Westfalen keine § 69 Satz 2 Nr. 5 BBG entsprechende Verordnungsermächtigung eingeführt wurde[1329]. Allerdings ist die Pflicht zur Abgabe einer solchen Aufstellung schon in § 71 LBG NW geregelt, welcher durch Änderungsgesetz 1999 entsprechend verschärft worden ist[1330].

In Schleswig-Holstein wurde durch Gesetz vom 19.7.1999 Nr. 7 in § 85 Satz 2 eingefügt[1331], der vorsieht, dass Beamte durch Verordnung verpflichtet werden können, nach Ablauf eines jeden Kalenderjahres dem obersten Dienstvorgesetzten die zugeflossenen Entgelte und geldwerten Vorteile aus Nebentätigkeiten anzugeben. Durch Änderung der Nebentätigkeitsverordnung vom 29.2.2000[1332] ist dann ein entsprechender § 7 a (Auskunftspflicht) eingefügt worden.

VII. Einfluss von Medien und Öffentlichkeit

Die Gesetze und Verordnungen zum Schutz vor von Hunden ausgehenden Gefahren zählen im weitesten Sinne zum „Law-and-Order“-Bereich, und dieser sorgt regelmäßig für Interesse in der Bevölkerung[1333]. Dagegen bietet das Beamtenrecht für die Bevölkerung nur wenig Identifikationsmerkmale, so dass die Beschäftigung mit diesem Rechtsgebiet grundsätzlich weit weniger spektakulär ausfällt als die mit von Hunden ausgehenden Gefahren. Im Beamtenrecht dürfte der Nachrichtenwert einer Information, jedenfalls im Hinblick auf den Faktor

---

[1326] So *Mirbach*, ZBR 1995, 64. Die Verordnung aus Sachsen enthielt auch eine Anzeige über die voraussichtliche Höhe der Vergütung sowie die Angabe des Auftraggebers. Letzteres sieht § 42 BRRG allerdings immer noch nicht vor, so dass diese Regelung weiterhin rechtswidrig ist; so auch damals schon *Mirbach*, ZBR 1995, 64/67.

[1327] Dort bestimmte § 70 Abs. 4 LBG schon vor 1997 eine allgemeine Auskunftspflicht für sämtliche genehmigungspflichtigen und genehmigungsfreien Nebentätigkeiten. Diese Regelung muss aber wohl verfassungskonform dahingehend ausgelegt werden, dass – wie dies auch § 42 Abs. 1 Satz 5 BRRG vorsieht – die Auskunftspflicht nur bei begründetem Anlass besteht, so wohl auch *Mirbach*, ZBR 1995, 64/67.

[1328] Eingefügt durch das *2. Nebentätigkeitsbegrenzungsgesetz* von 1997.

[1329] Vgl. oben VI. 1. a).

[1330] Vgl. *Schiemann*, in: Schütz/Maiwald, Teil C, § 71 RN. 2.

[1331] Art. 1 Nr. 3 des Gesetzes zur Änderung des Landesbeamtengesetzes, GVOBl. S. 170.

[1332] GVOBl. S. 207.

[1333] Zur Popularität dieses Themas siehe *Hoffmann-Riem*, PVS 41 (2000), 107/113f..

der persönlichen Betroffenheit, regelmäßig geringer ausfallen, so dass die Vermutung nahe liegt, das Beamtenrecht unterliege nur in geringem Maße dem Einfluss kritischer Medienberichterstattung.

Für den hier näher untersuchten Teilbereich des beamtenrechtlichen Nebentätigkeitsrechts kann dies jedoch nicht ohne weiteres gelten. Dieses Thema ist in der Bevölkerung eher negativ besetzt[1334], was wiederum durch eine kritische Berichterstattung der Medien verstärkt wird. Besonders anschaulich ist in diesem Zusammenhang ein Bericht des SPIEGEL von 1997. Schon das Titelbild der Zeitschrift gibt die Richtung vor: es zeigt einen an einem Schreibtisch sitzenden (und sich offenbar langweilenden) Dinosaurier in Hemd, Hose, Hosenträger und Krawatte; die Überschrift lautet: „Die Beamten – zu mächtig – zu teuer – zu träge“[1335]. In dem Artikel „Das geht niemanden etwas an“ wird über die verschiedenen Nebentätigkeiten der Beamten berichtet und propagiert, dass Beamte, „sonst gern als unflexibel, ideenlos und antriebsschwach gescholten, [...] offenbar erst nach Feierabend so richtig auf Touren [kommen]. Ein ganzes Herr unausgelasteter Beamter aller Dienststufen jobbt sich durch sämtliche Branchen der deutschen Wirtschaft.“ „Das kostet Arbeitsplätze, doch die Regierung hält still – aus Furcht vor der Beamtenlobby“[1336].

So scheint der Tenor der Bewertung in der öffentlichen Meinung zu sein, dass die Nebentätigkeit [...] als ein Privileg ohnehin gut verdienender Beamten [anzusehen ist], die ihr im Dienst erworbenes Amtswissen auf Kosten des Mittelstandes und der Arbeitslosen privat vermarkten“[1337]. Dementsprechend findet sich auch in der Beschlussempfehlung des Rechtsausschusses des Bundestags zu den Gesetzentwürfen zu einem Gesetz zur Bekämpfung der Korruption, aus denen schließlich das *2. Nebentätigkeitsbegrenzungsgesetz* wurde, die Aussage, die „im Entwurf vorgeschlagenen Eingrenzungen des Nebentätigkeitsrechts [sollten] insbesondere das Vertrauen der Bürger in die Integrität des Staates und seiner Beschäftigten festigen“[1338].

In unregelmäßigen Abständen kommen Einzelfälle ans Tageslicht, die, wirklich oder nur vermeintlich, Anlass zur Empörung über das Ausmaß von Nebentätigkeiten und über die Höhe der dafür erhaltenen Vergütungen geben. Zwei davon, soweit ersichtlich die einzigen innerhalb des Untersuchungszeitraums, sollen daraufhin untersucht werden, inwieweit durch die Medienberichterstattung Druck auf Gesetz- und Verordnungsgeber ausgeübt wurde, Regelungen zu ändern oder (neu) zu erlassen[1339].

1. Der „Fall Henrichs“

Ende November 1995 beantragte der damalige Präsident des Oberlandesgerichts Frankfurt a.M. und Präsident des Hessischen Staatsgerichtshofs *Henrichs* die Genehmigung einer Nebentätigkeit beim Justizministerium. Die Nebentätigkeit sollte den Vorsitz und die Berichterstattung in einer von der IG Metall eingesetzten Untersuchungskommission umfassen. Diese Kommission hatte eine Reihe von ungeklärten Immobiliengeschäften hochrangiger Gewerkschaftler zu untersuchen. Die Genehmigung dieser Nebentätigkeit hätte nach § 41 DRiG und

---

[1334] so *Battis*, in: Franke/Summer/Weiß, S. 45/47.

[1335] SPIEGEL, Heft 44/1997.

[1336] O.V., „Das geht niemanden etwas an“, SPIEGEL v. 27.10.1997, 44/1997, S. 40.

[1337] *Battis*, in: Franke/Summer/Weiß, S. 45/47.

[1338] BT-Drs. 13/8079, S. 14; ähnlich *Battis*, in: Franke/Summer/Weiß, S. 45/47, FN 6, allerdings mit dem falschen Verweis auf S. 19 der Drucksache (außerdem wird die Aussage als „Begründung des Gesetzentwurfs“ zitiert).

[1339] *Lippert* vermutet, dass Änderungen und Verschärfungen vorzugsweise dann vorgenommen werden, wenn es darum gehe, aktuelle Skandale abzuarbeiten, PersV 2000, 402; *Summer* spricht im Zusammenhang mit dem Erlass des *2. Nebentätigkeitsbegrenzungsgesetzes* von einem Aktionismus des Gesetzgebers, ZBR 1988, 1.

§ 79 Abs. 2 HBG versagt werden müssen[1340]. Das Justizministerium sah aber, wie auch der Antragsteller selbst, keine Probleme bzw. die Vorbehalte, die einige wenige Personen im Ministerium hatten, verschwanden. Als ein Jahr später die Höhe des Honorars für diese Nebentätigkeit bekannt wurde (1,34 Mio. DM) und Gerüchte laut wurden, *Henrichs* habe für diese Arbeit Personal und Sachmittel des Oberlandesgerichts genutzt, gab es in der Öffentlichkeit einen Eklat[1341].
Durch den „Fall Henrichs" wurde zuerst bei den Medien und vielen Bürgern, später auch bei einigen Fachleuten der Ruf nach dem Gesetzgeber laut, da ihrer Meinung nach das bestehende Recht offensichtlich versagt hatte. Dabei liegt es nahe, dass bei konsequenter Anwendung der damals bestehenden Gesetze die Genehmigung hätte versagt werden müssen, so dass die Folgen (Suspendierung, staatsanwaltschaftliche Untersuchungen, Schaden für das Ansehen der Justiz[1342]) hätten verhindert werden können.

Obwohl schon vor dem „Fall Henrichs" Versuche unternommen worden waren, das Nebentätigkeitsrecht zu verschärfen – bspw. durch einen Gesetzentwurf zur Bekämpfung der Korruption von der CDU/CSU-Fraktion – hat dieser Fall doch erheblich zur gesetzgeberischen Aktivität beigetragen, sowohl in Hessen selbst als auch auf Bundesebene mit *dem 2. Nebentätigkeitsbegrenzungsgesetz*[1343].
Durch das *Gesetz zur Änderung des Hessischen Richtergesetzes*[1344] wurde das Nebentätigkeitsrecht für Richter eigenständig und abschließend im Richtergesetz geregelt. Der Gesetzentwurf nennt als Anlass für die Regelung ausdrücklich, dass in „letzter Zeit in Hessen zwei Fälle von Nebentätigkeiten [...] zu einer Welle öffentlicher Kritik geführt" hätten, welche geeignet seien, „das Vertrauen der Öffentlichkeit in die Funktionsfähigkeit des öffentlichen Dienstes nachhaltig zu erschüttern"[1345]. Das Gesetz führt deshalb strikte Regeln für richterliche Nebentätigkeiten ein, unter anderem die Schaffung eines neuen Versagungsgrundes und die Einführung eines Nebentätigkeitsregisters für genehmigungspflichtige Nebentätigkeiten.

Die Veränderungen, die vor allem das *2. Nebentätigkeitsbegrenzungsgesetz* gebracht hat, sind aber nicht überall positiv aufgenommen worden. In der Literatur wurde insbesondere die anlasslose Anzeigepflicht (d.h. beispielsweise ohne den begründeten Anlass, dass bei der Ausübung der Nebentätigkeit dienstliche Interessen beeinträchtigt werden) des § 42 Abs. 2 Satz 4 BRRG und des § 66 Abs. 2 Satz 1, 1. Halbs. BBG angegriffen. Die Länder wurden gewarnt, die Übernahme einer solchen Regelung sorgfältig zu prüfen. Nicht nur aufgrund verfassungsrechtlicher Bedenken, sondern auch aufgrund von Zweckmäßigkeitserwägungen vermutete man, dass in den Ländern allenfalls eine Anzeigepflicht für eine „Vortrags- oder Gutachtertätigkeit nach Absatz 1 Nr. 3 und 4" in Betracht kommen würde[1346].

[1340] Nach § 41 Abs. 1 DRiG dürfen Richter keine Rechtsgutachten erstatten; die Vorschriften des HBG waren für Richter im Landesdienst gemäß § 2 HBG entsprechend anwendbar.
[1341] Vgl. ausführlicher zu den Einzelheiten *Rudolph*, NJW 1997, 2928ff..
[1342] *Nökel*, DRiZ 1997, 223.
[1343] So *Lippert*, PersV 2000, 402; *Engelken*, ZRP 1998, 50, der bemerkt, es sei nicht allein dieser Fall gewesen, sondern es habe noch einige weitere spektakuläre Fälle gegeben. Im Übrigen wurde auch schon bei den Gesetzesänderungen von 1985 aufgrund von Missbrauchensfällen Bedarf für die Einschränkungen von Nebentätigkeiten gesehen, so *Schwandt*, ZBR 1985, 141/146f.: allerdings nicht für den Fall der arbeitsmarktpolitischen Steuerung, sondern nur hinsichtlich verstärkter Wahrung dienstlicher Interessen.
[1344] V. 16.12.1997, GVBl. Teil I, S. 445.
[1345] Gesetzentwurf der Landesregierung v. 7.7.1997, LT-Drs. 14/3037, S. 1.
[1346] *Engelken*, ZRP 1998, 50/55.

Diese Vermutung hat sich, wie oben gesehen[1347], für die überwiegende Zahl der Länder bestätigt: Sachsen-Anhalt besitzt keine wie auch immer geartete Anzeigepflicht, während die meisten Länder dem § 66 Abs. 2 Satz 1, 1. Halbs. BBG entsprechende Vorschriften, die teilweise allerdings in ihrem Umfang weitergehen als das Bundesrecht, in ihre Beamtengesetze aufgenommen haben. In Bayern und in Sachsen fehlt eine solche Vorschrift im Beamtengesetz. Allerdings gibt es in § 14 Abs. 4 Satz 2 der bayerischen NVO eine Anzeigepflicht für als allgemein genehmigt geltende Nebentätigkeiten[1348]. Eine solche Anzeigepflicht kann aber aufgrund der nur geringen Beeinträchtigung des Rechts auf informationelle Selbstbestimmung (keine Angabe von Umfang oder Höhe der Vergütung) nicht mit der Anzeigepflicht nach § 42 Abs. 4 Satz 4 BRRG verglichen werden. In Sachsen betrifft die Anzeigepflicht nach § 4 Abs. 4 NVO allgemein genehmigte Nebentätigkeiten, ist aber um die Angabe der Person des Auftraggebers erweitert.

An diesem Beispielsfall zeigt sich, dass eine durch die Medien sensibilisierte Öffentlichkeit Druck auf die Betroffenen ausübt. Es entwickelte sich eine Diskussion, die in diesem Fall als „aufgezwungen"[1349] empfunden wurde, weil es sich bei dem Fall „Henrichs" um einen Einzelfall handelte und neue, verschärfte Gesetze nicht als Lösung des Problems angesehen wurden. Auch sei eine vertiefte Diskussion nun kaum noch möglich, da es der Öffentlichkeit nur schwer zu vermitteln sei, dass mit den meisten Nebentätigkeiten von Richtern Reichtum nicht zu erzielen sei und darüber hinaus insbesondere die Ausbildungs- und Prüfungstätigkeiten dringend erforderlich seien[1350].
Ein spektakulärer Einzelfall wird also zum Anlass genommen, neue gesetzliche Regeln zu fordern, obwohl bei konsequenter Anwendung der bestehenden Regeln es wahrscheinlich gar nicht zu einem Eklat gekommen wäre[1351].

2. Der „Fall Orth"
Ein anderer Skandal im Nebentätigkeitsrecht führte 1998 in Rheinland-Pfalz – jedenfalls mittelbar – zur Einsetzung einer Unabhängigen Expertenkommission, welche der Landesregierung Vorschläge zur Gestaltung des Nebentätigkeitsrechts unterbreitete, was wiederum zum Erlass des *Landesgesetzes zur Änderung des Ministergesetzes und dienstrechtlicher Vorschriften* Ende 2000 führte[1352].
Als bekannt wurde, dass der ehemalige Landrat und Präsident des Sparkassen- und Giroverbandes *Orth* Nebeneinkünfte von mehr als 300.000 DM erzielte, sorgte dies in Rheinland-Pfalz für erheblichen Wirbel. Die Medien berichteten verstärkt über das Thema[1353], es wurden Anfragen im Landesparlament zu Nebentätigkeiten, insbesondere zur Wahrnehmung von öffentlichen Ehrenämtern, ehrenamtlichen und sonstigen Tätigkeiten von Oberbürgermeistern,

---

[1347] Vgl. oben IV. 4. f) aa).
[1348] Eine dem Bundesrecht identische Rechtslage in den Landesbeamtengesetzen findet man in Berlin, Brandenburg, Bremen, Hamburg, Mecklenburg-Vorpommern, Niedersachsen und Rheinland-Pfalz.
[1349] *Nökel*, DRiZ 1997, 223.
[1350] *Nökel*, DRiZ 1997, 223; dazu auch Erhebung des BMJ, DRiZ 1997, 224.
[1351] So auch *Engelken*, ZRP 1998, 50; *Rudolph*, NJW 1997, 2928ff.; so auch die Amtsrechtskommission des Deutschen Richterbundes, *Nökel*, DRiZ 1997, 223.
[1352] Gesetz v. 20.12.2000, GVBl. S. 582.
[1353] Verweise in LT-Drs. 13/3518 vom 24.9.1998; Erwähnung von Berichterstattung in der örtlichen Presse über die Nebentätigkeiten der kommunalen Wahlbeamten auch in der Antwort des Ministeriums des Innern und für Sport auf die Große Anfrage der Fraktion Bündnis 90/Die Grünen, LT-Drs. 13/3518, LT-Drs. 13/3668, S. 5.

Bürgermeistern und Landräten gestellt[1354].
„Aufgrund eines Beschlusses des Ministerrates vom 1.9.1998 wurde durch den Ministerpräsidenten die Unabhängige Expertenkommission Nebentätigkeitsrecht (UEN) mit dem Auftrag eingesetzt, die Frage der Nebentätigkeit und der Abführungsregelungen der Mitglieder der Landesregierung sowie der Staatssekretäre und anderer Spitzenbeamter auf Landesebene hinsichtlich der Angemessenheit und der mit dem Hauptamt verbundenen Aufgabenerfüllung verbundenen Aufgaben zu untersuchen“[1355] und gegebenenfalls Vorschläge zur Änderung der Rechtslage zu machen. Diese Aufgabenstellung hatte unmittelbar noch nicht mit dem Fall Orth zu tun, war dieser doch keiner der gerade genannten Personengruppen zuzuordnen. Allerdings wurde auf der konstituierenden Sitzung der UEN beschlossen, den Arbeitsauftrag unter Einbeziehung der kommunalen Wahlbeamten auf das gesamte Nebentätigkeitsrecht auszudehnen[1356].

Unmittelbare Folge der Affäre war für *Orth*, dass er nach der öffentlichen Diskussion des Amtes enthoben wurde; seine Einkünfte hat er jedoch legal erworben[1357].
Folge der Arbeit der UEN war der Abschlussbericht vom 10.12.1999, der Lösungsvorschläge zu den vom ihm aufgezeigten änderungsbedürftigen Problembereichen enthielt. Unter eingehender Auseinandersetzung mit diesem Bericht erarbeitete die Landesregierung anschließend einen Gesetzentwurf[1358], das Gesetz trat dann am 1.1.2001 in Kraft.
Durch die Änderung des Ministergesetzes wurde ein Tätigkeitsverbot für Mitglieder der Landesregierung als Mitglied des Vorstands eines auf Erwerb gerichteten Unternehmens, eine Berichtspflicht der Landesregierung gegenüber dem Landtag zu außeramtlichen Tätigkeiten, eine Ablieferungspflicht für Vergütungen aus außeramtlichen Tätigkeiten über 8000 € sowie ohne Freibetrag für Honorare aus schriftstellerischer Tätigkeit oder Vortragstätigkeit im Zusammenhang mit dem Amt eingeführt. Die Änderung des Landesbeamtengesetzes und der Nebentätigkeitsverordnung führte zu einer Reihe von Änderungen: beispielhaft können die Absenkung der Vergütungshöchstgrenzen und Ablieferungsfreibeträge um rund ein Fünftel oder die begrenzte Privilegierung einer Tätigkeit als öffentliches Ehrenamt auf solche Tätigkeiten, die zum unmittelbaren Aufgabenkreis des Ehrenamtes gehören, genannt werden.

Es ist zu vermuten, dass öffentlicher Druck der Grund für die Einsetzung der UEN gewesen ist, auch wenn dies in der Einleitung zum Gesetzentwurf nicht zum Ausdruck kommt, der Abschlussbericht der UEN nicht veröffentlicht ist und auch die ursprüngliche Aufgabenstellung darauf nicht schließen lässt. Es scheint, als sei der „Fall Orth“ nur der Anstoß gewesen, den die Politik brauchte, um tätig zu werden. Dass die Einsetzung einer unabhängigen Expertenkommission aber nicht nur politischer Aktionismus gewesen ist, zeigt die Tatsache, dass das Nebentätigkeitsrecht tatsächlich umfassend, zum überwiegenden Teil auch unter Zugrundelegung des Abschlussberichtes, geändert worden ist.
Der Fall zeigt aber auch, dass es im Endeffekt weniger um eine Einschränkung von Nebentätigkeiten und vor allem der daraus entstehenden zusätzlichen Verdienstmöglichkeiten, sondern vielmehr eine Reaktion auf die in diesem Bereich grundsätzlich sensibilisierte Öffentlichkeit ging. Dass *Orth* seine Nebeneinkünfte im Einklang mit der damaligen Rechtslage erwirtschaftete, macht deutlich, dass es auf der einen Seite um eine bessere „öffentliche

[1354] Beantwortung der Anfragen in LT-Drs. 13/3668 vom 6.11.1998, LT-Drs. 13/4223 vom 19.4.1999 und LT-Drs. 13/4573 vom 10.8.1999.
[1355] Erläuterung zum Gesetzentwurf der Landesregierung vom 19.9.2000, LT-Drs. 13/6225, S. 1.
[1356] LT-Drs. 13/6225, S. 1.
[1357] So die Auskunft des rheinland-pfälzischen Ministeriums des Innern und für Sport vom 14.4.2003.
[1358] Vgl. die Begründung, LT-Drs. 13/6225, S. 13ff..

Transparenz", also um Aufklärung der Öffentlichkeit über das Nebentätigkeitsrecht ging bzw. gehen musste[1359]. Auf der anderen Seite war es aber auch erforderlich, durch die Schaffung von eindeutigen rechtlichen Grundlagen den Beamten Sicherheit zu geben, wie ihre Tätigkeiten einzuordnen sind und was aus dieser Einordnung folgt. Wie sich in einem Urteil des Oberverwaltungsgerichts Koblenz nachlesen lässt, war die Zuordnung der Tätigkeiten kommunaler Wahlbeamter zu den Bereichen öffentliches Ehrenamt, Nebentätigkeit und Hauptamt lange Zeit ungeklärt, und erst durch eine im Zuge der Gesetzesänderung entwickelte Zuordnungsliste wurde „ein handhabbarer Orientierungsrahmen gesteckt"[1360]. Außerdem ist erst durch den neu geschaffenen § 78 a LBG ausdrücklich gesetzlich geregelt worden, dass der Beamte Zuwendungen, die er für dem Hauptamt zuzurechnende Tätigkeiten in kommunalen Unternehmen erhielt, an den Dienstherrn abliefern muss, was bis dahin unklar gewesen war.

Auch in diesem Fall zeigt sich, dass die Reaktionen in der Öffentlichkeit Einfluss auf Gesetz- und Verordnungsgeber gehabt haben. In erster Linie ging es hier aber, wie schon erwähnt, um bessere Aufklärungsarbeit und eindeutigere Regelungen für die Betroffenen und weniger um strengere Reglementierungen.
Um dieses „emotionsgeladene Thema zu versachlichen" ist von der UEN vorgeschlagen worden, die Transparenz durch eine Berichtspflicht gegenüber dem Parlament zu erhöhen. Dadurch soll auch verdeutlicht werden können, „dass die Auswirkungen der Nebentätigkeit von Angehörigen des öffentlichen Dienstes auf die Wirtschaft eng begrenzt sind"[1361]. Gesetzlich wurde in Rheinland-Pfalz eine Berichtspflicht über die außeramtlichen Tätigkeiten der Mitglieder der Landesregierung in § 5 Abs. 4 Ministergesetz festgeschrieben[1362], erstmals wurde ein solcher Bericht am 26.März 2002 für das Kalenderjahr 2001 vorgelegt[1363].
In anderen Ländern ist eine solche Transparenz, wie bisher auch in Rheinland-Pfalz, nur durch Anfragen im Parlament zu erlangen, und dies auch nur exemplarisch. Vereinzelt wird schon die Hoffnung geäußert, das rheinland-pfälzische Modell könne als Vorbild dienen[1364].

1359 So sowohl die Fraktion Bündnis 90/Die Grünen in ihrer Anfrage als auch das Ministerium in seiner Antwort, LT-Drs. 13/3668, S, 1 einerseits und S. 5 andererseits.

1360 Vgl. OVG Koblenz, Urt. v. 13.12.2002 – 2 A 11104/02 -, abrufbar unter www.jurisweb.de, abgerufen am 9.4.2003 (=IÖD 2003, 48: nur Leitsatz). Diese Zuordnungsliste, bei der es sich um eine Verwaltungsvorschrift handeln muss, wird nicht veröffentlicht; sie ist aber schon Grund für Anfragen aus anderen Bundesländer, z.B. aus Hessen gewesen, da Rheinland-Pfalz als erstes Bundesland typische Funktionen eines Kommunalpolitikers auflistet, so Auskunft des Ministeriums des Innern und für Sport, v. 14.4.2003.

1361 *Battis*, in: Franke/Summer/Weiß, S. 45/50 mit Hinweis auf S. 27 des vervielfältigten Manuskripts v. 10.12.1999.

1362 Durch Art. 1 des Gesetzes v. 20.12.2000, GVBL. S. 582.

1363 LT-Drs. 14/971.

1364 Laut *Battis*, in: Franke/Summer/Weiß, S. 45/50ff., ist einer solchen Berichtspflicht in der Sache erstmals durch die Beantwortung einer großen Anfrage der CDU-Fraktion durch die Landesregierung Nordrhein-Westfalens entsprochen worden (LT-Drs. 12/4315 v. 22.9.1999). Die Erhebung wertet die Personalakten von über 30.000 von rund 400.000 Bediensten ausgewählter Landesbehörden aus. Nach *Battis* Angaben soll die Berichterstattung an das Parlament verfestigt und der Aufbau eines verbesserten Berichtswesens betrieben werden. Tatsächlich tut sich in Nordrhein-Westfalen in dieser Richtung seitdem nichts Neues. Allerdings ist seit der Gesetzesänderung vom 30.5.1999 (GV.NW 1999, 148) jede Genehmigung gemäß § 68 Abs. 3 Satz 1 LBG auf längstens fünf Jahre zu befristen. Das Innenministerium teilte mit, um die Überprüfung dieses Zeitumfangs einzuhalten, müssten die Behörden sich ein geeignetes System überlegen. Dieses müsste die Beantwortung einer erneuten Landtagsanfrage wesentlich vereinfachen; Auskunft vom 24.6.2003. Ausserdem geben die Landesministerien in den jeweiligen Berichten der Landesregierung zu Korruptionsbekämpfung Auskunft über die Praxis im jeweiligen Ressort; vgl. 3. Bericht der Landesregierung Nordrhein-Westfalen zur Korruptionsbekämpfung, Stand November 2002, S. 41ff., LT-Drs. 13/1854.

VIII. Einfluss der Rechtsprechung und von außerstaatlichen Organisationen und Verbänden

Im vorliegenden Untersuchungszeitraum hat es, soweit ersichtlich, keine Gerichtsentscheidungen gegeben, die entscheidenden Einfluss auf die Verordnungsgebung im Bereich des Nebentätigkeitsrechts genommen haben.
Die zeitlich letzte grundlegende Entscheidung dürfte die schon angesprochene des Oberverwaltungsgerichts Münster aus dem Jahr 1990 gewesen sein, die eine Versagung der Genehmigung einer Nebentätigkeit aus arbeitsmarktpolitischen Gründen aufgrund der entsprechenden Vorschrift als nichtig angesehen hat[1365].

Der Einfluss von außerstaatlichen Organisationen und Verbänden, hier kommen auf Seiten der Beamten in erster Linie der Deutsche Richterbund oder der Deutsche Beamtenbund in Betracht, soll an dieser Stelle nicht gänzlich ausgeschlossen werden; er dürfte aber eine eher von untergeordneter Bedeutung gewesen sein.
Anhand der mir vorliegenden Stellungnahmen mit Positionen zum Nebentätigkeitsrecht bzw. zum Entwurf des *2. Nebentätigkeitsbegrenzungsgesetzes* des Deutschen Richterbundes und des Deutschen Beamtenbundes lässt sich, jedenfalls im vorliegenden Fallbeispiel, kein signifikanter Einfluss nachweisen.

1. Die Positionen des Deutschen Richterbundes

Der Deutsche Richterbund hat auf seiner Bundesvorstandssitzung am 24. und 25. April 1997 im Hinblick auf das *2. Nebentätigkeitsbegrenzungsgesetz* seine Positionen zum Nebentätigkeitsrecht festgehalten. Er forderte unter anderem, dass das richterliche Nebentätigkeitsrecht in Bund und Ländern einheitlich ausgestaltet bleibt, dass Nebentätigkeiten, die de lege lata nicht genehmigungspflichtig sind[1366], dies auch weiterhin bleiben sollen und dass eine „Abschöpfung“ von Entgelten, die aus genehmigungsfreien Nebentätigkeiten erzielt worden sind, nicht zulässig sein soll.
Bei der Überprüfung des *2. Nebentätigkeitsbegrenzungsgesetzes* darauf, ob sich diese Positionen im Gesetz wieder finden, muss man zunächst festhalten, dass die Forderung, das Nebentätigkeitsrecht solle einheitlich ausgestaltet bleiben, an sich schon einschränkungsbedürftig ist. Zwar orientiert sich, wie gesehen, die Mehrzahl der Bundesländer am Bundesrecht, aber im Detail bestehen doch teilweise erhebliche Unterschiede, beispielsweise bei den Höchstgrenzen für die Ablieferungspflicht. Daher kann die Forderung nur dahingehend verstanden werden, diese Unterschiede nicht noch größer werden zu lassen.
Man könnte meinen, dass der Gesetzgeber die Forderung, die Genehmigungspflicht nicht weiter auszuweiten, im *2. Nebentätigkeitsbegrenzungsgesetz* berücksichtigt habe, denn hinsichtlich der Genehmigungspflicht hat sich sowohl im BRRG als auch im BBG nichts geändert. Allerdings ist mit § 66 Abs. 2 Satz 1 BBG die Anzeigepflicht bestimmter genehmigungsfreier Tätigkeiten eingeführt worden (bzw. in § 42 Abs. 1 Satz 4 BRRG die Möglichkeit zur Einführung einer solchen), woraus sich eine Einschränkung und eine Kontrolle durch den Dienstherrn ergibt. Dies war sicherlich nicht im Sinne des Deutschen Richterbundes.
Schließlich ist fraglich, inwieweit der Deutsche Richterbund mit seiner Forderung, die Entgelte aus genehmigungsfreien Nebentätigkeiten beim Richter zu belassen, Einfluss genommen hat. Zwar müssen Entgelte aus genehmigungsfreien Tätigkeiten weiterhin nicht abgeführt

[1365] OVG Münster, Urt. v. 30.8.1990 – 6 A 1598/87 – , NVwZ-RR 1993, 316; vgl. dazu auch schon oben VI. 1. c) bb).
[1366] § 46 DRiG i.V.m. § 66 BBG, § 71 DRiG, § 42 BRRG i.V.m. dem jeweiligen Landesrecht.

werden, es sei denn, man würde darunter auch diejenigen nach § 64 BBG zählen[1367], aber eine Änderung der entsprechenden Vorschriften der BNV war, soweit ersichtlich, ohnehin nie im Gespräch. Jedenfalls ist aus der Begründung zum Gesetzentwurf nichts Gegenteiliges ersichtlich.

Der Einfluss des Deutschen Richterbundes auf den Inhalt des *2. Nebentätigkeitsbegrenzungsgesetzes* ist, obwohl seine Existenz nicht in Abrede gestellt werden soll, daher kaum messbar.

2. Die Positionen des Deutschen Beamtenbundes

Eine offizielle Stellungnahme des Deutschen Beamtenbundes zum *2. Nebentätigkeitsbegrenzungsgesetz* existiert in den Bundestagsunterlagen nicht. Der Deutsche Beamtenbund selbst konnte zu seinen damaligen Positionen ebenfalls keine Aussage machen[1368].

Eine Überprüfung seiner Positionen zu dem Gesetzentwurf ist somit nicht möglich. Es ist aber zu vermuten, dass die Positionen des Deutschen Beamtenbundes vergleichbar mit denen des Deutschen Richterbundes gewesen sind. Das ist insofern nicht unwahrscheinlich, als auch der Deutsche Beamtenbund sich gegen eine Ausweitung der Genehmigungspflicht oder der Ablieferungspflicht grundsätzlich wehren wird. Vermutlich wird er sich auch gegen eine pauschale Verurteilung der beamtenrechtlichen Nebentätigkeiten als „sozialstaatsschädlich" wehren in dem Sinne, dass die Beamten anderen so Arbeitsplätze wegnehmen und zusätzlich eine Menge Geld verdienen.

Ein direkter Einfluss auf die Gesetz- oder Verordnungsgebung kann aber nicht nachvollzogen werden.

Grundsätzlich spricht aber die Verankerung von Beteiligungsrechten bzw. -pflichten der Spitzenorganisationen der zuständigen Gewerkschaften und Berufsverbände bei der Vorbereitung gesetzlicher Regelungen der beamtenrechtlichen Verhältnisse in den Landesbeamtengesetzen bzw. im BBG jedenfalls für den gesetzgeberischen Willen, diesen Organisationen Einflussmöglichkeiten zu sichern. In einigen Ländern sind diese Rechte sogar in der Art ausgestaltet, dass eine erneute Beteiligung stattfinden muss, wenn die Entwürfe nach der Abgabe der Stellungnahmen wesentlich verändert wurden[1369] oder dass auf Verlangen der Spitzenorganisationen dem Ministerrat mitgeteilt werden muss, welche Vorschläge der Spitzenorganisationen bei der Verordnung nicht berücksichtigt wurden[1370]. Jedenfalls bei diesen kann man davon ausgehen, dass solche Regelungen nicht bloße politische Lippenbekenntnisse darstellen.

IX. Zusammenfassung

1. Ausgangspunkt für Nebentätigkeitsverordnungen der Länder sind § 42 BRRG und die entsprechenden Umsetzungsvorschriften in den Landesbeamtengesetzen, für den Bund aufgrund seiner ausschließlichen Gesetzgebungskompetenz §§ 65ff. BBG.

2. Die Umsetzung der rahmenrechtlichen Vorgaben erfolgt in erster Linie durch die Landesbeamtengesetze, die Einzelheiten, vor allem des Genehmigungs- und Abrechnungsverfahrens regeln dagegen die Verordnungen. Der Erlass einer Nebentätigkeitsverordnung ist aber nicht zwangsläufig notwendig, wie das Beispiel Niedersachsens zeigt. Die relativ ausführlichen Vorschriften des Landesbeamtengesetzes werden dort durch Verwaltungsvorschriften ergänzt,

---

1367 Nebentätigkeiten, die der Beamte auf Verlangen seiner obersten Dienstbehörde übernommen hat. Darauf könnte man kommen, weil § 65 BBG besagt, dass der Beamte zur Übernahme jeder Nebentätigkeit der vorherigen Genehmigung bedarf, „soweit er nicht nach § 64 zu ihrer Wahrnehmung verpflichtet ist".

1368 Der entsprechende Ordner sei vermutlich beim Umzug nach Berlin verschwunden, Auskunft des DBB vom 2.9.2003.

1369 Baden-Württemberg (§ 120) und Rheinland-Pfalz (§ 105).

1370 Baden-Württemberg, Bremen (§ 97) und Rheinland-Pfalz.

so dass eine Rechtsverordnung entbehrlich wird. Andere Landesbeamtengesetze sind ähnlich detailliert, werden aber trotzdem durch Rechtsverordnungen ergänzt.

3. § 42 BRRG hat in den letzten zwanzig Jahren zwei erhebliche und eine kleinere Änderung erfahren. Die Länder sind grundsätzlich zur Schaffung entsprechender Vorschriften gemäß § 1 BRRG verpflichtet. Da der Bundesgesetzgeber in den Änderungsgesetzen aber keine Frist für ein Umsetzungsdatum bestimmt hat, ergeben sich aus einer Nichtumsetzung keine Folgen für die Länder, insbesondere gelten die bundesrechtlichen Vorschriften nicht unmittelbar.

a) Die Länder haben aber ungeachtet dessen die Änderungen weitgehend in ihren Landesbeamtengesetzen umgesetzt. Die Umsetzung durch Rechtsverordnung ist die Ausnahme. Dies liegt daran, dass dafür in der Regel erst auch die Verordnungsermächtigung geändert werden müsste bzw. die Änderungen sich nur auf die Landesgesetze auswirken.

b) Der Bundesgesetzgeber hat gleichzeitig mit § 42 BRRG auch die Vorschriften über die Nebentätigkeiten im BBG geändert. Die dort gewählten Formulierungen sind in der Regel Vorbild für die landesrechtlichen Regelungen.

c) Das gilt überwiegend auch für die BNV, ist aber insgesamt nicht so ausgeprägt wie bei den Gesetzen. Hier bestehen für die Länder noch Möglichkeiten, weitergehende oder teilweise von den bundesrechtlichen Vorschriften (gemeint sind BBG und BNV) abweichende Regelungen zu treffen, weil die Vorgaben des § 42 BRRG in der Regel nicht abschließend sind. Insbesondere bei der Frage, welche Nebentätigkeiten von der Ablieferungspflicht ausgenommen und wie hoch die Ablieferungsgrenzen sind, haben einige Länder ihren Regelungsspielraum ausgenutzt.

Die Vorbildfunktion der BNV ist aber dennoch für viele Länder erheblich. Bisher haben Mecklenburg-Vorpommern und Brandenburg sogar vom Erlass eigener Rechtsverordnungen abgesehen, dort findet die BNV Anwendung.

4. Ein Vergleich der Nebentätigkeitsverordnungen der Länder untereinander und ihrer Verordnungsermächtigungen zeigt, dass erhebliche inhaltliche Unterschiede vor allem da bestehen, wo die Länder von der Möglichkeit, weitergehende Regelungen als vom Rahmenrecht vorgeschrieben, Gebrauch gemacht haben. Im Wortlaut und der Systematik bestehen aber weitgehend Übereinstimmungen, von Ausnahmen wie zum Beispiel Hessen abgesehen.

5. Die Frage, ob und wann die Landesverordnungsgeber bei mehrmaligen Änderungen der Rechtsverordnungen eher zu einer Neubekanntmachung neigen oder die Verordnung neu erlassen, ist nicht eindeutig zu beantworten. Die Präferenz liegt im Bereich der Nebentätigkeitsverordnungen eher beim Neuerlass.

6. Das Beamtenrecht ist grundsätzlich weit weniger öffentlichkeitswirksam als der Bereich der inneren Sicherheit bzw. Gefahrenabwehr. Auch hier können aber einzelne Skandale zum Medienereignis werden, vor allem, wenn es um zusätzliche Einnahmequellen von Beamten in Zeiten hoher Arbeitslosigkeit geht. Die beiden dargestellten Fälle sind in ihren Auswirkungen im Wesentlichen regional begrenzt geblieben. Es ist nicht eindeutig, inwieweit schon die Berichterstattung selbst die Politik zum Tätigwerden veranlasst hat; der Fall „Henrichs“ in Hessen hat auch, trotz Diskussionen, nicht zu einer Änderung der Rechtslage geführt. Die gesetzgeberischen Reaktionen in Rheinland-Pfalz könnten dagegen in Zukunft Signalwirkung auch für andere Bundesländer haben.

Der Einfluss gerichtlicher Entscheidungen und außerstaatlicher Organisationen ist im vorliegenden Untersuchungszeitraum kaum erkennbar und jedenfalls nicht messbar.

D. Verordnungen im Bereich des Tierseuchenrechts am Beispiel der Bekämpfung der Maul- und Klauenseuche

Im Folgenden soll die Verordnungsgebung im Bereich des Tierseuchenrechts dargestellt werden. Beispielhaft wird verfolgt, wie Behörden auf gemeinschaftsrechtlicher, nationaler und auf Landesebene (Nordrhein-Westfalen) im Jahr 2001 die Maul- und Klauenseuche bekämpft haben. Dabei kam, wie es für das deutsche Tierseuchenrecht charakteristisch ist, die Rechtsverordnung als wichtiges Instrument, abgesehen von Einzelmaßnahmen, regelmäßig zum Einsatz.
Bei der Auswahl dieses Rechtsgebiets hat eine Rolle gespielt, dass das Tierseuchengesetz, aufgrund dessen eine Reihe von Verordnungen erlassen werden bzw. erlassen worden sind, Teil der konkurrierenden Gesetzgebung ist. Damit sind aus allen Bereichen der Gesetzgebungskompetenzen Rechtsverordnungen untersucht worden[1371]. Außerdem werden Rechtsverordnungen auf diesem Gebiet überwiegend als Instrument zur Bekämpfung von Tierseuchen eingesetzt, weshalb ihr Geltungsbereich, anders als die Hunde- oder die Nebentätigkeitsverordnungen, von Anfang an zeitlich begrenzt ist, da sie darauf angelegt sind, irgendwann gegenstandslos zu werden.

I. Gemeinschaftsrechtliche Maßnahmen und Befugnisse im Bereich der Agrarpolitik

1. Die Landwirtschaft als Teil der Politiken der Gemeinschaft

Der Bereich der Landwirtschaft ist in den Art. 32 (ex-Art. 38) bis 37 EG (ex-Art. 43) geregelt. Die gemeinsame Landswirtschafts- oder Agrarpolitik (kurz: GAP), in Art. 3 lit. e EG (ex-Art. 3) als ein Tätigkeitsfeld (konkrete Aufgabe[1372]) der Gemeinschaft genannt, wird zu den Grundlagen der Gemeinschaft gezählt. Sie bildet einen der politisch wichtigsten Tätigkeitsbereiche der Gemeinschaft[1373]. Die Agrarpolitik umfasst die Errichtung und Entwicklung eines gemeinsamen Agrarmarktes (Marktordnungspolitik), eine landwirtschaftliche Strukturpolitik sowie die Rechtsangleichung im landwirtschaftlichen Bereich. Ein funktionierendes und EU-weit harmonisiertes Tierseuchenrecht ist wichtige Voraussetzung für den Agrarmarkt, es hat also marktpolitische Bedeutung[1374].

2. Kompetenz für das Handeln der Gemeinschaft auf dem Gebiet der Landwirtschaft

a) Rechtsakte des Rates aufgrund von Art. 37 Abs. 2 UAbs. 3 EG

Kompetenzgrundlage für Maßnahmen auf diesem Gebiet ist Art. 37 Abs. 2 UAbs. 3 EG (ex-Art. 43). Nach dieser Vorschrift erlässt der Rat mit qualifizierter Mehrheit auf Vorschlag der Kommission und nach Anhörung des Europäischen Parlaments Verordnungen, Richtlinien oder Entscheidungen, unbeschadet seiner etwaigen Empfehlungen; ihm stehen damit alle Instrumente des Art. 249 EG (ex-Art. 189) zur Verfügung.
Mit dem Art. 37 Abs. 2 UAbs. 3 EG besteht für den Erlass von Rechtsnormen im Bereich der Gemeinsamen Agrarpolitik (=GAP) eine besondere Kompetenznorm, die Beschlüsse mit qualifizierender Mehrheit (lediglich) nach Anhörung des Europäischen Parlamentes ermöglicht.

[1371] Die Gefahrhundeverordnungen als Teil der ausschließlichen Kompetenz der Länder, die Nebentätigkeitsverordnungen der Länder als Teil der Ländergesetzgebung, die die Rahmengesetzgebung des Bundes ausfüllt und gleichzeitig die Bundesnebentätigkeitsverordnung als Teil der ausschließlichen Gesetzgebungskompetenz des Bundes.
[1372] Inoffizielle Überschrift des Art. 3 EGV.
[1373] *Geiger*, Art. 32 RN. 1.
[1374] *Schröter*, NuR 2002, 18/20.

Es ist im Übrigen anerkannt, dass die Organe der EG im Bereich des Art. 37 (Art. 43 EG) über einen weiten Gestaltungsspielraum verfügen[1375].

Die Arbeiten des Rates werden – außer in Fischereifragen – durch den Sonderausschuss Landwirtschaft im Ausschuss der Ständigen Vertreter (=AStV bzw. COREPER[1376]) gemäß Art. 207 Abs. 1 EG (ex-Art. 151) vorbereitet. Dieser Ausschuss besteht aus Ständigen Vertretern der Mitgliedstaaten bei den Europäischen Gemeinschaften, die den Rang von Botschaftern innehaben und an Weisungen ihrer Regierungen gebunden sind[1377]. Der Sonderausschuss Landwirtschaft (=SAL), der in der Regel die Vorbereitung der Tagungen des Rates der Agrarminister vorbereitet, setzt sich aus hohen Beamten der Landwirtschaftsministerien oder den Leitern der Abteilung Landwirtschaft der Ständigen Vertretungen zusammen[1378].
Der AStV darf zwar nur vorbereitende Aufgaben übernehmen, ihm kommt aber in der Praxis eine wichtige Bedeutung zu, da er als Mittler zwischen den nationalen Verwaltungen und den Gemeinschaftsbehörden im Vorfeld von Ratsentscheidungen Annäherungen erreichen kann[1379].

b) Rechtsakte des Rates aufgrund von Art. 152 Abs. 4 Buchstabe b EG
Gemäß Art. 152 Abs. 4 Buchstabe b EG (ex-Art. 129) kann der Rat abweichend von Art. 37 Maßnahmen in den Bereichen des Veterinärwesen und des Pflanzenschutzes, die unmittelbar den Schutz der Bevölkerung zum Ziel haben, erlassen. Art. 152 EG gehört zum Bereich des Gesundheitswesens, der wie die Landwirtschaft eine der „Politiken der Gemeinschaft" darstellt.
Infolge der BSE-Krise wurde in den Amsterdamer Vertrag Art. 152 Abs. 4 Buchstabe b als ausdrückliche Ausnahme zu Art. 37 aufgenommen, obwohl auch schon bisher im Rahmen der Gemeinsamen Agrarpolitik Erfordernis des Gesundheitsschutzes berücksichtigt werden konnten[1380]. Durch die Aufnahme in Art. 152 EG wird die Rolle des Europäischen Parlamentes gestärkt, da dieses im Bereich der Landwirtschaftspolitik nur ein Anhörungsrecht hat (gemäß Art. 37 Abs. 2 UAbs. 3 EG), während Maßnahmen nach Art. 152 EG im Verfahren nach Art. 251 EG erlassen werden. Nach diesem Verfahren ist das Europäische Parlament gleichberechtigt an der Entscheidung beteiligt[1381].
Im Bereich des Veterinärwesens sollen unter anderem Maßnahmen betreffend die Bekämpfung von Tierseuchen unmittelbar dem Gesundheitsschutz der Bevölkerung dienen, Hauptzweck der Regelung muss neben der Tiergesundheit also der Schutz der menschlichen Gesundheit sein. Das ist nur dann der Fall, soweit solche Seuchen oder Krankheiten eine konkrete Gefahr für die menschliche Gesundheit darstellen[1382], so beispielsweise bei BSE, nicht dagegen bei der Maul- und Klauenseuche.

[1375] EuG, Urt. v. 15.4.1997 - Rs. T-390/94, NVwZ 1998, 601/602; VG Stuttgart, Beschl. v. 12.4.2001 - 4 K 1625/01, NVwZ-RR 2001, 668/669.
[1376] Abgeleitet von Comité des représentants permanents.
[1377] *Geiger*, Art. 207 RN. 1; *Wichard*, in: Calliess/Ruffert, Art. 207 RN. 1.
[1378] *Hix*, in: Schwarze, Art. 207 RN. 3.
[1379] *Geiger*, Art. 207 RN. 3.
[1380] EuGH, Rs. 68/86, Slg. 1988, I-892, RN. 12ff. (Vereinigtes Königreich/Rat); EuGH, Rs. C-180/96, (Vereinigtes Königreich/Kommission), Slg. 1998 I-2265 RN. 121.
[1381] *Geiger*, Art. 251 RN. 1.
[1382] *Berg*, in: Schwarze, Art. 152 RN. 25ff..

c) Durchführung der erlassenen Vorschriften durch die Kommission

aa) Grundsatz der Regeldelegation vom Rat auf die Kommission
Nach dem Grundsatz der Regeldelegation[1383] ist der Rat gemäß Art. 202 Spstr. 3 (ex Art. 145), Art. 211 Spstr. 4 EG (ex Art. 155) grundsätzlich verpflichtet, der Kommission die Befugnis zur Durchführung der Vorschriften, die er erlässt, zu übertragen. Unter solchen Durchführungsmaßnahmen versteht man Rechtsakte allgemeiner oder konkreter Art, welche die Vorschriften des durchzuführenden Rechtsaktes näher bestimmen[1384]. Der Rat kann dabei bestimmte Modalitäten für die Ausübung dieser Befugnisse festlegen und sich außerdem in spezifischen Fällen vorbehalten, die Durchführungsbefugnisse selbst auszuüben.
Diese Durchführungsmaßnahmen unterliegen nicht den Verfahrenvorschriften, die für den Erlass der Grundvorschrift gelten[1385]; musste also beispielsweise für den Erlass der Grundvorschrift das Parlament beteiligt werden, so ist dies beim Erlass der Durchführungsvorschrift nicht erforderlich.

bb) Ausschussbeteiligung
Seit langem besteht die Praxis des Rates, die Kommission im Übertragungsakt zu verpflichten, ihre Durchführungsvorhaben einem Ausschuss von Staatenvertretern vorzulegen[1386].
Es existieren drei Arten von Ausschüssen bzw. Ausschussverfahren: das Beratungsverfahren, das Verwaltungsverfahren und das Regelungsverfahren[1387]. Sie unterscheiden sich dadurch, dass die Kommission im Beratungsverfahren nicht gehindert ist, die Durchführungsmaßnahme auch gegen den Willen des Ausschusses zu erlassen, da die Kommission die Stellungnahme des Rates nur „soweit wie möglich berücksichtigen" muss. Hat der Ausschuss im Verwaltungsverfahren den Beschluss abgelehnt, teilt die Kommission dem Rat dies mit. Der Kommission steht es frei, in diesem Fall die Durchführung um maximal drei Monate zu verschieben. In dieser Zeit kann der Rat mit qualifizierter Mehrheit einen anders lautenden Beschluss fassen.
Im Regelungsverfahren darf die Kommission schließlich die Maßnahme nur erlassen, wenn der Ausschuss diesen mit qualifizierter Mehrheit gebilligt hat[1388].
Aufgrund des Art. 2 Buchstabe b des Beschlusses 1999/468/EG des Rates vom 28.6.1999[1389], des so genannten „(zweiten) Komitologie-Beschlusses", sollen Maßnahmen von allgemeiner Tragweite, mit denen wesentliche Bestimmungen von Basisrechtsakten angewandt werden sollen, wie Maßnahmen zum Schutz der Gesundheit oder Sicherheit von Menschen, Tieren oder Pflanzen, nach dem Regelungsverfahren erlassen werden. Für die Umsetzung der gemeinsamen Agrarpolitik wird nach Art. 2 Buchstabe a des Beschlusses dagegen das Verwal-

[1383] So bspw. *Wichard*, in: Calliess/Ruffert, Art. 202 RN. 5.
[1384] *Geiger*, Art. 207 RN. 15; *Hummer*, in: Grabitz/Hilf, Art. 155 RN. 64ff.; zum Umfang der Übertragung und der Bestimmtheit der Durchführungsermächtigung vgl. *Hix*, in: Schwarze, Art. 202 RN. 13f..
[1385] *Geiger*, Art. 202 RN. 16; *Ruffert*, in: Calliess/Ruffert, Art. 211 RN. 15.
[1386] *Geiger*, Art. 202 RN. 17. Kritisch zu diesem System im Hinblick auf die schwache Stellung der Bundesländer *Füßer*, BayVBl 2003, 513ff..
[1387] Vormals Verfahren I, II und III; vgl. zur Kritik an den alten Verfahren und zur Änderung der Verfahrensarten durch den „Komitologie-Beschluss" des Rates (Beschluss des Rates 1999/468/EG v. 28.6.1999, ABl. L 184 v. 17.7.1999, S. 23) *Mensching*, EuZW 2000, 268ff..
[1388] Vgl. zu den Einzelheiten des Verfahrens, wenn die qualifizierte Mehrheit nicht erreicht wird *Mensching*, EuZW 2000, 268/270; *Geiger*, Art. 202 RN. 23; *Wichard*, in: Calliess/Ruffert, Art. 202 RN. 17.
[1389] ABl. L 184 v. 28.6.1999, S. 23.

tungsverfahren vorgeschlagen[1390].

cc) Verfahren im Bereich des Veterinärrechts und der Tiergesundheit
Für den hier interessierenden Bereich existiert als Ausschuss von Staatenvertretern seit 1968 der Ständige Veterinärausschuss, der aus Sachverständigen der Mitgliedsstaaten besteht. Er wurde für die Fälle eingesetzt, in denen der Rat der Kommission auf veterinärrechtlichem Gebiet Befugnisse übertragen hat, um eine enge Zusammenarbeit zwischen den Mitgliedstaaten und der Kommission zu gewährleisten und dieser die Möglichkeit zu geben, sich beraten zu lassen[1391]. Gleichzeitig vertreten sie die Interessen ihres Mitgliedsstaates und sichern diesem, da es sich um einen Regelungsausschuss handelt, den Einfluss des Rates auf die Durchführung der von ihm gefassten Rechtsakte[1392].

Die Verfahren, auf die in den Richtlinien des Rates im tiergesundheitlichen Bereich in der Regel verwiesen wird, sind in Art. 17 bzw. 18 der Richtlinie 89/662/EWG des Rates vom 11.12.1989[1393] geregelt. Nach diesen Vorschriften befasst der Vorsitzende des Ständigen Veterinärausschusses diesen unverzüglich von sich aus oder auf Antrag eines Mitgliedsstaates. Der Vertreter der Kommission unterbreitet dem Ausschuss einen Entwurf der zu treffenden Maßnahmen, zu welcher dieser innerhalb einer bestimmten Frist seine Stellungnahme abzugeben hat. Stimmt die Stellungnahme mit der beabsichtigten Maßnahme der Kommission überein, kann die Maßnahme erlassen werden. Ist das nicht der Fall oder liegt keine Stellungnahme vor, unterbreitet die Kommission dem Rat unverzüglich einen Vorschlag für die zu treffenden Maßnahmen. Der Rat beschließt mit qualifizierter Mehrheit. Wenn der Rat nach Ablauf einer bestimmten Frist[1394] von seiner Befassung an keinen Beschluss gefasst hat, werden die vorgeschlagenen Maßnahmen von der Kommission erlassen – und im Falle des Art. 18 unverzüglich zur Anwendung gebracht –, es sei denn der Rat hat sich mit einfacher Mehrheit gegen diese Maßnahme ausgesprochen.

II. Das deutsche Tierseuchengesetz
Wie schon erwähnt ist das Tierseuchenrecht europarechtlich vorgeprägt und harmonisiert. Im Zuge der Vollendung des Europäischen Binnenmarktes wurden die veterinärrechtlichen Vorschriften harmonisiert, damit auch auf dieser Ebene der freie Dienstleistung-, Waren-, Kapital- und Tierverkehr gewährleistet werden kann. Das deutsche Tierseuchengesetz[1395] ist aufgrund konkurrierender Gesetzgebung des Bundes nach Art. 74 Abs. 1 Nr. 19 GG (Maßnahmen gegen gemeingefährliche und übertragbare Krankheiten bei Menschen und Tieren) erlassen worden. Nach § 1 Abs. 1 Satz 1 regelt es die Bekämpfung von Seuchen, die bei Haustieren oder Süßwasserfischen auftreten oder bei anderen Tieren auftreten und auf Haustiere und Süßwasserfische übertragen werden können (Tierseuchen). Die Durchführung des Gesetzes und der aufgrund dieses Gesetzes erlassenen Rechtsvorschriften liegt nach § 2 Abs. 1 grund-

---

[1390] Vgl. auch ABl. L 184 v. 28.6.1999, S. 23/24f. zu Einzelheiten der Verfahren. Laut *Wichard*, in: Calliess/Ruffert, Art. 202 RN. 13, sollen die in Art. 2 des Beschlusses allgemein formulierten Kriterien unverbindlich sein.

[1391] So der Beschluss 68/361/EWG des Rates v. 15.10.1968, ABl. L 255 v. 18.10.1968, S. 23.

[1392] *Sandra Becker*, Maul- und Klauenseuche: Wer entscheidet was in Brüssel?, S. 2ff., abrufbar unter www.thueringen.de/de/tsk/tskbxl, abgerufen am 26.5.2003.

[1393] ABl. L 395 v. 30.12.1989, S. 13 – Richtlinie zur Regelung der veterinärrechtlichen Kontrollen im innergemeinschaftlichen Handel im Hinblick auf den gemeinsamen Binnenmarkt.

[1394] 15 Tage beim Verfahren nach Art. 17, 3 Monate beim Verfahren nach Art. 18.

[1395] In der Fassung der Bekanntmachung vom 11.4.2001, BGBl. I S. 506, zuletzt geändert durch Art. 5 § 1 des Gesetzes vom 6.8.2002, BGBl. I S. 3082.

sätzlich bei den zuständigen Landesbehörden.
Das Tierseuchengesetz sieht sowohl Maßnahmen zur Vorbeugung gegen eine Tierseucheneinschleppung als auch Maßnahmen zur Tilgung entstandener Tierseuchenherde vor. Zu den Vorbeugungsmaßnahmen zählen Vorschriften über die Ein-, Durch- und Ausfuhr von Tiere und tierischen Erzeugnissen, Rohstoffen und Ähnliches, zu den Tilgungsmaßnahmen eine Anzeigepflicht schon bei Verdacht des Ausbruchs einer Tierseuche, die Einrichtung von Sperrbezirken und Beobachtungsgebieten und die Tötung und Beseitigung befallender Bestände.

1. Die Verordnungsermächtigungen des Tierseuchengesetzes
Das Tierseuchengesetz enthält mehrere Verordnungsermächtigungen an das Bundesministerium für Verbraucherschutz, Ernährung und Landwirtschaft (=Bundesministerium)[1396]:

- In § 2a Abs. 2 Satz 1 zur Regelung von Einzelheiten des Verfahrens zur Überwachung der Ein- und Ausfuhr lebender und toter Tiere sowie von Teilen, Erzeugnissen, Rohstoffen und Abfällen von Tieren sowie von sonstigen Gegenständen, die Träger von Ansteckungsstoff sein können.
- In § 7 Abs. 1 Satz 1 zum Verbot oder zur Beschränkung des innergemeinschaftlichen Verbringens, der Einfuhr und Ausfuhr lebender und toter Tiere, von Teilen, Erzeugnissen, Rohstoffen und Abfällen von Tieren sowie von sonstigen Gegenständen, die Träger von Ansteckungsstoff sein können. Verordnungen aufgrund dieser Bestimmung bedürfen der Zustimmung des Bundesrates.
- In § 7 Abs. 1 a Nr. 1 können durch Rechtsverordnung mit Zustimmung des Bundesrates Ausnahmen von § 6 Abs. 1 Satz 1 geregelt werden. Dieser verbietet das innergemeinschaftliche Verbringen und die Ein- und Ausfuhr unter anderem von seuchenkranken und verdächtigen Tiere.
- Nach § 7 Abs. 1 a Nr. 2 kann mit Zustimmung des Bundesrates das innergemeinschaftliche Verbringen und die Einfuhr vermehrungsfähiger Tiersuchenerreger oder von Mitteln nach § 17 c Abs. 1 Satz 1 verboten oder die Genehmigung von bestimmten Voraussetzungen abhängig gemacht werden.
  Nach § 7 Abs. 2 Satz 1 können Rechtsverordnungen nach den Absätzen 1 und 1 a bei Gefahr im Verzuge oder, wenn ihr unver-zügliches Inkrafttreten zur Durchführung von Rechtsakten der Europäischen Gemeinschaft erforderlich ist, ohne Zustimmung des Bundesrates erlassen werden. Allerdings treten sie spätestens nach sechs Monaten außer Kraft, und ihre Geltungsdauer kann nur mit Zustimmung des Bundesrates verlängert werden.
- in § 10 Abs. 1 Satz 1 können durch Rechtsverordnung mit Zustimmung des Bundesrates die anzeigepflichtigen Tierseuchen bestimmt werden. Aufgrund dessen ist die Verordnung über anzeigepflichtige Tierseuchen ergangen[1397], die in § 1 Nr. 17 die Maul- und Klauenseuche nennt.
- Nach § 17 b Abs. 1 wird das Bundesministerium ermächtigt, mit Zustimmung des Bundesrates zum Schutz gegen die allgemeine Gefährdung der Haustier- und Süßwasserfischbestände durch Tierseuchen Regelungen über die amtliche Anerkennung der Seuchenfreiheit von Tieren oder Tierbeständen (Voraussetzungen, Verfahren usw.) zu bestimmen, die Voraussetzungen zu bestimmen, wann ein Gebiet als seuchenfrei an-

[1396] Bis zum 22. Januar 2001 noch Bundesministerium für Ernährung, Landwirtschaft und Forsten, geändert durch Organisationserlass des Bundeskanzlers, BGBl. 2001 I S. 127.
[1397] Bekanntmachung der Neufassung v. 11.4.2001, BGBl. 2001 I S. 547.

zusehen ist, und Vorschriften zu erlassen für Viehhaltungen und Brütereien[1398].

- Nach § 17 c Abs. 2 wird das Bundesministerium ermächtigt, durch Rechtsverordnung mit Zustimmung des Bundesrates das Nähere über die Zulassung der Mittel nach Abs. 1 Satz 1 (Verwendung von Sera, Impfstoffen und Antigenen), die Abgrenzung der sachlichen Zuständigkeit der in Abs. 1 genannten Stellen sowie das Verfahren und das Ruhen der Zulassung bestimmen. Nach Abs. 2 kann das Bundesministerium bei Gefahr im Verzug ohne Zustimmung des Bundesrates bestimmen, dass abweichend von Abs. 1 Satz 1 von der Zulassung abgesehen wird. Auch hier gilt, dass sie spätestens nach sechs Monaten außer Kraft tritt, und ihre Geltungsdauer nur mit Zustimmung des Bundesrates verlängert werden kann.
- § 17 f ermächtigt zur Bestimmung der Mittel und des Verfahrens, die bei tierseuchenrechtlich vorgeschriebenen Desinfektionen und Entwesungen verwendet werden dürfen, um sicherzustellen, dass Krankheitserreger unwirksam gemacht werden.
- Nach § 17 h kann durch Rechtsverordnung die Zulassung oder Registrierung von Betrieben zur Seuchenbekämpfung geregelt werden.
- Nach § 73 a Satz 1 kann durch Rechtsverordnung mit Zustimmung des Bundesrates die Überwachung, z.B. die Durchführung von Untersuchungen, näher geregelt werden.
- Nach § 79 Abs. 1 können Vorschriften zum Schutz von Tierbeständen mit Zustimmung des Bundesrates erlassen werden. Unter bestimmten Voraussetzungen ist die Zustimmung entbehrlich.
- Nach § 79 a Abs. 1 Satz 1 können Rechtsverordnungen zum Verbringungsverbot und zum Tötungsgebot wegen BSE mit Zustimmung des Bundesrates erlassen werden.
- Das Bundesministerium kann seine Zuständigkeit für den Verkehr mit dem zuständigen Behörden anderer Mitgliedsstaaten und der Kommission der europäischen Union nach § 82 Satz 2 durch Rechtsverordnung auf die Bundesforschungsanstalt für Viruskrankheiten der Tiere oder nach Satz 3 auch auf die zuständigen obersten Landesbehörden übertragen. In diesem Fall können die obersten Landesbehörden diese Befugnis nach Satz 5 weiter übertragen.
- Schließlich bestimmt § 79 b, dass Rechtsverordnungen nach diesem Gesetz auch zur Durchführung von Rechtakten der Europäischen Gemeinschaft im Anwendungsbereich dieses Gesetzes erlassen werden können.

Weiter ermächtigt das Tierseuchengesetz auch die Landesregierungen zum Erlass von Rechtsverordnungen:

- Nach § 7 Abs. 3 Satz 1 können diese zur Erleichterung des kleinen Grenzverkehrs von den Vorschriften der nach Abs. 1 erlassenen Rechtsverordnungen abweichende Regelungen treffen, soweit dies nicht durch die Rechtsverordnungen ausdrücklich ausgeschlossen und eine Einschleppung von Tierseuchen nicht zu befürchten ist. Eine Weiterübertragung auf andere Stellen ist möglich.
- Nach § 7 c Abs. 1 können sie zur Verhütung der Weiterverbreitung eines Ansteckungsstoffes im Zollgrenzbezirk bestimmte Anordnungen (Maßregeln) erlassen; auch hier ist die Übertragung der Befugnisse auf andere Stellen möglich.
- Die Befugnis des Bundesministeriums zum Erlass von Rechtsverordnungen nach § 17 b Abs. 1 (Rechtsverordnungen über die amtliche Anerkennung der Seuchenfreiheit und über Massentierhaltung) kann auch gemäß § 17 b Abs. 2 auf die Landesregierungen übertragen werden, welche diese wiederum weiter übertragen dürfen.
- Die Landesregierungen können Rechtsverordnungen gemäß § 79 Abs. 2 im Rahmen

[1398] Siehe zu den Einzelheiten § 17 b Abs. 1TierSG.

der Ermächtigung an das Bundesministerium nach Abs. 1 (Ermächtigung zum Erlass von Rechtsverordnungen zum Schutz von Tierseuchen) erlassen, soweit dieses von seiner Befugnis keinen Gebrauch macht; diese Befugnis können sie auch auf andere Behörden übertragen.

- Nach § 79 Abs. 3 können die Landesregierungen durch Rechtsverordnung im Rahmen der Ermächtigungen des Abs. 1 bei Gefahr im Verzug Vorschriften erlassen, welche über die nach Abs. 1 erlassenen Vorschriften hinausgehen, soweit ein sofortiges Eingreifen zum Schutz der Tierbestände vor Tierseuchen erforderlich ist. Diese Ermächtigung kann auf oberste Landesbehörden übertragen werden. Nach Beendigung der Gefahr ist die Verordnung aufzuheben.

2. Die Bedeutung von Rechtsverordnungen im Tierseuchenrecht

Anhand dieser Auflistung von Verordnungsermächtigungen kann man einige Aussagen über die Bedeutung von Rechtsverordnungen auf dem Gebiet des Tierseuchenrechts machen:
Die Rechtsverordnung ist unverzichtbares Instrument zur Bekämpfung von Tierseuchen. Ihre Anwendungsbereiche sind typisch: sie bestimmt bzw. konkretisiert Einzelheiten des Gesetzes näher (beispielsweise Verfahrensregelungen nach § 2 a Abs. 1 Satz 1 oder Verbote nach § 7 Abs. 1 Satz 1), sie kann bei Gefahr im Verzug zum Einsatz kommen – in diesem Fall wird das Verfahren, dessen Schnelligkeit es im Gegensatz zum Gesetzesverfahren schon immer als Vorteil der Rechtsverordnung gegenüber dem Gesetz genannt wird, durch eine partielle Außerkraftsetzung der Rechte des Bundesrates weiter beschleunigt. Gleichzeitig ist der zeitliche Geltungsbereich begrenzt: die Verordnung tritt entweder automatisch nach sechs Monaten außer Kraft (§ 7 Abs. 2 Satz 1 und § 17 c Abs. 2) oder das Gesetz verpflichtet den Verordnungsgeber, die Verordnung nach Beendigung der Gefahr aufzuheben (§ 79 Abs. 3, hier: die Landesregierung). Abgesehen von dem Kompensationsgedanken, der dieser zeitlichen Begrenzung jedenfalls für Rechtsverordnungen des Bundesministeriums zugrunde liegt (als Ausgleich für die abbedungene Zustimmung des Bundesrates), kommt darin auch zum Ausdruck, dass die Rechtsverordnung in diesem Fällen als Instrument zur Krisenbewältigung benutzt wird und daher von vorneherein keine längere Geltungsdauer beansprucht.
Die Rechtsverordnung eignet sich, im Gegensatz zur Verwaltungsvorschrift, zur Umsetzung gemeinschaftsrechtlicher Vorgaben[1399]; von dieser Möglichkeit wird im Bereich des Tierseuchenrechts, das ohnehin stark europarechtlich vorgeprägt ist, ausgiebig Gebrauch gemacht[1400].
Es existieren eine Reihe von Ermächtigungen an Landesbehörden, allerdings in unterschiedlicher Konstruktion: zuerst die „klassischen" Ermächtigungen an die Landesregierungen (beispielsweise § 7 Abs. 3 Satz 1), dann die Möglichkeit der Weiterermächtigung an (oberste oder weitere) Landesbehörden (beispielsweise § 17 b Abs. 1) und schließlich die Ermächtigung an die Landesregierungen unter dem Vorbehalt, dass das Bundesministerium von seiner Ermächtigung keinen Gebrauch gemacht hat (§ 79 Abs. 2). All diese Ermächtigungen machen deutlich, dass sich der Anwendungsbereich mancher Verordnungen auf bestimmte Regionen begrenzt (in der Regel treten Tierseuchen nicht sofort flächendeckend auf, so dass Maßnahmen auf einzelne Bundesländer oder sogar Regierungsbezirke oder Kreise begrenzt werden können). Deswegen kann es auch sinnvoll sein, die Kommunikation mit den zuständigen Behörden anderer Mitgliedsstaaten oder der Kommission der Europäischen Gemeinschaft durch „lokale Ansprechpartner" bzw. durch die Bundesforschungsanstalt für Viruskrankheiten der Tiere als besondere Fachbehörde, die nach § 4 TierSG unter anderem als gemeinschaftsrecht-

[1399] Vgl. dazu nur *Steiling*, NVwZ 1992, 134ff., zu den Urteilen des EuGH v. 30.5.1991 – Rs C – 361/88 und 59/89, NVwZ 1991, 866 und 868.
[1400] Vgl. dazu bspw. im weiteren Verlauf die „MKS-Verordnungen".

liches oder nationales Referenzlabor für anzeigepflichtige Tierseuchen zuständig ist, durchzuführen (§ 82 Satz 2).

III. Der Ausbruch der Maul- und Klauenseuche (MKS) 2001 in Europa und ihre Bekämpfung in Deutschland

1. Die Krankheit

Die Maul- und Klauenseuche (MKS) ist eine Krankheit, die durch Viren ausgelöst wird. Sie ist seit langer Zeit bekannt – nach Information des Staatlichen Umweltamtes Arnsberg wurde sie 1514 erstmals in Italien erwähnt[1401]. MKS befällt vor allem Paarzeher, also Schweine, Rinder, Schafe, Ziegen und Wildtiere.
Typische Symptome sind unter anderem Blasen (Aphten) an Maul, Zunge, Euter und Klauen, das Speicheln der Tiere („MKS-Bart") und Lahmheit. Jungtiere sterben häufig an der Krankheit, ausgewachsene Tiere seltener.
Die Inkubationszeit beträgt je nach Tierart zwischen 2 und 18 Tagen.
Das Virus ist relativ widerstandsfähig: es lässt sich zwar durch Säuren und Hitze abtöten, kann jedoch bei Kälte lange im Boden überleben. Erkrankte und geheilte Tiere können noch über längere Zeit Virusträger bleiben. Außerdem können die Viren über die Kleidung, Fahrzeuge, Futter- und Lebensmittel sowie durch Wind verbreitet werden[1402].
Für den Menschen ist die MKS jedoch ungefährlich.

2. Maßnahmen zur Bekämpfung der MKS

a) Die Politik der EU

Ziel der Europäischen Kommission ist eine dauerhafte, absolute Erregerfreiheit in der gesamten Gemeinschaft. Daher wurde Anfang der 90er Jahre eine neue Bekämpfungspolitik eingeführt. Diese ist gekennzeichnet durch weitreichende Impfverbote, verbunden mit einem generellen so genannten „Stamping-out" (Tötung und anschließende Vernichtung) verdächtiger Tiere. Die EU hat im Rahmen einer Kosten-Nutzen-Analyse festgestellt, dass es kostengünstiger sei, nur im Falle einer Epidemie zu impfen anstatt vorzubeugen. Das liegt teilweise auch daran, dass es über 60 Subtypen des Virus gibt, so dass es schwierig ist, wirksame Vakzine (Impfstoff aus Krankheitserregern) herzustellen. Ein weiterer Grund ist, dass der Zugang zum nordamerikanischen und japanischen Markt offen gehalten werden soll. Da bei Fleisch oder sonstigen Tierprodukten von geimpften Tieren – jedenfalls bisher[1403] – nicht feststellbar war, ob sie infiziert oder geimpft sind, darf es nicht dorthin importiert werden[1404].
Diese Nicht-Impf-Politik hat ihre Ausprägung in der Richtlinie 90/423/EWG des Rates der Europäischen Union vom 26.6.1990[1405] gefunden. Nach Art. 13 Abs. 1 der geänderten Richt-

---

[1401] www.svua-arnsberg.nrw.de/version1024/infoecke/mks.htm, S. 17. abgerufen am 17.03.2003.

[1402] Vgl. dazu auch www.svua-arnsberg.nrw.de/version1024/infoecke/mks.htm, abgerufen am 17.03.2003.

[1403] Mittlerweile ist die Forschung auf diesem Gebiet weiter vorangeschritten: die heute zur Verfügung stehenden Impfstoffe sollen – zumindest auf Herdenbasis – eine Unterscheidung infizierter von geimpften Tieren erlauben, so der Bericht des Nichtständigen Ausschusses für Maul- und Klauenseuche vom 28. November 2002, A5-0405/2002, Teil 1: Entschließungsantrag, S. 19.

[1404] Informationen des Staatlichen Veterinäruntersuchungsamtes Arnsberg, www.svua-arnsberg.nrw.de/version1024/infoecke/mks.htm, abgerufen am 17.03.2003.

[1405] Richtlinie zur Änderung der Richtlinie 85/511/EWG zur Einführung von Maßnahmen der Gemeinschaft zur Bekämpfung der Maul- und Klauenseuche, der Richtlinie 64/432/EWG zur Regelung viehseuchenrechtlicher Fragen beim innergemeinschaftlichen Handelsverkehr mit Rindern und Schweinen und der Richtlinie

linie 85/511/EWG tragen die Mitgliedsstaaten der Europäischen Union dafür Sorge, dass der Gebrauch von MKS-Impfstoffen verboten wird; Absatz 3 legt die Modalitäten einer eventuell erlaubten Notimpfung von Tierbeständen fest. Eine solche Notimpfung darf aber unter anderem erst dann angeordnet werden, wenn ein entsprechender Beschluss der EU-Kommission, der im Benehmen mit dem betroffenen Mitgliedsstaat ergeht, vorliegt[1406].

In den letzten Jahren ist vermehrt Kritik an der Politik der Nicht-Impfung laut geworden. Diese begründet sich darauf, dass eine absolute Erregerfreiheit aufgrund der weltoffenen Märkte faktisch nicht möglich sei, dass die wirtschaftlichen Kosten immens seien und dass eine strikte Nicht-Impfpolitik nicht in allen Fällen erfolgreich sei[1407].
Die Erfahrungen mit der Bekämpfung von MKS in der Europäischen Union im Jahre 2001 hat schließlich das Europäische Parlament im Januar 2002 dazu veranlasst, einen nichtständigen Ausschuss für Maul- und Klauenseuche einzusetzen. Dieser hat zahlreiche Anhörungen veranstaltet und Besuche in den von der Seuche am schlimmsten betroffenen Gebieten im Vereinigten Königreich und in den Niederlanden vorgenommen. Am 28. November 2002 legte er einen *Bericht zur Bekämpfung der Maul- und Klauenseuche in der europäischen Union im Jahr 2001 und zu künftigen präventiven Maßnahmen zur Vermeidung und Bekämpfung von Tierseuchen in der Europäischen Union 2002/2153* vor. In diesem Bericht wurden die Kommission bzw. die Mitgliedsstaaten aufgefordert, eine Reihe von Maßnahmen zu ergreifen, unter anderem die Zusammenarbeit bei der Information zu verbessern, ihr Gesamtkonzept zur Verhütung und Bekämpfung von Seuchen der Nutztiere in der EU zu überarbeiten, vor allem aber auch zwei Kosten-Nutzen-Analysen zu erstellen: eine über prophylaktische Impfungen – diese sollte eine Analyse der Vor- und Nachteile in den Bereichen des internationalen Handels, der Öffentlichkeit und der Vermarktungsmöglichkeiten innerhalb der EU einschließen – und eine über die MKS-Bekämpfungsstrategien (Notimpfungen/“Stamping-out“) bei einem MKS-Ausbruch – in dieser sollen die wirtschaftlichen und die nichtwirtschaftlichen Auswirkungen in den betroffenen Gebieten und auf nationaler und EU-Ebene berücksichtigt werden[1408]. Die Rückkehr zu prophylaktischen (Routine-)Impfungen gegen MKS sei derzeit zwar noch keine anzustrebende Option, weil es zu viele Subtypen gebe, die nicht durch eine einzige Impfung abdeckt werden könnten. Außerdem seien die handelspolitischen Auswirkungen solcher Impfungen derzeit noch zu gravierend. Trotzdem dürfe man diese Politik nicht völlig aufgeben, als bestimmte Umstände, wie wiederholte Tierseuchen oder bedeutende Fortschritte im Bereich der Impfstoffe, möglicherweise zu einer Neubewertung ihrer Sinnhaftigkeit führen könnten.
Notimpfungen sollten dagegen immer dann erfolgen, wenn damit eine umwelt- und gesundheitsgefährdende Massenvergrabung oder -verbrennung auf Scheiterhaufen vermieden werden könne. Sie sollten daher künftig nicht mehr nur als letztes Mittel bei der Bekämpfung von MKS angesehen werden[1409]. Außerdem dürften bei einer Neuregelung der Kriterien für Not-

---

72/462/EWG zur Regelung viehseucherechtlicher und gesundheitlicher Fragen bei der Einfuhr von Rindern und Schweinen, von frischem Fleisch oder von Fleischerzeugnissen aus Drittländern, ABl. L 224 v. 18.8.1990, S. 13.
[1406] Art. 11 Abs. 3 UAbs. 2 Satz 1, gemäß des in Art. 16 festgelegten Verfahrens; Art. 1 Nr. 6 der RL 90/423/EWG v. 26.6.1990, ABl. L 224 v. 18.8.1990, S. 13f..
[1407] Denkschrift des Ministeriums für Umwelt und Naturschutz, Landwirtschaft und Verbraucherschutz NRW zum 125-jährigen Bestehen der Tierseuchenkasse NRW v. 28.9.2001, abrufbar unter www.munlv.nrw.de/-sites/arbeitsbereiche/verbraucherschutz/ tierseuchen/main.htm, abgerufen am 13.3.2003.
[1408] Vgl. den Bericht des Nichtständigen Ausschusses für Maul- und Klauenseuche vom 28. November 2002, A5-0405/2002, Teil 1: Entschließungsantrag.
[1409] Vgl. den Bericht des Nichtständigen Ausschusses für Maul- und Klauenseuche vom 28. November 2002, A5-0405/2002, Teil 2: Begründung, S. 40ff..

impfungen die wirtschaftlichen, psychischen und sozialen Auswirkungen der Entscheidungen auf die betroffenen Gebiete nicht ausgeblendet werden. Die schnellstmögliche Ausrottung der Seuche und handelspolitische Interessen dürften nicht die einzigen Abwägungskriterien sein[1410].

Nicht nur das Europäische Parlament, auch der Rat und die Kommission haben erkannt, dass die der MKS-Bekämpfung zugrunde liegenden Rechtssätze einer Überprüfung unterzogen werden müssen. Derzeit ist eine Richtlinie mit Maßnahmen der Gemeinschaft zur Bekämpfung der Maul- und Klauenseuche und zur Änderung der Richtlinie 92/46/EWG[1411] in Vorbereitung[1412].

b) Die Maßnahmen

Da die Bekämpfung der MKS europaweit harmonisiert ist, werden bei einem Seuchenverdacht in einem Mitgliedsstaat in allen Staaten gleichartige Maßnahmen ergriffen, die durch Entscheidungen der Kommission vorgegeben werden. Es werden zunächst Importverbote für Tiere und tierische Produkte aus betroffenen Regionen verhängt, für diese werden Transportbeschränkungen angeordnet.
Wenn der Verdacht besteht, dass eine Seuche ausgebrochen ist, muss dies unverzüglich bei der zuständigen Behörde, in Deutschland in der Regel beim örtlich zuständigen Veterinäramt, angezeigt werden. Beim Seuchenverdacht werden in der Regel weiträumige Sperrbezirke um die Höfe herum eingerichtet, von den betroffenen Beständen werden Proben zur Laboruntersuchung genommen und weitgehende Sicherheitsmaßnahmen verhängt (bspw. Desinfektion). Bestätigt sich der Verdacht, werden Maßnahmen für den Seuchenbetrieb, den Sperrbezirk und ein sich daran anschließendes Beobachtungsgebiet getroffen[1413].

3. Gemeinschaftsrechtliche Maßnahmen zur Bekämpfung der MKS im Jahr 2001 und ihre Folgen

Europa galt mehr als ein Jahrzehnt als MKS-frei, während vor allem in Asien, Afrika, dem Mittleren Osten und Südamerika das Virus aktiv war und ist. In England, wo Ausbrüche von MKS am 20. Februar 2001 in einem Schlachthof und einem benachbarten landwirtschaftlichen Betrieb festgestellt worden waren, vermutet man, dass das Virus über Importfleisch aus Asien eingeschleppt wurde. Reste dieses Fleisches wurden dann vermutlich ohne vorherige ordnungsgemäße Erhitzung als Küchenabfälle verfüttert, zweifelsfrei geklärt ist dies aber nicht.
Trotz des schon am 21. Februar 2001 verhängten Importverbots[1414] wurden am 1. März in Schottland und Nord-Irland, am 5. März in Frankreich, am 20. März in den Niederlanden und

---

[1410] Vgl. den Bericht des Nichtständigen Ausschusses für Maul- und Klauenseuche vom 28. November 2002, A5-0405/2002, Teil 1: Entschließungsantrag, S. 19f..

[1411] Kommissionsvorschlag 15831/02 – KOM (2002).

[1412] Die Konsultationsfrist ist am 10.06.2003 abgelaufen, das Europäische Parlament und der Wirtschafts- und Sozialausschuss haben ihre Stellungnahme am 15. bzw. 14. Mai 2003 abgegeben, der AStV hat am 4. Juni 2003 einige Änderungen gebilligt, 9741/03 ADD COR 1.

[1413] Vgl. dazu die ausführlichen Informationen der Staatlichen Veterinäruntersuchungsanstalt, abrufbar unter www.svua-arnsberg.nrw.de/version1024/infoecke/mks.htm, abgerufen am 17.03.2003, und dazu auch im Folgenden 4. a).

[1414] Entscheidung der Kommission 2001/145/EG, ABl. L 53 v. 22.2.2001, S. 25. Das Importverbot betrifft lebende Rinder, Schafe, Ziegen, Schweine und andere Paarhufer, frisches Fleisch dieser Tiere, Fleischerzeugnisse, Milch, Milcherzeugnisse, Sperma, Eizellen, Embryonen, Häute, Felle usw.. Ein solch weitereichendes Importverbot ist im weiteren Verlauf gegenüber jedem Mitgliedstaat verhängt worden, das einen Seuchenausbruch meldete.

kurz danach auch in Irland die ersten MKS-Fälle bekannt. Auch gegenüber diesen Staaten wurden entsprechende Ex- bzw. Importverbote erlassen[1415]. Entscheidungen der Kommission, die Importverbote für betroffene Länder aussprechen, sind an alle Mitgliedsstaaten gerichtet und sprechen außerdem auch Handlungsge- oder -verbote für diese aus[1416].
Im Übrigen entschied die Kommission schon am 22. Februar 2001, den Anhang I der Entscheidung 91/666/EWG des Rates über die Bildung gemeinschaftlicher MKS-Impfstoffreserven und zur Aktualisierung der Entscheidung 2000/112/EG bezüglich der Aufteilung von Antigenreserven auf die Antigenbanken[1417] zu ändern[1418], nachdem die Gemeinschaft in Anbetracht Seuchenlage bestimmte Subtypen von MKS-Antigenen gekauft hatte.

Während Frankreich der Kommission schon am 2. April 2001 melden konnte, dass seit dem 30. März keine neuen MKS-Fälle aufgetreten seien und alle Untersuchungen und Labortests negative Ergebnisse gezeigt hätten[1419], blieb die Lage in den Niederlanden und vor allem im Vereinigten Königreich angespannt. Den Niederlanden genehmigte die Kommission zunächst unter bestimmten Bedingungen die Durchführung von so genannten Suppressivimpfungen als zusätzliches Instrument zur Bekämpfung der Seuche[1420]. Suppressivimpfungen sind „Notimpfung[en] von Tieren empfänglicher Arten in ausgewiesenen Betrieben innerhalb eines abgegrenzten Gebiets (Impfzone), die ausschließlich in Verbindung mit der Präventivtötung [...] durchgeführt werden". Sie dienen „der schnellen Verringerung der Anzahl zirkulierender Viren und der Minderung des Risikos der Virusverschleppung über die Grenzen der Impfzone hinaus, ohne jedoch die Präventivtötungen hinauszuzögern." Suppressiv- impfungen werden nur durchgeführt, wenn aus bestimmten Gründen „die Präventivtötung von Tieren [...] voraussichtlich für längere Zeit zurückgestellt werden muss als aller Wahrscheinlichkeit nach für die wirksame Eindämmung der Virusverschleppung erforderlich ist".[1421] Dies bedeutet, dass die Tiere zur Verminderung der Virusausbreitung und/oder aus Mangel an Beseitigungskapazität von Tierkadavern zunächst geimpft, aber nach erfolgreicher Ausrottung der Seuche und bei Wegfall der Engpässe getötet werden. Eine solche Ausnahme vom grundsätzlichen Impfverbot ist gemäß Art. 13 Abs. 3 der Richtlinie 90/423/EWG des Rates[1422] bei drohender Seuchenverschleppung möglich.
Außerdem genehmigte die Kommission dem Vereinigten Königreich am 30. März und den

[1415] Für Frankreich: Entscheidung der Kommission 2001/208/EG v. 14.3.2001, ABl. L 73 v. 15.3.2001, S. 38; für die Niederlande: Entscheidung der Kommission 2001/223/EG v. 21.3.2001, ABl. L 82 v. 22.3.2001, S. 29; für Irland: Entscheidung der Kommission 2001/234/EG v. 22.3.2001, ABl. L 84 v. 23.3.2001, S. 62.

[1416] Vgl. Art. 11 b der Entscheidung der Kommission 2001/190/EG v. 8.3.2001, ABl. L 67 v. 9.3.2001, S. 88/95: „Die anderen Mitgliedsstaaten [...] versenden keine lebenden Tiere der empfänglichen Arten [...]. Unbeschadet der von den Mitgliedsstaaten bereits getroffenen Maßnahmen treffen die anderen Mitgliedsstaaten [...] jegliche Schutzmaßnahmen [...]. Es muss darauf geachtet werden, dass in einigen weiteren Entscheidungen fälschlicherweise auf Art. 11 a anstatt Art. 11 b verwiesen wird, bspw. in der Entscheidung der Kommission 2001/263/EG v. 2.4.2001, ABl. L 93 v. 3.4.2001, S. 59.

[1417] ABl. L 368 v. 21.12.1991, S. 21, zuletzt geändert durch die Entscheidung 1999/762/EG, ABl. L 301 v. 24.11.1999, S. 6.

[1418] Entscheidung der Kommission 2001/181/EG v. 22.2.2001, ABl. L 66 v. 8.3.2001, S. 39.

[1419] So die Entscheidung der Kommission 2001/269/EG v. 3.4.2001, ABl. L 94 v. 4.4.2001, S. 28.

[1420] Entscheidung 2001/246/EG v. 27.3.2001, ABl. L 88 v. 28.3.2001, S. 21.

[1421] So bspw. Art. 1 Nr. 2 der Entscheidung der Kommission 2001/246/EG v. 27.3.2001, ABl. L 88 v. 28.3.2001, S. 21.

[1422] Richtlinie des Rates v. 26.6.1990, ABl. L 224 v. 18.8.1990, S. 13.

Niederlanden am 5. April 2001 die Durchführung von Schutzimpfungen für Rinder[1423]. Diese Schutzimpfungen können unabhängig davon durchgeführt werden, ob auch Suppressivimpfungen stattfinden oder nicht. Sie verfolgen dasselbe Ziel wie Suppressivimpfungen, „jedoch unter der Bedingung, dass Tiere empfänglicher Arten, die im Rahmen von Schutzimpfungen geimpft werden, nicht präventiv getötet werden."[1424] Hier werden die Tiere also nach der Impfung weiter normal genutzt und verwertet.
In den Niederlanden, die im Übrigen nur Suppressivimpfungen durchführten, zeigten die Maßnahmen Erfolge, so dass die Kommission am 6. Juni 2001feststellte, seit dem 21. April seien keine neuen Fälle mehr gemeldet worden[1425]. Langsam wurden so die Maßnahmen gelockert, auch in Großbritannien. Dort entspannte sich die Lage allerdings deutlich langsamer als in den Niederlanden, so dass die Maßnahmen, die dem Vereinigten Königreich durch die Entscheidung der Kommission vom 4. Mai 2001 auferlegt worden waren[1426], durch Entscheidung vom 18. Juli noch bis zum 30. September 2001[1427] verlängert wurden.

Sämtliche Entscheidungen der Kommission, ob Importverbote, Transportbeschränkungen oder Notimpfungen betreffend, sind im Wesentlichen, außer auf den Vertrag zur Gründung der Europäischen Gemeinschaft, auf die Richtlinie 90/425 des Rates vom 26. Juni 1990[1428], insbesondere auf Art. 10, und teilweise auch auf die Richtlinie 89/662/EWG des Rates vom 11. Dezember 1989[1429], insbesondere auf Art. 9, gestützt worden.
Nach diesen Vorschriften kann die Kommission vorsorgliche Maßnahmen gegenüber Tieren bzw. Erzeugnissen, die aus einem Seuchengebiet stammen oder einem bestimmten Betrieb oder Zentrum bzw. einer bestimmten Einrichtung stammen, treffen, falls sie nicht über die Maßnahmen informiert wurde, die die Mitgliedsstaaten beim Auftreten von Krankheiten durchzuführen haben, oder wenn sie die getroffenen Maßnahmen nicht für ausreichend hält[1430].

Nach verschiedenen Schätzungen liegt die Zahl der getöteten Tiere im Zuge der Seuchenbekämpfung bzw. als direkte Auswirkung der Seucheneindämmungsmaßnahmen (so genannte „Schlachtung aus Tierschutzgründen") zwischen 6,5 und bis zu 10 Millionen allein im Vereinigten Königreich. Die Tötungen, aber auch die weiträumige Sperrung vieler Betriebe führte zu enormen finanziellen Verlusten nicht nur bei den unmittelbar betroffenen Landwirten, sondern auch in der Wirtschaft, vor allem im Bereich der Nahrungsmittelproduktion und des Tourismus. Die massenhafte Keulung von Tieren und die anschließende Vernichtung des Fleisches haben in der Öffentlichkeit heftige Proteste ausgelöst; es kam zu Bedrohungen bis

---

1423 Für das Vereinigte Königreich: Entscheidung der Kommission 2001/257/EG v. 30.3.2001, ABl. L 91 v. 31.3.2001, S. 98; für die Niederlande: Entscheidung der Kommission 2001/279/EG v. 5.4.2001, ABl. L 96 v. 6.4.2001, S. 19.
1424 Art. 1 Abs. 3 der Entscheidung 2001/246/EG, eingefügt durch Art. 1 der Entscheidung der Kommission 2001/279/EG v. 5.4.2001, ABl. L 96 v. 6.4.2001, S. 19.
1425 Entscheidung der Kommission 2001/426/EG v. 6.6.2001, ABl. L 151 v. 7.6.2001, S. 45.
1426 2001/356/EG, ABl. 125 v. 5.5.2001, S. 46: weiterhin Importverbote, allerdings mit einigen Ausnahmetatbeständen im Vergleich zur Entscheidung 2001/172/EG.
1427 2001/547/EG, ABl. L 195 v. 19.7.2001, S. 61.
1428 ABl. L 224 v. 18.8.1990, S. 29, zuletzt geändert durch die Richtlinie des Rates 92/118/EWG vom 17.12.1992, ABl. L 62 v. 15.3.1993, S. 49.
1429 ABl. L 62 v. 2.3.2001, S. 22, zuletzt geändert durch die Richtlinie 92/118/EWG des Rates vom 17.12.1992, ABl. L 62 v. 15.3.1993, S. 49.
1430 Vgl. Art. 10 Abs. 3 Satz 1 und Abs. 4 Satz 1 der Richtlinie 90/425/EWG sowie Art. 9 Abs. 3 Satz 1 und Abs. 4 Satz 1 der Richtlinie 89/662/EWG.

hin zu Morddrohungen gegenüber den Bekämpfungsteams[1431]. Der eingesetzte Nichtständige Ausschuss für Maul- und Klauenseuche ist daher in seinem Bericht zu dem Ergebnis gekommen, dass die Öffentlichkeit eine Massenkeulung in dem Umfang, wie sie 2001 stattgefunden hat, nicht noch einmal akzeptieren wird[1432].

4. Die Maßnahmen in Deutschland

a) Das Verhältnis von nationalen und gemeinschaftsrechtlichen Maßnahmen
Das Gemeinschaftsrecht verpflichtet die Mitgliedsstaaten zur Beachtung von Entscheidungen der Kommission. Entscheidungen sind für den Adressaten verbindlich. Allerdings sind mit ihnen in der Regel Umsetzungsmaßnahmen im nationalen Recht erforderlich, wenn sie sich an die Mitgliedsstaaten richten[1433]. In Deutschland erfolgte diese Umsetzung im Wesentlichen durch Rechtsverordnungen. Diese Rechtsverordnungen stimmen überwiegend wortwörtlich mit der deutschen Fassung der Kommissionsentscheidungen überein.
Die Zusammenarbeit zwischen den Mitgliedsstaaten bzw. den jeweils zuständigen Umsetzungsstellen und der Kommission ist eng. Daher kommt es nicht selten vor, was im Laufe der Darstellung noch zu sehen sein wird[1434], dass die nationalen Maßnahmen zeitgleich oder sogar noch vor den Kommissionsentscheidungen erlassen werden. Dies ist möglich, wenn eine abschließende Erörterung schon stattgefunden und der Veterinärausschuss dem Erlass der Maßnahme zugestimmt hat[1435]. Da der Ausschuss mit Vertretern der Mitgliedsstaaten besetzt ist (Vertreter der nationalen Umsetzungsbehörden), können diese dafür sorgen, dass durch den Umsetzungsakt keine zeitliche Verzögerung eintritt. Gerade bei den vorliegenden Maßnahmen auf dem Gebiet der Seuchenbekämpfung kann eine solche „vorauseilende" Umsetzung die Wirksamkeit der Maßnahmen noch verbessern.
Außer den Umsetzungsverordnungen gibt das zuständige Bundesministerium regelmäßig im Bundesanzeiger bekannt, welche Entscheidungen die Kommission erlassen hat[1436]. Diese Bekanntmachungen beruhen auf §§ 11 Abs. 1 Satz 1, 8 Abs. 6 Satz 1 der *Binnenmarkt-Tierseuchenschutzverordnung*[1437].

b) Die bundesrechtlichen Verordnungen
In Deutschland setzte etwa im März 2001 eine rege Verordnungstätigkeit des Bundesministeriums ein. Anlass waren die Entscheidungen der Kommission, die von den Mitgliedsstaaten verlangten, entsprechende Schutzmaßnahmen vorzunehmen[1438]. Die neu erlassenen Verordnungen betrafen speziell die Bekämpfung von MKS, es fanden aber auch Rechtsverordnungen, die schon länger in Kraft waren, und die sich nicht speziell auf eine Seuche bezogen, z.B. die *Verfütterungsverbots-Verordnung* oder die *Binnenmarkt-Tierseuchenschutz-Verordnung*, Anwendung.

[1431] So die Auskunft der Bezirksregierung Münster v. 13.6.2003.
[1432] Bericht vom 28. November 2002, A5-0405/2003, Teil 1: Entschließungsantrag, S. 18.
[1433] *Ruffert*, in: Calliess/Ruffert, Art. 249 RN. 117, spricht deshalb auch vom „quasi-legislativen" Charakter der Entscheidungen.
[1434] Bspw. bei der *2. MKS-Schutzverordnung*.
[1435] So Auskunft des Bundesministeriums für Verbraucherschutz, Ernährung und Landwirtschaft vom 2.4.2003.
[1436] Vgl. bspw. Bekanntmachung v. 19.7.2001, BAnz. 2001 S. 14989.
[1437] Bekanntmachung der Neufassung v. 10.8.1999, BGBl. 1999 I S. 1820, zuletzt geändert durch Art. 9 der Verordnung v.21.12.2000, BGBl. 2000 I S. 1879.
[1438] Vgl. Art. 10 der Entscheidung der Kommission 2001/145/EG v. 21.2.2001, ABl. L 53 v. 23.2.2001, S. 25; Art. 11 b der Entscheidung der Kommission 2001/190/EG v. 8.3.2001, ABl. L 67 v. 9.3.2001, S. 88.

Die wichtigsten Verordnungen waren:

- die *MKS-Verordnung* (Verordnung zum Schutz gegen die Maul- und Klauenseuche)
- die *VK-MKS-Schutzverordnung* (Verordnung zum Schutz vor einer Einschleppung der Maul- und Klauenseuche aus dem Vereinigten Königreich)
- die *2. VK-MKS-Schutzverordnung* (2. Verordnung zum Schutz vor einer Einschleppung der Maul- und Klauenseuche aus dem Vereinigten Königreich)
- die *3. VK-MKS-Schutzverordnung*
- die *MKS-Schutzverordnung* (Verordnung zum Schutz vor einer Einschleppung der Maul- und Klauenseuche)
- die *2. MKS-Schutzverordnung*
- die *3. MKS-Schutzverordnung*, welche im Laufe der ersten Hälfte des Jahres 2001 fünfmal geändert wurde.

c) Inhalt der Verordnungen

aa) Die MKS-Verordnung und ihre Änderungsverordnungen
Die *MKS-Verordnung* wurde am 1. Februar 1994 neu bekannt gemacht[1439]. Sie bestimmt in § 1, wann ein Seuchenausbruch und wann ein Verdacht des Ausbruchs der MKS vorliegt. Der 2. Abschnitt regelt die allgemeinen und besonderen Schutzmaßnahmen. Unter die allgemeinen Schutzmaßnahmen fallen Impfungen und Heilversuche (§ 2). Bei den besonderen Schutzmaßnahmen wird zeitlich unterschieden zwischen denjenigen Maßnahmen, die vor (§ 4) bzw. nach (§§ 5-12) der amtlichen Feststellung des Ausbruchs oder des Verdachts des Ausbruchs zu treffen sind. Vor der amtlichen Feststellung muss der Besitzer sämtliche Klauentiere absondern. Es gelten strenge Sicherheitsmaßnahmen hinsichtlich des Betretens der Ställe, der Verbringung der Tiere sowie der von ihnen stammende Teile, Rohstoffe usw.. Nach der amtlichen Feststellung des Seuchenausbruchs, die durch öffentliche Bekanntmachung erfolgt, werden die Maßnahmen noch einmal verschärft: der Betrieb wird gesperrt, und sämtliche Klausentiere müssen getötet und unschädlich beseitigt werden. Die Beseitigung gilt auch für alle von Klauentieren stammenden Teile, Rohstoffe usw.. Solange nur der Verdacht des Ausbruchs amtlich festgestellt ist, liegt diese Anordnung im Ermessen der Behörde.
Gemäß § 9 wird ein Sperrbezirk mit einem Radius von mindestens drei Kilometern um den Betrieb herum festgelegt, für den besondere Verhaltensweisen gelten. Um den Sperrbezirk herum wird nach § 10 ein Beobachtungsgebiet festgelegt, das zusammen mit dem Sperrbezirk einen Radius von mindestens 10 Kilometern besitzen soll. Auch in diesem Gebiet dürfen bestimmte Tätigkeiten wie das Verbringen von Klauentieren nur unter strengen Voraussetzungen oder gar nicht stattfinden. Betriebe, aus denen die Seuche eingeschleppt oder in welche die Seuche bereits weiterverschleppt wurde, stellt die zuständige Behörde unter Beobachtung, § 11. Nach § 11 a kann die zuständige oberste Landesbehörde im Benehmen mit dem Bundesministerium für ein bestimmtes Gebiet die Impfung aller Rinder sowie aller anderen für die Seuche empfänglicher Tiere anordnen. Die Vereinbarkeit dieser Vorschrift mit dem gemeinschaftsrechtlichen Impfverbot dürfte höchst zweifelhaft sein, da Impfungen nach der Richtlinie 90/423/EWG des Rates der Europäischen Union vom 26.6.1990 nur im Ausnahmefall und nur mit Genehmigung der Kommission erfolgen dürfen[1440].
§ 12 regelt die Desinfektion, die nach der Tötung und unschädlichen Beseitigung durchgeführt werden muss.

[1439] BGBl. 1994 I S. 187.
[1440] Vgl. oben III. 2. a).

§ 13 bestimmt Schutzmaßnahmen auf Tierausstellungen und auf dem Transport, § 14 bestimmt, wann die MKS als erloschen bzw. der Verdacht auf Ausbruch der Seuche als beseitigt gilt. Die Behörde hebt dann die angeordneten Schutzmaßregeln wieder auf. Schließlich bestimmt § 15 eine Reihe von Ordnungswidrigkeiten im Sinne von § 76 Abs. 2 Nr. 1 Buchstabe b des TierSG.

Am 27. März 1995 wurde die *MKS-Verordnung* geändert[1441]. Die Änderungen betreffen unter anderem die Schutzmaßregeln für den Sperrbezirk. Nach dem neu eingefügten Absatz 2 muss jeder, der in einem Sperrbezirk Klauentiere hält, dies unverzüglich anzeigen. Alle Klauentierbestände in einem Sperrbezirk müssen unverzüglich nach näherer Anweisung untersucht werden. Außerdem kann die Behörde nach dem neuen Absatz 3 die Sperre des Ortes oder von Teilen des Ortes anordnen, in dem ein Betrieb liegt, bei dem der Verdacht des Ausbruchs amtlich festgestellt wurde. Mit dieser Sperrung wird also ein so genannter Verdachtssperrbezirk eingeführt.
Auch die Schutzmaßregeln für das Beobachtungsgebiet nach § 10 sowie die Ordnungswidrigkeiten wurden durch die Änderung verschärft.

Erneut wurde die *MKS-Verordnung* am 29. März 2001 geändert[1442]. Diese Änderungsverordnung stützt sich unter anderem auf § 79 Abs. 1 a TierSG, ist also aufgrund von Gefahr im Verzug und ohne Zustimmung des Bundesrates ergangen. Die Geltungsdauer ist daher auf 6 Monate begrenzt. Die Änderungen betreffen die Verbreitung und Behandlung von Milch vor der amtlichen Feststellung gemäß § 4 und nach der amtlichen Feststellung bei den Schutzmaßregeln im Sperrbezirk sowie die entsprechenden Änderungen bei den Ordnungswidrigkeiten in § 15.

Zum dritten Mal wurde die *MKS-Verordnung* durch die *Verordnung zur Änderung der MKS-Verordnung und der Binnenmarkt-Tierseuchenschutzverordnung* vom 30. April 2001[1443] geändert. Geändert wurde § 11a, der als weitere Schutzmaßregel bei Ansteckungsverdacht eine Notimpfung (bisher: Gebietsimpfung) vorsieht. Es wurden zwei neue Absätze angefügt. Nach Abs. 2 kann die zuständige oberste Landesbehörde im Benehmen mit dem Bundesministerium unter bestimmten Voraussetzungen die Impfung für vom Aussterben bedrohte Arten, die für die MKS empfänglich sind, anordnen. Abs. 3 stellt fest, dass in diesem Fall die Befugnis der zuständigen Behörde zu weitergehenden Schutzmaßnahmen unberührt bleibt.
Die Einfügung der neuen Absätze 2 und 3 beruht, wie deren Inhalt zu entnehmen ist, auf Art. 2 Abs. 2 und 3 der Entscheidung der Kommission 2001/303/RG vom 11. April 2001[1444].
Außerdem wird § 14, der festlegt, wann die MKS als erloschen bzw. der Verdacht als beseitigt gilt, geändert. Diese Änderung entspricht der Entscheidung der Kommission 2001/295/EG vom 10. April 2001[1445]. Dort ist festgelegt, dass die in den Schutz- und Überwachungszonen (das sind die gemäß §§ 9 und 10 der MKS-Verordnung einzurichtenden Sperrbzw. Beobachtungsbezirke) angeordneten Maßnahmen beibehalten werden müssen, bis bestimmte Anforderungen erfüllt sind. Nach der Neufassung des § 14 MKS-Verordnung gilt die MKS erst als erloschen, wenn zusätzlich zu den bisher genannten Anforderungen seit Ab-

---

[1441] Durch die *Verordnung zur Änderung der MKS-Verordnung und anderer tierseuchenrechtlicher Verordnungen*, BGBl. I S. 406.
[1442] Durch die *Zweite Verordnung zur Änderung der MKS*-Verordnung, BAnz. 2001 S. 5797.
[1443] BAnz. 2001 S. 8385.
[1444] ABl. L 104 v. 13.4.2001, S. 3: Entscheidung über die Bedingungen für die Bekämpfung der Maul- und Klauenseuche bei vom Aussterben bedrohten arten in Anwendung des Artikels 13 der Richtlinie 85/511/EWG.
[1445] ABl. L 100 v. 11.4.2001, S. 35.

nahme der Desinfektion im Sperrbezirk 15 bzw. im Beobachtungsgebiet 30 Tage verstrichen und alle Klauentiere klinisch und serologisch gemäß den Anhängen 1 und 2 der Entscheidung 2001/295/EG mit negativem Ergebnis untersucht worden sind.
Die *Verordnung zur Änderung der MKS-Verordnung und der Binnenmarkt-Tierseuchenschutzverordnung* änderte außerdem die *Zweite Verordnung zur Änderung der MKS-Verordnung*: danach soll die *MKS-Verordnung* vom 1. Oktober 2001 an wieder in ihrer am 31. März 2001 maßgebenden Fassung gelten, sofern nicht mit Zustimmung des Bundesrates etwas anderes verordnet wird. Das bedeutet, dass die *MKS- Verordnung* in der Fassung, die sie durch die *Zweite Verordnung zur Änderung der MKS-Verordnung* erfahren hat, über den 30. September 2001 hinaus weiter gilt. An diesem Tag sollte nach Art. 2 Satz 2 der *Zweiten Verordnung zur Änderung der MKS-Verordnung* diese ursprünglich außer Kraft treten.

Eine letzte Änderung erfuhr sowohl die *MKS-Verordnung* als auch die *Zweite Verordnung zur Änderung der MKS-Verordnung* durch Art. 1 und 2 der *Verordnung zur Änderung der Zweiten MKS-Verordnung sowie der Verordnung zur Änderung der MKS-Verordnung und der Binnenmarkt-Tierseuchenschutzverordnung*[1446] vom 16. Juli 2001. Mit Zustimmung des Bundesrates wurde bestimmt, dass die ursprünglich zeitlich begrenzt geltenden Änderungen sowohl der *Zweiten Verordnung zur Änderung der MKS-Verordnung* als auch der *Verordnung zur Änderung der MKS-Verordnung und der Binnenmarkt-Tierseuchenschutzverordnung* aufgehoben werden. Damit gilt die MKS-Verordnung nun zeitlich unbegrenzt in derjenigen Fassung, die sie durch die Verordnung vom 30. April 2001 erfahren hat.
Diese Änderung ist nicht auf einen Rechtsakt der EU zurückzuführen, sondern hängt damit zusammen, dass die bisherigen Änderungen der MKS-Verordnung als Eilverordnung und daher ohne Zustimmung des Bundesrates erlassen wurden. Solche sind aber nur maximal sechs Monate gültig. Da die durch die Änderungen inhaltlich festgelegten Schutzmaßnahmen, beispielsweise die Bedingungen für die Impfung bedrohter Tierarten oder die Behandlungen, die an Milch oder Milchprodukten vor der amtlichen Feststellung vorgenommen werden müssen, nicht nur als einmalige Maßnahmen, sondern dauerhaft in die MKS-Verordnung aufgenommen werden sollten, musste der Bundesrat der „Verlängerung" der Gültigkeit zustimmen.

bb) Die 1., 2. und 3. VK-MKS-Schutzverordnung
Die VK-MKS-Schutzverordnungen betrafen die Behandlung von Tieren, die aus dem Vereinigten Königreich (Großbritannien) nach Deutschland importiert worden waren, nachdem die MKS dort ausgebrochen war.
Die *VK-MKS-Schutzverordnung* vom 1. März 2003[1447] bestimmte in § 1 die Tötung aller Schafe, Ziegen sowie als Nutztiere gehaltenen Hirsche und Kameliden[1448], die zwischen dem 1. und 21. Februar 2001 aus Großbritannien verbracht worden sind[1449]. Gemäß § 2 sollte die Verordnung mit Ablauf des 9. März 2001 außer Kraft treten.

Die *2. VK-MKS-Schutzverordnung*[1450] vom 8. März 2001 wiederholte dieses Gebot für alle als

[1446] BGBl. I S. 1654.
[1447] BAnz. 2001 S. 3253.
[1448] Kamele im weiteren Sinn, also Kamele, Lamas, Alpakas und Vicunjas (sie gehören zur Familie der Kameliden, diese ist die einzig heute noch lebende Familie der Unterordnung Schwielensohler (Tylopoda), *Grzimek*, Bd. 13, S. 142ff..
[1449] Rinder waren von der vorbeugenden Tötung ausgeschlossen, weil aufgrund der BSE-Krise im Jahr 2000 ohnehin keine Rinder mehr aus Großbritannien verbracht werden durften; Auskunft des nordrhein-westfälischen Ministeriums für Umwelt und Naturschutz, Landwirtschaft und Verbraucherschutz vom 22.09.2003.
[1450] BAnz. 2001 S. 3637.

Haustiere gehaltenen Schafe, Ziegen, Klauentiere wild lebender Arten und Kameliden. Außerdem durften nach § 2 grundsätzlich als Haustiere gehaltene Klauentiere und Kameliden außerhalb des Bestandes nicht transportiert werden. Wer dagegen vorsätzlich oder fahrlässig zuwider handelte, handelte ordnungswidrig. Die Verordnung galt vom 9. bis zum 27. März 2001.

Die *3. VK-MKS-Schutzverordnung* vom 26. März 2001[1451] enthielt einen zur *2. VK-MKS-Schutzverordnung* identischen § 1. Nach § 2 war der Transport ebenfalls beschränkt, allerdings wurden die Ausnahmen nach Absatz 2 leicht erweitert. Durften nämlich bisher Ausnahmen nur für das Verbringen von Tieren zur unmittelbaren Schlachtung in einem Schlachtbetrieb oder für das Verbringen in einen anderen Bestand gemacht werden, konnte die Ausnahme nun auch gemacht werden, wenn die Tiere über eine nach § 15 c der Viehverkehrsordnung für Rinder zugelassene Sammelstelle verbracht werden. Allerdings durfte die für den Absendeort zuständige Behörde die Ausnahmen nun nur noch im Einvernehmen mit der für den Bestimmungsort zuständigen Behörde machen. Die Verordnung galt vom 27. März bis zum 4. April 2001.

Die Bestimmung zur Tötung der genannten Tiere geschah in Umsetzung des Art. 11 Abs. 2 der Entscheidung der Kommission 2001/172/EG vom 1. März 2001[1452] und Art. 11 b Abs. 2 der Entscheidung der Kommission 2001/172/EG in der Fassung der Entscheidung 2001/190/EG vom 8. März 2001[1453], der die Mitgliedsstaaten verpflichtete, jegliche Schutzmaßnahmen einschließlich der vorbeugenden Tötung von Schafen, Ziegen, Zuchtwild (Klauentiere) und Kamelartigen, die in dem genannten Zeitraum aus dem Vereinigten Königreich versandt wurden.
Art. 11 b Abs. 3 UAbs. 2 legt die Ausnahmen vom grundsätzlichen Transportverbot fest; die *3. VK-MKS-Verordnung* beruhte auf der Änderung dieses Artikels durch die Entscheidung 2001/239/EG vom 26. März 2003[1454].

cc) Die MKS-Schutzverordnung
Die *MKS-Schutzverordnung* vom 3. April 2001[1455] regelte inhaltlich sinngemäß dasselbe wie die VK-MKS-Schutzverordnungen. § 1 war identisch mit §1 der 2. bzw. 3. VK-MKS-Schutzverordnung. Auch § 2, der die Beschränkung des Transports empfänglicher Tiere regelt, war fast identisch. Allerdings wurde diesem nun noch ein dritter Absatz angefügt, der wiederum Ausnahmen von den Ausnahmen des Absatzes 2 zuließ, so dass im Ergebnis die MKS-Schutzverordnung eine leichte Lockerung vorsah. § 1 der Verordnung trat mit Ablauf des 10. April 2001, §§ 2 und 3 mit Ablauf des 12. April 2001 außer Kraft.
Die *MKS-Schutzverordnung* erging in Umsetzung der Entscheidung der EU-Kommission 2001/263/EG vom 2. April 2001[1456].

dd) Die 2. MKS-Schutzverordnung
Die *2. MKS-Schutzverordnung* vom 10. April 2001[1457] war wiederum inhaltlich und überwiegend auch wörtlich identisch mit der *MKS-Schutzverordnung* bzw. den VK-MKS-

---

[1451] BAnz. 2001 S. 5205.
[1452] ABl. L 62 v. 2.3.2001, S.22.
[1453] ABl. L 67 v. 9.3.2001, S. 88.
[1454] ABl. L 86 v. 27.3.2001, S. 33.
[1455] BAnz. 2001 S. 6077.
[1456] ABl. L 93 v. 3.4.2001, S. 59.
[1457] BAnz. 2001 S. 6814.

Schutzverordnungen. Zusätzlich wurde nun bei den Ausnahmen von der Beschränkung des Transports nach § 2 in Abs. 2 Nr. 3 eine weitere Ausnahme eingefügt. Ausnahmen konnten nun auch nach § 2 Abs. 2 Nr. 3 Buchstabe b gemacht werden, wenn sichergestellt war, dass die Tiere aus einem Bestand stammen, der in einem Gebiet im Sinne des Artikels 2 Buchstabe p der Richtlinie 64/432/EWG des Rates vom 26. Juni 1963[1458] in der jeweils geltenden Fassung, gelegen ist, in dem während der in Absatz 3 Nr. 2 in Verbindung mit Nr. 1 genannten Zeit kein Sperrbezirk oder Beobachtungsgebiet festgelegt worden ist. Die Voraussetzungen für die Erteilung der Ausnahme gemäß Absatz 3 wurde für Schweine abweichend geregelt (§ 2 Abs. 3 Nr. 2). Die Verordnung trat am 13. April in Kraft und sollte mit Ablauf des 18.Mai 2001 außer Kraft treten; dies wurde allerdings durch § 4 der *3. MKS-Schutzverordnung* dahingehend geändert, dass sie schon am 10. April außer Kraft trat.
Die *2. MKS-Schutzverordnung* erging in Umsetzung der Entscheidung der EU-Kommission 2001/302/EG vom 11. April 2001[1459].

ee) Die 3. MKS-Schutzverordnung und ihre fünf Änderungsverordnungen
Die *3. MKS-Schutzverordnung* vom 19. April 2001[1460] ändert wiederum nur den Inhalt des § 2. Die Ausnahmen nach § 2 wurden erneut erweitert. Ausnahmen wurden nun auch gemacht zum Verbringen von Tieren in einen anderen Bestand zum Zwecke der Mast oder zu einem Sammelpunkt zwecks Zusammenstellung einer auf einem bestimmten Weidegebiet zu haltenden Wanderherde. Aufgrund dessen hat sich die Systematik etwas verändert: nannten bisher schon die Nrn. 3 und 4 Voraussetzungen für die Ausnahmen in den Fällen der Nrn. 1 und 2, sind diese Voraussetzungen nun in den Nrn. 4 und 5 geregelt. Die Verordnung trat am 20 April in Kraft und mit Ablauf des 18. Mai 2001 außer Kraft.
Außerdem bestimmte § 4 Abs. 2, dass – abweichend von § 4 Abs. 1 Satz 1 der *2. MKS-Schutzverordnung* – diese nicht mit Ablauf des 18. Mai 2001, sondern schon mit Ablauf des 21. April 2001 außer Kraft tritt.
Die *3. MKS-Schutzverordnung* erging in Umsetzung der Entscheidung der EU-Kommission 2001/327/EG vom 24. April 2001[1461].

Am 25. April 2001 wurde die *Erste Verordnung zur Änderung der 3. MKS-Schutzverordnung* erlassen[1462]. Sie setzte die Entscheidung der Kommission 2001/327/EG vom 24. April 2001 um[1463]. Die Änderungen in § 2 Abs. 2 laufen auf eine Einschränkung der Ausnahmen von der Beschränkung des Transports hinaus, die ja bisher durch die Verordnungen vorsichtig immer weiter gelockert worden waren. Die Anforderungen für die Erteilung von Ausnahmen gemäß Absatz 3 wurden allerdings durch die Änderung abgesenkt: beispielsweise müssen die Tiere 20 Tage vor der Erteilung der Ausnahmegenehmigung, oder sofern die Tiere jünger als 20 Tage sind, seit ihrer Geburt im Herkunftsland gehalten worden sein – bisher waren es jeweils 30 Tage. Die Verordnung ist nach ihrer Verkündung in Kraft getreten, eine Begrenzung des Geltungszeitraums ist nicht vorgesehen.

Durch die *Zweite Verordnung zur Änderung der 3. MKS-Schutzverordnung* vom 3. Mai

1458 Zur Regelung viehseuchenrechtlicher Fragen beim innergemeinschaftlichen Handelsverkehr mit Rindern und Schweinen (ABl. L 109, S. 1).
1459 ABl. 104 v. 13.4.2001, S. 1.
1460 BAnz. 2001 S. 7477.
1461 ABl. L 115 v. 25.4.2001, S. 12.
1462 BAnz. 2001 S. 7937.
1463 ABl. L 115 v. 25.4.2001, S. 12.

2001[1464], die aufgrund der Kommissionsentscheidung 2001/349/EG vom selben Tag[1465] erging, wurde nur § 2 geändert. Die Änderung zeichnet sich zunächst durch eine verständlichere Gliederung von Grundsatz, Ausnahmen und Voraussetzungen der Ausnahmeerteilung aus. § 2 Abs. 1 regelt weiterhin das grundsätzliche Verbot des Transports außerhalb des Bestandes, Absatz 2 regelt, wann dieses Verbot nicht gilt: nämlich für Tiere, die zur Schlachtung[1466] oder die innerhalb eines Gebietes im Sinne der oben genannten Richtlinie transportiert werden[1467], außerdem für Rinder und Schweine, die nur unmittelbar von einem Bestand in einen anderen transportiert werden[1468].

Nach Absatz 3 können Ausnahmen zugelassen werden. Nach Abs. 3 Nr. 1 gelten diese Ausnahmen für das Verbringen anderer Tiere als Rinder und Schweine unmittelbar oder über eine nach § 15 c der Viehverkehrsverordnung für die jeweilige Tierart zugelassenen Sammelstelle in einen anderen Bestand[1469] oder von Tieren zu einem Sammelpunkt zwecks Zusammenstellung einer auf einem bestimmten Weidegebiet zu haltenden Wanderherde[1470]; nach Nr. 2 für das Verbringen von Rindern und Schweinen unmittelbar oder über eine nach § 15 c der Vierverkehrsverordnung für die jeweilige Tierart zugelassenen Sammelstelle, sofern nicht mehr als zehn Bestände beliefert werden.

Vorbehaltlich des Absatzes 4 werden nun schon in § 2 Abs. 3 Nr. 3 und 4 bestimmte Voraussetzungen für die Erteilung dieser Ausnahmen festgelegt: diese Voraussetzungen sind identisch mit den bisherigen Anforderungen ach § 2 Abs. 2 Nr. 4 Buchstabe a[1471] und Nr. 5[1472]. Weitere Voraussetzungen zur Erteilung von Ausnahmen gestimmt Abs. 4. Dessen Nr. 1 und 2 stimmen mit den bisherigen § 2 Abs. 3 Nr. 1 und 2[1473] der *3. MKS-Schutzverordnung* in der Fassung der 1. Änderungsverordnung überein.

Durch die *Dritte Verordnung zur Änderung der 3. MKS-Schutzverordnung* vom 15. Mai 2001[1474] wurde wieder im Wesentlichen § 2 geändert. Gemäß § 2 Abs. 2 gilt die Nichtanwendung des Verbots nach Abs. 2 betreffend den Transport innerhalb eines Gebietes im Sinne des Artikels 2 Abs. 2 Buchstabe p der Richtlinie 64/432/EWG nun nicht mehr für alle Tiere. Rinder und Schweine werden hiervon ausgenommen (§ 2 Abs. 2 Nr. 3 Buchstabe a). Die Nichtanwendung dieses Verbots wird nun in Abs. 2 Nr. 3 Buchstabe b allerdings erweitert auf Fälle, in denen andere Tiere als Rinder und Schweine in bis zu sechs Bestände außerhalb eines in Buchstabe a genannten Gebietes transportiert werden. Auch die Ausnahmen nach Abs. 3 sind geändert worden. Außerdem mussten bisher die Ausnahmen von der für den Absendeort zuständigen Behörde im Einvernehmen mit der für den Bestimmungsort zuständigen Behörde ergehen. Dies wurde dahingehend geändert, dass die für den Absendeort zuständige Behörde nun allein über die Ausnahme entscheidet und lediglich die für den Bestimmungsort

---

1464 BAnz. 2001 S. 8386.

1465 ABl. L 123 v. 4.5.2001, S. 26.

1466 Bisher § 2 Abs. 2 Nr. 1der 3. MKS-Schutzverordnung v. 19.4.2001, BAnz. S. 7477.

1467 Bisher § 2 Abs. 2 Nr. 4 Buchstabe c der 3. MKS-Schutzverordnung, Banz. S. 7477.

1468 Vgl. zum genauen Wortlaut § 2 Abs. 2 der Zweiten Verordnung zur Änderung der 3. MKS-Schutzverordnung.

1469 Bisher § 2 Abs. 2 Nr. 1 der 3. MKS-Schutzverordnung v. 19.4.2001, BAnz. S. 7477, der aber nicht zwischen bestimmten Tierarten unterschied.

1470 Bisher § 2 Abs. 2 Nr. 2 der 3. MKS-Schutzverordnung v. 19.4.2001, BAnz. S. 7477.

1471 Die Tiere dürfen nur in Fahrzeugen transportiert werden, die vor und nach dem Transport gereinigt und mit einem wirksamen Desinfektionsmittel desinfiziert werden.

1472 Die Tiere dürfen nicht über einen Aufenthaltsort nach § 24 Abs. 2 der Tierschutztransportverordnung verbracht werden.

1473 Der 3. MKS-Schutzverordnung in der Fassung der 1. Änderungsverordnung v. 19.4.2001, BAnz. 2001 S. 7477.

1474 BAnz. 2001 S. 9637.

zuständige Behörde hierüber informiert, § 2 Abs. 3 Satz 2.
Schließlich wurde der zeitliche Geltungsbereich vom 18. Mai 2001 auf den 5. Juni 2001 erweitert.
Die Verordnung erging in Umsetzung der Entscheidung 2001/378/EG vom 14. Mai 2001[1475].

Die *Vierte Verordnung zur Änderung der 3. MKS-Schutzverordnung* vom 25. Mai 2001[1476] erweitert den Anwendungsbereich der Ausnahmen nach § 2 Abs. 3. Anstatt sechs kann nun in bis zu zehn Bestände transportiert werden, außerdem wird die Sonderregelung für Schweine in Abs. 4 Nr. 2 gestrichen. Das Erfordernis der Benachrichtigung der für den Bestimmungsort zuständigen Behörde im Fall einer Ausnahmeerteilung fällt nun weg.
Diese Erleichterungen für Transporte ergaben sich deshalb, weil sich die Lage in den von der Seuche betroffenen Gebieten weiter entspannt hatte. Zu diesem Zeitpunkt war in den Niederlanden seit vier Wochen kein neuer MKS-Fall aufgetreten[1477]. Die Kommission hatte daher am 21. Mai entschieden, dass bestimmte Beschränkungsmaßnahmen weiter gelockert werden konnten[1478].

Die letzte Änderung hat die *3. MKS-Schutzverordung* durch die Fünfte Änderungsverordnung vom 31. Mai 2001[1479] erfahren. Einziger Inhalt dieser Änderungsverordnung ist das Datum, an dem die *3. MKS-Schutzverordnung* außer Kraft tritt. Dies war bisher der 5. Juni 2001. Der Anwendungsbereich wird nun auf den 29. Juni 2001 erweitert.
Dieses Datum ergibt sich aus der Kommissionsentscheidung 2001/416/EG vom 1. Juni 2001[1480]. Die Gefahr einer weiteren Verbreitung der MKS war mittlerweile so gering, dass nicht nur ein baldiges Ende der Maßnahmen absehbar war, sondern dass die Kommission in ihrer Entscheidung den Mitgliedsstaaten erstmals auch freistellte, einen Teil ihrer Entscheidung umzusetzen. In Art. 1 Nr. 2 der Entscheidung, welcher einen neuen Art. 2 a in die Entscheidung 2001/327/EG einfügte, heißt es nämlich, dass abweichend von den Bestimmungen in Absatz 1 die Verbringung auch unter den in Absatz 3 aufgeführten Voraussetzungen gestattet werden kann. Die Möglichkeit dieser abweichenden Verbringung wurde in Deutschland offenbar als entbehrlich angesehen, da sich eine entsprechende Bestimmung in der *3. MKS-Schutzverordnung* nicht findet.

d) Zeitlicher Ablauf der Verordnungen des Jahres 2001 auf Bundesebene
Der Ablauf im Verordnungserlass ereignete sich wie folgt:

<u>März 2001:</u>

1) *VK-MKS-Schutzverordnung*, erlassen am 1. März 2001, gültig bis zum 9. März 2001
2) *2. VK-MKS-Schutzverordnung*, erlassen am 8. März 2001, gültig vom 9. März bis 27. März 2001
3) *3. VK-MKS-Schutzverordnung*, erlassen am 26. März 2001, gültig vom 27. März bis 4. April 2001
4) *2. Verordnung zur Änderung der MKS-Verordnung*, erlassen am 29. März 2001, gültig vom 30. März bis 30. September 2001 (soweit nicht mit Zustimmung des Bundesrats

---

1475 ABl. L 132 v. 15.5.2001, S. 31.
1476 BAnz. 2001 S. 10437.
1477 Entscheidung der Kommission 2001/426/EG v. 6.6.2001, ABl. L 151 v. 7.6.2001, S. 45: kein neuer Fall seit dem 21. April.
1478 Entscheidung 2001/394/EG, ABl. L 138 v. 22.5.2001, S. 36.
1479 BAnz. 2001 S. 11037.
1480 ABl. L 149 v. 2.6.2001, S. 40.

etwas anderes verordnet wird, Art. 2. Dies ist durch Art. 4 der der *Verordnung zur Änderung der MKS-Verordnung und der Binnenmarkt-Tierseuchenschutzverordnung* geschehen).

April 2001:
1) *MKS-Schutzverordnung*, erlassen am 3. April 2001, gültig vom 4. April bis 19. April (§ 1) bzw. 12. April 2001 (§§ 2 und 3)
2) *2. MKS-Schutzverordnung*, erlassen am 10. April 2001, gültig vom 13. April bis 18. Mai 2001; durch § 4 Abs. 2 der *3. MKS-Schutzverordnung* verkürzt auf dem 21. April 2001
3) *3. MKS-Schutzverordnung*, erlassen am 19. April 2001, gültig vom 20. April bis 18. Mai 2001; durch die *Dritte Verordnung zur Änderung der 3. MKS-Schutzverordnung* verlängert auf den 5. Juni 2001
4) *Erste Verordnung zur Änderung der MKS-Schutzverordnung*, erlassen am 25. April 2001, gültig ab dem 26. April 2001
5) der *Verordnung zur Änderung der MKS-Verordnung und der Binnenmarkt-Tierseuchenschutzverordnung*, erlassen am 30. April 2001, gültig am dem 1. Mai 2001.

Mai 2001:

1) *Zweite Verordnung zur Änderung der MKS-Schutzverordnung*, erlassen am 3. Mai 2001, gültig ab dem 4. Mai 2001
2) *Dritte Verordnung zur Änderung der 3. MKS-Schutzverordnung*, erlassen am 15. Mai 2001, gültig ab dem 16. Mai 2001
3) *Vierte Verordnung zur Änderung der 3. MKS-Schutzverordnung*, erlassen am 25. Mai 2001, gültig ab dem 26. Mai 2001
4) *Fünfte Verordnung zur Änderung der 3. MKS-Schutzverordnung*, erlassen am 31. Mai 2001, gültig ab dem 1. Juni 2001
5) *Verordnung zur Änderung der Zweiten Verordnung zur Änderung der MKS-Verordnung sowie der Verordnung zur Änderung der MKS-Verordnung und der Binnenmarkt-Tierseuchenschutzverordnung*, erlassen am 16. Juli 2001, gültig ab dem 17. Juli 2001.

5. MKS in Nordrhein-Westfalen

Auch in Nordhrein-Westfalen wurden Maßnahmen zur Bekämpfung der MKS getroffen. Ende März wurde durch Verordnung des Ministeriums für Umwelt, Naturschutz, Landwirtschaft und Verbraucherschutz das gesamte Landesgebiet zum Schutzgebiet im Sinne von § 17 a Abs. 1 TierSG erklärt und Transportbeschränkungen für Equiden und empfängliche Tiere angeordnet. Die Ausnahmen von der Transportbeschränkung wurden Anfang April aber schon wieder erweitert, Mitte April nochmals erweitert und schließlich alle Anordnungen wenige Tage später aufgehoben.
Zeitlich und inhaltlich stellen sich die Verordnungen auf Landesebene wie folgt dar:

a) Die Verordnung zur Erklärung des Landes Nordrhein-Westfalen zum Maul- und Klauenseuche-Schutzgebiet und zum Schutz vor einer Verschleppung der Maul- und Klauenseuche nach Nordrhein-Westfalen (MKS-VO-NRW)
Die *MKS-VO-NRW*[1481] wurde am 27. März 2001 aufgrund von § 79 Abs. 3 in Verbindung mit §§ 17 a, 18, 20 Abs. 2 des TierSG und § 3 der *Verordnung über Ermächtigungen zum Erlass*

[1481] GV.NW S. 82 b.

von Tierseuchenverordnungen[1482] erlassen. § 1 enthielt Transportbeschränkungen für Equiden mit Ausnahmebestimmungen, die das zuständige Veterinäramt, teilweise im Einvernehmen mit dem Ministerium, zulassen konnte. § 2 Abs. 1 erklärte das Landesgebiet zum Schutzgebiet gegen MKS nach § 17 a Abs. 1 TierSG. Gemäß dieser Bestimmung können zum Schutz gegen eine Seuche Gebiete, in denen die Viehbestände von mindestens zwei Dritteln der Tierbesitzer auf Grund amtstierärztlicher Feststellung als frei von dieser Seuche befunden worden sind, zu Schutzgebieten erklärt werden. In diesen Gebieten kann unter anderem der Tiertransport beschränkt werden.
Nach § 2 Abs. 2 der *MKS-VO-NRW* galt ein Verbot des Transports außerhalb des Bestandes für Klauentiere und Kameliden, die als Haustiere gehalten werden. Auch von diesem Verbot konnte das Veterinäramt aber gemäß Absatz 3 im Einzelfall Ausnahmen zulassen[1483].

Die Erklärung eines Gebietes zum Schutzgebiet gemäß § 17 a Abs. 1 TierSG ist eine der wenigen Maßnahmen, die ein Mitgliedsstaat bzw. dessen Untergliederungen (in diesem Fall Nordrhein-Westfalen) unabhängig von gemeinschaftsrechtlichen Vorgaben ergreifen kann. So ist es dem Mitgliedsstaat möglich, in gewissem Umfang präventive Schutzmaßnahmen durchzuführen, noch bevor auch nur der Verdacht des Seuchenausbruchs in dem betreffenden Land wahrscheinlich ist und der Mitgliedsstaat damit seiner Meldepflicht an die EU-Behörden nachkommen muss[1484]. Nach § 17 a Abs. 3 TierSG kann unbeschadet der nach sonstigen Vorschriften des TierSG zulässigen Maßregeln unter anderem die Benutzung, die Verwertung und der Transport von empfänglichen Tieren beschränkt werden. Sollte die Seuche bzw. das Virus schon unbemerkt ins Land gelangt sein, kann durch solche Verbringungsverbote einer weiteren Ausbreitung vorgebeugt werden.
Der Entscheidung, das Landesgebiet von Nordrhein-Westfalen zum Schutzgebiet zu erklären, lag zugrunde, dass eine Woche zuvor in den Niederlanden der erste Fall von MKS gemeldet worden war. Die räumliche Nähe und Unklarheiten in der Kommunikation mit den niederländischen Behörden machten die Entscheidung aus nordrhein-westfälischer Sicht erforderlich[1485].

b) Die Erste Verordnung zur Änderung der Verordnung zur Erklärung des Landes Nordrhein-Westfalen zum Maul- und Klauenseuche-Schutzgebiet und zum Schutz vor einer Verschleppung der Maul- und Klauenseuche nach Nordrhein-Westfalen (MKS-VO-NRW)
Am 3. April 2001 wurde die *MKS-VO-NRW* geändert[1486]. Die Ausnahmen für Transportbeschränkungen für Equiden nach § 1 wurden durch die Änderung konkretisiert und die Anforderungen teilweise gelockert, indem das Einvernehmen des Ministeriums nicht mehr erforderlich war und die Ausnahmen auch nicht mehr nur im Einzelfall zugelassen werden konnten.

[1482] V. 11.3.1986, GV.NW S. 185: danach wird die Ermächtigung an die Landesregierungen nach § 79 Abs. 3 Satz 1 TierSG auf den Minister für Umwelt, Raumordnung und Landwirtschaft übertragen; mittlerweile Ministerium für Umwelt, Naturschutz, Landwirtschaft und Verbraucherschutz.
[1483] Die Bezugnahme in Absatz 3 auf Absatz 2 („Ausnahmen von Absatz 1") stellt ein Redaktionsversehen dar, da Ausnahmen von der Schutzgebietserklärung keinen Sinn machen. Die Ausnahmen beziehen sich inhaltlich offensichtlich auf die Transportbeschränkungen.
[1484] Die Meldepflichten richten sich nach den Statuten des Internationalen Tierseuchen-amtes/Office International des Epizooties/World Organization for Animal Health (OIE), welche die EU übernommen haben. Die OIE ist eine regierungsübergreifende Organisation, die durch eine internationale Vereinbarung vom 25. Januar 1924 geschaffen wurde und mit der Gewährleistung des Gesundheitsschutzes im Welthandel beauftragt ist. Fast alle Länder der Welt sind in der OIE organisiert. Die OIE hat einen Tiergesundheitskodex („Animal Health Code") entwickelt, der bspw. im Kapitel 2.1.1 internationale Normen zur Verhütung und Behandlung der MKS festlegt.
[1485] Auskunft der Bezirksregierung Münster vom 13.6.2003.
[1486] GV.NW S. 106 b.

Auch die Ausnahmen hinsichtlich der Transportbeschränkungen gemäß § 2 wurden geändert. Eine Beschränkung auf den Einzelfall fand ebenfalls nicht mehr statt, allerdings wurde beim Transport von Tieren zum Schlachthof gefordert, dass dieser nicht mehr als 150 km entfernt sein durfte, für Schafe galten davon wiederum Ausnahmen. Als Voraussetzung für die Zulassung der Ausnahme wurde zusätzlich gefordert, dass die für den Schlachtbetrieb zuständige Veterinärbehörde dem Transport zustimmen musste.

c) Die Zweite Verordnung zur Änderung der Verordnung zur Erklärung des Landes Nordrhein-Westfalen zum Maul- und Klauenseuche-Schutzgebiet und zum Schutz vor einer Verschleppung der Maul- und Klauenseuche nach Nordrhein-Westfalen (MKS-VO-NRW)
Durch die zweite Änderungsverordnung vom 19. April 2001[1487] wurde § 1 der *MKS-VO-NRW*, also die Transportbeschränkungen für Equiden, aufgehoben.

Am 12. April 2001 gab das Ministerium für Umwelt, Naturschutz, Landwirtschaft und Verbraucherschutz in einer Pressemitteilung bekannt, dass es im Benehmen mit dem Bundesministerium für Verbraucherschutz, Ernährung und Landwirtschaft die vorbeugende Impfung von rund 1,1 Millionen Tieren beantragt habe. In den besonders gefährdeten grenznahen Regionen zu den Niederlanden sollte in einem 25 Kilometer breiten Sperrriegel alle Klauentiere gegen MKS immunisiert, also geimpft werden. Zwar war nachweislich zu diesem Zeitpunkt der MKS-Erreger noch nicht auf Deutschland übergesprungen, aber bedingt durch die Nähe zu den Niederlanden, in denen MKS ausgebrochen war, bestand eine Infektionsgefahr[1488].

Nach dem Antrag Deutschlands, in Nordrhein-Westfalen vorbeugend zu impfen, erließ die EU-Kommission einen Entscheidungsvorschlag, der in einem begrenzten Gebiet von Nordrhein-Westfalen Schutzimpfungen als Präventivimpfungen zuließ[1489].

Zu einer offiziellen Entscheidung kam es dann allerdings nicht mehr; es bestand offenbar mangels Ausbreitungsgefahr auch kein Bedürfnis mehr, in Deutschland bzw. Nordrhein-Westfalen von Präventivimpfungen Gebrauch zu machen.

d) Die Verordnung zur Aufhebung der Verordnung zur Erklärung des Landes Nordrhein-Westfalen zum Maul- und Klauenseuche-Schutzgebiet und zum Schutz vor einer Verschleppung der Maul- und Klauenseuche nach Nordrhein-Westfalen (MKS-VO-NRW)
Am 23. April 2001 wurde die MKS-VO-NRW schließlich ganz aufgehoben[1490].

6. Verordnungsbefugnis der Bezirksregierungen in NRW aufgrund des Tierseuchengesetzes
Der Vollständigkeit halber sollen zum Schluss noch kurz die Verordnungsbefugnisse der Bezirksregierungen nach dem Tierseuchengesetz dargestellt werden.
Die Verordnungsbefugnisse der §§ 7 Abs. 3, 7 c Abs. 1 und 79 Abs. 2 TierSG an die Landesregierungen sind mit § 1 der *Verordnung über Ermächtigungen von Tierseuchenverordnun-*

[1487] GV.NW S. 184.
[1488] Siehe dazu im Einzelnen die Denkschrift des Ministeriums für Umwelt und Naturschutz, Landwirtschaft und Verbraucherschutz vom 28.9.2001 zum 125-jährigen Bestehen der Tierseuchenkasse NRW, S. 15, abrufbar unter www.munlv.nrw.de/sites/arbeitsbereiche/verbraucherschutz/tierseuchen/main.htm, abgerufen am 13.03.2003.
[1489] So die Denkschrift des Ministeriums für Umwelt und Naturschutz, Landwirtschaft und Verbraucherschutz vom 28.9.2001 zum 125-jährigen Bestehen der Tierseuchenkasse NRW, S. 15, abrufbar unter www.munlv.nrw.de/sites/arbeitsbereiche/verbraucherschutz/tierseuchen/main.htm, abgerufen am 13.03.2003.
[1490] GV. NW S. 184 b.

gen[1491] auf die Bezirksregierungen übertragen worden.
Nach § 7 Abs. 3 Satz 1 können die Landesregierungen zur Erleichterung des kleinen Grenzverkehrs von den Vorschriften der nach Abs. 1 erlassenen Rechtsverordnungen abweichende Regelungen treffen, soweit dies nicht durch die Rechtsverordnungen ausdrücklich ausgeschlossen und eine Einschleppung von Tierseuchen nicht zu befürchten ist.
Nach § 7 c Abs. 1 können sie zur Verhütung der Weiterverbreitung eines Ansteckungsstoffes im Zollgrenzbezirk bestimmte Anordnungen (Maßregeln) erlassen.
Die Landesregierungen können Rechtsverordnungen gemäß § 79 Abs. 2 im Rahmen der Ermächtigung an das Bundesministerium nach Abs. 1 (Ermächtigung zum Erlass von Rechtsverordnungen zum Schutz von Tierseuchen) erlassen, soweit dieses von seiner Befugnis keinen Gebrauch macht; diese Befugnis können sie auch auf andere Behörden übertragen. Gemäß § 2 der *Verordnung über Ermächtigungen von Tierseuchenverordnungen* ist diese Ermächtigung für Regelungen, deren Geltungsbereich nicht über einen Regierungsbezirk hinausgeht, auf die Regierungspräsidenten übertragen worden.

Die Bezirksregierung Münster hat von diesen Verordnungsermächtigungen in den letzten Jahren unterschiedlich Gebrauch gemacht. Rechtsverordnungen nach §§ 7 Abs. 3 und 7 c Abs. 1 TierSG wurden gar nicht, solche nach § 79 Abs. 2 TierSG dagegen in verschiedenen Fällen, zum Beispiel in Fällen der Aujeszkyschen Krankheit[1492] oder bei der Frage vom Impfungen gegen die Schweinepest, erlassen[1493].

Bei der Bekämpfung von MKS im Jahr 2001 haben diese Ermächtigungen damit keine Rolle gespielt.

IV. Abschließende Beurteilung
Das Beispiel der Bekämpfung der Maul- und Klauenseuche im Jahr 2001 in Deutschland hat gezeigt, wie eng das nationale Tierseuchenrecht mit dem europäischen Recht verbunden ist. Alle wichtigen Maßnahmen werden auf der Grundlage von Richtlinien durch Kommissionsentscheidungen gefällt und müssen von den Mitgliedsstaaten unverzüglich umgesetzt werden. Für eigenständige Entscheidungen der Mitgliedsstaaten oder sogar einzelner Bundesländer bleibt nur ein sehr begrenzter Spielraum.
Gleichzeitig ist insbesondere durch die Beteiligung des Ständigen Veterinärausschusses, in dem Vertreter der Mitgliedsstaaten sitzen, eine permanente und intensive Zusammenarbeit zwischen EU und den in den Mitgliedsstaaten für die Umsetzung zuständigen Behörden sichergestellt.

Anders als Verwaltungsvorschriften hält der europäische Gerichtshof Rechtsverordnungen für geeignet, europäisches Recht in Deutschland in nationales Recht umzusetzen[1494]. Am Beispiel von MKS ist deutlich geworden, wie wichtig die Umsetzung durch Rechtsverordnungen ist, da nur sie schnell genug auf die Kommissionsentscheidungen reagieren können. Damit ist die Rechtsverordnung ein ideales Instrument zur Gefahrenabwehr, unabhängig davon, ob der Krisenfall EU-Bezug hat oder nicht. Die Voraussetzungen dafür – auch für die Umsetzung von Kommissionsentscheidungen – hat das TierSG mit seinen zahlreichen Verordnungsermächti-

[1491] VO v. 11.3.1986, GV.NW S. 185.
[1492] Krankheit, die von Herpesviren ausgelöst wird und vor allem Schweine befällt; aufgrund der Symptome, die denen der Tollwut ähneln, auch Pseudowut genannt.
[1493] Auskunft der Bezirksregierung Münster vom 13.6.2003.
[1494] Das folgt jedenfalls aus der Entscheidung des EuGH zur TA Luft, Urt. v. 30.5.1991 – RS C – 361/88 (Kommission/Bundesrepublik), NVwZ 1991, 866.

gungen geschaffen.
Davon sind einige von vorneherein auf eine längere Geltung angelegt als andere; das hängt davon ab, ob sie zur Ergänzung und Anwendbarkeit des Gesetzes, wie beispielsweise die Ermächtigung zur Bestimmung anzeigepflichtiger Tierseuchen (§ 10 TierSG), gedacht ist, oder als Grundlage für weitergehende Maßnahmen dienen soll.

Die Vorgaben zum Erlass einer Verordnung aufgrund des TierSG sind in der Regel sowohl inhaltlich als auch zeitlich durch die EU-Behörden so stark vorgegeben, dass sonstige äußere Einflüsse vom Verordnungsgeber unbeachtet bleiben. Obwohl Meldungen über Tierseuchen, insbesondere wenn von diesen auch Gefahren für den Menschen ausgehen, in der Öffentlichkeit durchweg auf großes Interesse stoßen und daher auch regelmäßig ausführlich in den Medien darüber berichtet wird, bleiben diese Einflüsse ohne Konsequenz – jedenfalls beim nationalen oder regionalen Verordnungsgeber. Aber auch der Einfluss auf die EU-Kommission und des Rat dürfte relativ gering sein, da insbesondere die Kommission ihre Entscheidungen auf der Grundlage von Ratsrichtlinien treffen, welche die grundsätzliche politische Linie der EU im Agrarsektor festgelegt haben. Auch diese können sich zwar ändern, wie sowohl an der Festlegung eines grundsätzlichen Impfverbots Anfang der 90er Jahre wie auch an der gegenwärtigen Diskussion über eine Änderung dieser Politik deutlich wird. Aber solche Änderungen bedürfen eines langen Prozesses, in dem Medien und Öffentlichkeit einen bedeutenden, aber nicht den einzigen Anteil haben. Abgesehen davon kann hier auch nicht von einer einzigen Öffentlichkeit gesprochen werden, da Verbraucher, Tierschützer, Bauern und Händler sowie jeweils deren Lobby sicherlich unterschiedliche Meinungen darüber besitzen, wie Tierseuchen bekämpft werden sollen.
Die Festlegung einer grundsätzlichen Linie und deren Beachtung im Krisenfall durch die Kommission sowie die Hierarchie von der Kommission über die Mitgliedsstaaten bis zu gegebenenfalls regionalen Behörden scheint jedenfalls bloßen Aktionismus oder unüberlegte Reaktionen verhindern zu können.

V. Zusammenfassung

1. Das deutsche Tierseuchenrecht ist erheblich europarechtlich vorgeprägt. Dies gilt insbesondere für Maßnahmen in Krisenfall wie Importverbote bzw. -beschränkungen, welche die Mitgliedsstaaten auf der Grundlage entsprechender Kommissionsentscheidungen erlassen müssen.
Die Zusammenarbeit zwischen EU und den Mitgliedsstaaten erfolgt vor allem durch den Ständigen Veterinärausschuss, der mit Fachleuten besetzt ist, welche gleichzeitig Vertreter der Mitgliedsstaaten sind.
2. Das deutsche TierSG besitzt eine Reihe von Verordnungsermächtigungen. Die Bedeutung von Rechtsverordnungen in diesem Bereich liegt vor allem in der schnellen Reaktionsmöglichkeit auf drohende Gefahren bzw. in der Bekämpfung bereits realisierter Gefahren.
3. Die Bekämpfung der Maul- und Klauenseuche im Jahr 2001 in Deutschland erfolgte vor allem durch Umsetzung der von der EU-Kommission angeordneten Maßnahmen. Daher konnte sich der zuständige Verordnungsgeber auf Bundesebene, das Bundesministerium für Verbraucherschutz, Ernährung und Landwirtschaft, darauf beschränken, die seit längerem existierende MKS-Verordnung zu ergänzen und im Übrigen kurzzeitige MKS-Schutzverordnungen zu erlassen, welche die vorsorgliche Tötung bestimmter Tiere sowie Transportbeschränkungen beinhalteten.
4. In Nordrhein-Westfalen, dem Bundesland, das durch die Nähe zu den Niederlanden, wo die Seuche (nach Großbritannien und Frankreich) ausgebrochen war, besonders gefährdet war, reagierte der zuständige Verordnungsgeber, das Ministerium für Umwelt und Naturschutz,

Landwirtschaft und Verbraucherschutz, auf die drohende Einschleppung des Virus durch die Erklärung des Landesgebiets zum Maul- und Klauenseuche-Schutzgebiet, eine der wenigen Handlungen, die Deutschland bzw. das einzelne Bundesland als eigene Schutzmaßnahme noch ohne Beteiligung der EU vornehmen kann. Weiter war die Beantragung einer Präventivimpfung vorgesehen, welche allerdings mangels Gefahrenlage nicht mehr weiter verfolgt werden musste.

5. Obwohl die Bekämpfung von MKS im Jahr 2001 in der EU zu einer Diskussion über die zukünftige Bekämpfungspolitik, insbesondere über das Impfverbot, geführt hat, hat sich das bestehende System jedenfalls in diesem Fall insgesamt bewährt. Für die Untersuchung der Verordnungspraxis in Deutschland gilt dies ebenso. Insbesondere wäre die schnelle Umsetzung der Kommissionsentscheidungen anders nicht möglich.

6. Aufgrund der strikten Konnexität zwischen EU-Maßnahmen und den Maßnahmen der Mitgliedsstaaten sind äußere Einflüsse auf den nationalen bzw. regionalen Verordnungsgeber kaum möglich und jedenfalls nicht erkennbar.

Die Ergebnisse der drei Fallbeispiele zeigen Folgendes:

A. Rechtsverordnung als geeignetes Instrument

I. Im Gefahrenabwehrrecht

1. Bei den Hundeverordnungen

Die Rechtsverordnung ist ein unschlagbares Instrument, wenn es erforderlich ist, schnell auf eine Situation zu reagieren. Das zeigt sich einerseits bei den Hundeverordnungen: Diese treffen inhaltliche Regelungen, für deren (verfassungsgemäße) Ausarbeitung eine gewisse Zeit veranschlagt werden muss, vor allem, wenn der Verordnungsgeber erstmal mit einer neuen Gefahr konfrontiert wird, für die er eine Lösung finden muss. Die Erarbeitungszeit ist aber bei weitem geringer als wenn derselbe Inhalt durch Gesetz geregelt werden würde. Man sieht daran, dass sich zwar inhaltlich auf vielen Gebieten Gesetz und Verordnung kaum unterscheiden. Die Regierung tut dann aber gut daran, auf das Problem zunächst mit einer Verordnung zu reagieren und erst später, wenn verschiedene Aspekte es erfordern, die Verordnung durch ein Gesetz zu ersetzen. Solche Aspekte können beispielsweise die größere Akzeptanz von Gesetzen bei der Bevölkerung sein oder auch gerichtliche Vorgaben. Es ist also nicht nur legitim, sondern auch sinnvoll, auf das Problem zunächst mit einer Verordnung zu reagieren.

2. Im Tierseuchenrecht

Anders ist dies bei den Tierseuchenverordnungen, bei denen der Inhalt mehr oder weniger aus Textbausteinen schnell zusammengefügt werden kann. Andererseits verhindert auch ein umfangreiches Verfahren von Benachrichtigungen und hierarchischen Strukturen wie bei den Tierseuchenverordnungen nicht, dass die Regelungen unverzüglich erlassen werden können. Das europarechtlich geprägte Verfahren hat sich bei der Bekämpfung der Maul- und Klauenseuche bewährt. Ob eine Verallgemeinerung dahingehend möglich ist, dass das Verfahren an sich optimal funktioniert, ist allerdings fraglich. Seitens des Bundeslandwirtschaftsministeriums als Erstadressat der Kommissionsentscheidungen ist die Umsetzung relativ unproblematisch. Probleme können dagegen beim Vollzug auftauchen. Wichtig für eine erfolgreiche Seuchenbekämpfung ist nicht nur die schnelle Umsetzung der Kommissionsentscheidungen – deren inhaltliche bzw. fachliche Richtigkeit selbstverständlich vorausgesetzt –, sondern vor allem auch das Krisenmanagement vor Ort. Hier gibt es vor allem drei grundsätzliche Kritikpunkte: zum einen, wie mit Verdachtsfällen umgegangen wird. Mit der Aussage, dass der Verdacht des Ausbruchs einer Seuche nach Brüssel gemeldet werden muss, ist es nicht getan. Die Frage, wann ein solcher Verdacht vorliegt, stellt sich in jedem Einzelfall neu und kann nicht pauschal beantwortet werden. Dem verantwortlichen Tierarzt ist immer bewusst, was eine solche Meldung für Konsequenzen hat, angefangen von weiteren Untersuchungen bis hin zu Absperrungen von Höfen und Tötung von unter Umständen hunderten von Tieren[1495].

Der zweite Kritikpunkt hängt mit der gerade gemachten Feststellung zusammen und knüpft an

---

[1495] Deutlich wird dies am Beispiel der Geflügelpest, die im Mai 2003 von den Niederlanden auf Nordrhein-Westfalen übergriff: Die Frankfurter Allgemeine Zeitung berichtete am 14. Mai 2003, dass allein am vorausgehenden Wochenende (10./11.Mai) in Nordrhein-Westfalen 84000 Tiere vorsorglich getötet worden seien (*o. V.*: „Ausfuhrverbot für Geflügel aus Nordrhein-Westfalen", Ausgabe vom 14.5.2003, Nr. 111, S. 1). Nach einem Bericht von *Heims* in der Süddeutschen Zeitung vom 14. Mai 2003 mussten in den Niederlanden seit dem 1. März etwa 26 Millionen Tiere getötet werden („Geflügelpest erfasst Deutschland", Ausgabe vom 14.5.2003, Nr. 110, S. 12).

die Aussage an, das Kooperation auf diesem Gebiet im innerstaatlichen Bereich kaum vorhanden ist: die Städte, Kreise und teilweise auch die Bezirksregierungen werden als Vollzugsbehörden mit den Verordnungen konfrontiert. Die Probleme, die sich unter Umständen im Vollzug herausstellen, können aufgrund der Dringlichkeit nicht ohne weiteres behoben werden. Es scheint aber, als sei auch der Dialog sowohl während als auch nach der Überwindung einer Seuche verbesserungsfähig. Während des Ausbruchs der Geflügelpest in Nordrhein-Westfalen im Mai 2003 gab es beispielsweise Unstimmigkeiten zwischen der Veterinärin der Bezirksregierung Düsseldorf und der nordrhein-westfälischen Ministerin Höhn über den Informationsfluss, der sich allerdings im Nachhinein wohl als korrekt herausgestellt und jedenfalls keinen Schaden angerichtet hat[1496]. Kritisiert wurde aber auch die Zusammenarbeit zwischen den zuständigen Behörden benachbarter Mitgliedsstaaten im Falle von grenzüberschreitenden Tierseuchen[1497].
Schließlich zeigte sich während des Ausbruchs der Geflügelpest, aber auch schon teilweise während der MKS-Krise 2001 ein drittes Problem: die EU-Kommission hat in ihren Entscheidungen weiterführende Maßnahmen vorgeschrieben, die weder von der EU-Richtlinie noch im nationalen Recht vorgesehen seien. Dies hat zu Rechtunsicherheiten geführt[1498].
Es zeigt sich, dass hier noch Anknüpfungspunkte für eine Verbesserung des Verfahrens vorhanden sind, und dass Kooperation möglicherweise zu einer Verbesserung beitragen kann.

All dies ändert allerdings nichts an der grundsätzlichen Eignung des Instruments Rechtsverordnung in der Tierseuchenbekämpfung. Gerade im Gefahrenabwehrrecht kann daher auf sie nicht verzichtet werden.

II. Im Nebentätigkeitsrecht

Anders sieht es dagegen im Beamtenrecht aus: Schnelligkeit im Erlass spielt hier grundsätzlich keine Rolle. Dies kann also nicht der Grund dafür sein, beispielsweise das Nebentätigkeitsrecht durch Rechtsverordnung anstatt durch Gesetz zu regeln. Es ist genau so gut möglich, das Nebentätigkeitsrecht im Gesetz selbst zu regeln, wie dies in Niedersachsen auch geschehen ist.
Drei Gründe kommen in Betracht, warum beamtenrechtliche Fragestellungen wie Nebentätigkeiten oder auch Laufbahn- oder Beihilferegelungen nicht gesetzlich, sondern durch Verordnung geregelt werden: Der erste ist schlicht Tradition: Wenn etwas schon immer durch Verordnung geregelt worden ist und die Verfassung dieser Konstruktion nicht entgegen steht, gibt es für die Beteiligten kaum Gründe, etwas an dieser Situation zu ändern.

Der zweite Grund ist ebenfalls nicht besonders spektakulär: die Verwaltung soll das Parlament entlasten: Das ist ja der typische Grund – ausser dem Erfordernis, schnell auf bestimmte

[1496] Siehe dazu verschiedene Berichte, bspw. von *Kuhnes* in der Westdeutschen Zeitung vom 14. Mai 2003 („Die Hühnerpest wird im NRW zum Politikum", S. 3); *o. V*: „Geflügelpest Thema im Agrarausschuss - Opposition tadelt Krisenmanagement", in: Das Parlament vom 26. Mai 2003; *Kuhnes* in der Westdeutschen Zeitung vom 29. Mai 2003 („Höhn nach Attacke nun selbst unter Beschuss", S. 4) sowie die Kleine Anfrage 1292 der Abgeordneten *Becker* und *Ellerbrock*, FDP vom 22.Mai 2003, LT-Drs. 13/3941.

[1497] Wie einem Rundschreibendienst des Landkreistages Nordrhein-Westfalen (internes Papier, das der Autorin vorliegt) entommen werden kann, sind diese Probleme der EU-Komission bisher so nicht bekannt gewesen, sie sind ihr kurz nach der Geflügelpest von Vertretern deutscher Kommunen gegenüber Mitarbeitern der Kommission vorgetragen worden. Die Kommission sicherte daraufhin zu, dem Problem nachzugehen.

[1498] Demselben Rundschreiben kann entnommen werden, dass dies der EU-Kommission zwar bekannt war, in ihren Auswirkungen für die örtlichen Behörden aber erst kurz nach der Geflügelpest von Vertretern deutscher Kommunen gegenüber Mitarbeitern der Kommission vorgetragen worden ist.

Situationen reagieren zu können –, weshalb Gesetze Verordnungsermächtigungen vorsehen. Die entlastende Wirkung durch die Delegation an den Verordnungsgeber ist aber lediglich eine Option an den Gesetzgeber. Er muss davon keinen Gebrauch machen, da alles, was durch Verordnung geregelt werden kann, inhaltlich auch einer Regelung durch Gesetz zugänglich ist.
Betrachtet man die Landesbeamtengesetze und die in diesen enthaltenen Vorschriften über die Nebentätigkeiten näher, so kann jedenfalls teilweise bezweifelt werden, ob der Entlastungseffekt durch die Nebentätigkeitsverordnungen wirklich ins Gewicht fällt. Teilweise wiederholen die Verordnungen die gesetzlichen Vorschriften, teilweise sind die gesetzlichen Regelungen derart ausführlich[1499], dass man sich fragt, was für einen zusätzlichen Informationswert die Rechtsverordnung noch haben kann, abgesehen vielleicht von den Abführungsgrenzen oder den Pauschalierungen über die Entgelte bei der Inanspruchnahme von Einrichtungen des Dienstherrn.

Der dritte Grund für die Regelung durch Rechtsverordnung könnte die Tatsache sein, dass der zu regelnde Inhalt dann grundsätzlich nicht im Parlament erörtert werden muss. Sämtliche Nebentätigkeitsverordnungen bzw. ihre Ermächtigungen sind so ausgestaltet, dass eine Landtags- oder gar Ausschussbeteiligung beim Erlassverfahren nicht vorgesehen ist[1500]. Hat das ermächtigende Gesetz einmal die Anforderungen an den Verordnungserlass festgelegt, ist es unwahrscheinlich, dass am Verfahren noch einmal etwas geändert werden wird. So kann die Ministerialverwaltung bei einer Änderung der Verordnung den Entwurf regelmäßig genau so umsetzen, wie sie ihn geplant hat. Das ist für sich gesehen nichts Besonderes, da die allermeisten Rechtsverordnungen ohne Parlaments- oder Ausschussbeteiligung erlassen werden. Hat man aber festgestellt, dass es im Nebentätigkeitsrecht auf Schnelligkeit und Flexibilität nicht ankommt und dass der Gesetzgeber sich teilweise selbst um den Entlastungseffekt bringt, gewinnt die gerade beschriebene Erkenntnis über das Erlassverfahren doch einen eigenständigen Wert. Die Ministerialverwaltung, die schon das Landesbeamtengesetz entworfen hat und weiterhin Änderungen darin vornimmt, versetzt sich so in die Lage, unbehelligt vom Parlament und all den sonstigen Einflüssen, die damit zusammenhängen, die Verordnungsgebung zu betreiben. Diese Vermutung, dass teilweise schon beim Entwurf der Verordnungsermächtigung darauf geachtet wird, Parlamentsausschüsse am Erlassverfahren bestimmter Rechtsverordnungen nicht zu beteiligen, ist auch durch inoffizielle Aussagen erhärtet worden.
Das kann man positiv wie negativ bewerten. Positiv kann man dies bewerten, weil es sicherlich Rechtsbereiche gibt, die nicht unbedingt der regelmäßigen Auseinandersetzung des Parlamentes bedürfen. Die fachlich geschulte Verwaltung kann so ihrer Arbeit nachgehen, ohne ständig politischen Zwängen unterworfen zu sein. Zwar unterliegen auch Verordnungsgeber politischen Zwängen, aber die Öffentlichkeitswirkung der parlamentarischen Befassung besitzt eine erheblich höhere Anfälligkeit für eine Beeinflussung aus allen Richtungen. Negativ kann die Bewertung ausfallen, weil eine fehlende Öffentlichkeit beim Bürger grundsätzlich das Gefühl von Misstrauen gegenüber staatlicher Willkür hervorzurufen vermag, insbesondere wenn es um Regelungen geht, welche die staatlichen Bediensteten betreffen.

[1499] Das gilt allerdings nicht unbedingt immer für die Verordnungsermächtigungen selbst; vgl. hierzu schon C. VI. 1. b) cc) (2) und c) aa).

[1500] Lediglich gemäß Art. 64 Abs. 3 Satz 1 der Berliner Verfassung sind sämtliche Rechtsverordnungen, die der Senat oder Senatsmitglieder erlassen, dem Abgeordnetenhaus unverzüglich zur Kenntnisnahme vorzulegen. Dies ist aber die schwächste aller Beteiligungen des Parlamentes, denn die Vorlage erfolgt erst nach dem Erlass. Daher ist die Öffentlichkeitswirksamkeit sehr gering.

B. Gründe für die unterschiedlichen Kooperationsgrade

Beim Vergleich der Fallstudien fällt auf, dass die Länder bzw. die Verordnungsgeber in Form der Landesregierungen oder Landesministerien in den verschiedenen Rechtsbereichen in unterschiedlichem Maße miteinander kooperieren. Obwohl die Kooperation bei den Hundeverordnungen aus Sicht derjenigen, die eine Rechtsvereinheitlichung befürworten, nur in geringem Maße erfolgreich gewesen ist, spricht die mehrmalige Befassung der Innenministerkonferenz und ihrer Arbeitskreise trotzdem (oder gerade deshalb) für eine grundsätzlich funktionierende Kooperation. Grund dafür ist die Tatsache, dass die Kooperation durch die IMK institutionalisiert ist.
Dagegen ist die Situation im Bereich des Beamtenrechts als Teil der Rahmengesetzgebung eine grundsätzlich andere. Auf der einen Seite besitzt der Bund eine Vorreiterrolle, so dass sich die Länder mit ihren Regelungen den Vorgaben des Bundes anschließen, weil dies aufgrund der rahmenrechtlichen Vorgaben zwingend ist. Aber auch in Bereichen, in denen es nicht erforderlich wäre, die Vorschriften des Bundes für seine Beamten exakt zu übernehmen, tun die meisten Länder genau dies. Die Länder besitzen bei der Umsetzung des Rahmenrechts fast keinen Spielraum. Hier spart man also lieber seine Ressourcen und übernimmt die bundesrechtlichen Regelungen. In Bereichen, in denen das Rahmenrecht keine abschließende Aussage macht oder die vom Rahmenrecht überhaupt nicht erfasst sind, nutzen die Länder ihre Freiheit dagegen aus. Vielleicht erklärt dies, warum dort so gut wie keine Kooperation existiert: Den ohnehin geringen Spielraum möchte man nicht dadurch unnötig einengen, dass man andere Stellen kontaktiert. Dabei meint Kooperation ja nicht zwangsläufig Rechtsvereinheitlichung im gesamten Bundesgebiet, und auch nicht ausschließlich Rechtsvereinheitlichung. Aber allein die Tatsache, dass man gemeinsam eine Lösung für ein Problem erarbeiten könnte (und gemeinsam muss nicht heißen, dass alle Bundesländer beteiligt sind) oder dass angefragt wird, ob sich bestimmte Regelungen im Vollzug bewährt haben, scheinen die Beteiligten als Freiheitsbeschneidung zu empfinden. Und in Zeiten, in denen sich lange nichts an dem allseits beklagten Machtverlust der Länder geändert hat[1501], ist natürlich niemand bereit, die wenigen Freiheiten, die man besitzt, freiwillig zu beschränken.
Zwar existiert auch in diesem Bereich eine institutionalisierte Kooperation: der Arbeitskreis Beamtenrecht. Aber dieser ist eine Einrichtung der Bund-Länder-Ebene, also der „vierten Ebene". Dort geht es also in erster Linie um die Kooperation zwischen Bund und Ländern[1502]. Der Arbeitskreis VI der Innenministerkonferenz, der sachlich mit dem öffentlichen Dienstrecht befasst ist, scheint hier eher eine untergeordnete Rolle zu spielen und jedenfalls im Bereich des Nebentätigkeitsrechts keinen großen Antrieb zur Kooperation gegeben zu haben.

Im Tierseuchenrecht existiert dagegen eine ganz andere Art der Kooperation, falls man dies überhaupt so bezeichnen kann. Denn was hier als Kooperation bezeichnet wird, ist eine Zusammenarbeit, die grundsätzlich nicht grundgesetzlich festgelegt ist[1503]. Das Zusammenwirken der Länder mit dem Bund und der Bundesrepublik als Mitgliedsstaat mit den Organen der Europäischen Gemeinschaft beruht dagegen überwiegend auf (einfach-)gesetzlichen Bestimmungen. Es geht dort aber auch nicht um Kooperation zwischen gleichberechtigten und voneinander unabhängigen Verordnungsgebern, sondern einerseits um eine hierarchisch strukturierte Handlungskette von Verwaltungseinheiten und andererseits um gegenseitigen Informationsaustausch, welcher gleichzeitig Voraussetzung für ein Funktionieren dieser Handlungs-

[1501] Erst seit Neustem kommt ja in die Föderalismusreformdebatte ernsthaft Bewegung; vgl. dazu oben **C.** IV. 3..
[1502] Vgl. dazu schon oben **C.** VI. 2. c).
[1503] Vgl. oben **A.** II. 1. a).

kette ist. Fraglich ist, ob ein Austausch der Verordnungsgeber der Länder Sinn machen würde. Wichtiger schenit allerdings eine funktionierende grenzüberschreitende Kooperation der Vollzugsbehörden, da Seuchen eben auch vor nationalen Grenzen nicht Halt machen.

C. Rückmeldung zwischen Wählern und Gewählten während der Legislaturperiode über die Öffentlichkeit/Medien

Die drei Fallstudien zeigen allesamt, dass weder der Gesetzgeber noch der Verordnungsgeber auf Dauer einem öffentlichen Druck im Hinblick auf Veränderung entziehen können. Im Einzelfall erfolgt die Reaktion mitunter zu schnell, wie das Beispiel der Hundeverordnungen zeigt. In diesem Fall ist die übereilte Reaktion ein Indiz für bisher versäumtes Tätigwerden. Skandale im Nebentätigkeitsrecht haben den Gesetzgeber bewogen, die Vorschriften teilweise zu verschärfen, teilweise aber auch einfach für mehr Transparenz und somit für mehr Akzeptanz in der Gesellschaft zu sorgen. Und die zuständigen Stellen in der europäischen Union haben erkannt, dass ein Umdenken in der Impfpolitik erforderlich ist, da nur auf diese Weise erneut Bilder wie die im Jahr 2001 aus Großbritannien verhindert werden können. Der Öffentlichkeit können Berge von Tierkadavern, die darauf warten, verbrannt und vergraben zu werden, nicht noch einmal zugemutet werden[1504].

Die Reaktion von Gesetz- und Verordnungsgeber auf gesellschaftliche Äußerungen zeigt, dass zwischen den Gewählten und den Wählern kommuniziert wird, dass eine Art Rückmeldung oder Rückkoppelung stattfindet. Unabhängig von den unbestreitbar, jedenfalls bei den Hundeverordnungen, vorliegenden negativen Aspekten, die damit zusammen hängen, nämlich einer teilweise übereilen und vielleicht sogar unnötigen Verordnungsgebung als Reaktion, hat dies aber auch positive Aspekte. Denn diese Rückmeldung ist ein Zeichen für eine funktionierende Demokratie. Bürger bzw. Wähler wollen ihre Meinung den Verantwortlichen nicht nur durch Wahlen mitteilen, sondern auch innerhalb einer Legislaturperiode, insbesondere wenn sie auf Missstände aufmerksam machen wollen. Das gilt für den Gesetzgeber als Adressaten dieser Meinungsäußerung ebenso wie für den Verordnungsgeber. In der Regel kann nur über die Medien erreicht werden, dass die Botschaft auch bei den Politikern und der Verwaltung Gehör findet. Manchmal brauchen diese eben einen Anstoß von außen, um bestimmte Probleme in Angriff zu nehmen. Den Medien kommt dabei eine wichtige Rolle zu.
Ihre Rolle in diesem Prozess muss allerdings differenziert betrachtet werden. Auf der einen Seite sind sie unverzichtbares Sprachrohr der Gesellschaft – ohne sie könnte öffentlicher Protest kaum wirksam stattfinden. Auf der anderen Seite bilden sie Meinungen nicht nur ab, sondern verstärken sie, mitunter sicher auch verzerrend nicht nur im Inhalt, sondern auch in ihrem Rückhalt in der Bevölkerung.
Ob der Einfluss außerstaatlicher Stellen bei Gesetz- und Verordnungsgebung und Grad und Wirkung gleich ist, darf bezweifelt werden. Das Parlament ist grundsätzlich sicherlich einem höheren Grad an Einfluss und auch einer höheren Zahl verschiedener Stellen, die Einfluss ausüben wollen, ausgesetzt. Das liegt zum einen an der ständigen Medienpräsenz, zum anderen an der größeren Verflechtung von Parlamentariern mit Lobbies.
Andererseits wirkt sich der Einfluss verschiedener Stellen im Gesetz selbst wohl weniger aus als in einer Verordnung, da das Gesetzgebungsverfahren länger und aufwendiger ist und viele Faktoren zusammenwirken. Im Gegensatz zum Gesetzgeber kann der Verordnungsgeber viel schneller reagieren. Da dies bekannt ist, besteht die Gefahr, dass eine solche schnelle Reaktion auch dann erwartet wird, wenn Schnelligkeit nicht unbedingt erforderlich ist. Einflussnahme kann sich dann unter Umständen besser auswirken.
Die Wirkung von Einflussnahme lässt sich allerdings in der Regel besser anhand eines Gesetzes nachweisen. Die Parlamentsdokumentation macht es möglich, das Verfahren mehr oder weniger umfassend nach zu verfolgen. Dagegen wird das Verfahren der Verordnungsgebung

---

[1504] Vgl. D. III. 3..

grundsätzlich nicht öffentlich gemacht. Man ist daher auf die Kooperationsbereitschaft der Verordnungsgeber angewiesen. Auf meine Anfragen, ob eine Einsichtnahme in die Akten möglich sei, wurde grundsätzlich misstrauisch und abwehrend reagiert. Unabhängig von der Frage, ob ein Rechtsanspruch darauf besteht, habe ich schließlich selbst davon abgesehen. Denn es war zu erwarten, dass die relevanten Dinge dort sowieso nicht zu finden sein würden, da diese im Vorfeld geklärt werden und keinen Eingang in die Akten finden. Ich habe mich daher auf Interviews beschränkt. Dabei muss selbstverständlich berücksichtigt werden, dass in Interviews subjektive Stellungnahmen abgegeben werden, selbst wenn der Ministerialbeamte nicht seine persönliche Meinung erklärt. Man kann also davon ausgehen, dass manche Dinge nicht erwähnt oder vielleicht in ein anderes Licht gerückt worden sind. Ganz überwiegend bestand aber eine große Bereitschaft zur Auskunft, und teilweise wurden auch freimütig Fehler eingestanden, was nicht unbedingt zu erwarten war.

Literaturverzeichnis

Achterberg, Norbert: Parlamentsrecht, Tübingen 1984

Ancillon, Friedrich: Ueber Souveraenitaet und Staats-Verfassungen, 2. Aufl., Berlin 1816

Anschütz, Gerhard/*Thoma*, Richard (Hrsg.): Handbuch des Deutschen Staatsrechts, Band 2, Tübingen 1932

Antoni, Michael: Zustimmungsvorbehalte des Bundesrates zu Rechtsetzungsakten des Bundes, AöR 114 (1989), 220-251

Azzola, Axel: Kommentar zum Grundgesetz für die Bundesrepublik Deutschland, Alternativkommentar, Band 2, Art.38-146, 2. Aufl. Neuwied 1989

Badura, Peter: Staatsrecht, Systematische Erläuterung des Grundgesetzes für die Bundesrepublik Deutschland, 2. Aufl., München 1996

Baer, Susanne: Vermutungen zu Kernbereichen der Regierung und Befugnissen des Parlaments, Der Staat 49 (2001), 525-552

Bartlsperger, Richard: Zur Konkretisierung verfassungsrechtlicher Strukturprinzipien, VerwArch 58 (1967), 249-277

Battis, Ulrich: Begrenzung und Kontrolle von Nebentätigkeiten, in: Franke, Ingeborg/Summer, Rudolf/Weiß, Hans-Dietrich (Hrsg.), Öffentliches Dienstrecht im Wandel, Festschrift für Walther Fürst, Berlin 2002, S. 45-54

Beckmann, Martin: Die gerichtliche Überprüfung von Verwaltungsvorschriften im Wege der verwaltungsgerichtlichen Normenkontrolle, DVBl. 1987, 611-618

Benda, Ernst/*Maihofer*, Werner/*Vogel*, Hans-Jochen: Handbuch des Verfassungsrechts der Bundesrepublik Deutschland, Studienausgabe Teil 2, 2. Aufl., Berlin 1995

Bengl, Karl/*Berner*, Georg/*Emmering*, Ernst: Bayrisches Landesstraf- und Verordnungsgesetz, Kommentar, München, Stand: 17.3.1994

Berg, Wilfried: Zur Übertragung von Aufgaben des Bundestages auf Ausschüsse, Der Staat 9 (1970), 21-42

Bettermann, Karl August: Legislative ohne Posttarifhoheit, Frankfurt 1967

Beyme, Klaus von: Der Gesetzgeber – Der Bundestag als politisches Entscheidungszentrum, Opladen 1997

Biedenkopf, Kurt: Politik und Medien – ein notwendig schwieriges Verhältnis?, in: Bentele, Günter/Heller, Michael (Hrsg.), Aktuelle Entstehung von Öffentlichkeit, Konstanz 1997, S. 111-123

Bluntschli, Johann Kaspar: Bluntschli's Staatswörterbuch in drei Bänden, 2. Band, Zürich 1871

Böckenförde, Ernst-Wolfgang: Gesetz und gesetzgebende Gewalt, 2. Aufl., Berlin 1981, zugl. Diss. Münster 1956, zitiert: Gesetz

Böckenförde, Ernst-Wolfgang: Die Organisationsgewalt im Bereich der Regierung, Berlin 1964, zugl. Habil. Münster 1963, zitiert: Organisationsgewalt

Böckenförde, Ernst-Wolfgang: Verfassungsfragen der Richterwahl, Berlin 1974, zitiert: Verfassungsfragen

Böckenförde, Ernst-Wolfgang/*Grawert*, Rolf: Sonderverordnungen zur Regelung besonderer Gewaltverhältnisse, AöR 95 (1970), 1-37

Böhret, Carl: Gesetzesfolgenabschätzung: Soll sie institutionalisiert werden?, in: Grupp, Klaus/Ronellenfitsch, Michael (Hrsg.), Planung – Recht – Rechtsschutz, Festschrift für Willi Blümel zum 70. Geburtstag am 6. Januar 1999, Berlin 1999, S. 51-65

Bölsche, Jochen/*Holm*, Carsten/*Latsch*, Gunther/*Ludwig*, Udo/*Mascolo*, Georg/*Pieper*, Diemar/*Pötzl*, Norbert F./*Ulrich*, Andreas/*Winter*, Steffen: Unterlassene Hilfeleistung, in: SPIEGEL v. 3.7.2000, 27/2000, S. 72-81

Bogdandy, Armin von: Gubernative Rechtsetzung, Tübingen 2000, zugl. Diss. Berlin 1996

Bogdandy, Armin von: Demokratisch, demokratischer, am demokratischsten?, in: Bohnert, Joachim (Hrsg.), Verfassung – Philosophie – Kirche, Festschrift für Alexander Hollerbach zum 70. Geburtstag, Berlin 2001, S. 363-384

Brandner, Thilo: Änderung von Rechtsverordnungsentwürfen durch das Parlament, UTR 1997 (40), 119-139

Braß, Heiko/*Kimmerle*, Helmut: Die Ständige Konferenz der Innenminister und -senatoren der Länder (IMK), PVT 2000, 34-36

Brinkbäumer, Klaus: Er machte alle kalt, in: SPIEGEL v. 3.7.2000, 27/2000, S. 76-77

Brodersen, Carsten: Bundesstaatliche Probleme des Art. 80 I GG, in: Selmer, Peter/v. Münch, Ingo, Gedächtnisschrift für Wolfgang Martens, Berlin 1987, S. 57-72

Bundesministerium des Innern (Hrsg.): Moderner Staat – Moderne Verwaltung, Der Mandelkern-Bericht – Auf dem Weg zu besseren Gesetzen, Berlin 2002

Burkart, Roland: Kommunikationswissenschaft, 4. Aufl., Wien 2002

Busch, Bernhard: Das Verhältnis von Art. 80 Abs. 1 S. 2 GG zum Gesetzes- und Parlamentsvorbehalt, Berlin 1992, zugl. Diss. Münster 1991

Calliess, Christian/*Ruffert*, Matthias: Kommentar des Vertrages über die Europäische Union und des Vertrages zur Gründung der europäischen Gemeinschaft, 2. Aufl. Neuwied 2002

Caspar, Johannes: Die neuen Regelungen des Bundes und der Länder zum Schutz vor gefährlichen Hunden, DVBl 2000, 1580-1591

Coelln, Christian von: Keine Bundeskompetenz für § 143 StGB, NJW 2001, 2834-2837

Conradi, Brigitte: Die Mitwirkung außerstaatlicher Stellen beim Erlaß von Rechtsverordnungen, Diss. München 1962

Danwitz, Thomas von: Die Gestaltungsfreiheit des Verordnungsgebers, Berlin 1989, zugl. Diss. Bonn 1988

Degenhart, Christoph: Staatsrecht I, Staatsorganisationsrecht, 18. Aufl., Heidelberg 2002

Depenbrock, Johannes/Reiners, Herbert: Landesplanungsgesetz Nordrhein-Westfalen, Kommentar, Köln 1985

Dette, Sebastian/*Burfeind*, Thees: Verordnungsvertretende Gesetze nach Art. 80 Abs. 4 GG – ein größerer Gestaltungsspielraum für die Landesparlamente?, ZG 1998, 257-270

Dicke, Hugo/*Hartung*, Hans: Externe Kosten von Rechtsvorschriften, Tübingen 1986

Dieckmann, Jochen:„Gut Ding will Weile haben“ – Zeitdruck und Zeitbedarf in der Gesetzgebung, NWVBl. 2002, 329-335

Dietz, Simone: Die Legitimationsmacht der Öffentlichkeit: die öffentliche Meinung der Mediendemokratie, S. 115-132, in: Göhler, Gerhard (Hrsg.), Macht der Öffentlichkeit – Öffentlichkeit der Macht, Baden-Baden 1995

Dittmann, Armin: Die Rechtsverordnung als Handlungsinstrument der Verwaltung, in: Biernat, Stanislav/Hendler, Reinhard, Grundfragen des Verwaltungsrechts und der Privatisierung, Stuttgart 1994, S. 107-122

Dolzer, Rudolf/*Vogel*, Klaus/*Graßhof*, Karin: Bonner Kommentar zum Grundgesetz, Band 7 (Art. 75-88), Heidelberg, Stand: März 2002

Dreier, Horst: Grundgesetz, Kommentar, Band I (Art. 1-19), Tübingen 1996

Dreier, Horst: Grundgesetz, Kommentar, Band II (Art. 20-82), Tübingen 1998

Drews, Bill/*Wacke*, Gerhard/*Vogel*, Klaus/*Martens*, Wolfgang: Gefahrenabwehr, 9. Aufl., Köln 1986

Duden, hrsg. vom Wissenschaftlichen Rat der Dudenredaktion: Das große Fremdwörterbuch, 2. Aufl., Mannheim 2000

Dürig, Günter/*Rudolf*, Walter: Texte zur deutschen Verfassungsgeschichte, 3. Aufl., München 1996

Eichelberg, Helga: Gutachten, in: Verband für das Deutsche Hundewesen (VDH) e.V., „Kampfhunde“? Gefährliche Hunde? – Neue wissenschaftliche Gutachten, 5. Aufl., Dortmund 2000, S. 4-8

Eichhorn, Peter: Verwaltungshandeln und Verwaltungskosten, Baden-Baden 1977

Ehlers, Dirk: Anmerkung zu BVerwG, Urt. v. 3.7.2002 – 6 CN 8.01 – , DVBl 2003, 336-338

Emde, Ernst Thomas: Die demokratische Legitimation der funktionalen Selbstverwaltung, Berlin 1991, zugl. Diss. Freiburg 1986

Engelken, Klaas: Vorzensur für schriftstellerische, wissenschaftliche, künstlerische und Vortrags-Nebentätigkeiten?, ZRP 1998, 50-55

Enquete-Kommission Verfassungsreform des Deutschen Bundestages: Beratungen und Empfehlungen zur Verfassungsreform (I), Schlussbericht der Enquete-Kommission Verfassungsreform des Deutschen Bundestages, zur Sache 3/76, S. 189-201

Erichsen, Hans-Uwe (Hrsg.): Allgemeines Verwaltungsrecht, 11. Auflage, Berlin 1998

Erichsen, Hans Uwe: Besonderes Gewaltverhältnis und Sonderverordnung, in: Christian-Friedrich Menger, Fortschritte des Verwaltungsrechts, Festschrift für Hans J. Wolff zum 75. Geburtstag, München 1973, S. 219- 246

Erichsen, Hans Uwe/*Klüsche*, Charlotte: Verwaltungsvorschriften, Jura 2000, 540-548

Esser, Frank/*Brosius*, Hans-Bernd: Auf der Suche nach dem Stimulus-Response-Modell. Ein kritischer Beitrag zur Geschichtsschreibung der Medienwirkungsforschung, in: Schnorr, Angela (Hrsg.), Publikums- und Wirkungsforschung, Wiesbaden 2002, S. 55-70

Feddersen-Petersen, Dorit Urd: Gutachten, in: Verband für das Deutsche Hundewesen (VDH) e.V., „Kampfhunde“? Gefährliche Hunde? – Neue wissenschaftliche Gutachten, 5. Aufl., Dortmund 2000, S. 9-18

Felix, Dagmar/*Hofmann*, Ekkehard: Zur Verfassungsmäßigkeit der Hamburgischen Hundeverordnung, NordÖR 2000, 341-347

Fricke, Peter/*Hugger*, Werner: Test von Gesetzentwürfen, Teil 2, Experimentelle Methoden zur Unterstützung der Rechtsetzungspraxis, Band 2: Anlagen, Speyer 1980

Fluck, Jürgen: Kreislaufwirtschafts-, Abfall- und Bodenschutzrecht, Kommentar, Band 2, Stand: Dezember 2002

Fürst, Walter: Zum Entwurf einer Nebentätigkeitsverordnung (NtVO) des Landes Schleswig-Holsteins (Stand 04.10.1989) ZBR 1990, 305-311

Füßer, Klaus: Die Mitwirkung der Länder nach Art. 23 GG bei „komitologisierten" Rechtsakten der EU – Am Beispiel der FFH-RL, BayVBl 2003, 513-520

Füsslein, Rudolf Werner (Bearb.): Entstehungsgeschichte der Artikel des Grundgesetzes, JöR Bd. 1 (1951), S.587-592 (Art. 80)

Gängel, Andreas/*Gansel*, Timo: Die Verordnungen über die Haltung gefährlicher Hunde, NJ 1999, 69-73

Gängel, Andreas/*Gansel*, Timo: Die rechtlichen Reglungen zum Schutz vor gefährlichen Hunden, NVwZ 2001, 1208-1218

Geiger, Rudolf: EUV/EGV – Vertrag über die Europäische Union und Vertrag zur Gründung der Europäischen Gemeinschaft, Kommentar, 3. Aufl., München 2000

Geller, Gregor/*Kleinrahm*, Kurt: Die Verfassung des Landes Nordrhein-Westfalen, Kommentar, 3. Aufl. Göttingen

Gerhards, Jürgen: Welchen Einfluss haben die Massenmedien auf die Demokratie in der Bundesrepublik Deutschland? , in: Göhler, Gerhard (Hrsg.), Macht der Öffentlichkeit – Öffentlichkeit der Macht, Baden-Baden 1995, S. 149-180

Gößwein, Christoph: Allgemeines Verwaltungs(verfahrens)recht der administrativen Normsetzung?, Berlin 2001, zugl. Diss. Würzburg 2000

Grabitz, Eberhard/*Hilf*, Meinhard: Das Recht der Europäischen Union, Altband 2 (Art. 137-248 RGV (Maastrichter Fassung), EWGV (Römische Fassung)), München, Stand: Oktober 1999

Gromitsaris, Athanasias: Unmittelbare Wirkung von pflichtwidrig nicht umgesetzten Rahmenvorschriften des Bundes (Art. 75 III GG)?, NJW 1998, 2196-2197

Grupp, Klaus: Zur Mitwirkung des Bundestages bei dem Erlaß von Rechtsverordnungen. DVBl. 1974, 177-183

Grzimek, Bernhard: Grzimeks Tierleben – Enzyklopädie des Tierreichs, Band XIII, Zürich 1968

Hamann, Wolfram: Zur Haltung von „Kampfhunden" – Ordnungs- und steuerrechtliche Probleme der Normsetzung, NVwZ 1992, 1067-1070

Hamann, Wolfram: Die Gefahrenabwehrverordnung – ein Gebrauchsklassiker des Ordnungsrechts?, NVwZ 1994, 669-671

Hamann, Wolfram: Gutachten, in: Verband für das Deutsche Hundewesen (VDH) e.V., „Kampfhunde"? Gefährliche Hunde? – Neue wissenschaftliche Gutachten, 5. Aufl., Dortmund 2000, S. 25-31

Hartmann, Peter K.T.: Institutionelle Möglichkeiten der Gesetzesfolgenabschätzung, ZG 2003, 74-80

Hasskarl, Horst: Die Begrenzung exekutiver Rechtsetzungsbefugnis unter besonderer Berücksichtigung der Bundesgesetzgebung, Saarbrücken 1969, zugl. Diss. Saarbrücken 1969

Hatschek, Julius: Deutsches und Preußisches Staatsrecht, Bd. 2, Berlin 1923

Heckmann, Dirk: Geltungskraft und Geltungsverlust, Tübingen 1997, zugl. Habil. Freiburg 1995/96

Heims, Hans-Jörg: Geflügelpest erfasst Deutschland, Süddeutsche Zeitung vom 14. Mai 2003, Nr. 110, S. 12

Hennis, Wilhelm: Meinungsforschung repräsentative Demokratie, Tübingen 1957

Hill, Hermann: Normkonkretisierende Verwaltungsvorschriften, NVwZ 1989, 401-410

Hölscheidt, Sven: Kampfhunde als Rechtsproblem, NdsVBl. 2000, 1-8

Hoffmann-Riem, Wolfgang: Politiker in den Fesseln der Mediengesellschaft, PVS 41 (2000), 107-127

Hoffmann-Riem, Wolfgang: Mediendemokratie als rechtliche Herausforderung, Der Staat 42 (2003), 191-223

Hofmann, Max/*Grabherr*, Edwin: Luftverkehrsgesetz, Kommentar, München, Stand: Dezember 2002

Hofmann, Michael: Die Bundesrepublik Deutschland – ein gouvernementaler Bundesstaat?, Dis.. Mainz 1980

Horn, Hans-Detlef: Die grundrechtsunmittelbare Verwaltung, Tübingen 1999, zugl. Habil. Bayreuth 1998

Huber, Ernst-Rudolf (Hrsg.): Dokumente zur Deutschen Verfassungsgeschichte, Band 1 (Deutsche Verfassungsdokumente 1803-1850), 3. Aufl., Stuttgart 1978

Hüser, Albert: Die Mitwirkung der gesetzgebenden Körperschaften an dem Erlaß von Rechtsverordnungen, Diss. Göttingen 1978

Hugger, Werner: Gesetze - Ihre Vorbereitung, Abfassung und Prüfung, 1. Aufl., Baden-Baden 1983

Ipsen, Jörn: Staatsrecht I – Staatsorganisationsrecht, 14. Aufl., Neuwied 2002

Isensee, Josef/*Kirchhof*, Paul: Handbuch des Staatsrechts der Bundesrepublik Deutschland, Band I, Heidelberg 1987

Isensee, Josef/*Kirchhof*, Paul: Handbuch des Staatsrechts der Bundesrepublik Deutschland, Band II, Heidelberg 1987

Isensee, Josef/*Kirchhof*, Paul: Handbuch des Staatsrechts der Bundesrepublik Deutschland, Band III, Heidelberg 1988

Isensee, Josef/*Kirchhof*, Paul: Handbuch des Staatsrechts der Bundesrepublik Deutschland, Band IV, 2. Aufl., Heidelberg 1999

Jachmann, Monika: Die Bindungswirkung normkonkretisierender Verwaltungsvorschriften, Die Verwaltung 28 (1995), 17-31

Jahn, Ralf: Zur Zulässigkeit kommunaler Kampfhundesteuern – BVerwG, NVwZ 2000, 929; JuS 2001, 334-337

Jarass, Hans D.: Allgemeine Probleme der Gesetzgebungskompetenz des Bundes, NVwZ 2000, 1089-1096

Jarass, Hans D./*Pieroth*, Bodo: Grundgesetz für die Bundesrepublik Deutschland, 6. Aufl., München 2002

Jarren, Otfried: Politik und Medien: Einleitende Thesen zu Öffentlichkeitswandel, politischen Prozessen und politischer PR, in: Bentele, Günter/Haller, Michael (Hrsg.), Aktuelle Entstehung von Öffentlichkeit, Konstanz 1997, S. 103-110

Jekewitz, Jürgen: Schonzeit für Rehe als Machtprobe zwischen Bundesregierung und Bundesrat, ZRP 1995, 248-251

Jellinek, Gerhard: Gesetz und Verordnung, Anastatischer Neudruck der Ausgabe von 1887, Tübingen 1919

Jesch, Dietrich: Gesetz und Verwaltung, Tübingen 1961, zugl. Habil. Tübingen 1960

Jutzi, Siegfried: Gesetzgebungskompetenz der Landesparlamente nach Art. 80 Abs. 4 GG, ZG 1999, 239-247

Kaltenborn, Markus: Ministerielle Verordnungen auf dem Gebiet der Gefahrenabwehr: Das Beispiel der nordrhein-westfälischen Landeshundeverordnung, NWVBl. 2001, 249-253

Karpen, Ulrich: Zum gegenwärtigen Stand der Gesetzgebungslehre in der Bundesrepublik Deutschland, in: ders. (Hrsg.), Zum gegenwärtigen Stand der Gesetzgebungslehre in der Bundesrepublik Deutschland, Heidelberg 1998, S. 371-396

Karpen, Ulrich: Gesetzesfolgenabschätzung in der Europäischen Union, AöR 124 (1999), 400-422

Kerscher, Helmut: Kampfhunde dürfen verboten werden, SZ v. 17.3.2004 (Nr. 64), S. 1

Kipp, Jürgen: Der Hund im Berliner Verwaltungsrecht, NVwZ-Beilage II/2001, 48-50

Kisker, Gunter: Zulässigkeit und Konsequenzen einer Mitwirkung des Parlamentes beim Erlaß von Rechtsverordnungen, in: Kisker, Gunter/Scholz, Rupert/Bismarck, Hans/Avenarius, Hermann, Schule im Rechtsstaat, Band II, Gutachten für die Kommission Schulrecht des Deutschen Bundestages, München 1980, S. 9-72

Kisker, Gunter: Ideologische und theoretische Grundlagen der bundesstaatlichen Ordnung in der Bundesrepublik Deutschland, S. 23-38, in: Benda, Ernst (Mitverf.), Probleme des Föderalismus, Deutsch-Jugoslawisches Symposium 1984, Tübingen 1985

Klatt, Hartmut: Interföderale Beziehungen im kooperativen Bundesstaat, VerwArch 78 (1987), 186-206

Klein, Friedrich: Verordnungsermächtigungen nach deutschem Verfassungsrecht, in: Klein, Friedrich/Genzer, Walter (Hrsg.), Die Übertragung rechtsetzender Gewalt im Bundesstaat, Frankfurt 1952, S. 7-78

Klein, Hans H.: Erwägungen der Enquete-Kommission Verfassungsreform des Deutschen Bundestages zu einer Neufassung des Art. 80 GG, DÖV 1975, 523-526

Klindt, Thomas: Der gesetzmäßige Handel mit „Kampfhunden“ als Inverkehrbringen gefährlicher Produkte im Sinne des Produktsicherheitsgesetzes, NJW 2000, 2563-65

Kloepfer, Michael: Der Vorbehalt des Gesetzes im Wandel, JZ 1984, 685-695

Kloepfer, Michael/*Rossi*, Matthias: Verfassungsrechtliche Überlegungen zur Tierschutz-Hundeverordnung, NuR 2002, 133-140

Klotz, Theodor: Das Aufhebungsverlangen des Bundestages gegenüber Rechtsverordnungen, Diss. München 1977

Kluth, Winfried: Funktionale Selbstverwaltung, Tübingen 1997, zugl. Habil. Köln 1996

Köck, Wolfgang: Gesetzesfolgenabschätzung und Gesetzgebungsrechtslehre, VerwArch 93 (2002), 1-20

Kommission für die Finanzreform: Gutachten über die Finanzreform in der Bundesrepublik Deutschland (sog. Troeger-Gutachten), Stuttgart 1966

Konzak, Olaf: Die Änderungsvorbehaltverordnung als neue Mitwirkungsform des Bundestages beim Erlaß von Rechtsverordnungen, DVBl 1994, 1107-1112

Krebs, Walter: Vorbehalt des Gesetzes und Grundrechte, Berlin 1975, zugl. Diss. Bochum 1974/75

Krebs, Walter: Kontrolle in staatlichen Entscheidungsprozessen, Heidelberg 1984, zugl. Habil. Münster 1983, zitiert: Kontrolle

Kriele, Martin: Das demokratische Prinzip im Grundgesetz, VVDStRL 29 (1970), 46-84

Kube, Hanno: Vom Gesetzesvorbehalt des Parlaments zum formellen Gesetz der Verwaltung?, NJW 2003, 58-60

Külpmann, Christoph: Änderungen von Rechtsverordnungen durch den Gesetzgeber, NJW 2002, 3436-3441

Kuhl, Thomas: Der Kernbereich der Exekutive, Baden-Baden 1993, zugl. Diss. Göttingen 1992

Kuhnes, Horst: Die Hühnerpest in NRW wird zum Politikum, Westdeutsche Zeitung v. 14.5.2003, S. 3

Kuhnes, Horst: Höhn nach Attacke nun selbst unter Beschuss, Westdeutsche Zeitung vom 29.5.2003, S. 4

Kunze, Renate: Kooperativer Föderalismus in der Bundesrepublik. Diss. Hamburg 1967, Stuttgart 1968

Kunze, Thomas: Kampfhunde, NJW 1001-1608-1613

Laband, Paul: Das Budgetrecht nach den Bestimmungen der Preußischen Verfassungsurkunde unter Berücksichtigung der Verfassung des Norddeutschen Bundes, Berlin 1871

Landfried, Christine: Die Macht des Fernsehens: Inszenierung statt Kontrolle von Politik, in: Hartwich, Hans-Hermann/Wewer, Göttrik (Hrsg.), Regieren in der Bundesrepublik III, Opladen 1991, S. 193-214

Langenbucher, Wolfgang R./*Staudacher*, Irmgard: Journalismus als Komplementärinstitution politischer Kontrolle, S. 185-198, in: Kaase, Max/Schulz, Winfried, Massenkommunikation, ZfSS Sonderheft 30/1989, Opladen

Larenz, Karl/*Canaris*, Claus-Wilhelm: Methodenlehre der Rechtswissenschaft, 3. Aufl., Berlin 1995

Lechner, Hans/*Hülshoff*, Klaus: Parlament und Regierung, 2. Aufl., München 1958

Leisner, Anna: Verwaltungsvorschriften im Beamtenrecht, in: Franke, Ingeborg/Summer, Rudolf/Weiß, Hans-Dietrich (Hrsg.), Öffentliches Dienstrecht im Wandel, Festschrift für Walther Fürst, Berlin 2002, S. 185-203

Leisner, Anna: Verwaltungsgesetzgebung durch Erlasse, JZ 2002, 219-231

Leisner, Walter Georg: Gesetzesausführungskosten in der Verwaltung, DVBl 2001, 1799-1809

Leonhardt, Klaus: Vom Gesetzgebungsauftrag bis zur Gesetzesverabschiedung, in: Bundesakademie für öffentliche Verwaltung (Hrsg.), Praxis der Gesetzgebung, Regensburg 1983, S. 47-61

Lepa, Manfred: Verfassungsrechtliche Probleme der Rechtsetzung durch Rechtsverordnung, AöR 105 (1980), 337-370

Lichtenstern, Elisabeth: Die Gesetzgebung im Spannungsverhältnis zwischen Bund und Ländern, Frankfurt 1979

Linck, Joachim: Die Öffentlichkeit der Parlamentsausschüsse aus verfassungsrechtlicher und rechtspolitischer Sicht, DÖV 1973, 513-520

Lippert, Hans-Dieter: Neues aus dem Nebentätigkeitsrecht im öffentlichen Dienst, PersV 2000, 402-406

Liver, Peter: Der Begriff der Rechtsquelle, in: Merz, Hans (Hrsg.), Privatrechtliche Abhandlungen, Festgabe zum 70. Geburtstag des Verfassers am 21. August, 1972, Bern 1972,S. 31-82

Locke, John: Two Treatises of Civil Government, London, last reprinted 1953

Löwer, Wolfgang/*Tettinger*, Peter J.: Kommentar zur Verfassung des Landes Nordrhein-Westfalen, München 2002

Lücke, Jörg: Die Allgemeine Gesetzgebungsordnung, ZG 2001, 1-49

Magiera, Siegfried: Allgemeine Regelungsgewalt („Rechtsetzung") zwischen Parlament und Regierung, Der Staat 13 (1974), 1-26

Mampel, Siegfried: Die sozialistische Verfassung der Deutschen Demokratischen Republik, Text und Kommentar, Frankfurt 1972

Mander, Jerry: Schafft das Fernsehen ab!, 1. Aufl., Hamburg 1979 (Originaltitel: Four Arguments For The Elimination Of Television, 1978, New York)

Mangoldt, Hermann von/*Klein*, Friedrich: Das Bonner Grundgesetz, Band III, 2. Aufl., München 1974

Mangoldt, Hermann von/*Klein*, Friedrich/*Starck*, Christian: Grundgesetz, Kommentar, Band 1 (Präambel – Art. 1-19), 4. Aufl., München 1999

Mangoldt, Hermann von/*Klein*, Friedrich/*Starck*, Christian: Grundgesetz, Kommentar, Band 2 (20-78), 4. Aufl., München 2000

Mangoldt, Hermann von/*Klein*, Friedrich/*Starck*, Christian: Grundgesetz, Kommentar, Band 3 (Art. 79-146), 4. Aufl., München 2001

Mangoldt, Hermann von/*Klein*, Friedrich/*Pestalozza*, Christian: Grundgesetz, Kommentar, Band 8 (Art. 70-75), 3. Aufl., München 1996

Maunz, Theodor/*Dürig*, Günter: Grundgesetz, Kommentar, Band II (Art. 12-20), München, Stand: März 2001

Maunz, Theodor/*Dürig*, Günter: Das Bonner Grundgesetz, Kommentar, Band IV, München, Stand: März 2001

Maurer, Hartmut: Allgemeines Verwaltungsrecht, 14. Aufl., München 2002

Meckel, Miriam: Das Mismatch der Mediendemokratie: Anmerkungen zu den Spielregeln der politischen Kommunikation, in: Schatz, Heribert/Rössler, Patrick/Nieland, Jörg-Uwe (Hrsg.), Politische Akteure in der Mediendemokratie, Wiesbaden 2002, S. 277-284

Meder, Theodor: Die Verfassung des Freistaates Bayern, Handkommentar, 4. Aufl., Stuttgart 1992

Menger, Christian-Friedrich: Deutsche Verfassungsgeschichte der Neuzeit, 8. Aufl., Heidelberg 1993

Mensching, Christian: Der neue Komitologie-Beschluss des Rates, EuZW 2000, 268-271

Meßerschmidt, Klaus: Gesetzgebungsermessen, Berlin 2000, zugl. Habil. Berlin 1998/99

Meyer-Cording, Ulrich: Die Rechtsnormen, Tübingen 1971

Mirbach, Horst: Der Umfang der Auskunftspflicht des Beamten bei genehmigungsfreien Nebentätigkeiten, ZBR 1995, 6-67

Mohl, Robert von: Das Staatsrecht des Königreichs Württemberg, Band 1: Das Verfassungsrecht, 2. Aufl. Tübingen 1840

Müller, Martha Dagmar: Auswirkungen der Grundgesetzrevision von 1994 auf die Verteilung der Gesetzgebungskompetenzen zwischen Bund und Ländern, Münster 1996, zugl. Diss. Münster 1995

Müller-Römer, Friedrich: Zur sozialistischen Verfassung der DDR, JZ 1968, 313-318

Münch, Ingo von/*Kunig*, Philip: Grundgesetzkommentar, Band 2, 5. Aufl. München 2001

Münch, Ingo von/*Kunig*, Philip: Grundgesetzkommentar, Band 3, 3. Aufl., München 1996

Mutius, Albert von: Höchstrichterliche Rechtsprechung zum Verwaltungsrecht, VerwArch 62 (1971), 410-414

Mutius, Albert von: Rechtsnorm und Verwaltungsakt, in: Menger, Christian-Friedrich (Hrsg.), Fortschritte des Verwaltungsrechts, Festschrift für Hans J. Wolff, München 1973, S. 167-218

Neuser, Klaus: Mehr Rationalität durch Gesetzesfolgenabschätzungen?, NdsVBl. 1998, 249-255

Newig, Jens: Symbolische Umweltgesetzgebung, Berlin 2003, zugl. Diss. Dresden 2002

Nierhaus, Michael/*Janz*, Norbert: Aktuelle Probleme der Rechtsetzung des Bundes und der Länder – eine normenhierarchische Gemengelage?, ZG 1997, 320-337

Nökel, Detlef: Missbrauch mit schlimmen Folgen, DRiZ 1997, 223

Noelle-Neumann, Elisabeth: Die Schweigespirale, München 1980

Noelle-Neumann, Elisabeth: Das doppelte Meinungsklima, PVS 18 (1977), 408-451

Oebbecke, Janbernd: Weisungs- und unterrichtungsfreie Räume in der Verwaltung, Köln 1986, zugl. Habil. Münster 1986

Oebbecke, Janbernd: Föderalismus und Kommunalverfassung, in: Huhn, Jochen/Witt, Peter-Christian, Föderalismus in Deutschland, Baden-Baden 1992, S.185-216

Oebbecke, Janbernd: Die unsichtbare Hand in der Ländergesetzgebung, Staatswissenschaften und Staatspraxis 8 (1997), 461-483

Ossenbühl, Fritz: Verwaltungsvorschriften und Grundgesetz, Bad Homburg 1968, zugl. Habil. Köln 1967/68

Ossenbühl, Fritz: Die Zustimmung des Bundesrates beim Erlaß von Bundesrecht, AöR 99 (1974), 369-436

Ossenbühl, Fritz: Föderalismus nach 40 Jahren Grundgesetz, DVBl. 1989, 1230-1237

Ossenbühl, Fritz: Gesetz und Verordnung im gegenwärtigen Staatsrecht, ZG 1997, 305-320

o. V., in: SPIEGEL v. 27.10. 1997, 44/1997: Das geht niemanden etwas an, SPIEGEL 44/1997, S. 40-49

o. V., in: BILD v. 27.6. 2000: Mord-Hunde wüten auf Schulhof, S. 1 (Anlage 1)

o. V., in: BILD v. 28.6. 2000: Weg mit diesen Bestien!, S. 1 (Anlage 2)

o. V., in: BILD v. 29.6. 2000, Sonderseite: WEG mit den Kampfhunden, Leserbrief, S. 6, NRW-Ausgabe

o. V., in: BILD v. 1.7. 2000: Kampfhunde weg – oder Sie verlieren Ihre Wohnung, S. 7, NRW-Ausgabe

o. V., in: BILD v. 4.7. 2000: Erst mal die Rassen kennen lernen, S. 5, NRW-Ausgabe

o. V., in: BILD v. 5.7. 2000: Nachts im Park ausgesetzt – Was jetzt abläuft, geht zu weit: Hundehasser legen Giftköder aus, S. 3, NRW-Ausgabe

o. V., in: BILD v. 7.7.2000: Rattengift im Köder – Böse Auswüchse im Kampf gegen Killerhunde, S. 3, NRW-Ausgabe *o. V.*, in: Frankfurter Allgemeine Zeitung v. 14.5.2003, Nr. 111: Ausfuhrverbot für Geflügel aus Nordrhein-Westfalen, S. 1

Pegatzky, Claus: Parlament und Verordnungsgeber, Baden-Baden 1999, zugl. Diss. Frankfurt 1998

Peter, Christoph: Darf der Bundesgesetzgeber zum Erlaß von gesetzändernden Rechtsverordnungen ermächtigen?, AöR 92 (1967), 357-381

Peters, Hans: Die Gewaltentrennung in moderner Sicht, Köln 1954

Pieroth, Bodo/*Schlink*, Bernhard/*Kniesel*, Michael: Polizei- und Ordnungsrecht, München 2002

Pietzcker, Jost: Zusammenarbeit der Gliedstaaten im Bundesstaat, in: Starck, Christian (Hrsg.), Zusammenarbeit der Gliedstaaten im Bundesstaat, Baden-Baden 1988, S. 17-76

Pietzner, Rainer: Petitionsausschuß und Plenum, Berlin 1974, zugl. Diss. Hamburg 1973

Püttner, Norbert: Föderalismus und innere Sicherheit, Die Innenministerkonferenz zwischen exekutivischer Politik und politisierter Exekutive, in: Lange, Hans-Jürgen (Hrsg.), Staat, Demokratie und Innere Sicherheit, in Deutschland, Opladen 2000, S. 275.289

Rau, Johannes: „Bewährt oder erstarrt? Unser föderatives System auf dem Prüfstand", in: Bundesrat (Hrsg.), 50 Jahre Herrenchiemseer Verfassungskonvent – „Zur Struktur des deutschen Föderalismus", Bonn 1999, S. 17-34

Redeker, Konrad: Auf der Suche nach besserer Gesetzgebung, NJW 2002, 2756-2759

Reifenberg, Gerhard Alois: Die Bundesverfassungsorgane und ihre Geschäftsordnungen, Diss. Göttingen 1958

Riebel, Jochen: Was leistet eine Normprüfungskommission?, ZRP 2002, 61-65

Rössler, Patrick: Agenda-Setting, Opladen 1997

Roewer, Helmut/*Hoischen*, Ferdinand: Entspricht die Allgemeine Schulordnung von Nordrhein-Westfalen dem verfassungsgerichtlichen Demokratie- und Rechtsstaatsgebot?, DVBl. 1979, 900-903

Roggemann, Herwig: Die Staatsordnung der DDR, 2. Aufl., Berlin 1973, 1974

Rudolph, Kurt: Richteramt und Nebentätigkeit – Gedanken zum Fall Henrichs, NJW 1997, 2928-2930

Rudzio, Wolfgang: Das politische System in der Bundesrepublik Deutschland, 5. Aufl., Opladen 2000

Rupp, Hans Heinrich: Grundfragen der heutigen Verwaltungsrechtslehre, 2. Aufl., Tübingen 1991

Rupp, Hans Heinrich: Rechtsverordnungsbefugnis des Deutschen Bundestages?, NVwZ 1993, 756-759

Sachs, Michael: Grundgesetz, Kommentar, 2. Aufl., München 1999

Sachverständigenrat „Schlanker Staat" (Hrsg.): Abschlußbericht Band 1, 2. Aufl., Bonn 1998

Sarcinelli, Ulrich/*Schatz*, Heribert: Von der Parteien- zur Mediendemokratie, in: Sarcinelli, Ulrich/Schatz, Heribert (Hrsg.), Mediendemokratie in Deutschland, Opladen 2002, S. 9-32

Sauer, Herbert/*Blasius*, Hans: Politik und Rechnungsprüfung, VR 1987, 141-148

Schenke, Wolf-Rüdiger: Gefahrenverdacht und polizeirechtliche Verantwortlichkeit, in: Wendet, Rudolf (Hrsg.), Staat – Wirtschaft – Steuern, Festschrift für Karl Heinrich Friauf zum 65. Geburtstag, Heidelberg 1996, S. 455-506

Scherer, Helmut: Wer reden will, muss hören: Die kommunikative Rolle politischer Akteure in der vernetzten Gesellschaft, in: Schatz, Heribert/Rössler, Patrick/Nieland, Jörg-Uwe (Hrsg.), Politische Akteure in der Mediendemokratie, Wiesbaden 2002, S. 129-145

Schlaich, Klaus: Die Verfassungsgerichtsbarkeit im Gefüge der Staatsfunktionen, VVDStRL 39 (1980), S. 99-143

Schmidt, Johannes: Die Beteiligung des Bundestages beim Erlaß von Rechtsverordnungen, Berlin 2002, zugl. Diss. Dresden 2000

Schmidt-Aßmann, Eberhard: Das allgemeine Verwaltungsrecht als Ordnungsidee, Heidelberg 1998

Schmidt-Aßmann, Eberhard: Verwaltungslegitimation als Rechtsbegriff, AöR 116 (1991), 329-390

Schmidt-Bleibtreu, Bruno/*Klein*, Franz: Kommentar zum Grundgesetz, 8. Aufl., Neuwied 1995

Schmidt-Eichstaedt, Gerd: Bundesgesetze und Gemeinden, Stuttgart 1981

Schmitt, Carl: Positionen und Begriffe im Kampf Weimar-Genf-Versailles, 3. Aufl. Berlin 1994

Schnapp, Friedrich E.: Amtsrecht und Beamtenrecht, Berlin 1977, zugl. Habil. Bochum 1977

Schneider, Hans: Gesetzgebung, Ein Lehrbuch, 2. Aufl., Heidelberg 1991

Schneider, Hans: Gesetzgebung, Ein Lehr- und Handbuch, 3. Aufl., Heidelberg 2002

Scholz, Rupert/*Bismarck*, Hans: Schulrecht zwischen Parlament und Verwaltung, in: Kisker, Gunter/Scholz, Rupert/Bismarck, Hans/Avenarius, Hermann, Schule im Rechtsstaat, Band II, Gutachten für die Kommission Schulrecht des Deutschen Bundestages, München 1980, S. 73-152

Schröder, Heinrich Josef: Gesetzgebung und Verbände, Berlin 1976

Schröter, Michael: Agrarmarkt ohne Tierschutz?, NuR 2001, 18-21

Schütz, Erwin/*Maiwald*, Joachim: Beamtenrecht des Bundes und der Länder, Ordner 2, 5. Aufl., Heidelberg, Stand: Januar 2003

Schütz, Peter: Der neue Art. 80 IV GG – Gesetzgebung an Verordnungs Statt, NVwZ 1996, 37-40

Schulze-Fielitz, Helmuth: Theorie und Praxis parlamentarischer Gesetzgebung, Berlin 1988, zugl. Habil. Bayreuth 1986

Schuppert, Gunnar Folke: Überlegungen zur demokratischen Legitimation des europäischen Regierungssystems, in: Ipsen, Jörn/Schmidt-Jortzig, Edzhard: Recht – Staat – Gemeinwohl: Feschschrift für Dietrich Rauschning, Köln 2002, S. 201-224

Schwandt, Eberhard Ulrich: Maßnahmen zur Begrenzung der Nebentätigkeit von Beamten, ZBR 1985, 101-108 und 141-148

Schwarze, Jürgen (Hrsg.): EU-Kommentar, Baden-Baden 2000

Schwerdtfeger, Günther: Optimale Methodik der Gesetzgebung als Verfassungspflicht, in: Stödter, Rolf/Thieme, Werner (Hrsg.), S. 13-188, Hamburg, Deutschland, Europa, Festschrift für Hans-Peter Ipsen zum 70. Geburtstag, Tübingen 1977, S. 13-188

Seiler, Christian: Der einheitliche Parlamentsvorbehalt, Berlin 2000, zugl. Diss. Heidelberg 1999

Sendler, Horst: Verordnungsänderung durch Gesetz und „Entsteinerungsklausel", NJW 2001, 2859-2861

Sommermann, Karl-Peter: Verordnungsermächtigung und Demokratieprinzip, JZ 1997, 434-441

Siebelt, Johannes: Die unmittelbare Wirkung von Rahmengesetzen am Beispiel von § 46 BRRG, NVwZ 1996, 122-125

Sieder, Frank/*Zeitler*, Herbert/*Dahme*, Heinz: Wasserhaushaltsgesetz, Abwasserabgabengesetz, Kommentar, Band 2, München, Stand: 1.9.2002

Staupe, Jürgen: Parlamentsvorbehalt und Delegationsbefugnis, Berlin 1986, zugl. Diss. Hamburg 1985

Steiner, Udo: Besonders Verwaltungsrecht, 6. Aufl., Heidelberg 1999

Stern, Klaus: Das Staatsrecht der Bundesrepublik Deutschland, Band I, 2. Aufl., München 1984

Stern, Klaus: Das Staatsrecht der Bundesrepublik Deutschland, Band II, 2. Aufl., München 1980

Stoerk, Felix/*Rauchhaupt*, Friedrich W.: Handbuch der deutschen Verfassungen, 2. Aufl., München 1913

Studenroth, Stefan: Einflussnahme des Bundestages auf Erlaß, Inhalt und Bestand von Rechtsverordnungen, DÖV 1995, 525-537

Summer, Rudolf: Rechtes Augenmaß – rechtes Verfassungsmaß – eine Studie zum neuen Nebentätigkeitsrecht –, ZBR 1988, 1-11

Tetzlaff, Thilo: Deutsche Kampfhundenormen und Dangerous Dogs Act, ZG 2001, 356-372

Thomsen, Silke: Rechtsverordnungen unter Änderungsvorbehalt des Bundestages?, DÖV 1995, 989-994

Triepel, Heinrich: Delegation und Mandat im Öffentlichen Recht, Stuttgart 1942

Uhle, Arnd: Parlament und Rechtsverordnung, München 1999, zugl. Diss. München 1999

Uhle, Arnd: Die Verordnungsgewalt unter dem Grundgesetz – Originäre oder derivative Kompetenz der Exekutive?, ZG 2001, 328-338

Uhle, Arnd: Verordnungsänderung durch Gesetz oder Gesetzesänderung durch Verordnung?, DÖV 2001, 241-247

Uhle, Arnd: Verordnungsgeberische Entscheidungsmacht und parlamentarischer Kontrollvorbehalt, NVwZ 2002, 15-21

Unshelm, Jürgen: Gutachten, in: Verband für das Deutsche Hundewesen (VDH) e.V., „Kampfhunde"? Gefährliche Hunde? – Neue wissenschaftliche Gutachten, 5. Aufl., Dortmund 2000, S. 19-24

Vahle, Jürgen: Teilweise Verfassungswidrigkeit des Gesetzes zur Bekämpfung gefährlicher Hunde; Anmerkung zu BVerfG, Urt. v .16.3.2004, DVP 2004, 296-297

Verband für das Deutsche Hundewesen e.V. (VDH): Gefährliche Hunde – Maßnahmen zur Prävention, Dortmund 2002

Vogel, Klaus: Gesetzgeber und Verwaltung, VVDStRL 24 (1966), 125-179

Vollmuth, Joachim: Prüffragenkataloge als Instrument der Bedarfs- und Wirkungsprüfung, in: Bundesakademie für die öffentliche Verwaltung (Hrsg.), Praxis der Gesetzgebung, Regensburg 1983, S.178-186

Voss, Cornelia: Textgestaltung und Verfahren der Emotionalisierung in der BILD-Zeitung, Frankfurt 1999

Voß, Monika: Symbolische Gesetzgebung, Ebelsbach 1989, zugl. Diss. München 1987

Wacker, Jörg: Sachkundige Bürger und Einwohner in gemeindlichen Ausschüssen, Berlin 2000, zugl. Diss. Münster 1999

Wagener, Frido: Der öffentliche Dienst im Staat der Gegenwart, VVDStRL Band 37 (1979), 215-260

Wagner, Edgar/*Brocker*, Lars: Das „verordnungsvertretende Gesetz" nach Art. 80 IV GG, NVwZ 1997, 759-769

Walter, Robert: Die Verwaltungsverordnung, ÖJZ 1965, 29-36

Wassermann, Rudolf: Gesetzgebungshektik, NJW 2000, 2560-2561

Wehmeier, Klaus: Wechselbeziehungen zwischen Medienberichterstattung und öffentlicher Meinung, DRiZ 1982, 4-12

Weischenberg, Siegfried: Gladiatoren und Propagandisten? Die Akteure politischer Kommunikation in einer medialen Streitkultur, in: Sarcinelli, Ulrich (Hrsg.), Demokratische Streitkultur, Opladen 1990, S. 101-120

Wettach, Uwe: Ländergesetzgebung in der Bundesrepublik Deutschland, Frankfurt 1994, zugl. Diss. Münster 1993

Wild, Eberhard: Der Ombudsmann in Deutschland, Diss. Uni Würzburg 1970

Wilke, Dieter: Bundesverfassungsgericht und Rechtsverordnungen, AöR 98 (1973), 196-247

Wolff, Hans J.: Verwaltungsrecht I, 1. Aufl., Berlin 1956

Wolff, Hans J./*Bachof*, Otto: Verwaltungsrecht I, 9. Auflage, München 1974

Wolff, Hans Julius/*Bachof*, Otto/*Stober*, Rolf: Verwaltungsrecht Band 1, 11. Aufl., München 1999

Wollenteit, Ulrich: Auf den Hund gekommen: Gefahrenabwehr im Zeitalter des Medienspektakels, NuR 2001, 620-628

Zacher, Hans F.: Redebeitrag in der Aussprache zum Bericht von Roman Herzog (Gesetzgebung und Verwaltung), VVdStRL 24 (1966), S. 237

Zippelius, Reinhold: Wer ist „Landesregierung“ im Sinne des Art. 80 des Grundgesetzes?, BayVBl. 1960, 311f.

Zypries, Brigitte/*Peters*, Cornelia: Eine neue Gemeinsame Geschäftsordnung für die Bundesministerien, ZG 2000, 316-327

Andreas Zühlsdorff

Rechtsverordnungsersetzende Verträge unter besonderer Berücksichtigung des Umweltrechts

Frankfurt am Main, Berlin, Bern, Bruxelles, New York, Oxford, Wien, 2003. 371 S.
Schriften zum internationalen und zum öffentlichen Recht.
Herausgegeben von Gilbert Gornig. Bd. 48
ISBN 3-631-50276-1 · br. € 56.50*

Unter dem Eindruck schwindender staatlicher Ressourcen feiern kooperative Instrumente und insbesondere der öffentlich-rechtliche Vertrag im Verwaltungsvollzug derzeit Erfolge. Durch den Entwurf für ein Umweltgesetzbuch von 1997 sowie durch Impulse aus Brüssel aus dem Jahre 1996 sind Überlegungen aufgekommen, die Vorzüge vertraglicher Lösungen auch auf der Normgebungsseite in Form von normersetzenden Verträgen insbesondere im Umweltbereich zu nutzen. Dabei sollen Flexibilität und gesteigerte Akzeptanz mit rechtlicher Verbindlichkeit kombiniert werden. Diese Untersuchung geht diesem Gedanken nach und lotet die Möglichkeiten und Grenzen in rechtlicher und praktischer Hinsicht speziell für einen rechtsverordnungsersetzenden Vertrag aus. Dabei werden thematisch verschiedene Gebiete der Rechts- und Verwaltungswissenschaften berührt, da die Problemstellung Fragen des Umweltrechts, des Verfassungs-, Europa- und Verwaltungs- sowie des Wettbewerbsrechts umfaßt.

Aus dem Inhalt: Kooperation auf der Normsetzungsseite · Der rechtsverordnungsersetzende Vertrag als neues Steuerungsinstrument im Umweltschutz · Rechtmäßigkeitsvoraussetzungen an einen rechtsverordnungsersetzenden Vertrag aus Vorrang und Vorbehalt des Gesetzes, insbesondere die Frage nach einer Ermächtigungsnorm zum Abschluß · Vertragspartner · Der rechtsverordnungsersetzende Vertrag unter europäischem Blickwinkel · Überlegungen des UGB zum normersetzenden Vertrag

FSC
www.fsc.org
MIX
Papier | Fördert gute Waldnutzung
FSC® C083411

Kolibri 360 GmbH
Ferdinand-Jühlke-Straße 7
99095 Erfurt, Deutschland
produktsicherheit@kolibri360.de

Druck:
CPI Druckdienstleistungen GmbH
im Auftrag der
Kolibri 360 GmbH
Ferdinand-Jühlke-Str. 7
99095 Erfurt